U0362443

当代国外翻译理论导读

（第二版）

谢天振　主编

南开大学出版社

天　津

图书在版编目(CIP)数据

当代国外翻译理论导读／谢天振主编. —2 版. —
天津：南开大学出版社，2018.11(2020.7 重印)
ISBN 978-7-310-05684-2

Ⅰ.①当… Ⅱ.①谢… Ⅲ.①翻译理论—高等学校—
教学参考资料 Ⅳ.①H059

中国版本图书馆 CIP 数据核字(2018)第 239944 号

版权所有　侵权必究

当代国外翻译理论导读(第 2 版)
DANGDAI GUOWAI FANYI LILUN DAODU (DI-ER BAN)

南开大学出版社出版发行

出版人：陈　敬

地址：天津市南开区卫津路 94 号　　邮政编码：300071
营销部电话：(022)23508339　营销部传真：(022)23508542
http://www.nkup.com.cn

天津市蓟县宏图印务有限公司印刷　全国各地新华书店经销
2018 年 11 月第 2 版　　2020 年 7 月第 2 次印刷
230×170 毫米　16 开本　32.5 印张　2 插页　564 千字

定价：98.00 元

如遇图书印装质量问题，请与本社营销部联系调换，电话：(022)23507125

前　言

　　自 20 世纪 80 年代以来，翻译教学和翻译研究在我国取得了前所未有的大发展。据不完全统计，在全国各地报考外语院系研究生的考生中，差不多有一半考生选择的志愿是"翻译"，即使在入学以后，也差不多有一半以上的研究生希望学习翻译专业。与此相应，国内出版社在近二三十年里出版的翻译教材、翻译研究著作，无论数量还是质量，也都堪称空前。尤其令人欣喜的是，自 20 世纪 90 年代以来，南北两家外语大学的出版社，分别引进了数十种当代国外最新的翻译理论英文原著，为国内从事翻译教学与研究的专家学者、教师和研究生提供了弥足珍贵的第一手外文资料。

　　不过问题也由此而来：面对数量众多、流派纷呈、内容丰富但又比较复杂的国外引进原版译学论著，不少读者、尤其是初登译学殿堂的高年级本科生和翻译专业的研究生（遑论其中非英语专业的其他外语语种的研究生），确实有一种目迷五色、无所适从的感觉。由此我们萌发了编写一本中文版的《当代国外翻译理论导读》的入门性读物兼教材的想法，以帮助对当代国外译学理论流派及其代表性论著感兴趣的读者，尤其是广大翻译专业的研究生，在短时间内即可较快地把握当代国外翻译理论的概貌，并且可以比较迅速地从中发现自己的专业兴趣和研究方向所在，从而再去寻找合适的相关译学专著进行深入的阅读。为此，我们在对当代国外翻译研究的现状进行了比较全面的调查和研究之后，确定从中择取八个主要的理论流派（语言学派、阐释学派、功能学派、文化学派、解构学派、女性主义、后殖民译论、苏东学派），然后在每一个流派里面找出几个最主要的代表性学者（共 33 名）及其代表性论文（共 33 篇），把它们全部翻译成中文，并在每一章（即每一流派）、每一篇论文前都配上一篇简明扼要的导读性文字，以便读者能比较快地对该流派或该论文的学术背景、基本框架和内容有一个大致的了解。因此，本书既可以作为各外语院系翻译专业开设研究生（或高年级本科生）翻译理论课的教材，也可作为相应课程的教学辅导参考书。对从事翻译教学与研究的专家学者和教师，以及广大对翻译理论感兴趣的读者来说，本书也是一本很有裨益的案头必备书。

国外的翻译研究，在西方有文献记载的历史可以远溯至古罗马时期的西塞罗、贺拉斯等人的相关著述。然而在这漫长的两千余年的时间里，直至 20 世纪 50 年代以前，除个别学者如德国的洪堡、本雅明外，翻译研究者的关注焦点始终没有跳出"怎么译"这三个字。也即是说，在这两千余年的时间里，西方的翻译研究者所关注的一直就是"直译"还是"意译""可译"还是"不可译""以散文译诗"还是"以诗译诗"这样一些与翻译行为直接有关的具体问题，他们的立论则多出自论者自身翻译实践的经验体会。

但是自 20 世纪 50 年代以来，西方出现了一批从语言学立场出发研究翻译的学者，这就是目前国内译界都已经比较熟悉的尤金·奈达、纽马克、卡特福德等人，他们的主要译学著作也已经于 20 世纪 80 年代起陆续译介到中国来了。这批学者被学界称作西方翻译研究中的语言学派，我则把他们的研究取向称为当代西方翻译研究的语言学转向。意思是说，这批学者的研究已经跳出了经验层面，他们从语言学立场出发，运用语言学的相关理论视角切入翻译研究，从而揭开了翻译研究的一个新的层面（详情请参阅本书第一章相关内容）。

然而自 20 世纪 70 年代以来，西方译学界又出现了另一批目前我们国内翻译界还不很熟悉的学者，我把他们统称为西方翻译研究中的文化学派。这批学者接二连三地召开翻译研讨会，并推出多本会议论文集，以对翻译研究独特的视角和阐释揭开了当代西方翻译研究的另一个层面，即从文化层面切入进行翻译研究，其关注的重点也从此前的"怎么译"的问题转移到了"为什么这么译""为什么译这些国家、作家的作品而不译那些国家、作家的作品"等问题上。也就是说，这批学者的研究已经从翻译作为两种语言文字转换媒介的层面转移到了翻译行为所处的译入语语境以及相关的诸多制约翻译的因素上去了。这批学者的研究标志着当代西方翻译研究文化转向的开始，其中被公认为西方翻译研究文化学派的奠基之作的是美籍荷兰学者霍尔姆斯（James S. Holmes）的《翻译学的名与实》（The Name and Nature of Translation Studies）一文。

霍氏的这篇论文于 1972 年作为主题发言在哥本哈根第三届国际应用语言学会议上首次宣读。这篇论文有两点特别值得注意：首先是它的清晰的翻译学的学科意识。该文明确提出用 translation studies 一词、而不是 translatology 这样的陈词作为翻译学这门学科的正式名称。这个提议已经被西方学界所普遍接受，并广泛沿用。国内曾有个别学者望文生义，以为霍氏不用 translatology 一词就说明国外学者并不赞同"翻译学"这一概念，实乃大谬不然。其实在该文中霍氏已经详细地说明了他为何不选用 translatology 及其他如 the translation theory 或 the science of translation 等术语的原因——为了更好地揭示和涵盖学科的内容（请参阅本书第四章相关内容）。当然，对中国读者来说，有必要提醒的是，当我们看到 translation studies 一词时，应根据具体上下文确定其是指某一个研究领域还是指某一个学科。其次是它对未来翻译学学科内容以图示的形式所作的详细的描述与展望。在文中霍氏首次把翻译学分为纯翻译研究（Pure Translation Studies）和应用翻译研究（Applied Translation Studies）。在纯翻译研究下面他又进一步细分为描述翻译研究（Descriptive Translation Studies，DTS）和翻译理论研究（Theoretical Translation Studies，ThTS）；在应用翻译研究下面则细分出译者培训（Translator Training）、翻译辅助手段（Translation Aids）和翻译批评（Translation Criticism）三大块研究领域。

继霍氏之后，以色列当代著名文学及翻译理论家埃文—佐哈（Itamar Even-Zohar）以他的多元系统论（Polysystem Theory）对翻译研究文化学派起到了理论奠基的作用。他接过霍氏有关描述研究的话语，指出存在两种不同性质的研究：一种是描述性研究（descriptive research），另一种是规范性研究（prescriptive research），而文化学派的翻译研究就属于前者。这样，他就把文化学派的翻译研究与传统意义上的翻译研究明确区分了开来。1976 年，他在《翻译文学在文学多元系统中的地位》（The Position of Translated Literature Within the Literary Polysystem）一文中更是具体分析了翻译文学与本土创作文学的关系，并提出翻译文学在国别文学体系中处于中心或边缘地位的三种条件，在学界影响深远。

另一位学者、佐哈的同事图里（Gideon Toury）把霍氏勾画的翻译学学科范畴图作了一番调整并重新进行划分，使得翻译学的学科范畴、研究分支更加清晰。图里还提出，任何翻译研究应该从翻译文本本身这一可观测到的事实出发，而翻译文本仅仅是译入语系统中的事实，与源语系统基本无涉。这里图里与佐哈一样，实际上是进一步强调了 DTS 的基本立场，从而与此前以过程为基础、以应用为导向的翻译研究形成了本质的区别。佐哈与图里也被人称为翻译研究的特拉维夫学派，因为他们两人都在以色列特拉维夫大学任教。

进入 20 世纪 80 年代以后，美籍比利时学者勒菲弗尔（Andre Lefevere）

与英国著名比较文学家、翻译理论家苏珊·巴斯奈特（Susan Bassnett）或各自著书撰文，或携手合作，为翻译研究向文化转向作出了决定性的贡献。

勒菲弗尔同样以多元系统理论为基础，但他对以色列学者未曾充分阐释的意识形态因素进行了更为透彻的分析。他提出"折射"与"改写"理论，认为文学翻译与文学批评一样，是对原作的一种"折射"（reflection），翻译总是对原作的一种"改写"或"重写"（rewriting）。在《翻译、改写以及对文学名声的操纵》一书中，他更是强调了"意识形态"（ideology）、"赞助人"（patronage）、"诗学"或称"文学观念"（poetics）三因素对翻译行为的操纵（manipulation）。勒菲弗尔的改写理论以及他的三因素论成为文化转向后的西方翻译研究的主要理论支柱，以他为代表的文化学派也因此还被称为"操纵学派"或"操控学派"。

巴斯奈特是西方翻译研究向文化转向的坚定倡导者，她的专著《翻译研究》于1980年推出第一版后，又于1991年和2002年先后推出第二版和第三版，对西方翻译研究向文化转向起到了及时总结、积极引导的作用。她从宏观的角度勾勒出了翻译学的四大研究领域：译学史、译语文化中的翻译研究、翻译与语言学研究以及翻译与诗学研究。她在20世纪90年代写的一篇论文中更是明确阐述了翻译研究与文化研究相遇的必然性。她指出，两个领域的研究都质疑学科的边界，都开创了自己新的空间，关注的主要问题都是权力关系和文本生产，而且都认识到理解文本生产的操纵过程的重要性，因此两个学科的学者可以在很多领域进行更富有成果的合作。

巴斯奈特的话非常确切地点明了当代西方翻译研究的一个重要特征。事实上，从20世纪80年代末、90年代初起，西方翻译研究开始全面向文化转向，广泛借用当代各种文化理论对翻译进行新的阐释成为当代西方翻译研究的一个主要趋势。

譬如借用了解构主义的理论。研究者认识到，翻译不可能复制原文的意义，对原文的每一次阅读和翻译都意味着对原文的重构，译作和原作是延续和创生的关系，通过撒播、印迹、错位、偏离，原作语言借助译文不断得到生机，原作的生命才得以不断再生。

再譬如对女性主义理论的应用，不仅张扬了女性译者的主体意识，还直接影响到女性译者的翻译策略：她们借助补充（supplementing）、前言与加注（prefacing and footnoting）、劫持（highjacking）等策略，赋予译本以强烈的女性主义意识。

至于其他一些文化理论，如当代阐释学理论、后殖民理论、功能论等，也都为当代西方翻译理论提供了新的研究视角，从而赋予当代西方翻译研究以新的面貌。

最后，有必要一提的是，翻译研究的文化转向其实并不仅仅局限于我们所说的文化学派。最近二三十年来，一批从语言学立场出发研究翻译的学者，像哈蒂姆（Basil Hatim）、梅森（Ian Mason）、豪斯（Julian House）、斯奈尔—霍恩比（Snell-Hornby）、莫娜·贝克（Mona Baker）等，也正在尝试借鉴语言学的特定分支或特定的语言理论，如批评话语分析、系统功能语法、社会语言学、语用学、认知语言学等，将非语言因素纳入他们的研究视野，创建关于翻译的描写、评估或教学的模式，在探讨翻译语篇问题的同时也揭示世界观、意识形态或权力运作对翻译过程和行为的影响。他们的研究在一定程度上也同样透露出向文化转向的迹象和特征。他们不再像以往的语言学派学者那样把翻译仅仅看成是语言转换的过程，而同样意识到翻译是体现和推动社会的力量。在他们的理论框架和具体分析中，我们可以发现现代语言学以及翻译的语言学派对语言和社会关系的新认识。这些迹象表明，也许在当前西方的翻译研究界正在形成一支有别于以奈达等为代表的老一代语言学派的新一代语言学派，也许我们可以把他们称为当代西方翻译研究中的"第二代语言学派"。当然，目前这还仅仅是我个人的一个很不成熟的假设，我很希望对此现象感兴趣的专家学者对之能作进一步的科学论证，这对我们国内译学界全面深入认识西方翻译中的语言学派无疑是非常有益的。

国外译学界发生的这两个"转向"，尤其是其中的"文化转向"，与我们已经习惯和熟悉的立足于经验层面的翻译研究传统显然大异其趣，因此必然会对我们国内译学界产生很大的影响，在某种程度上甚至还会带来巨大的挑战。因此，如何全面把握当前国外翻译研究的最新理论走向，正确、理智地应对当前国外翻译研究所发生的一些最新变化，恐怕是我们每个从事翻译研究和教学的教师和科研人员，每个选修、研习当代国外翻译理论课的研究生和青年学者，都应该予以认真、严肃思考的问题。这里我想提出三点个人的想法，供大家参考。

第一，我觉得我们在研究当代国外翻译理论时，首先要转变一下在我国翻译界一个比较根深蒂固的观念。众所周知，在我国翻译界有相当一部分翻译家，也包括一部分翻译研究者，他们总认为当代国外的一些翻译理论，包括借鉴自各种文化理论的翻译理论，诸如解构理论、性别理论、后殖民理论、多元系统理论等，都是西方学者提出来的，它们属于西方，不适合中国的国情，它们只能解决西方翻译中的问题，不能解决中国翻译中的问题。更有甚者，他们不去对西方的翻译理论作一番认真深入的调查和研究，仅凭着自己的主观印象，就轻率断言，"西方译论只能解决低层次的科技翻译问题"，只有"中国译论才能解决高层次的文学翻译问题"，等等。

这种把理论简单地划分为东方和西方的做法，让我想起了几年前在一次学术会议上听到的北京大学严绍璗教授所说的一番话。他说："我们以前一直以为现代化是属于西方的，于是搞现代化就意味着搞西化。这种看法其实是不对的。现代化并不只属于西方，它是人类社会发展的必然阶段。"我觉得这话说得太对了。是啊，现代化的确并不只属于西方。人类发展到一定的阶段，就必然会进入到现代化阶段，从茹毛饮血到食用熟食，从学会用火到学会用电、用天然气、用核电，等等，人类迟早都要进入这个阶段，只不过是时间的先后而已。

如果说，自然科学给我们带来的是生活方式、工作方式、学习方式、物质条件等方面的改变的话，那么，社会科学、人文科学给我们带来的就是思维方式、认知角度、研究方法等方面的改变了。我在这里不需要举马克思主义的例子，因为我想没有人会以为马克思主义只属于西方，尽管这个理论是一位西方人提出来的。我就举操控学派的翻译理论为例，这个理论提出了翻译与政治、翻译与意识形态、翻译与特定民族的文学观念等因素之间的关系。翻译中的这些关系，难道仅仅是属于西方的吗？操控学派对这些关系的研究和分析，难道对我们没有借鉴意义吗？而国内译学界之所以有人对西方译论持拒斥态度，我觉得，这些人恐怕是把理论的发明权与某一理论所阐明的规律、所提供的认识事物的角度、研究方法等之间的关系混淆了。理论的发明权是有明确的归属的，但理论所提供的认识事物的角度、方法等，却并不局限于发明者本人所属的民族或地域。我想我们大家一定会同意这个结论：人类的先进文化并不只为某一方（西方或东方）所特有，它属于全人类。同样，先进的、科学的译学理论，它们是相通的，也并不为某一方所特有。翻译研究的一个重要任务就是要把理论、思想从某个特定民族的语言的"牢笼"下解放出来，让这些理论、思想归全人类所有。而我们某些从事翻译教学、翻译研究的同行们，反而要把这些已经"解放"出来的理论、思想，贴上"西方"的标签，然后坚决拒之门外，这不是很奇怪吗？

第二，我觉得我们还要改变一种思维方式。在我国翻译界有一种非此即彼，把不同译学理论对立起来的思维方式。在某些人看来，中国和西方的译学理论是对立的，语言学派与文艺学派是对立的，规范学派与描述学派是对立的，甚至认为从事翻译实践、从事翻译教学的人与从事翻译理论研究的人也是对立的。事实其实并非如此。不同国家、不同流派的理论，只是所要寻求解决的问题不一样，看问题的角度不一样，研究的层面和领域（范围）不一样。但它们研究的对象——翻译——是一样的，探讨的问题更是不乏相通之处。语言学派更多关注的是语言层面上的事，关注文本以内的问题，它回答不了文艺学派关注的问题。但同样，文艺学派也解决不了语言学派提出的问题。规范学派关心的是"怎么译"，而描述学派则要回答"为什么这么译"。这里不存在一个流派或学派颠覆另一个流派或学派的问题。它们是互为补充、相辅相成的。

当代国外（主要是西方）翻译理论的发展趋势是越来越多的学者从文化层面上去分析翻译现象，而并不关心如何翻译的问题。这与中国翻译界的现状相差很远，中国翻译界一直非常关心如何翻译、如何提高翻译的质量问题。于是，中国翻译界就有人以为西方的翻译理论没有用。其实，这是各人思考问题的层面、研究目标和要解决的问题不同，但它们彼此并不矛盾，也不对立。国内曾有学者担忧，引进当代西方的翻译理论后，我们是不是翻译时就不要讲"忠实"了，还有学者撰文称解构译论把我国译论中的"化境论""消解"掉了，等等。这些看法其实都是对当代西方译论的误解。

第三，我觉得我们要跟上当前国际译学研究的最新进展，就要努力关注国外学术界的前沿理论，同时积极、主动地调整我们自身的知识结构。从事翻译教学和研究的人员，大多是外语专业出身。按理说，多掌握一门外语，就等于多打开了一扇了解世界的窗户，多一份直接接触国外第一手材料的能力，我们的视野应该比其他学科的人更加开阔才是。但是，事实上，与中文系、哲学系、历史系的人相比，我们在知识面、在理论修养、在逻辑思维等方面，反而不如人家。这其中的原因，我觉得也许是跟我们的教学体制、教学的指导思想有关吧。我们的外语院系多把掌握外语作为最终目标，而不是把外语作为一种研究或从事某项工作的手段。这与国外、海外大学里的外语系不一样，与我们国家 1949 年以前大学（如北京的清华、上海的圣约翰等）的外语系也不一样。我们今天的外语系，就是学习外语，如果说有理论的话，那就是很少的一点语言学理论，而在知识面方面，也就是相当肤浅的一点相关语种的国家的文学史知识而已。

前不久曾听说有人在一次翻译研讨会上批评说，现在一些搞翻译理论的人的本事就是把简单的事情复杂化，把文章写得人家看不懂。此话一出，还博得一阵颇为热烈的掌声。其实，这话是似是而非、既对又不对的。说它对，是因为目前我们国内是有一些作者在写文章时，自己还没有弄懂相关理论的意思，便生搬硬套，甚至故意卖弄一些外来的理论术语。这样的文章是有问题，读者是看不懂。但这话又有不对的一面，因为它只看到作者一方的问题，却没有看到读者一方的问题。因为通常理论文章都不可避免地会使用一些专门的、甚至不无偏涩的理论术语，譬如我们前面提到解构理论时提到了"撒播""印迹""错位""偏离"等术语，如果读者不具备基本的理论修养，对这些术语不了解，他（她）如何能读懂德里达的文章呢？就如一位读者，他（她）如果都不知道"能指""所指"，只知道"手指"，那他（她）能读懂索绪尔的语言学论文吗？可见，看不懂理论文章的责任并不只是在作者一方，有时读者一方也是有责任的。所以，我觉得我们一方面要反对那些故弄玄虚、生搬硬套外国理论的文章，但另一方面也要正视自身的不足，不要作茧自缚，自满自足，自以为是，而要保持一种开放的心态，努力关注前沿理论，积极、主动地调整自己的知识结构，防止已有知识的老化、僵化、教条化，这样才能跟上时代的发展，适应时代的需要。

最后，交待一下本书的分工情况。本书由谢天振教授负责制定全书的框架结构、确定选文、组织译者翻译，并负责全书的最后校译和统稿。全书的"前言"和各章的"导言"作者分别为：

谢天振：前言，第八章"导言"；

江　帆：第一章、第四章"导言"；

刘　霁：第二章、第三章"导言"；

陈　浪：第五章"导言"；

卢玉玲：第六章、第七章"导言"。

每篇译文前的"导言"由译者本人负责撰写，由主编最后定稿。译者姓名见每篇译文的首页，在此不再一一列出。

由于我们的水平有限，本书在导读文字的编写，尤其是在论文的翻译方面，肯定存在着不少问题，我们诚恳希望有关专家学者和广大读者不吝指正。我们将在有机会再版时认真吸取各方意见，及时加以修正。

谢天振

2007 年 9 月

于上海外国语大学高级翻译学院

目　录

当代国外翻译理论导读

2

第一章

语言学派翻译理论

奥古斯丁发展了亚里士多德的"符号"理论，提出了语言符号的"能指""所指"和译者"判断"的三角关系，开创了西方翻译理论的语言学传统。20世纪初，索绪尔提出普通语言学理论，标志着现代语言学的诞生，也为当代翻译研究的各种语言学方法奠定了基础。西方翻译理论的语言学路线从传统语言学或语文学派人物开始，一直延伸到 21 世纪。沿这一路线虽然出现了各种不同流派的代表人物和理论方法，却存在着一个共同特征，就是以语言为核心，从语言的结构特征出发研究翻译的对等问题。

20 世纪是翻译研究的语言学派得到巨大发展的时期。20 世纪中叶以来，西方翻译学者开始从科学的、现代语言学的视角来讨论翻译问题，他们运用结构理论、转换生成理论、功能理论、话语理论等现代语言学理论，对翻译问题进行科学、系统的研究，开拓出翻译研究的崭新领域。他们的研究深入到对翻译行为本身的深层探究，通过微观分析来考察一系列语言层次的对等，较为科学、系统地揭示了翻译过程中的种种问题。严格说来，正是这些研究揭开了当代西方翻译研究史上的理论层面。翻译研究的这一语言学转向是西方翻译理论发展史上出现的第一次质的突破和飞跃，以至于在 20 世纪 40 年代到 70 年代初，翻译甚至被纳入语言学范畴，被当作比较语言学、应用语言学和语义学的一个分支。

一般认为，西方语言学派开始对翻译进行"科学"研究的标志是美国著名学者尤金·奈达（Eugene Nida）于 1947 年发表的《论〈圣经〉翻译的原则和程序》(*Bible Translation: An Analysis of Principles and Procedures with Special Reference to Aboriginal Languages*)。语言学派在地域上分布较广，其代表人物主要集中于英美，代表人物有奈达、卡特福德（J. C. Catford）、纽马克（Peter Newmark）、哈蒂姆（Hatim）等。除此之外，捷克布拉格学派的雅科布逊（Roman Jakobson），苏联的费奥多罗夫，法国的乔治·穆南（Georges Mounin），以及德国的斯奈尔—霍恩比（Snell-Hornby），也都是当代国外语言学派的突出代表人物。

雅科布逊于 1959 年发表论文《论翻译的语言学问题》(On Linguistic Aspects of Translation)，从语言学的角度对语言和翻译的关系、翻译的重要性以及翻译中存在的一般问题作出了详尽的分析和论述，为当代语言学派翻译研究的理论方法作出了开创性的贡献，被奉为翻译研究经典之作。在这篇论文中，雅科布逊首次将翻译分为三类：语内翻译（intralingual translation）、语际翻译（interlingual translation）和符际翻译（intersemiotic translation），这一分类方式准确概括了翻译的本质，在译学界影响深远。

尤金·奈达则是语言学派最重要的代表人物之一，著述极丰，其理论对西方当代翻译研究作出了很大的贡献。他提出了"翻译的科学"这一概念，是"翻译科学说"的倡导者；他在语言学研究的基础上，把信息论应用于翻译研究，认为翻译即交际，创立了翻译研究的交际学派；他提出了"动态对等"的翻译原则，并进而从社会语言学和语言交际功能的观点出发提出"功能对等"的翻译原则；他还就翻译过程提出"分析""转换""重组"和"检验"的四步模式。这些观点都在西方翻译理论发展史上占据了重要的地位。

然而，由于尤金·奈达的理论研究是建立在《圣经》翻译基础之上的，所以，他提出的动态对等原则乃至功能对等原则都过于注重内容而忽视形式，有一定的局限性。对此，语言学派的另一位代表人物、英国学者纽马克提出了不同意见。纽马克主要从事德英互译理论和实践的教学，在许多翻译理论问题上有独到的见解和认识，他提出了"交际翻译"和"语义翻译"的概念，与此同时，他还提出将"直译"和"逐行翻译"这两类翻译方法互为参照。纽马克认为，语义翻译和交际翻译的区别在于：后者产生的效果力求接近原文文本；前者则在目标语结构许可的情况下尽可能准确再现原文意义和语境。但同逐行翻译相比，语义翻译又更重视目的语的语法结构；和直译相比，语义翻译则更尊重语言的使用场合。他认为，交际翻译并非处处适用，在有些文体和场合当中，语义翻译仍然是非常必要的。

如果说纽马克较多针对其他翻译理论家的观点提出自己的意见，那么另一位英国翻译理论家卡特福德则以充满原创精神的论著为翻译研究作出了较大的贡献。他出版于 1965 年的《翻译的语言学理论》(A Linguistic Theory of Translation) 用现代语言学视角诠释翻译问题，引起很大反响。在该书中，他将翻译界定为"用一种等值的语言（译语）的文本材料去替换另一种语言（源语）的文本材料"，并指出"对等"是关键词，将寻求对等视作翻译研究和实践的中心问题。这一观点在译学界产生了很大的影响。卡特福德运用语言学家韩礼德的理论对翻译的不同语言层次进行描写研究，采用统计方法对所观察到的对等现象进行归纳，相当细致周密。《论翻译转换》（Translation Shift）一文就是这种研究方法的典型表现。

语言学派的研究其实并不仅仅局限在语言转换的层面，文化因素同样也是他们考察的对象。如奈达的动态对等原则和功能对等原则就是在考察不同文化语境差别的基础上提出的。随着语言学派各分支的发展，有相当一部分学者已经从语言学的角度对翻译中的跨文化问题提出了自己的见解。如阿拉伯裔的英国学者哈蒂姆运用语篇语言学和话语分析理论对跨文化交际的各种因素进行了深入的探讨，其中对意识形态因素的探讨更显示出敏锐的理论前瞻性。此外，德国的斯奈尔—霍恩比代表着有丰富语言学知识的新一代翻译理论家，她与"翻译研究派"有着学术上的较密切的联系，观点已经与文化学派相当接近，反映了语言学派最新的发展趋势。

本章选取了上述六位学者的论文，希望读者从中可以了解语言学派的主要代表人物以及他们最主要的学术观点。

论翻译的语言学问题[*]

罗曼·雅科布逊著

江　帆译

导言

　　罗曼·雅科布逊（Roman Jakobson，1896—1982），布拉格学派最有影响的代表人物和翻译理论家。他原籍俄罗斯，后移居捷克，最后加入美国国籍。他于1959年发表著名论文《论翻译的语言学问题》（On Linguistic Aspects of Translation），从语言学的角度对语言和翻译的关系、翻译的重要性以及翻译中存在的一般问题作出了详尽的分析和论述，为当代语言学派翻译研究的理论方法作出了开创性的贡献，被奉为翻译研究的经典论著。

　　在这篇论文中，雅科布逊站在符号学的立场上讨论了翻译问题。首先，他认为，所有的语词都是确定的语言学或符号学事实，我们解释语言符号的方式可分为三种：可以将其翻译成同一种语言内的其他符号，可以翻译成另一种语言，也可以翻译成非语言系统的符号。在此基础上，他首次将翻译分为三类，即：语内翻译（intralingual translation）、语际翻译（interlingual translation）和符际翻译（intersemiotic translation），这一分类方式对翻译的本质进行了高度准确的概括，产生了极为深远的影响。

　　接着雅科布逊分别分析了语内翻译和语际翻译，认为符号之间不可能存在完全的对等。他认为，语内翻译使用另外一个意思相近的词或是迂回的说明来对语词进行解释，然而，一般说来，即使是同义词也并非完全对等。而在语际翻译当中，信息可以对外来的符号单元或信息作出充分解释，但一般在符号单元之间没有充分的对等。因此，他给翻译作出如下定义："从一种语言到另一种语言的翻译是用其他某种语言的完整信息来取代原文信息，而不是使用分离的符号单元。"他认为，译者所做的工作是将自己获得的原文信息重新编码，翻译包括了两种不同符号系统中的两组对等信息。

　　他认为，任何现存语言中的所有认知经验及其分类都是可以传递的。一

---

[*] 本文选译自 Roman Jakobson, "On Linguistic Aspects of Translation," in *The Translation Studies Reader*, ed. Lawrence Venuti, London and New York: Routledge, 2000, pp.113-118。

旦出现词汇的短缺，就会出现外来词或外来词翻译、新造词、意义转换，最终出现迂回的解释以增加和修饰原有的词汇，并不会阻碍交流。

他还对翻译中的语法范畴的问题进行了详尽的分析。他首先认为，即使译语中缺乏某种语法工具，也不会使原文的整个概念性信息无法直译。如果在特定语言中缺少某种语法范畴，这种语法范畴的意义在翻译中可以用词汇方法表达。但他也承认，语法范畴是翻译中相当复杂的一个问题。因为不同语言的语法模式与词汇储备决定了语言中必须表达的语体。以英俄互译为例，因为英语和俄语语法模式所要求的信息不同，所以我们面对的是两套相去甚远的选择体系。此外，他以词的阴阳性为例，分析了俄语（以及斯拉夫语）、德语、希腊语的区别以及在翻译中遇到的困难，对语法范畴的问题进行了详尽的说明。

文章最后还从符号学的立场出发讨论了诗歌翻译。雅科布逊认为，句法范畴和词汇范畴——词根、前缀、音素及其组成部分，在诗歌中都承载着各自的意义，成为诗歌艺术的一部分。因此，他认为，诗歌从定义上来说是不可翻译的，只能进行"创造性转换"（creative transportation）——从一种诗歌形式到另一种诗歌形式的语内转换，从一种语言到另一种语言的语际转换，或是从一个符号系统到另一个符号系统的符际转换。"创造性转换"这一概念对文学翻译研究极富启迪意义。

正文

柏特兰·罗素（Bertrand Russell）认为："除非你熟悉'cheese'（奶酪）的非语言学特征，否则你不可能懂得'cheese'一词。"[①]然而，如果我们遵循罗素的基本教导，将我们的"重点放在传统哲学问题的语言学方面"，那我们就不得不说，除非你熟悉该词在英语词汇语码中被赋予的意思，否则你就不能理解"cheese"一词。任何不使用奶酪进行烹调的文化，其成员如果能认识到"cheese"在英语中的意思是"用凝乳挤压而成的食品"，而且他至少对"凝乳"一词在语言上是熟悉的，那他就能懂得英语"cheese"一词的意

---

① Bertand Russell, "Logical Positivism, " *Revue Internationale de Philosophie,* IV(1950), 18; cf. p.3.（原注）

思。我们从没吃过"ambrosia"（神的食物）和"nectar"（神的饮料），只是在语言上熟悉"ambrosia"和"nectar"以及"gods"（神）——享用这些东西的人；然而，我们理解这些词，也知道在怎样的语境下可能会用到这些词。

"cheese""apple""nectar""acquaintance""but""mere"这些词的意思，以及其他任何单词或词组的意思，都是确定的语言事实，或者用一个更确切、更广义的说法，是符号事实。有些人不是将意义赋予符号，而是赋予事物本身。要反对这种说法，最简单而又最正确的观点就是：没人"闻过"或"尝过""cheese"或"apple"的意思。没有符号就没有意义。没有语言符号的帮助，仅仅从非语言角度熟悉"干酪"或是"软酪"，是无法推断出单词"cheese"的意义的。要引入一个不熟悉的词，就需要一系列的语言符号。单纯的指认无法告诉我们"cheese"是所给样品的名称，是任何一盒软酪的名称，还是一般的软酪的名称，或是任何奶酪、任何奶制品、任何食物、任何点心的名称，或者也可能是一盒随便什么东西的名称。最终，这一单词是仅仅指所讨论的事物，还是暗含了给予、禁止销售或是诅咒的意思？（手指的动作真的可能意味着诅咒，在有些文化当中，尤其是在非洲，它是个不祥的手势。）

对我们而言，不管是语言学家还是普通的词语使用者，任何语言符号的意义都在于将该符号进一步翻译为另一种符号，尤其是那种"显露得更为充分的"符号。皮尔斯（Peirce）对符号的本质钻研得最深，他也坚持这样认为。[①]只要我们需要更为明确的意义，"bachelor"（单身汉）一词可以转化为更明确的"unmarried man"（未婚男人）。我们解释语言符号的方式可分为三种：它可以被翻译为同种语言的其他符号，可以被翻译为另一种语言，还可以翻译为非语言系统的符号。这三种翻译具有不同的名称标志。

1）语内翻译（intralingual translation）或是重述（rewording），它用同种语言内的其他符号来解释语言符号。

2）语际翻译（interlingual translation）或是真正的翻译（translation proper），它用其他某种语言来解释语言符号。

3）符际翻译（intersemiotic translation）或是跨类翻译（transmutation），它用非语言系统的符号来解释语言符号。

单词的语内翻译使用另外一个意思大致相近的词，或是求助于较冗长的说法来说明它。然而，一般说来，近义词并非完全对等，例如："Every celibate

---

① Cf. John Dewey, "Peirce's Theory of Linguistic Signs, Thought, and Meaning, " *The Journal of Philosophy*, ⅩⅬⅢ (1946), 91.（原注）

is a bachelor, but not every bachelor is a celibate."（每个独身主义者都是单身汉，但并不是每个单身汉都是独身主义者。）一个单词，或者说一个很地道的短语性单词，说穿了就是最高等级的符号单元，它只有靠对等的符号单元的组合才能被充分解释，也即以下符号单元组合所提供的信息："Every bachelor is an unmarried man, and every unmarried man is a bachelor."（每个单身汉都没结婚，每个没结婚的人都是单身汉。）和"Every celibate is bound not to marry, and everyone who is bound not to marry is a celibate."（每个独身主义者都必定不结婚，每一个必定不结婚的人都是独身主义者。）

同样，在语际翻译的层面上，一般在符号单元之间没有完全的对等，但种种信息可以对外来的符号单元或信息作出充分解释。英语中的"cheese"一词与它在俄语中的标准对应词"сыр"并不完全等同，因为"cottage cheese"就是"cheese"而不是"сыр"。俄国人会说："Принеси сыру и творогу."（把cheese 和 cottage cheese 拿来。）在标准俄语当中，只有用发酵方法生产的压缩凝乳制品才能被称为"сыр"。

然而，最常见的是，从一种语言到另一种语言的翻译是用其他某种语言的完整信息来取代原文信息，而不是使用分离的符号单元。这种翻译是一种转述：译者从另一种语言中接受了信息，再将其重新编码和转换。这样，翻译就涉及两种不同符号系统中的两组对等信息。

含有差异的对等是语言的主要问题，也是语言学的关注焦点。就像所有语言信息的接受者那样，语言学家也是其解释者。语言科学要解释任何语言现象，都必须用同一系统中的其他符号或是其他系统的符号来翻译相关的语言符号。任何两种语言的比较都暗含着对它们相互之间可译性的一种考察；对于广泛进行的语际交流实践，尤其是翻译行为，语言科学必须进行持续的考察。我们需要这种将所有对应语言单元的内涵和外延都给出了细致的比较性定义的字典，我们迫切需要这类词典，它们在理论和实践上都具有重要意义，其必要性和意义是怎样高估都不为过的。同样，在选择和界定语法概念这一方面，各类双语语法也应该界定两种语言在哪些地方是一致的，在哪些地方存在区别。

翻译理论和实践都充满了复杂性，还不时有人尝试借助于宣称不可译性的信条来了结这一"戈耳迪之结"①。沃尔夫（B. L. Whorf）生动地想象，"每个人，具有自然逻辑思维的人"，都会遵循以下推理："对于说话者来说，如

———————

① Gordian knot，戈耳迪之结，希腊神话，按神谕，能解开此结者即可为亚细亚国王，后来此结被亚历山大大帝解开。——译者注（以下注解中未标明为原注的均为译注）

果其语言背景对某些事实所提供的语言结构不相似，这些事实也就不相似"。①俄国革命的最初几年，有一些狂热的空想者在苏维埃报刊上提出激进的看法，要修正传统语言，尤其要除去那些误导性的表达方式，如"日出""日落"等。然而我们还是在使用这些托勒密天文体系的意象，这也并不意味着我们反对哥白尼体系，我们可以很容易地将我们所习惯的关于太阳升起和落下的谈话转化为地球旋转的图景，只因为任何符号都可以翻译为另一种符号，后者对我们而言，发展得更为充分，也更为精确。

说某种特定语言的能力意味着这种语言的能力。这种"元语言"的操作允许对所使用词汇进行修正和再定义。对象语言和元语言两个层面的互补性是由波尔（Niels Bohr）提出的：经验的痕迹一定是由普通语言来表达的，"每个单词的实际使用过程与对其进行严格定义的种种尝试都处于互补的关系"。②

任何现存语言中的所有认知经验及其分类都是可以表达的。一旦出现词汇的短缺，就会出现外来词或外来词翻译、新造词、意义转换，甚至出现冗长的解释，以增加和修饰原有的词汇。这样，在东北西伯利亚楚克奇族（Chukchee）新诞生的文学语言当中，"螺丝钉"被译为"旋转的钉子"，"钢"被译为"硬的铁"，"铁皮"被译为"薄的铁"，"粉笔"被译为"写字皂"，"钟表"被译为"敲打的心"。甚至还有看上去自相矛盾的解释方法，如"电力马车"（электрическая конка）（俄语中最早的不驾马的街车的名称），或是"飞的汽船"（科里亚克语［Koryak］中的飞机），仅仅是命名了一种带电的类似马车的东西和会飞的类似汽船的东西，但并不会阻碍交流，即使是双重自相矛盾的表达方式"冷的牛肉加猪肉热狗"也不会造成意义上的"杂音"和困扰。

译语中缺乏某种语法手段不会使原文所包含的整个概念性信息无法直译。传统的连词"and""or"如今有新的连词"and/or"加以补充，几年前有一本很诙谐的书 *Federal Prose – How to Write in and/or for Washington*③曾讨论过这些词。这三个连词当中，某种萨莫耶德（Samoyed，俄罗斯西伯利亚北部的蒙古人）语言中只出现最后一种。④尽管这些连词的详细用法有所不同，但在该书中可以看到，三种不同信息都可以翻译为传统英语或萨莫耶德语的不同形式。信息如下：（1）John and Peter（约翰和彼得），（2）John or Peter（约翰或彼得），（3）John and/or Peter（约翰和/或彼得）will come（要来）。传统

---

① Benjamin Lee Whorf, *Language, Thought, and Reality* (Cambridge, Mass., 1956), 317f.

② Niels Bohr, "On the Notions of Causality and Complementarity," *Dialectica*, Ⅰ (1948), 317f.

③ James R. Masterson and Wendell Brooks Phillips, *Federal Prose* (Chapel Hill, N.C., 1948), p.40f.

④ Cf. Knut Bergsland, "Finsk-ugrisk og almen sprakvitenskap," *Norsk Tidsskrift for Sprogvidenskap*, ⅩⅤ (1949), 374f.

英语中第（3）句的意思是 John and Peter or one of them will come.（约翰和彼得，或是他们当中的一个会来。）而萨莫耶德语当中的 John and/or Peter（约翰和/或彼得）both will come（都要来），是第（2）句约翰或彼得其中一个人要来的意思。

如果在特定语言中缺少某种语法手段，这种语法手段的意义在翻译中可以用词汇方法表达。双数形式，旧俄语"брата"，可依靠数词翻译为"two brothers（两个兄弟）"。如果源语中没有某种语法范畴，而译语中又有这种语法手段，那翻译时就更难忠实于原文了。如果我们要将英语的"She has brothers（她有兄弟）"译作某种区别双数和复数的语言，我们要么在"She has two brothers"（她有两个兄弟）和"She has more than two brothers"（她有不止两个兄弟）两种说法之间作出自己的选择，要么就让听众自己去作决定，说"She has either two or more than two brothers"（她有两个或者不止两个兄弟）。而如果某种语言没有"数"这一语法范畴，要将其译为英语，你就必须在两种可能性中作出选择——"brother"或是"brothers"，或者对接受者给出如下信息，提供两种选择："她有一个或是不止一个兄弟。"

正如博厄斯（Boas）所准确观察到的，语言的语法模式（与词汇储备相对）决定了特定语言中必须表达的语体："我们必须在这些语体间选择，必须选择这个或那个语体。"要准确翻译英语句子"I hired a worker"（我雇用了一个工人）[1]，俄国人需要补充信息，说明这个动作是否完成，这个工人是男是女，因为他必须在俄语中"雇用"这个动词的完成体（нанял）和未完成体（нанимал）之间作出选择，也必须在"工人"一词的阳性（работника）和阴性（работницу）之间作出选择。如果我去问说出英语句子的人，该工人是男的还是女的，我的问题可能会被认为是不相干的，或是莫明其妙的，然而要将这个句子译成俄语，这个问题却是非回答不可的。从另一方面来说，无论所选择的俄语语法形式如何翻译上述英语信息，都无法回答我是"hired"（曾雇用）还是"have hired"（已经雇用了）工人，也无法回答他（她）是泛指一位工人，还是指某个特定的工人（"a"或"the"）。因为英语语法模式和俄语语法模式所要求的信息不同，我们面对的是迥然相异的两套选择体系，因此，英语中同一个独立的句子在俄语中的一连串翻译，有可能使这类信息失去其初始的内容，反之亦然。日内瓦语言学家卡尔谢夫斯基（S. Karcevski）曾将这种逐渐损失比作不良现金交易的系列循环。但是，很明显，信息内容

---

[1] Franz Boas, "Language," *General Anthropology* (Boston, 1938), p.132f.（原注）

越丰富，信息就损失得越少。

　　语言的关键区别在于它们必须表达的东西，而不在于它们可以表达的东西。特定语言中的每一个动词都要求引起一系列具体的"是或不是"的问题。例如，所叙述的事件与它的完成状态是否有关？所叙述的事件是否在说话之前？很显然，如果听说双方都使用母语，他们的注意力会一直集中在这些事情上，这在他们的动词符号系统中是必须的。

　　语言的认知功能对语法模式的依赖是最小的，因为我们经验的定义与元语言操作是互补的——语言的认知层面不仅承认而且直接要求更隐蔽的解释，也即翻译。任何假设认知内容不可名状或是不可译的说法都是自相矛盾的。但是，在玩笑当中，在梦中，在巫术中，简单说来，也就是在我们所说的日常语言神话和诗歌当中，语法范畴承载了大量的意义输入。在这种条件下，翻译的问题就变得更为困难，并会引起争议。

　　甚至"性别"这一语法范畴，尽管常被认为仅仅是一种形式，也对语言群体的神话性态度起到很大的作用。在俄语中，阴性名词不能给男人命名，阳性词也不能修饰女性。对无生命名词的拟人性或比喻性解释，往往是受其语法"性别"的启发。1915 年莫斯科心理学院的一项测试表明，俄国人倾向于将一周中的每一天拟人化，他们一致将周一、周二、周四（понедельник, вторник, четверг）看作男性，将周三、周五、周六（среда, пятница, суббота）看作女性，而并没有意识到这是由于前三个名称是阳性的，而后三个名称是阴性的。在某些斯拉夫语中，周五是阳性的，在其他斯拉夫语中，它又是阴性的。这一事实反映在相应民族的风俗传统中，就表现为不同的周五的仪式。俄罗斯有一个流传很广的迷信说法，掉下的餐刀预示着男客的到来，而掉下的叉子预示着女客的到来，这也是因为在俄语中"餐刀"是阳性名词，而"叉子"则是阴性名词。在斯拉夫语和其他语言当中，"白天"是阳性的，"夜晚"是阴性的，诗人将白天表现为夜晚的情人。俄国画家列宾（Repin）对于德国艺术家把"罪恶"（sin）画成一个妇人感到奇怪，因为他没有意识到俄文中这个词（грех）在德语中是阴性的（die Süunde），而在俄语中是阳性的。同样，一个俄罗斯小孩在阅读翻译的德国传说故事时，他会惊讶地发现，在俄语中显然是个女人的死神（俄语中死神 смерть 是阴性），竟被描写成一个老头（德语中死神 der Tod 一词是阳性）。《生活——我的姐妹》，这是帕斯捷尔纳克（Boris Pasternak）诗集的题目，这句话在俄语中很自然，因为"生活"一词是阴性，但在捷克诗人霍拉（Josef Hora）试图翻译这些诗歌时，却感到一筹莫展，因为在捷克语中"生活"（život）一词是阳性的。

知道斯拉夫文学在其滥觞之初，最早碰到的问题是什么吗？说来令人惊讶不已，竟然是译者在如何保持"性"的象征意义上面临的困难，而这一困难又和实际认知毫不相干，这是最早的斯拉夫语原创作品的主要话题，该作品就是《福音书》（*Evangeliarium*）第一个译本的前言，由斯拉夫文字和礼拜仪式的创始人圣康斯坦丁（Constantine the Philosopher）写于 860 年，最近由维兰特（A. Vaillant）修复并翻译。①那位斯拉夫宗教导师说："把希腊语翻译成另一种语言时，不会总是按原样复制，任何语言的翻译都是如此。希腊语中的阳性名词如'河流'与'星星'，在斯拉夫语中都是阴性的。"维兰特的评论认为，正是这种分歧使得《马太福音》中两首诗中的象征，即把河流喻作魔鬼、而把星星认作天使的象征，在斯拉夫语的翻译中不复存在。但对于这一诗歌翻译上的障碍，圣康斯坦丁却坚决反对亚略巴古提的狄奥尼修斯（Dionysius）②的看法，后者认为应该主要注意词的认知价值（cognitive values），而不是词语（words）本身。

在诗歌中，词语的对仗是作诗的一个原则。按照相似和矛盾的原则，句法范畴和词法范畴，词根、前缀、音素及其组成部分（种种区别性因素）——简而言之，语言符号的所有组成成分——都会在相似和对立的基础上相对、并置并相互接近，产生关联，同时又自动承载各自的意义。发音相似可给人以意义相关的感觉。"双关"（pun）——或者用更书卷气、更精确的术语来说，"文字游戏"（paronomasia）——是诗歌艺术的主宰，不管其规则是绝对的还是有限的，诗歌就其定义而言是不可翻译的，只能进行创造性转换（creative tranposition）：从一种诗歌形式到另一种诗歌形式的语内转换，从一种语言到另一种语言的语际转换，或是从一个符号系统到另一个符号系统的符际转换，如从语言艺术转换为音乐、舞蹈、电影或绘画。

如果我们要将传统的说法"*Traduttore，traditore*"译为英语的"the translator is a betrayer"（翻译者就是叛逆者），那我们就剥夺了这一意大利语警句所具有的双关价值。因此，某种认知态度会迫使我们将这一警句转换成更明晰的表达，并来回答下面的问题：翻译者翻译的是什么信息？他叛逆的又是哪一种价值？

---

① Andre Vaillant, "Le Preface de l'Evangeliaire vieux-slave, " *Revue des Etudes Slaves*, ⅩⅩⅣ (1948), 5f. （原注）

② Dionysius the Areopagite，亚略巴古提的狄奥尼修斯，中世纪早期神秘主义神学的奠基者。

交际翻译与语义翻译（II）[*]

彼得·纽马克著

江　帆译

导言

　　彼得·纽马克（Peter Newmark，1916—　）曾任教于中伦敦理工大学和萨里大学，主要从事德英互译理论和实践的教学，在许多翻译理论问题上有独到的见解和认识，其代表作有 1981 年的《翻译问题探讨》（*Approaches to Translation*）、1988 年的《翻译教程》（*A Textbook of Translation*）、1991 年的《关于翻译》（*About Translation*）、1993 年的《浅论翻译》（*Paragraphs on Translation*）以及 1998 年的《再论翻译》（*More Paragraphs of Translation*）。他对翻译理论的研究涉及较广，在翻译类别、翻译性质和翻译规则等各个方面都提出了自己的见解。他自己的原创性理论不多，而多针对其他翻译理论家的观点提出自己的意见，但其观点相当独到中肯，在翻译理论界产生了较大影响。

　　纽马克对翻译理论的最大贡献是强调了交际翻译和语义翻译的区别，并对两种翻译的本质和适用范围进行了准确的阐释。这在一定程度上弥补了尤金·奈达交际翻译理论的局限。奈达的理论研究建立在《圣经》翻译基础之上，所以，他提出的动态对等原则乃至功能对等原则都过于注重内容而忽视形式，有一定的局限性。对此，纽马克提出不同意见，他提出了"交际翻译"和"语义翻译"的概念，并认为，语义翻译和交际翻译的区别在于：后者产生的效果力求接近原文文本，前者则在目标语结构许可的情况下尽可能准确再现原文意义和语境。他认为，交际翻译并非处处适用，在有些文体和场合当中，语义翻译仍然是非常必要的。

　　这里选取的是纽马克出版于 1981 年的论文集《翻译问题探讨》中的论文《交际翻译与语义翻译》（Communicative and Semantic Translation (II)），文章对语义翻译的意义和适用范围进行了准确和清晰的论述。在文章开头，纽马

---

　　* 本文选译自 Peter Newmark, "Communicative and Semantic Translation（II）," in Peter Newmark, *Approaches to Translation*, Oxford: Pergamon Press, 1981, pp.62-69，保留理论阐述部分，译例均作删节处理。

克对认为翻译仅仅是交际的观点进行了批驳，他认为所有的翻译在某种程度上都既是交际翻译也是语义翻译，只是重点有所不同。他进而指出交际翻译的四种局限：首先，译者心中有一个想象出来的读者，他想要符合译语的习惯用法，就常常会脱离原文来修饰、改正和完善他翻译的最新版本；其次，在交际翻译的过程中，很难确定到底在怎样的程度上简化和强调基本信息，因为读者群体所拥有的智慧、知识和情感是难以确定的；第三，交际翻译容易如同媒体那样愚弄读者；第四，也是最重要的一点就是，交际翻译的成功仅仅通过读者的反应来考察，未免不够客观。

接下来，为了阐明语义翻译的本质，纽马克引入"直译"和"逐行翻译"这两类翻译方法作为参照。他认为，同逐行翻译相比，语义翻译更重视目的语的语法结构；和直译相比，语义翻译则更尊重语言的使用场合。同时，为了说明语义翻译的本质，纽马克引用了学者纳博科夫和巴斯的观点，并分别对其观点进行了分析和批评。

谈到语义翻译的具体操作，纽马克将哲学文本与艺术文本进行了对比，认为哲学文本的信息元素更容易传达，因为它们讨论的是共性而不是特性，而在艺术文本中，译者不得不小心翼翼地进行翻译，他首先要对原作者忠实，然后要对译入语忠实，最后还要对读者忠实。纽马克以诗歌翻译为例，强调了审美价值或者说语义翻译当中诗意事实的重要性，他认为"语义"翻译者被要求对这些审美元素进行说明，而不一定要满足这个或那个读者。

最后，纽马克得出结论，他认为，交际翻译总是关注读者，但如果文本脱离了译语时间和空间，等效元素就不起作用了，而语义翻译最终针对的总是那些想要阅读或聆听的人。语义翻译在很多情况下仍然是适用和必要的。

正文

交际翻译与语义翻译的概念代表了我对普通翻译理论的主要贡献，我现在重新谈及它们是因为要修正和廓清这两个概念。

以一元论为基础的理论认为翻译基本上是一种交际方法，或者说是对一人或多人说话的一种方式，认为翻译和语言一样，仅仅只是一种社会现象，而以上两个概念的表述与这一观点是对立的。

考虑到翻译至少建立在三对二元对立体之上，它们分别是外国和本国文化、两种语言、作者和译者，而译本读者则将给整个过程造成压力——因此翻译似乎不能被概括到某一个理论中去。由此，过去所有的作者都定义了翻译的两种或三种方法，有时还只推荐一种，而贬低其他方法，如奈达（Nida）和纳博科夫（Nabokov）就是如此。在另一些情况下，如在施莱尔马赫（Schleiermacher）对翻译的著名定义当中，就让译者或者依赖于作者或者依赖于读者。最终，这些翻译讨论的背后是哲学观点的对立。现在据说是一个复制的时代，是媒体的时代，是大众交际的时代，而我认为社会因素只是真相的一部分，一直以来，技术和民主政治的进步过于强调这一因素了。因此，"表达性"的文本代表的是个体的、而非完全被社会化或是被制约了的声音。

必须承认，所有的翻译在某种程度上都既是交际翻译也是语义翻译，既是社会的又是个人的，只是重点各有不同而已。在交际翻译当中，原文中唯一被翻译的那部分意义（甚至可能与原意"相反"）是与译文读者对这一信息的了解相对应的部分。如果译者处理的是两种语言的标准化词汇，那就不会有问题。然而，如果译者心目中有一个拼贴想象出来的读者，要符合恰当的译语用法，他就常常不看原文而来修饰、改正和完善他翻译的最新版本。显然，这就有可能只捕捉住原文信息的极小部分。[①]交际翻译的许多问题之一就是要决定到底应该在怎样的程度上简化和强调基本信息。第二个问题是要找到一个方法，以确定读者群体所拥有的智慧、知识和情感中最为普遍的要素——不可避免，人们都把交际翻译当作大众交际。第三个问题是，一定不要如媒体常做的那样去愚弄读者。但最重要的问题是交际翻译的直观性本质，可以仅仅通过考察预期读者的反应来衡量它是否成功。

在重新思考语义翻译的时候，我首先要将它与直译区分开来。

在以前的文章中我曾将纳博科夫对语义翻译的定义改写为："试图确切翻译原文的上下文意义，又尽可能接近译语所允许的语义和句法结构。"（纳博科夫认为这才是真正的翻译。）我将这一翻译方法与交际翻译对立起来，后者也同样是真正的翻译，而且更受欢迎。

我现在进一步给出两个定义：

（1）逐行翻译（纳博科夫的词汇或结构翻译）：原文所有单词的基本意义都被译出，似乎与上下文分离，但仍然保持原文的词序。主要目的是理解源语的语言结构，或是为复杂的原文作译前准

---

① 此处删去一处译例。

备的过程。

（2）直译：原文词语的基本意义脱离上下文被翻译出来，但尊重译
　　　语的句法结构。

语义翻译和直译的基本区别是前者尊重上下文，后者则不然。如果一个比喻在译语中是无意义的，则语义翻译有时要对其进行解释说明。（然而，只有在译者确信读者不知道相关背景知识的情形下才会如此。）在语义翻译中，译者首先是忠于原作者；而在直译中，就整体而言，他忠实于源语语言的规范。

具有讽刺意味的是，纳博科夫（Nabokov，1964）自己也经常进行直译，而不是语义翻译，如以下这样的句子："She to, look back not daring, accelerates her hasty step." 很多次都要靠读者去查找繁多的注释，或是去看原文。他甚至说："为了达到直译的理想我牺牲了一切（优雅、谐音、清晰、好的品味、现代用法甚至语法），也即巧于模仿的人将其看得比真相还重要的一切东西。"他牺牲掉了"甚至语法"，也就违反了他自己的原则（尽可能接近另一种语言的句法容量）。

纳博科夫对翻译理论的贡献是巨大的，包括他对"释义派"的抨击、对闹哄哄的交际潮流的嘲弄，但他自己的实践与他的原则并不接近。

如果要问一个"语义"翻译者对原作者的首要职责是不是将文本的意义传达给读者，他的回答也许是"是"和"不是"。当然，如果不是现代文本，翻译必须以现代语言完成，这样它本身就会更靠近读者。甚至，如果语言包含了象征或表现的元素，而读者又完全不能理解，那么译者的职责就是至少要让理解成为可能。更进一步，在翻译哲学文本的时候，他也许会想要书写阿兰·巴斯（Allan Bass）所说的"组合式英语"（compound English）（见Derrida, 1978），这"是一种妥协的英语，我们能够理解它，而又能捕捉到尽可能多的原文文本"。但巴斯拒绝这种语言，而是更偏好一种自然的句法，再加上主题的细节解释，在括号里注上评点，这就迫使他即使在翻译短篇幅文章时所用的字数也是原作的三倍。巴斯相信译者的地位与心理分析家相似，后者试图将梦境的表象语言翻译为潜藏于内心深处的语言，这种说法和有关翻译的其他陈词滥调一样，起不到多大作用。一般说来，哲学文本比艺术文本的元素更容易传达，因为它们讨论的是共性而不是个性，多为解释和定义，而不是意象和象征，而且译者也会由此锁定他的目标。

从另一方面来说，在艺术文本中，原作者传达给读者和译者的东西同样

都不多。译者只是使得现代读者有可能去理解，去倾听，就像波洛尼厄斯（莎士比亚悲剧《哈姆雷特》中的人物）在壁柱后偷听一样。为何如此？因为译者一定会对原著的形式感到嫉妒，改用贡布里希的说法，这一形式"对思想进行修改、加工和说明"（Combrich, 1972）；形式如果被扭曲了（它不可避免地会被部分扭曲），也就扭曲了思想。这就是为何译者在翻译伟大文学作品或其他重要言论时都不得不小心翼翼，就好像走钢丝绳一样。他首先要对原作者忠实，然后要对译入语忠实，最后还要对读者忠实。

　　而且，在虚构作品尤其是诗歌当中，所有一般具体词汇都有其联想意义，因此也具有不含意象或喻体的隐喻所具备的某些力量。于是它们自己迟早也被用作意象和载体，成为比喻（每一年，在任何语义领域都会有普通词汇和流行词汇成为比喻）。当这些词汇被翻译的时候，它们就会失去其涵义和比喻意义，除非源语文化和译语文化之间存在着重叠之处。这样，一棵树在一种语言中可能象征或是模糊地表示进步、生命或力量，在另一种语言中就很少有这样的用法，译者也许需要用译语中具有对等涵义的客体来替换它（词越是普通，它的涵义就越多）。因为象征和引申涵义至少也是文本意义的一部分，"语义"翻译者有权对其进行说明，而不一定要满足这个或那个读者。

　　在以前的论文当中，我曾低估了语义翻译当中审美价值或者说诗意事实的重要性（而纳博科夫是忽视了这一点）。我认为济慈的以下格言是不言自明的：

> 美就是真，真就是美——这即是全部
> 你所知道的一切，你需要知道的一切。
>
> ——《希腊古瓮颂》

　　我认为诗意事实不带有固有或独立的意义，而是与文本当中不同类型的意义相互关联，如果译者破坏了诗意事实，他就削弱或扭曲了意义。这样，若译者使用粗糙的头韵或生造的词序，音韵和词序以及认知意义所传达的精细柔和之处就会被毁坏。审美价值依赖于以下因素：

（1）　结构——对翻译来说，就是文本的整体规划以及单个句子的形状与平衡；

（2）　比喻——可以唤起声音、触觉（包括温度和气候）、气息和味道的视觉意象；

（3）　声音——包括头韵、类韵、节奏、拟声词以及诗歌中的音步和韵脚。

在散文或诗歌中，译者不能忽视以上任何一个因素，尽管在原则上，针对每个文本，他可以重新安排这些因素，优先考虑认知意义。

纳博科夫在理论上是忽略诗意事实的，尽管它们实际上在他的一些早期译作中曾出现过。现在我要建议的是，如果在原文中存在审美因素，那么在翻译中就必须保留。[①]

语义翻译并不是一个机械的过程：要承认它比交际翻译更为客观，因为源语单词和句子（我将它们当作两种说明意义的方式）作为某种控制形式是操作性的。然而，译者也许一直会被原文中字面意义和引申意义的比例所困扰。而他牢记在心的是，在文学文本中引申和讽喻意义才是最重要的。

因此翻译理论不能是教条主义的，它必须允许和包容过于感性和随意的翻译。[②]然而，现在最显而易见的情况是，无论是交际翻译还是语义翻译，其标准都必须是它的准确尺度，以及它最大程度复制原文意义的能力：交际翻译中意义的根本是信息，而语义翻译中意义的根本是其（文本）意义，其不变的价值和重要性。诚然，在交际翻译当中，某些译者也能包容某种华丽的修饰、某个风格化的同义词以及某种谨慎的调整，尽管它们毫无必要，但只要它们是直截了当的，而且给读者留下了相当的印象就行。在语义翻译中，不准确的翻译总是错误的。通过展现卡夫卡《审判》的两种英语译本中的不充分翻译，科勒（Hans Keller, 1977）提出了自相矛盾的观点："不确定的文体敏感度仅次于对文学真相的确切认识,它也很好,但永远只是一个替代品。"科勒恰好选择了卡夫卡的《审判》的开头和结尾作为他的例子，而在这两处一对一的翻译是恰当的，也因此是必要的，单词的主要意义（在与法律有关的语境当中）必须译出。尽管科勒没能指出，在绝大多数的翻译问题中，"对文学真相的确切认识"是不存在的，译者在这里和其他地方所要求的也不是什么"对文学风格不太确切的敏感性"，但他的主要观点是对的。也就是说，当准确翻译（尤其是"标准语言"的准确翻译）可能达到的时候，是没有任何借口不准确翻译的。这里，翻译必须与当代的文化气候合拍，恰当自然地表现出开放、坦诚和真实，这和语境没有关系。

显然，还有很多东西有待考察。当我们考虑到语言的表达功能和翻译的时候，审美价值和意义真实之间的微妙关系要求我们作出更全面的讨论。在有意义的文本当中，语义真实是最重要的，而其他三种审美因素中，声音（例如头韵和尾韵）的重要性似乎要退后一步，韵脚似乎是最容易被放弃的因

---

① 此处删去几处译例。

② 此处删去一处译例。

素——即使在同一种语言中，押韵都太困难也太造作，复制韵脚有时则难上加难。结构总是重要的，它有自己的意义内涵，比如平衡、秩序、和谐和逻辑（或者是与它们相反的情况），这些内涵并不总是符合语篇的目的和主题。

近来发表的观点（例如 Wilss, 1978）都持续表明要寻找某种单一的普遍翻译理论，但是还有两个例外：迪勒和科内留斯（Diller & Kornelius, 1978）曾假设过以下两种类型的翻译：

（1）　基本翻译，这种翻译使原文作者和译文读者得以交流；
（2）　次级翻译，这种翻译让译文读者获知原文作者和读者之间存在着交流（包括文学和科学文本的翻译）。

以上名称和定义都很简洁，但将文学翻译看作"次级翻译"是不够的，而且正如我所认为的，它是与译文读者的交流，但不是与原文读者的交流。

但"基本翻译"和"次级翻译"与我的"交际翻译"和"语义翻译"大体上是对应的。迪勒和科内留斯（在一本很优秀的书里）没有分析两者的不同。其次，正如我在第一篇文章中所提到的，豪斯在基于她论文而形成的专著当中，将与源语文化相连的"显性"翻译和与源语文化无关的"隐性"翻译区分开来；功能对等（也即动态对等）只能在隐性翻译当中得到。尽管她区分了与源语文化"相连"和"无关"两种情况，但她还是认为隐性翻译也要求运用"文化过滤"（House, 1977）。

我假设在她的显性翻译和隐性翻译与我的语义翻译和交际翻译之间分别存在着一定的对应关系，但她并未解释两者的区别。"由于缺乏完整的语言—文化对比研究，对这两种类型翻译的评价就不可避免地包含有主观的阐释因素。"这只是含糊其辞，但她还是对流行的观点提出了挑战，那些观点认为所有一切都应该为译文读者而做，读者必须拥有一切，他是每一种文本类型和翻译过程的统一性和总结性要素。这是我不能接受的。

一方面，交际翻译和语义翻译并行存在；另一方面，极端的普遍主义与相对主义的语言观和处于这两个极端之间不同层次的语言观也并行存在着。

说到两种观点的极端，普遍主义观点认为，因为人们都有相同的思想和感觉，他们相互交流的时候应该没有问题，不管他们使用的是什么语言。而相对主义观点认为，人们的思想和感情是由他们所生长的不同语言和文化决定的，所以交流是不可能的。

交际翻译假定确切翻译可能存在，也可能完美。它读上去总是和原作一样，而且，如奈达所说，它一定看上去"自然"。如果原文是一个复杂的技术文本，它有可能和"表达性"文本一样难译，但它的困难通常存在于文本的模糊性（通常是写得不好的文本）或是译入语当中对应技术词汇的缺乏。尽管如此，译者还是有可以传达的信息，而信息总是可以传达的。基本说来，这是一个"普遍主义"观点。

从另一方面来说，不管是单词、句子还是文本，其完整意义都不可能被传达。在处理"表达性"文本的时候，译者的地位就是一个相对主义者。我并不像斯坦纳曾误导过的那样，认为这是"极端沃尔夫（Whorf）主义的"（Steiner, 1978），因为我们是分别进入单个个人的"语言世界"，而并不是整个种族的语言世界（斯坦纳把两者混淆了）。然而，文本的形式是重要的，并体现出自己的难以翻译之处。（有些学者曾说过，只要文本形式是信息的一部分，翻译就是"不可能"的。）而有一个"相反"的观点认为，假定原文作者拥有目前译入语的所有手段的话，译者的翻译就应该和作者的原文相同，以上两个观点其实都只是平淡乏味又毫无意义的真理。后者就如同以下说法一样绝对正确——"弹奏莫扎特的钢琴协奏曲应该用钢琴，而不是用古钢琴"。因为原文文本的形式重要，语义翻译读来也大可不必像原创的译语文本，但即使如此，这也只是语义翻译的外在约束，远非必须遵守的规定。在任何情况下，语义翻译读来都会像原创作品，是源语还是译语的原创则无关紧要。

斯坦纳（Steiner, 1978）曾经提醒注意乔姆斯基（Chomsky）《句法理论面面观》（*Aspects of the Theory of Syntax*, 1965）当中一段令人疑惑的话，这段话是："任意语言之间合理翻译过程的可能性依赖于足够的实义共性。事实上，尽管有很多理由让我们相信不同语言在很大程度上是在同一个模子里刻出来的，但没有理由认为翻译的合理过程是普遍可能的。"乔姆斯基给出的主要原因是，不存在"特定语言之间的点对点的对应"。这是一个引人注目的说法，暗示乔姆斯基认为所有的翻译应该是特定语言之间的翻译。他所说的"合理过程"意味着"不包括言外信息的"，却显然没有意识到语言翻译过程必须依靠上下文的支撑，有时还得靠"百科知识"来补充。在失落信息的情况下，就是对这一信息的补充。奇怪的是，乔姆斯基本来表现为普遍主义者，很尖锐地反对相对主义者，而他对翻译的态度却如此怀疑。但就我所知，他从未对这个问题表现出过任何兴趣，其相关态度应该不会太武断。

交际翻译总是关注读者，但如果文本脱离了译语的时间和空间，等效元素就不起作用了。因此，尽管是在向现代读者解释原文文本，翻译希波克拉底（Hippocrates）或盖仑（Galen）①的医学文本还是要努力厘清文本的所有事实——任何等效只是存在于想象中罢了。

最后，我并不认为"表达性"文本（特别是在伟大的文学当中）就不存在"信息"：相反，我认为它们的（道德）信息是其精华所在。但这一信息并非如很多宣传品那样，是简单或直接的，而是融入了文本的每一个部分。也正因为如此，语义翻译不得不与单词和句子作斗争，与作者的内在意义作斗争，它最终是针对那些想要（学习）阅读或聆听的人。

References

Chomsky, N. (1965) *Aspects of the Theory of Syntax*, Massachusetts Institute of Technology Press, Cambridge, Mass.

Derrida, J. (1978) *Writing and Difference*, translated by A. Bass, Routledge and Kegan Paul, London.

Diller, H. J. and J. Kornelius (1978) *Linguistische Probleme der Übersetzung*, Niemeyer, Tübingen.

Gombrich, E. H. (1972) *Symbolic Images*, Phaido, London.

House, J. (1977) *A Model for Translation Quality Assessment*, Gunter Narr, Tübingen.

Keller, H. (1977) "Retrial", *The Spectator*, 24 Sept. 1977.

Nabokov, A. (1964) *Eugene Onegin* (Pushkin), Bollingen, N.Y.

Nida, E. A. (1964) *Toward a Science of Translating*, Brill, Leidon.

Steiner, G. (1978) *On Difficulty and Other Essays*, Oxford University Press, London.

Wilss, W. (1978) *Übersetzungswissenschaft: Probleme und Methoden*, Ernst Klett, Stuttgart.

---

① 希波克拉底和盖仑分别为古希腊和古罗马医学家。

论翻译转换[*]

约翰·卡特福德著

江　帆译

导言

　　约翰·卡特福德（J. C. Catford，1917—　　）是著名英国翻译理论家，任教于爱丁堡大学应用语言学院。他以充满原创精神的论著为翻译研究作出了很大的贡献。他出版于 1965 年的《翻译的语言学理论》（*A Linguistic Theory of Translation*）用现代语言学视角诠释翻译问题，影响深远。在此书中，他把翻译界定为"用一种等值的语言（译语）的文本材料去替换另一种语言（源语）的文本材料"，并指出，在此替换过程中，"对等"是关键词。他还把寻求对等视作翻译研究和实践的中心问题。卡特福德运用语言学家韩礼德的理论对翻译的不同语言层次进行描写研究，采用统计方法对所观察到的对等现象进行归纳，极为细致周密。《论翻译转换》（Translation Shifts）一文就是这种研究方法的典型表现。

　　卡特福德在此文中首先定义了"转换"（shifts）这一概念，认为转换即是"在从源语到目的语的过程中偏离了形式上的对等"。他将转换分为层次转换（level shift）和范畴转换（category shift）。卡特福德首先以英俄互译为例，对层次转换进行了说明。他所说的层次转换，是指源语中处于某一语言层次的成分，在目的语中的对等物却处于另一个不同的层次上。例如原文中用语法层次表现的意义，由于在译文中缺乏确切的对应语法形式，就必须转向词汇层次，用词汇手段来表现应该表达的意义。

　　接着，卡特福德对范畴转换进行了详尽的解释。他认为，类型转换是翻译对形式对等的偏离。他将范畴转换分为以下几种：结构转换（structure shift）、类别转换（class shift）、单元转换（unit shift）和系统内转换（intra-system shift）。结构转换是指在翻译中发生于同一语法层次上的语言结构的变化，例如句子的词序发生变化，变化并未超越一定的语法等级；而当源语成分的翻

---

　　* 本文选译自 J. C. Catford, "Translation Shifts," in *The Translation Studies Reader*, ed. Lawrence Venuti, London and New York: Routledge, 2000, pp.141-147。

译对等物与原文成分不是同一类别，不在同一语法层次的时候，就出现了类别转换，如词类的改变；单元转换则是指等级的改变，它偏离了形式对等，源语某一等级上的语法单元的对等翻译是译语另一等级上的某一单元；最后一类是系统内转换，这个术语被用来描述那些在系统内部发生转换的例子，也即源语和译语拥有大致对应的系统，但翻译却选择了译语中并不对应的系统，这样的转换被称为系统内转换，例如英语和法语的名词系统皆有复数形式，但翻译时却并未将原文中的单、复数形式译为对应的形式。

对于最后一点，卡特福德以英语和法语的冠词互译为例，作出了极为细致、科学的描述性研究，以说明系统内转换的具体现象。他以法语的四种冠词——零冠词、定冠词、不定冠词和部分冠词为例，对法语文本当中的法语冠词在英语中的对等翻译进行了统计，给出6958例法语冠词的英语翻译在系统内转换的百分比，并绘制成表格。这个表格可以很清楚地说明，尽管法语冠词系统和英语冠词系统各自拥有的四种冠词在形式上一一对应，但在翻译中，并不完全存在形式对等，源语中的一种冠词往往被译语中的另一种冠词所取代。他的这一研究方法属典型的语言学的描述性研究方法。

正文

我们所说的"转换"，是指从源语到目的语的转变偏离了形式上的对等。主要有两种"转换"发生：层次转换（1.1）和范畴转换（1.2）。

1.1 层次转换　我们所说的层次转换，是指在源语中处于某一语言层次上的成分，在目的语中的对应物却处于另一个不同的层次。

我们已经指出，在语音层次和字体层次之间（或在这两个层次中任意一个与语法、词汇的层次之间）进行翻译是不可能的。这些层次之间的翻译被我们的理论决然排除在外，我们理论设定"与相同实质的联系"是翻译对等的必要条件。这样只剩下从语法到词汇层次的转换以及相反的转换，成为我们在翻译中唯一可能的层次转换；当然，这样的转换相当普遍。

1.11 在俄语和英语动词的"体"的翻译中，有时会遇到层次转换的例子。这两种语言都有体的对立，而且大致上属于同一类型，这一点在"过去时态"

中看得最清楚：俄语未完成体和完成体之间的对立（例如，pisal 和 napisal①），而英语有一般时和进行时（例如，wrote 和 was writing）。

然而，两套时态系统存在一个重要的区别，也即在"极点标志"（polarity of marking）上，两者是不同的。在俄语中，（以上下文的方式）在系统中标志出来的词是完成体；这一标志明确地指出事件的独特性和已完成特性。未完成体是不加以标志的——也就是说这种体在以上方面是较为中立的（事实上，事件可能是也可能不是独特的或已完成的，等等。但无论如何，未完成体对这些特性是不关心的，它不明确指涉这种"完成性"）。②

在英语当中，（以上下文的方式和词型变化的方式）标志出来的词是进行时；这一标志明确指出事件的发展即进展过程。"一般时"在这方面是中立的（事件或者在进行中，或者不在进行中，但一般时形式不明确指涉事件在这方面的特征）。

我们在下面的表格中指出这些不同。在此表格中，俄语和英语动词的体的系统中加以标志的词放在长方形的框中。

事件		
进行中	重复的	独特的，完成的
pisal		napisal
was writing		wrote

1.12 英语和俄语之间这种不同导致的一个结果是，俄语的未完成体的形式（例如，pisal）是可译的，用英语的一般式（wrote）和进行式（was writing）来翻译它都同样常见。但标志出来的形式（napisal / was writing）相互之间都是不可译的。

俄语作家可以用以下方法创造出一种对比的效果，即，使用一个未完成式，然后用一个（标志出来的）的完成式对其进行"超越"。在这种情况下，要想达到同样明晰的对比效果，对"完成"这一状态的指涉在译为英语的时候也许就应该换一个词。下面这个例子说明了这个问题：③

Cto ze delal Bel'tov v prodolzenie etix des'ati let？Vse il pocti vse. Cto on

① 这一拼写方式是俄语字母的对应英文字母转写，原文如此。下文俄语句子的拼写方式亦如此。

② 罗曼·雅科布逊（Roman Jakobson）1950 年在伦敦的一次讲座使我第一次注意到英语和俄语的这种不同。（原注）

③ 这是昂比冈（Unbegaun）在《俄语语法》（*Grammaire Russe*）一书第 217 页引用的赫尔岑（Herzen）的话。（原注）

sdelal? Nicego ili pocti nicego. （贝尔托夫这十来年都做过些什么事?全做过，或者说几乎全做过。然而他做成了什么事呢？没有，或者可以说几乎一件事都没做成。）

在这里，未完成体 *delal* 被完成体 *sdelal* "超越"了。*delal* 可译为"做过"（did）或"过去正在做"（was doing）——但是，由于没有上下文可以明确指涉事件正在进行，所以前一个翻译比较好。我们可以说："What did Beltov do …?（贝尔托夫做过些什么事？）"俄语的完成体标志出对完成的强调，就可以有效地对其进行超越："What did he *do and complete*（他做了些什么事，又做成了什么事？）"但英语的标志词语强调的是事件正在进行，所以在此不能使用。（"What was he doing"显然是不合适的。）在英语里，对这种情况我们必须在词汇上使用一个不同的动词：一个在其本身的语境含义中就指涉完成性的词语，例如"achieve"。[1]这样，整段文字可译为：

What did Beltov do during these ten years? Everything, or almost everything. What did he achieve? Nothing, or almost nothing. （贝尔托夫这十来年都做过些什么事?全做过，或者说几乎全做过。然而他做成了什么事呢？没有，或者可以说几乎一件事都没有做成。）

1.13 在其他语言之间的翻译当中，也存在着从语法到词汇的不完全转换，这样的例子十分常见。例如，英语句子"This text is intended for …（这篇课文是针对……）"，也许其法语的翻译对等物是"Le présent Manuel s'adresse à …"。这里，原文中的限定语 This 在语法系统中属于指示词，其译语对等物是限定词 Le présent，是一个冠词加上形容词。在法语中这样的例子是不稀奇的。再如这个例子："This may reach you before I arrive."等于法语中的 "Il se peut que ce mot vous parvienne avant mon arrivée."语法层次上的词 This 再次拥有了一个词汇层次上的部分翻译对等物 ce mot。[2]

1.2 **范畴转换** 我们在这里指的是不受限制的翻译和等级限制的翻译：前者大致是指"一般的"或"自由的"翻译，在这种翻译中源语和目的语之间的对等可建立在任何适合的语法等级上。这种对等常常会是句与句之间的

---

① 另一种可能是"What did he get done"，不过这种说法就文体而言不太令人满意。（原注）
② 例子引自维奈（Vinay）和达贝尔奈特（Darbelnet）的《英法语言文体对比》(*Stylistique comparée du français et de l'anglais*) 第 99 页。（原注）

对等①，但也不一定总是这样，文中的对等也许在不同的语法等级规模上发生或上或下的转换，而且往往是建立在比句子低的语法等级上。"等级限制的翻译"仅仅是指一些特殊的例子，其对等被有意限制在句子以下的等级上，这样就导致了"糟糕的翻译"，即在翻译中，译文或者完全不是正常的目的语形式，或者不能再现源语文本中的实际情境。

在一般的不受限制的翻译中，翻译对等可能产生在句子、从句、句群、单词和（虽然少见）词素之间。在下面的例子中，对等的范围就可直达词素的等级。如：

法语（源语文本）J'ai laissé mes lunettes sur la table.
英语（译语文本）I've left my glasses on the table.

然而，你往往不可能在源语文本和译语文本之间建立简单的同一级别的对等。源语的句群在译语中的对等物可能是从句，等等。

等级的变化（单元转换）绝非是这类翻译转换中唯一的变化，还存在着结构的变化、词类的变化、系统用语的变化，等等。其中有些变化，如结构变化，甚至比等级变化更为频繁。

正是这一类的变化，我们称之为类型转换；但显然，除非我们预设在源语和目的语之间存在某种程度的形式对等，否则我们谈及类型转换是没有意义的。事实上，这正说明我们的理论也认同形式对等。类型转换就是翻译对形式对等的偏离。

按照结构转换、类别转换、单位转换（等级转换）、系统内转换的顺序，我们在这里对类型转换给出简明的讨论和例证。

1.21 结构转换。在翻译的所有层次上，这是最常见的类型转换。它们在语音系统和字体系统的翻译以及整体翻译中都会出现。

1.211 语法的结构转换会在所有层次中出现。下面的英语译为盖尔语的例子就是句子结构的转换。

原文 John loves Mary. = SPC（约翰爱玛丽）（主谓宾）
译文 Tha gradh aig Iain air Mairi. = PSCA　（谓主宾状）
（如果逐字回译为英语，盖尔语翻译的意思是：Is love at John on Mary.）

只有在认为英语和盖尔语之间存在形式对等的前提之下，我们才能认为

---

① 特沃德尔（W. Freeman Twaddell）使我注意到以下事实，即在德英翻译中，对等可能常常建立在德语的句子和英语的比句子更大的语法单元（例如段落）之间。（原注）

这是一个结构转换。我们必须假定，英语的句子成分——主语、谓语、宾语、状语在盖尔语中有形式对等的成分——主语、谓语、宾语、状语。这个假定看来是合理的，因此我们就可以说盖尔语的"谓主宾状"结构作为英语"主谓宾"结构的对等物，体现出了一种结构转换，因为它包含了不同的成分。

然而，盖尔语的句子不仅包含了不同成分，还将其中的两个成分（主语和谓语）以不同的顺序放置。那么，假如"主谓"是英语中唯一可能的顺序（就如同"谓主"在盖尔语中那样），我们就可以忽略顺序的问题，而只看特定的成分，主语和谓语。那么，就"主语和谓语在两种语言中都会出现"这一点而言，英语和盖尔语的结构是相同的。但在英语中，顺序是至关重要的，所以我们将其看作是结构特征。那么，在这一方面，在翻译中也发生了结构转换。

1.212 另外一对例子可使这一点更加清楚，我们来将一个发生了结构转换的例子和没有发生结构转换的例子进行对比。

> A. 英语：The man / is / in the boat.
> 　　　　　（主）　　（谓）　　　　（状）
> 盖尔语：Tha / an duine / anns a'bhata.
> 　　　　（谓）　　　（主）　　　　（状）

> B. 英语：Is / the man / in the boat?
> 　　　　（谓）　　　（主）　　　（状）
> 盖尔语：Am bheil / an duine / anns a'bhata?
> 　　　　　（谓）　　　（主）　　　　（状）

在例子 B 当中，句子顺序在形式上是完全对应的（不存在结构转换）。在例子 A 当中，在句子层面上存在结构转换。

这两个例子事实上给我们提供了一种转换方式，确立了下面一种翻译对等：

A. 英语（SP）盖尔语（V^A at P）
B. 英语（PS）盖尔语（V^I at P）

也就是说，当英语句序结构是"主谓"的时候，盖尔语对等翻译中作为谓语成分出现的动词类别是肯定形式；当英语句序结构是"谓主"的时候，盖尔语对等翻译中作为谓语成分出现的动词类别是疑问形式。

这两个例子其实说明了两种不同类别的翻译转换。在 A 中是结构转换，在 B 中是单元转换，因为在这个例子当中，盖尔语对应词在小句层面的特征表现为在词组等级的系统中选择了一个特别的词语。

1.213 结构转换可能在其他等级找到，例如在词类层面。例如，在英法翻译中，"修饰词+主词"的结构经常会转换为"修饰词+主词+限定词"的结构。例如，a white house 和 Une maison blanche。

1.22 类别转换。沿用韩礼德（Halliday）的说法，我们将"类别"定义为"特定单元中的一群成员，它们由上一级单元的结构运作来定义"。当源语成分的翻译对等物与原文成分不是同一类别的时候，就出现了类别转换。因为类别在逻辑上是依赖于结构的（上一级的单元结构），显然结构转换总会带来类别转换，尽管这可能只在较为微妙的次要等级上表现出来。

例如，在上面 1.213 给出的例子（a white house = Une maison blanche）当中，英语形容词"white"的对等翻译是法语形容词"blanche"。既然"white"和"blanche"都属于形容词类别，在形式上对应，就不存在明显的类别转换。然而，在更微妙的层次上，我们也许会辨别出两类形容词：一类是作为修饰语的形容词，一类是作为名词结构中的限定语的形容词。（限定语形容词在法语里有一些，在英语里很少。）既然英语的"white"是修饰形容词，而法语的"blanche"是限定形容词，那么显然两者间的转换带来了类别转换。

在其他例子当中（还是以英语和法语的名词结构互译为例），类别转换就更明显了。例如，英语的 a medical student（一名医科学生）等于法语的 un étudiant en médecine。这里，作为修饰语的形容词 medical，其对等翻译是作为限定语的副词短语 en médecine；形容词 medical 的对等词语是名词 médecine。

1.23 单元转换。我们所说的单元转换是指等级的改变——它偏离了形式对等，源语某一等级上的单元的对等翻译是译语另一等级上的某一单元。

我们在前面已经看到了几个单元转换的例子。更恰当的术语也许是"等级转换"，但鉴于韩礼德的语法理论已经给这个术语赋予了不同的技术含义，我们在这里也就不能使用这个词了。

1.24 系统内转换。正如 1.2 所呈现出来的，我们列举出各类翻译转换，这样，人们也许会认为"系统转换"和影响其他基本语法范畴（如单元、结构和词类）的转换类型是一起发生的。我们之所以不把这一类的转换称为"系统转换"，是由于这种转换仅仅意味着以如下方式偏离形式对等：在源语某一系统中起作用的表达方式在译语中的翻译对等物是另一个不对等的系统中起作用的表达方式。很明显，这种从一个系统到另一个系统的转换总是由于单元转换和类别转换所引起的。例如，1.212 中的例子 B，在盖尔语当中，英语句子结构（谓主）的对等物表现为一种特定的动词类别（疑问动词）。我们可以认为，这是一个系统转换，因为"谓主"这样一个句子类别系统的表达方式被"疑问动词"取代了，而这一表达方式属于（形式上不对应的）"动词结构"这一类别系统。当然，其实也没必要这样分析，因为这样的转换总是暗含在单元转换里面的。

我们使用系统内转换这个术语是为了描述那些在系统内部发生转换的例子。也即，就构成而言，源语和译语拥有大致对应的系统，但翻译却选择了译语中并不对应的系统。

比如，英语和法语拥有大致对应的"数"的系统。在两种语言当中，系统都在名词组群中发生作用，在句子中都表现出主谓一致的特征，等等。另外，在两种语言当中，系统都具有单数和复数两种形式，这两种形式也都可看作是形式对应的。但两种形式的表达方式在两种语言中是不同的——例如，在英语中是 case 和 cases，在法语中是 le cas 和 les cas——但作为数的系统的表现形式，单数和复数在某种程度上是形式对应的，至少在两种语言当中，一般都认为复数形式要加上词汇标记。

然而，翻译经常会与这种形式对应发生背离，例如，英语中的单数形式在法语中的对等物是复数，或是相反。

例如：

advice = des conseils

news = des nouvelles

lightning = des éclairs

applause = des applaudissements

trousers = le pantalon

the dishes = la vaisselle

the contents = le contenu etc.[1]

我们或许还认为英语和法语拥有形式对应的指示系统，尤其是冠词；据说它们都有四种冠词——零冠词、定冠词、不定冠词和部分冠词。于是这就诱导我们建立两种系统表达方式之间的形式对应，如图所示：

---

[1] 参见维奈和达贝奈特《英法语言文体对比》第 119～123 页。（原注）

	法语	英语
零冠词	—	—
定冠词	le，la， l'，les	the
不定冠词	un, une	a, an
部分冠词	du, de la, de l', des	some, any

然而，在翻译中，有时恰巧对等的冠词并不是系统中形式对应的表达方式：

Il est – professeur.	He is *a* teacher.
Il a *la* jambe cassée.	He has *a* broken leg.
*L'*amour	love
Du vin	Wine

在以下表格中我们给出的是法语文本当中的法语冠词在英语中的对等翻译。在单词层面，法语冠词拥有英语对等物的有 6958 例，这里给出的数字是百分比，以 le 下面的 64.6 为例，是说法语的定冠词（le, la, l', les）在 64.6% 的情况下以英语定冠词作为翻译对等物。[①]将每个百分比除以 100，我们算出对等可能性——这样，我们就可以说，在上述限制之内，法语的"le"等定冠词在英语中的对等翻译是"the"的情况有近 65 的可能性。

法语	英语				
	零	the	some	a	（other）
零	67.7	6.1	0.3	11.2	4.6
le	14.2	64.6	—	2.4	18.9
du	51.3	9.5	11.0	5.9	22.4
un	6.7	5.8	2.2	70.2	15.1

从这个表格可以很清楚地看到，翻译对等并不完全与形式对等相对应。最引人注目的偏离就是法语的部分冠词 du，它最常见的对等物是零翻译，而不是 some。如果想在英语和法语冠词系统的特定表达方式之间建立任何形式对等，以上统计结果就对此提出了质疑。

---

① 我要感谢哈德森博士（Dr. R. Huddleston）提供这一信息。（原注）

论对等原则[*]

尤金·奈达著

江　帆译

导言

　　尤金·奈达（Eugene Nida，1914—2011）是西方翻译理论语言学派最重要的代表人物之一，著名语言学家和翻译理论家，长期供职于美国《圣经》公会翻译部。他著述极丰，代表性专著有：《翻译科学探索》（*Toward a Science of Translating*，1964）、《翻译理论与实践》（*The Theory and Practice of Translation*，1969，合著）、《语言结构与翻译》（*Language Structure and Translation: Essays by Eugene Nida*，1975）、《从一种语言到另一种语言》（*From One Language to Another*，1986，合著），以及《语言与文化：翻译中的语境》（*Language and Culture: Contexts in Translating*，2001）等。奈达第一个提出"翻译的科学"这一概念，并在语言学研究的基础上，将信息论用于翻译研究，开创了翻译研究的交际学派。他还提出"动态对等"的翻译原则，进而从社会语言学和语言交际功能的观点出发提出"功能对等"的翻译原则，并针对翻译过程提出了"分析""转换""重组"和"检验"的四步模式。

　　《论对等原则》（Principles of Correspondence）一文集中而完整地阐发了奈达的动态对等思想。在文章开头，作者就承认，语言之间不存在绝对的对等，所以必须辨别翻译的不同类型，以确立不同的对等原则。接着他根据信息的本质、作者的目的以及译者的目的、受众的类型这三个基本因素，对翻译进行了分类，即根据信息的本质，确定内容和形式何为翻译的主要考虑因素；根据作者及译者目的，确定翻译的预期目的是提供知识、引起情感反应，还是建议某种特有的行为举止。在最后一种情况下，他希望读者达到完全的理解，并使翻译完成某种祈使功能。

　　与此同时，奈达还分析了翻译中译语文化和源语文化关系的三种类型，这三种关系是由语言和文化之间的距离决定的。在此基础上，他总结出翻译

* 本文选译自 Eugene Nida, "Principles of Correspondence," in *The Translation Studies Reader*, ed. Lawrence Venuti, London and New York: Routledge, 2000, pp.126-140。

的两种基本导向。他认为，等值有两种不同的基本类型：其一可称为**形式对等**，其二可称为**动态对等**。形式对等关注信息本身的形式和内容两个方面。在这样的翻译当中，人们关注诸如从诗歌到诗歌、从句子到句子、从概念到概念这样的对应。从这种形式导向来看，接受语的信息应该尽可能和源语当中的不同元素对应。而与此相对的是以"等效原则"为基础的动态对等。在以动态对等为导向的翻译中，翻译的标准是"接受者和信息之间的关系应该和源语接受者和原文信息之间存在的关系相同"。他同时强调，动态对等的翻译以完全自然的表达方式为目标，译者并不坚持读者理解源语语境中的文化模式，而是尝试将接受者与他自己文化语境中的行为方式联系起来。

作者认为，如果翻译想要满足（1）有意义、（2）传达原作的精义和风格、（3）拥有自然易读的表达形式、（4）产生类似的反应这四个基本要求，那么显然，到了一定时候，内容和形式（或是意义和风格）之间的矛盾就会显得尖锐明晰，其中之一必然要被放弃，非此即彼。

接着奈达分别分析了支配形式对等翻译和动态对等翻译的基本原则：前者以原文为中心，尽可能地显示出原文信息的形式和内容；后者则着重接受者的反应，而不完全集中于原文的信息。

"动态对等"原则在《圣经》翻译中起到了很大的指导作用，在翻译一些以传达信息为主的文本类型时也能适用。然而它过于强调译文的交际性和易懂性，因此也存在着一定的局限，如果应用于文学翻译，有可能导致风格的失落和文学性的削弱。

正文

没有哪两种语言是完全一致的，无论是对应符号被赋予的意义还是这些符号排列为词组和句子的方式，既然如此，就有理由认为语言之间不存在绝对的对等。这样，也就不存在完全精确的翻译。翻译的整体影响可能接近原文，但细节不可能完全等同。韦斯特（Constance B. West, 1932:344）清楚地陈述了这个问题："任何从事翻译的人都签下了一项债务契约。要偿还债务，他不是付给同样的货币，而是付给等量的钱。"我们无法想象翻译的过程能够避开译者的某种解释，事实上，正如罗塞蒂（D. G. Rossetti）在1874年所说：

"翻译或许就是最直接的评论形式。"（Fang, 1953）

翻译的不同类型

如果不辨别翻译的多种不同类型，任何关于翻译对等原则的表述都不可能完整（Herbert P. Philips, 1959）。传统上，我们曾倾向于认为，自由或解释性的翻译与紧贴原文的或逐字逐句的翻译是对立的。其实除了这两个极端以外，还存在着很多不同等级的翻译。例如，有些翻译是绝对的直译，比如说行间翻译；而有些翻译则高度注重一致关系——例如，源语中同样的单词总要翻译成接受语的一个（而且只有一个）单词。有些翻译可能不存在人为的形式限制，但却依然可能过于传统，甚至到了仿古的地步。有些翻译以非常接近的形式和语义对等为目标，但仍然辅以大量的注释和评论。与信息的传达相比，很多人更为关注的是在读者当中营造一种情绪，以和原文所传达的情绪相同。

翻译的不同大致可归结为翻译中的三个基本因素：（1）信息的本质；（2）作者目的以及相应的译者目的；（3）受众的类型。

在信息当中，主要考虑的因素到底是内容还是形式？又是在怎样的程度上如此？不同信息的主要区别即在于此。当然，信息的内容不可能完全从形式中抽象出来，形式也不可能和内容分开；但是，在有些信息当中，内容是最重要的考虑因素，在其他的一些信息当中，则必须优先考虑形式。比如，在《山上宝训》①中，尽管存在着重要的风格特质，但信息的重要性大大超过了对形式的考虑。从另一方面来说，《旧约》中的一些离合体的藏头诗歌则显然是为了适合非常严格的形式上的束缚而设计的。但即使是信息的内容，在对译语接受群体是否适用这个方面，也存在很大的不同。例如，玻利维亚的包尔（Bauré）印第安人有一个民间传说，说的是一个巨人跳起象征性的舞蹈引导百兽。这个故事对英语听众来说尽管是有趣的，但对他们来说，它的重要意义远比不上《山上宝训》。甚至印第安人自己也认为《山上宝训》比他们最喜爱的"为何如此"（How-it-happened）的传说更有意义。与此同时，对这些印第安人来说，《山上宝训》当然会比《利未记》②中的某些段落更重要。③

---

① The Sermon on the Mount，耶稣在晓谕他的预言时的一系列基本教义，见《马太福音》5:1~7:29。

② Leviticus，《旧约全书》中的一卷。

③ 因为他们的传说中有类似故事。

与散文相比，在诗歌当中我们显然更关注形式的因素。这并不是说在诗歌翻译中必须牺牲内容，而是因为内容本来就必须紧紧压缩在特定的形式土壤之中。只在极少数的情况下，翻译可以同时复制形式和内容。所以一般说来，形式往往因为内容而被牺牲掉了。从另一方面来说，译成散文的诗歌不是原文的充分对等物，虽然它可能复制概念内容，却大大缺乏对情感强度和原诗风味的再现。然而，有些类型的诗歌译为散文是由于重要的文化上的考虑而决定的。例如以英语诗歌形式重现的《荷马史诗》，对我们来说总是显得古奥怪异——因为它丝毫不具备荷马自然而生动的风格特征。其中一个原因是我们不习惯以诗歌形式讲述故事。在我们西欧的文化传统当中，这样的史诗一般是和散体文联系在一起的。正因为如此，里欧（E.V. Rieu）选择散体而不是诗歌形式作为更适合的媒介来翻译《伊利亚特》和《奥德赛》。

译者的种种特定目标也是决定翻译类型的重要因素。当然，可以预设译者的目标一般是和原作者的目标相类似，或者至少是相容的，但事实却并非总是如此。例如，圣布拉斯（San Blas）的故事讲述者只想逗乐他的听众，但如果是人种学家翻译这些故事，他们更关注的也许是为读者提供对圣布拉斯人的性格结构的思考。译者目标是研究翻译类型时的首要考虑因素，译者以其主要目标为基础，选择传达特定信息的具体方式。

译者的首要目标可能是内容和形式两方面的信息。对这样的信息类型的翻译，其预期反应在很大程度上是认知方面的，例如人种学家对来自信息提供者的文本的翻译，哲学家对海德格尔的翻译。另一方面，以信息为主的翻译也有可能是为了引起读者或听者愉悦的情感反应。

译者目标所涉及的可能远远不止信息。比如说，他可能会通过翻译的方式建议某种特有的行为方式。在这种情况下，他可能希望达到完全的理解，而且可能在细节上作一些小小的调整，使读者在自己的环境中完全理解信息的内涵。在这种情况下，如果接受者说"这个我们可以理解"，那译者是不会满足的，此时他更想得到如下反应——"这对我们很有意义"。就《圣经》翻译而言，人们也许能够理解词组"改变某人有罪的思想"就是"忏悔"，但如果在苏丹的希鲁克语[1]当中，对忏悔的说法是"在面前的地上吐痰"。如果这样，译者显然就会追寻这一更有意义的成语。同样的例子如"洁白如雪"，如果接受语言的民族对雪并不熟悉，他们就会用"洁白如白鹭羽毛"这个短语来意指所有非常白的东西。

---

① Shilluk，希鲁克语，苏丹的尼罗特人使用的语言。

更大程度的调整可能出现在具有祈使功能的翻译当中。这时译者不仅觉得必须要建议一种可能的行为方式，而且要令这种行为明确而具有强制性。他不满足于人们只是理解他的翻译方式，而是坚持要给人一个明确无误的翻译。

除了信息的不同类型和译者的不同目标以外，我们还必须考虑预期受众的解读能力以及他们的潜在兴趣存在何种程度的差别。

任何语言的解读能力至少包括四个主要层次：（1）儿童能力，其词汇和文化经验均很有限；（2）初识文字者的双重标准能力，能自如解读口头信息，但解读书面信息的能力有限；（3）成人识字者的平均能力，可以相对自如地处理书面和口头两种信息；（4）专业人士（如医生、神学家、哲学家、科学家等）在解读其专业领域信息时非同一般的高强能力。由此可见，为儿童所作的翻译不可能和为专业人士准备的翻译一样，针对儿童的翻译也必须和针对初识文字的成人的翻译有所不同。

预期受众不仅解读能力不同，其兴趣也各不相同。例如，有些翻译是为了激发读者兴趣，有些翻译却是针对急于学习组装一台复杂机器的读者，两类翻译就很不相同。此外，一个译者翻译非洲神话，他的读者只是想满足自己对陌生地方和陌生人的好奇；另一个译者翻译同样的东西，针对的是语言学家，而语言学家对于作为翻译基础的语言结构比对新奇的文化更感兴趣。这样也会产生两种不同的翻译。

翻译的两种基本导向

既然是"确切说来，不存在同一的对等物"（Belloc, 1931；1931a: 37），那么我们在翻译中就必须尽可能寻找最接近的对等物。然而，对等存在两种不同的基本类型：其一可称为形式对等；其二可称为动态对等。

形式对等（formal equivalence）关注信息本身的形式和内容两个方面。在这样的翻译当中，译者关注的是诗与诗、句与句、概念与概念之间的对应。从这种以形式为导向的立场看，译者更关心的是，接受语的信息应该尽可能地和源语中的各种因素分别对应。这就意味着接受文化中的信息要不断地与源语文化中的信息相比较，以确定精准和确切的标准。

最能完整而典型地反映这种结构对应的翻译类型或许可被称为"注译"（gloss translation）。在这种翻译中，译者试图在字面和意义上尽可能复制出原文的形式和内容。这种翻译可能是某些中世纪法语文本的英译，其读者对象是某些学习早期法国文学的学生，他们不需要知道有关原文语言的知识。他们要求的是一个相对近似物，在形式上（句法和成语）和内容上（主题和观念）都相对接近早期法语文本的结构。这种翻译需要很多脚注，以便读者完全理解文本。

这种类型的注译是为了让读者尽可能地把自己当成原文语境中的读者，并且尽其所能地理解其中的风俗、思维方式以及表达方式。例如像"holy kiss"（圣吻）这样的词组（《罗马书》①:16:16），在注译当中会照原文直译，不过也许会加上一个脚注，以说明这是《新约》时代的习惯性问候方式。

与此相对，试图获得动态对等而不是形式对等的翻译则以"等效原则"（the principle of equivalent effect）为基础（Rieu and Philips, 1954）。在这类翻译中，人们并不那么关注接受语信息和源语信息的一致，而更关注动态的关系，也即接受者和信息之间的关系应该和源语接受者和原文信息之间存在的关系相同。

动态对等（dynamic equivalence）的翻译以表达方式的完全自然为目标，而且尝试将接受者与他自己文化语境中的行为方式联系起来，它并不坚持读者只有理解了源语语境中的文化模式才能理解信息。当然，动态对等翻译的程度也是各不相同的。菲利普斯（J. B. Philips）的《新约》现代英译本，也许就比其他任何译本更注重寻求对等效果，他相当自然地将"以圣吻问候彼此"译为"给彼此一个热情的握手"。

在翻译的两极（也即严格的形式对等和完全的动态对等）之间，还存在着一些间隔的层次，表现出文学翻译的不同接受标准。然而，在过去的 50 年当中，从形式对等一端到动态对等一端，翻译的重点发生了引人注目的转移。总结一下近年来文学艺术家、出版商、教育工作者以及职业翻译家有关翻译的观点，就可以清楚地发现目前的趋向是越来越重视动态对等（Cary, 1959）。

语言和文化距离

在任何关于对等的讨论中，无论是结构的还是动态的，我们都必须牢记三种类型的关系，这三种关系是由传达信息的符号之间的语言和文化距离决定的。例如在有些情况下，翻译也许涉及联系较为紧密的语言和文化，诸如

---

① The Romans，《圣经·新约》中的一卷。（原注）

从弗里斯兰群岛的语言译为英语，或是从希伯来语译为阿拉伯语。但是在另一些情况下，两种语言之间也可能并无关系，尽管两种文化倒是相互接近且平行的，诸如从德语翻译成匈牙利语，或是从瑞典语翻译成芬兰语（德语和瑞典语是印欧语系，而匈牙利语和芬兰语则属于芬兰—乌戈尔语系）。而在其他一些情况下，翻译不仅涉及语言组合的区别，而且还涉及非常不同的文化，诸如从英语到祖鲁语，从希腊语到爪哇语。

当源语编码和接受语编码之间的语言和文化距离表现为最小时，人们可能以为将要遇到的严重问题也会最少。然而事实表明，如果两种语言太过于接近，人们反而有可能被表面的相似所欺骗，结果在这种情形之下作出的翻译往往会相当糟糕。一种很严重的危险来自所谓的"虚假朋友"（false friends），也就是说，有些外借词或同源词表面看去似乎是对等的，其实并非如此，例如英语中的 demand 和法语中的 demander，英语中的 ignore 和西班牙语中的 ignorar，英语中的 virtue 和拉丁语中的 virtus，以及英语中的 deacon 和希腊语中的 diakonos。

在两种文化相关而语言相去甚远时，译者就要在翻译时作出很多形式上的转换。不过，在这类情况下，文化上的类似常常可以提供一系列并行的内容，比起在语言和文化都迥然不同的情况下进行翻译，还不至于那么困难。事实上，文化差异给译者带来的难题比语言结构差异所带来的难题要多得多。

翻译的定义

所谓正确翻译的定义数不胜数，几乎是有多少人讨论这个问题，就有多少种不同的说法。从某种意义上来说，这种多样性是可以理解的，因为在翻译的材料、出版的目的以及预期受众的需要等方面，都存在很多的差别。并且，活的语言在不停地变化，风格的倾向性也持续经历着改变。这样，一个时期可以接受的翻译到后来的时代就经常不能被接受了。

人们已经提出过一些很有意义而且较为全面的翻译定义。普罗查什卡（Procházka）曾通过对译者的某些要求来界定好的翻译（Garvin, 1955:111ff），也即：（1）"他必须从意义和风格上理解原文的字词"；（2）"他必须克服两种语言结构的不同"；（3）"他必须在他的翻译当中重建原著的文体结构"。

在描述正确的诗歌翻译时，马修斯（Jackson Mathews, 1959:67）指出："有一件事是清楚的：完整地翻译一首诗就是写作另外一首诗。完整的翻译将忠实于'主旨'，能够大致类似原作的形式；它将有自己的生命，传达出译者的声音。"里奇蒙·拉铁摩尔（Richmond Lattimore）讨论了诗歌翻译中同样的基本问题（见 Brower, 1959:56）。他描述了希腊诗歌翻译方式的基本原则，即"以希腊诗歌为材料，制作出一首英语诗歌，这是一首新的英语诗歌，只给出了希腊语意义中的极少一部分。然而，又正因为翻译的是希腊语，诗歌才会呈现出现在的模样"。

没有一个恰当的翻译定义能避免某些基本的困难。尤其是在诗歌翻译方面，实际上始终存在着形式和内容之间的紧张对立以及形式对等和动态对等之间的冲突。然而，人们似乎越来越意识到，过于拘泥于字面也许真的会抹杀原文的精髓。库柏（William A. Cooper, 1928: 484）在关于"歌德诗歌翻译"的文章中相当现实地讨论了这个问题，他说："如果原作语言使用的文字构成方式在直译中带来不可逾越的困难，修辞手法也完全是异国式的，并且因此在另一种语言中无法被理解，那么最好还是紧扣诗歌的精髓，给它穿上新的语言和修辞的外衣，并完全摆脱笨拙的言说和模糊的画面。这可以称之为从文化到文化的翻译。"

我们必须认识到的是，诗歌翻译涉及了非常特殊的问题，因为在向受众传达信息精髓之时，表达形式（韵脚、音步、元音叠韵等）至关重要。但所有的翻译，无论是诗体还是散文体，都必须关注接受者的反应，由此达到翻译的最终目的，即对预期受众的影响，这才是衡量所有翻译的基本因素。以此为基础，福斯特（Leonard Forster, 1958:6）如此界定优秀的翻译："在新语言中达到的目的和原文在原文写作中所达到的目的相同。"

人们在解决字面形式和反应对等之间的矛盾时，似乎越来越倾向于后者，尤其在诗歌材料的翻译当中。例如奥尔（C.W. Orr, 1941:318）认为，翻译和作画大致相同。他说，"画家并不复制风景的每一个细节"，而是挑选在他看来是最好的东西。对译者来说情况也相仿，"他在自己的文本中体现的是精髓，而不只是字和词"。爱德华兹（Oliver Edwards, 1957:13）对此颇有共鸣："我们在翻译中期望得到大致的真相……但我们想要拥有的是尽可能真实的原作的感觉。我们所看到的人物、环境、想法应该就像来自原作者的心中，但却并不一定就是他亲口说出的话。"

然而，提出翻译（无论是诗歌翻译还是散文翻译）的定义是一回事，要对充分翻译的显著特征进行细节描述则就是另一回事了。萨瓦里（T. H. Savory, 1957:49-50）通过对 12 条彼此相反的重要翻译原则进行对比，强调的就是这一事实。然而，尽管几乎所有关于翻译构成的提法都遭遇过反对的声音，但对于翻译的某些重要特征，许多最出色的评判者正在日益达成共识。

庞德（Ezra Pound, 1954:273）指出，翻译要让人理解，就要"多一点感受，少一点句法"。然而早在 1798 年，坎贝尔（George Campell, 1789:445 ff.）却认为翻译不应该以"模糊的感觉"为特征。不过密利根（E.E. Milligan, 1957）也强调感觉而非字词，他指出，除非翻译能够达意，能够让接受者理解，否则就等于没有翻译。

翻译不仅要让人理解，还必须传达原作的"精髓和风格"（Campell, 1789）。对《圣经》译者而言，这意味着《圣经》文稿的不同作者的个人风格应该尽可能得到反映（Campell, 1789）。安德希尔（Ruth M. Underhill, 1938:16）在翻译南亚利桑那的帕帕高印第安人的魔法咒语时，也清楚地表达过同样的观点："你只能指望作出精髓上而不是文字上准确的翻译。"斯多尔（Francis Storr, 1909）则走得更远，他甚至将译者分为"字面主义者和精髓主义者"两派，并通过这一划分表明了他对于《圣经》文本的立场。"翻译文字抹杀了生命，翻译精髓则赋予了生命。"作为其观点的依据，他列举了《圣经》的钦定本和英语修正本之间的不同，因为前者再现了精髓，他对其表示满意，而后者则死抠字词，结果是翻译缺乏语感。在英语修正本的翻译团队中，缺少文学文体家，这一现象在新英语《圣经》（*The New Testament*, 1961）的翻译中得到了改正，在后者的翻译中有一个专门的小组，其全部成员都是对英语语言极其敏感和熟练的专家。

除了译者对原文风格的敏感性，另一个与之密切相关的要求是译语表达形式的"自然晓畅"（Campell, 1789:445 ff.）。比尔波姆（Max Beerbohm, 1903:75）认为，很多人将戏剧作品译成英语时的重要失误就在于表达上的不自然，事实上，他们使得读者"清楚意识到他们的作品是翻译……一般来说，他们的造作在于，他们所用的词语是一般英国人根本不可能使用的"。古德斯比德（E. J. Goodspeed, 1945:8）回应了这一观点，他就《圣经》翻译说道："最好的翻译不会老是让读者在心中记得这是翻译而不是英文原作，而是可以让读者完全忘却它是翻译，让读者觉得自己正在审视古代作家的思想，就如他直面着一位当代作家一样。这当然不是一件轻而易举可以做成的事，但却是每一个认真严肃的翻译家的任务。"菲利普斯（J. B. Philips, 1953:53）对此观点也有同感，他宣称："对真正翻译的检测标准是，它应该读起来完全不像翻译。"他的第二条翻译原则——英语翻译应该避免"翻译腔的英语"——则是对这一观点的强化。

然而必须认识到，在翻译中要做到完全自然晓畅谈何容易，尤其如果原作是一部文学杰作的话——因为真正的杰作必然会深刻反映并有效利用其写作语言的习惯用语能力和语言天赋。这样，原作对整个源语资源的有效利用给翻译带来了特殊困难，译者不仅要与这些困难作斗争，还要在接受语中找出对应的等值物。事实上，奥布莱恩（Justin O'Brien, 1959:81）就引用过盖林（Raymond Guerin）的一个观点：“对作品质量最有说服力的标准就是它难以被翻译。因为如果一部作品能现成地进入另一种语言而不失其精华，那么它一定不含有什么特别的精华，或者即使有，也绝非罕见稀有。”

然而，虽然要做到自然晓畅的翻译风格极为不易，困难重重——尤其是在翻译高质量的原作时——但为了使译文接受者最终能产生与原作接受者类似的反应，这仍然是翻译的最基本要求。翻译领域的一些专家已经以不同的方式提出过“类似反应”（similar response）的原则，他们的说法给人留下深刻的印象。虽然马修·阿诺德（Mathew Arnold, 1861）在他的翻译实践中拒绝“类似反应”的原则，但至少他还是想过要制造一种类似的反应，因为他曾如此宣称：“翻译影响我们的方式应该和原作所设想的影响它第一批读者的方式相同。”（引自 Savory, 1957:45）尽管阿诺德对一些人的意译作品不以为然，但他对一些主张逐字翻译的学者如纽曼（F.W. Newman, 1861:xiv）等人的观点仍是持强烈反对态度的。此外，乔伊特（Jowett, 1891）似乎更接近今天的“类似反应”的观点，因为他如此声称：“英语翻译应该地道有趣，不仅对学者是这样，对有学识的读者也应该是这样……译者追求给他的读者造成与原作类似的印象。”

而苏特（Souter, 1920:7）的观点与上述看法也异曲同工，他说：“我们的翻译理想就是，在读者心中制造的效果尽可能与原作对其读者产生的效果相同。”诺克斯（R. A. Knox, 1957:5）则坚称，译本“读来所感受到的趣味和愉悦应该和阅读原作时的感受一样”。

普罗查什卡主要是从语言学角度出发来谈翻译问题的，他同样强调了这个观点，也即“翻译最终给读者造成的印象应该和原作给其读者的印象相同”（见 Garvin, 1955）。

如果翻译想要满足这四个基本要求，即（1）传达意义，（2）传达原作的精髓和风格，（3）行文自然晓畅，（4）能产生类似的反应，那么很显然，到了一定时候，内容与形式（或是意义与风格）之间的矛盾就必将突现，而其中一方只能退让。一般说来，译者的共识是，如果没有好的折中方式，那么宁取意义而弃风格（Tancock 1958:29）。但是，尽管如此，我们还是应该努力，争取做到“意义和风格”兼得，毕竟于任何一条信息而言，两者都是密不可分地结合在一起的。只重内容而不考虑形式，往往会导致平庸之作的诞生，令原作的魅力和光彩丧失殆尽。而另一方面，为了再现原作风格而牺牲意义则有可能只是制造出一个印象，却未能传达信息。然而，相对于内容而言，形式即使改变得较大，在本质上对接受者还是可以产生等值的效果。因此，相对于风格的对应，必须优先考虑意义的对应。不过，这种对于优先位置的安排也绝非机械不变的，因为翻译（尤其在诗歌翻译中）最终所要求的是"再创造，而不是复制"（Lattimore，见 Brower，1959:55）。

对任何有关翻译的意见进行考察，都有助于进一步确认以下事实，即翻译的定义或描述都不是由决定性的规则所提供的，而是取决于或然性的规则。因此，不考虑到大量的不同因素，并且以不同的方式对这些因素进行衡量，得出不同的答案，是不可能判定一个具体翻译的优劣的。也正因为此，对于"这是一个好翻译吗"这个问题，就总是存在着许多不同却又都有效的答案。

注重形式对等的翻译的主导原则

要想更充分地理解不同类型翻译的特征，至关重要的就是更细致地分析那些注重形式对等的翻译的主导原则。这种注重形式对等（Formal Equivalence，简称 F-E）的翻译基本上是以原文为中心的，也就是说，它试图尽可能地显示出原文信息的形式和内容。

这样，F-E 翻译力图复制几种形式方面的因素，包括：（1）语法单位；（2）词语用法的连贯性；（3）就原文文本而言的意义。语法单位的复制又包括：（a）以名词翻译名词，以动词翻译动词，等等；（b）保持所有词组和句子的完整（也即不拆分也不重新调整那些语法单位）；（c）保留所有的形式指标，如标点符号、段落划分以及诗歌的首行缩进。

要复制词语用法的连贯性，F-E 翻译往往以所谓的术语一致为目标，也即它总是将源语中的一个特定措辞译为接受语文献中的一个对应措辞。当然，这样一种原则可能会被推至极致，而达到荒谬的程度，其结果就是出现一连串毫无意义的单词，就如所谓《圣经》"汇编本"（Concordant Version of the New Testament）的某些章节一样。不过，在特定类型的 F-E 翻译中，一定程度的术语一致也许是必需的，比如说，柏拉图《对话录》的英语读者可能倾向于翻译关键术语时严格的一致性（就如在乔伊特的翻译当中），这样他对于柏拉图使用特定单词符号发展其哲学系统的方式就能有所了解。F-E 翻译可能还会利用括号，甚至斜体来表示那些原文中没有、但为了能传达意义而在翻译中增加的单词（如在钦定版《圣经》译本中）。

为了从原文语境出发复制意义，F-E 翻译一般都试图保留习语，而复制出的表达方式一般是从字面出发，这样读者就能大略感受到原文文献使用本土文化因素传达意义的方式。

然而，在很多情况下，人们还是无法复制原文信息的特定形式元素。诸如双关语、单词的交叉顺序、元音叠韵、藏头诗等，是完全不可能有对等翻译的。在这种情况下，如果所涉及的特征有必要加以解释，那人们就必须使用某种类型的页边注。有时候人们的确也会发现大致对等的双关语或文字游戏，但那是可遇不可求的。例如在翻译希伯来语文本的《创世记》2:23 时，希伯来语"isshah"（女人）源自"ish"（男人），就可以使用对应的英语成对单词"woman"和"man"。然而，这种形式对等显然是罕见的，因为语言一般在形式和内容上都有着根本的区别。

贯彻始终的 F-E 翻译显然会含有普通读者不容易理解的很多内容。因此，我们必须经常为这样的翻译加上页边注，不仅解释那些无法充分再现的形式特征，而且还有助于读者理解翻译所采用的形式对等物，因为这样的表达方式也许只在原文语言或源语文化中才有意义。

有些严格的 F-E 翻译类型，如行间翻译和完全一致的翻译，其价值是有限的。不过，另外还有一些 F-E 翻译倒有很大的价值，如特别为语言学家预备的外语文本的翻译，除提供非常接近的 F-E 翻译译本以外，别无所求。这种翻译往往是逐字直译，不同的部分甚至都被编上号，以便较为容易地对比相对应的语言单位。

从以上对 F-E 翻译的直接和间接论述来看，我们似乎可以假设，就其类别而言，这种翻译已不再列入考虑选择的范围之内了。但与此相反，对于那些针对特定类型受众的特定类型信息来说，它们仍然是完美而有效的翻译。至于这类特殊翻译相对于特定受众的价值和意义，那是另一个问题，这一问题不能和描述各类翻译的本质相混淆。在这里，我们关注的只是各类翻译的关键特征，而不是对它们的评价。

注重动态对等的翻译的主导原则

与形式对等翻译适成对照的是，其他翻译均注重动态对等。在这种翻译中，注意力的焦点指向接受者的反应，而不是那么集中于原文信息。对动态对等（Dynamic-equivalence，简称 D-E）翻译可以作如下描述：一个有双语文化背景的人会觉得这种译法无可非议，他会说："这就是我们言及此事时会采用的方式。"然而，很重要的一点是，必须认识到 D-E 翻译并不仅仅是提供和原文信息大致类似的另一个信息。它终究是一种翻译，因此它必须清晰地反映原文的意义和意图。

定义 D-E 翻译的一种方式是将它描述为"与源语信息最切近的自然对等物"。这类定义包括了三个关键术语：（1）对等物，这一术语指向源语信息；（2）自然的，这一术语指向接受语言；（3）最切近的，这一术语以最高程度近似值为基础，将两种导向结合在一起。

然而，因为 D-E 翻译的目的主要指向反应的等值而非形式的等值，对"natural"（自然的）一词在这种翻译中的内涵进行更充分的界定就至关重要了。在此"自然"一词基本上适用于交际过程的三个方面，因为自然的翻译本来也必须适合这几点：（1）作为整体的接受语言和接受文化；（2）特定信息的语境；（3）接受语的受众。

任何翻译的风格要想能被接受，关键要素在于翻译要适应整个接受语言和接受文化。事实上，这种语言适宜性的特质只有在它缺失时才会引起人们的注意。因此，在自然的翻译当中，那些可能损毁翻译效果的特征，可能因为上述特质的缺失而显得更为明显。弗里尔（J. H. Frere, 1820:481）曾经以如下方式描述过这样的特质："我们认为，翻译的语言应该……是纯净的，是看不见摸不着的元素，是思想和感情的媒介而非其他；它永远不应把注意力引向它本身……应该避免……所有从外语而来的舶来品……"，这种翻译为适应接受语言和文化而作出了调整，绝不会带有明显的外语原文的痕迹，这就如布兰克（G. A. Black, 1936:50）在评论汤姆生（James Thomson）所翻译的海涅作品时所说的，这些译作"是原作的复制，假如海涅本人是位英语大师的话，那么他写出来的东西就该是这样的"。

自然的翻译包括两个主要方面的调整，即语法和词汇。一般说来，语法变化较为容易，因为很多语法变化都受制于接受语言中的必要结构（obligatory structures）。也就是说，我们必须作出词序改变、动词取代名词、形容词代替名词等各种语法调整。而原文信息中的词汇结构就不那么容易根据接受语言的语义要求来进行调整了，因为其中并无明确的章法可循，又有很多可能的选择。一般来说，有三个词汇层次需要考虑：（1）有些词汇很容易找到平行的词汇，如 river（河流）、tree（树木）、stone（石头）、knife（小刀），等等；（2）有些词汇指代的是文化上不同的客体，但具有大致相同的功能，如 book（书本），在英语中指的是书页装订在一起形成的整体，但在《新约》时代，指的却是羊皮纸或纸莎草纸手稿的长卷；（3）指代特殊文化对象的词汇，如 synagogue（犹太教堂）、homer（俟马）①、ephah（伊法）②、cherubim（智天使或小天使）③、jubilee（福年）④，只要从《圣经》里摘出少许就能说明这种词汇。第一类词汇往往不会带来什么问题。第二类词汇会产生一些困扰，这使得译者必须作出如下选择：要么使用反映了它的形式但在功能上并不对等的词，要么使用功能对等的词，牺牲形式上的等同。在翻译第三类词汇的时候，某种"异国联想"是很难避免的。无论哪一个试图跨越巨大文化鸿沟的翻译，都不可能指望抹掉异国情境的痕迹。例如在《圣经》翻译中，想要抹掉诸如 Pharisees（法利赛人）⑤、Sadducees（撒都该人）⑥、Solomon'temple（所罗门的神殿）⑦、cities of refuge（逃城）⑧之类的异国"客体"，或是诸如 anointing（膏油）⑨，adulterous generation（不义的一代），living sacrifice（生祭），lamb of God（上帝的羔羊）⑩这些《圣经》主题，都是绝对不可能的，因为这些表达方式深深根植于信息的思想结构之中。

如果源语和接受语代表的是迥然相异的文化，就会有很多基本主题和事件叙述无法通过翻译的过程而"变得自然"，这也是必然的。例如厄瓜多尔的希瓦罗印第安人⑪当然无法理解哥林多书（Corinthians 11:14）⑫中这句话——"留长发对于男人来说是不名誉的，难道自然没有教会我们这一点吗？"因为一般来说，希瓦罗男性的头发都会留得很长，而希瓦罗的成年妇女往往把她们的头发剪得相当短。同样，在西非的很多地方，耶稣门徒在耶稣骑马去耶路撒冷的路上一路撒下树叶和树枝的行为是会受到责难的；因为在西非文化中，对首领要走过或要骑马经过的道路，是要小心谨慎地打扫干净所有杂物的，任何人在首领行经的道路上扔下一根树枝都是有罪的，是一种对首领的

---

① 希伯来早期干体量具名。

② 古希伯来人的干量单位。

③ 基路伯，"cherub"的希伯来语复数形式加 -im，长有翅膀的天神。（原注）

④ 犹太史中的五十年节，每五十年举行一次庆祝希伯来奴隶的解放。（原注）

⑤ 古代犹太法利赛教派的教徒，该派标榜墨守传统礼仪，《圣经》中称他们为言行不一的伪善者。（原注）

⑥ 古代犹太教中一个派别的成员，该派否认死人的复活、灵魂存在、来世和天使。（原注）

⑦ 所罗门神殿，所罗门建造（约公元前 940 年），被巴比伦人毁灭（公元前 586 年）。所罗门（Solomon，公元前 971—前 931），以色列的第三个国王。他是大卫最小的儿子，但神选择他继承大卫的王位并在耶路撒冷建立神殿。（原注）

⑧ 误杀人者可居住于此，免于一死。（原注）

⑨ anointing oil，神授予人权柄。膏油就是在摩西律法的规定下，根据神的规则将一种特殊的油倒在那些准备侍奉主的人的头上。（原注）

⑩ 羔羊指耶稣（《启示录》15:3）。（原注）

⑪ 厄瓜多尔南部和秘鲁北部的一个印第安部族。

⑫ 《圣经·新约》的一章。

严重侮辱。但是，这些文化差异带来的困难比想象的要少，尤其在使用脚注指出了文化差异基础的情况下更是如此。因为所有人都知道，别的民族和他们自己的行为是不同的。

在接受语当中，要获得自然的表达方式，关键问题是要相互适合——但那是在不同层面上的相互适合，最重要的层面如下：（1）词类（例如，如果没有 love［爱］的名词，你必须经常用 "God loves"［上帝爱］来取代 "God is love"［上帝是爱］）；（2）语法类别（在有些语言里，所谓的表语名词必须和主语的数一致，这样 "The two shall be one"［两者应合为一体］就不能说了，相应的就该说成 "The two persons shall act just as though they are one person"［两个人的行动应该就像他们是一个人一样］）；（3）语义类别（亵渎之语在一种语言中可能是妄称神圣之名，但在另一种语言中可能主要是关于秽物或身体部位的词）；（4）篇章类型（有些语言也许要求直接引语，而其他的也许要求间接引语）；（5）文化语境（在有些社会当中，《新约》中坐下来讲课就显得奇怪，甚至无礼）。

除了适合于接受语言和文化之外，自然的翻译必须符合特定信息的语境。这样，问题就并不局限于粗略的语法和词汇特征，还可能涉及细节性的东西，如语调和句子节奏（Pound, 1954:298）。麻烦在于，"如果仅仅关注词语的话，译者就会失落原作者的精神"（Manchester, 1951:68）。

就某些方面来说，要描述一种真正自然的翻译，说它避免了什么比说它表达了什么更为容易；那些严重异常的现象一经出现，就会立刻触动读者，使他们觉得这些东西在上下文当中是不合适的，而成功的翻译则会避免这种现象，例如粗鄙低俗的语言在原本庄严的文体中是不合适的，其结果当然也就不自然。但粗俗语言造成的问题还远远赶不上口语或俚语。纽曼（Stanley Newman, 1955）讨论了这一词汇层面的问题，他对祖尼人[1]语言中的神圣语和口语进行了分析，并指出，祖尼语的 melika 一词（在英语中相当于 "美国的"）就不适合基瓦[2]仪式的宗教气氛。你必须采用另一个表达方式来谈及美国人，其字面意义是 "broad-hats"（宽边帽子）。因为在祖尼人看来，在一个基瓦仪式中说出 melika 这个词，就如同把收音机带到这样的集会上一般，是很不恰当的。

有些语言的使用者将象声词的表达方式等同于俚语。如在有些非洲语言中，某些特定的模仿性表达方式——有时称为拟音表达（ideophones）——

---

① 居住在新墨西哥州普韦布洛的印地安人。
② 基瓦（Kiva）是美国印第安人举行宗教仪式、开会等用的大圆屋。

在《圣经》的庄严语境中曾被认为是不恰当的，因此被排除在外。毫无疑问，某些传教士译者对这些非常生动但高度口语化的表达形式是持批评态度的，这就让很多非洲人感到，这些字眼在《圣经》语境中是不合适的。其实在这些语言当中，象声词的用法不仅已经相当普遍成熟，而且成为所有文体的基本组成部分。比如在英属圭亚那群岛的一种叫作 Waiwai 语的语言当中，人们就相当频繁地使用这种表达方式，没有它们，人们很难传达出信息的情感语气。因为这些表达提供了一些基本信号，有助于人们理解说话者在讲述某一事件时所持的态度。

有些译者在翻译中成功地避免了粗俗语和俚语，但却犯了如下错误：他们使原文中相对直白的信息在接受语中变得如法律文件一般复杂，这是因为他们过于努力地尝试令译文完全清晰。结果，译者笔下的定义被拉得很长，成为冗长的技术性词组。在这样的翻译中，原文的优雅和自然也就所剩无几了。

另外，不合时宜的语言也会破坏信息和语境的相互适应。例如在英译《圣经》中如果使用 "iron oxide"（氧化铁）来取代 "rust"（铁锈），则在技术上是正确的，但显然是不适宜的。然而，如果用 "universe"（宇宙）来翻译《创世记 1:1》中的 "heavens and earth"（天与地），就并不像人们所想象的那样是一个很极端的偏离，因为古人已经有了一个高度发达的概念，即包括 "天和地" 的组合系统，这样 "宇宙" 也就并非不合时宜。不合时宜的语言包括两种类型的错误：（1）使用当代词语，因而曲解了不同历史时期的生活，例如用 "mentally distressed"（精神上痛苦）来翻译 "demon possessed"（魔鬼附体）；（2）使用接受语中的旧式语言，导致一种不真实的印象。

上下文当中信息的适宜并不仅仅是词语指代内容的问题。信息的整体印象不仅包括词语所象征的对象、事件、抽象物和各种关系，还包括风格的选择和这些符号的排列。另外，在不同的语言当中，各类文体风格的接受性的标准是极其不同的。例如在西班牙语中完全适宜的东西，在英语中可能会变成颇不能接受的 "华而不实的文章"，而有些英语文章，我们很欣赏，认为其庄严，有感染力，但在西班牙语中却显得色彩寡淡，无趣而乏味。很多西班牙文学艺术家喜好他们语言的华丽优雅，而大多数英国作家倾向于文章中鲜明的现实描写和准确、生动的语言。

为了适应语境而调整信息，以避免一些明显的失误，这对翻译而言是很要紧的，而加入一些积极有效的风格元素给文章提供恰当的情感语气，也同样要紧。这种情感语气必须准确反映作者的观点。这样，诸如此类的元素，如讽刺、反讽或奇趣都必须在 D-E 翻译中准确地反映出来。而且，信息所带有的每一种成分都应该准确地表现出来，这也是很关键的。也就是说，必须通过恰当的词语选择和排列来正确地表现个人的特征，这样，诸如社会阶层或地域方言等特征就能得到彰显。另外，也应该允许每一个角色都拥有某种特征和性格，就如作者在原文信息中赋予他的那样。

D-E 翻译的自然效果还有第三个元素，即信息在怎样的程度上适应接受语的受众。如果确实以动态对等为翻译目标，就必须以语言解码的经验和能力的层次为基础，对翻译的适合程度进行判断。另一方面，你并不总能确定原文的受众是如何反应的，或人们设想他们是如何反应的。例如《圣经》的译者曾坚信这样一个事实，即《新约》的语言是柯因内（Koine）[①]希腊语，即"一般人"的语言，因此翻译也应该针对"一般人"。而事实真相是，《新约》的很多信息并不主要针对一般人，而是针对教会的信众。由于这个原因，"Abba Father"（神父）[②]、"Maranatha"（主来吧）[③]、"baptized into Crist"（洗礼）等诸如此类的表达是可以使用的，而且人们能理解这些词也是合情合理的。

以动态对等为目的的翻译必然包括一些形式上的调整，因为人们不可能守着形式的蛋糕，还能以动态的方式享用它。有些东西必须被放弃！一般说来，这一局限涉及三个主要领域：（1）特殊文学形式；（2）语义上为离心结构的表达方式；（3）结构之间的意义。

诗歌翻译显然比散文涉及更多的文学形式上的调整，因为韵文形式在形式上的差异要大得多，因此导致美学诉求上的差异。结果，人们往往一定会用某些韵文模式来取代其他模式，如希腊语的扬抑抑格的六音步诗被译成抑扬格的五音步诗。甚至对某些押韵的诗体来说，人们最乐意接受的翻译竟是取而代之的自由体。在《圣经》翻译中，当原文使用诗体时，通常的翻译程序是试图找到庄严的散文体进行翻译，因为一般来说，《圣经》的内容被认为比《圣经》的形式重要得多。

源语中意义为离心的词组，如果直译到接受语当中，就会毫无意义或产生误导，这时，在 D-E 翻译中，译者就有责任作出一些调整。例如，如果直译的话，闪族（犹太人、阿拉伯人、古代的巴比伦人和亚述人）成语"束紧你思想的带子"也许仅仅意味着"将你的思想束上腰带"。在这种情况下，你

---

① 希腊罗马时代东地中海的希腊语国家的共同语，以阿提喀方言为主。

② 东正教冠于主教和大主教名字前的尊称。

③ 对上帝的祈祷语。

必须将外向的离心的表达方式变成内向的向心的表达方式，如译成"在思想上作好准备"。更有甚者，一个成语不仅可能毫无意义，而且还有可能传达错误的意思，在这种情况下，就必须要调整和改变。所以在翻译中明喻常常用来取代暗喻，如把"雷霆之子"译成"如同雷霆的人"。

结构之间的意义在翻译过程中受到的损害是最多的，因为它们十分依赖它们所在的语言和文化语境，这样就不容易被转换到其他的语言—文化语境中去。如在《新约》中，"tapeinos"一词往往被译成英语的"humble"或"lowly"，但该词在希腊语世界中有着非常确定的情感内涵，带有"低等的""受辱的""堕落的""下流的"等贬义。然而，尽管这个词曾经是用来嘲弄低等阶级的，但基督教徒就主要来自社会底层，因此他们将这个词作为一种重要的基督教品行的符号。我们不可能指望《新约》的英文翻译承载希腊语单词中所有潜在的情感意义。类似的例子如"anointed"（被涂油膏的）、"Messiah"（弥塞亚）、"Christ"（基督），这些翻译也不能充分展示希腊语中"Christos"的涵义，这个词所具有的联想意义是和早期犹太教—基督教（Judeo-Christian）社团的希望和理想紧密相连的。意义中的这种情感元素不仅和神学上的词汇输入产生关联，它们在词汇的所有层次中都有所表现。例如，在法语中没有与英语的"home"非常对应的词，这与"house"的情况相同；在英语中，则没有和法语"foyer"相对应的词，这个词在很多方面和英语"home"对应，但除了"温暖的家庭生活""壁炉边的家庭生活"之外，也指"注意力"或"剧院沙龙"。在情感上，英语单词"home"和法语单词"foyer"接近，但从指称意义上，"home"通常与"maison""habitation""chez"对等（后接合适的代词）。

References

Beerbohm, M. (1903) "Translation of Plays," *Saturday Review* (London) 96:75-76.

Belloc, H. (1931) *On Translation*, Oxford: Oxford University Press, (1931a) On translation, *Bookman* 74:32-39, 179-185.

Black, G.A. (1936) "James Thomson: His Translation of Heine," *Modern Language Review* 31:48-54.

Campbell, G. (1789) *The Four Gospels*, London: Strahan and Cadell, Vol.1.

Cary, E. (ed.) (1959) "Notre enquête," *Babel* 5:61-106.

Cooper, W. A. (1928) "Translating Goethe's Poems," *Journal of English and*

Germanic Philology 27: 470-85.

Edwards, O. (1957) "Cynara, " *The Times* (London) , 11 July, p.13.

Fang, A. (1953) "Some Reflections on the Difficulty of Translation," in A.F. Wright (ed.) *Studies in Chinese Thought,* Chicago: University of Chicago Press, pp. 263-85; reprinted in Brower (1959) , pp. 111-133.

Forster, L. (1958) "Translation: An Introduction," in A. H. Smith (ed.) *Aspects of Translation: Studies in Communication*, London: Secker and Warburg, pp.1-28.

Frere, J. H. (1820) "Review of T. Mitchell's Aristophanes," *Quarterly Review* 46: 474-505.

Garvin, P. L. (ed. and trans.) (1955) *A Prague School Reader on Esthetics, Literary Structure and Style*, Washington, D.C.: Washington Linguistic Club; reprinted 1964 Georgetown University Press.

Goodspeed, E. J. (1945) *Problems of New Testament Translation*, Chicago: University of Chicago Press.

Jowett, B. (trans.) (1891) "Preface," in *The Dialogues of Plato*, 2nd edition, Oxford: Oxford University Press.

Knox, R. A. (1957) *On English Translation*, Oxford: Oxford University Press.

Lattimore, R. (ed. and trans.) (1951) *The Iliad of Homer,* Chicago: University of Chicago Press.

——(1959) "Practical Notes on Translating Greek Poetry," in R. Brower (ed.) *On Translation*, Cambridge, Massachusetts: Harvard University Press, pp.48-56.

Manchester, P. T. (1951) "Verse Translation as an Interpretive Art," *Hispania* 34:68-73.

Mathews, J. (1959) "Third Thoughts on Translating Poetry, " in R. Brower (ed.) *On Translation*, Cambridge, Massachusetts: Harvard University Press, pp. 67-77.

Milligan, E. E. (1957) "Some Principles and Techniques of Translation," *Modern Language Journal* 41:66-71.

Newman, F. W. (1861) *Homeric Translation in Theory and Practice*, London: Williams and Norgate.

Newman, S. S. (1955) "Vocabulary Levels: Zuni Sacred and Slang Usage," *Southwestern Journal of Anthropology* 11:345-54.

O'Brien, J. (1959) "From French to English," in R. Brower (ed.) *On Translation*, Cambridge, Massachusetts: Harvard University Press, pp.78-92.

Orr, C. W. (1941) "The Problem of Translation," *Music and Letters* 22:318-32.

Philips, J. B. (1953), "Some Personal Reflections on New Testament Translation," *Bible Translator* 4:53-9.

Pound, Ezra (1954) *The ABC of Reading*, New York: New Directions.

Rieu, E. V., and J. B. Philips (1954) "Translating the Gospels," *Bible Translator*, 6: 150-9

Savory, T. H. (1957) *The Art of Translation*, London: Jonathan Cape, and Boston: The Writer, 2nd edition, 1968.

Souter, A. (1920) *Hints on Translation form Latin into English*, London: Society for Promoting Christian Knowledge.

Storr, F. (1909) "The Art of Translation," *Educational Review* 38: 359-79.

Underhill, R. M. (1938) *Singing for Power*, Berkeley: University of California Press.

West, C. B. (1932) "La théorie de la traduction au XVIIIe siècle," *Revue Litterature Comparée* 12:330-55.

第一章　语言学派翻译理论

互文介入：利用翻译中缺省语篇的理论体系[*]

巴兹尔·哈蒂姆著

陈　浪译

导言

　　巴兹尔·哈蒂姆（Basil Hatim, 1947—　　）早年在英国求学，专攻话语分析和翻译研究。他于 20 世纪 80 年代初获得英国埃克赛特大学博士学位后一直在爱丁堡的赫里奥特—沃特大学任教，现定居阿联酋，在沙迦美国大学任英语与翻译专业教授。哈蒂姆是整个西方最早把话语分析的基本方法和语篇语言学的基本原理应用于翻译研究领域的学者之一。作为一名翻译理论家和阿拉伯语资深译者，他发表过许多关于翻译和语篇语言学的文章，出版的著作主要包括《语篇与译者》（1990）、《作为交际者的译者》（1997）、《跨文化交际：翻译理论与对比篇章语言学》（1997）、《翻译教学与研究》（2002）、《翻译：一本高级资料书》（2004）等。

　　本文是哈蒂姆 1995 年在利物浦大学举办的一次翻译研讨会上宣读的论文。他在文中详细描述了互文性这一重要语篇现象的特征、分类及其在翻译过程中的作用和地位，并从语境的两个符号层面分析了翻译中互文参照行为、互文处理方式以及它们与实际语篇结合的状况，力图在语篇和语境紧密联系的基础上，运用体裁、话语和语篇等概念构建处理语篇互文现象的翻译策略体系。

　　哈蒂姆在文中首先回顾了互文性概念发展的历史，简要介绍了"水平"与"垂直""显著"与"构成""调整程度"等重要的分类概念。在阐述了三个重要的语篇概念（语篇、体裁和话语）之后，他根据语域成分和修辞总意图，从符号学层面探讨了互文性与语篇的关系，并以自己在《语篇与译者》一书中创建的示意图进行了具体说明。

　　接着哈蒂姆根据文化成员对语篇的自然使用或对其思考的方式重新定义

　　* 本文选译自 Basil Hatim, "Intertextual Intrusion: Towards a Framework for Harnessing the Power of the Absent Text in Translation," in *Translating Sensitive Texts: Linguistic Aspects*, ed. Karl Simms, Netherlands: Rodopi B.V., 1997。

文化，并结合这种文化概念把互文符号分为社会文化实践层面和社会语篇实践层面，力求将符号化的互文指涉与翻译中的语篇操作程序规则具体联系起来。在分析隐性程度不同的语篇缺省情况的基础上，他指出译者和读者极易因为原文语篇和译文语篇的常规性和文化特性的不同导致阅读期待的落空，从而造成理解的错误。他以译者使用谱系观处理互文指涉的假设为前提，分别探讨了互文指涉在上述两个语境符号层面的具体表现以及译者的相应操作方式。

哈蒂姆认为，一旦社会文化概念加入社会语篇实践的形成和传播过程，或通过"主题延伸网络"获得社会语篇的维度，其互文符号在译文中的调整性（mediation）就会大大提高，从而与语篇、话语和体裁紧密相连，人们因此可以借助一套具有这些成分的分析模式识别译者在翻译时的操纵行为。在哈蒂姆看来，译者的操纵活动可以区分为个人性和集体性两种类型，他赞同为了符合译文规范而采取的互文介入手段，而对翻译中具有"语言帝国主义"意味的互文介入持反对态度。文章最后，哈蒂姆梳理归纳了翻译中处理互文指涉的若干操作模式。

翻译的话语学派主要依托韩礼德（Halliday）的系统功能模式研究翻译问题。哈蒂姆在这篇论文中将自下而上的文本分析与自上而下的语篇符号分析结合起来，从翻译的语用和符号层面探讨语篇中社会、意识形态和权力关系问题，实际上已经超越了系统功能语法中单纯的语域分析，体现了近十年来话语学派发展的新趋势。

正文

本文首先回顾了若干类型的互文关系，讨论互文性及其在翻译过程中的地位。随即笔者会论证，译者应当充分考虑翻译决策过程中出现的种种复杂情况，对翻译策略建立某种构想。只有在这种构想视野里来看所述的互文关系，它们才会对译者有用。文章将对此进行介绍，并从语境的符号层面详细地解释互文性。这是因为，考虑到语域成分和意图性的影响，我们对互文参照行为进行符号分析之前似乎有必要先辨别两类互文符号。这两类符号中，一类是微观层面上的社会文化对象，另一类是宏观层面上的社会语篇实践。

而具体探讨互文指涉、互文处理方式以及它们与实际语篇结合的方式时，重点将是后一类领域里的语篇操作。文章的基本观点是，互文性作为一种语篇现象无所不在，但它也有可能导致语篇的意义含混不清。这种情况在遇到晦涩难懂的互文指涉时尤为明显。互文性因而有可能成为翻译中颇为棘手的领域。文中用于证明基本观点的口译、笔译的译文均来自真实的语篇材料。

互文性概述

本文主要关注的是，人们解读语篇时，诸多意义明确或含混的成分如何从互文意义上引发读者对前语篇的联想；而译者在笔译和口译时又是如何处理这类参照行为的。产生这一关注的动因是，通常我们可以观察到绝大多数所谓的语篇错误都因以下情况引起：译者可能错误地处理了互文关系；或者，处理这类棘手问题时，互文概念不清。即使已给互文概念下了定义，定义也不精确。要么过于狭隘地把最基本的互文现象当作互文性，要么过于宽泛地把大量语境现象罗列到"互文性"总术语名下。而在上述的任何一种情况下，互文性，这个本来对翻译理论和实践极其有用的概念，都会失去实用意义。

人们提出过许多关于互文关系的不同分类法。虽然其中绝大多数的分类没有得到译者的重视，但在过去近二十年中，仍然可以看到已有一些互文关系被用于描述翻译任务（参见 Neubert, 1985; Buhler, 1989; Hatim & Mason, 1990）。首先，让我们回顾一下福柯（Foucault, 1972:98）关于互文性的一个重要见解，即"任何语句都是以这样或那样的方式重复着其他语句"。尽管体现这个重要论断的术语"互文性"最初是由克里斯蒂娃（Kristeva）在 20 世纪 60 年代末提出的，但论及对互文性发展的贡献时，还应该算上巴赫金（Bakhtin）。他提出的互文性研究方法不仅可以广泛运用于文学语篇中，也同样适用于一般性的语言运用。巴赫金把在言语和语篇形成中的"前"语篇和"后"语篇的重要作用当作其研究方法的基本原理。他认为任何言语都占据着由其跟随响应或随后引发的语篇"片段"中：

> 我们的话中……充斥着他人的言语。这些引文具有不同程度的"异质感"，并且在作者的"为我所用"方面、辨认难易方面以及与源语篇偏离程度上都各有不同，它们有自己独特的表达方式和评论腔调，而我们则对其进行同化，改写、重新定调以组织我们自己的语言（Bakhtin, 1986:89）。

巴赫金认为应当区分互文性的两种维度。一方面，语篇与所在的语篇链位置之前和／或之后的语篇间存在着"水平"互文关系（如诗歌和它所回应的另一首诗之间就存在这样或那样的相互指涉关系）。另一方面，语篇与其他语篇之间还存在"垂直"的互文关系。这是一种在某种程度上相当模糊的语篇互文连接关系（如指涉对象可能是写作规范）。

区分语篇与语篇（水平性的）互文关系和语篇与语篇规范（垂直性）的互文关系让人想到另一种实用的区分方式，即关于"显著"互文性和"构成"互文性的划分（参见 Fairclough, 1992）。在显著互文性中，人们可以在所分析的语篇里明显发现其他语篇，一般可以从语篇表层特征如措辞或引号辨别出来。而构成互文性却昭示了所解读的语篇使用的语篇规范构成方式。于是我们发现，引用吟游诗章节和韵诗会明显令人想起莎士比亚，但是，对某个主题或某个戏剧形式的指涉也同样能使大家从语篇构成的角度想到莎翁。

博格兰和德雷斯勒（Beaugrande & Dressler, 1980:182）则从"调整程度"或是"交际情景的模型中人们信仰和目的的输入程度"看待所有的互文关系。前面提到的"水平""显著"的互文性调整度最小，如语篇在答复、反驳、报导、概述或评价其他语篇时的互文关系。而引用或指涉一些著名的语篇时，互文性调整度更为广泛。最后，涉及语篇类型的形成，类似于我们所说的"垂直"或"构成"互文性时，互文性调整度最大。

符号学和社会语篇实践

上述两分法的种种分类给我们提供了有关互文性的总体画面。其中一组的互文关系，具有水平和显著特性，调整度最小。另外一组是垂直、构成性的互文关系，调整范围广泛。但是，正如我在文章开头指出的那样，如果未能与翻译活动中复杂的决策形成过程联系起来，那么这些分类法对翻译实践就毫无意义。换句话说，只有真正把各种互文语篇与一套力求合适的译文效果的语篇操作程序规则联系起来，这些分类法才能避免停留在纯理论的阶段，从而富有成效地解释诸如意义传递之类的过程。

为了发展这样的参照体系，我们构想另一种互文性研究方法，把它建立在语篇和语境紧密联系的基础上。这就要求我们从以下方式来理解互文指涉：为了顺应语境某个重要方面的要求，也就是交际行为的符号学要求，把语篇以及语篇内的成分当作符号来使用。例如，像"备受欺凌"或"受害的"之类的言词就具有某种互文潜势，可以链接到西方社会文化价值观。它使萨达姆·侯赛因的译员可以选择比"绝望"或"无助"之类更好的词语来翻译阿拉伯语"mustad`afuun"（字面意义：被强权者捉弄）。这里，翻译等值的基础不是所用的措辞，而是社会生活中的"符号"。这些符号通过互文性，唤起意图（这是把语用学划入语境领域的主要依据），实施语域特征（语域成分构成语境另一重要领域）。看看下面有关语境、语篇以及包罗万象的互文性的示意图（图1）。

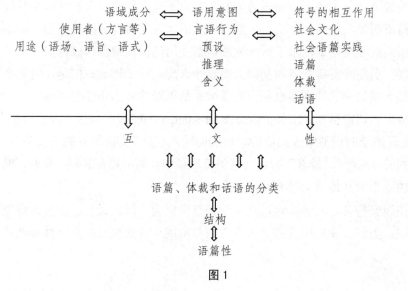

图1

（改编自 Hatim & Mason, 1990）

把所有语篇的互文潜势重新纳入符号学范围，这种研究方法在语境诸多领域研究中可谓独占鳌头。我们把互文指涉分成两个层次：社会文化实践层面和社会语篇实践层面。用"社会文化对象"来称呼前一层面的产品可能最为恰当。学习传统跨文化交际的学生都非常熟悉这些对象：制度惯例、风俗习惯、生存方式、特定文化和社会倾向容忍或惩罚的事物的标志等。例如，词语"honour"（荣誉）对阿拉伯人和英国人来说，就有不同的符号（社会文化）意义。而从互文潜势来看，社会文化实践似乎主要使用了我们所说的水平、显著和调整度小的互文性，尽管这种互文性远非其唯一使用手段。如"议院发言人"总是和英国政府的议会制度联系在一起，而阿拉伯文"amaama"（穆斯林头巾）则总是和伊斯兰—阿拉伯社会习俗联系起来，等等。

迄今为止，社会语篇实践层面是语句互文潜势中最有趣也最富于挑战性的方面。这里，我们不再仅仅根据代表文化的社会文化对象给文化下定义，而是根据文化成员对其自然使用的语篇或对所读语篇进行思考的方式来定义文化（目前，词语"语篇"相当流行）。也就是说，我们可以根据语篇类型大致了解特定语篇的情况，并更全面地理解互文性。如辩论环境问题时，支持一系列观点的"使用者"倾向于使用议论文，即劝告性语篇和社论式语篇类型，而那些在环境问题上有既得利益的跨国公司使用的典型语篇则更倾向于分析性的说理文。

语篇缺席和隐性程度

上述研究语句互文潜势的模式颇具启发性。至此我们已经设法整理出这个模式的种种要素。下一步当然是考察语篇实际操作中如何运用这些要素。我们可以先作一个假设练习，看看译文中互文语篇重构的效果，然后从翻译过程的角度重铸这个模式。当然，我们这里对译文的强调绝不意味着可以任意忽视原文和原文作者的作用。这只不过是方便一时所需的方法步骤。在下面的衡量尺度上，各种可能的互文语篇译文按照"简单明白"直至"相当棘手"的顺序排列起来：

互文指涉		互文指涉
基于原文的翻译	**处在两端**	以译文为导向的翻译
由作者创造	**之间的情形**	由译者提供
翻译时调节幅度最小		翻译时调节幅度最大

图 2

译者经常遇到对前语篇的低层次指涉情况。这类指涉调整度最小，水平性和显著性很强。绝大多数情况下，翻译这种指涉的关键不过只是找出相当被动的引用形式。译者在此不会碰到棘手的问题，要做的只是理解这些简单指涉，并用调整度最小的方式进行翻译。在这个"互文泳池"较浅的一端，互文语篇往往就是我们所说的特定语言社团生活中的"社会文化对象"，如一提到"57 种恐怖主义"，人们马上就会想到"有这么多的恐怖主义"，而且也能立刻联想到亨氏公司的"57 变"的广告语。①

---

① "57 变"是美国亨氏公司的食品广告词，强调为顾客提供全新口味，即一年中亨氏公司顾客可享用 57 种全新佐餐食品。（原注）

可是，语篇不会总是稳定不变。我们具体使用语言时往往不会遇到符号这种相当稳定的状态，而是遇到更为复杂的互文关系的类型。这类互文关系有时极端复杂，以致译者只好根据各种可能的动机调用他们自己想链接的前语篇。上述情况并非闻所未闻。下文中我们将看到译者以相当灵活的方式处理原文的参照行为。处在衡量尺度这一端的前语篇，无论是原文中特意运用的，还是被译者大胆用于译文的，调整度都会很高，垂直性和构成性也非常强。这时，我们处理起普通类型的社会文化对象就会感到十分棘手。当然，只有在成为社会语篇实践内容，并借此获得符号概念的相关重要性、推动交际发展的时候，这些社会文化对象才会真正构成难题。社会语篇实践（下文马上就会具体谈到）把语篇使用者的某种能力纳入视野范围。作为语篇能力的一部分，这种能力帮助使用者从以下几个方面处理社会生活里的语言文化问题，如诸多态度含义（话语），某些交际场合的常规性特征（体裁），或者实际语篇中表达修辞功能和总体目的的方式。

梅森（Mason, 1994:28）曾分析过一篇西班牙文章。在评价其英译文时，作者讨论了歪曲原文内容以服务于意识形态目的的有趣现象。这篇文章摘自《联合国教科文组织快讯》。原文中的"Sabios"一词（智者）在英译文中变成了"diviner"（占卜者）。正如梅森指出的那样，"Sabios"同时具有西方式的智慧形态（如纯理性）和非西方式的智慧形态（高度直觉性），可是"diviner"却倾向于排斥前一种西方重视的含义，强调后一种略带轻视意味的含义。从本质上看，这里当然只涉及社会文化领域。可是每当这些现象被词汇化，服务于包括社会制度、社会进程和权力关系等更广阔的语境时，就会牵连到社会语篇实践。在上述例子中，译者似乎特意抹杀原文写作的目的。这是属于"操纵"（manipulativeness）的总体话题的内容，是到时候必须讨论的话语问题。

我们完全可以稍微换个角度来看这种语篇"缺席"（absence）现象，把它当作一种由语篇制造者刻意造成的、须在原文中重新找回落脚点的语篇现象。处理这类现象时，每位译者要做的主要工作就是钻研自己的社会文化词汇，然后轻松地找到前语篇。诚然，如果这样进行翻译，很容易出现语篇理解方面的歧义。可是，这毕竟不是不受约束的活动，更何况互文语篇还具有几乎稳定的特性。这些都能防止转换行为发生失控现象。有鉴于此，我们完全有把握认为创造和理解这类互文性的过程相当简单，基本上可以不费周折就能恢复语篇的全部含义。

但是，上述西班牙文的案例也非常清楚地表明，语篇、话语或体裁的缺席现象并不稳定，不可能总让我们万无一失地指出其正确的出处。我们看到，在前面描绘的连续体（continuum）的一端，仅仅只有基于原文、由作者创作的指涉前语篇的参照行为，另一端却出现了与此略微不同的社会语篇缺席状态。这可以从一些译文中观察到，即除了原文所述内容之外（甚至完全不顾原文内容），译者还冒充作者，引用了自己的前语篇。他们也许另有目的，才会从自己的那套社会文化或社会语篇实践中找回前语篇。这里我必须强调一下，这两种极端情况都处于梯度假设的两极。互文指涉往往颇具挑战性，可是我们始终都有对付的方法。可以想象多数情况都是这样的：前语篇很有可能属于垂直性、构成性、调整度相当大的类型，但它同时也非常具体恰当地在文中标示出来了。

体裁，话语和语篇

为了避免破坏或忽视上述社会文化的影响，可以用某个符号活动领域说明我们对语篇的所有操作。这一领域的符号活动有时对语篇的形成非常重要。人们在此把语言当作社会符号来使用，而那种垂直性、构成性、调整度大的互文性必将发挥更大的作用。不过，在我们开始阐明观点，并就针对译者的这个模式所具有的潜在价值进行概述之前，先谈谈为什么要对社会语篇活动进行更具体细致的划分，也许对充分了解这一领域的问题有所帮助。

在语篇语言学和翻译的相关文献中，人们总是以高度体裁化的方式使用"语篇"（text）这个术语，以研究语言的诸多方面的问题。由于命名本身不够严谨，致使这个概念的实际作用不大，尤其在如学术写作的教学或阅读教学，甚至笔译或口译的具体实践中，情况更是如此。因此，我们实在有必要对此进行更严格的分类命名。在下文所述的模式里，"语篇"一词的含义将受到严格限制，仅指实现特定修辞目的（如议论、叙事等）的一系列连续的语句。而"体裁"（genre）一词指的是以常规方式表达语言的特定语篇行为。这些语篇行为适用于特定的社会场合，满足该场合中参与者的目的（如读者来信、新闻报道等）。最后，术语"话语"（discourse）将用来指称人们使用语言时的态度表达方式，以及语言如何以常规方式代言社会习俗（如男性至上主义，女性权主义等）（要了解这些有关分类的详细知识，请参阅 Candlin 为 Couthard 的书写的前言 1975；Hoey, 1983；Kress, 1985；Fowler, 1986；Fairclough, 1989；以及长期在批评语言学领域研究的其他学者的著作）。

术语"互文性"就本质而言涉及范围广泛。这一相当重要的原因促使人们普遍采用体裁化的方式使用术语"语篇"，以描述大量不同的社会语篇行为（包括严格意义上的语篇，体裁，话语）。因此"语篇"一词的定义往往十分宽泛，包含了所有类型的语篇现象。但我们的术语命名已经把这些现象非常清楚地划分成语篇、话语或体裁等几种类型。当然，这并不是说任何时候都要求这样严格的命名划分。有些互文实例只是简单调用了十分稳定的语篇成分（如莎士比亚的话或《圣经》中的说法），把它们从原来的出处移开，再用老套的方式引用到语篇中去。可是我们也会遇到以下的情况，即某个特定的互文实例的确以复杂微妙的方式具体地指涉了我们所说的严格意义上的语篇、体裁或话语现象。下文将主要论述这方面的内容。这里，互文性更具挑战性的一面通过前语篇表现出来。这些前语篇要么展示整个语篇的版式（例如"马上有'但是'出现"），要么表现特定的体裁结构（如"社论中穿插报道"），或者也可以传递特定的话语命题（如在评论若干事件时出现了军方语气）。

这三种基本单位把我们语言使用者经常诉诸的许多书面或口头形式具体化了。按照克莱斯（Kress, 1985）的说法，体裁反映了特定社会场景中参与者的目的和职能，可以理解成语言表达的常规化形式。这里，读者来信可以看作常用的体裁范例。他们写作的社会场景使参与者习惯性地与特定文化的职能和目的发生了语际或语内的关联。如，英语读者给编辑写信，目的总是就某一观点立场进行争论。而直到不久前，阿拉伯人的读者来信在很大程度上仍然仅仅只是礼仪性的，一般仅表达祝贺之意。就这样，各种不同的体裁把语言使用者带到不同文化场景的交汇处。这些文化场景可以跨语言、跨文化，也可能出现在同一语言和文化中。

人们对不同社会文化知识或社会语篇行为往往持不同的态度。如果按照福柯的说法，即口语和书面语方式已被习俗化，那么，话语就成了人们传达这些特定态度看法的媒介手段（参见 Fairclongh, 1992）。话语的表达像体裁一样具有常规性，因此也就有了特定的文化含义。这里关心的主要话题是称职的本族语读者如何从听到和读到的话语中"迅速解读出"各种态度和看法，无论是"男性至上""女权主义""种族主义"，还是其他任何态度。人们在某位英国政客 20 世纪 60 年代的一次著名演讲中观察到以下现象（这位政客一向以颇受争议的种族主义观点出名）。他在演讲时，每当提到"移民和他们的孩子"，总是拒绝使用"孩子"（children）的字眼而采用"后代"（offspring）的说法。于是，通过"劫持"（hijack）"合乎法规"的话语，他为另一种话语，即可以论证的"种族主义"和"丧失人性"的话语，奠定了基础。

语篇最终是为了特定的修辞目的（如议论性、分析性、劝导性或叙事性等）而构建起来的符号集合。理论上，一系列相互关联的语句连接起来，实施特定的修辞策略，以实现想达到的修辞目的。而语篇使用者所在团体中的成员可以根据习惯识别出这些修辞策略（Beaugrande & Dressler, 1980）。毫无疑问，具体的语篇通常会混用不同的修辞策略，如评论性修辞方式（以议论文为代表）与持中立观点的说明性修辞方式并用。但是，所有这些功能中总有一种会最终占支配优势，而这种功能就被看作语篇修辞的总目的（Hatim & Mason, 1997）。这里，我们再次看到，创作和理解语篇的关键在于语篇的常规性和文化特性。有些英语句子或语篇开头的语言符号被称作"挡箭牌式的开场白"，如"of course""certainly""no doubt"，因为紧跟其后的必定是某种辩驳形式（如"……当然［of course］，约翰·梅杰现在不走运，但是［however］……"）。而在阿拉伯语中，这类语言符号一直用来表述确信的观念，其陈述的内容随后会得到证实而非反驳。结果，这种差异往往使许多进行英阿双语翻译的译者吃尽苦头，落入陷阱中（Hatim, 1991）。

期待的实现与落空

我们可以把互文指涉看成从其语篇环境中挑选出来的符号。它们涉及高度稳定的社会文化概念，以具有显著性、水平性和调整度低的特征采用高度统一方式进行运作。这种看法可以让我们更好地理解社会文化实体和构成社会语篇实践的语篇、话语和体裁之间的差异，并且还可以从互文性参照体系中观察这些差异。现在从作者角度来看改进后的图 3 中的连续体，就可以发现位置远一些的社会文化对象可能会更加晦涩难懂。其结果是，它们获得某种稍微偏向垂直性、构成性以及调整度高的维度。但这仍然只是互文性相当基本的层次。而距离更远的互文指涉，尽管仍然具体、清晰可见，却已成为社会语篇的真实内容。随着对多种写作规范、语言使用虚化方式等指涉的不断使用，互文关系会逐渐变得越来越抽象。

在图 3 中，我们看到互文关系逐渐向更抽象的层次发展，激发人们对以前的语篇、体裁和话语的联想。而当作者对上述这几种符号结构进行"劫持式"（hijacked）的引用时，情况将变得更加复杂。社会语篇实践的这个重要方面与最初由巴赫金提出的一个基本概念密切相关，即对互文指涉"复调"或"重新定调式"的运用。现在我们可以将其专门应用于互文性的领域。巴赫金探讨体裁时（Bakhtin, 1986:79-80），注意到语篇不仅仅直接利用其他语篇的成分或规范，还可以对它们进行"重新定调"，如采用反讽、戏仿或确实虔诚的方式进行指涉。无论合适与否，大量不同的互文语篇还能以不同的方式混合使用，以增添种种不同的修辞效果。

互文指涉

社会文化方面	↔	社会语篇方面
稳定	↔	不稳定
显著性	↔	构成性
水平性	↔	垂直性
调整度小	↔	调整度大
相当具体	↔	较为模糊

图 3

可以说，语篇的含糊性在很大程度上是互文性造成的，而我们恰恰要对此进行翻译。语篇与语篇之间有很大的差异，要视以下情况而定：它们的互文关系复杂还是简单；其异质成分与语篇结合程度如何；它们是否受到特别强调。尤其是其他语篇或促进语篇发展的语篇规范"多方位地决定"语篇表层时，语篇目的会变得模糊不清，产生歧义。这时，要确定语篇"所指"的意义就会变得相当困难，迫切需要借助某种参照体系对互文的"无缝结合处"进行重新整理。值得一提的是，劫持式或复调式（double voicing）的互文现象，尽管通常更多发生在互文性更抽象的层次（如社会语篇等），现在甚至也会经常出现在那种层次低，以水平、显著性和调整度小为特征的社会文化对象中。

以上所述，我们仅从社会文化指涉的角度讨论"57 变"的例子。现在可以从其所在的更广阔的互文空间研究这一实例。除了表达"多变"的概念之外，《新政治家》的记者还特意用这个指涉传递某种深层的态度含义（话语）：在评价里根总统外交政策的语境中，作者的用意是暗指随意性是该项政策的重要特点。而这是通过一系列的步骤完成的：首先在"57"和亨氏公司之间建立互文链接，然后超越这层链接关系，指向小说《谍网迷魂》。[1]在那部小

---

[1] 该小说又译为《满洲里的候选人》，1962 年曾被拍成政治惊悚片。

说中，一个受到教员逼迫的男人要求说出某一政府部门里的共产党员人数，于是他按照妻子半开玩笑的建议，招认说有"57 个"。这样，我们在同一个语篇片断里进行话语表达时，已经超越简单的社会文化对象，进入社会语篇实践领域。

缺席语篇与译者

由于确信译者在复杂的决策过程中会面临一系列的选择问题，为了准确描述译者的语言行为，现代翻译理论有系统地尝试避免出现"二选一"的状况。在参照语境后进行最终判断的情况下，人们利用梯度和连续体的形式，从多方面反映以下持续变动的状况，即逐渐从直译形式发展到意译形式，从语篇间较为独立的形式发展到密切关联的形式，从十分稳定的交际类型发展到易于变化的交际类型，或从容易构建衔接连贯性的语篇发展到颇费周折才能构建起语篇世界的语篇。考虑互文性和译者的因素，我们也同样提出以下假设，即译者使用了一套带有变量值的谱系系统来处理互文指涉(缺席语篇)。在下面以"社会文化"和"社会语篇实践"为标题的讨论过程中，我们将对此进行详细介绍。

社会文化的操作

从前面详尽的讨论中我们可以发现，社会文化领域并非总是处于稳定状态。这个符号领域内的成分表现出不同程度的变化活力，因而操作起来略显麻烦，需要把更广阔的语境与语篇解读巧妙地结合在一起。正如我在前面指出的那样，社会文化概念一旦加入社会语篇实践的形成和传播过程，就会呈现这种变化活力。例如，"Asian restaurant"（亚洲饭馆）和"TV dinners"（电视餐）[①]这两个概念，如果在英文小说语篇里出现，强调的是所描写的人物如何孤独寂寞，表达的是有关特殊病态生存方式的话语。但出现在西班牙文中，就会明显地象征着奢华无比的生活。译者如果忽略这类互文隐喻的问题，就会导致失误。这时的互文性极可能是水平性和显著性的互文关系，但调整度肯定较大。这标志着互文语篇已经完全进入社会语篇实践范畴。

另一个使社会文化对象获得社会语篇（严格意义上的语篇，话语或体裁）

---

① 即食前加温即可食用的冷冻快餐。（原注）

维度的途径就是通过"主题延伸网络"。这就好像"扩展隐喻"一样：某个"母版"概念多次受到响应，重复出现在整段相关联的语句中，每次都发生了细小的变化。让我们看看下面一段关于本田汽车的广告语篇。这个广告通过一幅图片表现其效果：一辆小汽车置于鞋带之上，呈平衡状态。图片上方是一排标题：

[A] WHAT KIND OF BUDGET CAN YOU RUN A HONDA ON?

接下来的一段是：

> Strangely enough, you can run a car on a shoestring. And the nice thing is,
>
> it isn't a strait-laced choice.
>
> [...]
>
> Could this be the undoing of our rivals?
>
> [...]

当代国外翻译理论导读

可能你已经注意到母版概念"shoestring"（鞋带）在单词"strait-laced"（观念拘谨狭隘；鞋带绑紧）和"undoing"（动摇；鞋带松开）上留下踪迹。互文性在这里清楚地显示了水平性和显著性。但是，其调整层次相当高，而且与语篇、话语和体裁的相关度也很明显。

在社会文化的互文性较为活跃的方面，我们要谈的最后一点是"标记"（marking）的程度问题。若是按照巴赫金的说法，就是"复调／重新定调"（double-voicing / re-accentuation）的程度，按照我们的说法就是"劫持"的程度。这和我们前面讨论的例子很不相同。因为到目前为止，绝大多数我们用过的范例都是"无标记性"的，就像下面的指涉，从另一位爱国者对伟大英国的颂扬语句中体现诗人的爱国情怀。它让读者自然而然地想到莎士比亚的作品：

[B] Poor old Britain is reeling from a week of bad notice ... Sir Terence Becket, who as director of the Confederation of British Industry might be expected to know, has called our precious stone set in the silver sea[①] "shabby and expensive"...

---

① 这句话引自莎士比亚《理查二世》。剧中授予王权的英伦之岛被比作"镶嵌在银色海水中的宝石"。（原注）

换句话说，这个指涉方式毫无异常之处，完全表达了预期的含义。也正因为如此，翻译这类毫无新意的指涉，有时显得单调乏味。

但是，下面例子中，情况完全不同。"劫持式"的指涉方式造成了解释上的困难。一次，西方记者通过口译员对某位黎巴嫩基督教派领导进行采访。这位讲阿拉伯语的领导坚持不用"内战"一词，而是采用了"宗派主义者的阴谋"的字眼。遗憾的是，译员未能留意此处的互文性，仍然试图用包括"内战"在内的一些无效词语进行翻译，而这正是这位领导人竭力想避免的词语。大家可能会奇怪，为什么这位领导人会坚持使用"宗派主义者的阴谋"这样的字眼呢？其实，他的目的是让人想起一个有趣的缺席语篇——有关伊斯兰教最初发展阶段，教主大权旁落、党派纷争的话语。这位基督教领导人显然把它看作伊斯兰教历史上的污点。他认为，对于这个指涉，普通穆斯林要么从赞许的角度谈论以作掩饰，要么干脆忘记，绝口不提。

社会语篇实践的操作

在前面的讨论中，我们明确提出，社会语篇实践通过一套屈指可数的宏观符号——语篇、话语和体裁——反映出来。前面一些例子已证实，这几类符号结构的价值观念已经开始悄悄进入社会文化符号领域，并通过互文性的水平形式和显著形式发挥作用。不过，严格说来，通常是垂直性和构成性的互文性把社会语篇的规范带入语境。当然，如果认为社会语篇实践领域总是不断发生变化，那也是不正确的。我们可以观察到社会语篇实践相当稳定的状态。当互文语篇比较稳定，并在原文或译文中具体表现出来时，这一点尤其明显。我希望，在下例中，称职的英语广告读者或译者能够发现社会语篇方面的典故：

[C] *The Cameraman's Day*

It's 3:04 am and they have just finished shooting the final scene in the boxing ring.

Tom Becker, the cameraman, heaves a sigh of relief.

After all, it has been a long day. He has been on set for sixteen hours. There have been thirty different camera positions, each needing careful thought and equally careful framing, lighting and focusing.

Followed by take after take after take.

重新建立这一类的互文链接是再容易不过的事情了。通过语言和具体明显的非语言表达方式（如印刷字体等），表示对叙事语篇版式、大众读物话语以及通俗小说体裁的指涉。它们组合在一起，成功地指向某个具体的现实状况。

同样常见的还有一些更抽象、传达更为巧妙的社会语篇典故。在宏观符号活动的这个领域里，我们无疑会经常看到隐晦抽象的现象。实际上，明确标志的社会语篇指涉与模糊标志的社会语篇指涉之间的区分并不明显。因此，我们倾向于得出以下结论：从互文潜势看，大多数在语篇、话语和体裁方面的典故基本上都有垂直性、构成性和调整度大的特点。看看下面的范例就能有所了解。这个例子巧妙地指涉了某类特定的语篇类型、话语和体裁。

[D] "Do yon really need to switch from sunglass to those Acnvue® disposable contact lenses?" Asked mum. "I do," I replied.

这个例子就整体而言，语篇结构属于日常生活叙事类，话语属于幽默类，体裁则属于闲聊类。从这些整体结构中我们看到语篇、话语和体裁方面的有趣变体。如关于小心翼翼的母亲如何遭受讽刺挖苦的描写。不过，也许最有趣的是那个典型的婚礼用语 "I do"（我愿意）。它给人留下深刻印象。

当然，我们通常是在复调／重新定调或劫持式结构里看到晦涩难懂的社会语篇典故。因为这类结构令人想起的语篇、话语或体裁的特定格式与人们通常期待的不一致。这种造成期待落空的情况最让人为难，也使互文性具有相当的挑战性。尤其对那些毫无经验的翻译新手而言，情况更是如此。在下面这段材料中，要使人联想到操纵式语篇（另有引用目的）、宗教狂式的话语以及宣传单式的体裁，可能有些困难。这句话引自杜鲁门总统的一次演讲，由一位电台评论员用念宗教咒语的音质、语调和节奏读出来：

[E] If they do not accept our terms, they may expect a rain of ruin[①] from the air the like of which has never been seen on this earth.

（引自 Lee, 1992）

---

① 这里的 "a rain of ruin" 指的是美国在日本长崎投放原子弹的行动。为了促使日本投降，杜鲁门总统在行动前曾威胁要使用原子弹。

　　问题在于没有人料到会是这种操纵式语篇，宗教狂式的话语以及宣传单式的体裁。实际上，人们本以为会遇到告诫性的叙事语篇、不偏不倚的"事实"话语以及报道式体裁。

　　这些语篇、话语和体裁纷繁复杂，尤其对译者构成难题，但也激发了翻译理论家的浓厚兴趣。因为它们提供了极其丰富、极富诱惑力的空间，使译者能够锻炼操纵能力（当然有时会误入歧途），摇身变成很有创意的语篇作者，从而改变原文，纵容个人目的。这时，很容易出现操纵现象，而译者也借机逃脱了彻底忽略社会语篇规范的责任。下面的范例可以很好地说明上述现象。这段英语回译文（back translation）提供了西班牙原文在语篇、话语和体裁方面的一些特征（Hatim & Mason, 1997）：

　　　　About the greatest and most tragic encounters experienced by indigenous man persons would have to write such as the conquistador himself, Herman Cortes in his letters of Account and the soldier-chronicler, Bernal Diaz del Castillo in his true History of New Spain. But also the vanquished left of their testimonies …

　　这段语句表现了驳论式的语篇，即先提出某个引述的观点，随后作者对此进行反驳。话语则属于争论类，即先表面应付一下敌对的观点，接着根据某种理由进行反驳。体裁大概属于社论一类。

　　可是，我们却发现对应的英译文在语篇、话语和体裁方面表现出下列特征。

　　[F] The greatest and most tragic clash of cultures in pre-Colombian civilization was recorded by some of those who took part in the conquest of Mexico. Herman Cortes himself sent five remarkable letters （Cartas de Relacion）back to Spain between 1519 and 1526; and the soldier-chronicler Bernal Diaz del Castillo （c. 1492-1580）, who served under Cortes, fifty years after the event wrote his Historia verdadera de la conquista de la Nueva Espana　（"True History of the Conquest of New Spain"）. The vanquished people also left written records.

　　　　　　　　　　　　（From a *UNESCO Courier* article on heritage）

　　评估这份译文时，不可能不注意到，来自译者方面的互文介入产生了重大影响：语篇模式基本上改成了说明文，话语自然也因此失去了原来应有的特性，体裁则变成典型的报道类型。

不过，我们这些翻译理论家的任务不是去评判译者对此究竟是弄错了还是压根儿不懂（如缺乏这方面的知识）。我们能做的只是描述现象，冒昧揣测一下其中的原因。从动机来看，我们认为操纵活动可能分布于两个基本区域。操纵活动有可能是个别行为。由于对特定意识形态的依恋或其他什么原因引起了这样的行为。可是，若要确定这个问题，我们还需要充足的依据、生平传记等资料，而收集这些材料却又未必容易。另一方面，操纵活动也可能是集体性的。译者也许试图传播由整个信仰体系或是由某种语言或语系的霸权地位所支持的规范（Venuti, 1995a）。在这种集体性操纵活动中，识别和认可"出于适当动机"而造成的互文介入是颇有裨益的。例如，某种修辞结构，在阿拉伯语的新闻报道中经常出现，但与英语报道的常见形式格格不入。如果我们将其用在对英语读者发表的长篇演讲中，会有什么不妥？在我们的想法中，这种阿拉伯语中的修辞结构规定了新闻报道里转述他人言语的方式。也就是采用从句形式分别表示他人所说的话语。这些从句都含有表示说话行为的动词，而这些动词最好装饰性地变换使用，如"he said""he added""he went on to say""he stressed""he made clear""he concluded by saying"，等等。但在英语中，在一连串发挥同样的功能的语句里，常见的却是表示说话动作的动词毫无变化，而且仅用一次，用于开始、打断或结束话语（如"In his speech to the Commons，the Prime Minister said …"）。毫无疑问，我们完全有理由放弃原文中的修辞结构，采用符合译文规范的表达方式。

当然，我们也要避免那种不必要的意外介入。这是语言帝国主义的另一种形式。前面提到的西班牙文例子已经充分说明了这个复杂问题需要特别处理（参见 Hatim Mason, 1997）。

结论是，我们认为译者是遵照以下的等级标准处理互文指涉或缺席语篇的。它们按照从简单到十分晦涩的顺序排列如下：

- 稳定的社会文化对象主要引起水平性、显著性、调整度低的互文性。
- 变化更多的社会文化对象进入以垂直性、构成性和调整度高为主要特征的互文性。
- 有标记的（复调式／劫持式）社会文化对象引起其中一种互文性形式——水平性或是垂直性、显著性或是构成性，而调整度不限。
- 高度稳定的社会语篇实践引起以垂直性、构成性、调整度高为主要特征的互文性。
- 有标记的（复调式／劫持式）社会语篇实践引起其中一种互文性形

式——水平性或是垂直性、显著性或是构成性，调整度不限。

- 相当稳定的社会语篇实践主要引起垂直性、构成性的互文性，具有相当的调整度。
- 更为抽象的社会语篇实践主要引起垂直性、构成性的互文性，具有相当的调整度。
- 隐晦互文性的极端形式对其他语篇、话语和体裁劫持式地进行引用。作者和因此受到影响的译者可以无伤大雅地借助这个结构，以重新定调或复调式的方式使用某个特定的互文指涉。
- 社会语篇或社会文化的隐晦指涉，其极端形式导致对其他语篇、话语和体裁的劫持式引用或刻意的引入。一筹莫展的译者得以借此超越神圣不可侵犯的原文，冲破忠实于原作者的束缚，在译文天地里自由驰骋。

References

Bakhtin, M. (1986) *Speech Genres and Other Late Essays,* (ed.) C. Emerson and M. Holquist (trans.) V. McGee, Austin: University of Texas Press.

Bühler H. (1989) "Discourse Analysis and the Spoken Text – a Critical Analysis of the Performance of advanced Interpretation students," in *The Theoretical and Practical Aspects of Teaching Conference Interpretation,* (ed.) L. Gran & J. Dodds, Udine: Campanotto Editore, pp. 131-136.

Couthard, M. (1975) *Discourse Analysis,* London: Longman.

De Beaugrande, R. & W. U. Dressier (1980) *Introduction to Textlinguistics,* London: Longman.

Fairclough, N. (1989) *Language and Power,* London: Longman.

Fairclough, N. (1992) *Discourse and Social Change,* Cambridge: Polity Press.

Fowler, R. (1986) *Linguistic Criticism*, Oxford: Oxford University Press.

Foucault, M. (1972) *The Archaeology of Knowledge*, (trans.) M. Sheridan Smith, London: Tavistock.

Hatim, B. (1991) "The Pragmatics of Argumentation in Arabic: The Rise and Fall of a Text Type," *Text* 11/12, pp. 189-199.

Hatim, B. and Mason, I. (1990) *Discourse and the Translator,* London: Longman.

Hatim, B. and Mason, I. (1997) *The Translator as Communicator*, London & New York: Routledge.

Hoey, M. (1983) *On the Surface of Discourse*, London: George Allen & Unwin.

Kress, G. (1985) *Linguistic Processes in Sociocultural Practice,* Victoria: Deakin University Press.

Lee, D. A. (1992) *Competing Discourse: Perspective and Ideology in Language,* London, Longman.

Mason, I. (1994) "Discourse, Ideology and Translation," in R. de Beaugrande, A. Shunnaq and M. Heliel (eds) *Language, Discourse and Translation in the West and Middle East*, Amesterdam: Benjamins, pp.23-34.

Neubert, A. (1985) *Text and Translation*, Übersetzungswissenschaftliche Beitrage 8, Leipzig: VEB Verlag Enzykopadie.

Venuti, L. (1995) *The Translator's Invisibility: A History of Translation*, London: Routledge.

翻译：一种跨文化活动[*]

玛丽·斯奈尔—霍恩比著

陈　浪译

导言

　　玛丽·斯奈尔—霍恩比（Mary Snell-Hornby）出生于英格兰，早年曾在圣安德鲁大学学习德语语言文学和哲学，1987 年获苏黎世大学哲学博士学位，其博士论文《翻译研究：综合法》（*Translation Studies: An Integrated Approach*）在一年后出版，在西方译学界颇有影响。在该书中作者全面考察了翻译研究的历史和现状，对翻译理论进行了系统的梳理和介绍，并提出翻译研究应当被视为一门独立的学科。斯奈尔—霍恩比创建了以格式塔原理为基础的综合研究法，力图借鉴文学、语言学以及其他学科的知识原理研究翻译问题。

　　在书中作者花了较多篇幅介绍各相关学科与翻译之间的关系，并客观评价它们对翻译研究的影响和作用。本文即节选自该书第二章"翻译：一种跨文化活动"。在这一章中，作者以文化概念为切入点，考察了德国当时翻译研究的现状，客观分析了当时语言学发展对翻译研究的影响和作用，并提出翻译研究应该以语言谱系观取代极端的二元对立的观点，采用以格式塔原理为基础的文化整体观来研究翻译问题。

　　在文中作者首先从词典对翻译的定义入手，抨击了传统语言学把翻译仅仅视作语言转换行为的观点，接着借用人类学家的广义文化概念，指出文化与整体知识、行为活动以及社会／语言规范之间的关系，并深入探讨了这些关系对翻译研究的启示和影响。

　　斯奈尔—霍恩比列举了洪堡以及人类语言学家和生成语法学家对语言的不同认识，以探讨可译性问题。她把语言看成是一种连续体，并反对关于可译性的极端看法。她认为语篇的可译性取决于它与所在文化的结合程度、原文和译文之间文化背景的时空差距，并指出翻译理论应该重视阐释原理。

　　作者接着详细介绍了三种翻译学说，说明德国翻译理论的发展趋势，即

---

　　[*] 本文选译自 Mary Snell-Hornby, *Translation Studies Integrated Approach*, Shanghai: Shanghai Foreign Language Education Press, 2001/1988, pp. 39-51。

把翻译视为文化转换、交际行为、立足于译文功能研究问题、放弃孤立分析语篇的研究方法，等等。其中，赫尼希（Hönig）和库斯茂（Kussmaul）的理论突出语篇与社会文化背景的关系；弗米尔（Vermeer）的"目的论"强调翻译是动态的"跨文化行为"；霍茨—曼塔里（Justa Holz-Mänttäri）把翻译活动视为涉及译者集体合作、委托人与顾客的整个复杂的行为，评估译文的标准由翻译的接受方和具体的翻译功能而定。

作者最后提到翻译的规范问题。她质疑索绪尔关于语言和言语对立的二元论本身的恰当性，并借用弗米尔的游戏与"游戏规则"的比喻说明规范不是规约性极强的严格分界线。她指出，就翻译而言，规范同时既是原型又是惯例，位于"系统"和"语篇"连续统（continuum）两端之间。文学语言和非文学语言没有本质上的区别，翻译研究必须面向各种语言文本，而不像语言学派那样只关心普通语言。

斯奈尔—霍恩比的这篇文章虽然冠以"翻译：一种跨文化活动"标题，内容也涉及文化概念的问题，但实际上主要介绍的是当时德国兴起的功能学派的观点和一些相关概念，如语篇类型、翻译行为、目的论、译文功能分析，等等。另外她只是分析文化对翻译的影响和作用，并未如文化学派那样对翻译的社会文化影响进行深入探讨。不过，她在本文中的一些基本主张，如翻译关心的是关系网络而非语言的孤立现象、翻译作为综合性的跨文化学科必须吸收除了语言学和文学以外的其他学科的知识、以文化的整体观来进行翻译研究等，得到译界不少学者的肯定。

正文

2.1 语言与文化

多少年来，人们一直理所当然地把翻译看作语言之间的转换。这种看法曾经引起传统翻译理论界在"字译"和"意译"问题上争论不休，如今又成为翻译等值概念的本质所在。词典对翻译的定义同样反映了这种观点。例如，在《大英百科全书》（*Encyclopedia Britannica*）中，仅有一句释义列在词条"翻译"下：翻译指用另一种语言或另一套符号把某一种语言或某一套符号所表达的内容转换过来的行为或过程（参见 *Micropaedia* 10:93）。而在《详编百科全书》(*Macropaedia*) 中，"翻译"这个词甚至连单列词条解释的资格都没有，仅仅只在有关词条"语言"的分节里简要交代了一下。这样对待翻译并不奇怪，人们早已习以为常，翻译工作者和翻译理论家对此也只能无可奈何地接受。不过，尽管《大英百科全书》对翻译介绍不多，其中倒还有一点令人颇受鼓舞：此书没有采用传统语言学的观点看问题（长久以来，传统语言学一直努力要将语言和所谓"超语言现实"明确区分开），而是把语言看作文化密不可分的部分，一个绝非与世隔绝的孤立现象。而且这本百科全书中有关"翻译"的几段释义文字所在分支条目的小节标题恰好与本章节的题目一样，都叫"语言与文化"。

本章所说的文化，并非那种较狭义的文化概念，仅仅涉及人文学科方面高度发达的人类智力成就。这里，文化具有人类学上更广泛的意义，指的是受社会制约的人类生活的各个方面（参见 Hymes, 1964）。美国人类学家古迪纳夫（Ward H. Goodenough）曾给文化定义如下：

> 我认为，一个社会的文化涉及所有其社会成员必须知晓和相信的事物，这样，人们的行为就可以采用其他成员可以接受的方式，并依照社会为其设定的角色行事。由于文化并非通过生理遗传，而是经过学习得来，其内容必然由学习的成果组成，即由知识组成。这里所说的知识相对而言具有较广泛的意义。按照这个定义，我们注意到文化并不是物质现象，不是由事物、人、行为或情感所组成的。确切地说，它是将上述要素组织起来的一种方式。文化是人们脑海里各种事物的抽象形式，是人们观察、联系以及解释这些事物的模式。照此，当人们通过文化观察了解以及对付自身所处的环境时，其所言所行、社会活动和安排就是文化的产品或副产品。对熟悉自身文化的人来说，这些事物或社会活动又是代表其文化模式的种种符号，是文化的具体物质表现。（Goodenough, 1964:36）

戈林（Heinz Göhring）在德国从事近来新兴的文化对比研究——跨文化交际研究，他把古迪纳夫的文化定义修改成以下内容：

> 文化是人们必须知晓、精通和感觉的一切，用于判断人们的行为举止是否符合或违背社会对其设定角色的期待。如果人们不打算承担违背社会常规的后果，它还可以用于指导人们行为，使之符合

第一章 语言学派翻译理论

社会期待。（Göhring, 1977:10）

这个修订的定义与目前翻译理论界（尤其在弗米尔 Vermeer 文章中）盛行的文化概念较为一致。本文就采用了这个定义来界定文化。

需要指出的是，有三个要点同时出现在上述两个文化定义中，只不过它们在戈林的定义中更为显著：第一，文化被看作知识、技能和感知的整体；第二，文化与行为（或行动）、事件活动直接发生联系；第三，文化依赖社会期待和规范，其中既包括社会行为规范也包括语言用法上的规范。本节将讨论第一点，而关于语言行为方面的内容则出现在第二节中，本章第三节将讨论规范问题。

洪堡（Wilhelm von Humboldt, 1767—1835）是第一个指出语言与文化、语言与行为之间存在极为重要关系的人。洪堡认为语言是动态发展的，与其说是作为活动结果（ergon）的某种静态分类目录，不如说是活动本身（energeia）。同时，语言不但反映文化，也表现透过语言认知世界的说话人的个性。一百年后，他的看法得到了美国人类语言学家的呼应。人类语言学家萨丕尔（Sapir）和本杰明·沃尔夫（Benjamin Lee Whorf）提出了 Sapir-Whorf 假说，也称作语言相对原则。这个假说认为思想并非"先于"语言发生，相反，思想受制于语言。与洪堡一样，这个结论也是在深入细致的调查基础上得出的。调查对象主要包括一些生僻难懂的语言，如美国印第安人的语言。沃尔夫认为霍皮语的动词体系直接影响了霍皮人（美国亚利桑州东南部印第安人）的时间概念（参见 Whorf, 1973:57-64）。许多研究古文化的学科领域也出现了类似的结论。苏美尔学家研究古巴比伦文明时，就提出了"自我概念"原则（"Eigenbegrifflichkeit"，参见 Landsberger, 1974），即学者不能根据 20 世纪欧洲人的观念和价值观去了解古巴比伦文明，必须依照古巴比伦世界的独特概念和规则去研究，才能对那个世界有所了解。

对翻译而言，语言相对原则关系重大。因为照此原则，语言既然可以制约思想，而这两者同时又不可避免地与使用该语言的社群文化密切相关，那么，偏激一点的话，翻译就成为完全不可能的事了。

颇具讽刺意味的是，与此相反的另一种观点同样源自洪堡，这是由乔姆斯基（Chomsky）及其生成语法学派倡导的观点。乔姆斯基关于深层结构和表层结构的概念源自洪堡的语言"内部形式"和"外部形式"的理论。所谓深层结构就是非语言的、具有根本意义的普遍性的结构。持这种观点，翻译就是"再编码"，就是转换语言的表层结构以反映其深层结构。这种观点如果走向极端，那么任何事物都是可以翻译的。

　　这两种观点彼此对立，各走极端。但我们的答案却并非两者选一，而是在两个极端之间选择一点以便有效地解决问题。换言之，语篇在多大程度上是可译的，要视它与所在文化结合程度而定。同时，原文和译文读者之间文化背景的时空差距也会影响语篇的可译性。实际上，语篇的可译程度与其在本书 32 页（Snell-Hornby, 2001/1988:32）上《语篇类别及相关翻译标准》表中的序列是准确对应的。翻译文学语篇，尤其是那些源自年代久远的文化的作品，远比翻译具有"普遍特征"的现代科技语篇难。当然，即便持这种看法，我们也得考虑文化背景问题，对其进行一番修改，例如：对已经使用现代科技的社会而言，把核反应堆的报道译成他们的语言应当完全没有问题，可是，译语一旦换成泰米尔语或是斯瓦西里语，该报道的可译性就会大大降低。同样的道理，如果我们以普通文字的翻译为例，就会发现黑森地区（Hesse）绿色阵营内部的争吵若是译成英语，英国保守报纸《每日邮报》（*Daily Mail*）的忠实读者未必就能轻易读懂译文的内容。以上例子说明，问题的关键不在原文，而在于译文对读者而言有何意义。这些译文读者作为某一文化的成员或该文化某一分支的成员，耳濡目染，早已从中学会了一套相应的知识，对事物有了特定的判断和洞察力。

　　对翻译研究而言，把文化看成综合了知识、技能和感知的整体非常重要。因为，如果语言是文化的组成部分，人们就会要求译者不但要熟练掌握双语，还必须熟悉彼此的文化。换言之，译者必须同时掌握双语和双重文化（参见Vermeer, 1986）。他在知识、技能和感知方面的掌握程度决定了其创造译文的能力和对原文的理解。

　　很久以来，阐释理论就与翻译理论紧密联系，这种情况在德国尤为突出（参见海德格尔［Heidegger］和布博［Buber］在凯里［Kelly, 1979:29］一书中的讨论）。但对文学翻译而言，最近发展的接受美学（Rezeptionsästhetik）同样重要。接受美学在德国同样具有根基。它主要研究读者的作用（Iser, 1976；参见以下 4.1 节）。就翻译而言，我们必须强调译者本质上是一个积极主动、有创造力的读者（参见 Hönig & Kussmaul, 1982; Holz-Mänttäri, 1984），理解原文绝不是被动地"接受"原文。斯坦纳（Steiner, 1975:296）在解释他的"阐释运作四步骤"时，有"初始信任"（initiative trust）一说。在这个阶段，译者根据以往经验，相信面前的作品言之有物，值得翻译。然而，这种给予信任的方式在心理上是没有安全感的，从认识论角度看，也是没有任何保障的，可是译者仍然愿意"纵身一跳"，进行尝试。由于斯坦纳认定翻译的理解过程必然包括译者过去的经验，他的看法便与两位哲学家的思想联系起来。这两位哲学家影响了德国近来的翻译研究，一位是胡塞尔（Edmund Husserl），另一位就是提出"视域融合"概念（Horizontverschmelzung，1960）的伽达默尔（Hans-Georg Gadamer）。伽达默尔的思想对帕普克（Paepcke, 1978, 1980, 1981）以及希托茨（Stolze, 1982, 1984, 1986）的理论有重大影响。

帕普克以及希托茨采用阐释学方法研究翻译问题，强调理解是依靠经验的互动过程。这实际上遵循了我在研究中提到的格式塔整体原则（Stolze, 1982: 31）。

近来语言学发展的新特点就是把语言、文化、经验和感知整合为一体。下面 3.3 节中讨论的语言学成果之一有费摩（Fillmore）的情景—框架语义学。它利用了从生活知识和经验发展而来的原型模型，与翻译直接有关。

2.2 近来翻译理论的发展

帕普克以及希托茨的翻译研究方法基本上建立在阐释学基础上：

> 无论别人持何种相反意见，我始终认为翻译的基础是理解而不是理论。（Paepcke, 1985:1）

最新的诸多翻译理论认为理解语篇是翻译的前提条件，大多放弃了 20世纪 60 年代莱比锡学派的耶戈尔（Gert Jäger）提出的"翻译无需理解"的观点（当然，这个观点在机器翻译领域里仍未过时）。不过，80 年代绝大多数的翻译理论并不重视阐释原理，认为这些原理作为一门理论的基础过于笼统含糊了。

此外，近来德国出现了三种翻译新学说（参见 Hönig & Kussmaul, 1982；Reiss & Vermeer, 1984 以及 Holz-Mättäri, 1984）。三家学说都有以下几个共同点：第一，倾向于把翻译视为文化转换而非语言转换；第二，把翻译当作"交际行为"而非译码行为；第三，倾向于研究译文功能（prospective translation, 顺向性翻译）而不是原文的各种规约要求（retrospective translation，逆向性翻译）；第四，把语篇看作世界的组成部分，而非孤立的语言片断。这些共同之处非常明显，以至于我们可以断言翻译理论的发展已出现新方向。

这三家学说中，赫尼希和库斯茂合著了翻译教学课本《翻译策略》（*Strategie der Übersetzung*，1982），书中丰富的例证、生动的文笔使其理论价值有增无减。作者根据多年的教学经验和长期专业性的翻译工作完成这本著作，并且把理论与实践结合起来，这在长期以来的翻译研究中还不多见。不过，书中介绍的翻译策略以及各种翻译方法所依据的语言学研究成果并非我们关心的内容。这里，我只想集中探讨他们的理论基础。赫尼希与库斯茂（Hönig & Kusmaul, 1982:58）的理论出发点是把语篇看作"社会文化的言语表达部分"（der Verbalisierte Teil eine Soziokultur）。语篇产生于某一特定的情景，而这个情景又受到社会文化背景的制约。于是，翻译是怎样的活动，完全视其"植入"译语文化后的功能而定：要么保存原文在源语文化中的功能（Funktionskonstanz，功能一致）；要么改变原来的功能以适应译语文化的特殊需要（Funktionsveränderung，功能改变）。广告翻译就是一个明显的例子。假如译文与原文一样，是向潜在的顾客推销商品的广告，那么原文语篇的功能就会在译文中被保留下来；可是，一旦译文语篇用于提供资讯，比如介绍源语文化中营销惯例或策略，其功能就会发生变化。这个现象暗示了对翻译而言非常重要的道理，可是直到现在并没有得到翻译培训和传统语言院系应有的重视。所谓"纯粹翻译"和"完美翻译"都是不存在的。翻译直接受制于委托人事先指定的译文功能（这对专业性的翻译实践而言是理所当然的事）。预设的译文功能往往差别很大，而且通常原文在文学翻译中的地位与在广告翻译或是正式合同翻译中的地位大不一样——这类问题将留到下文中讨论（参见4.1节）。

赫尼希和库斯茂把语篇看作社会文化背景的组成部分，强调译文功能至关重要，并以此提出评估翻译质量的基本标准，即"译文必须达到的精确度"。它是译文功能与社会文化决定因素的交会点（Hönig & Kussmaul, 1982:52）。书中举了两个例子予以说明，其中每个例子都提到了英国的一所著名的公学。

In Parliament he fought for equality, but he sent his son to Winchester.

When his father died his mother couldn't afford to send him to Eton any more.

书中随后列举了资深翻译教师常常遇到的两种极端译法：

… Seine eigenen Sohn schickte er auf die Schule in Winchester.
（汉译:他把儿子送到温彻斯特的那所学校念书。）

…konnte es sich Mutter nicht mehr leisten, ihn nach Eton zu schicken, jene teure englische Privatschule, aus deren absolventen auch heute noch ein Grosteil des politischen und wirtschaftlichen

Führungsnachwuchses hervorgeht.

（汉译:他母亲无力将他送进伊顿公学念书。这所私立学校收费昂贵，培养着财政界绝大多数的精英人士。）

第一句的翻译信息辨别度不足：仅仅提及温彻斯特的地名，德语读者理解的意义肯定不会与英语读者的一样。第二句的翻译信息辨别度过高。因为无论关于英国公学的信息多么正确，对于这句话而言都是多余的。

作者于是提供了以下译文，说明语篇翻译所需的辨别级别：

Im Parlament kaempfte er für die Chancengleichheit, aber seinen eigenen Sohn schickte er auf eine englischen Eliteschulen

（汉译:他一面在议会里努力争取人人平等的权利,一面却把自己的儿子送进英国的精英学校学习［强调这是英国档次很高的学校之一］。）

Als sein Vater starb, konnte seine Mutter es sich nicht mehr leisten, ihn auf eine der teuren Privatschulen zu schicken.

（汉译:他父亲死后,母亲无力将他送进收费昂贵的私立学校念书［强调这是英国收费昂贵的私立学校之一］。）

这种翻译方法抛弃了大学以及翻译培训学院惯常使用的评估译文的标准，即译文最大可能地保留原文的一切——这是翻译等值理论的主要信条，也是克罗齐（Croce）和加赛特（Ortegay Gasset）怀疑不可能有翻译的主要原因。赫尼希和库斯茂提出的评估标准不是全面地"尽量保留"，而是非常具体地"根据语篇的功能进行必要的保留"。换言之，我们早已放弃长期以来诸多翻译理论反复讨论的"逐字翻译"概念，如今，我们关注的是语篇，即使必须涉及字词，那也是"语篇中的字词"。

赫尼希和库斯茂的理论模式新颖，对翻译问题进行了系统研究。不过这个模式依据的概念其实早就在翻译理论界中就出现过。如弗米尔（他在许多文章中探讨的"功能一致"和"功能改变"，参见 Vermeer, 1983）。多年来，弗米尔一直是德国翻译理论界的佼佼者，他在《翻译理论基础》（*Grundlegung einer allgemeinen Translationstheorie*, Reiss & Vermeer, 1984）一书开头部分曾介绍自己的基本理论概念。与赫尼希和库斯茂一样，弗米尔的理论也立足于译文功能，并因此被称为"目的论"（希腊语 Skopos 有"目的，目标"之意）。

弗米尔一直强烈反对将翻译仅仅看作语言问题。他认为翻译主要是跨文化转换（参见 Vermeer, 1986）。译者即使不熟悉多种文化，至少也得掌握两种文化。这样就很自然地要求译者掌握不同的语言，因为语言是文化的固有部分。其次，弗米尔同样把翻译看作行动，一种"特殊的行为"（Sondersorte von Handeln, Vermeer, 1986:36）。换言之，翻译是"跨文化的活动"，既可以发生在文化关系密切的语言之间（如英语和德语之间），也可以发生在文化关系疏远的语言之间（如芬兰语和汉语之间）。它们只有程度上的差异，没有类别上的区别。弗米尔给翻译的定义如下：

> 我认为翻译就是文化 Z 为了满足特定功能需要，通过语言 z 模拟了文化 A 通过语言 a 表达出来的信息。这意味着翻译不是把一种语言的字词语句简单地转换成另一种语言符码的译码过程，而是一种复杂的行为。其中，某一方在功能、文化和语言的新环境中提供了来自原文语篇的信息，并刻意在新情景中尽可能模拟原文的形式特点。（Vermeer, 1986:36）

功能因素在目的论中非常重要："翻译的关键是其目的"（Die Dominante aller Translation ist deren Zweck, Reiss & Vermeer, 1984:96）。弗米尔的观点主要针对某些静态、绝对的语篇观和翻译观。那些翻译研究对于"语篇"为何物一直争论不休。而弗米尔的学说把翻译和个别情景联系起来，因而是动态的研究方式。

> 例如，一个广告语篇不能称作绝对意义上的"广告"。只有当人们把它作为广告进行创作、阅读和翻译时，它才能叫做"广告"，所有一切都要视翻译目的而定。（Reiss & Vermeer, 1984:29）

如果说赫尼希和库斯茂主要讨论"语篇中的字词"，那么弗米尔主要关心的就是"情景中的语篇"，而且他是把语篇和所在的文化背景整个放在一起来考察。

这种见解涉及弗米尔所说的"推翻原文的权威地位"问题，在译者看来就成了"创造新语篇的途径"（Vermeer 私人通信）。弗米尔基本上只把这个观点应用于非文学翻译中。不过，这里原文与译文之间的关系仍然要视翻译的类型和功能而定（参见 4.1 节）。

弗米尔讲述自己观点时经常提到霍茨—曼塔里（Justa Holz-Mänttäri）。这位学者多年来在芬兰翻译学院任教，并在 1984 出版了《翻译行为——理论与方法》一书（*Translatorische Handeln: Theorie und Methode*）。书中介绍了她的翻译理论，其观点与弗米尔的上述观点相似，但在方法和理论模式方面更加激进。就像其书名暗示的那样，霍茨—曼塔里也没有把翻译看作简单的译码过程，而是认为翻译是跨越文化的行为方式，即一种跨文化活动。她甚至抛弃了"语篇概念"，以"信息"（Botschaft）概念取而代之，并认为语篇只是信息的载体（Botschaftsträger）。霍茨—曼塔里的"翻译活动"（translatorisches handeln）不是单纯的转换活动，而是涉及专家集体合作、从委托人到顾客的整个复杂的行为。其中，译者是以专家身份参与其中的。这样，翻译同样被视为跨越文化障碍的交际行为。评估译文的标准由翻译的接受方和具体的翻译功能而定。

霍茨—曼塔里理论中最引人注意的地方就是把专业性的译者看成专家（Professionalisierung）。她明确反对人们关于译者的普遍看法，即任何人从街上买回一本字典，然后像在学校翻译练习课上那样转换一下语篇的符码，就可以成为译者（Holz-Mänttäri, 1986:371；同样参见 Snell-Hornby, 1986:9）。在她看来，译者是专家，受过专门训练，具备丰富经验。各翻译培训学院的教师也应如此。

乍看起来，深受人文学院传统影响的人会觉得霍氏观点有些过分。可是我自己的翻译经验就能证明她描述的复杂翻译行为和过程与专业翻译的实际工作和现实要求高度吻合（参见以下 4.2 节）。还有许多翻译工作者，尽管通常对理论持怀疑态度，却非常认同霍氏的理论见解。其中就有一位叫做斯泰布瑞克（Hans- Jürgen Stellbrink）的人，他领导着一家大型企业的语言与翻译部门。他认为传统译论和语言学导向的翻译理论不但毫无用处，甚至会误导那些准备从事专业翻译的人员。他在一系列的讲座（如 Stellbrink, 1984, 1985）中介绍了译者在企业工作的实际情况。这些译者基本上是以团队工作的方式进行翻译的，其工作的最终目的与翻译的直接目的不同。如翻译作为具有法律效力的合同时，译者的工作目的绝非仅仅关注一下如何处理语篇的问题，而是提供必要的法律条件，使国际贸易能够顺利进行。为了实现这个目的，译者应全力尽责。可是大学（斯泰布瑞克在这里指的是翻译培训学院）在这个方面完全失败了。他将这一情况总结如下：

> 课堂上讨论翻译理论时，不应该让学生去学诸如将英语"it"译成苏格兰盖尔语的种种译法，而应该让他们了解翻译只是为实现某个最终目标而进行的一系列活动的某个环节。翻译的目的不是为了得到译文成果，而是为了实现这个最终目标。（Stellbrink, 1985:26）

当然，我们不能把他的这个看法绝对化，看成是对所有类型翻译的最终评价。而且一旦涉及文学翻译，就必须改变分析的角度。然而，作为一个新起点，他的话确实可以带给因循守旧者极富意义的冲击，促进人们迅速修正对翻译本质的种种错误成见。

2.3 系统、规范和语篇

前面曾提到过洪堡的语言"内部形式"和"外部形式"的理论。该理论表明语言不是记录词条和规则的静态目录，而是一个多层面、结构复杂的体系（参见 2.1）。索绪尔的学说也建立在相同的见解之上。他提出若干相似的概念，奠定了结构主义运动的基础，被称作"索绪尔二元论"，几十年来一直支配语言学的发展，甚至影响了文学研究。我们这里讨论的二元对立概念并不是索绪尔根据洪堡思想发展而来的能指和所指概念，而是另一对概念。它们目前仍是语言学研究的中心概念，对翻译理论至关重要，即有关语言（langue）和言语（parole）的区分。其中，"语言"是抽象的语言系统，而"言语"指具体的言词和语篇。长期以来，语言学界认为"语言学家描述的是 langue 这个语言系统"（Lyons, 1968:52），而现实生活中的言语是对语言系统不完美、个别的反映，存在种种无法解释的偏差和变异，因而不适合进行科学研究。这种看法加深了语言学研究和文学研究的鸿沟，并使生成语法采用了大量类似"John hit the ball"（约翰打球）之类的例句，简单得让人觉得荒唐。而 90％以上的生活语言却因为"语言偏差问题"而被弃之不用（Lakoff, 1982）。于是，上述那些语言学研究也就自然不会探讨翻译这种涉及语篇的活动了。不过，由于 20 世纪 70 年代语言学发生了重大变化，语言学家重新开始考察生活语言、语言系统和翻译理论之间的相互关系。现在，人们又重新提出"言语的语言学"这个概念，而在 20 年前大家还觉得这种提法自相矛盾。当然，这个概念的含义和最初结构主义所指的意思已经大相径庭（参见 Godel, 1981），现在专门用于翻译研究（参见 Schmid, 1986:383）。

问题是关于语言和言语的二分法本身是否恰当呢？追溯到 20 世纪 30 年代，英国语用学派语言学家弗思（J. R. Firth）曾坚决反对索绪尔的二分法，他认为这些纯粹是闭门造车的产物，无法反映语言现实（参见 Firth, 1957, 1968）。1951 年，克塞里（Coseriu）发表了论文《系统、规范和言语》（Sistema, normay habla, Coseriu, 1970）。他在其研究中再次提到这个问题，指出索绪尔的二分划分不够妥当，并增加了另一个"规范"概念。克塞里的研究深受当时结构主义理论的影响，在此我们不必赘言。但我会采用他的基本观念来谈谈翻译的问题。首先，两极对立的划分法再次变成光谱式或渐变的形式，位于其中一端是抽象概念"系统"，另一端则是具体现实"语篇"。在两端之间是语言原型或无标记规范（unmarked norms）。我和克塞里的看法一致，也认为系统是抽象的综合体，具有种种可能的成分：语法层次上，以下几种成分比较突出，如时态和语态（英语、德语和俄语在这个方面完全不同）、称谓语（英语中的 you 在其他语言中都有好几种对应的称谓方式）、冠词（德语的冠词可以表示性、数、格，而英语的冠词只有指示功能，斯拉夫语中冠词是零位形式），另外还有不同的构词法；词汇层次上，有"语义场"（semantic fields）和词形变化表的概念。但是，我不同意克塞里关于规范只有纯粹规约性的看法。就翻译而言，规范同时既是原型又是惯例。如语法规范就像"语法规则"，规约性强。与其相比，词汇规范规约性要弱得多，现在就有不少人认为字典中的释义体现了原型用法（参见 Hanks, 1985, 1988;以及前面 1.3 节和下文 3.5节）。惯例则提供标准，使不同的规范与相应的情景联系起来（就像新闻标题的作用一样，见下文 3.3 节）。

　　不是只有语言才有规范，社会生活的各个层面都有规范。而且规则的制约性有多大，惯例的约束力又有多大，每个社群或文化的情况都不一样。对此，弗米尔用游戏与各种"游戏规则"之间的关系作比喻，用来说明规则（规范）和行为（语篇）的关系（Reiss & Vermeer, 1984:97）。游戏比喻在阐释学途径的翻译研究中也十分重要（参见 Gadamer, 1960; Paepake, 1981; Forget, 1981）。不过，"游戏规则"——包括社会规范和语言规范——并没有克塞里理论中那么强的束缚力和约束性。当然，规则（或是惯例、规范）是必须让人知晓和遵守的（参见前面 2.1 节中格林的文化定义）。可是就像任何一位足球迷知道的那样，规则同样也提供了无限的创造潜势。我们有限制地利用语言的创造潜势，同时语言系统内各种或多或少带有个人风格的语言现象与语言规则、规范产生了难以捉摸、变幻无常的关系。正是由于以上原因，规范与语篇、文学与"普通"语言之间产生了交会点（参见 Levy, 1969:82;下文4.1, 4.2 节）。

　　直到最近，语言学仍然把规范看成严格的分界线，规约性极强。这样一来，人们很容易把文学语言看作语言偏差现象：文学创作的世界毫无客观性可言。而在转换生成语法中，规范概念意义更窄，规约性相应变得更强，甚至连词汇化的比喻也因为没有依照选择限制规则而被视为"偏差语言"。这样，大部分的语言现象都被排除在语言学研究之外。这种看法很快招致批评也就不足为怪了。其中以魏因莱西（Uriel Weinreich）的批评最有代表性。他认为，语义学的理论如果不能解释语言的诗学用途（poetic uses of language）问题，那就根本不值一提（Weinreich, 1966: 471）。

在普遍意义上消除文学语言与"非文学"语言的区分，尤其是消除文学翻译与"非文学"翻译的区别，这就是我在研究中的根本立场，尽管这些区分至今仍然十分严格。正如弗米尔（Vermeer, 1986:35）指出的那样，文学和非文学没有本质上的区别，只有程度上的差异。这里，我们同样面对的不是二元的两极对立，而是既有重叠现象，又有混杂现象的序列。就像上文所说（1.3.1），专业语言也会用到比喻，新闻语言亦不乏诸如押头韵和文字游戏之类的"文学"手法。问题在于用法的疏密、手法的高明与否，而不是本质区别。

这意味着我们必须重新检验语言学的许多信条。克塞里在这方面做了开创性的工作。他在短文"论主题、语言和诗歌"中（Thesen zum Thema Sprache und Dichtung, 1971），明确断言诗歌没有"偏离"其他的语言形式。诗歌是语言的缩影，体现了语言里所有的可能性（参见 Coseriu, 1971:185）。克塞里认为普通语言减少了语言整体的潜势。这和我目前研究的观点非常相近：从上文提到的游戏类比来看，文学语言，尤其是诗歌语言，能够开发语言系统的全部能力。如果灵活地把规范当作受规则制约的潜势，那么文学语言将不仅偏离静态的、具有规约性的规范，还涉及语言规范的创造性延伸。就翻译而言（参见 1.4 节中的图表 Di 处），一个根本性的问题在于，文学翻译必须进行种种艰难的选择，其一就是要用译文的语言把原文规范的"创造性延伸"表现出来，同时又不会违反规则，破坏语言的可接受性。

References

Coseriu, E. (1970) "System, Norm und Rede," in E. Coseriu, *Sprache, Strukturen und Funktionen,* Tübingen, Narr, pp. 193-212.

Coseriu, E. (1971) "Thesen zum Thema 'Sprache und Dichtung'," in W. D. Stempel (ed.) *Beiträge zur Textlinguistik*, München: Fink, pp. 183-188.

Firth, J. R. (1957) *Papers in Linguistics 1934-1951,* London: Oxford University Press.

Firth, J. R. (1968) *Selected Papers*, ed. Frank R. Palmer, London: Longman.

Firth, J. R. (1970) *The Tongues of Men and Speech*, London: Oxford University Press.

Forget, R. (1981) "Übersetzen als Sprachverhalten," in *Mitteilungsblatt für*

Dolmestscher und Übersetzer 4, pp. 1-8.

Gadamer, H. (1960) *Wahrheit und Methode. Grundzüge einer philosophischen Hermeneutik,* Tübingen: Mohr.

Godel, R. (1981) "La Linguistique de la parole," in H. Weydt. (ed.) *Logos semantikos. Studia Linguistica in honorem Eugonio Coseriu 1921-1981,* Vol. II, Berlin: de Gruyter, pp. 45-57.

Göhring, H. (1977) "Interkulturelle Kommunikation: Die Überwindung der Trennung von Fremdsprachen-und Landeskundeunterricht durch einen integrierten Fremdverhaltensunterricht," in *Kongreßberichte der 8. Jahrestagung der Gesellschafi füt Angewandte Linguistik GAL e.V.,* VoI. IV, Mainz, pp. 9-13.

Goodenough, W. H. (1964) "Cultural Anthropology and Linguistics," in D. Hymes (ed.) *Language in Culture and Society. A Reader in Linguistics and Anthropology,* New York: Harper & Row, pp. 36-40.

Hanks, P. (1985) "Evidence and Intuition in Lexicography," in J. Tomaszczyk (ed.) *International Conference on Meaning and Lexicography. Abstracts,* Lódz: English Institute, pp. 22-23.

Hanks, P. (1988) "Dictionaries and Meaning Potentials," in M. Snell-Homby (ed.) *ZüriLEX'86 Proceedings*, Tübingen: Francke.

Holz-Mänttäri, J. (1984) *Translatorisches Handeln: Theorie und Methode,* Helsinki: Suomalainen Tiedeakatemia.

Holz-Mänttäri, J. (1986) "Translatorisches Handeln — theoretisch fundierte Berufsprofile," in M. Snell-Hornby (ed.) *Übersetzungswissenschafi— Eine Neuorientierung*, pp. 348-374.

Hönig, H. G. and P. Kußmaul (1982) *Strategie der Übersetzung. Ein Lehr- und Arbeitsbuch,* Tübingen: Narr.

Hymes, D. (ed.) (1964) *Language in Culture and Society. A Reader in Linguistics and Anthropology,* New York: Harper & Row.

Iser, W. (1976) *Der Akt des Lesens. Theorie disthetischer Wirkung,* München: Fink.

Kelly, L. G. (1979) *The True Interpreter. A History of Translation Theory and Practice in the West,* Oxford: Blackwell.

Lakoff, G. (1982) *Categories and Cognitive Models,* Trier: LAUT.

当代国外翻译理论导读

Landsberger, B. (1974) "Die Eigenbegriffiichkeit der babylonischen Welt," (rpt. Islamica II. 1926) Darmstadt: Wiss. Buchgesellschaft, pp. 1-8.

Levy, J. (1969) *Die Literarischen Übersetzung. Theorie einer Kunstgattung* (tr. From Czech Umĕn ípřekladu, 1963, by W. Schamschula), Frankfurt: Athenäum.

Lyons, J. (1968) *Introduction to Theoretical Linguistics,* Cambridge: Cambridge University Press.

Paepcke, F. (1978) "Übersetzen als hermeneutischer Entwurf," in *Savonlinnan Kieli-Instituutti 1968-1978*, Savonlinnassa, pp. 47-67.

Paepcke, F. (1980) "Textverstehen und Übersetzen," in *Babel* 4, pp. 199-204.

Paepcke, F. (1981) "Übersetzen zwischen Regel und Spiel," in *Mitteilungsblatt für Dolmetscher und Übersetzer* 1, pp. 1-13.

Paepcke, F. (1985) "Textverstehen — Textiibersetzen — Übersetzungskritik", in *Mitteilungsblatt füt Dolmetscher und Übersetzer* 3, pp.1-11.

Reiss, K and Hans J. Vermeer (1984) *Grundlegung einer allgemeinen Translationstheorie,* Tübingen: Niemeyer.

Schmid, A. (1986) "Übersetzungsausbildung und Übersetzeralltag," in M. Snell-Homby (ed.) *Übersetzungswissenschafi — Eine Neuorientierung,* pp. 375-390.

Snell-Hornby, M. (ed.) (1986) *Übersetzungswissenschafi — Eine Neuorientierung. Zur Integrierung yon Theorie und Praxis,* Tiibingen: Francke.

Steiner, G. (1975) *After Babel. Aspects of Language and Translation*, London: Oxford University Press.

Stellbrink, H. (1984) "Der Übersetzer in der Industrie: Beschfiftigungsaussichten und Verdienstmöglichkeiten," Guest Lecture Saarbrücken 30.5.1984, unpubl.ms.

Stellbrink, H. (1985) "Die Tätigkeit des Dolmetschers und Übersetzers in der Industrie: Meistens nicht wie im Lehrbuch," Guest Lecture Heidelberg 1.2.1985, unpubl.ms.

Stolze, R. (1982) *Grundlagen der Textübersetzung*, Heidelberg: Groos.

Stolze, R. (1984) "Übersetzen, was dasteht? Die Übersetzung im Spannungsfeld von Textlinguistik und Hermeneutik," in *Mitteilungsblatt für Dolmetscher*

第一章　语言学派翻译理论

und Übersetzer 6, pp. 1-8.

Stolze, R. (1986) "Zur Bedeutung von Hermeneutik und Textlinguistik beim Übersetzen," in M. Snell-Homby (ed.) *Übersetzungswissenschafi — Eine Neuorientierung*, pp. 133-159.

Vermeer, Hans J. (1983) *Aufsätze zur Translationstheorie*, Heidelberg, mimeo.

Vermeer, Hans J. (1986) "Übersetzen als kultureller Transfer," in M. Snell-Homby (ed.) *Übersetzungswissenschaft — Eine Neuorientierung,* pp. 30-53.

Weinreich, U. (1966) "Explorations in semantic theory," in T. A. Sebeok (ed.) *Current Trends in Linguistics* 3, The Hague: Mouton, pp. 395-477.

Whorf, B. L. (1973) "Language, Thought and Reality," in *Selected Writings,* (ed.) J. B. Carroll, Cambridge: MIT Press.

第二章

阐释学派翻译理论

概 述

　　阐释学（Hermeneutics）是关于理解、解释及其方法论的学科，它的历史悠久，可以追溯到古希腊。在希腊神话中，赫尔墨斯（Hermes）是负责解释、翻译神旨、传达神谕的使者。古希腊时期的阐释学主要用于逻辑学和辩论术，以及一些宗教、文学经典著作的解释，其目的不外乎消除文本的歧义和误解。到了中世纪，阐释学成为《圣经》研究的一个分支，通过对宗教典籍的注释、说明，向人们澄清上帝的意图。文艺复兴和宗教改革时期，阐释学的研究领域不再拘泥于宗教经典，而是扩大到对整个古代文化经典的阐释。这一时期可以被看作古典阐释学时期。

　　阐释学的发展史经历了两次重要突破。第一次是在 18～19 世纪，德国浪漫主义宗教哲学家弗里德里希·施莱尔马赫（Friedrich Schleiermacher, 1768—1834）在融合不同领域的阐释学思想的基础上，通过语法的解释和心理学的解释，将古典解释学系统化，形成了具有普遍方法论特征的普通阐释学（general Hermeneutics）。德国生命哲学家、施莱尔马赫的传记作者狄尔泰（Wilhelm Dilthey, 1833—1911）从"历史理性批判"纲领出发，使阐释学在成为一门独立的哲学的道路上又跨了一大步。但他提出的"要比作者本人更理解作者"的目标最终还是陷入"阐释的循环"的泥沼。这一时期的阐释学基本上还是一种作为方法论和认识论的客观主义的解释学。这两个时期的阐释学都在方法论和认识论的架构下发展，都把重建文本和作者原意作为最高目标。

　　第二次突破发生在 20 世纪，两位德国哲学大师海德格尔（Martin Heidegger, 1889—1976）和伽达默尔（Hans-Georg Gadamer, 1900—2002）使阐释学实现了从认识论向本体论的转变。这场变革的关键在于不是把理解视作人的认识方式，而是把它视作人的存在方式。海德格尔汲取胡塞尔的现象学方法，对人的此在性（Dasein）、历史性及人存在于语言等命题进行阐发，指出理解不仅受制于主观性还受制于"前理解"，理解不是去把握一个不变的事实，而是去理解和接近人存在的潜在性和可能性。这一历史性突破使阐释学从一般精神科学的方法论转变成一种哲学。在海德格尔思想的启迪下，伽达默尔于 1960 年推出了哲学阐释学巨著《真理与方法》（*Wahrheit und Methode*），把阐释学现象看作人类的普遍经验，确立了阐释学作为一种以理解为核心的哲学的独立地位。现代阐释学的论争几乎都离不开这部著作所揭示的思想，哲学阐释学为 20 世纪后半叶的西方哲学和文艺理论研究都带来了生机与活力。

翻译与阐释学有着天然的密切关系。语言是理解本身得以进行的普遍媒介，理解的进行方式就是解释，翻译在两种不同的语言之间周旋，因此可以看作阐释学最有代表性的范例。阐释学哲学家们对翻译的论述成为西方翻译理论史中不可或缺的组成部分。1813 年施莱尔马赫在柏林皇家科学院的讨论会上宣读了长达三十多页的论文《论翻译的方法》（Über die verschiedenen Methoden des Übersetzens）。文章以阐释学的角度论述了翻译与理解的密切关系，从理论上探讨了翻译的原则和途径，指出翻译可以采取两种途径：译者不打扰原作者，带读者靠近作者，或者尽量不打扰读者，使作者靠近读者。论文对笔译与口译活动、文学翻译与机械翻译都加以区分并进行阐述，在西方翻译理论史上影响深远。海德格尔从哲学和阐释学的视角对翻译问题进行了探讨，主要体现在《阿那克西曼德之箴言》（Der Spruch des Anaximander）和《什么召唤思想》（Was heisst Denken?）等文章中。他区分了"翻译"和"转渡"，指出"翻译"不止是字面改写，而是思想的"转渡"，翻译的关键在于表达词语后面的"道说"（Sagen），而道说无法真正把握。他把"解释"（Auslegung）与翻译等同起来，认为每一种翻译都是解释，而所有的解释都是翻译。他主张在翻译中以本意在先，审视词语的源流，展现被遮蔽的思想，这些视角都为翻译研究拓展了新的空间。伽达默尔在哲学阐释学中指出的理解的普遍性、历史性和创造性对翻译理论同样具有重要意义。他对"合法的偏见""效果历史""视域融合"的精辟论述，在一定程度上道出了翻译，尤其是文学翻译的本质，并解释了重译、误译等许多翻译现象，对翻译理论有很好的借鉴作用。

阐释学派翻译理论的重要代表人物就是乔治·斯坦纳（George Steiner），他于 1975 年出版的《通天塔之后：语言与翻译面面观》（*After Babel: Aspects*

of Language and Translation）被视为当代西方翻译研究领域里的里程碑式的
著作。该书以海德格尔的阐释思想为基础，引人注目地提出了"理解也是翻
译"的观点，赋予翻译以更宽泛的含义，将翻译的过程看作阐释的运作（the
hermeneutic motion），并把翻译分为四个步骤，即信赖（trust）、侵入
（aggression）、吸收（incorporation）和补偿（restitution）。"斯坦纳代表了当
代西方语言和翻译理论中独具一格的阐释理论学派。"①译学界从阐释学角度
对翻译进行研究或借鉴现代阐释学的还有很多学者，而翻译的阐释学派在什
么年代形成，在学界并无定论。

　　本章的论文分别译自斯坦纳的著名论文《阐释的步骤》（The Hermeneutic
Motion）和法国翻译理论家贝尔曼（Antoine Berman）的论文《翻译及对异
的考验》（Translation and the Trials of the Foreign），后者的翻译理论深受现代
阐释学的影响。

---

① 谭载喜：《西方翻译简史》，北京：商务印书馆，2004 年版，第 217 页。（译注）

阐释的步骤[*]

乔治·斯坦纳著

刘　霁译

导言

　　乔治·斯坦纳（George Steiner, 1929—　　）是当代英国著名学者，精通英、法、德三种语言，在英美多所大学任教，讲授语言学和翻译理论。1975年出版的《通天塔之后——语言与翻译面面观》(*After Babel: Aspects of Language and Translation*) 被西方学术界称为"里程碑式的著作""18世纪以来首部系统研究翻译理论和过程的著作"，30年来不断重版，为斯坦纳赢得了世界性的声誉。

　　该书纵横古今，旁征博引，是西方翻译理论史上一部极具学术深度和价值的著作。全书共分为六章：第一章"翻译作为理解"，阐述理解与翻译的种种内在关系；第二章"语言与灵知（Gnosis）"，探讨西方哲学史上"普遍语言"的理想和追求；第三章"语词反对对象"，特意将"语词"与逻辑性的"概念"（concept）区别开来；第四章"理论的诉求"，评述西方语言学和哲学理论背景下的翻译观；第五章"阐释的步骤"，讨论阐释学观照下的翻译的过程；最后一章则把视线投向了各种文化类型学。作者在书中追溯了西方从古代到现代的语言研究史，把哲学、语言学、诗学、文化史学等运用于对语言的阐释。斯坦纳认为语言的产生和理解过程就是一个翻译的过程，翻译是语言的属性之一。"理解即翻译"是该书提出的引人注目的观点。不论语内还是语际，人类的交流都等同于翻译，翻译因此被赋予更宽泛的意义。斯坦纳代表了西方语言和翻译理论中的阐释派。本文所选译的部分是其最具特色的对翻译步骤的阐释。他认为翻译分为四个步骤：信赖（trust）、侵入（aggression）、吸收（incorporation）和补偿（restitution）。在阅读或翻译之前，译者会自觉或不自觉地经历"信赖"这一步骤，他/她相信原文言之有物；"侵入"是指在

---

[*] 本文选译自 George Steiner, "The Hermeneutic Motion," in *After Babel: Aspects of Language and Translation*, Shanghai: Shanghai Foreign Language Education Press, 2001, pp.312-319。

理解原文时发生的两种语言、文化之间的冲突；"吸收"是指原文的意思和形式被移植，在引进的过程中，译入语可能变得丰富，也可能将源语同化；作者提出的最后一个步骤"补偿"至关重要，译者只有作出补偿才能恢复先前被打破的平衡，才能尽力达到理想的翻译。斯坦纳这部著作中的某些观点，如对语言的普遍共性的追寻，对乔姆斯基转换生成语法的借鉴等，在今天看来也许不免有些过时；而书中某些男性霸权的语言也遭到女性主义理论家们的批判，如钱伯伦（Lori Chamberlain）就指责他在阐释翻译过程时使用性爱比喻，以及论述第四步骤时谈及的《结构人类学》，把社会结构看作通过词语、女人和物质商品交换而达到的动态平衡的尝试等。[①] 然而尽管如此，斯坦纳的这部著作对阐释学，对翻译语言理论所作的贡献仍不容忽视。

正文

　　阐释的步骤，即对意义的诱导与挪用性迁移，具有四重含义。首先是初始的信赖（trust），一种信任的投入，以过去的经验为保证。不过，这种信任在译者面对所要翻译的文本时，它的意义和严肃性受到影响：译者在认识论上受原文左右，在心理上也有负面作用。我们冒险一试，从一开始我们就相信文本言之有物，翻译不会是空洞无用的行为。所有的理解及理解的外化表现——翻译，都始于信任。一般情况下，这种信任只是在瞬间发生，未被仔细考察，但它的基础颇为复杂。信任是一个操作型惯例（operative convention），源于一系列现象学上的设想：关于世界连贯性的设想，关于差异较大、也许形式对立的语义系统意义呈现的设想，关于类比、排比合法性的设想等。译者极端的慷慨莫过于对"他者"的信赖（"我在翻译前就认定文本言之有物"），尽管他者的观点还未被证明、考察清楚，但已不时受到关注。这种信赖在哲学层面发展到一定程度最终就变成人类的若干偏见，如认为世界具有象征意义，由各种甲可以代表乙的关系组成，只要存在意义与结构，这些关系就一定成立。

　　但是，信赖并非一成不变。倘若文中出现胡言乱语，或译者发现其空洞

① Lori Chamberlain, "Gender and the Metaphorics of Translation," in *Rethinking Translation: Discourse, Subjectivity, Ideology,* ed. Lawrence Venuti, London: Routledge, 1992, pp. 64-65. （译注）

无物，不值一译，这时信赖便会动摇。毫无意义的韵文、具体诗、恍惚状态下所作的含混言辞都是不可译的，因为它们在词汇上无法交流，故意追求没有意义的表达。信赖会在普通的语言习得和翻译过程中受到检验（语言习得和翻译密切相关）。面对拉丁文读物时恼怒的孩子或伯里兹语言学校的初学者会说："这些东西不知所云。"这种感觉是明显存在的，就像在空白、倾斜的表面找不到可供落脚的支点。而来自社会上的动力，前人的成就——"有人在你之前已经成功地翻译"——使译者敢于接受任务。但是信赖的贡献就在于它从本体上来说一直都是发自内心的，它能预期译本的结果，尽管前后差距往往非常大（瓦尔特·本雅明曾指出有些文本只能在"我们之后"被翻译）。一旦开始翻译，译者就投入了一场关于世界连贯性和象征的充分性的赌博。同时，认为原文值得信赖或空无一物，这两种形而上的危险是辩证相关并相互制约的，它们总会将译者置于易受责难的境地，尽管这种责难大多只是理论上的，仅出现在极端的情况下。他可能会发现"任何事物"或"几乎任何事物"可以意味着"一切事物"。这便是中世纪的注释家们在隐喻或类比的框框里纠缠的，让人眩晕的自圆其说之论。译者也可能发现文本"空无一物"，除了形式而外，找不到任何东西，每个值得表达的意思都是单一的，不能进入其他任何模式。也有喀巴拉①式（Kabbalistic）的推测，认为有一天词语将抛掉"所背负的意义的包袱"，只作它自己，意义空白却是如石头般实实在在的实体。

　　信赖之后的下一步便是侵入（aggression）。译者的第二步骤具有袭击、掠夺性。海德格尔作过与此相关的分析，他让我们注意到理解也是一种行为，理解的途径与生俱来具有挪用性，因此它是暴力的。这一认识行为关于此在，事物只有在被理解、被翻译的时候才成为真正的存在。保罗·利科（Paul Ricoeur）认为所有认知都具有攻击性，每个陈述都是对世界的侵略②，这种设想显然是黑格尔式的。海德格尔的贡献在于指出理解、认知、阐释是一个紧密结合、不可避免的侵袭模式。他坚持认为，理解不是方法问题，而是首要的存在问题，"存在就处在对其他存在的理解之中"。这一观点我们可调整为一个更简单、局限的原理：每个理解行为必定侵占其他（我们翻译的）实体。从词源来看，理解（comprehension）除了认知上的含义，还指包围和摄取。在语际翻译中，理解行为的演习很明显具有侵略性和摧毁性。圣·哲罗

---

① 喀巴拉（Kabbalah）：犹太教的神秘教派，认为灵魂能够通过神秘途径摆脱物质世界。（译注）

② Paul Ricoeur, 'Existence et herméneutique' in *Le Conflit des interprétations*, Paris, 1969.

姆（Saint Jerome）① 有个著名的比喻：意义是译者擒回的俘虏。我们"破解"一个密码：破译是解剖性的，必须击碎外壳，层层剥离内核。每个学翻译的学生，甚至知名译者都能发现，经过漫长而艰难的翻译过程之后，翻译在译本的实体呈现上有一个转变：用另一种语言书写的文本在材料上变得更单薄，原作的光芒似乎无遮无拦地穿透译文语言织就的松松垮垮的帷幔。过不久，原文"他者性"所注定引发的强烈的仇视或诱惑便会消散。奥特加·伊·加塞特（Ortega y Gasset）② 曾说起过译者失败后的感伤。而在成功之后，这种感伤依然存在：就如奥古斯丁式的伤悲（Augustinian tristitia），色欲的沉迷和理性的控制出自同源，二者都引来伤悲。

译者对原文入侵、榨取，而后占为己有。翻译就如露天的矿，开采过后，在风景中留下伤痕。我们将会看到，这种抢掠也是不牢靠的，它们是错误翻译的标志。不过，提醒一下，就像第一个步骤信赖一样，入侵也不是绝对的，它也有中间模糊地带。某些文本或文类已经被翻译穷尽。有趣的是，还有些文本或文类由于变形、转换和挪用性的渗透，自身遭到了否定，失去了原来的面目或效用，超过原文，变得更井然有序，赏心悦目。有些原文我们甚至不再去碰，因为它们的译本已经后来居上，占了先（如里尔克（Rilke）对路易丝·拉贝③十四行诗的改写）。我回头再来进一步谈这一背叛的悖论。

第三个步骤是吸收——一个再贴切不过的词。对原文意义及形式的引进、吸纳并不是在真空中进行，也不是要把它们引进、吸纳到真空中去。本土的语义场（the native semantic field）已经存在，但已拥挤不堪。译本要对许许多多的成分进行同化，并对新接纳的因素进行安置，有的已经完全归化，且被文化历史视作进入本土文化的核心，如路德（Luther）的《圣经》译本，诺斯（North）译的普鲁塔克（Plutarch）的《名人传》，但有的始终处于异化和边缘化的位置，如纳博科夫（Nabokov）的"英语"《奥涅金》（Onegin）。不论"本土化"的程度如何，引进原文的行为都会使整个本土结构潜在地错位或重新定位。海德格尔所谓的"我们就是我们所理解的自己"，这句话的必然结论是：我们自身的存在会因每次理解性的占用而被不断修改。没有哪一种语言、传统象征组合、文化团体在引入新血液的同时不冒着被改变的风险。在此，两个隐喻的家族，也许本来就有所关联，从对方那里进行神圣的吸纳，获得重生或受到感染。交流增加的价值取决于接受者的道德、精神状态。尽

第二章　阐释学派翻译理论

---

① 圣·哲罗姆（Saint Jerome, 340？—420）：古罗马宗教作家，曾订定《圣经》"通俗拉丁文译本"。（译注）
② 加塞特（Ortega y Gasset, 1883—1955）：西班牙哲学家。（译注）
③ 路易斯·拉贝（Louse Labé, 1524—1566）：法国女诗人。（译注）

管所有的破译都带有攻击性，在一定层面上还带有破坏性，但是挪用的动机和"引进"的语境还是有差异的。如果译入语环境处在没有目标、混乱不清或尚未成熟的状态，那么引入新元素就不会对自身起到非常充实的作用，因为译文找不到合适的场所。译本产生的将不是整体性的回应，而是掀起拟仿的潮流而已。（如法国新古典主义在北欧、德国及俄国的遭遇。）对远古或异域文化的引入会容易引发本土文化的感染。一段时间之后，本土体内机制便会起反作用，竭力中和或排斥异物。欧洲浪漫主义有很多可以视作对这种传染的反驳，看作针对异物过剩而实施的禁运，主要是对法国 18 世纪货物的禁运。在每种洋泾浜英语中，都可以看到保留本土言语区域的尝试，而这种尝试在面对政治、经济强加的语言侵略时往往败下阵来。吸收的辩证法引出一个可能性：我们有可能成为被吞噬的对象。

这种辩证法可以从个人理智的层面看出。翻译行为使我们的途径增多了，我们通过翻译汲取别处的力量和情感资源。然而与此同时，我们也可能会被自己引进的事物所掌控而一筹莫展。有的译者在翻译中，独具的风格、才情和创见日渐干涸。麦克纳（Mackenna）[①]曾说过普洛丁逐字逐句地将自己淹没。作家会因翻译而感到窒息，从异域文本中吸入的声音会把自己的声音堵住，有时意识到，却为时已晚。有些社会，礼仪、规范和象征系统十分古老，但却受到了侵蚀，它们如果在尚未成熟、消化能力有限的情况下贪婪地吸收外来事物，就会造成失衡，并失去对自我身份的信任。就如新几内亚的洋货狂热分子，崇拜一切飞机运送来的东西。这让我们看见了翻译危险性的一个侧面，不可思议，但又是非常确切的。

其实，这一侧面也说明阐释的运作并不完善且具有危险性，它缺少第四个步骤。有了这一步骤，运作才能完满。阐释运作的第一步骤信赖首先就使我们失去平衡。我们向自己面对的文本"倾斜"。（每个译者都有过这种明显向原文亲近，并将其抛向目的地的经历。）我们在认知层面上进行包围、入侵，归来时满载着从"他者"那里带回的东西，再次失去平衡。从"他者"身上攫取并为自身添加新成分导致失衡状态，尽管只是有可能会有这种模糊的结果。这时译文与原文之间的系统又会发生倾斜。阐释行为必须有所补偿才能达到平衡。若要做真正意义上的阐释，就必须在原文与译文之间调解斡旋，使其相互交流，恢复二者的同等地位。

为了恢复平衡状态，互惠准则的设定是翻译职业与道德的关键所在。这

[①] 麦克纳（Stephen Mackenna, 1872—1934）：爱尔兰学者、翻译家，译有古罗马哲学家普洛丁（Plotinus）的巨著《九章集》（*Enneades*）。（译注）

一概念不容易以抽象方式表达。译者占有的"狂喜"——对原文暴力转移的根源与意义——使原文只剩下神秘莫测的残渣。毫无疑问，译文中会有丢失、破裂的层面，因此才有我们看到的翻译的恐惧，以及在许多文化输出作品时的种种禁忌，比如翻译总是避开《圣经》文本、宗教任命仪规及程式。尽管如此，翻译过来的残渣仍然肯定有其积极意义。被译出的作品得到深化，这显然在不同层面都有表现。翻译的过程有方法可循，步步深入，抽丝剥茧，层层剖析。举例说明，就像所有集中理解的模式一样，翻译的过程就是要将所译的对象细节化、明朗化、具像化。过分相信阐释行为的决定性作用这一观点本身就会不断膨胀：这种观点宣称"文本远比眼睛看见的内容要多"，"内容与形式之间的协调关系远比人们所观察到的更密切、更脆弱"。将原文归为值得翻译的作品就是对原文的尊贵化（dignify），并将其卷入一个动态的放大过程。翻译中的迁移和意译行为都是对原文形态的放大。从历史的角度来看，就文化语境以及它所涉及的受众面来讲，原作的声誉更高。但是，译文中所增加的部分具有更重要的存在性的视野。一个文本与它的译文、仿作、主题变体，甚至戏拟之作之间的关系纷繁复杂，不能为单一的理论或定义所决断。它们将所有意义的意义（the meaning of meaning）归类，将所有具体初始形式之外的语言现象的存在与效果的问题归类。毫无疑问，这些原文的回声是对原文的丰富，而不只是它的影子或被动的仿制品而已。我们又回到了镜子问题，它不仅照映出图像，还能发光。原文从自己与译文所确立的多重关系中获得新的给养。这种互通性是辩证的：新的格局是由两者的远距和亲近共同打造的。有的译作使我们偏离原作，有的则带领我们走近它。

在译文不完全充分的情况下，尤为如此。译者的败笔在于（我仅举一些普通的例子）消解原文中最持久的活力，将天才之作中晦暗含糊的部分投影到屏幕上，使其具体场景化（localize）。黑格尔和海德格尔指出：自我存在的定义必须借助他者才能存在。只有在语音和语法层面，语言能够在自身范围内发挥功能的情况下，这种观点才成立。除了形式与表达最基本的行为有所不同外，在语用层面，该观点完全成立。历史上的存在，以及对身份认同（风格）的要求都基于与其他言语表达结构的关系之上。在这些关系中，翻译是最生动的。

尽管如此，翻译还是不平衡的。译者频繁地介入：要么加入太多——填充资料，润色渲染，曲解附会；要么省略太多——草率从事，删减内容或截去棘手难译的部分。能量从源文流出，同时流入接受者，不仅对两者都有改变，而且还改变了整个系统的和谐。佩吉（Péguy）①在其一篇评论勒孔特·德·利尔（Leconte de Lisle）②翻译的索福克勒斯（Sophocles）作品的文章中谈到，翻译不可避免会对原作造成损伤："现实无情地并极其干脆地告诉我们，所有这种类型的运作，所有没有解释的迁移，都不可避免地导致流失、变质，而且这种流失和变质的程度不小。"③尽管在原文与译文之间斡旋的过程可能繁琐冗长，转弯抹角，但是真正的翻译总是寻求均等补偿。原文内容出现短缺的时候，真正的翻译会自觉地使原文的长处更细致地突显出来（福斯（Voss）④在他翻译的荷马作品中不善于表现荷马最有特色的关键部分，但是这种一时的欠缺使译文读起来晓畅坦率，反而恰如其分地显示了希腊语的力量）。当译文超越原文时，真正的翻译意味着原文拥有多种可能性，基本的后备力量还尚未实现。此之为施莱尔马赫式的阐释观点："（读者）比作者知道的更多"（如保罗·策兰［Paul Celan］翻译的阿波利奈尔［Apollinaire］的《莎乐美》［Salomé］）。永远无法企及的理想翻译是人们不断重申的话题。世上绝无完美对等的"一对"（double）事物存在。但是，对理想的追求使阐释过程中对平衡（equity）的要求变得鲜明。

只有这样，我们才能对"忠实"这一关键概念赋予实质意义。"忠实"不是直译或任何使译文传"神"的技术手段。我们探讨翻译，一遍遍寻觅其整体的程式，结果却始终模糊不清，这让人沮丧。译者、注释家、读者只有努力恢复力量的平衡，以及整体面貌的平衡，才会对文本忠实并作出负责任的回应。而往往在这种情况下，他的占有性理解已经被破坏。忠实是道德范畴，同时在整体意义上来说，也是经济范畴。通过自己的翻译手段，笔译／口译人员创造重要的交流条件。意义、文化、心理学的指针在原文与译文之间摇摆，惠泽双方。的确存在理想的没有缺失的交流。在这一方面，翻译可以看作是对熵（entropy）的反驳：原文与接受者之间形成的秩序保留完好。列维—斯特劳斯（Lévi-Strauss）的《结构人类学》（*Anthropologie structurale*）在此可被视为一个范例，该书把社会结构看作通过词语、女人和物质商品交换而达到的动态平衡的尝试。所有的缴获品都需要后续的补充；言论诱导回

---

① 佩吉（Charles Péguy，1873—1914）：法国诗人、哲学家。（译注）

② 勒孔特·德·利尔（Leconte de Lisle，1818—1894）：法国诗人，被称为帕尔纳斯派的大师。（译注）

③ Charles Péguy, "Les Suppliants Parallèles," *in Oeuvres en Prose 1898-1908* (Paris, 1959), I, p. 890. 这段关于诗歌翻译艺术的分析最早出现于 1905 年 12 月。参见 Simone Fraisse, *Péguy et le monde antique* (Paris, 1973), pp.146-159.

④ 福斯（Johann Heinrich Voss, 1751—1826）：德国诗人、翻译家，因翻译《荷马史诗》、维吉尔及奥维德等人的作品而著称。（译注）

应，异族通婚，同族通婚是相互之间补偿化迁移的机制。在语义交流的范围内，翻译再次充当最生动、最彻底的公平交换的角色。译者对意义能量历时、共时的流动性及其能量的保留肩负责任。翻译和实际意义上的复式记账法颇为类似，账本在形式上、道德上都必须保持平衡。

将翻译看作信赖、侵入、吸收、补偿四个步骤的阐释运作能使我们克服长期统治翻译历史和理论的毫无结果的三点论。长久以来人们对直译、意译及自由模仿所作的区分，其实完全只能说明个别现象，泛泛而谈，并无哲学根据。它忽略了四重（hermeneia，亚里士多德所用的术语，指能够阐述清楚的谈话）主要的阐释学上的事实，无论在概念上还是实践上都是固有的原理，甚至最初步的翻译亦不例外。

翻译及对异的考验[*]

安托瓦纳·贝尔曼著
刘　霁译

导言

安托瓦纳·贝尔曼（Antoine Berman, 1942—1991）是当代法国著名的理论家，拉美文学及德国哲学的翻译家，以其一贯的哲学立场而闻名译学界。他主张摒弃翻译中的种族中心主义，反对通过变形、改编等方式对译本进行"本土化"（naturalization）。贝尔曼的代表作主要有《异的考验：德国浪漫主义时期的文化与翻译》（*L'épreuve de l'étranger, culture et traduction dans l'Allemagne romantique*, 1984）和《翻译批评论：约翰·邓恩》（*Pour une critique des traductions, John Donne*, 1995），它们都在法国译学界引起轰动。前者以"异的考验"为主线，对路德以来的德国译事、译论进行了考古式的挖掘和梳理；后者则是对翻译批评的批评，以现代阐释学为哲学基础，试图将自发而混乱的翻译批评理论化。1999年，贝尔曼逝世8年之后，法国瑟伊出版社（Seuil）又出版了他的论集《翻译与文字——远方的客栈》（*La traduction et la lettre ou láuberge du lointaine*）。

贝尔曼的翻译哲学与阐释学密切相关。他秉承了德国古典阐释学奠基人施莱尔马赫的将译本读者引向作者的异化观，但又把自己的翻译批评理论建立在现代阐释学的基础上。贝尔曼认为现代阐释学，尤其是利科与姚斯所发展的有节制的现代阐释学，有助于澄清自己作为一个译者、译文读者、译文分析者，乃至翻译史家的经验。^①

贝尔曼的理论思想对美国翻译理论家劳伦斯·韦努蒂（Lawrence Venuti）有很大的影响，正是韦努蒂于2000年把贝尔曼的论文《翻译及对异的考验》（*La Traduction comme épreuve de l'étranger*, 1985）（即本文）译介到英语世界，使之在英语译界广为人知。这篇长文是贝尔曼1984年在"法国哲学国际学院"

---

* 本文译自 Antoine Berman, "Translation and the Trials of the Foreign," in *The Translation Studies Reader*, ed. Lawrence Venuti, tr. L. Venuti. London and New York: Routledge, 2000, pp.284-297.（译注）

① 参见许钧、袁筱一等编著：《当代法国翻译理论》，武汉：湖北教育出版社，2001年版，第276页。

举行的系列研讨课程讲稿，1985 年发表在论文集《巴别塔——翻译论集》(*Les Tours de Babel. Essais sur la traduction*)中。同年，其主干部分稍后又刊载于加拿大期刊 *Texte*，这即是韦努蒂英译版的原文。此处的"考验"有两个层面的含义：其一是指目标语文化在体验外国语词、文本时所经历的异的考验；其二是指外国文本从原来语境连根拔起之后，在新环境生存的考验。贝尔曼指责以往翻译对"异"成分的压抑，一味将其"本土化"，而翻译行为的伦理目标恰恰是"将异作为异来接受"。他详细地描述了译本中存在的种种变形倾向，认为文本变形系统(system of textual deformation)阻碍了异的进入。他把对这些变形的分析称为"内向解析"(negative analytic)，关注被种族中心主义、兼并主义主宰的译本以及超文本翻译。作者在文中旁征博引，一共总结出 12 种翻译中的变形倾向，①并辅以许多取自拉美小说翻译的例证。贝尔曼推崇的直译是指依附于文字本身(letter)的翻译，文字本身即目标语中多种指示可能性的范围(the range of signifying possibilities in the TL)。他认为优秀的译文应该对原作的语言文化中的"异"怀有敬意。和海德格尔一样，他赞誉荷尔德林极端直译制造出的"德语—希腊语"译本，认为它揭开了处于遮蔽状态下的翻译的本质。

贝尔曼的著作融哲学思想与翻译方法为一体，别具一格，可惜他英年早逝，很多观点没有来得及深入展开。值得庆幸的是，他曾探讨的异化、翻译伦理等问题都已被译界后起之秀发扬光大。

正文

本文讨论的主旨是翻译作为对异的考验(trial of the foreign)。"异的考验"是海德格尔(Heidegger)对荷尔德林②的一种诗学经验所下的定义。他认为在荷尔德林的作品中，这种考验在本质上就是通过翻译而上演，在荷尔德林所译的索福克勒斯(Sophocles)的作品中体现出来。索福克勒斯的戏剧译本是荷尔德林精神失常前发表的封笔之作。人们当时认为此译本是他癫狂的明

---

① 在 1999 年出版的《翻译与文字——远方的客栈》一书中可以看到，贝尔曼提出的变形倾向有 13 种，还有"同质化"倾向(l'homogénéisation)这与韦努蒂所依据的 *Texte* 期刊中的原文略有不同。(译注)

② 荷尔德林(Hölderlin, 1770—1843)：德国浪漫主义文学家，翻译了大量古希腊、罗马著作。(译注)

证，然而时至今日，它却代表了西方翻译史上最辉煌的时刻之一：不仅使我们有幸领略希腊悲剧的语词（Word）[①]，而且可以接触现实的语词，它揭开了处于遮蔽状态下的所有翻译的本质。

翻译是对"异的考验"，这句话有双重含义。首先，为了给我们展现全然的异域作品，翻译在自身与异者之间建立关系。荷尔德林揭示了希腊悲剧语词中的异（strangeness），然而大多数"经典"译作都倾向于对异的减弱或消除。另一方面，外国作品脱离自己的语言土壤，连根拔起，翻译也是对异本身的考验。这一考验更是一场放逐，还能展现出翻译行为最非凡的力量：显示异域作品别具特色的核心，最深藏不露，和自身最切近，但又最"遥远"的部分。荷尔德林在索福克勒斯的作品中——在它的语言中——洞悉了截然对立的两个法则：一是悲剧言词最急迫的暴力，他称之为"天堂的烈焰"；另一方面却是"神圣的清醒"，也就是控制、掩饰这一暴力的理智。在荷尔德林看来，翻译首先意味着用翻译的语言，经过一系列矛盾的激化（intensifications）来解放作品中压抑的暴力——换句话说，就是加强它的异的成分。而正是这种强化异的译法，是我们得以亲近作品的唯一路径，这是一个悖论。阿兰（Alain）[②]在一次文学评论中谈到：

> 我认为人们总是可以去尝试这样翻译诗歌（不论是英语、拉丁语或希腊语）：逐字逐句，不要添加任何修饰，保留词语原有的顺序，直到最后摸索出诗的韵律，甚至韵脚。我没有把这个试验推进到这一步，这得慢慢来，要花几个月时间，再加上非凡的耐心。初稿会比较粗陋，词语如马赛克般，一块块杂乱堆放；他们被黏为一体，却毫不和谐。尽管如此，在译诗中却能体味到蕴涵的力量，乍现的灵光，猛烈的冲击力。这样的译本比英语原文更英语，比希腊语更希腊，比拉丁语还拉丁。……
>
> （Alain, 1934:56-57）

因为有这样的翻译，原文的语言用它所有释放的力量摇撼着译入语。在一篇谈论彼埃尔·克罗索斯基（Pierre Klossowski）翻译《埃涅阿斯纪》（*Aeneid*）的文章中，米歇尔·福柯（Michel Foucault）区别了两种不同的翻译方法：

[①] Word（语词）：20世纪不少哲学家关注的问题。他们认为思想的命运系于特定语言的语词，语词是概念的栖身之地。海德格尔的许多重要思路形成于对古希腊哲学中一些"基本语词"的重译。（译注）

[②] 阿兰（1868—1951）：法国著名哲学家、评论家，原名 Émile-Auguste Chartier，笔名"阿兰"。（译注）

必须认识到存在着两种翻译，两者没有相同的功能或本质。
其一是译文和原文有着同样的意义和美学价值，它使原文进入另
一种语言。这种翻译，当它们与原文宛若一体时是优秀的……另
一种翻译是将一种语言用力向另一种语言投掷……将原文作为子
弹，译语作为靶子，它们的任务不是把意义带给自己或别处，而
是用被翻译的源语来打乱译入语运行的轨道。

（Foucault, 1969:30）

整个翻译领域存在所谓的"文学翻译"（广义上的）和非文学翻译（如科
技、广告等）的大分野，福柯的这一区分不正是与此一致么？然而，后者（非
文学翻译）进行的只是语义上的转移，所处理的文本只是语言外部，或工具
性的关系。前者和文学著作相关，文本依附于自己的语言而存在。因此，翻
译行为不免要成为对能指的操纵，在译文中，两种语言发生各种形式的冲突，
以某种方式并置。这是不可否认的事实，却没有得到足够的重视。对翻译史
稍作浏览，就能发现在文学领域，一切都表明福柯所说的第二类翻译总是要
篡夺第一类翻译的位置，并将其掩盖。翻译史似乎总要把它突然逐贬到边缘，
视为另类、异端。似乎翻译远非对异的考验，反而是对异的反驳、驯化、"本
土化"。异最个性的特质似乎被彻底压抑。因此，适当地对翻译行为的道德目
标进行反思（把异就作为异来接受）是有必要的。同时，也有必要分析，自
古以来这一目标是如何（又为何）被不断歪曲、误解，并被同化为与之并不
相同的东西，如超文本转换（hypertextual transformation）。

翻译解析

首先简要考察一下文本变形（textual deformation）的系统，它出现在每
一篇译文中，并阻止译文成为"对异的考验"。这样的考察我称之为翻译解析
（the analytic of translation）。解析有两个层面：不仅指笛卡儿式的对变形系统
的详细分析，而且指心理分析层面的解析。变形系统在很大程度上是无意识
的，表现为一系列导致翻译偏离原文目标的倾向或力量。因而翻译解析也就
是发现这些力量，展现它们在文本中显山露水的地方——有些类似巴什拉
（Bachelard）[1]本着"心理分析"的科学精神，以求揭示唯物主义者的想象如
何扰乱了自然科学客观的目标。

---

① 巴什拉（Gaston Bachelard, 1884—1962）：法国科学哲学家，文学批评家。（译注）

在详细考察文本变形的力量之前，我有几点说明。首先，此处提出的解析是暂时的：它是以我个人作为译者的经验为基础形成的（主要是拉美文学在法国的译介），由于变形的力量会招致许多苛责和抵制，若要将这种考察系统化，还须其他领域的译者的补充（别国语种和著作的加入），以及语言学家、诗学研究者、心理分析学家等的加入。

这种内向的解析还应该有外向作为其对应物予以扩充，后者（即外向的解析）虽然往往直觉性强，不够系统，但总是可以限制翻译中的变形。可是这种两向都兼顾的做法作为一种反系统，必定会导致对反面倾向的中立、弱化处理。内外两向的解析也会使翻译批评既不是一味的描述，也非全然的规定。

所谓内向的解析主要关注的是种族中心主义、吞并主义者的译文，以及超文本的翻译（hypertextual translations）（如对作品的戏拟、模仿、改编、随意改写），这些都是变形力量活跃的场所。每个译者都不能避免这些力量的影响，即使他／她的翻译目标与此无关。另外，还有一些无意识的作用力是译者自身存在的一部分，它们决定着翻译的愿望。认为译者仅仅意识到这些力量就能摆脱其影响，不过是幻想而已。要摆脱无意识的影响，译者的实践就必须接受解析。正是通过对"控制"（心理学意义上的）的服从，译者才有望从束缚自己翻译实践的变形系统中解脱出来。这一系统是两千年的传统，也是每个文化，每种语言的种族中心结构的内化了的表现。与其说它是粗陋、欠完善的系统，不如说是一种"被加工雅化的语言"（cultivated language）。只有"被加工雅化"的语言才可用来翻译，也总是这样的语言对翻译中的众声喧哗作最顽固的抵抗。它们会抑制无意识的作用力。用心理分析法观照语言及语言系统，这对"翻译学"大有裨益。这一方法也必须是分析者研究的一部分，因为他们去体验翻译，把它视作心理分析的重要一维。

最后一点，以下主要集中讨论的是文学散体文（literary prose），即小说（novel）与随笔（essay）翻译中的变形倾向。

文学散体文收集、重组并混合一个社群的多语空间，它调动并激活共存于任何一种语言中的"多语"整体性。这在不少作家的作品中都能体现出来，如巴尔扎克、普鲁斯特、乔伊斯、福克纳、巴斯多斯①、罗萨②、加达③等。因此，从形式上来看，在基于语言的世界中，散体文，尤其是小说，体现了

---

① 罗亚・巴斯多斯（Augusto Antonio Roa Bastos, 1917—2005）：巴拉圭小说家。（译注）
② 罗萨（Joao Guimarães Rosa, 1908—1967）：巴西小说家。（译注）
③ 加达（Carlo Emilio Gadda, 1893—1973）：意大利作家。（译注）

某种无定形性（shapelessness）的特点，这正是小说中多种语言及其系统共同酿造的结果，也是经典作品所谓大散文的特色。

从传统来看，这种无定形性在诗歌界就一直遭到诟病。赫尔曼·布洛赫（Herman Broch）[1]在评论一部小说时指出："与诗歌相反的是，它（小说）不是风格的制造者，而是消费者。……作为一种艺术形式，使自己看起来像艺术品是它的职责，而小说在这上面表现的力度却不大。巴尔扎克比福楼拜更有分量；笔法不羁的托玛斯·沃尔夫（Thomas Wolfe）比长于艺术技巧的桑顿·威尔德（Thornton Wilder）更胜一筹。就像纯诗一样，小说不屈从于艺术标准的评判。"（Broch, 1966:88）

事实上，散体文名著的特点就是"劣质写作"（bad writing），行文结构缺少控制。拉伯雷、塞万提斯、蒙田、圣西蒙、斯坦因、里克特[2]、巴尔扎克、左拉、托尔斯泰、陀斯妥耶夫斯基等作家的作品就有这些特点。

行文缺少控制的原因就在于作者必须将大量语块挤塞进作品中——不惜冒着形式爆炸的危险。作者的目标越全面化，行文结构的失控就越明显，不论是文本的膨胀还是作者小心翼翼经营的形式，都是如此。比如乔伊斯、布洛赫或普鲁斯特的作品，我们总是不能完全把握住散体文的多样性和节奏的流动。这种所谓的"劣质写作"蕴涵丰富，它是多语写作的产物。《堂·吉诃德》（*Don Quixote*）就吸纳了那个时代多种西班牙语，流行的俗语（桑丘的语言）与骑士和牧歌式传奇的传统并存。文中各种语言交错纠结在一起，并以对方作为反讽的对象。

小说中各类语言的混乱、膨胀使翻译变得尤为艰难。如果说诗歌翻译的首要原则是尊重该诗的多义性（如莎士比亚的十四行诗），那么小说翻译的头等原则便是要尊重它无定形的多元语言（shapeless polylogic），避免译文的任意同质化。

就文学形式来说，小说较之诗歌略逊一筹。散体文更容易接受翻译变形，因为这些变形之处不会马上暴露出来。倘若是荷尔德林的诗被译者宰割，是很容易被察觉的。而要看出译者对卡夫卡或福克纳的作品做了什么手脚却不那么容易，尤其在看起来"优秀"的译文中更是不易。变形系统在此处发挥作用，却不动声色。这就是为什么迫切需要对小说翻译进行细致解析。

要进行解析，就得首先为几种变形倾向定位。它们是成系统的整体。这里我列举 12 种，也许会有更多。它们有的联合出现或互为因果，有的已为大

---

① 布洛赫（Herman Broch, 1886—1951）：奥地利作家。（译注）

② 里克特（Jean Paul Richter, 1763—1825）：德国浪漫主义小说家、诗人。（译注）

家所熟知，有的也许看起来仅与法国"古典化"翻译相关。但事实上，它们与所有的翻译都有关联，至少是西方传统中的翻译。它们能在许多不同语言的译者身上找到，英语、西班牙语、德语都是如此，这些倾向的强弱因语言文化空间的不同而有差异。所要考察的 12 种倾向如下：

1. 合理化（rationalization）
2. 明晰化（clarification）
3. 扩充（expansion）
4. 雅化和俗化（ennoblement and popularization）
5. 质量受损（qualitative impoverishment）
6. 数量缺失（quantitative impoverishment）
7. 节奏破坏（the destruction of rhythms）
8. 对原文潜在的指示网络的破坏（the destruction of underlying networks of signification）
9. 对语言模式的破坏（the destruction of linguistic patternings）
10. 对方言网络或其异国情调的破坏（the destruction of vernacular networks or their exoticization）
11. 对固定表达及习惯用语的破坏（the destruction of expressions and idioms）
12. 多种语言重叠的消除（the effacement of the superimposition of languages）

合理化

　　合理化倾向主要与原文句式结构相关，首先表现为散体文中最有意义、可变性最强的元素——标点。这种倾向就是重组句子及其次序，按照某种话语顺序的观念，重新安排它们。只要原文句子结构相对随意（即句子结构与某种顺序观念不符），它就有被合理化缩约的可能。例如，当法语翻译遇上重复、拖沓、冗长的关系从句、分词、长句或无动词的句子（所有这些都是散体文的重要成分），这一点就会体现出来。

　　因此，《卡拉马佐夫兄弟》（*Brothers Karamazov*）的法语译者夏皮罗（Marc Chapiro）写道：

　　　　陀斯妥耶夫斯基沉郁滞重的风格给译者带来了一个几乎无法
　　解决的难题。尽管其作品内容十分丰富，但要重现他那枝繁叶茂般的句子却仍然不可能做到。

（转引自 Meschonnic[①], 1973:317）

这其实就相当于公开表明他在译文中采用了合理化的方式。正如我们所看到的那样，散体文的本质就包括"繁茂的树丛"，而且正是各种形式上的冗余凝结成小说的散体行文，这种"缺憾"是小说得以存在的条件。所说的无定形性是指散体文陷入语言的深层细节、层次，以及多元语言，而合理化译法将这些全都消灭。

它还要消灭散体文的另一个元素：对具体性的追求。合理化意味着抽象化。散体文总是围绕具体琐碎的事物，甚至会将若干抽象的概念具体化，滔滔不绝，（如普鲁斯特、蒙田的作品）。合理化的译法使原文由具体转向抽象，不仅重组句子结构，而且会把动词变成名词，选择概括性强的名词代替动词等。伊夫·博纳富瓦（Yves Bonnefoy）[②]在翻译莎士比亚作品时就采取了这种方法。

这种合理化／抽象化的译法更是非常有害的，因为它并非彻底全面地一以贯之，也从未打算如此。它想要做的就是颠倒原文中原有的若干关系：正式与非正式、有序与无序、抽象与具体。这是典型的种族中心主义的做法：貌似形式、内容原封不动——而事实上它导致作品的标志、状态都发生了改变。

总而言之，合理化通过颠倒原文基本的倾向使原文变形。

明晰化

合理化对词语以及意思的明晰度尤为关注。原文走向含糊隐晦，这本来毫无问题，而译文的文学语言却往往强使它明晰。阿根廷小说家罗伯托·阿尔特[③]写道："愿望的极端取代了种种行为上的极端之举。"（Arlt, 1981:37）在这段选自《七个疯子》（Los Siete Locos）的翻译中，到处是"极端"（excess）这个词，法语不能容忍对其直译，不禁纳闷：什么的极端？

翻译陀斯妥耶夫斯基的作品也有同样的问题。夏皮罗说："翻译俄语表达

---

① 亨利·梅肖尼克（Henri Meschonnic, 1923—2009）：法国当代著名翻译理论家、批评家，著有《诗学——创作认识论与翻译诗学》。（译注）

② 伊夫·博纳富瓦（Yves Bonnefoy, 1923—2016）：20 世纪法国重要诗人、翻译家、文学评论家。（译注）

③ 阿尔特（Roberto Arlt, 1900—1942）：阿根廷小说家、剧作家，代表作有《狂暴玩偶》、《七个疯子》等。（译注）

建议的句子时，有必要让句子完整。"（转引自 Meschonnic, 1973:317-318）

明晰似乎是许多译者和作者的原则。美国诗人加尔威·金奈尔（Galway Kinnell）认为："译文应该比原文稍微清楚些。"（转引自 Gresset[①], 1983:519）

当然，明晰是翻译与生俱来的特色，每篇译文都是某种程度上的解释。但是翻译中的明晰化倾向有两种很不相同的意味。

一是被明晰化的部分表现的可能是原文欠明确的、掩藏或压抑的东西。翻译凭借自己的活动来激活文中的这些因素。海德格尔曾在哲学论述中提到："在翻译中，思想著作被置换成另一种语言的精神，因此变形在所难免。这种变形可能会充满创造力，它会对问题的本质投以新的光芒。"（Heidegger, 1968:10）

这种阐明、表现的力量，正如我所提到的荷尔德林，是翻译的至高力量。但是，从反面的意义上来说，也就是它的另一种意味，明晰化法把原文不希望清晰的部分变得清晰。将多义变成单义是这种译法的模式。意译或说明性翻译是另一种做法，即下面的第三种倾向。

扩充

每篇译文往往都会比原文长。斯坦纳（George Steiner）说翻译就是"通货膨胀"。扩充，在一定程度上是前两种倾向的结果。合理化、明晰化都需要扩充，将原文"折叠"的部分"展开"。从文本的角度来看，这种扩充"空洞无物"。它同翻译中各种形式的数量匮乏共存。我是说，它并没有扩充任何实质性内容，只是徒增文本的臃肿。这样的添加不过是喋喋不休的唠叨，甚至要盖过原文的声音。这种解释说明也许使文本更"清晰"，而事实上它把原文自身清晰的语调变得模糊。另外，这种扩充拖沓松散，打乱原作行文节奏。扩充也被称作过度翻译（overtranslation）。亚美尔·盖纳（Armel Guerne）译的法文版《白鲸》（*Moby Dick*）就是这种译法的典型。由于扩充，原本庄严广阔的航海小说变成肿胀无用的庞然大物。在这种情况下，扩充法加剧了作品原来的无定形性，使它从无形的丰富变成无形的空洞。德文中，诺瓦利斯（Novalis）的《碎片》（*Fragments*）以其独特的精悍简洁著称，简洁中蕴含无限的意味，可以说"悠远绵长"，但这是纵向的远，如深井一般。盖纳的法译本（1973）将它毫无节制地加长，意义变得平直而寡淡。诺瓦利斯最具特色

---

① 格莱塞特（Michel Gresset, 1938—2005）：法国学者、翻译家，福克纳研究专家。（译注）

的纵深绵延被扩充法颠倒，变成横向的平坦。

雅化

雅化标志着"古典翻译的至高点"。在诗歌翻译中，它表现为"诗化"，在散体文翻译中，表现为"修辞化"（rhetorization），阿兰曾以英国诗歌为例谈及这一过程：

> 如果译者想把雪莱的诗译成法语，他会首先铺陈诗意，就像那些擅长长篇大论演讲的诗人一样。然后，将公众演讲的规则作为自己的标准，塞入若干关系副词或代词，或者设置一些句法屏障，以免实词之间碰撞。我并不是看不起这种表达的艺术……但归根结底，它不是英语的说话艺术，后者紧凑简洁，敏锐精确又非常神秘莫测。
>
> （Alain, 1934:56）

修辞化译法就是以原文为原料，造出"优雅"的句子。所以，这种雅化只是以原文为基础——并以牺牲原文为代价——而进行的改写，不过是一种"文体操练"而已。这种现象不仅在文学界屡见不鲜，也出现在整个人文学科领域。为了深化"意义"，便舍弃原文的笨拙与庞杂，使文章更具"可读性"，更"才气横溢"。这类改写认为自己理所当然要恢复所有散体文中天然的修辞成分——但目的是为了使这些修辞成分大众化，并赋予它们重要的位置。在翻译卢梭、巴尔扎克、雨果、梅尔维尔、普鲁斯特等人的作品时，这些修辞成分就表现为恢复某种"口语性"（orality）。这种口语性具有自身的高雅规范——也就是所谓的"谈吐不凡"（good speaking），既可能是通俗的，也可能是"雅化"的。不过，谈吐不凡的本义可与译文改写所展现的"修辞上的优雅"毫不相干。事实上，译文的改写既消灭了口语中的修辞，又消灭了文中无定形的多重逻各斯。

雅化的对立面——或者说对应者——是译文中被认为过分"通俗"的部分：盲目依赖伪俚语，使原文俗化，或者凭借所谓的"口语"，而事实表现出来的却是俚语与口语的混合物。那种伪俚语的粗俗不仅违背了乡野语言的流畅，也违背了城市方言的严格规则。

质量受损

译文的质量受损是指用新的术语、表达法、人物形象来代替原文，这些术语、表达法、人物形象缺少原文语言中醒人耳目的丰富性，相应地，它们的指示（signifying）或"形象"（iconic）的丰富性也会受损。形象性的词和它的指示物相关，它"创造一种形象"，能引发人们对相似事物的感知。斯皮泽（Spitzer）[1]对形象性（iconicity）的定义如下："一个词具有诙谐或某种奇妙的文字游戏的意味——这是在世界任何一种语言都存在的现象，这些词如万花筒般展现蝴蝶的变幻。"（Spitzer, 1970:51）

此处的"蝴蝶"一词并不是指客观上与"蝴蝶"相似，而是指 butterfly 作为一个词在发音及外表特质上使我们感觉它具有蝴蝶的特色。散体文和诗歌以它们独特的方式制造了所谓形象性的表层（surfaces of iconicity）。

将秘鲁语中的 Chuchumeca 译成法语 pute（妓女），意思固然得以传达，但丢失了语音所表达的意味。同样的情况还有 savoureux（辛辣）、dru（健壮）、vif（生动）、coloré（多彩）等，它们都是具有符号的外观形象意义的词。这种词语替换多半由于无意识造成，如果将其运用于整个作品形象性表层的翻译，那么很大一部分指示的过程及表达模式都将被几笔勾销。而这些词语的指示过程、表达模式才是原作真正对我们陈说的内容。

数量缺失

数量缺失是指翻译中语词的丢失。每部散体文作品都呈现某种能指（signifier）和指示链条（signifying chains）的扩张。优秀的小说行文表现得可谓"丰富"。这些能指游移不定，特别是在某一个所指可能拥有大量能指表述的情况下。仅 Visage（脸）一词，阿尔特动用了 semblante, rostro 和 cara 等不同的词来表述，不过没有解释他在不同句子当中作不同选择的原因。重要的是，通过三个不同的能指说明 visage 是他作品中的一个重要事实。译文没有尊重"visage"一词的多样性。这样，就造成了丢失，因为译文包含了比原文更少的能指。顾及作品词汇质地及词汇排列模式的译文，会将原本的词义扩大。这种丢失与扩充法造成的文本臃肿现象共存。扩充法添加的是冠

---

① 列奥·斯皮泽（Leo Spitzer, 1887—1960）：奥籍语言学家，著有《语言学与文学史》。（译注）

词、关系词以及解释、修饰性的能指，它们和原文词汇的质地毫无关系。这样的翻译令文本黯然失色，拖沓冗长。而且译文的扩充部分经常掩饰了数量上的丢失。

节奏破坏

节奏可能是个重要问题，但我只是简要论述一下。就节奏性来说，小说的优势不比诗歌少，它甚至由多重节奏构成。由于小说的内容是成篇成篇地推进，所以翻译想破坏它的节奏也难。这就是为什么即使是粗劣的译文也可能很伟大，仍能一直激荡我们的心灵的缘故。相比之下，诗歌和戏剧就显得脆弱。变形翻译能对节奏产生巨大影响——比如对标点符号的随意修改。格莱塞特（Gresset, 1983）论及一部福克纳作品的译文时指出：译文破坏了原作自成一体的节奏，原文只有 4 处有标点，而译文却使用了 22 个，其中有 18 个逗号！

对原文潜在的指示网络的破坏

文学著作都包括潜藏的维度，即"潜在的"文本，这些文本中某些能指相互对应连接，组成供阅读的文本"表面"之下的各式各样错综的网络。正是潜文本（subtext）将反复萦绕的语词连成网络。这些潜藏的链条组成文本节奏的另一维度，指示文本运动的过程。经过很长的间隔之后，某些词重新出现，一些实词通过它们的相似程度或目标、视点连成独特的网络。在阿尔特的作品中，你会发现有些词虽然相互之间被安置得很远——有时甚至在不同的章节——但它们在文中回环往复，相互之间有相近之处，同时也体现作者的某种洞察力——而文中也没有解释这样使用这些词的原因。请看下文中的强义词（augmentatives）：

portaóln	alón	jaulón	portón	gigantón	callejón
大门	翅膀	牢笼	门/入口	巨人	小路/小巷

它们组成一个网络[①]：

---

① -ón 是西班牙语中的变大词缀，表示讽刺或厌恶的情感。（译注）

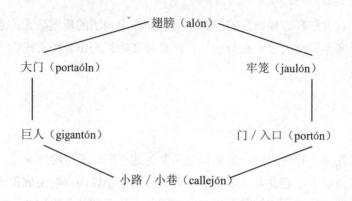

从这个简单的网络中可以看出，其中的能指本身没有什么特殊的价值，赋予它们意义的是它们之间的连接点（linkage），它代表作品的一个重要维度。在这里，所有的能指都是强义词，因为阿尔特的小说《七个疯子》包含某种重复回环的视角：大门、翅膀、牢笼、入口、巷道、巨人，所有这些只有在夜晚的梦中才会呈现出非凡的形态。如果这种网络不能在译文中传达，文本中的指示过程就会受到损害。

对这些潜在网络的误读就相当于把作品中的主要能指分组归类，如总结文本如何组织表达模式。为了描绘视觉上的世界，作者可能会使用某些特别的动词、形容词、名词，而不是别的。弗洛伊德在著作中没有使用或避免使用一些读者可能预料到的词，戈尔德史密特（V. A. Goldsmidt）对此进行了研究。不用说，译者在翻译的时候往往又把它们加了进去。

对语言模式的破坏

文本系统的本质超越能指、隐喻等层面，延伸至文本使用的句子类型及句型结构。这样的模式也可能包括一种语言对时间的使用，对某种从句的依赖（格莱塞特曾论述福克纳的"原因"状语从句）。斯皮泽研究拉辛和普鲁斯特作品中的模式系统，虽然他仍把它称作"文体"。合理化、明晰化、扩充等翻译策略都会引入一些原文本质系统排斥的元素，以致文本的系统性受到损害。因此，最后的结果也有些奇怪：当译文比原文更均质化，即更具有普遍意义上的"风格"，那么它与原文就更不一致，某种程度上异质性也就更强，更不统一。译文是译者运用的各种不同手法造就的拼合物（如原文潜心经营的口语性，到了译文中变成雅化与俗化的结合体）。译者的工作也同样如此：他实际上就是把自己所有可以运用的阅读经验都调动到对原文的翻译中去。

所以，正如梅肖尼克以保罗·策兰的翻译为例所表明的那样，译文总是冒着双重危险：同质性与非一致性共存。在对一篇原文及其译文进行细致的文本分析之后的结果显示，译文的写作和译文的话语是非系统性的（asystematic），就像初出茅庐的新手的作品总会遭到出版社冷遇一样。在翻译中，这种非系统性的本质不是非常明显的，事实上，它依然被残留的原文的语言模式所掩盖。而读者却从译文中洞悉了这种不连贯性，因为他们对译文的信任微乎其微，并不把它当作特定或某个"真实"的文本。撇开种种偏见不论，读者的这种观点无可非议：译文的确不是"真实的"文本，它始于自身的系统本质，缺少文本所应具有的各种鲜明特点。正如扩充法使译本体积增大，掩盖了译文的数量缺失，同质化遮蔽了译文的非系统性。

对方言网络或其异国情调的破坏

这一部分至关重要，因为所有伟大的散体文都扎根于本土语言，蒙田曾说："倘若法语不够用，还有加斯科尼①话！"（转引自 Mounin, 1955:38）

首先，散体文多元语言的目标就必然包括了方言元素的多元性。

其次，散体文追求具象（concreteness）的倾向自然要将本土元素包括在内，因为本土方言本质上更天然，比"雅化的"语言更形象。皮卡第②方言的"bibloteux"比法语的"livresque"（书呆子气）更有表现力。古法语的"sorcelage"比"sorcellerie"（魔法）语义更丰富，安第列斯岛（Antillais）的"derespecter"比"manquer de respect"（怠慢）更直接。

再次，散体文经常把重寻方言的口语性作为目标。这在 20 世纪的拉美、意大利、俄国以及北美很大一部分文学中都尽现无遗。

因此，在译文中消除本土方言是散体文著作文本性的重大损失。它有可能是消除西班牙语、葡萄牙语、德语或俄语中表示"小"的后缀，也可能是用名词结构代替动词，用实词代替行为动作（如秘鲁语"alaguarse", s'enlaguner 翻译成没有韵脚的法语，变成"se transformer en lagune"③）。方言能指也可能被置换，如"porteño"，使说话人成为"布宜诺斯艾利斯的居民"。

---

① 加斯科尼（Gascon）：法国西南部地区的旧省名。（译注）

② 皮卡第（Picard）：法国东北部一地区。（译注）

③ alaguarse s'enlaguner, 意思是"成为漏洞"，这组词作为整体是一个自造的法语动词，而用正规的法语来说，翻译应是 se transformer en langue（"成为漏洞"）：这里"成为"是动词，"漏洞"是一个名词，与上面的动词不同。（译注）

传统的保留方言土语的方法是将其异国情调化（exoticize）。有两种表现形式：一是使用印刷排版的方法（斜体），将译文中出现的原文本不存在的部分和其他部分隔离开来；第二种进行得比较隐蔽，在译文中"添加"一些更"地道"的成分，按照人们对方言的某些老套印象，来对它进行强调（就像埃皮纳勒出版的流行木版画插图中所表现的那样）。使用同样手法的还有马尔杜鲁斯（Mardrus）[①]，他在翻译《一千零一夜》（*Thousand and One Nights*）和《雅歌》（*Song of Songs*）时将其过度阿拉伯化。

异国情调化也可能通过用当地语言来译外国口语以达到通俗化的效果。用巴黎俚语译布宜诺斯艾利斯街头的俚语（lunfardo），用诺曼底方言译安第斯山（Andes）或阿布鲁斯山（Abruzzese）的语言。令人感到棘手的是，方言紧密地依赖本土，直译成他国方言难上加难。这时，翻译只有在"雅化"的语言间才可进行。异国情调化是将外国的异，变成本国的异，结果只能是对原文的挪揄。

对固定表达及习惯用语的破坏

散体文中充满丰富的意象、固定表达、人物形象、谚语等，这些东西一部分来源于本土的方言。大部分传达的意思或经验可以毫不费力地在其他语言中找到现成对应的意象、表达等。

以下是两则来自康拉德（Conrad）小说《台风》（*Typhoon*）中的习惯用语：

He did not care a tinker's curse.

Damme, if this ship isn't worse than bedlam!

再看纪德（Gide）的直译，让人惊叹：

Il s'en fichait comme du juron d'un étameur

Que diable m'emporte si l'on ne se croirait pas à Bedlam!

（转引自 Meerschen, 1982:80）

第一条可以简单地译成法语习惯用语"il s'en fichait comme de l'an quarante, comme d'une guigne"（他一点也不在乎），第二条中的 Bedlam 令法

---

① 马尔迪鲁斯（Joseph Charles Mardrus, 1868—1949）：法国医生、文人，生于开罗，《一千零一夜》法文译者。（译注）

语读者费解，可以替换成"Charenton"[①]（Bedlam 是英国有名的疯人院）。即使两个语言中的习惯用语意思相同，用一方替代另一方显然是种族主义的表现。这种翻译方法导致的荒唐结果就是，《台风》译文中的人物都用法语中的意象网络来表达自己的观点。我在此举的只是一两个例子，实际译文中这样的情况不胜枚举。对"对等"的把玩，就是对异国作品话语的侵袭。诚然，某则谚语在别国的语言能够找到对等，但……这些对等物不能算作翻译。翻译不是寻找对等物。而且用对等物取代原文的愿望忽视了我们心中谚语意识（proverb consciousness）的存在。这种意识迅速使我们在新的谚语中看到地道的和自己文化相通的东西：我们的谚语世界也因此变得充实而丰富（Larbaud, 1946）。

多种语言重叠的消除

小说中语言的重叠包含普通语言和方言的关系，在文本的中心共存两种或两种以上的共同语（koine）。第一种情况如加达（Gadda）和君特·格拉斯（Günter Grass）的小说，巴列—因克兰[②]的《暴君班德拉斯》（*Tirano Banderas*），在这些小说中，出自西班牙的西班牙语被各式各样的拉美西班牙语点缀修饰。另外，如罗萨（Guimarães Rosa）的作品，古典的葡萄牙语中穿插着巴西方言。第二种情况如阿格达斯[③]和巴斯多斯的作品，西班牙语已经被来自口头文化的克丘亚语（Quechua）和瓜加尼语（Guarani）在句法上进行了深刻的改造。最后还有一个极端的例子——乔伊斯的《芬尼根守灵》（*Finnegans Wake*）及其由 16 种语言黏合而成的语言。

在这两种情况下，语言的重叠会受到翻译的挑战。原文当中本土方言和共同语之间、潜在语言和表层语言之间存在的张力与融合关系往往被消除。如何在巴斯多斯作品中保持瓜加尼语和西班牙语之间的张力？如何在小说《暴君班德拉斯》中保存西班牙的西班牙语与拉美的各种西班牙语之间的关系？这部作品的法译者没有去面对这个问题，它的法译本彻头彻尾地均质化了。阿德拉迪[④]的《丛林畸人》（*Macunaíma*）的译本有同样的遭遇，作品深厚的本土语言的根脉受到压抑（不过这部巴西作品的西班牙译本并没有这一

---

① 沙椰东（Charenton）：巴黎郊区的疯人病院。（译注）
② 巴列—因克兰（Valle-Inclan, 1866—1936）：西班牙作家。（译注）
③ 阿格达斯（José Maria Arguedas, 1911—1969）：秘鲁小说家。（译注）
④ 阿德拉迪（Mario de Andrade, 1893—1945）：巴西作家。（译注）

现象）。

这是小说翻译提出的一个中心问题——这一问题需要译者作大量的反思。每一部小说，即使它们包括社会方言、个人习语等，都具有语言重叠的特点。巴赫金指出小说聚集了复式话语（heterology），即话语类型的多样性；杂语（heteroglossia），即语言的多样性；以及复调（heterophony），即声音的多样性（Bakhtin, 1982:89）。托马斯·曼（Thomas Mann）的小说《魔山》（*The Magic Mountain*）是杂语的绝佳例证。该作品的译者贝兹（Maurice Betz）保留了主人公 Hans Castorp 先生和 Chauchat 女士的对话。在原文中他们二人都用法语交流，别有趣味的是，这位德国男青年的法语和俄罗斯青年女子的法语并不相同。在译文中，这两种法语的变体都被纳入译者的法语框架。贝兹的译文中回响着托马斯·曼的德语：译文中三种不同的法语都能令人分辨出各自的味道，每种都有其独特的异域特色（foreignness）。这就是成功的译文——虽有难度但并非不可企及——这是每位小说译者都应该努力追求的。

本文勾勒的翻译解析应该和"规范"研究作仔细的区别。文学、社会、文化等规范研究在一定层面上制约着每个社会的翻译行为。这些"规范"随历史的变迁而改变，从来不是仅仅和翻译相关，事实上它们适用于任何写作行为。本文的解析恰恰与之相对，关注的是翻译中固有的变形的普遍原理。很显然，在具体文化的具体历史时期，这些原理会与支配写作的系列规范重叠：如新古典主义时期及其"不忠之美人"的翻译观。然而这种巧合是短暂的。虽然在 20 世纪我们不再遵循新古典主义的规范，但是变形的普遍原则从未停止发生效力，它们甚至与那些操纵写作和翻译的新规范开始分庭抗礼。

同时，以上解析的变形倾向并不是非历史性产物。在本来意义上，它们是历史性的。它们以希腊思想，更确切地说，是以柏拉图主义为基础谈论翻译的影子。"翻译的影子"（the figure of translation）在这里是部署译文的形式，以及译文表现出的自我形象。从一开始，西方翻译就是意义的修饰性恢复，以柏拉图的典型观点为基础，将精神与文字本身（letter）、意义与词语、内容与形式、可感与不可感作为对立面分隔开来。今天，大家已经公认，翻译（包括非文学翻译）准能制作出一个"清晰""优雅"的文本（即使原文并没有这些特质）。这一公认的观点其实呈现了柏拉图式的翻译的影子，即使这是无意识的观念。上文提到的所有倾向都会导致一个同样的结果：文本的译文比原文更"清晰"，更"优雅"，更"流畅"，更"纯净"。它是为了意义的表达而破坏文字本身。

尽管如此，柏拉图式的翻译的影子也并非什么要在理论上或意识形态上加以指责的"谬误"。因为它是作为翻译绝对唯一的可能性而确立的，确切地说，也就是对意义的恢复。其实所有的翻译就是、且一定是意义的恢复。

问题在于这是否是翻译仅有的、最终的任务，或者除此之外，它是否还有别的什么任务。就翻译的解析和译者相关的变形倾向的解析来看，事实上我们是预先假定了直译（literal translation）文本的存在。此处的"直"是指依附作品的文字本身（the letter of works），在文字翻译上下功夫比在意义的恢复上更有价值。正是通过在文字本身上的努力，翻译一方面恢复了作品独特的指示过程，而不仅是意义，另一方面改变着译入语。是翻译刺激了伟大的西方语言的生成与再生，因为它在文字本身上的努力深刻地改变了译入语。如果只是简单的意义恢复，翻译将永远不会扮演这样影响语言生成的角色。

综上所述，翻译解析的本质目标是强调翻译的另一本质，虽然它从未得到认可，却在它所涉足的所有领域都被赋予历史效用。

References

Alain (1934) *Propos de littérature*, Paris: Gonthier.

Arlt, R. (1981) *Les Sept Fous*, trans. I. and A. Berman, Paris: Belfond.

Bakhtin, M. (1982) *Le Principe dialogique: Suivi d' écrits du Cercle de Bakhtin*, Paris:Seuil.

Broch, H. (1966) *Création littéraire et connaissance*, trans. A. Kohn, Paris: Gallimard.

Foucault, M. (1969) "Les Mots qui saignent," *L'Express, 29* August, p. 30.

Gresset, M. (1983) "De la traduction de la métaphore littéraire à la traduction comme métaphore de l'écriture," *Revue française d'études américaines 18* (November) .

Heidegger, M. (1968) *Questions I*, Paris: Gallimard.

Larbaud, V. (1946) *Sous l'invocation de saint Jérôme*, Paris: Gallimard, reprinted 1997.

Meerschen, V. de (1982) "La Traduction française, problèmes de fidélité et de qualité," in *Traduzione—Tradizione*, Milan:Dedulo.

Meschonnic, H. (1973) *Pour la poétique II* , Paris: Gallimard.

Mounin, G. (1955) *Les Belles Infidèles*, Paris: Cahiers du Sud.

Spitzer, L. (1970) *Études de style*, trans. A. Conlon, M. Foucault and E. Kaufholz, Paris: Gallimard.

概　述

　　20世纪六七十年代，德国译学界深受结构主义语言学的影响，形成了以纽伯特（A.Neubert）、卡德（O.Kade）为代表的莱比锡派（the Leipzig School）和以威尔斯（W.Wilss）为代表的萨尔派（the Saarbrücken School）。前者立足于转换生成语法，在翻译中严格区分不变的认知因素与可变的语用因素；后者是奈达学说的追随者，主张建立翻译科学。"对等"成为翻译研究的中心，各种借鉴语言学理论的翻译对等论应运而生，但大都不过是对等形式的重新组合。这种语言科学研究范式愈演愈烈，后来致使翻译沦为语言学的附属品，极大地束缚了这一学科的发展，同时理论和实践的严重脱节也令越来越多的译者感到不满，功能派翻译理论就在这时兴起并逐步深化。它针对翻译语言学派中的薄弱环节，广泛借鉴交际理论、行动理论、信息论、语篇语言学和接受美学的思想，将研究的视线从源语文本转向目标文本，成为当代德国译学界影响最大、最活跃的学派。

　　功能派翻译理论最早也许可以追溯到凯瑟琳娜·莱斯（Katharina Reiss）于1971年出版的《翻译批评的可能性与限制》（*Möglichkeiten und Grenzen der Übersetzungskritik*，1971）一书。在这本书中，莱斯把功能范畴引入翻译批评，将语言功能、语篇类型和翻译策略相联系，发展了以源文与译文功能关系为基础的翻译批评模式，从而提出了功能派理论思想的雏形。莱斯认为理想的翻译应该在概念性内容、语言形式和交际功能方面都与原文对等，并把这样的翻译称为综合性交际翻译（integral communicative performance）。然而在实践中，她又意识到等值不仅不可能实现，而且有时并非是人们所期望的，因此应该优先考虑译本的功能特征而不是对等原则。

　　汉斯·弗米尔（Hans Vermeer）试图弥合翻译理论与实践的断裂，他提出的目的论（skopos theory）将翻译研究从原文中心论的束缚中摆脱出来，在与老师莱斯合著的《普通翻译理论原理》（*Grundlegung einer allgemeinen Translationstheorie*，1984）一书中对该理论的基本架构进行阐述。目的论影响深远，功能学派因此有时也被称为目的学派。"skopos"一词来自希腊语，指行为的目标、功能或意图。该理论认为翻译是以原文为基础的、有目的和有结果的行为，这一行为必须经过协商来完成；翻译必须遵循一系列法则，其中目的法则居于首位，即是说译文取决于翻译的目的。此外，翻译还应遵循"语内连贯法则"（the intratextual coherence rule）和"语际连贯法则"（the intertextual coherence rule），前者指译文必须内部连贯，在译入语接受者看来是可理解的，后者指译文与原文之间也应该有连贯性，有时称作"忠实法则"（the fidelity rule）。这些法则呈等级排列，这样，原文的中心地位就被瓦解，"对等"不再是评判翻译的标准，取而代之的是译本实现预期目标的充分性（adequacy）。在实践中，翻译目标和要求的下达通过翻译委任（commission）来实现。弗米尔指出翻译委任应该包括翻译目标和目标得以实现的条件，而且客户和译者之间应该对此进行明确协商，译者作为拥有发言权的专家，应该由他来决定是否、何时、怎样完成翻译任务。目的论还反复声明它只认为译者应该根据不同的翻译目的决定采用相应的翻译策略，但并不排除"语码转换式"的对等翻译也是合理目的的可能性。

在此基础上，执教芬兰的德国学者贾斯塔·霍茨—曼塔里（Justa Holz-Mänttäri）借鉴交际和行为理论，提出翻译行为论（theory of translational action），进一步发展了功能派翻译理论。她的学术观点集中体现在 1984 年发表的《翻译行为——理论与方法》（*Translatorisches Handeln: Theorie und Methode*）一书中。这一理论将翻译视作受目的驱使的、以翻译结果为导向的人与人之间的相互作用，并对翻译过程中的行为及参与者的角色予以细致的分析，主要包括：发起人/客户（the initiator/client）、委托人（the commissioner）、原文作者（the ST producer）、译者（the TT producer）、译本使用者（the TT user）及译本接受者（the TT receiver），他们并非参与每一个翻译过程，有时一个人可以同时担任几个不同的角色。翻译行为论和目的论有颇多相通之处，弗米尔后来也将二者相融合。不过曼塔里的方法和概念模式显然比目的论更为激进，她把翻译看作包括文本、图片、声音、肢体语言等复合信息传递物（message-transmitter compounds）在不同文化之间的迁移，用"翻译行为"（translatorial action）来代替翻译（translation），将改编、编译、编辑和资料查询都包括在内，同时在理论中大量借鉴商业和管理学术语。

克里斯汀娜·诺德（Christiane Nord）是功能派翻译理论的积极倡导者，她首次用英语全面系统地介绍功能学派的各种学术思想，并针对其不足提出自己的观点。在《翻译中的文本分析》(*Text Analysis in Translation*，1991) 一书中，她阐述了翻译中的文本分析所需考虑的内外因素，以及如何在原文功能的基础上制定切合翻译目的的翻译策略，并将翻译分为工具性翻译（instrumental translation）和文献性翻译（documentary translation），前者是指翻译作为译入语文化新的交际行为中的独立信息传递工具，后者指翻译作为原文作者和原文接受者在源语文化交际中的文献。在用英文写就的著作《目的性行为——析功能翻译理论》(*Translating as a Purposeful Activity: Functionalist Approaches Explained*，1997) 中，她不仅对功能学派各学说进行了梳理，并且针对理论中的偏激倾向给译者提出了"功能加忠诚"（functionality plus loyalty）的指导原则，忠诚属道德范畴，关注翻译活动参与者之间的关系。诺德在翻译教学和译员培训的方法论方面很有建树。

此外，汉斯·赫尼希（Hans G. Hönig）和保尔·库斯茂（Paul Kussmaul）合著的《翻译策略》(*Translation Strategy*, 1982) 以行为和文化为导向的交际论为基础，论述了功能策略如何恰当地解决翻译问题，为功能翻译理论的译者培训领域作出贡献。施米特（Schmitt）、维特（Heidrun Witte）、阿曼（Margaret Ammann）等学者也是功能学派的积极追随者。

功能派翻译理论的目标语转向推翻了原文的权威地位，使译者摆脱对等论的羁绊，在翻译理论史上有着重要的意义。它在翻译教学和译员培训方面成就突出，并在商业文本及政治文本翻译中取得较大成功。

本章选取了莱斯、弗米尔和诺德的三篇代表性论文，不仅涵盖功能派翻译理论的要义，而且从中也可看出它的发展轨迹。

翻译的抉择：类型、体裁及文本的个性[*]

凯瑟琳娜·莱斯著

刘　霁译

导言

　　凯瑟琳娜·莱斯（Katharina Reiss, 1923—　　）是德国翻译功能学派早期重要的创建者之一，弗米尔的老师，毕业于海德堡大学翻译学院，长期在高校从事翻译教学研究工作。其主要论著包括《翻译批评的可能性与限制》（*Möglichkeiten und Grenzen der Übersetzungskritik*，1971）以及与弗米尔合著的《普通翻译理论原理》（*Grundlegung einer allgemeinen Translationstheorie*，1984）。莱斯早期的理论主要围绕对等概念展开，她认为翻译追求的对等应该是语篇层面的对等，而非词、句的对等，所以主张将翻译策略和语言功能、语篇类型以及文章体裁结合起来考察。作为长期从事翻译培训的教师，莱斯的功能研究法起初是为了使译本评估系统化，她提出将文本功能作为翻译批评的标准，从原文和译文二者功能之间的关系来评价译文。但到了后期，在自身翻译实践的启发下，她认识到在翻译实际中不可能实现真正的对等，在有些情况下，对等甚至也并非是人们所期望达到的效果。于是她逐渐将研究的目光转向翻译的目的，并和弗米尔一起成为翻译研究目的论的倡导者。

　　莱斯反对莱比锡学派学者卡德（O.Kade）含混的语篇概念，她借鉴了卡尔·比勒（Karl Bühler）对语言功能的三分法，将语篇类型分为信息型、表达型和操作型三种类型，并指出语篇类型决定具体的翻译方法。一篇文章可能同时具备几种功能，但总有一种处于主导地位，能否传达原文的主导功能是评判译文的重要因素。同时，她认为目标文本的形态首先应该由目标语境中所要求的功能和目的决定，目的随接受者的不同而改变。

　　在论文《翻译的抉择：类型、体裁及文本的个性》一文中，莱斯在语篇类型学的基础上，细致地分析了翻译过程的步骤，以及语篇类型和体裁对翻

　　* 本文译自 Katharina Reiss, "Type, Kind and Individuality of Text—Decision making in translation," in *The Translation Studies Reader*, ed. Lawrence Venuti, tr. by Susan Kitron, London and New York: Routledge, 2000, pp.160-171。

译交际中出现的变化所起的作用。她把翻译过程分为分析阶段（phase of analysis）和重述阶段（phase of reverbalization）。分析阶段要明确原文的功能类型（text type）和文本体裁（text variety），然后进行文本外部语言分析；重述阶段是在上一步的基础上组织目标文本的结构，文本功能决定一般翻译方法，体裁决定语言和篇章结构。文章还提议建立翻译类型学。

莱斯的理论跳出了以往语言学纠缠词句等微观层面的窠臼，将语篇作为研究单位，关注翻译的交流目的，这无疑有着重要的意义。但与此同时，她的理论也有明显的缺憾，受到不少学者质疑。譬如，语言的功能是否只有三种，不同类型文本之间的界限是否如其所言那样分明，仅凭语篇类型来决定翻译的策略是否可行，等等。作者在本文中对部分质疑作出了回应；至于译者的意图、译者自身对翻译的作用，以及外界社会的压力对翻译策略的影响等问题，就要到目的学派的后继者那里，以及文化学派的论述中去找相应的答案了。

正文

1. 总序

1.1 语际翻译也许可以被定义为介于两种语言间的交流过程，通常的目的就是得到一个在功能上与源语文本对等的目标语文本。（这里两个媒介"源语和目标语"加一个中介"译者"——已经变成第二等级的信息发送者，因此翻译过程也就是第二等级的交流［secondary communication］。）

1.1.1 在交流过程中，译者的介入以及两种语言的作用必然导致信息的变化。交际理论家哈瑟洛夫（Otto Haseloff, 1969）已经指出，即使是用同一种语言交流，"理想"的交流状态也是罕见的，因为接收者总是在理解中掺入与信息发出者相异的认识和期待。佩莱特（H. F. Plett, 1975）称这种因素为"交际差异"。在翻译中，这种差异往往比预料的要多得多。基于此，我将影响翻译的变化分为"有意"和"无意"两种。

无意变化（unintentional changes）可能由语言结构的差异或翻译能力的不同而导致。

例 1：Je suis allée à la gare. 我已经去过车站了。

（法语：说话人为女性；对交通工具并不知晓。）

Ich bin zum Bahnhof gegangen.我已经去了火车站。

（德语：不包含说话人的信息；包含旅行的方式。）

以上是由语言所决定的交流差异。

例 2：La France est veuve. （Pompidou at the death of de Gaulle）

法兰西成了寡妇。(蓬皮杜在戴高乐逝世之际所言)

德语翻译：Frankreich ist Witwe – Frankreich ist Witwe geworden.

Frankreich ist verwitwet – Frankreich ist verwaist.

法国是寡妇——法国成了寡妇。

法国丧偶了——法国成了孤儿。

二者的差异受语言制约：La France — Witwe（寡妇），法语中的"法兰西"（La France）为阴性，而德语中的"法国"（Frankreich）是中性的。对法语一无所知的人看来，"寡妇"的意象简直莫名其妙。"孤儿"（Waise）也是中性词。两种语言设置的感情依恋意象存在差异。

如果翻译的目的和原文的目的不同，有意变化（intentional changes）就会在翻译中频繁出现。除了目标语读者语言的差异外，读者群体也会发生变化。诸如此类的因素必然导致译本交际行为功能的变化。因此，不能一味追求源语文本和译入语文本的功能对等，而是应该关注译入语的重新表述是否能与"外国文本的功能"充分一致。可见，除了与翻译相关的文本类型学外，还需建立翻译类型学。

1.2 包含语言和非语言行为的交际

1.2.1 "单向交际"是书面文本和用以书写的文本材料的主要特征（Glinz,1973）。也就是说，一方面口语交际中的非语言成分（如手势、表情、语速、语调等）部分以书面形式表达（文本分析减少）；另一方面，诸多因素使得文本分析变得困难。如：说话人和听话人的时空阻隔，交流中缺少反馈，同时，非语言成分显性表达的可能性受到局限。这些因素导致了特定文本理解的可变性。

1.2.2 行为是特定语境下有意图的举止（Vermeer, 1972）。"意图"此处是指言语的目的、目标及语言交际的动机（Lewandowski, 1973-1975:288）。通过作者在文中表述的意图，文本被赋予了交流的功能。如果能确定所译文本的类型、体裁，以此确立翻译的意图，对译者来说大有裨益。

书面文本可以有一种或者多重意图，多重意图也可能具有同样的重要性。但是通常情况下是一种意图占主导地位，文本的功能即在于此。

例3：C vor o und u und a spricht man immer wie ein k; soll es wie
ein c erklingen, lässt man die Cedille springen.
C 在 o、u、a 的前面总是发字母 k 的音；如果要像 C 一样发音，就要处理为软音符。
（德语原文采用记忆法韵脚 mnemo-technical rhyme）

意图 1　传达一个规则。

意图 2　为了方便记忆，用艺术的形式表达。

意图 3　通过悦目的文本形式，使学习的过程愉快。

反例 3a：Ein Wiesel/ sass auf einem Kiesel/ inmitten Bachgeriesel …
（Christian Morgenstern）[1]
一只黄鼠狼/ 坐卧溪石上……（克里斯蒂安·莫根施特恩）

意图 1　一个客观事实的写照。

意图 2　为了传达美学意象而进行的艺术创造。

从文本显示得知，意图 2 占了主导地位："这只狡猾的动物 / 为了押韵的缘故。"马克斯·奈特（Max Knight）给出五种版本的英译，而吉里·列维（Jiří Levý, 1969:103-104）认为它们全都对等：

A weasel	一只黄鼠狼
Perched on an easel	栖息画架上
Within a patch of teasel	起绒草里藏
A ferret	一只小雪貂
nibbling a carrot	萝卜嘴里咬
in a garret …	阁楼里面闹……

---

① 这是 Christian Morgenstern 的一首德语诗 *Das aesthetische Wiesel*（《唯美的黄鼠狼》）。该诗的风格大于意义，要进行等效的翻译，重点应模仿原文的形式，尤其是押韵，在内容上只要保留一种动物做不合理的事情即可（参见张南峰《中西译学批评》，2004:88~89）。（译注）

1.3 语言是一个时间现象，因此要受到时间的局限。书面文本中的语言也是如此，所以对于文本本身，这也是翻译需要考虑的一个重要因素。

1.3.1 语言是一种时间现象，这一事实自然产生的第一个结果就是同一源语文本重译的必要性。反映过去语言环境的译本，如果其语言变化大到不能保证和原文功能上的对等，重译则成为必然（如《圣经》和经典作家作品的翻译）。

1.3.2 这一事实还会导致一个后果，即对源语文本功能理解的丧失。时过境迁，从前实现原文功能的场景业已终结，或者/也是因为不可能重构这一场景。比如恺撒的《高卢战记》原本是竞选宣传册，属操作型文本（operative text，见下文 2.1.1），现在，文本与其原有的社会语境割裂，成为一份历史报道，按照其原样翻译，变成信息型文本（informative text）；乔纳森·斯威夫特所著的《格列弗游记》原文是针砭当时社会弊病的讽世之作，属于典型的表达型文本（expressive text），操作性是其次级功能；今天，只有研习那个时代的学者才能识别操作性这一功能；对于普通读者来说，也包括原文读者，它只是一本虚构的历险记（表达型文本）。

2. 翻译过程

　　分析阶段：为了使译文和原文在功能上对等，译者必须明确原文的各种功能，这可以分三步进行。大体上，也许可以从最小的语篇单位开始，以整个语篇结束，或者从整个语篇开始，以对语篇最小单位的分析结束。出于实际运用情况以及语篇理论的考虑，我选择由最大到最小单位的过程。（在实际中，尽责的译者总是先通读原文，获得总体印象；从语篇语言学的角度来看，语篇是首要的语言符号。）完全出于方法论的考虑，下文将这三个步骤按时间顺序列出。对于经验丰富的译者，他们的翻译尤其与每个分析步骤都完全吻合。

2.1 书面交际形式框架的整体功能

2.1.1 文本类型的建立——超越某一单个的语言或文化语境，以下所列的不同书面交际形式在每个以书面文字为基础的言语社区（speech community）中都存在，而且文本作者在构思作品之前都必须总体上在这三种形式中择一而行。

问题：在书面文本的帮助下，哪一个基本交际形式会在具体的文本中实现？

    a. 内容的交际——信息型文本。

    b. 按艺术手法组织文本内容的交际——表达型文本。

    c. 包含说服、劝说成分的交际——操作型文本。

判断文本类型的标志：可以从语义、语用方面判断（文本的内容，对世界的认识），例如，"前标志"（pre-signals），如小说、法律、事故报道、十四行诗、罢工号召等的标题或新闻提要，或者是在文本开头的"元命题表达"（metapropositional expressions）（Grosse, 1976），（如在授予委托权时的呈辞："兹授予……"）；从媒介判断，如专业期刊、宣传手册、报纸新闻分类的版面等。

从语言的使用来判断：

    a. 评价性语词和短语在文本中的使用频率（对说话人或其所投入的事业使用肯定、赞扬的语辞，对其事业的障碍使用负面的措辞）；对某种修辞手法使用频率的考察也许可以判断出操作型文本。问题关键在于：我们面对的是一个有感染力的演说类文本吗？

    b. "从能够突显整个语篇意义的言语因素的特点"（Grosse, 1976）、"语言的连接原则"（如：韵脚、作品反复出现的论调、排比、节奏等）和"现实材料的转化"（Mukařovský）来判断，可能会总结出文本是否属于表达型。

    c. 如果文本不具有 a、b 中所罗列的因素，那么它就可能是信息型文本。这样就建立了分析文本的"大致坐标系统"。

2.1.2 混合形式。

如果我们承认这三种文本类型（信息型、表达型、操作型）是书面交际的基本形式，那么就必须考虑到这些形式不只是以"纯粹"的形式出现，而且也应该意识到，由于多种原因（比如文本变体的惯例发生变化，或文本有多重意图），交际形式不可能毫无歧义地表达交际意图。首先，有的文本只是投合对它持肯定态度的读者的喜好，并无意激发读者的行动，如报纸的文章只是表达观点（并非完全的操作型文本）。其次，为了使文本被接受，并显示语言的尊贵与威严，中世纪时期的法律文献不得不以诗韵体呈现。（这是间于信息型和表达型之间的文本类型。）

2.1.3 是否还有另外的文本类型？

比勒（Bühler）提出的语言符号的三种功能和我所列的三种主要文本功能相似。罗曼·雅科布逊（Roman Jakobson）对比勒的理论作了进一步延伸，将寒暄功能（phatic function）和诗学功能（poetic function）也包括在内。在与翻译方法选择相关的文本类型中引入这两个功能合适吗？在我看来，并非如此！寒暄功能和整个文本相关，不只和单个语言因素相关，它包含于那三种基本交际形式之中，即寒暄功能并不能造成文本结构的特殊性。

例如：

- 从度假的朋友那里收到的明信片：包含寒暄功能的信息型文本。
- 原创的贺寿诗歌：包含寒暄功能的表达型文本。
- 容易记忆的广告标语：包含寒暄功能的操作型文本。

寒暄功能并非出自语篇形式，而是出自语篇赋予的某种用途。

同样，语言符号的诗学功能也在这三种基本的交际形式中实现：

- 足球报道：包含部分诗学因素的信息型文本。

  "der Mann im fahlgrünen Trikot, " "Erstaunlich matt war Hölzenbein, fehlerlos Grabowski, eindrucksvoll Neuberger."

  "穿着浅绿色运动衫的那个人"，"赫尔岑贝茵精疲力竭，格拉鲍夫斯基完美无缺，诺伊贝格令人难忘"。

  （运用修辞：三分并置结构 rhetorical triple figure）
- 抒情诗歌：表达型——诗学功能决定整个文本。
- 商品促销：（如以韵体的形式出现的广告）包含诗学因素的操作型文本，属"借用结构"（loan structure）（Hantsch, 1972）。

然而，就与翻译目的相关的因素来看，有必要再增加一种类型，即超文本类型（hyper-type），它是和这三种基本类型相脱离的上层结构：多媒体文本类型（multi-medial text type）。这一类型提出的必要性在于：翻译并不一定仅仅由书面文本组成，在更大程度上首先是口头形式，即使是书面文本也由口头陈述记录；其次，有的口头文本并非完全是语言信息，它还包括由符号系统组成的"附加信息"（如图片加文本、音乐加文本、手势、面部表情、舞台场景、幻灯加文本，等等）。

因此，在口头陈述某个信息时，多媒体类型有其自身的种种规律，在翻译时，这些规律，以及上述的三种基本书面交际规律都应该予以考虑。现在我把多媒体文本类型置于三种基本形式之上，尽管以前我认为四者处于并列的位置。我们应该考虑一下飞利浦公司的课题组提出的建议，他们认为语言以外的因素是与翻译相关的媒介类型学的基础。

2.2 分析的第二步骤就是建立文本体裁（text variety），也就是根据具体言语社区中社会文化的交际模式结构来给文本分类。文本体裁在语言学中还是一个有争议的概念。目前，文本体裁和文本类型的含义仍然用于最变化多端的语篇现象。因此，我同时将文本体裁定义为超越个人行为的言语行为或书写行为，它们和反复出现的交际行为相关联，并且由于这些行为在类似的交际格局中会再现，其具体语言及结构形式已变化发展。文本体裁并不局限于一种语言。各种各样的文本体裁一般都不会仅限于一种语言或文化，相反，谋篇、语言及结构布局的习惯都相去甚远。所以，对译者而言，建立文本体裁学研究至关重要，这样，他就不会天真地一味接受源语的惯例，以致危及到译文的功能对等。

例如：

- "从前"（有一次）（Es war einmal）：德语童话开头标志性符号。
- "以人民的名义"：在陪审团判决时的用语。
- 2×4 行加上 2×3 行：十四行诗的结构模式。
- 使用法语和德语的提示：在具体的文本种类中，两种语言的结构分配有相同之处。德语的惯例：被动形式及无人称表达。法语的惯例：多用不定代词"on"加不定式短语。

文本体裁的确定远非单个例证就可证明。

例 4：　英文讣告：

FRANCIS. On Thursday, March17, Jenny, beloved wife of
Tony Francis and mother of Anthony. Service at St. Mary's
Church, Elloughton, 9.50 a.m., Tuesday, March22, followed
by cremation. No letters or flowers, please.

德语的翻译大体如下（斜体字代表遵循德语惯例的措辞或表达）：

Am 17. März *verstarb meine* geliebte Frau, *meine* liebe Mutter
　　　　　　　JENNY　　*FRANCIS*

Elloughton *Im Namen der Angehörigen* (or: in tiefer Trauer)

Tony Francis

mit Anthony

Trauergottesdienst: Dienstag, den 22.3, 9.50 in St. Marien

(Elloughton)

Anschliessend *erfolgt* die Feuerbestattung

Von Kondolenzschreiben und Kranzspenden *bitten wir* höflichst *Abstand zu nehmen.*

3 月 17 日我亲爱的妻子、安东尼的母亲

珍妮·弗朗西斯去世

托尼·弗朗西斯

和安东尼

代表全家（或沉痛地）告知亲友

葬礼仪式：星期二，3 月 22 日，9：50，圣玛利亚教堂（艾洛顿）

随后举行火葬

吊唁者请不要带唁函和花

2.3 分析的第三步骤：文体风格分析（对具体语篇表层的分析）。至此，作为个体的文本就被突显出来。这一步分析最为重要，因为译者的"决战"便发生在文本个体的层面，文本类型及体裁影响下的翻译策略、技巧都在此体现。

把风格理解为语言符号在特定语境下临时的选择，以及语言系统所提供的符号组合的种种可能性，有必要阐明两点：（1）在实现具体交际功能时，使用了何种语言途径；（2）语篇是如何建构的。为了澄清以上两个问题，就应该具体考察原文中的语言使用。这种详尽的语义、句法以及语用分析非常有必要，因为，大家都知道，即使在同一语言中，形式与功能的关系也不会是一对一的。源语与译入语的关系更是如此。

2.4 在翻译过程的第一阶段即分析阶段与第二阶段即重述阶段之间有个衔接点，因为到这个阶段，无论译者的经验丰富与否，都要关注可能的语言间的对比。

详尽细致的语义、句法、语用分析按较小的分析阶段进行，由词到语段

（syntagma）、词组、句、段（段落或章节），再到整个语篇。

　　重述是一个线性过程，由词、语段、从句、句子、段落来建构目标文本。在重述的过程中，译者在对文本体裁和文本类型作足够考虑的情况下，对文本每一个元素所选择的语言符号及符号序列是否能从符号形式和符号功能上保证功能对等作出决定。这是译者要追求的目标。

3. 重述阶段

　　文本类型和文本体裁的划分与翻译过程的相关性。

　　论题：文本类型决定整体的翻译方法；

　　　　　文本体裁要求翻译考虑语言和语篇结构的惯例。

3.1　普通实例

　　在翻译过程中追求功能对等，这就意味着：

　　a.　如果原文写作为了传达内容，译文则必须包含这些内容。

　　翻译的方式：为了保持内容不变，要按照意思翻译。为了达到这一目的，也许有必要将原文含蓄表达的成分在译文中直接明确地译出，反之亦然。之所以这么做，一方面是因为两种语言之间的结构差异，另一方面是因为两个言语社群的集体语用差异。

　　例 5a. Vous vous introduisez par l'étroite ouverture *en vous frottant contre ses bords* …

　　　　　您从那道窄窄的入口擦着边进来了。（=明确的）

　　　　　德语: Sie zwängen sich durch die schmale Öffnung.

　　　　　您从窄窄的入口挤了进去。（=含混的）

　　"durchzwängen"在德语中包含贴着边缘摩擦的形象。

　　例 5b. （参见 Klaus Rülker）法国新闻部门就法国总统大选发布的报道：

　　　　　seulement huit départements français votèrent en majorité pour Poher.

　　　　　德语直译：Nur acht aller französischen Departements stimmten in ihrer Mehrheit für Poher.

　　　　　在所有法国区域中，只有八个以多数票支持波赫尔。

　　　　　对等翻译：Nur acht *der hundert* französischen Departements stimmten in ihrer Mehrheit für Poher.

一百个法国区域中，只有八个以多数票支持波赫尔。

b. 如果原文的创作为了表现艺术手法，那么应该以相似的艺术手法组织译文的内容。

翻译的方式：通过认同来翻译（但不是歌德所谓的 identification）。为了保持译文的艺术质量，译者与原文作者的艺术及创新意图保持一致。

例 6.（Ortega y Gasset:《翻译的痛苦与辉煌》[*Miseria y Esplendor de la Traducción*]）

我隐隐约约看见，并凝视最后一个阿本塞拉赫人（abencerraje）[①]，最后一个消失了的生物中的幸存者，因为您就有这样一种本领：当着另外一个人，认为是别人，而不是您自己，有道理。

德语直译："eine Art letzter Abencerraje"（"最后的阿本塞拉赫人"，未包含针对德国读者的内容）。

要旨翻译："eine Art Ausnahmefall"（"一个例外"，丢失原文的艺术成分：隐喻和文学典故）。

功能对等翻译："eine Art letzter Ritter ohne Furcht und Tadel"（"一个无所畏惧，无可挑剔的最后的骑士"）。

（奥特加论文艺术的一个要素就是用许多动词和名词直接或以比喻的方式暗示航海，尽管事实上主题与航海毫无关系。雅各布•格林 [Jakob Grimm] 曾将翻译比作驶向大海的船，固然会安全地载着货物，但必须在异域的岸上停泊，接触异域的空气和土地。奥特加在写论文时意识到了格林的名言。这个隐喻显而易见，因为奥特加文中所呈现的所有关于翻译的意象均来自施莱尔马赫、洪堡及歌德对这一问题的讨论。所以他一定也知道格林这个隐喻。因此，当译者为自己将与航海相关的词进行了等值转换而得意时，其实原来的意义早已荡然无存，假使这些词在德语中能轻易找到。原因就在于，在另外一些场合中，西班牙语中有暗含"航海"的词，而德语中却找不到对应的表达："举上去" [arribar] 译为"到达" [ankommen]，而原文并非 llegar [到达]，这便是我所谓的艺术形式类似的例证之一。）

c. 如果原文的创作为了激起人们的行为冲动，以劝诫的方式组织文章

---

① 阿本塞拉赫人是 15 世纪伊比利亚半岛上属于摩尔王朝的一个显赫家族。1492 年西班牙人收复半岛以后，这一家族大多被迫放弃伊斯兰教，改信基督教，表示效忠西班牙王朝。阿本塞拉赫人被认为是西班牙式的摩尔骑士的典型。（译注）

结构，那么译文也必须能在译文读者中激起类似行为的冲动。

例7. 黑即是美。

这是出现在德国商品促销中的英文标语。如果促销针对的是南非顾客，那么在全文译成英语时就不会被保留了。

翻译方式：通融翻译（adaptive translating）。劝说性语言使用的心理机制应该根据新的言语社群的需要而进行改变。

3.2 语言符号的形式并非一对一的关系，同一源语文本的顺序在译文中以任何其他语言顺序呈现，根据它们的文本类型、文本体裁，以及在译文中所要实现功能的不同而变化。

例8. El niño lloraba bajo *el agua del bautismo.*

文本体裁：社会新闻； 文本类型：信息型。

德语翻译：Das Kind weinte unter dem Taufwasser. 这个孩子在洗礼水下哭了。

例9. Marcelino lloraba bajo *el agua del bautismo*, como antes callara al advertir *el sabor de la sal.*

(Sánchez-Silva, Marcelino, Pan y vino)

文本体裁：故事；文本类型：表达型。

（排比、节奏等艺术手法在译文中都保留。）

德语翻译：Marcelino weinte unter dem *Wasser der Taufe*, wie er zuvor beim *Geschmack des Salzes* geschwiegen hatte.

马塞里诺之前保持沉默，一触到洗礼水就哭起来。

例10. Souvent femme varie, bien fol est qui s'y fie.

女人善变，谁要是相信她们就太傻了。

a. 这句关于弗朗西斯一世的谚语在历史书中被提及。

文本体裁：教科书；文本类型：信息型。

德语翻译：*Frauen ändern sich oft*, wer ihnen traut, ist schön dumm.

女人经常变来变去，谁要是相信她就愚蠢至极。

b. 这句话出现在雨果的戏剧《玛丽·都铎》（*Maria Tudor*）中 （Georg Büchner 译）。

文本体裁：戏剧；文本类型：表达型。

德语翻译：Ein Weib ändert sich jeden Tag, ein Narr ist, wer ihr trauen mag.

女人天天在变化，谁若信她是傻瓜。

（保留了原文几处语义转换、韵脚和节奏。）

c.　当这句话出现在酒水广告中："Souvent femme varie. Les vins du Postillon ne varient jamais."

女人善变。驿车夫酒永不渝。

文学典故、双关语以及引发"鉴赏家"共鸣的言语都在原文中体现出来。在译文中则需要对典故重新建构。

文本体裁：商品广告；文本类型：操作型。

德语翻译：*Frauenherzen sind trügerisch.* Postillon-Weine betrügen nie.

女人心肠不厌诈，驿车夫酒定无欺。

3.3　有争议的例证

如果上文提到的三种基本交际形式没有以"纯粹"的形式出现（2.1.2是混合形式），那么这三种基本类型的翻译原则便可当作解决翻译冲突的参考。原则上说，全文翻译方式应该适应于文本的所有元素，即使它们不属于文本的主导类型。

比如信息型文本中出现诗歌语言的元素——即所谓的借用结构（loan structure）——那么翻译就应该追求和这些元素相似的诗歌形式（Hantsch, 1972）。如果在译入语中不可能做到既不丢失内容，又不损害艺术形式，那么信息型文本的首要任务是保留内容；若能再现艺术形式则更好。

例 11：Nun gibt es freilich moderne Nomaden, für die ein Caravan nur der zweitschönste *Wahn*① ist.（*Süddeutsche Zeitung,* Streiflicht）

当然有现代游牧者，一辆旅游餐宿车对他们来说不失为美好的幻想。（《南德意志报》：简讯）

文本体裁：报纸条目；文本类型：信息型。

这条新闻是在德国不同度假营地的业主中间，就度假者作的一次民意测验。《南德意志报》的"简讯"栏目以文笔诙谐风趣，喜欢使用大量双关语而闻名，同时度假又是一个百谈不厌的话题。不过，这一文本的主要功能还是

---

① 这里应该是一个暗示双关的文字游戏，Wahn（幻想）和 Wahl（选择）。（译注）

传达内容。在翻译中，为了保全内容的完整，双关及其他文字游戏在很大程度上不得不被忽略。

然而，倘若在一个表达型文本中，文章的艺术结构必须予以表现，而且，在此过程中，假如保留同样的内容会损害艺术结构，那么此时需要改变的则是文本的内容。

例 12：… une pâquerette, ou une primevère, ou un coucou, ou un bouton d'or… (Sameul Becket)

一株雏菊，一株报春花，一朵杜鹃花，一朵金色的蓓蕾……（塞缪尔·贝克特）

德语直译：…ein Gänseblümchen, oder ein Himmelsschlüssel chen, oder eine Schlüsselblume oder eine Butterblume…

（内容不变）

托普霍芬的译文（Elmar Tophoven）：…ein Tausendschönchen, eine Primel, eine Schlüsselblume, eine Butterrose …

一株雏菊，一株报春花，一株黄花九轮草，一株黄花植物……

最后，如果文章以劝诫的形式出现，企图激发人们的行为冲动，传达这类文本时，若不对原文的内容或艺术形式进行变动，就不能起到操作的效果。这些元素可以由其他能达到预期功能的元素来替代。

例 13：Füchse fahren Firestone-Phoenix.

Foxes use Firestone-Phoenix.

（英语直译会造成读者错误的联想、原文头韵的丢失；这些都是操作型语言使用的重要因素。）

Pros prefer Firestone-Phoenix.

专业选手更爱驾驶火石—凤凰车。

（为了保留正面恰当的词语联想并押头韵，译文改变了内容。）

如果操作型文本中的元素出现在其他不同的文本类型中，那么只要不对信息型文本的内容传达和表达型文本的整体艺术结构造成损害，就可以使用改译（adapting）的方法。

3.4 特例

若原文的功能和译文的功能之间存在差异，那么，确立和翻译相关的文本类型学以及文本体裁便毫无意义可言，因为希求功能对等而决定翻译方式的问题已经不存在。这种情况下，为了给翻译模式提出适当的标准，应该用翻译类型学来代替文本类型学。如上所述，在译文功能改变的情况下，翻译过程的目标不再是译文与原文的对等，而是译文拥有一种与"异域功能"（foreign function）相符的形式。确立翻译标准的问题也发生变化，由"原文出于什么目的，为谁而作"变成"翻译出于什么目的，为谁而译"。

例："语法翻译"
——翻译目的：检查学生对外语词汇和语法的习得情况；为教师而译，无论原文的文本是以什么类型出现，在此，词汇和语法应该是被重视的部分。

例：逐行对照翻译
——翻译目标：为了研究的目的，以求对源语文本的再现；翻译对象是不懂原文的学生。

例：内容概述
——翻译目标：交流相关内容，以备日后使用；应他人的指示而译。

References

Glinz, H. (1973) *Textanalyse und Verstehenstheories* I, Frankfurt: Athenäum.

Grosse, E. U. (1976) *Text und Kommunikation: Eine linguistische Einfuhrung in die Funktion der Texte*, Stuttgart: Kohlhammer.

Hantsch, I. (1972) "Zur semantischen Strategie der Werbung," *Sprache im technischen Zeitalter* 42:93-112.

Haseoff, O. W. (1969) *Kommunikation*, Berlin: Colloquium Verlag.

Levý, J. (1969) *Die literarische Übersetzung: Theorie einer Kunstgattung,* trans. W. Schamschula, Frankfurt: Athenäum.

Lewandowski, T. (1973-1975) *Linguistisches Wörterbuch* IV, Heidelberg: Quelle and Meyer.

Plett, H. F. (1975) *Textwissenschaft und Textanalyse*, Heidelberg: Quelle and Meyer.

Vermeer, H. J. (1972) *Allgemeine Sprachwissenschaft: Eine Einführung,* Freiburg: Rombach.

翻译行为中的目的与委任*

汉斯·弗米尔著

刘　霁译

导言

　　汉斯·弗米尔（Hans Vermeer，1930—2010）是德国翻译目的学派重要创始人，也是杰出的语言学家，熟谙十多种语言。他曾先后任德国美茵茨大学和海德堡大学翻译学院教授，长期从事翻译教学研究工作，著作等身。主要论著包括《翻译理论论文集》（*Aufsaetze zur Translationstheorie*，1983）、《普通翻译理论原理》（*Grundlegung einer allgemeinen Translationstheorie*，与莱斯合著，1984）、《目的与翻译委任——论文集》（*Skopos und Translationsauftrag-Aufsaetze*，1989）、《翻译目的理论：正论与反论》（*A Skopos Theory of Translation: Some Arguments For and Against*，1996）等。弗米尔的目的论是在现代语言学（实用语言学、语言行为论、话语语言学）以及接受美学的启发和影响下逐步发展起来的。他突破了莱斯功能对等研究的束缚，借鉴并完善霍茨—曼塔里（Holz-Mänttäri）的翻译行为论，积极回应各方对目的论的质疑，使该理论逐步深入、成熟。

　　这里选译的《翻译行为中的目的与委任》一文实际上就是对目的论（skopos theory）基本内容的概述，囊括了目的论的精义，是一篇重要的译学论文。全文分为四部分：提要、目的与翻译、反对目的论的观点以及翻译的委任。作者指出目的论的一个非常实际的意义在于对原文在翻译中的地位提出新的概念，忠实原文不是评判翻译的唯一准则，译本面向译入语文化，应该由译入语文化最终来决定译本的充分性。针对人们对目的论提出的质疑，如文学翻译有无目的、是否所有翻译都有目的，弗米尔借用语言行为论、接受美学等理论中的概念，并征引具体例证进行了细致的陈述与反驳。他将翻译的目的（skopos）分成三个层面：在讨论翻译过程时，它指过程中的目标；讨论结果时，它指译本的功能；讨论翻译的形式时，它指形式的意图。如果

---

　　* 本文选译自 Hans Vermeer, "Skopos and Commission in Translational Action," in *The Translation Studies Reader*, ed. Lawrence Venuti, tr. A. Chesterman, London and New York: Routledge, 2000, pp. 221-232。

一个行为的过程、结果、形式都没有目标可言，那就不能称之为行为。文学创作也有目的，仅凭灵感就能创作的观点不能成立。关于并非所有翻译都有目的的质疑，弗米尔从三方面予以回答：其一，翻译原文，让预期的读者理解就是译者的目标；其二，特定的目的自然会排除某些诠释，但保留诠释的广度也可能是翻译的目标之一；其三，译者只要相信自己用他人可理解的方式进行表达，就一定存在潜在的读者对象，只是这个对象不明确而已。在论文最后一部分作者讨论了翻译的委任及其实现的具体条件、译者的职责等问题。目的论将翻译研究的视线从源语转移到译入语，对突破对等思想的禁锢有重要意义，但是将"目的"作为翻译行为的首要准则，指导翻译策略，在本质上还是规定性的，很难避免应用理论的通病。关于在原文内容和翻译目的发生冲突的情况下该如何处理的问题，弗米尔并没有进行详细的探讨。目的论虽然声称是一种普遍的翻译理论，但事实上主要用于商业文本，其对文学翻译研究的可行性一直受到质疑。

正文

此论文是我的目的论之纲要（参见 Vermeer, 1978, 1983; Reiss and Vermeer, 1984; Vermeer, 1986; and also Gardt, 1989）。

1. 提要

目的论是翻译行为理论（theory of translational action）的一部分（参见 Holz-Mänttäri, 1984; Vermeer, 1986:269-304, 197-246; 历史背景参见 Wilss, 1988:28）。该理论认为翻译是以源语文本为基础的翻译行为的一种（参见 Holz-Mänttäri, 1984:42; Nord, 1988:31）。（翻译行为的其他表现形式包括由顾问提供的地区经济、政治局势的信息等。）

顾名思义，任何一种翻译行为的形式，包括翻译本身，都能被看作是一种行为，而所有行为都有一个目标、目的（这正是行为的定义的一部分——见 Vermeer, 1986）。skopos 一词专门用来指翻译的目标或目的。只要是行为就必然产生一个结果，造成新的局面或者事件，还可能产生"新的"事物——翻译行为产生"目标文本"（target text）（不一定以言辞的形式）；而翻译产生译品（translatum），译品是目标文本的一种类型。

任何一种翻译行为的目标，以及最终实现的形式都是与下达翻译任务的客户协商而成的。明确具体的翻译目标和形式对译者至关重要。当然，狭义上的翻译也是如此。只有明确制定出翻译的目的及译本实现的方式，文本译者才能成功完成其任务。

译者是翻译行为中的专家，对翻译任务的执行情况和最终的译本负责。从译者的观点出发，要制定明确的目的，原文自然必不可少，所以原文是翻译任务的组成部分，它是翻译行为中所有呈等级秩序排列的、最终对译品起决定作用的各种因素的基础（因为翻译是在特定情境中产生的复杂行为，文本是其组成部分，参见 Holz-Mänttäri, 1984；Vermeer, 1986）。

目的论的一个非常实际的意义，就是对原文在翻译中的地位提出了新的概念，并指出在译者和公众中间不断强化这一观念的必要性。

就译者而言，他们是在特定情形下被召集的专家。通常情况下，人们都相信他们是"业内人士"，咨询并听取他们的意见，这是情理之中的。因为他们是专家，人们相信他们在自身的领域内比外行知道得多得多。有时候，有人可能因为某事的最佳解决方式与专家争论不休，直到最终达成共识，或者有时会请教别的专家或考虑用其他方式来达到既定的目标。专家一定言之有物——这就意味着他们具备专业知识，同时也有责任将它付诸实践。他的观点因此一定是受到尊重的，并有"发言权"。译者就是这样的专家，由他来决定在翻译行为中源语文本应该发挥什么样的作用，以及诸如此类的问题。在此，决定性因素就是，特定情况下翻译交流的目的（参见 Nord, 1988:9）。

2. 目的与翻译

在这个问题上，有一点需要强调：以下谈到的因素不仅对一个完整的翻译行为、诸如完整的文本成立，而且对部分翻译行为、部分文本同样成立（Vermeer, 1970）。在必要而合理的情况下，目的的概念也可以用于译本的片段。这就是说，一个行为，一个文本，不必是不可分割的整体（下文将会讨论到次目的；关于杂合文本，参见 Reiss, 1971）。

源语文本创作的缘起通常和源语文化相关，因此处在"原文"的地位，译者就在跨文化交流的过程中发挥作用。即使有的文本在创作伊始就有跨文化交流的目的，译者的角色也是如此。在大多数情况下，原文作者都缺乏目标语文化及文本中必要的知识。如果他具备这种知识，他何不立足于目标语文化，用目标语言进行创作！语言是文化的组成部分。

因此，仅仅对原文进行"代码转换"，把一种语言"转码"，置换成另一种语言，并不能得到有用的译本（这一观点在近来的神经生理学研究中也得到证实——参见 Bergström, 1989）。顾名思义，源语文本就是面向源语文化，并受其制约。目标文本，译品则面向译入语文化，而且由译入语文化来最终决定译本的充分性（adequacy）。因此，源语文本与目标语文本之间存在着相当大的差异，不论是陈述方式和内容分布，还是各自追求的目标都是不同的。事实上，内容的安排正是由翻译的目标所决定。（陈述方式的改变有其他的原因。译入语文化对某一现象用不同的方式表述，如对笑话的处理——参见 Broerman, 1984;后文将探讨这一问题。）

当然，译本也可能和源语文本有同样的功能（目的）。但是，即使在这种情况下，翻译也不只是一个"语码转换"的过程。（除非有意为之。）根据一贯的翻译理论，这类译本就方法论而言，根本上也是面对译入语文化的。语码转换是一个向后的、面对源语文本的过程，而非向前的、面对译入语文化的过程。因此，它和翻译行为理论全然对立。（然而，目的论并不否认语码转换的方法也可能是面向译入语文化的合法翻译目的，翻译行为理论并不排除这种可能：决定性因素永远是翻译的目的。）

从某种程度上来说，一个译者判断源语文本的形式和功能基本上是根据译入语文化的预期目的。目标语与源语文本之间有一定程度上的"互文连贯性"（inter-textual coherence），即译文和原文之间存在一种被目的所规约了的关系。例如，为了向译入语文化中的读者展示原文中的句法，将原文句法的精确模仿作为一种合法的目的。或者为了在译入语文化中创建一种文学文本，在文学翻译中完全模仿原文的结构。为什么不可以呢？只要译者知道自己在做什么，这么做会带来什么后果即可。例如，这种方式产生的文本在译入语文化中会产生什么效果？它的影响与原文在源语文化中产生的影响有多大差异？（关于互文连贯及其不同类型，参见 Morgenthaler, 1980:138-140; Morgenthaler 关于主位和述位不同类型的更多论述，参见 Gerzymisch-Arbogast, 1987）

翻译就是做事情："写出一篇译文""把一篇德语文本翻译成英语"等，都是一种行为（action）。综合多位理论家的观点，弗米尔指出 action 是一种特殊的行动方式。行为之谓行为，做出该行为的人必须（有可能）解释他为什么要这么做（虽然实际可能有出入）（Brennenstuhl, 1975; Rehbein, 1977; Harras, 1978，1983; Lenk 从 1977 年起的编辑文卷；Sager, 1982; Vermeer, 1986），而且行为的真实原因总是能从行为的目标或对目标的阐述中找到答案

（正如 Harras 所说的"有着充分理由"的行为）。这证明了卡斯帕尔（Kaspar, 1983:139）的一个观点："在这个意义上，目标首先就是起因的反面。"（另见 Riedl, 1983:159）在《论创造力》（*De inventione*, 2.5.18）中，西塞罗也给行为下了定义，他指出，为了获得更大利益，避免更大危害，往往会忽略某些弊或利的因素（Hubbell, 1976:181-183）。

3. 反对目的论的观点

对目的论所持的异议主要分为两类。

3.1 异议（1）认为并非所有的行为都有目标。有些行为没有目标。文学文本就没有目标，至少其中一部分是如此。按照这种观点，文学文本和其他文本不同（!），是无目的的。这类观点实际上要说的是：在有些情况下，并非仅仅只是无法明确陈述出一个目的，而是的确不存在目的。无法阐明目的有时也难免，毕竟人总有弱点，不过这与论题无关。问题的关键在于，任何一种目标总是有被阐释清楚的潜能。

让我们来澄清"有"目标这个不精确的提法。更准确的说法应该是，任何一个行为都被"赋予"了某种目的。作家相信他为了某个原因而创作，读者同样相信作者是这样写作的（显而易见，实践行为的人、被行为影响的人、观察行为的人都可能对行为的目标有迥然不同的理解；区分行为、行为链和行为元素也是至关重要的。参见 Vermeer, 1986）。

我们可以根据对行为的定义来回应异议（1）：如果行为没有目标，那它就不再被认为是一种行为（任何一种言语行为都是由目的驱使的，这一观点在古希腊已经屡见不鲜——见 Baumhauer, 1986:90）。在此还是有必要更详尽地阐明翻译目的的关键概念。以下以具体翻译操作的行为作为例证。

目的概念可适用于三种方式，因此，目的可以从三个层面上来理解：

    a. 在讨论翻译的过程时，它指过程中的目标。
    b. 在讨论翻译的结果时，它指译本的功能。
    c. 在讨论翻译的形式时，它指形式的意图。

而且，目的也可以再分为若干次目的（sub-skopoi）。

针对异议（1）的回应是：如果一个行为在它的过程、结果或方式中没有目标、功能，也没有意图，那么从这个词的理论意义上来说，它就不能被称为行为。

声称文学无目的，大概是指文学创作只是无目标、无功能、无意图的个人灵光乍现的产物。

例如脑海中突然想到的一段优美的韵律。（从严格学术意义上来说，这显然不是行为。）然后将这段韵律付诸文字（至此便可以称之为行为，因为韵律完全可以不写下来），然后诗人继续创作直到完成一首十四行诗。（这显然也是一种行为，只凭借作者不可遏止的灵感力量来完成创作，在我看来是神话。）

如果我们承认诗歌的创作过程包括它的发表（甚至包括有关稿酬的协商），那么显然这些举动的全部组成一个行为（action）。毫无疑问，席勒、莎士比亚也和其他作家一样，不会对其作品出版后的反响等闲视之。我们难道仅仅因为它的动机和名利相关，就斥责这种有意识、有目的的行为吗？

因此，我们最基本的论点不会动摇，文学创作同样是包含目的的行为。

而且事实上，作者不一定在写作时就意识到自己的目标——以上要阐明的是，一定有某种"潜在的"可能以确立某一目标。

近来还有一种观点是异议（1）的变体：认为只有艺术的文本才能称为"文学"，而艺术是无目标、无意图的，所以有目的意图的作品便不是艺术。这种观点未免对文学过于严苛。它似乎基于某种误解。在我看来，倒不如承认艺术（也包括文学）无一例外都有其目的。事实上，当下一个极端有争议的问题就是，是否存在或曾经存在没有目的的艺术。如布施（Busch，1987:7）所论：

> 从美学上来说，任何一件艺术品都有自身的意义……美学当然能够发挥许多不同的功能，但是它的功能也可能就是它自身。

布许反复指出，物体本身无功能，但是在具体的情境下，外界会赋予它一定的功能。

歌德承认他为了给一首诗配上准确的韵而苦吟的事实，这表明对他这样的诗人来说，诗歌的创作远不只是灵感乍现那么简单：

常常还在她怀抱里
我就已经诗兴勃发，
用我的手指在她的背上轻轻地叩出
六步体的节拍。

（选自《罗马哀歌》[*Römische Elegien1.5*] 1.5，[杨武能译]）

即使是闻名于世的"为艺术而艺术"的运动也有一个暗含的意图，即为艺术而创造艺术，这使得它和其他艺术分野鲜明。意图在这一意义上昭然若揭（参见 Herding, 1987:689；他认为"为艺术而艺术"的运动是一种反理想主义的"反叛的姿态"而已——它有着明确的目的）。

3.2 　异议（2）是异议（1）的特殊变体。它认为并非每个翻译都有目的或者意图，有的翻译是没有目标的（这里所说的"翻译"是就其传统意义上的概念而言，因为在目的论看来，没有目的的行为便不能称其为翻译。目的论也不排除对源语文本亦步亦趋的翻译。当然这是指在目的所明确要求的情况下进行的）。

异议（2）也经常将矛头指向文学。基于对异议（1）的反驳，我们已经得出：几乎没有文学翻译仅凭灵感乍现即可挥就。以下将从三个方面对异议（2）作深入讨论：

a. 认为译者头脑中不一定有具体的目标、功能或意图，他只是将原文的内容翻译出来而已。

b. 认为具体的目标、功能或意图会限制翻译的多种可能性，因此和原文相比，译文的阐释域会受到局限。

c. 认为译者头脑中没有特定的读者或读者群。

让我们来逐一审视这些观点。

a. 广告文本的目的就是宣传招徕顾客。一则广告越成功，说明文本越好。说明书用来描述一个电器如何组装、使用并维修，译得越明白晓畅就越受欢迎。报纸上的种种报道及其翻译也有目标，最起码的目标就是向读者传达信息，它的译文必须在它的期待读者看来达意、明了。毫无疑问，这些"语用文体"必须有针对性，其译文亦然。

也许有人会说，要求新闻必须译得和原文"一模一样"，对原文"忠实"，不过是一种设想。但这也是翻译目的的应有之义。诚然，这也许正是大多数传统文学译者给自己设定的目标（关于"忠实"一词的模糊性的探讨，参见 Vermeer, 1983:89-130）。

有时竟有人声称，所谓译者的职责就是控制自己不要越原文的雷池半步。不管是否有人会对译文作什么处理，这都与译者无关。翻译行为理论对译者的任务有更宽泛的理解，包括译者的道德规范和责任等问题。

b. 有人认为，对文学作品赋予目标，将会限制其阐释的可能性。笔者对此的解答如下：由于某些理解不是翻译的目标，一个既定的目的也许会排除某些理解的可能性，但是它会保留原文理解的广度（参见 Vermeer, 1983；译文实现的是与原文"相异"的成分，而非"此多彼少"的问题，因为翻译只是实现一种可能的理解；见 Vermeer, 1986）。至于目标可实现的程度则不是本文所要讨论的问题。

　　c. 固然，在许多情况下，文本的作者、译者不去考虑谁是具体的读者（如约翰·史密斯），谁是具体的读者群（如社会民主党员）。但是，在有些情况下，译文的受众会指明。即使接受对象是"全世界"，也同样有读者群。只要确信他人能够理解自己的表达方式，只要假定人们的才智和受教育程度参差有别，那么他事实上就在有意或无意地针对一定范围内的读者发言。人们常常会把自己的水平作为一个隐含的标准（读者似乎和自己才智相当……），电台、电视台对最佳新闻节目规划的讨论，总是要使尽可能多的听众／观众理解。

　　因此，问题不在于没有受众群，而在于它是不确定的、模糊的。外表虽欠明晰，但一直存在。目的论还未对这一概念作出详尽的澄清。用接受"类型"（a "type" of recipient）取代接受群体（a group of recipient），沿这一研究方向探索也许会有丰硕的成果。许多时候，认为翻译缺少具体受众的人们往往能更清楚地设想出读者的类型（参见 Morgenthaler, 1980:94 论明确"分散公众群体"的可能性；关于不确定性作为一个普遍的文化问题，参见 Quine, 1960）。

　　也可以通过间接的方式确定读者群。比如，某出版商是某一出版领域的专家，由他来下达翻译任务，那么对出版商所精通的领域有所了解，会帮助译者很好地把握译文的意向读者群（the intended addressee group）（参见 Heinold *et al.,* 1987:33-36）。

3.3　也可以用另一种方式理解异议（2）。语篇语言学和文学理论常常区别潜在的文本（text as potential）和实现的文本（text as realization）。如果目的论坚持认为任何文本都有其目标、功能或意图，也有假定的读者群，那么异议（2）就可以理解为，目的论适用于实现的文本。文本有"累积的"潜在性（Paepcke, 1979:97），因为它适用于存在不同受众、不同功能的情况。但是，在文本实际创作时，译者头脑中有设想的功能（或是一套功能）。目的论并不否认同一文本会以多种全新的方式重现。众所周知，译文是持有"自身权利"的文本（Holz-Mänttäri *et al.,* 1986:5），它有自身发挥作用的潜力——这一点被威尔斯（Wilss, 1988:88）所忽视。正是这个原因，即使是潜在的文本也有其特定的目标或受众——哪怕设定的目标或读者不具体、不现实、不重要。

这又把我们带回原文和译文之间的"功能一致"（functional constancy）的问题：曼塔里（Holz-Mänttäri, 1988）坚持认为"功能一致"只是翻译中的一个特例，而非规则。她针对异议（2）的论点如下（Holz-Mänttäri, 1988:7）：

> 翻译实践与理论常常相牴牾之处在哪里呢？在我看来，问题
> 就在于一味追求源语文本和译本之间的对等，把它们从各自的语
> 境中抽离出来，从而忽视了翻译过程中遭遇的问题。一个业已死
> 亡的标本肯定不会在一把把解剖刀前躲躲闪闪，但是，这样的阐
> 释过程得到的结果恐怕与翻译南辕北辙。

3.4 尽量忠实地模仿原文是一种合法的翻译目标，笔者赞成这一观点，这在文学翻译中也屡见不鲜。真正的翻译有着充分的目的，它并不意味着译者必须为了适应译入语文化的风俗习惯而对译文进行改动加工。他只要在有必要的地方如此处理就可以了。目的论在这个环节上总是遭到不断的误解（也许在成为不言自明的公理之前，目的论的观点还不会呈星火燎原之势，而是被人们强行扑灭，并遏止其再生——参见 Riedl, 1983:147）。

事实上，我们所持的是"龟兔赛跑"的原理（与 Klaus Mudersbach 的个人对话）：不论翻译是归化通达的译文，还是标新立异的译文，都有其自身的目标。翻译目的所规定的是，译者必须有意识地、不断地按照译入语相关的原则来翻译。目的论并不涉及翻译的原则，因为这由每次具体的翻译各自分别决定。语码转换意义上的、理想忠实的翻译因此也是一个完全合法的目标。目的论只是认为译者应该意识到某种目的的存在。任何既定的目标只是许许多多可能的目标之一。（有多少目标可以实现是另一回事，我们可以假设至少在一些情况下，可实现的目标只有一个。）关键在于，一个原文并不只有唯一的或最佳的译本（Vermeer, 1979; 1983:62-88）。

文本的每一个创作和接受都能赋予该文本一个目标，就如每个读者或从事文学的学者对每一个翻译的期待都不同一样；行为都受到目的的指导。反过来说，既然翻译是一个行为，所以必定先预设一个目标并受其指导。基于此，为了完全贯彻执行一个翻译任务，必须有一个——不论以明确的还是隐含的方式——对翻译目标的声明。每个翻译都有一个预设的任务，有时是译者给自己下达的目标（我要忠实原文来翻译……）。目的的设定所暗含的意味就是翻译的目标不必和原文的目标一致，而且事实证明，这样的一致是不可能的。

4. 翻译委任

翻译是人在有意识的状态下进行的工作（排除催眠状态下从事翻译的可能性），或者是应他人要求而为之。也就是说，一个人之所以翻译，要么出于个人主动的意愿，要么出于他人的要求。无论哪种情况，他都是通过一定的"委任"（英语 commission / 德语 Auftrag）来完成的。

委任就是为自己或他人下达翻译指令。（本文通篇所说的翻译还应包括口译在内。）

当今，在实践中，翻译任务一般都明确给出，虽然它对译本的最终目标通常所涉甚少。在现实生活中，对翻译目标、读者的指定通常都由于委任情境本身而足够明晰。比如在我们的文化中，人们一般认为关于天文探索的科技文章应该被译成供天文学家阅读的技术性文章，出版的地方并不重要；又如一个公司想翻译一封商业信函，使用者明显就是该公司。（而且大多数情况下，译者已经对公司内部机构的风格了如指掌。）假设以上这些设想都成立，那么可以认为，任何翻译都是按照某一目的展开的。在翻译目的没有详尽说明的情况下，我们也经常提到隐含的（或暗含的）目的。不管怎样，都有必要在许多译者和客户之间强调对此态度的转变：尽可能给对方最详尽的关于翻译目的的信息。

除了不可抗拒的外力——甚至包括这种外力——基于以上的定义，我们可以说每一个翻译都以委任为基础。《圣经》翻译中出现的神灵感应便是一个不可抗力的例证，但根据"委任"的概念，它还是应该被包括在内。

翻译任务包括以下信息，且越详尽越好：（1）目标。对任务目标的具体指出（委任细目规划参见 Nord, 1988:170）。（2）目标得以实现的条件（包括一些现实因素，如截止日期、酬金等）。客户（委托人）和译者之间对目标和条件等事宜应该明确协商，因为客户有时可能对译本在译入语文化的接受方面有不够确切，甚至错误的认识。而译者应该有能力提出可供探讨的意见。翻译任务能够（并且应该）具有约束力和决定性作用，同时能被译者所接受（参见 Holz-Mänttäri, 1984:91, 113; Nord, 1988:9, 284，注释 4）。（这样的要求有些过于理想化，但应该去追求。）

译者是翻译行为中的专家（Holz-Mänttäri，1984，1985），因此由他决定是否、何时、怎样完成翻译（Lasswell 的准则与此相关，见 Lasswell, 1964:37; Vermeer, 1986:197 及其参考文献）。

翻译委任的可实现性取决于译入语文化而非源语文化的种种情境。原文从属于源语文化，而委任只能间接从属于源语文化，因此，翻译必须涉及原文。也许有人会说，一项翻译任务的实现取决于译入语文化和源语文化之间的关系，而这只是特殊情况，因为翻译的委任基本上与原文功能无关。但是，如果译入语文化和原文之间的差异太大，翻译便不可能完成——至多算改写或类似改写的文本。这个问题不在讨论范围之内。需要注意的是，译入语文化通常为翻译提供很大空间发挥潜能，如通过对别国文化现象的借用作出各种可能的引申。这种引申的限度有多大还取决于译入语文化（对此类借用问题的探讨参见 Toury, 1980）。

笔者一贯所持的观点是：每一个翻译都能够且必须被赋予某种目的。这一观点可以和委任的概念相结合：正是通过委任来赋予目的。（也许译者会设定自己的任务。）

如果因客户对译入语文化的疏离导致翻译任务不能实现，或是没有达到理想状态，这时为了确保在此情形下创造"最理想"的译本，称职的译者（作为跨文化行为中的专家）应该和客户进行协商。我们在此无意对"理想"下定义——这似乎是个"见仁见智"的概念。我们只用它来言说在既定条件下可能实现的最好的翻译，它能够最好地实现既定目标。此外，"理想状态"显然还是一个相对的概念："在特定情况下的最佳"，是指"在对现有资源把握的情况下的最佳"，或"能够满足客户愿望意义上的最佳"，等等——要么是译者的观点，要么是接受者的观点。译者作为专家，决定在一定条件下是否接受一项翻译任务，该任务是否有待修改。

翻译的目的因此在委任中得以规定，如有必要，由译者进行调整。为了使目的详尽，翻译的委任应该做到尽可能具体（Holz-Mänttäri, 1984）。基于此，再来决定如何实现理想的翻译，在译品中要根据原文作何种必要的改动。

委任的概念和以上概述的目的论有相同的结论：译品的首要决定因素是它的目的或任务，它们作为行为的充分目标由译者接受下来。正如我们一贯主张的那样，译品不是对原文的忠实模仿，"忠实"于原文（无论对忠实的定义和理解是什么）只是一种可能的、合法的翻译目的或任务。所谓翻译的目的和委任都不是什么新概念——我们只是把一直存在的现象凸显出来而已。但它们确实将实践中无意识隐含的现象，或迄今都被忽略甚至摒弃的事实陈述清楚。这个事实就是：译者总是依照某一特定目的进行翻译，目的说明翻译一定按某种特定的方式操作，并非跟着译者的感觉天马行空。这两个概念也使得"应该尽量直译原文"这个一贯深入人心的论点相对化了。

忽略翻译委任或目的会导致一个严重的后果：人们在最佳翻译方法上会

意见相左。我们必须要有目的或委任中的语境，至少可以把握宏观的翻译策略。（不论翻译目标制定得如何细致，在具体单独的文本翻译中，我们仍然对大脑、语言、文化各自所发挥的功能知之甚少，以至于译者在特定情况下作出翻译选择时，不得不更多地依靠直觉。）翻译的目的还有助于决定源语文本应该被"翻译"（translated），"意译"（paraphrased）还是"改编"（re-edited）。这些不同的翻译策略不光在术语上指明不同的翻译行为，而且都基于各自具体的目的，而这些目的又基于具体的委任。

目的论并非宣称译本一定要完全遵从于译入语的文化行为或期待，或是翻译必须一定和译入语文化步调一致。这只是翻译的一种可能性：该理论同样适用于与之相反的翻译类型：通过译入语文化的途径，有意突显源语文化中的种种特征。位于这两极之间的所有翻译方法也同样是可能的，包括杂合（hybrid）的情况。洞悉翻译的意旨，意识到它是一种行为——这便是目的论之鹄的。它坚决反对翻译是无目的的行为（无论是何种意义上的目的）的观点。

难道我们在对子虚乌有的事大费口舌吗？并非如此。（1）目的论将经常被遮蔽的事实变得明晰。（2）在翻译委任中规定翻译目的扩展了翻译的可能性，增加了可供选择的翻译策略的范围，将译者从先前的被人强加的，通常无意义的"直译"的禁锢中解放出来。（3）它在翻译中加入并强调译者的责任性，指出译者应该保证译文达到既定的目标。这种责任性是该理论的核心所在：我们所讨论的正是译者所应具备的特质。

在此举最后一个例子作为结语，以此证明翻译目的或委任的重要性。

一本古老的法语课本中有一篇关于遗产继承的法律诉讼文章。一个人给两个侄子留下一笔数目可观的遗产。由于墨迹未干时遗书就被折好，纸上出现许多小墨渍，因此引发了理解的歧义——遗书某处既可以读作"二"（deux），也可以读作"他们"（d'eux）。到底是"给每人二十万法朗"还是"给他们每人十万法朗"？试想这个案件出现在德国的法庭，需要翻译遗嘱。翻译的目的（及任务）显然是要求按"档案文献"的方式，因此有必要让法官明白其中的歧义。译者也许会为此加注，提出两种可能的解读（笔者就会如此处理）——现在换一个语境，相同的事情变成小说的一个次要情节。译者肯定不希望用冗长的解释打断流畅的叙述，而是尽力在译入语中找到类似的表达方式，如通过逗号来制造歧义的效果（将 2000,00 误以为 2000 或 200000）。在此，这个故事只是作为推动情节发展的工具而已，翻译不必再现每一个情节，只期达到对等的效果即可——两种翻译依从不同的目的都能找到可能实现的不同的方法。这说明译者并非在真空中依照原文一成不变地翻译，而总是依照一定的目的或委任。

　　以上所举的例子也足以证明一个事实：任何从原文到译文的转变或不同翻译之间目标的转变都会得到一个独立的目标文本（关于文本的多样性，参见 Reiss & Vermeer, 1984；另见 Gardt, 1987:555，他认为翻译策略必须在一定程度上随翻译种类的不同作出调整）。原文不能决定译文的类型，原文的种类事实上也不能决定译文的形式（它也不能决定翻译的目的），而是翻译的目的决定适当的文本类型。从译本分类来看，"文本的体裁"是翻译目标的结果，因为它从属于翻译目的。在特定文化中，翻译目的决定了译品的文本体裁。例如，史诗经常被定义为讲述英雄功勋的叙述体长诗，但荷马史诗《奥德赛》曾被译成小说——由于某些原因，它的文体从史诗变成小说（参见 Schadewaldt, 1958 的德语译本，以及他就文体转变之原因所作的相关解释，另见 Vermeer, 1983:89-130）。

References

Baumhauer, O. A. (1986) *Die sophistiche Rhetorik—Eine Theorie sprachlicher Kommunikation*, Stuttgart:Metzler.

Bergström, M. (1989) "Communication and Translation from the Point of View of Brain Function," unpublished manuscript.

Brennenstuhl, W. (1975) *Handlungstheorie und Handlungslogik: Vorbereitungen zur Entwicklung einer sprachadäquaten Handlungslogik,* Kronberg, Germany: Athenäum.

Broerman, I. (1984) "Die Textsorte 'Witz' im Portugiesischen," University of Heidelberg, unpublished dissertation.

Busch, W. (1987) "Die Kunst und der Wandel ihrer Funktion: Zur Einführung in die Themenstellung," in W. Busch and P. Schmook (eds.) *Kunst: Die Geschichte ihrer Funktionen,* Weinheim and Berlin: Beltz.

Gardt, A. (1987) "Literarisches Übersetzen in den Fremdsprachenphilologien," in A. Wierlacher (ed.), *Perspektiven und Verfahren interkultureller Germanistik*, Munich: Iudicium, pp.551-556.

Gerzymisch-Arbogast, H. (1987) *Zur Thema-Rhema-Gliederung in amerikanischen Wirtschaftsfachtexten. Eine exemplarische Analyse,* Tübingen, Germany: Narr.

当代国外翻译理论导读

Harras, G. (1978) *Kommunikative Handslungskonzepte, oder: Eine Möglichkeit, Handlungsabfolgen als Zusammenhänge zu erklären, exemplarisch an Theatertexten*, Tübingen, Germany: Niemeyer.

—— (1983) *Handlungssprache und Sprechhandlung: Eine Einfuhrung in die handlungsthoeretischen Grundlagen*, Berlin: De Gruyter.

Heinold, E., G. Keuchen, and U. Schultz (1987) *Bücher und Büchermacher: Was man von Verlagen wissen sollte,* Heidelberg: Decker and Müller.

Herding, K. (1987) "Realisums, " in W. Buschand P. Schmook (eds.) *Kunst: Die Geschichte ihrer Funktionen,* Weinheim and Berlin: Beltz, pp.674-713.

Holz-Mänttäri, J. (1984) *Translatorisches Handeln: Theorie und Methode,* Helsinki: Suomalainen Tiedeakatemia.

—— (1985) "Strukturwandel in den Translations-Berufen," *Juhlakääntäjä/ Jubileums-Översättaren* 9:30-35.

—— (1988) "Funktionskonstanz — eine Fiktion?" unpublished manuscript.

——, H.-J. Stellbrink, and H. J. Vermeer (1986) "Ein Fach und seine Zeitschrift," *TEXTconTEXT* 1:1-10.

Hubbell, H. M. (ed. and trans.) (1976) *Cicero, De Inventione,* London: Heinemann, and Cambridge, Massachusetts: Harvard University Press.

Kaspar, R. (1983) "Die Biologische Grundlagen der evolutionären Erkenntnistheorie, " in K. Lorenz and F.M. Wuketits (eds.) *Die Evolution des Denkens*, Munich and Zurich: Piper, pp.125-145.

Lasswell, H. D. (1964) "The Structure and Function of Communication in Society," in L. Bryson (ed.) *The Communication of Ideas: A Series of Addresses,* 2nd edition, New York: Cooper Square, pp.37-51.

Lenk, H. (ed.) (1977) *Handlungstheorien interdisziplinär*, Munich: Fink.

Morgenthaler, E. (1980) *Kommunikationsorientierte Textgrammatik. Ein Versuch, die kommunikative Kompetenz zur Textbildung und Textreception aus natürlichem Sprachvorkommen zu erschliessen,* Düsseldorf: Schwann.

Nord, C. (1988) *Textanalyse und Übersetzung. Theoretische Grundlagen, Methode und didaktische Anwendung einer Übersetzungsrelevanten Textanalyse,* Heidelberg: Groos, 2nd edition 1991.

Paepcke, F. (1979) "Übersetzen als Hermeneutik, " in P. Lehmann and R.Wolff (eds.) *Das Stefan-George-Seminar* 1979, Heidelberg: Lambert Schneider.

第三章　功能学派翻译理论

Quine, W. V. O. (1960) *Word and Object*, Cambridge, Massachusetts: MIT Press.

Rehbein, J. (1977) *Komplexes Handeln. Elemente zur Handlungstheorie der Sprache*, Stuttgart: Metzler.

Reiss, K. (1971) *Möglichkeiten und Grenzen der Übersetzungskritik. Kategorien und Kriterien für eine sachgerechte Beurteilung von Übersetzungen*, Munich: Hueber.

——and H. J. Vermeer (1984) *Grundlegung einer allgemeinen Translationstheorie*, Tübingen, Germany: Niemeyer, 2nd edition, 1991.

Riedl, R. (1983) "Evolution und evolutionäre Erkenntnis — Zur Übereinstimmung der Ordnung des Denkens und der Natur, " in K. Lorenz and F. M. Wuketits (eds.) *Die Evolution des Denkens*, Munich and Zurich: Piper, pp.146-166.

Sager, S. F. (1982) "Das Zusammenwirken dispositioneller und institutioneller Momente im verbalen Verhalten, " in K. Detering, J. Schmidt-Radefeldt, and W. Sucharowski (eds.), *Sprache erkennen und verstehen*, Tübingen, Germany: Niemeyer, pp.283-292.

Schadewaldt, W. (trans.) (1958) *Homer: Die Odyssee*, Hamburg: Rowohlt.

Toury, G. (1980) *In Search of a Theory of Translation*, Tel Aviv: Porter Institute for Poetics and Semiotics.

Vermeer, H. J. (1970) "Generative Transformationsgrammatik, Sprachvergleich und Sprachtypologie," *Zeitschrift für Phonetik 23*: 385-404.

—— (1979) "Vom 'richtigen' Übersetzen," *Mitteilungsblatt für Dolmetscher und Übersetzer 25* (4) :2-8.

—— (1983) *Aufsätze zur Translationstheorie*, Heidelberg: Groos.

—— (1986) *Voraussetzungen für eine Translationstheorie: Einige Kapitel Kultur- und Sprachtheorie*, Heidelberg: Groos.

Wilss, W. (1988) *Kognition und Übersetzen: Zu Theorie und Praxis der menschlichen und der maschineller Übersetzung*, Tübingen, Germany: Niemeyer.

目的、忠诚及翻译中的惯例[*]

克里斯汀娜·诺德著

刘　霁译

导言

克里斯汀娜·诺德（Christiane Nord，1943—），是德国马格德堡理工大学应用语言学和翻译学教授，德国功能翻译学派主要代表人物之一。诺德著述颇丰，其译学专著《翻译的语篇分析：理论、方法及面向翻译的语篇分析模式在教学中的应用》（*Textanalyse und Übersetzen: Theorie, Methode und didaktische Anwendung einer übersetzungsrelevanten Textanalyse, 1988*）翻译成英语出版后立即在国际译学界引起很大反响。诺德还用英语撰写了《目的性活动——析功能翻译理论》（*Translating as a Purposeful Activity: Functionalist Approaches Explained*, 1997），全面系统地介绍了功能学派的形成过程，整理归纳了其内部各种学术思想和术语，检讨了理论的不足之处，并对该学派创立以来遭遇的质疑作出了回应。

诺德在学术思想上深受其师莱斯（Reiss）的文本类型学的影响，她积极倡导弗米尔的目的论，认同霍茨—曼塔里（Holz-Mänttäri）的翻译行为理论。诺德将"忠诚"（loyalty）这一道德范畴的概念引入功能主义的理论架构，主要针对当时曼塔里的学术观点，希望以此纠正翻译理论中的激进倾向。曼塔里在理论阐述中甚至避免使用"translation"一词，而是用 translatorial action 取而代之，表示各种各样的跨文化交际行为。诺德认为："她偏离了传统意义上'翻译'一词的概念，以及人们对该词的期望。"（Nord, 2001:12）诺德所谓的忠诚是指译者、原文作者、译文接受者及翻译发起者之间的人际关系。忠诚原则限制了译本的功能范围，强化了译者和客户之间对翻译任务的协商。它和以往对等论中的信实（faithfulness/fidelity）是不同范畴的概念，前者属于人际、道德范畴，是人与人之间的社会关系，而后者仅指原文与译文的关系。作为目的论新一代的代表人物，诺德一直在努力完善和改进目的论。她

---

[*] 本文译自 Christiane Nord, "Scopos, Loyalty, and Translational Conventions," *Target* 3:1 (1991), pp. 91-109。

认为目的论的首要观点——目的或功能是影响译者决定最为关键的因素——只是翻译中的一个普遍理论，并没有涉及具体文化中的惯例（convention），而惯例对译本读者的期待关系重大，所以译者应该在违背惯例时向读者申明他/她如何译，为何如此译，这是译者的责任。《目的、忠诚及翻译中的惯例》是诺德发表在 *Target*（1991）上的一篇论文。该文分为五部分："导言""目的论：功能性即是目标""忠诚：译者的职责""翻译的惯例：读者期待什么"，以及"翻译教学中的惯例和功能主义"。通过对翻译惯例这一概念的梳理和阐述，作者试图解决译者和译文读者这一环节的关系，进一步强化自己一贯的功能加忠诚（function plus loyalty）的主张，并在论述中继续保持了她文章例证丰富的特色。

诺德长期在高校从事翻译教学，她的理论主要着眼于译者培训。本文的最后一部分专门讨论了翻译教学中的惯例和功能主义，检讨了以往教学中的弯路，指出"教师与其一味要求学生遵循那些模棱两可、自相矛盾的翻译标准，不如告诉他们明确详尽的翻译目的即功能"。诺德提出的功能加忠诚模式其实走的是折中路线，貌似完备，但在实际运作中，尤其当原文目的和译本目的不相同时，要做到忠诚于各方，难上加难。更何况诺德深受莱斯的影响，使用语篇分析的模式，这无疑使她难以走出对等的局限。

摘要： 在功能学派或者"目的论"的架构中，译文的目的或功能是影响译者决定的最为关键的标准。然而，这只是翻译中一个普遍的理论，没有涉及具体文化中的惯例（conventions）。由于这些惯例决定读者对译本的期待，因此，译者应该在他违背惯例时告知读者他在翻译中做了什么，以及为什么这样做。这是译者的责任，我将这一责任称之为"忠诚"（loyalty）。忠诚是道德准则，指导翻译行为中的人际关系。

正文

0. 导言

每年，在论题名目繁多的各种翻译大会上，世界各地的学者汇集一堂，讨论翻译是什么或应该是什么，如何处理某些具体的翻译问题。虽然学者们在一般问题上，如翻译的重要性、提高翻译质量的必要性等，都能达成共识，但在具体的翻译"法则"（rules）上却莫衷一是。制定一个翻译"大宪章"，以便所有译者在举棋不定的时候有章可依，这么做有效吗？

不过迄今为止，还没有看到这样的宪章。只要有人声称某个文本"必须"或"一定要"以某种方式来译，他／她就在遵循某一文化的惯例。在特定的文化、特定的时代，译文的使用者和译者都期望译本能达到某些标准，这些标准涉及以下几个方面：译文与原文的关系（如忠实度）；译文对翻译目的的实现（如功能性）；或译文的接受（如陌生化）。但是，在不同的文化中，甚至在同一文化的不同时代，都会有新的标准（比如对对等、充分性、流畅度都有不同的标准）。正如凡·登·布洛克（van den Broeck）所言：

> 在彼时饮誉的优秀译作——且不说"完美"——在此时会惨遭冷遇，会被后人指责为不忠实，或无法接受的翻译。被贴上"完美"标签的译文在它发表之时所符合的只是当时当地盛行的规范而已。
> （van den Broeck, 1980:82）

这就是为什么永远都没有一个适合所有文化的共同翻译准则。我们都能认可的是某种普遍的翻译理论，它将不同文化的翻译惯例及译本接受者的期待考虑在内，该理论在具体文化的贯彻中可以接受具体的变化。这便是我在本文中试图提出的理论。

弗米尔（Vermeer）的目的论（skopos theory）为翻译提供了一个普遍架构。在简述该理论之后，本文将引入"忠诚"（loyalty）这一道德范畴的概念，它将具体文化的惯例纳入功能主义的模式中来。通过讨论惯例在翻译中（in translation）以及为翻译（for translation）所起的作用和影响的范围，笔者将概括一些检讨翻译惯例的方法。最后笔者还将探讨该理论在翻译教学中的运用。

1. 目的论：功能性即是目标

将功能的方法引入翻译，最早由弗米尔在 1978 年系统地提出（参见 Vermeer, 1983[1978]），在现代翻译学中得到越来越多的认同（如 Snell-Hornby, 1986）。1984 年，这种研究理路被写入莱斯与弗米尔（Reiss & Vermeer, 1984）合著的《普通翻译理论原理》。弗米尔称他的研究为"目的论"，"目的"即译本的目标决定翻译的过程。目的论的主导因素就是"目的法则"（skopos rule）：

人类的相互交往（包括翻译，翻译属于人类交往的子系统）由其目的来决定。因此交往是目的的功能体现——交往（翻译）=功能（目的）……目标可以解释为接受者的功能：即目的=接受者的功能。（Vermeer, 1983:54）

这也就是说，在弗米尔的模式中，译文所面对的接受者是所有翻译过程中的关键因素。原文被翻译之后，译文成为"世界连续变化体"的一部分，由接受者"按照他所处的情境来理解"（Vermeer, 1983:57）。如果译文所要实现的功能和原文相同，那么它们之间就是"互文连贯"（inter-textual coherence）或"忠实"（fidelity）的关系；不过忠实总是服从于目的法则。如果翻译的目的要求功能有所改变，那么翻译的标准也就不再是和原文之间的互文连贯性，而是和翻译目的相符的充分性和适宜性（Reiss&Vermeer, 1984:139）。

译者按照客户（我称之为翻译过程中的"发起人"initiator, 参见 Nord, 1988:8）下达的"翻译说明"（translating instructions）来确定具体翻译过程的目的。即使这些说明可能不够详尽，它们也可以就译文即将面世的环境为译者提供一些明显的或隐含的信息，如接受者、媒介、翻译交际的时间、地点、动机以及译文所要实现的功能。

作为普通翻译理论，该理论模式认为，可允许根据不同的翻译目的建构原文。但是，如果要把这一研究模式运用在日常的专业翻译（或翻译教学）中，我们就有必要从概括抽象的高深理论中走出来，去面对实实在在的现实：译者总是在某一文化社群的范围内活动，不能任意选择文本的翻译范畴，即使是客户的要求也不能这么做。

这意味着什么？

2. 忠诚：译者的职责

决定一个翻译目的是否"可能"或"合法"，要看相关的两种文化对待翻译的惯例概念（conventional concept of translation）。这一概念决定着不同译文使用者对原文和译文关系的期待，及诸如此类的问题。（不同的译文使用者如：译文发起人、读者，甚至即将被译介的作者。）

在正常文化之间的交流中，无论是发起人还是译文读者都无法检验译文是否与他们的期待相吻合。他们只能依赖译者不偏不倚的翻译。一篇语用层面非常切近译入语文化的译文通常被读者认为符合翻译的惯例概念，尽管事实并非如此。假若一个读者错误地认为翻译能复制出原作者的意图，那么他就总能读到他愿意读的东西。他会将译文表达的意图误当作原文作者的真实意图。无论译者违反惯例是有意还是无意，读者总会不知不觉地被蒙蔽。在读者眼中这是成功的交际行为，但事实上，这不能被称作"功能"交际行为，因为它只是基于错误的假设。

这就是为什么我要将忠诚（loyalty）的准则引入目的论的架构中去的原因（Nord, 1988:31）。类似的观点有贝尔格伦德（Berglund, 1987:7）提出的"公正"翻译（"fair" translation）。译者对源语和目标语的双边语境，对原文的发出者和译文接受者都要负责。我称这一责任为忠诚。忠诚作为道德准则，在人类交流的过程中必不可少。

不论委托人下达什么样的翻译指导，译者总要考虑到约定俗成的翻译惯例。毕竟这些观念决定译文读者的期待。然而，"考虑惯例性概念"并不自动意味着"按照每个人的期望进行翻译"。忠诚也许正是要求译者不去遵循某些惯例。在任何情况下，译者至少应该告诉其他参与翻译过程的人们，他是如何译的，为什么这么译。

3.　翻译的惯例：读者期待什么？

3.1　总论：惯例的概念

在探讨翻译的惯例之前，我们有必要澄清"惯例"（convention）在不同情况下的含义。普通语言中，惯例就是"被普遍接受的行为，尤其在社会行为中"（《当代英语辞典》D.C.E.）。惯例作为社会行为的表现形式之一，在口头交流中也能找到。比如用某些词或短语表达感谢，或用不同的方式称呼朋友和陌生人。

大卫·刘易斯（David K. Lewis）将惯例定义为一种依据先例处理同等问题的方式。即"在当下面对的问题和过去遇到的问题明显类似的时候，我们会根据共同熟知的成功解决问题的惯常方式来处理"（Lewis, 1969:41）。通过对以往满意的解决问题方式的记忆，我们试着以相似的办法解答相似的疑问，并期望别人也是如此。

没有惯例的帮助，跨文化交际很容易受阻，就像正在电话两端通话的双方，突然被中断，既想互相立刻重新通话，又可能都等待对方打过来。从这个意义上来说，翻译不是一个处理"对等关系的问题"（参见 Lewis, 1969:43）。但是，如果在外语课上得知，翻译必须"尽量忠实，有必要时灵活"，我们便会假设自己读到的每一篇译文都是与原文相当对应的复制。这样"对等"的本质其实不过就是一个术语和用它表述的现象之间达成的默契而已。

慣例具有任意性，总有一些规则行为可能成为惯例，即惯例的形成不一定有动机。如果外语课教导我们翻译必须"尽量自由意译"，我们也许会相信这就是真正的翻译。

在种种社会规则中，我们有必要区分惯例（conventions）、法则（rules）和规范（norms）。法则（如交通法则）通过法律的力量制定，并在惩治的威胁下强制推行。规范在现有法则的架构之内，由某些团体成员确定。规范也许可以解释为某一社群对共同价值观或观念的阐释——孰是孰非、孰对孰错的观念——作为翻译在具体情境下适宜的可运用的行为指导（Toury, 1980:51）。

虽然违背规范（比如在葬礼上系鲜艳的领带）不会受到法律的制裁，但是个人的社会声望会在该社群中受到影响。惯例是规范在具体情境中的实现（参见 Searle, 1969:40）。

> 惯例可以解释为社群 G（group）中的成员有规律的活动 R（regular behavior），他们参与反复出现的情景 S（situation），R 在以下三种情况下可被称为惯例：（a）每个人都遵循 R；（b）每个人都期望所有人都遵循 R；（c）每个人都想遵循 R。（Searle, 1969:43）

惯例不会被明确、系统地规划出来，也不具有约束力。它们只是建立在大家共有的常识之上，并基于特定情况下，他人所期望的你对他们行为的预期。因此，惯例只在有共识的团体内成立，是团体成员在融入社会的过程中逐渐习得，甚至内化的。新来的成员只有通过边学习边纠正错误或模仿的方法来掌握惯例。

这自然使我们想到规约行为的准则之间的层级排列：法则、规范位于惯例之上。

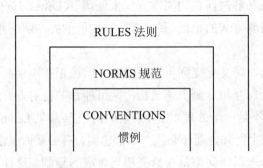

图1 法则、规范、惯例的等级关系

惯例也有可能被提升到（默认的或明确规定的）规范甚至法规的地位，它不依靠制裁强行实施，但它会使社交合作变得更容易，更可预见或更可靠。惯例会与个人的意图对立（Toury, 1980:51，探讨个人癖性），个人有时会决定自己冒险不遵循惯例（参见 Strawson, 1969）。而且，惯例总会或多或少逐渐改变，在必要或需要的时候被新的惯例所取代。不过，新旧惯例总会共存一段时间，直到新惯例被普遍了解并接受。

3.2 翻译中的惯例： 翻译作为一种交际行为

由于翻译是一种交际行为，交际中的法则、规范和惯例（就如同语法规则、文体规范、语篇类型或言语行为的惯例一样）同样在翻译中生效。

试举几例说明。

在刘易斯·卡罗尔（Lewis Carroll）的名著《艾丽丝漫游仙境》（*Alice in Wonderland*）中，我们找到一些由不同文本类型"嵌合"而成的语篇，如地址（例 1）；童话开头（"从前有三个小姐妹……"）；滑稽谜语（"为什么乌鸦像写字桌"）等等。在直接引语中，我们必须观察称呼对方的惯例（例 2）；在叙事段落中我们也许得遵循一般接受的"优美文体"惯例（例 3）或度量单位的惯例（例 4）。

例 1：

Alice's Right Foot

   Hearthrug

      near the Fender

         （with Alice's love）（Carroll, 1946:12）

在该小说的几个不同译本中我只找到一个看起来像（姓名、地点听起来也像）德语的地址：

Herrn

Rechterfuss v. Alice

Kaminteppich

z.Z. Irgendwo beim Sofa

   Herzliche Grüsse A. （Carroll, 1989:21）

致

雷希特福斯·封·艾丽丝先生

目前在沙发附近的某地

衷心问候

例2：

　　"How are you getting on now, my dear?"（Carroll, 1946；老鼠对艾丽丝的称呼）

三种德语译文：

(a) "Wie fühlst du dich inzwischen, mein Kind？"（Carroll, 1973a:29）

　　"这期间你感觉如何，我的孩子？"

(b) "Wie fühlst du dich, meine Liebe?"（Carroll, 1973b:46）

　　"你感觉如何，我亲爱的？"

（c）"Nun, mein Kind，" wandte sie sich unvermittelt an Alice, "hat diese trockene Geschichte ihre Wirkung getan?"（Carroll, 1989:31）

　　"现在，我的孩子，"她突然向艾丽丝请教，"那个乏味的故事起作用了吗？"

　　"mein Kind"（我的孩子）让人联想到老鼠和艾丽丝的关系并非对等，它比她年长、睿智，而 meine Liebe（我亲爱的）用于老年妇女之间的称呼。两种文化间不光是形式，而且句法位置（句末 vs 句首 vs 中间）以及直接称呼的方式都有差异。总的说来，讲德语的人使用这些用语不如讲英语或西班牙语的人频繁，他们更倾向于把称呼部分都融合在句中，就像译文（c）那样。

例3：

　　如果比较英德同类型文本使用定语从句的频度和结构，我们就会发现，虽然在两种语言中定语从句都会出现，在语法上都被接受，但在德语中使用的较少（即便使用，结构也有差异）。比较以下英语报刊的不同德语翻译。LT 表示直译，CT 表示符合德语惯例的翻译。

(a) It all depends on the tone *with which the word is spoken.*（Ted Gup, "Meltdown of the Mind in a Language Class." *The Guardion*, 1985.8.18）

LT：Das hängt ganz von dem Ton ab, in dem das Wort ausgesprochen wird.

这完全取决于读这个单词的声调。

CT：Das hängt ganz davon ab, in welchem Ton das Wort ausgesprochen wird.

这完全取决于这个单词是以哪种声调发出来的。

(b) two of the finest *people I know*（"Teachers …" *Encounter* Column 3.3.1983）

LT：zwei der nettesten Leute, die ich kenne

我认识的最和蔼的人中的两个

CT：zwei meiner nettesten Bekannten

我最和蔼的熟人中的两位

(c) The sounds *I'm supposed to say* remind me of … ("Meltdown")

LT：Die Laute, die ich hervorbringen soll, erinnern mich an …

我要发的音让我想起……

CT：Wenn ich bestimmte Laute hervorbringen soll, denke ich an …

当我要发某些音时，我就会想起……

(d) … spending so much of the day *in what educationists call the "teaching situation"* ("Teachers …")

LT：… dass man einen so grossen Teil des Tages in dem verbringt, was die pädagogen die "Unterrichtssituation" nennen.

一天中要有这么长的时间要在教育家们所说的 "课堂情景" 的地方度过。

CT：… dass man einen so grossen Teil des Tages in einer "Unterrichtssituation" verbringt, wie es die Pädagogen nennen.

一天中要有这么长的时间在 "课堂情景" 中度过，就像教育家们所说的那样。

例 4：

"I wonder how many miles I've fallen by this time?" she said aloud. "I must be getting somewhere near the center of the earth. Let me see: that would be four thousand miles down, I think…"   (Carroll, 1946:3)

（a）"Wie viele Meilen ich wohl schon gefallen bin?" sagte sie laut. "Weit kann es nicht mehr sein bis zum Erdmittelpunkt. Das wären dann, ja: sechstausend Kilometer wären das, ungefähr wenigstens." (Carroll, 1973a:12)

"我已经走了大约多少英里了？" 她大声说道。"地球中心离这儿不可能很远了。那么，这大约是有……是的，有六千公里，大约估计如此。"

（b）"Ich möchte wahrhaftig wissen, wie viele Kilometer ich bisher gefallen bin!"murmelte Alice. "Wahrscheinlich lande ich im Mittelpunkt der Erde. Mal überlegen: Das ist viertausend Kilometer tief, glaub'ich!" (Carroll, 1973b:15)

"我真想知道我到目前为止走了多少公里！" 艾丽丝嘟哝道。"很可能我已经到地球中心了。有四千公里深，我想！"

在这些例文中，我们都心照不宣地承认译文应该遵守译入语文化的惯例，但这决不是普遍的法则；作为两种文化间的交际行为，翻译总是在源语文化和译入语文化的两套惯例之间斡旋。在具体翻译过程中，到底哪个优先——何时优先——也要遵循一定的惯例，即翻译的惯例。

3.3 翻译的惯例：人们期待什么样的翻译

瑟尔（Searle）提出规范性规则（regulative rules）和创构性规则（constitutive rules）。前者是指在特定场合指导人们行为的规则（如礼仪中的规则），后者指创造新的行为方式的规则（比如象棋的规则）（参见 Searle, 1969:31）。和瑟尔的理论类似，我要区分翻译惯例中的"规范性"（regulative）和"创构性"（constitutive）。规范性翻译惯例是指在语篇层次之下的，人们通常已接受的处理翻译问题的形式（如专有名词、承载文化内涵的事件或物体、引语等）。创构性翻译惯例则决定某个文化团体内所接受的翻译的形态（而非改写、改编等其他跨文化文本转换形式）。全部创构性惯例加起来，就是该文化社群所通行的普遍翻译观念，也即读者希望从译本中看到的东西。这里的译本就是指在语用意义上标注为翻译的文本，在扉页或不太显眼的地方，标注有由 Z（译者）从 X（源语）译为 Y（译语）。

就惯例的层级而言，所有创构性惯例的总和组成翻译的惯例观念，这些观念进而决定着规范性惯例，而规范性惯例则是译者在较低层面需要遵守的规则，这样就为译者决定具体翻译问题提供了大的框架。

在更高一级还有翻译规范（norms），如某些司法翻译（见 Toury, 1980；文学翻译中规范的作用）。甚至在一些文化社群中，译本若要为官方所接受就必须遵循由政府制定的法规（如审查制度）。这种情况下，译者几乎没有自己的选择。但是，读者、翻译发起人（包括政府权威）更多时候希望译者就按照一般默认的惯例翻译即可，而译者则期望读者期待他们这么做……这就是我们所说的惯例（见本文 3.1）。

如果按照某文化社群中成员所适应的创构性翻译惯例，他们期待文学翻译再现原文的"陌生"（当然，此陌生相对译入语读者而言），译者在翻译中便会原封不动地写出原有场景、地点、人物专有名词，甚至不惜违背译入语文化惯例，通过模仿原有称呼的形式来强调场景原汁原味的地方色彩（如用"signora"表现意大利语地区对太太的称呼）。

另一方面，如果有翻译惯例将儿童书中的场景"泛化"，甚至转移到目标语文化中，为了使读者感到文本和自身世界并无二致，译者便可能决定改变专有名词，调整译入语文化惯例中的"陌生"行为（口头或其他行为）。

《艾丽丝漫游仙境》的两个德语译本为此提供了有趣的例证。

例 5：

译文 A（Carroll, 1973a）将人名 Pat 和 Bill 翻译为"Heinz"和"Egon"，艾丽丝的猫的名字由 Dinah 变成 Suse，保姆的名字由 Mary Ann 改为 Marie，三个小姐妹的名字由 Elsie、Lacie 和 Tillie 变成 Hilde、Else 和 Trine，听起来像来自德国北部的人名。

译文 B（Carroll, 1973b）保留了大部分英语名字，但是对其中一些进行了调整以使其符合德语拼写或语音规范。Dinah 变成 Dina（在德语中读作 [deena]），Lacie 变成 Lassy，Tillie 变成 Tilly，Elisie 没有改动。

例 6：

"Pahaps it doesn't understand English," thought Alice; "I dare say it's a French mouse, come over with William the Conqueror."（Carroll, 1946:18）

（a）"Vielleicht versteht sie kein Deutsch, " dachte Alice; "ich könnte mir denken, sie ist eine französische Maus und mit Napoleon herübergekommen."（Carroll, 1973a:25）

"也许她不懂德语"，艾丽丝想，"我可以想到她是个法国姑娘，是和拿破仑一起过来的。"

（b）"Sie versteht mich nicht, " sagte sich Alice. "Vielleicht ist es eine französische Maus, die mit Wilhelm dem Eroberer zu uns nach England gekommen ist."（Carroll, 1973b:38）

"她听不懂我说的话"，艾丽丝自言自语道，"也许这是个法国姑娘，是与征服者威廉一起到我们英国来的。"

例 7：

She got up and went to the table to measure herself by it, and found that, as nearly as she could guess, she was now about two feet high, and was going on shrinking rapidly.（Carroll, 1946:16）

(a) Sie stand auf und ging zu dem Tischchen hinüber, um sich daran zu messen, und entdeckte, dass sie jetzt, so gut sie das abschätzen konnte, ungefährt zwei Fuss mass und dabei noch immer rasch in sich zusammenschrumpfte.（Carroll, 1973a:23）

她站起来，向那张小桌子走过去，想借桌子量一下自己，结果却发现无论怎么估计，她现在也只有大约两英尺高，而且还在迅速萎缩。

(b) Sie sprang auf, lief zum Tisch, um sich an ihm zu messen, und stellte fest, dass sie jetzt bloss noch fünf[!] Zentimeter hoch war und schnell weiter zusammenschrumpfte.（Carroll, 1973b:36）

她跳起来，跑向桌子，要用它量一下自己，结果却发现她现在只有 5 厘米（！）高，而且还在快速萎缩。

由以上描述的惯例，也许可以将译者 A、译者 B 对人名和人物（例 5、例 6）的不同处理方式归结为：译者 A 的译作面向儿童，而译者 B 面向成年读者群。但是从例 7 度量单位惯例来看，却又恰恰相反。这也许表明两位译者都不是具体只关注规范性惯例。

就创构性惯例而言，两个译者的译文有些地方超出了通常的期待：作为儿童系列读物的一部分，译文 B 面对年轻读者，而出自岛屿出版社（Insel Verlag）的译文 A 则属颇严肃正统的版本，似乎主要面向成年读者。我想，译者 A 一定有意违背文学翻译惯例，否则他就不会在后记中写道——

例 8：

本译文竭力再现原文的幽默效果，而没有一味追求文本精确的对等，用拿破仑取代威廉大帝，用德国南部的王子取代威廉那些姓名不好发音的伯爵们（Enzensberger, 1973:137）。

译文 B 中没有对翻译策略作评价，这也符合通常不让孩子们明显地意识到他们所读的是译文这一惯例。

3.4　翻译的一般概念：如何发现惯例

为了比较两个不同时代或文化社群普遍的翻译惯例（历时 vs 共时），我们如何描述某一时代（如德国 20 世纪 90 年代前期）盛行于某一文化社群的普遍翻译惯例？如果对普遍的翻译惯例一无所知，便不能对任何具体译文作出公允的评价。

以你所期待的严格意义上的翻译（用你自己本国文化当今的标准）来和以下这段话相比较。

例 9：

在 16 世纪的西班牙，为了使普通大众一目了然，译者常常在原文的基础上加大量解释或者用叠句或谚语的方式表述和原文有关的神话或名著典故，以使译本更加具体，这是当时非常普遍的现象。所以 F. 马德里（Fernández de Madrid）翻译的《伊拉斯谟》（*Erasmus*）几乎是原文篇幅的两倍也就不足为奇了（参见 Barrass, 1978:195）。

由于翻译惯例不是明文规定，要确定它们何时、怎样运作似乎非常困难。以下简要讨论几种可能奏效的方法。

(a) 对现有译文的分析

某知名译界学者最近在谈到翻译理论时说："我们之所以知道什么是翻译，是通过大量现有的译文。"果真如此么？在分析现有的目标文本时，我们永远不能确定这篇翻译是否真的反映了一个惯例，还是体现了译者自身的意图。我们需要大量的例证来排除其他变量（决定翻译形式与质量的因素），如：译者的专业能力或发起人下达的具体翻译说明（instruction）。历史翻译学或描述翻译学的学者在文学翻译研究中都选择了这一方法（参见 Frank & Schultze, 1988:96）。

(b) 翻译评论

人们会认为对译本的评论不仅会反映评论者对译文的判断，同时还能体现出人们对所译文本类型翻译的普遍期待。但是当评论提到翻译本身，往往流于表面（译本通常被视为原作），泛泛而谈。例 10 选自菲利普·迪昂（Philippe Djian）的小说《巴黎野玫瑰》（*Betty Blue*）的英译本评论，事实上，全文只有一处提到这本书是译作。

例 10：

译者巴特勒（Howard Butler）成功做到与原作精神保持一致（*Sunday Times Books*，1990. 1.1.p. H13）。

例 11：

（弗吉尼亚·伍尔夫短篇小说的德语新译本）紧紧追随原文的步伐……对原文

的地位毫无僭越（*Die Zeit*，1989.11.11.p.85）。

(c) 翻译理论的陈述

　　翻译理论和方法上的观点，不论是理论家还是实践者提出的，至少能部分地或从侧面反映普遍的翻译观念，不过上文提到的问题依然存在，惯例和个人观念较难区分。

例 12：

　　逐字逐句或行间释译的《圣经》译本是翻译的本质或理想状态（Benjamin，1972:21）。

　　本雅明（Walter Benjamin）的这一论断也许并不是要我们抛开路德的《圣经》译本，去读文法不通、逐字对应的译本。他只是指出一种理想状态——逐字翻译（interlinear translation）可以得到可读性强，又能被接受的功能"对等"的目标文本。

　　至少就语用层面（这里指功能）来说，其他的观点更直白，尽管并未提及形式。

例 13：

　　对于机械维修文件之类技术性翻译而言，优秀译作的标准就在于它所传达的信息和知识的数量。在操作层面，评判的标准就是译文使用者能否像原文使用者一样对装备进行维修。（Brislin，1976:14）

　　在我看来，关于译论或译法的陈述，最有趣的观点莫过于译者对自己翻译活动的评价。如例 8 中，安森伯格（Enzensberger）关于自己翻译《艾丽丝漫游仙境》的目的所说的话。通常译者不必对自己的译文作评论，除非感到译文可能有悖读者的期待。

(d) 译文使用者的介入

　　就翻译而言，其"社会化过程"不仅指我们阅读译文的经历（从使用说明、电脑手册到古典戏剧），而且包括我们在学校的语言教学过程。因此，"标准"的译文使用者所持的普遍翻译概念极具模糊性，有关读者期待的问题都只能在具体的情境下作答。

(e) 多语译本的比较

总的说来，寻找盛行于某一文化社群普遍的翻译观点似乎颇为棘手，因此，我建议使用从下至上的方法：从遇见的具体翻译问题开始，解决这些问题的方法往往是由规范性惯例决定的（主要是语用层面的跨文化翻译问题，参见 Nord, 1987）。

通过比较同一原文的不同语种的译本，我们可以看到，不同译语文化中处理同一翻译问题时有各自不同的途径。从它们对问题的一般或大部分解决方法，我们也许能推测出更普遍的创构性惯例，比如关于文本类型和翻译类型之间的关系。

例 5、例 6、例 7 说明的正是这个问题。对人物专有名词、事件和度量单位的处理都能反映出译本的类型。从翻译的规划来看，译者 A 运用的是"工具式翻译"（instrumental translation）（Nord, 1989; House, 1981:188 称之为"隐藏式翻译"[covert translation]），即译文试图在译入语接受者中达到原文发送者期待的功能和/或效果。不过，通观全书，译者 A 没有将这一翻译类型贯彻到底。

译者 B 选择"文献式翻译"（documentary translation）（House, 1981 称之为"显性翻译"[overt translation]），对文本原有表面几乎保持不变，以制造与众不同的新奇效果。原文读者所熟知的世界在译文中展现出来却是陌生而奇异的，不易被认同。和译者 A 一样，译者 B 也没有严格地将这种译法贯彻全书。

尽管如此，对这些具体问题的分析还是能使我们接近创构性翻译策略。将这两个译本和其他写给儿童或成年人的作品译本相比较，我们甚至也许能发现译者 A 和译者 B 是否已经遵循了相应的文化翻译惯例。

对比西班牙语和德语文学作品中对个人姓名的翻译，我们可以看出两种不同文化迥异的惯例。

例 14：

在文学文本的德语译文中，个人姓名（包括教名）通常保持原文的形式不变（当然，我们应该考虑到，在德语中的同名，读者会在发音上略作改动）。外国名字用来"突显"故事的文化背景。在西班牙语的文学翻译中（或在西班牙文学中），教名通常用西班牙语形式，人们似乎对出现一个法国姓和西班牙教名组成的名字毫不介意。在马克斯·奥伯（Max Aub）创作的西班牙戏剧中，以法国为背景，那些法国人的名字是 Josefina Claudio, señora Bernard 这样的法西混合形式，但在该剧的德语译本中，这些人名变成"Joséphine"

"Claude" 和 "Madame Bernard" 这样地道的法国名字（参见 Aub, 1972）。

4. 翻译教学中的惯例和功能主义

最后来谈一下以上观点在翻译教学中的应用。

过去六十多年来，我们在翻译教学中一直做的事情就是"给学生一些提示，布置些练习，如果学生幸运的话，再给他们多少演示一下如何来译"（Newmark, 1980:127）。当然，这么做无意间会把盛行于我们各自文化中的规范性惯例和创构性惯例都传授给学生。我们中大多数训练年轻译者的人，都以这种方式，在不经意间习得了时下流行的"惯例"或术语。

但是，我们在大学里花了四五年或更多的时间，走了不少弯路，才能习得并内化我们文化中的这些翻译惯例。因此，我认为让未来的译者们对源语文化和目的文化的翻译惯例（规范性和创构性）都有精确入微的把握，会对他们大有裨益。达到这个目的当然不易，但我确信是可以实现的。我们也许可以选择以上所有的方法，而不是一个。

同时，我们还可使用教学法中的"技巧"，这会使师生双方都轻松：教师与其一味要求学生遵循那些模棱两可、自相矛盾的翻译标准，不如告诉他们译文明确详尽的翻译目的及功能（我称之为翻译说明 translation instructions），要求学生的译作与功能性规范相符合即可（the norm of functionality）。这样的译文一定是功能性的，它能达到译入语文化所要求的一种或多种功能，译文的形式应该符合译入语文化惯例所能接受的相应的文本类型。因此，我们用规范（norm）来取代惯例（convention），以便使学生在翻译的选择中有严格的参考架构。

正如图里（Toury, 1980a:191）指出的那样，学生一旦对他／她自身文化中的翻译规范及惯例驾轻就熟，他们也许就会走向教学"技巧"的另一面，并试图去打破这些规约。然而，如上所述，在专业翻译中，为了避免读者在不知情的情况下被蒙蔽，任何违反常规的译法都应该作出声明。

References

Aub, Max. 1972. "El puerto" / "Der Hafen". Tránsito. *Tres obras en un acto / Drei Einakter*, ed. And trans. Erna Brandenberger. München；dtv, 1972. 63-107.

Barrass, Tine. 1978. "The Function of Translated Literature within a National Literature: The Example of Sixteenth Century Spain". James S Holmes, José Lambert and Raymond van den Broeck, eds. *Literature and Translation:*

New Perspectives in Literary Studies. Leuven: acco. 1978. 181-203.

Benjamin, Walter. 1972. "Die Aufgabe des Übersetzers". *Gesammelte Schriften.* Frankfurt/M.: Suhrkamp, 1972. 82-96.

Berglund, Lars O. 1987. "The Ethics of Ineffective Translation ". *Lebende Sprachen* 1. 7-11.

Brislin, Richard W. 1976. "Introduction". Richard W. Brislin, ed. *Translation: Applications and Research.* New York: Gardner Press, 1976. 1-43.

Broeck, Raymond van den. 1980. "Toward a Text-Type-Oriented Theory of Translation". Poulsen and Wilss 1980:82-96.

Carroll, Lewis. 1946. *Alice in Wonderland and Through the Looking Glass.* New York: Grosset & Dunlap.

Carroll, Lewis. 1973a. *Alice im Wunderland,* trans. Christian Enzensberger. Frankfurt/ M: Insel Verlag.

Carroll, Lewis. 1973b. *Alice im Wunderland,* trans.Liselotte Remané. München:dtv.

Carroll, Lewis.1989. *Alice im Wunderland,* trans.Barbara Teutsch. Hamburg; Cecilie Dressler.

Dictionary of Contemporary English (DCE) . 1978. ed. P. Procter *et al.* London: Langenscheidt-Longman.

Enzensberger, Christian.1973. Nachwort zur Übersetzung von *Alice im Wunderland.* Carroll 1973a:129-138

Frank, Armin Paul and Brigitte Schultze. 1988. "Normen in historisch-deskriptiven Übersetzungsstudien". Harald Kittel, ed. *Die literarische Übersetzung: Stand und Perspektiven ihrer Erforschung.* Berlin:Schmidt, 1988:96-121.

House Juliane. 1981. *A Model for Translation Quality Assessment.* Tübingen: Narr.

Kupsch-Losereit, Sigrid. 1986. "Scheint eine schöne Sonne? oder: Was ist ein Übersetzungsfehler?" *Lebende Sprachen* 1. 12-16.

Lewis, David K. 1969. *Convention: A Philosophical Study.* Cambridge, Mass.: Harvard University Press.

Newmark, Peter. 1980. "Teaching Specialized Translation". Poulsen and Wilss 1980: 127-148.

Nord, Christiane. 1987. "Übersetzungsprobleme— Übersetzungsschwierigkeiten. Was in den Köpfen von Übersetzern vorgehen sollte …". *Mitteilungsblatt für Dolmetscher und Übersetzer* 2. 5-7.

—— 1988. *Textanalyse und Übersetzen: Theoretische Grundlagen, Methode und didaktische Anwendung einer Übersetzungsrelevanten Textanalyse.* Heidelberg: Groos.

—— 1989. "Loyalität statt Treue. Vorschläge für eine funktionale Übersetzungstypologie". *Lebende Sprachen* 3. 100-105.

—— Forthcoming a. "The Relationship between Text Function and Meaning in Translation". Marcel Thelen and Barbara Lewandowska-Tomaszczyk, eds. *Translation and Meaning,* Part II: *Proceedings of the Lódz Colloquium, September 1990.* Maastricht: Euroterm.

—— Forthcoming b. "The Role and Scope of Conventions in Translation". *Proceedings of the XII th World Congress of FIT,* Belgrade 1990.

——Forthcoming c. *Text Analysis in Translation* (English version of Nord 1988) . Amsterdam: Rodopi.

——2001. *Translating as a Purposeful Activity: Functionalist Approaches Explained.* Shanghai: Shanghai Foreign Language Education Press.

Poulsen, Sven-Olaf and Wolfram Wilss, eds. *Angewandte Übersetzungswissenschaft: Internationales übersetzungswissen- schaftliches Kolloquium an der Wirtschaftsuniversität Arhus/ Dänemark,* 19-21. Juni 1980. Arhus.

Reiss, Katharina and Hans J. Vermeer. 1984. *Grundlegung einer allgemeinen Translationstheorie.* Tübingen: Niemeyer.

Searle, John. 1969. *Speech Acts*: *An Essay in the Philosophy of Language.* London: Cambridge University Press.

Snell-Hornby, Mary, ed. 1986. *Übersetzungswissenschaft—eine Neuorientierung.* Tübingen:Narr.

Strawson, Peter Frederick. 1969. "Intention and Convention in Speech Acts". *Philosophical Review* 73. 439-460.

Toury, Gideon.1980. "The Nature and Role of Norms in Literary Translation".Gideon Toury. *In Search of a Theory of Translation.* Tel Aviv. 1980.51-62. (1978)

当代国外翻译理论导读

——1980. "The Translator as a Nonconformist-to-be, or: How to Train Translators So As to Violate Translational Norms". Poulsen and Wilss 1980:180-194.

Vermeer, Hans J. 1983. "Ein Rahmen für eine allgemeine Translationstheorie". *Aufsätze zur Translationstheorie.* Heidelberg. 1983. 48-61. (1978)

第三章 功能学派翻译理论

概　述

　　首先有必要指出的是，"文化学派"这一名称在西方译学界使用得并不多，反倒是在中国翻译界使用得更为普遍。这当然跟最近一二十年来西方译学界出现并完成的翻译研究的文化转向有比较直接的关系。较长时间以来，西方译学界对我们所说的"文化学派"使用的是另外一些名称，譬如"翻译研究派"（translation studies）。这个名称是由学派的早期开拓者霍尔姆斯（James Holmes）提出来的，但是这个术语后来已演变成一个学科——"翻译学"的名称，如果再用它来指称某一具体的翻译研究流派，容易产生混淆，所以人们不再用这一名称来指称这一学派了。

　　另外一个比较常见的名称是"描述翻译研究"（descriptive translation studies）学派，或简称"描述学派"，这是因为这一学派最早以修正"规定性的翻译研究"（prescriptive translation studies）而著称。因为这一学派非常强调译入语文化对翻译的作用，更多致力于从目标语的文化语境中审视、考察翻译现象，所以也有人把这一学派的研究称为"目标语中心翻译研究"（target-oriented translation studies），所以在有些场合这一术语也被用来指称这一研究流派。

　　与此同时，"描述翻译研究"有时也被称为"多元系统研究"（polysystem approach）或"系统研究"（systemic perspective），这是因为该学派的以色列学者埃文—佐哈的多元系统理论以及其他系统理论是这一学派的核心特征。根据这一学派的几个主要成员的国籍（比利时、荷兰）、任职以及几次重要会议的所在地（特拉维夫、卢汶），也有人把这一学派称为"低地国家学派"（Low Countries group），"特拉维夫学派"（Tel Aviv school）和"特拉维夫—卢汶学派"（Tel Aviv-Leuven school）等。赫曼斯还曾提出过"操纵学派"（一译"操控学派")这一名称，这是根据该学派的另一位重要人物勒菲弗尔提出的核心概念"操纵"（manipulation）以及赫曼斯自己编纂的该学派论文集《文学操纵》（*The Manipulation of Literature*）而命名的。

"描述研究""目标语中心研究""多元系统研究""系统研究"以及"操纵学派"这一系列的名称，实际上正好从不同的方面反映出该学派各学者的研究特征。正是这些共同特征，使得上述学者代表的各个流派能够统一在一个大的学派当中。文化学派的学者都把文学看作一个复杂的动态综合体，都相信理论模型和实际个案研究之间存在着持续的相互作用，都对文学翻译进行以译入语为中心的描述性、功能性和系统的研究，都对控制翻译产生和接受的规范和约束机制、翻译和其他类型文本生成之间的关系、翻译在特定文学当中的地位和功能以及翻译对民族文学之间的相互影响所起的作用感兴趣。一言以蔽之，该学派的共同特征就是：从文化层面进行翻译研究，将翻译文学作为译语文学系统的一部分，并采用描述性的研究范式。

文化学派的核心研究范式是"描写／系统／操纵范式"，其发展过程大致有以下几个阶段：

第一阶段自20世纪60年代开始，荷兰—美国学者霍尔姆斯，捷克学者列维（Jiří Levý）、波波维奇（Anton Popovic）以及米科（Frantisek Miko）由于对结构主义文学理论的共同兴趣而产生学术联系。列维和波波维奇的早逝使捷克学派退出。然而，70年代以后又有特拉维夫大学的两位以色列学者埃文—佐哈和图里以及低地国家的三位学者朗贝尔（José Lambert）、凡·登·布洛克（van den Broeck）、勒菲弗尔与霍尔姆斯有了学术接触。霍尔姆斯于1972年在《翻译学的名与实》（The Name and Nature of Translation Studies）一文中划分了翻译研究的范畴，其中纯理论范畴下的描述研究和理论研究分支成为该学派研究遵循的方向。

第二阶段即所谓"形式主义阶段"，几位重要学者都借助形式主义的概念发展自己的研究路径，埃文—佐哈有多元系统理论，图里有实证研究，朗贝尔则有大型翻译史研究计划，勒菲弗尔有对哲学科学的关注，而霍尔姆斯的综合探讨则跨越翻译理论和实践两方面。这一阶段有三次有决定意义的会议，即1976年的卢汶会议、1978年的特拉维夫会议以及1978年的安特卫普会议。这是一个发展的关键阶段，为这一学派后来得到普遍承认奠定了坚实的基础。1976年埃文—佐哈在标志文化学派成立的卢汶会议上提交的论文《翻译文学在文学多元系统中的地位》（The Position of Translated Literature Within the Literary Polysystem）成为文化学派整个研究范式的理论源头和学理基础。建立在多元系统理论之上的描述性研究有几种，最有影响的可推图里（Gideon Toury）的代表性著作《翻译理论探索》（*In search of a Theory of Translation*）和《描述翻译学及其外延》（*Descriptive Translation Studies and Beyond*）。

第三阶段也即这一学派的鼎盛阶段是在20世纪80年代之后，以巴斯奈特的《翻译研究》（*Translation Studies*）和赫曼斯的《文学操纵》（*The Manipulation of Literature*）的出版为标志。勒菲弗尔在这一阶段形成了"改写"理论，强调"意识形态"（ideology）、"文学观念"（poetics）、"赞助人"（patronage）三因素对翻译过程的操纵，成为文化学派研究继多元系统理论之后的另一理论支撑，代表著作有《翻译、改写以及对文学名声的制控》（*Translation, Rewriting and the Manipulation of Literature Fame*）。1989年朗贝尔和图里创办杂志 *Target*，大力倡导把翻译放到社会文化语境当中进行描述性研究，影响巨大。

第四阶段源自20世纪90年代初。勒菲弗尔与苏珊·巴斯奈特合编论文集《翻译、历史与文化》（*Translation, History and Culture*），合著论文集《文化建构——文学翻译论集》（*Constructing Cultures: Essays on Literary Translation*）等，指出翻译研究"文化转向"的最新发展趋势，并认为翻译研究已从形式主义阶段走出，从而应该考虑更广泛的社会和文化语境，翻译像其他各种"改写"一样，创造出他者文本的新形象。文化转向逐渐摆脱并超越了多元系统理论的框架，开拓了翻译研究的新视野，但与此同时带来的研究范式的根本变化恐怕也在一定程度上代表了传统意义上文化学派的消解。

本章选取了文化学派最有代表性的六位学者的论文，希望读者从中可以了解这一学派的主要代表人物及其最主要的学术观点。

翻译学的名与实[*]

詹姆斯·霍尔姆斯著

江　帆译

导言

　　詹姆斯·霍尔姆斯（James Holmes）原籍美国，长期任教于荷兰阿姆斯特丹大学文学系，从事比较文学和翻译理论研究。其论文《翻译学的名与实》（The Name and Nature of Translation Studies）对于翻译学作为一门独立学科的名称、性质、研究领域、问题设置以及学科范围等提出了创建性的意见，被公认为翻译研究学派的奠基之作。

　　论文发表于 1972 年，是霍尔姆斯在哥本哈根第三届国际应用语言学会议上的主题发言。在这篇论文里，他首先引用哈格斯特洛姆（W. O. Hagstrom）的观点，认为交流渠道的建立和学科乌托邦的发展是建立一门新学科的必要条件。霍尔姆斯认为，以第二次世界大战为转折点，学者们对翻译课题的兴趣有了显著而持续的增长，越来越多的学者进入了这个领域。然而，对于学科的理论模型、可以运用的方法、可以使用的术语，人们并没有达成共识，连对学科的确切名称都没有达成一致意见。

　　尽管如此，霍尔姆斯认为，哈格斯特洛姆所说的学科乌托邦在翻译研究领域正在逐渐成型。我们应该进一步推动其发展，同时也应该注意到一些阻碍其发展的因素。他认为，阻碍之一就是缺乏适合的交流渠道。对于翻译学来说，当时的交流渠道仍然是通过其他学科来实现的，使用的是其他学科的模式、方法和术语，关于翻译问题的论文也散见于不同学术领域的期刊。而另一个更为严重的阻碍就是学科名称的问题。霍尔姆斯讨论了 "translatology"（翻译学）、"the theory of translating" 或 "the theory of translation"（翻译理论）、"science of translation" 或 "translation science"（翻译科学）等术语，并指出

---

* 本文选译自 James Holmes, "The Name and Nature of Translation Studies," in *The Translation Studies Reader,* ed. Lawrence Venuti, London and New York: Routledge, 2000, pp.172-183。

　　原作者按：这篇文章撰写于 1972 年，这是发表前的第二次修改形式，只作了少许文体上的修改。尽管间隔了这么多年，我相信，我的观点仍然可以成立。当然，如果我现在再来写这篇文章，有一两处我会采取其他措辞。

169

第四章　文化学派翻译理论

其各自的局限。最后他认为"**translation studies**"（**翻译学**）是所有术语中最适合作为学科名称的。这一命名经过文化学派学者的反复使用，已从某一个翻译研究学派的名称逐渐成为了整个翻译研究学科的名称，从而有效地促进了翻译研究学术术语的统一。

在确定了"翻译学"这一学科名称以后，霍尔姆斯又讨论了翻译学的学科性质和研究范围。他首先确定翻译学是一门实证学科，认为翻译学分为**纯翻译研究**和**应用翻译研究**，而纯翻译研究有两个主要目标："（1）描述我们经验世界中出现的与翻译和翻译作品有关的现象；（2）建立普遍原则，以解释和预测这些现象。"他进而指出："纯翻译研究当中与这两个目标相关的两个分支可以被命名为**描述翻译学**（descriptive translation studies, DTS），或翻译描述（translation description, TD）和**理论翻译研究**（theoretical translation studies, ThTS）或翻译理论（translation theory, TTh）。"

他认为，在这两个分支当中，**描述翻译学**总是和实验现象保持持续的紧密接触。根据关注对象的不同，他将描述翻译研究分为三大类：面向产品的研究、面向功能的研究和面向过程的研究。纯翻译研究的另一分支是**理论翻译研究**，即运用描述翻译研究的结果，结合有关领域和学科的信息，推演出原则、理论、模式，以解释和预测翻译现象。霍尔姆斯认为，从宽泛意义上来说，翻译理论家的终极目标是建立一种充分而全面的理论，以解释和预测与翻译作品相关的所有现象，他将此称为**普遍翻译理论**。而普遍翻译理论是由部分翻译理论构成的，他又将**部分翻译理论**分为六类，即特定媒介理论、特定区域理论、特定层次理论、特定文类（或语类的）理论、特定时代的理论以及特定问题理论。和**纯翻译研究**平行的是**应用翻译研究**，霍尔姆斯将这一分支分为翻译教学、翻译政策和翻译批评三个部分。

霍尔姆斯最后强调指出，**描述翻译研究**、**理论翻译研究**和**应用翻译研究**是整个学科的三个有明显影响的分支，三者事实上的关系是辩证的，其中任何一个分支都为另外两个分支提供材料。而且，在这三个分支当中均存在着**翻译理论史**和**元理论**方面的研究空间，值得研究者进一步挖掘。

正文

1.1

马尔凯（Michael Mulkay）指出："科学是通过发现新的未知领域而向前推进的。"[①]这一推进发展的过程已经由研究科学的社会学家相当确切地予以证实。[②]当一个或一组新问题进入学界的视野之时，就会有一批来自相关学科的研究者，带来他们在各自领域已证明是卓有成效的范式和模式。但这些范式和模式又会产生新的问题，带来下面两种结果中的一种。在某些情况下，这些问题可以在一个范式或模式范围内得到说明、分析、解释，或至少得到部分的解决，这样它也就衍生成为已经成熟的研究领域的合理分支。但在另一些情况之下，依靠已有的范式或模式并不能得出充分的结论，这时研究者就开始意识到需要寻求解决问题的新方法了。

上述第二种情况导致考察新问题的研究者和他们过去领域的同行之间产生一种张力，这种张力会慢慢推动新的交流渠道的建立和所谓的新学科乌托邦的发展，也即，一批新的研究者对一系列共同的问题、方法和目标怀有共同的兴趣并对之有新的感觉。正如哈格斯特洛姆（W.O. Hagstrom）曾经指出的，以下两个步骤，即交流渠道的建立和学科乌托邦的发展，"使得科学家能够认同新出现的学科，并且在他们向大学等研究实体或更大的社团提出申请时，有可能声称他们观点的合理性"[③]。

1.2

围绕着与翻译和翻译作品相关的现象，聚集着如此复杂的问题，在我看来，这清楚地表明目前的翻译研究即属于上述第二种情况。但是毫无疑问，

---

① Mulkay, M. "Cultural Growth in Science," in Barry Barness(ed.), *Sociology of Science: Selected Readings* (Harmondsworth, Middlesex: Penguin; Modern sociology Readings), pp. 126-141.

② See e.g. W. O. Hagstrom, "The Differentiation of Disciplines," in Barness, pp.121-125 (reprinted from Hagstrom, *The Scientific Community* [New York:Basic Books, 1965], pp.222-226).

③ W. O. Hagstrom, "The Differentiation of Disciplines," in Barness，p. 123.

会有一些学者对此提出反对意见，尤其是一些语言学家。①几个世纪以来，由于个别的作家、语文学家、文学研究者，以及偶尔一位神学家或特立独行的语言学家的零星关注，以第二次世界大战为某种转折点，近年来学者们对翻译课题的兴趣有了显著而持续的增长。而随着这一兴趣的扩展和加强，越来越多的学者投入到了这个领域。这些学者多半来自一些相关学科，如语言学、语言哲学和文学研究，但也有些学者来自看上去距离稍远的学科，如信息理论、逻辑学、数学，他们每个人都带来自己的范式、准范式、模式以及方法论，并认为它们都与这个新问题有关。

粗粗一看，目前这种形势似乎显得混乱不堪，人们对于可供验证的理论模式类型、可以运用的方法类型，以及可以使用的各种术语，都没有达成共识。更有甚者，人们对于研究范畴、问题设置以及学科的大致轮廓，都还没有一个大致接近的想法。事实上，学者们甚至对于这个新研究领域的确切名称都还难以达成共识。

然而，在表面层次之下，还是有一系列的迹象表明，这一关注翻译和翻译作品的研究领域，正在逐渐形成哈格斯特洛姆所说的学科乌托邦。如果这是（我相信是）一个有利的发展，那么它就值得我们进一步推动其发展。当然，与此同时，我们也应该注意到一些阻碍其发展的因素。

1.3

阻碍之一就是缺乏适合的交流渠道。对于该领域的学者和研究者来说，实际存在的渠道仍然是几个旧的学科（模式、方法、术语也仍然依照旧的规范），因此，关于翻译问题的论文散见于大量的不同学术领域的期刊以及翻译实践者的会刊。显然，我们还需要其他一些交流渠道，它们能超越传统的学科而涵盖这个领域里的所有学者，不管这些学者原来是何种学术背景。

2.1

不过我想提请大家注意的是另外两个阻碍学科乌托邦发展的问题。其中首先是该研究领域的名称问题。这个问题与另一个问题相比，看上去似乎并不那么重要。然而，如果仍然像在这次会议上所做的那样，继续用这一学科

---

① 在此处以及以下各处，这些术语只是指严格意义上的语际翻译过程和翻译作品。关于三种更宽泛意义上的翻译类别，即语内翻译、语际翻译和符号翻译，见 Roman Jakobson, "On Linguistic Aspects of Translation," in Reuben A. Brower (ed.) *On Translation* (Cambridge, Mass: Harvard University Press, 1959), pp. 232-239.（译注）

的研究主题来命名这一学科，是不明智的。正如普通语义学家一直提醒我们的那样，地图并不等同于领土，如果不能对二者进行区分，只会造成进一步的混乱。

多年以来，讨论翻译和翻译作品的文章一直在使用不同的术语。人们不仅可以在英语中发现翻译的"艺术"（art）或"技艺"（craft）的说法，还可以找到翻译的"原则"（principles）、翻译的"基础理论"（fundamentals）或翻译"哲学"（philosophy）等等说法。类似的术语也同样见诸法语和德语。在某些情况之下，术语的选择反映了文章作者的立场、方法观点或是他的学术背景；但在另外一些情况之下，则是受制于当时人们使用学术术语的流行时尚。

曾经有人努力创造更"学术化"的术语，这些术语绝大多数都带有高度活跃的"学科"色彩的后缀—— -ology，例如，哥芬（Roger Goffin）曾建议在英语中用"translatology"的名称，以及它在法语中的同源词"traductologie"。[①]但由于 -ology 这一后缀起源于希腊语，语言纯粹主义者拒绝这种污染，尤其另一个词素甚至连古典拉丁语都不是，而只是来自晚近拉丁语中的"translatio"或文艺复兴时期法语中的"traduction"，就更不能和希腊语后缀放到一起了。然而，希腊语本身是无法提供解决方案的，因为"metaphorology"，"metaphraseology"或"metaphrastics"这样一些词对我们来说毫无帮助，面对一个大学研究部门我们甚至都解释不清我们的课题是什么，更不用说是对其他"更大社团中的群体"了。[②]也有人建议过另外一些术语，如"translatistics"或"translistics"，这些术语倒更容易理解，但却更难以被人接受。

2.21

另外两个术语的构成就不具有那么古典的形式了，其中一个以更冗长的形式存在，它们是"翻译行为的理论"（the theory of translating）或"翻译作品的理论"（the theory of translation，它的对应形式是 theorie des Übersetzens 和 théorie de la traduction）。在英语以及德语中，曾有过很多这样的术语，现在通常只剩下一个"翻译理论"（translation theory，Übersetzungstheorie）。它曾是一个多产的名称，将来也许更会如此，但除非它的正确意义被限定才能如此。因为，正如我希望在这篇论文中所澄清的那样，在这一学科当中，存

---

① Roger Goffin, *Meta* 16(1971), pp. 57-68.

② 见 1.1 部分引用 Hagstrom 之观点。

在着很多有价值的探讨和研究，但严格说来，在理论建构的领域之外，还存在很多别的事情要做。

2.22

还有一个术语在德语中事实上已成为整个学科的名称[①]，这个术语就是Übersetzungswissenschaft（翻译学），与 Sprachwissenschaft（语言学）、Literaturwissenschaft（文艺学）、以及很多其他的 Wissenschaft（科学）并行出现。在法语里面，一个与之颇相仿佛的术语 "science de la traduction"（翻译科学）也同样获得了一席之地，它在其他不同语言中也具有相应的对等的术语。

奈达是在英语中最早使用这个对等术语的人之一，他于 1964 年把他的理论手册命名为《翻译科学探索》(*Toward a Science of Translating*)。[②]然而，应该指出的是，奈达并没有打算把这个词组（science of translating）作为整个研究领域的名称，他只是想把它作为关于翻译过程这方面研究的名称。[③]而另外一些人——他们中大多数都是非英语母语者，显得要大胆一些，他们提议将"翻译科学"（science of translation 或 translation science）作为整个正在成形的学科的适当名称。两年前，随着这一建议不断被人提出，这一术语几乎被奉为经典，鲍彻（Bausch）、科勒格拉夫（Klegraf）和威尔斯（Wilss）都选择将这一术语作为他们对整个翻译研究领域的分析性著作的主要标题。[④]

我对这种选择表示遗憾。我倒不是反对"Übersetzungswissenschaft"这个术语，因为并没有什么有力的证据来反对在德语中对该学科如此命名。问题不在于这个学科不是 Wissenschaft（科学），而在于并非所有的 Wissenschaft都能被称为科学。正如今天人们不会质疑 Sprachwissenschaft（语言学）和Literaturwissenschaft（文艺学），然而，不少人都会追问，语言学的精确性、形式化以及范式的组成是否已经达到了一定的程度，以至它从严格意义上也

[①] 然而，由于缺乏通用的范式，学者们常常倾向于将该术语的意义仅仅限制于学科的某一部分。经常，这一术语会大致成为"翻译理论"的同义词。

[②] Eugene Nida, *Toward a Science of Translating, with Special Reference to Principles and Procedures Involved in Bible Translating.* (Leiden: Brill, 1964).

[③] Eugene Nida, "Science of Translation," *Language* 45(1969), pp.483-498.

[④] K. Richard Bausch, Josef Klegraf and Wolfram Wilss, *The Science of Translation: An Analytical Bibliography.* (Tübingen: Tübinger Beiträge zur Linguistik) Vol.1 (1970; TBL, No.21); Vol. II (1972; TBL, No.33).

能被描述为科学，而几乎每个人都同意，在可以预见的将来，文学研究无论从何种意义上来讲，都不是英语当中所说的真正的科学。同样，我也要质疑，我们怎能名正言顺地对翻译和翻译作品使用"科学"这一名称，将它置身于数学、物理学、化学甚至生物学的行列当中，而不是将它和社会学、历史学、哲学以及文学研究放在一起。

2.3

然而，在命名新学科的时候，英语中还有另外一个术语是很活跃的，这个词就是"研究"（studies）。事实上，在旧时大学的学科划分体系当中，对于那些更倾向于人文科学或艺术而非自然科学的学科，往往是用这个词命名，这个词在英语当中的活跃程度似乎和德语中的 Wissenschaft 是相当的。你只要想一想俄罗斯研究、美国研究、英联邦研究、人口研究、传播研究就可以知道了。的确，这个词又带来少许新的复杂性，其中一个问题就是，这样的词很难衍生出一个形容词形式。然而，"翻译研究"（translation studies）这一名称似乎是英语现存所有术语中最合适的一个，如果采用它作为标准术语来命名整个学科，就可以去除相当多的困惑和误解。在论文余下的部分中，我将通过使用这一术语来举例说明这个问题。同时，在翻译研究发展的过程中，人们对于学科的研究范围和学科结构也缺乏共识，与缺乏共同接受的名称相比，这是一个更大的阻碍。翻译研究的领域是由什么组成的？少数人会说它与比较（或对比）术语学和词汇学一致；有些人认为它几乎与比较或对比语言学等同；还有很多人认为它在很大程度上就是翻译理论的同义词。但是，即使不是总能够与对比术语学及对比词汇学、比较/对比语言学截然分开，它与这两者也肯定是不同的，而它的研究内容也超出了翻译理论的范围。关于翻译研究本质的思考还很少出现，至少在我注意到的已出版的文献中是很少的。在一门正在形成的学科当中，这种情形往往会发生。在我发现的很少的例子当中，有一个是科勒（Werner Koller）对这一课题所作的描述："翻译研究应被理解为一种专门的集合名称，它是指所有将翻译和翻译作品的相关现象作为其基础关注焦点的研究行为。"①

3.1

从上述这种描述看来，我想没人会否定翻译是一门实证学科。人们通常

---

① Werner Koller, "Übersetzen, Übersetzung und Übersetzer. Zu schwedischen Symposien über Probleme der Übersetzung", *Babel* 17 (1971), p. 311.

指出，这类学科有两个主要目标，正如亨普尔（Carl G. Hempel）所说的："描述我们经验世界当中的特定现象，并确立普遍的原则，来解释和预测这些现象。"①作为一个纯粹研究领域，研究只是为了研究本身，与任何它自身领域之外的实践性应用是不相干的，因此翻译研究有两个主要目标：（1）描述我们经验世界中出现的与翻译和翻译作品有关的现象；（2）建立普遍原则，以解释和预测这些现象。纯翻译研究当中与这两个目标相关的两个分支可以命名为描述翻译学（descriptive translation studies，DTS）或翻译描述（translation description，TD）和理论翻译研究（theoretical translation studies，ThTS）或翻译理论（translation theory，TTh）。

3.11

在这两个分支当中，也许应当首先考虑描述翻译学，因为学科的这一分支总是和研究中的实证现象保持持续的紧密接触。在描述翻译研究中，有三大类别的研究，按其关注对象来划分，可分为面向产品的研究、面向功能的研究和面向过程的研究。

3.111

在描述翻译研究当中，面向产品的研究是对现存翻译产品的描述性研究，这在翻译研究中历来就是重要的学术研究领域。这类研究的起点是对个别翻译作品的描述，或者说是关注文本的翻译描述。第二个阶段是比较翻译描述，即对同一文本的不同翻译进行比较分析，这些译本可以是同一种语言的，也可以是不同语言的。这种个别的比较研究为考察更大型的翻译作品语料库提供了材料，例如，发生在特定时期的翻译、特定语言的翻译或某种文本或话语类型的翻译。在实践当中，这些语料通常在上述三个方面都被限定了：如 17 世纪法语文学翻译或中世纪英国《圣经》翻译。但这样的描述性考察也可以有更广的范围，可以是历时的，也可以（大致上）是共时的，产品导向型的描述性翻译研究的一个最终目标有可能是一部翻译通史——尽管目前这一目标看来有些过于雄心勃勃。

3.112

功能导向的描述性研究的兴趣不在于对翻译作品本身进行描述，而在于

---

① Carl G. Hempel, *Fundamentals of Concept Formation in Empirical Science* (Chicago: University of Chicago Press, 1967) p.1.

描述它们在接受者的社会文化语境中的功能：它是语境而不是文本的研究。这一领域所探询的问题是，某时某地翻译了哪些文本（同样重要的问题是，有哪些文本未被翻译），结果又产生了哪些影响，等等。这类研究不像刚才提及的面向产品的研究那样引人注目，尽管它也常常作为一种副题或专题而引入到翻译史和文学史当中。若对其进一步重视，就可以带来翻译社会学领域的发展。（或者，更确切地说，叫作社会—翻译研究，因为它不仅属于社会学，而且也是翻译学的一个合理存在的领域。）

3.113

过程导向的描述性翻译研究关注的是翻译过程或行为本身。当译者在另一种语言中创造一种新的、大致与原文相对应的文本时，他大脑的"黑匣子"当中到底发生了些什么？这一问题是很多翻译理论家曾经猜测和研究过的。但还很少有人在实验室条件下对这个过程进行系统的考察。应该承认的是，这一过程是非常复杂的，正如理查兹（I. A. Richards）所说："（这一过程）也许是宇宙进化过程中所产生的最复杂的一类事件。"①但心理学家已经发展并正在建立高度精细的方法，来分析和描述其他复杂的脑力活动过程，因此，我们希望将来这一问题也能得到更密切的关注，并发展成为一个可称作翻译心理学或心理—翻译研究的研究领域。

3.12

纯翻译研究的另外一个主要分支是翻译理论研究或翻译理论，正如其名称所暗示的，其兴趣不在于描述现存的翻译作品以及观察到的翻译功能，或描述由实验所确认的翻译过程，而在于运用描述翻译研究的结果，结合有关领域和学科现有的信息，推演出原则、理论、模式，以解释和预测翻译和翻译作品现在是怎样的，将来又会怎样。

3.121

从宽泛意义上来说，翻译理论家的终极目的肯定是建立一种充分而全面的理论，容纳足够多的成分，以解释和预测与翻译作品相关的所有现象，而又能排除所有其他不相关的现象。不用说，如果真能达到这样一种真正意义上的普遍翻译理论的话，它将会是高度形式化的，而且，尽管学者也许努力

---

① L. A. Richards, "Toward a Theory of Translating," in Arthur F. Wright (ed.) *Studies in Chinese Thought* (Chicago: University of Chicago Press, 1953) , pp. 247-262.

追求简洁，它仍有可能是高度复杂的。

迄今产生的绝大多数理论，对这种普遍翻译理论而言，实际上都不过是泛泛而谈。事实上，它们当中的一大部分，根本就不是真正的理论，无论从"理论"一词的任何学术意义上来说都是如此，它们只是一组格言、假定和假说，既过于庞杂（还涵盖了非翻译行为和非翻译作品），又过于狭隘（排除了一些翻译行为和一些一般被认为是翻译的作品）。

3.122

其余的理论，尽管它们也可能具有"普遍"翻译理论的名称（前面经常被学者小心翼翼地加上一个保护性的词——"探索"（"toward"），事实上却非普遍理论，而是自身范围内的部分或专门理论，仅仅讨论整体翻译理论的一个或几个不同的方面。近年来，正是在部分理论这一研究领域，我们取得了最为重要的进展，而事实上，也许有必要对这些理论进行大量的进一步研究，才能开始设想达到我刚才所勾勒的真正的普遍理论。局部翻译理论具体涉及几个方面。我认为，它们可分为六类。

3.1221

首先，按照翻译的媒介，我把第一种翻译理论称为媒介导向翻译理论（medium-restricted translation theories），当然，这样使用这一术语延伸意义也许不那么正规。媒介导向理论可以进一步细分为关于人工所从事的翻译的理论（人工翻译）和关于计算机所从事的翻译的理论（机器翻译），以及有关两者共同从事的翻译的理论（混合翻译或机器辅助翻译）。人工翻译分为口头翻译即口译（又进一步划分为交替传译和同声传译）和笔译，关于这两者都已建立了各自专门的理论或一般性的理论。很多对于机器翻译和机器辅助翻译的研究极富价值，我们无疑都很熟悉这方面的例子，还有一些对人工翻译进行的研究也是如此。我们不容易想起关于笔译的媒介导向理论研究的例子，很大程度上是因为作者倾向于将它们打扮成普遍理论。

3.1222

其次，一些理论受到特定区域的限定。区域导向理论（area-restricted theories）分为密切相关的两种：与语言相关的理论和与文化相关的理论，两者往往不太一样，有时甚至完全不同。无论是特定语言还是特定文化，实际的约束程度都可以发生变化。例如，关于法德语互译的理论（限定成对语言理论），关于斯拉夫语言内部翻译的理论（语言导向理论），或关于罗曼语译为日尔曼语的理论（成对语群导向理论），这些都是切实可行的。类似地，至少从理论假设上来看，限于瑞士文化内的翻译理论（文化导向理论），关于瑞士和比利时文化互译的理论（成对文化导向理论），限于西欧文化内的翻译理论（文化群导向理论），或是关于技术落后的文化的语言与当代西方文化的语言之间翻译的理论（成对文化群导向理论），这些也全都是可以建立发展的。语言导向理论与比较语言学和比较文体学所做的工作有着密切的关系（尽管我们必须牢记，成对语言的翻译语法和为语言习得而建立的对比语法是不同的），在文化导向理论的领域，细节性研究很少，尽管文化导向理论有时也会与语言导向理论混淆，被引入语言导向理论，但其实是不合适的，除非译语和源语中的文化界限和语言界限刚好一致，但那样的情况是很少见的。另外一点不容置疑的事实是，某些方面的理论作为普遍理论提出，但其实只涉及西方文化领域。

3.1223

第三，还有一种层级导向的理论（rank-restricted theories），也即该理论讨论的是整体的话语或文本，但关注的是较低的语言等级或层次。传统上，大量关于翻译的文章几乎只关注单词的层次，而且很多术语学导向的科技翻译研究仍然在单词和单词群落的层面上进行。而另一方面，大多数面向语言学的研究，将句子作为研究等级的上限，极大地忽视了宏观层面的文本整体的翻译问题，直到最近还是如此。文本语言学的方向与句法语言学的分离，形成一种清晰可辨的潮流，希望它能够促使语言学方向的翻译理论家走出句子层面理论的局限，进行更为复杂的工作，建立文本层次的理论（或无特定层次的理论）。

3.1224

第四，还有文类导向（或语类导向）理论（text-type/ discourse-type restricted theories），讨论翻译特定类别或体裁的语言信息的问题。作家和文学研究者长久以来一直关注文学文本或特定体裁文学文本翻译的本质问题；类似地，神学家也致力于研究如何翻译《圣经》和其他宗教作品的翻译问题。近年来，人们也努力建立一种关于科技文本翻译的特定理论。然而，因为我们还缺乏信息、文本或话语类型的正式理论，所有这些研究都未取得成功。比勒（Bühler）提出交际类型理论，后来得到布拉格结构主义者的进一步发展；主要来自英国学派的语言学家则提出了语言类别（language varieties）的概念。以上两者都为界定文类的标准提供了材料，如果在操作中借用了这些理论，就比使用那些前后不一且自相矛盾的定义或传统的文学体裁理论更为恰当。另一方面，传统理论也不容忽视，因为在翻译作品的读者建立他们的预期标准时，传统理论一直都发挥了很大的作用。同样需要研究的还有翻译中的文本类型不对称（也即文体变化）的重要问题。

3.1225

第五，还有时代导向理论（time-restricted theories），可分为两类：关于当代文本翻译的理论和关于过去时代文本的翻译的理论。同样，也存在这样的倾向：与当代文本翻译有关的理论，似乎会以普遍理论的方式提出；而另一种理论的最佳名称也许是跨时代翻译，它引起了许多分歧，在文学方向的理论家之间尤其如此，但却未得出什么普遍而有效的结论。

3.1226

最后，还有问题导向理论（problem-restricted theories），这种理论限于普遍翻译理论的整体领域当中的一个或更多的特定问题。这些问题可以是宽泛的、基本的问题，如翻译中变化和不变的限度，或是翻译对等的本质（我更喜欢称其为翻译对应）等，也可以是更具体的问题，如暗喻或专有名称的翻译。

3.123

应该指出的是，理论常常可以用更多的方式来加以限定。例如，对比语言学家对翻译的兴趣，也许不仅会产出语言导向理论，还会产出层级导向和时间导向的理论，探讨某两种当代方言之间在句子层面上的翻译。类似地，文学研究者的理论，往往与限定媒介和文本类型相关，一般说来，也和文化群落有关；它们一般与（延伸的）西方文学传统中的书面作品有关。这也并不一定削弱这类局部理论的价值，因为，尽管理论研究也会在各个方面被限定——例如关于当代德语小说中的从句应该如何译为书面英语的理论——它还是会为学者必须建构的更为普遍的理论提供启示。不过，不忽视真正意义上的普遍理论，这才是明智的；而并不幻想某一些特定理论（如一种复杂的关于句子翻译的语言导向理论）能够充分替代普遍理论，这就更为明智了。

3.2

在快速地概括了纯翻译研究中两个主要分支以后，我将要转向另一学科分支，即培根所说的，"务实"而非"务虚"的分支：应用翻译研究。[①]

3.21

正如其他学科一样，说起超越学科本身界限的应用，我们首先想到的就是它的教学。事实上，翻译教学有两种，而且应该认真地区分开来。在一种情形之下，几个世纪以来，翻译一直被当作外语教学的技巧和外语习得的测试方法而加以使用。而在另一种情况之下，学校教授翻译是为了训练职业翻译者，这是较晚近发生的现象。第二种情形，也即翻译训练，引起了一系列亟待解决的问题：主要是教学方法、测试方法和课程设置的问题。显然，要对这些问题给出一个切实可靠的答案，其研究工作就构成了应用翻译研究的一个主要领域（至少现在是主要的）。

3.22

第二个密切相关的领域与对翻译辅助的需求相关，不仅是译者培训中的辅助手段，还有满足翻译实践者要求所需的辅助手段。这些需求有很多，也各不相同，但大致可分为两类：（1）词典学和术语学辅助；（2）语法辅助。这两类辅助手段以往是由其他相关领域的学者提供的，似乎很难将他们的工作都算入应用翻译研究的范围。但词典学辅助手段经常远远不能满足翻译的需要，而为语言习得目的而建立的对比语法也不能充分取代各种语言变体的翻译对应语法。如果这类辅助手段是要满足实际和未来的翻译者的需要，应用翻译研究的学者似乎有必要廓清和限定辅助手段所需满足的具体要求，而且同词汇学家以及对比语言学家合作，建立这些辅助手段。

3.23

应用翻译研究的第三个领域是翻译政策。这一领域的翻译学者的任务是向别人解释大家熟知的翻译建议，以界定译者、翻译活动以及翻译作品在社会中的位置和角色；例如，在特定的社会文化形式之下，有哪些作品需要翻译，译者的社会经济地位是怎样的，又应该是怎样的，或者，翻译在外语教学中的作用如何（这里我回到上面提出的一点）。至于刚才最后一个政策问题，

---

① 参见 S. Pit Corder 于 1972 年哥本哈根应用语言学会议上提交的论文 "Problems and Solutions in Applied Linguistics" 中所引用的培根的观点。

其实是倡导在翻译不具备功能的地方来使用它，这实在不应该是翻译研究的任务。我认为应该进行广泛而严密的研究，来评价翻译作为一种语言教学的技巧和测试方法到底效果如何。将来很有可能会发现，翻译在这方面的效用是不大的，因此，似乎在进行项目研究之前，有必要先进行政策研究。

3.24

第四个相当不同的翻译应用研究领域是翻译批评。目前翻译批评的层次往往还是很低的，在很多国家，翻译批评还未受到翻译研究领域当中发生的种种发展的影响。毫无疑问，翻译的阐释和评价从某种程度上总会避开客观的分析，持续反映直观的、印象式的态度和批评立场。但如果翻译学者和翻译批评家之间的联系更为紧密，就能够大大减少直觉的因素，使其更能为人们所接受。

3.31

在对翻译研究的重要分支进行了简明的考察之后，我想要进一步指出两点。第一，在前文中，描述翻译研究、理论翻译研究和应用翻译研究是作为整个学科的三个有明显影响的分支而提出的，而呈现的顺序或许暗示，这三者间的相互关系是单向的。翻译描述提供基本数据，翻译理论在这些数据上建立，这两者所提供的学术发现又在应用翻译研究中投入使用。事实上，三者的关系当然是辩证的，其中一个分支为另外两个分支提供材料，又利用另外两者接下来所提供的发现。例如，没有描述研究和应用研究所提供的翔实具体的数据，翻译理论就不可能成立；然而，从另一方面来说，最初你至少要有一个直观的理论假设，才能开始另外两个领域的研究。考虑到这种辩证关系，我们接下来可以认为，尽管特定时刻的需求会改变，我们对所有三个分支都应该同样关注，这样整个学科才能发展兴盛。

3.32

第二点是，在翻译研究的所有三个分支当中，都存在着其他两个研究方向是我不曾提及的，即，与研究相关的分支，它与翻译过程和翻译作品无关，却与翻译研究本身有关。一个研究方向是历史性的：存在着一个翻译理论史的研究领域，人们在这一领域已做过一些有价值的工作，但翻译描述和应用翻译研究的历史（主要是翻译教学和翻译训练的历史）仍然都还是未开垦的处女地。类似地，还有一个研究方向或许可以称为方法论方向或元理论方向，它所关注的问题是，在学科的不同分支的研究中，怎样的方法和模式是最佳的（例如，翻译理论怎样才能形成最大的效度；或者是，要获得最客观最有意义的描述性结果，怎样的分析方法是最佳的），当然，它也关注一些基本问题，如学科的构成。

尽管本文也涉及了上述两个研究方向当中的前者，但归根结底还是希望对后者做出贡献。当然，这仅为个人之见。翻译研究发展到现在，是到了该检验一下学科本身的时候了。我们应该开始进行元理论方面的讨论了。

翻译文学在文学多元系统中的地位[*]

伊塔玛·埃文—佐哈著

江　帆译

导言

伊塔玛·埃文—佐哈（Itamar Even-Zohar）是以色列当代著名文学及翻译理论家，他的多元系统理论对翻译研究文化学派起到了理论奠基的作用。《翻译文学在文学多元系统中的地位》（The Position of Translated Literature Within the Literary Polysystem）是 1976 年埃文—佐哈在标志文化学派成立的卢汶会议上提交的论文，至今虽时隔三十余年，但仍不失其启迪意义。

本文认为，在传统文学研究中，文学翻译很少与历史记载有机地结合在一起。因此，我们很难获知，翻译文学作为一个整体对国别文学到底发挥了什么功能，或是翻译文学在某国文学中的地位如何。甚至，我们根本没有意识到特定文学系统中可能存在着翻译文学系统，而仅仅将翻译当作个别现象看待。就此，埃文—佐哈提出翻译文学是文学多元系统中不可分割的一部分。他指出，如果不能意识到这一点，那么对文学多元系统所作的任何描述和解释就都是不充分的。

接着作者对翻译文学在特定文学多元系统中的地位进行了详尽的分析。他认为，翻译文学的地位处于中心还是边缘位置，是创新的（主要的）还是保守的（次要的），是由译语文学多元系统的特征所决定的。他对翻译发生于特定文化的条件进行了系统研究，认为在三种情形之下，翻译文学在译语文学多元系统中会处于中心地位，作为创新力量，为文学形式库提供新的内容。这三种情况如下：

（a）当某种文学系统还没有明确成型，还处于"幼嫩"的、形成之中的阶段；（b）当文学处于"边缘"（在相互联系的各国文学当中）或"弱势"地位，或两种情况兼而有之；（c）当文学中出现了转折点、危机，或文学真空的情况。

---

* 本文选译自 Itamar Even-Zohar, "The Position of Translated Literature Within the Literary Polysystem," in *The Translation Studies Reader,* ed. Lawrence Venuti, London and New York: Routledge. 2000, pp.192-197。

埃文—佐哈认为这三种情况是同一规律的不同表现形式。他分别对这三种情形之下翻译文学与译语文学多元系统之间的互动关系进行了分析和描述，并指出一般发展规律。他认为，除这三种情形外，翻译文学一般在多元系统中处于边缘位置，形成一种次要的文学形式。在这种情形之下，它所模仿的是译语文学中的主导类型早已确立的传统规范，并不成为文学创新的力量。

作者还强调，假定翻译文学可能处于中心或边缘位置，并不意味着整个系统都处于这一位置。作为一个系统，翻译文学自己本身也是有层次的，当一部分翻译文学可能取得中心位置的时候，其余的翻译文学仍处于相当边缘的地位。

同时，佐哈认为，翻译文学的地位的变化会带来翻译规范、翻译行为和翻译政策的变化。当翻译取得中心地位的时候，翻译行为是创新的重要力量，译者在这种情形下很乐意打破本国的传统。在这一条件之下，翻译接近原文，成为充分翻译的可能性就比在其他情况下更大，也就更有可能出现我们所说的"异化"翻译。与此相反，当翻译文学占据边缘地位的时候，译者多倾向于模仿文学系统中业已存在的模式，也就更有可能出现我们所说的"归化"翻译。在多元系统理论的视角之下，"归化"和"异化"是一对描述性概念，由特定历史文化条件决定，并不存在高下正误之分。

与多数传统翻译研究不同，多元系统理论的方法论不是规定性的，而是以文学的系统概念为基础进行的描述性研究，不是给下一次翻译提供指导原则或是对现存翻译进行评判，而是将翻译文本接受为既成事实，探讨造成其特定本质的不同因素。这种研究方法给翻译研究提供了全新的研究范式。

今天，我们会发现埃文—佐哈的说法有些粗陋。例如，"边缘"或"弱势"这些评价性的术语到底是如何界定的？这到底是政治的标准还是文学的标准？然而，正如赫曼斯（Theo Hermans）所言，作为一种理论模式，多元系统理论可以为翻译文学的研究提供框架。它简单而清晰，是一种很吸引人的认知工具；它又足够灵活，富有包容性，可以适用于不同的情形和事例。苏珊·巴斯奈特（Susan Bassnett）也曾经中肯地指出："但尽管粗疏，它仍然是极其重要的，关于我们如何书写文学史，如何描述过去和现在的形成力量，它展现出一种全新的再思考。"事实的确如此，这一理论历久弥新，在翻译研究方法论层面仍然发挥着可观的作用，是一种富有生命力的理论。

I

尽管文化史学家普遍认识到，翻译在国别文化的建立中起了主要的作用，但这一领域的研究相对而言还是很少。作为惯例，文学史只有在无法回避的时候才会提及翻译，例如在讨论中世纪或文艺复兴时期文学的时候就是如此。当然，你会发现人们零星地提及其他一些时代的文学翻译，但它们很少与历史记载有机地结合在一起。因此，你很难获知，翻译文学作为一个整体对国别文学到底发挥了什么功能，或是翻译文学在某一国别文学中的地位究竟如何。甚至，我们根本没有意识到在某个文学系统中可能存在着翻译文学系统。流行的概念是"翻译"或仅仅是"翻译作品"，它们只被当作一个现象看待。然而是否有理由进行某种不同的假设，并将翻译文学看作一个系统呢？我们乐于假设在原创文学中存在着某种文化和语言的关系网络，那么，在看似任意的翻译文本群体之间，是否也存在着这样的关系网络呢？翻译作品来自他国文学，它们从原文语境中剥离，然后，从所谓"中心与外围争斗"的角度看来，它们被中和处理，最后作为已完成的文学事实而呈现出来，它们之间可能存在着怎样的关系呢？

我的观点是，翻译作品之间至少以两种方式相互联系：（a）译语文学选择原文进行翻译的方式——选择原文的原则与译语文学的国内其他共存系统绝不可能毫无关系（这还是最谨慎的说法）；（b）它们采用特定规范、行为、政策的方式——简单说来，即它们对文学形式库的利用——这是由译语文学与国内其他共存系统的关系决定的。这不仅限于语言层面，而是在选择的任何层面都会有所表现。因此，翻译文学可能拥有自己的文学形式库，在某种程度上这一文学形式库甚至是专属于翻译的。

这样看来，讨论翻译文学不仅是名正言顺的，而且也是必须的。我认为，若是不能意识到这一点，却想对文学多元系统作出共时和历时的描述和解释，那么任何研究尝试都是不可能获得充分进展的。换句话说，我认为翻译文学不仅是文学多元系统中不可分割的一部分，而且还是其中最为活跃的系统。但是，它在文学多元系统中的地位到底怎样？这一地位与它的整体文学形式库又存在着何种关系？由于翻译文学在文学研究中处于边缘地位，人们很有可能由此推断，翻译文学在文学多元系统中也长久处于边缘地位，其实事实绝非如此。翻译文学到底处于中心还是边缘，其地位到底是与创新的（主要的）还是保守的（次要）的形式库相关，这是由所研究的文学多元系统的特定组合形式所决定的。

II

说翻译文学在文学多元系统中处于中心地位，也就意味着它积极参与了多元系统中心的形成的过程。在这样的情形之下，它本身就是创新力量不可或缺的一部分，往往与当时文学史上发生的重大事件相一致。这就意味着，在这种情形之下，"原创"作品和"翻译"作品之间不存在明显的区别，而且，最引人注目和最受人称道的翻译作品往往出自主要作家之手（或即将成为主要作家的前卫派成员）。并且，在这种情况下，新的文学模式逐渐成型，翻译似乎成为建立新形式库的手段之一。外国作品的特征（包括原则和元素）被引入到国内文学当中，而这些特点是以前不存在的。这不仅可能包括以新的现实文学模式取代不再有效的旧文学模式，也包括另外一整套的文学特征，比如说新的（文学）语言，或是写作模式和技巧。很明显，选择所翻译作品的原则正是由控制国内文学多元系统的局势所决定的：人们选择文本进行翻译，不仅要看它与新的文学方式是否一致，还要看它在译语文学中能否发挥创新作用。

那么，怎样的条件会引发上述的这种情形呢？我认为存在三种主要的情况，它们是同一个规律的不同表现形式：（a）当某种文学系统还没有明确成型，也就是说，当文学处于"幼嫩"的、形成之中的阶段；（b）当文学处于"边缘"（在相互联系的各国文学当中）或"弱势"地位，或两种情况兼而有之；（c）当文学中出现了转折点、危机，或文学真空的情况。

在第一种情形之下，翻译文学满足了较为幼嫩的文学的需要，使其将新建立的（或新修复的）语言方式运用于尽可能多的文学类型，使之成为有效的文学语言，并对新出现的读者群体有所助益。因为幼嫩文学的制作者不可能立即创造出他们所知的所有类型的文本，所以必须借助于其他文学的经验，于是翻译文学成为其中最重要的系统之一。第二种情形也是如此，某种文学系统相对已经确立，但其资源有限，在更大的文学等级体系中一般处于边缘位置。因此，这样的边缘文学就不会像相关的较大文学系统那样，发展出一整套的（组合在各种系统中）文学活动（这就给人一种感觉，这些文学活动似乎必不可少）。它们还可能"缺少"某种文学体裁，而相关的文学系统中有这类体裁，这就愈发显出一种迫切的需要。翻译文学有可能补足这种缺陷的一部分甚至是全部。例如，在这种情况下，所有的边缘文学系统也许都包括翻译文学。但更为重要的是随之而来的结果，即这种"弱势"的文学系统的创新能力往往不如更大的中心文学体系，其结果就是，不仅在这种文学的边缘系统中确立起一种依赖关系，甚至这些"弱势"文学的中心系统也同样存在着依赖关系。（为了避免误解，我要指出一点，这些弱势文学也可能上升到中心地位，就如在某一特定的多元系统内部，边缘系统也能上升到中心，但在这里我们不讨论这个问题。）

西方的边缘文学往往等同于较小国家的文学，尽管这个观点听上去有点刺耳，但我们必须承认，在相关的一组国别文学当中，等级关系在这些文学形成之初就已确立了，欧洲文学就是如此。在这个（大的）多元系统当中，有些文学已经处于边缘位置，就是说，它们经常从很大程度上模仿国外的文学。对于这类文学，翻译文学不仅是流行文学体裁引入国内的一个重要渠道，而且还是重组和提供不同文学选择的来源。因此，更为丰富而强势的文学可以在自己本土的边缘系统采用一些新鲜的东西，而"弱势"文学在这种情况下则经常要完全依赖引进外国文学。

多元系统内部的运动机制会产生一些转折点，也就是说，在某一历史时刻，对于年轻一代而言，现存的文学模式不再站得住脚了。这样的历史时刻，即使在中心文学当中，翻译文学也会取得中心地位。如果某种转折点导致本土存储的文学内容不再被接受，出现文学"真空"的结果，那情况就愈发会如此。在这种真空中，国外模式很容易渗透，翻译文学因此可能取得中心地位。当然，在"弱势"文学和一直很贫乏的文学中（缺乏邻国文学或所能接触到的外国文学所拥有的文学内容），这种情形就更加普遍了。

III

说翻译文学可能处于边缘地位，就意味着它在多元系统中组成了一个边缘系统，一般说来，它采用次要的文学形式。在这种情形之下，它对重要的文学进程不产生影响，它所模仿的是译语文学中的主导类型早已确立的传统规范。这样，翻译文学成为传统的重要部分。当代原创文学也许会建立新的规范和模式，而翻译文学所固守的规范，却是（新近）确立的文学中心在很久以前或是最近所拒绝的规范。它与原创文学之间不再具有正面的相互关系。

这就出现了一个非常有趣的悖论：翻译本来是向文学引入新观念、新内容、新特点的方式，现在却变成维护传统品味的方式。原创中心文学和翻译文学之间的这一矛盾可能是经由不同的方式发展而来的。比如说，翻译文学已取得中心地位并引入新内容之后，很快就和继续变化的国内原创文学脱离联系，成为维护旧有文学形式的因素。这样，一种曾经以革新面目出现的文学类型却会作为一种僵化的系统继续存在下去，次要文学模式的代言人往往狂热地守护它，甚至不允许发生任何微小的变化。

使得这第二种情况发生的条件当然和导致翻译文学成为中心系统的条件是全然相反的：要么就是多元系统中不存在重要的变化，要么就是这些变化并不是通过以翻译为表现形式的文学关系的介入而实现的。

IV

假定翻译文学可能是中心或边缘系统，并不意味着整个系统都处于这一位置。作为一个系统，翻译文学自己本身也是有层次的，从多元系统的观点来分析，从中心阶层的有利位置常常能够观察到系统中所有的关系。这意味着当一部分翻译文学可能取得中心位置的时候，其余的翻译文学仍处于相当边缘的地位。我在上文的分析中指出了文学关系和翻译文学地位之间的密切关系。对我来说，这似乎是这一问题的主要线索。如果外来文学急剧介入，来自重要源语文学的那部分翻译文学就有可能取得中心位置。例如，在两次世界大战之间的希伯来语文学多元系统中，译自俄语的文学确定无误地占据了中心地位，而译自英语、德语、波兰语以及其他语言的作品就显然处于边缘地位。甚至，由于最重要的、最有创新意义的翻译规范是由俄语翻译所产生的，其余的翻译文学也都固守这些翻译所衍生出来的模式和规范。

迄今为止，从多元系统的观点进行分析的历史材料是很有限的，还不能提供任何深刻的结论，以说明翻译文学处于特定地位的几率。像我一样，其他很多学者在这一领域已开展了研究工作，研究结果表明，翻译文学"一般"倾向于处在边缘地位。这在原则上和理论推测是一致的。可以假定，没有任何一个系统会持续处于弱势、"转折点"，或危机的状态，尽管我们也不应排除这种可能性，即某些多元系统可能在相当长的时期维持这样的状态。另外，并非所有的多元系统都有相同的结构方式，各种文化之间也存在很大的不同。例如，法语文学所自然从属的法国文化系统就比其他绝大多数系统要严密得多，再加上法国文学在欧洲语境（或欧洲大多元系统）中长久以来的传统中心地位，就导致了法语翻译文学极度边缘的地位。英美文学的状态也与此类似，而俄语、德语、斯堪的那维亚语文学在这方面似乎就表现出不同的行为模式。

翻译文学的地位会带来怎样的翻译规范、翻译行为和翻译政策呢？正如我前文所言，翻译作品和原创作品在文学行为上的区分，就体现出某个时期翻译文学地位所发挥的功能。当它处于中心地位的时候，边界就消融了，于是"翻译作品"的类别就必须扩展为"半翻译"或"准翻译"。从翻译理论的视角看来，我认为这样才能更充分地应对这一现象，我们不应该基于静态的、非历史的翻译概念拒绝承认这些现象。当翻译取得中心地位的时候，翻译行为参与创造新的重要模式，译者主要关注的也不仅是找寻本国文学中现存的文学模式以翻译原文文本。相反，他在这种情形下很乐意打破本国的传统。在这一条件之下，翻译成为接近原文的充分翻译（也即复制原文主要文本关系）的可能性就比在其他情况下更大。当然，从译语文学的角度看来，所采用的翻译规范暂时也许过于标新立异，而且，如果新的潮流在文学争斗中失利，按照其观念和品味产生的翻译也永远不会真正获得立足之地。但如果新潮流胜利了，翻译文学的文学形式（或方式）也会被丰富，而且变得更为灵活。事实上，已确立的本国系统为译者提供了选择，而唯有在国内系统发生重大变化的时期，译者才能够超越这些选择，并试图进行不同的文本制作。我们要记住，在稳定的条件之下，当多元系统的状况不允许创新的时候，即使是译语文学中所缺乏的内容也是不会被翻译的。但系统的逐渐开放会使得某些文学相互靠近，经过较长时期，就会出现以下情形：充分翻译的要求和事实上的等值翻译发生高度的重合。欧洲各国文学就是这样，当然，其中有些文学系统的拒绝机制是如此顽强，我所说的变化虽有发生，规模却相当有限。

很自然地，当翻译文学占据边缘地位的时候，它的行为方式是截然不同的。此时，译者主要的努力是为外语文本找到最佳的现存次要模式，结果常常会是不充分的翻译，或者说，所取得的等值翻译和所要求的充分翻译之间出现更大的不一致（这是我所偏好的说法）。

换句话说，不仅是翻译的文学—社会地位是由它在多元系统中的地位所决定的，翻译实践本身也从属于这一地位。甚至对于"什么是翻译作品"这一问题，我们也不能在非历史的、超越语境的理想状态下作答，答案必须根据多元系统的运作机制来决定。从这一观点看来，翻译现象的本质和边界并不是一经给出就永远适用的，而是依赖于特定文化系统内部关系的一种活动。

描述性翻译研究的理论基础*

吉迪恩·图里著

江　帆译

导言

　　吉迪恩·图里（Gideon Toury）是埃文—佐哈的同事，特拉维夫学派的另一位重要代表人物。建立在多元系统理论之上的描述性研究有几种，最有影响的是图里的描述性研究。图里的主要著作有《翻译理论探索》（*In Search of a Theory of Translation*）和《描述翻译学及其外延》（*Descriptive Translation Studies and Beyond*）等。他把霍尔姆斯在《翻译学的名与实》一文中勾画出来的翻译学研究范畴图示进行改造，重新划分，从而使翻译学的学科范畴、研究分支更加清晰。

　　在本文中，图里论述了他的描述性翻译研究体系的理论基础。他首先阐述了实证性科学的特点，论证了翻译研究属于实证科学，进而考察了翻译学科未能建立起其描述性分支的原因，认为这与整个翻译学科偏重实际应用的导向有关。对此，作者提出了描述翻译研究（DTS）分支的理论基础，并提供了一系列原则和指导意见。

　　接着，图里探讨了作为实证研究的翻译研究的对象。作者认为，任何翻译研究都应该从翻译文本本身这一可观测到的事实出发，由此再继续对未观测到的事实进行重构。而翻译文本仅仅是目的语系统中的事实，与源语系统基本无涉。这是 DTS 的基本立足点，这也就与过去以过程为基础、以应用为导向的翻译研究形成了本质的区别。

　　在对 DTS 所研究的形式库进行界定时，图里指出"翻译"是目的语文化中任何表现为翻译或被认为是翻译的目的语表达形式。接着他探讨了 DTS 研究的发现过程，认为这一过程遵循以下顺序：首先选取那些目的语文化认为是"翻译"的目的语文本，但不涉及它们对应的原文文本，只研究它们作为目的语文本在"归宿"系统中的**接受情况**。第二步是描述这些文本，通过这

---

　　* 本文选译自 Gideon Toury, "A Rationale for Descriptive Translation Studies," in *The Manipulation of Literature: Studies in Literary Translation*, ed. Theo Hermans, Beckenham, Croom Helm Ltd. 1985, pp. 16-39。

些文本的组成元素所构成的**翻译现象**，研究这些文本以及它们在源语系统或原文中的对应者，发现**解决翻译问题的方法**；然后，辨认和描述每一对研究对象的**关系**，着重发现其中出现的变化和转换；最后通过思考**翻译对等**的功能—关系概念，着手将这些关系应用到整体的**翻译概念**当中。正是最后这两个概念构成了 DTS 的系统研究解释之后的终极目标。

图里认为，只有在翻译本质概念被确定以后，才有可能重构翻译过程所涉及的**考虑**和**决定**过程，以及翻译者实际接受的**制约**。在建立这种重构的时候，要面对目的语和源语文本及其系统中各种相互争斗的模式和规范，因为是它们确立了所谓的"问题"和"解决方式"，以及上文提到的"翻译关系"，而且，它们还最终确立了"问题解决方式"的文本体现，也就是我们最初所看到的"翻译现象"和"翻译"。

针对这一过程，在后面的几个章节当中，图里分别对翻译现象及其可接受性、翻译问题和翻译解决方式、翻译关系和翻译概念等问题进行了详尽的讨论。图里认为，翻译关系本身就在成对的"问题+解决方式"的基础上确立。他认为，在描述性研究的框架内，比较分析的单元就是成对的"问题+解决方式"，一个目的语"解决方式"与一个对应的原文"问题"在比较分析的过程中以互动的方式建立，它们总是成对出现，成为研究的对象。

然而，这种比较研究的方式还是有其严重局限，这是因为"比较"在本质上还是间接的：它只能通过一个居中的概念来进行。图里认为，这一居中的概念就是假想中的"充分翻译"。这一观点曾引起较大争议，成为图里的 DTS 研究体系当中最为薄弱的一环。

正文

1. 描述性翻译研究的一个例子

如果不发展其描述性分支，没有哪种实证科学能号称完整而（相对）自足。原因在于，实证性的学科和非实证性科学相反，它一开始就将"真实世界"的一部分作为研究对象，并以系统规范的方法，对其进行研究、描述和解释（某些科学哲学家还会加上"预测"）。

一门实证科学在理论的基础上论及其研究主题，理论也正是为这一目的而构建，并连同对象层面的描述一起，作为整个学科的主要目的和学科正当性的唯一证明。描述性研究在理论的基础上得以实行，又是验证、反诘、补充和修正基础理论的最佳方法。同一学科的理论分支和描述分支之间的这种互动关系使得我们有可能进行更精确、更有意义的描述性研究，从而进一步理解这里讨论的"科学"所指涉的"现实"。

既然翻译研究的对象层面由"真实生活"的事实所构成——无论是真实的文本、互文关系，或是行为模式和规范——而不是仅仅根据先验的理论假设和模式得出的思辨结果，那么它无疑是一门实证性科学。然而，近几十年来，尽管人们试图将翻译研究提升为科学性的学科，它仍然只是一门构建之中的学科。这一情形反映在很多方面，例如，它还未建立描述性的分支，因此，就几乎无法验证自己的假设。这些为学科服务的假设应该在学科内部建立，与其基本观点相符合，而不是简单地大量引入其他理论框架。因为这样那样的原因，那些理论框架被认为是"翻译科学的前提理论"（Voraussetzungswissen-schaften für die bersetzungswissenschaft）（用近来对比语言学和翻译研究所使用的一个国际性俗语来说，被当作"意识形态"的平台，Küehlwein *et al.*, 1981:15）。

描述性翻译研究普遍缺失的一个主要原因无疑是该学科偏重实际应用的整体导向。对于一门发展成熟的实证性学科来说，实际应用虽然重要，但只是学科向"真实世界"的扩展，尽管如此，我们所熟知的那些翻译研究的应用分支（例如翻译教学、翻译批评、"翻译质量评估"[House, 1977]，甚至外语教学）却成为理论构建的主要制约，甚至正可看作理论构建之所以急迫的原因。难怪以实际应用为主导的理论方法总会更偏重规定性的判断，作为一种惯例，这些判断要么来自完全的思辨，要么来自其他更"基本"的学科框架内的理论和描述研究，例如对比语言学、对比文本学或对比文体学，等等。它未曾想到要在自己的框架内进行研究——所以描述性翻译研究的缺失从未真正困扰过翻译学者。

所有这些并不是说人们没有试图去研究、描述和解释实际的译本或翻译实践和过程。然而，我们所需要的并非是反映超凡直觉和提供精妙见解的孤立行为（这是现有的很多研究所提供的），而是成体系的学科分支，并可看作整个翻译研究学科的一个有机组成部分，它建立在清晰假设的基础上，拥有尽可能明确的方法论和研究技巧。只有这样一个分支，才能保证在其框架内进行的单独个案研究的发现既有意义，又具有主体间的可验证性，而且研究本身也具有可重复性。

接下来，我打算勾勒出这一描述翻译研究（DTS）分支的理论基础，提供一系列原则和指导，一方面是为了逐渐确立这一分支，另一方面也指导它的具体操作。本文将逐步对这些原则本身进行揭示，与此同时，本文不仅将在论述过程中对一些论点进行小规模的举例说明，而且还会同时逐步展开一个作为例子的"对描述性研究的研究"，这个例子集中研究一类普通的文本—语言现象（即成对同义词和近似同义词）在最近一百年左右希伯来语翻译中的展现。

2．翻译是怎样的事实

翻译文本及其组成部分是可观察的事实，直接目视即可得之。相反，翻译过程，也即那些使得实际原文变成实际翻译文本的一系列操作，尽管无疑也是实证性的事实，也很合理地成为翻译研究的对象层面的一部分，但研究时却并不能直接观察到，因为它们是某种"黑匣子"，我们对其内在结构只能猜测，或尝试进行重构。诚然，为了能更直接地研究翻译所涉及的思考过程，总不时地有一些建议提出。但获知这些过程的主要途径仍是通过追溯性的重构，这种重构基于可观察的个别的输入和输出过程之间的（翻译）关系，并进而借助翻译研究本身以及相关的学科框架，如心理学和心理语言学所建立的理论假设进行的。迄今为止，只有这一类的重构似乎才能保证一定程度的主体间可验证性。

任何翻译研究都应该从观测到的事实出发，也即从翻译文本本身（以及不同层次的组成部分）出发，由此再继续对未观测到的事实进行重构，而不是以其他的方式进行——这一推测当然是合理的。就翻译实践本身而言，这一顺序也是没有争议的。从符号学的观点来说，很清楚，正是目标文化或接受文化，或是其中一部分，引发了进行翻译的决定和翻译的过程（见 Toury，1980:16; 1984; Yahalom, 1978:1）。翻译作为目的行为在很大程度上受制于它所设想达到的目的，而这些目的是产生于预期的接受系统之中并由其设立的。因此，译者的出发点和最终目的都是为译入文化而非源语文本的利益服务，更不用说是为源语文化了。

翻译实践家总是坚持以过程为基础、以应用为导向的翻译理论范式，DTS的基本论断与其全然相反。DTS 从以下观点出发：任何对翻译进行的研究，无论它是局限在产品本身还是打算着手重构产出产品的过程，都应该从如下假设出发——翻译只是一个系统内的事实：目的语系统。很明显，从原文和源语文化的立场看来，翻译几乎没有任何意义，哪怕源语文化中的每个人都知道译本的实际存在（这当然也几乎不可能）。译本不但把源语文化抛诸身后，事实上也无从影响源语系统的语言和文本的规则与规范、文本历史以及原文本身。相反，因为翻译最初是以目的语的表达方式被感知，它们就颇能影响接受文化和语言。当然，只要发生在翻译文本中的普遍干扰存在（Toury, 1980:71-78; 1982），翻译文本就真有可能形成自己一个特殊的系统，或数个特殊的系统（Dressler, 1972）。然而，这些系统更有可能总是在本质上表现为目的系统的一个分支系统，而不是一个独立的系统实体。

3. 研究形式库和发现过程的确立

我们说翻译是目的语系统的事实，并非声称目的语系统的任何事实都是（潜在的）翻译。假如在目的语系统中，区分翻译文学和非翻译文学，是适合 DTS 中研究的语料确立的基础，那么又该如何区分两者呢？

对此的回答是，如果你不想作出太多既费解又可能会在实证数据面前难以立足的假设，其实并无准确无误的标准对两者进行区分。唯一实际有效的途径似乎是从如下假设入手：为了描述性研究的目的，"翻译"可被认为是目的语文化中在任何情况下任何表现为翻译或被认为是翻译的目的语表达形式（Toury, 1980:37, 43-45）。

从定义看来，作为翻译的目的语表达，或者是被认为是翻译的目的语表达，都必然带来一个假设，即还存在另一种表达，即另一个系统的文本—语言事实，这一事实无论在时序上还是逻辑上都比这里讨论的翻译占先：原文在时间上先于翻译而且是后者创作的基础。

诚然，这样的原文表达并非 DTS 范畴内描述性研究的基本条件。假设它的存在，是基于对翻译或者是"被认为是翻译的目的语表达"的观察，正是"它存在"这一假设，而非它实际上的存在，成为翻译的定义因素，这一定义是从目的语系统的角度出发，而目的语系统则被采纳为 DTS 的研究起点。在进一步的研究进程当中，当源语表达终于展现出来的时候，有些试图被标注为翻译的现象也许会被发现是伪翻译。然而，这并非是起始步骤所带来的结果。用另一句话说，在 DTS 的范畴之内，伪翻译和真实翻译一样，同样都是实际的研究对象。它们甚至可能有高度的指导意义，有助于建立一个普遍的翻译的概念，为某个目的语群体（Toury, 1983; 1984）共享。这一事实也许更强调翻译研究的理论分支必须解释此类的现象；然而迄今为止情况却并非如此。

因此，就描述性研究的目的而言，我们应该认为翻译具有如下功能：展示出译语表达及其在相关译语系统中的地位，这是基于源语表述及其类似地位的再现。源语表达在研究中至少还占有一席之地，它们也许不仅包含实际上的语言表达，还包含假想的表达，而且似乎以译语的表达方式为基础进行重构（如在伪翻译中对应的原文就是假想的，见 Toury, 1980:45-46）。这样，DTS 范畴之内描述性研究的实际主题首先由功能—关系概念构成（而非它们表面上的文本和语言再现），例如文本元素和语言单元以及它们在作为整体系统的译语表达中的位置；译语表达与它们所在的译语系统之间的关系；或者，最后还可能是翻译表达与它们的原文表达（实际的或想象的）之间的关系。

当然，上述功能—关系概念都有各自的语言再现形式，正因如此，我们理论中的各种功能关系才能彼此区分开来。因此，表层的语言再现在研究中也不应被忽略。它们应该有恰当的定位，也就是说，它们是实现特定功能的"实施者"（functor），但特定的功能并不靠它们而存在：同样的一种功能可能有数目不一的表达方式（表面上各不相同），正由于这个原因，它们功能对等，因此，从该理论的观点看来，它们都具有同等的意义。并且，只有考虑到最基本、最普遍的功能，才有可能提出这样的问题，即在一排同等的"功能实施者"中，为何选中某个"实施者"进行翻译。这样，即使是表层的再现也比单纯的描述占先，因为描述性的解释只能建立在基本的功能之上，而功能又必须从语言表达中提取。

我们可以建议，首先选取那些从目的语文化的内在视角看来是"翻译"的目的语文本，但不涉及它们对应的原文文本，或者，不考虑那些原文文本是否存在，只研究它们作为目的语文本或译入该语言的翻译作品在"归宿"系统中的**接受情况**。第二步是描述这些文本，通过这些文本的组成元素所构成的**翻译现象**，研究这些文本以及它们在原系统或原文中的对应者，将其作为**解决翻译问题的方法，**在比较分析当中对其进行确认；然后，辨认和描述（单向的，不可改变方向的）从每一对研究对象中获取的**关系**；最后着手将这些关系应用到整体的**翻译概念**当中——通过思考**翻译对等**的功能—关系概念。正是最后两个概念构成了 DTS 的系统研究在解释现象以后所要达到的终极目标：在建立翻译对等的指导规范和翻译基础概念的进程中，没有什么是可以离开这些概念而得到圆满的解释的，但是概念本身并非是在执行整套发现程序之前就可以事先操控和确立的，尽管在假设的顺序当中，本质正确的直觉感觉可能会出现得更早。

只有到了这一步，翻译本质概念被确定后，才有可能重构翻译过程所涉及的**考虑**和**决定**过程，以及翻译者实际接受的**制约**。在进行这种重构的时候，要面对目的语和源语文本及系统中各种相互争斗的模式和规范，正是它们确立了所谓"问题"和"解决方式"及其之间存在的关系（也就是上文提到的"翻译关系"），而且，它们还最终确立了"问题解决方式"（处于和对应的各个问题的关系之中）在文本—语言实体中的表面实现，也即是那些最初在"翻译"中被认为是"翻译现象"的实体。DTS 中的证明程序就和发现程序正好形成完全相反的镜像。

让我们更仔细地考察发现程序的主要步骤以及上面用黑体标出的基本概念。

4. 翻译现象及其可接受性

从译语系统着手，首先观察到的当然是文本本身，我们假设这些文本是翻译，并对其进行研究。

认为某个目的语文本可能是翻译，或许有各种不同的原因，文本的外在呈现方式是一个原因，通过辨别它的文本—语言特征，看这些特征在我们讨论的文化中是否经常和翻译联系在一起；还可以是在此之前就知道，在另外一种语言／文化中，某一个文本的确存在，可以尝试当作特定目的语文本的翻译来源。在某些文化和历史时期当中，翻译文本并不一定呈现出上述的外在特征，因为在产品层面上，有些文化根本不区分目的语的原创作品和译入目的语的作品（翻译过程只有在确实存在翻译操作的情况下才会发生，这是人所共知的），在这种情况下，上述后一种方法就尤其有效。面对这种情况，这种方法似乎会造成和前面介绍的发现程序相反的过程，但事实并非如此：只有当一个目的语文本已被确立为可能的翻译文本，DTS 本身的研究工作才能开始，而从那一刻开始，研究还是遵循前面介绍的程序，在开始阶段就将原文文本置于一旁。

这样，无论一个文本出于何种原因被认为是翻译，在开始阶段，对**假设的翻译**进行研究总是从它们在目的语系统中的**可接受性**（类型和程度）这个角度出发，也即，就它们对控制目的语系统的规范的认同程度进行研究。

然而，即使在如此肤浅的观察之下，也可以说翻译描述会遇到以下两种情况：就材料而言（也就是从文本—语言现象本身的角度出发），被视为翻译的文本和被视为目的语原创作品的文本是一致的；或是从表层的再现方式看来，两者看上去是不同的。特别是当这种不同表现出某种规律性的时候，这种情形是真实的。至少可以试着这么认为，这些规律性的不同之处是由于翻译文本是某种特征明显的分支系统的一员，由成套的规范所控制。无疑，在研究的后期阶段，是可以对有些不同之处进行解释的，它们可以看作是译作与对应原文文本之间**形式**关系的具体实现方式（参见下面第 8 部分）。在伪翻译和重构的伪原文之间，我们同样可以寻得这种关系。

这也说明，翻译研究，以及作为翻译研究分支的 DTS 研究，不仅仅是原文和译文的比较或对比分析。甚至很清楚，这种类型的比较研究在 DTS 的范畴内并不名正言顺（和对比语言学等学科相反），除非研究是从目的语系统的固有立场出发，建立在将目的语文本及其组成部分视为**翻译现象**的基础之上；因为正是这种认同方式预先假设了翻译关系和翻译对等的存在，这样，就必须通过对比将它们提取出来。

然而，即使在这样的初始阶段，原文还未展现出来，也还有进行某种比较研究的余地。这也许又增加了对目的语系统中的翻译现象进行功能性（可接受性）描述的一种维度，也就是对同一原文的不同翻译进行比较。这样，你可以比较不同译者译为同一语言的几个译本（Ressis, 1981），这些译本或许产生在同一时期，或许产生在不同时期（在这一情形之下某种"目的语"的概念可能要加以修饰说明）；你也可以比较同一个译本在确立过程中的不同阶段，以重建"可接受性"和"充分性"两者在译本生成的过程中的相互作用（Hartmann, 1980:69-71; 1981:204-207）。或者，最后还可研究同一原文译为不同语言的几种译文，这种研究方法可确立不同文化、文学、语言因素在塑造翻译时所产生的影响。

对过去一百年左右希伯来语的文学翻译进行考察，会立即发现大量的成对（近似）同义词：即相同性的两个（有时两个以上）（近似）同义词的组合（见 Malkeil, 1968）。

显然，任何语言都有这种类型的成对词语，而且的确可能在某一程度上拥有这类现象，所以，这可以看作是一种普遍语言现象，因为（近似）同义和组合词分别是语义和语法上的普遍现象。然而，在一种语言当中，这种潜在普遍性的实际实现程度及其实现的确切方式，是由规范决定的，因此随着语言的不同会有相当大的改变，甚至在同一语言中，随着不同方言、语体、风格变体的变化，或是在语言的不同历史时期，都会有所改变（Gustafsson, 1975; Koskenniemi, 1968）。

从整体上来说，希伯来语当中成对（近似）同义词是比较多的，大多数出现在固定搭配当中。然而，在希伯来语的翻译中，这些（近似）同义词出现的频率远远高于希伯来语原创文本，而且往往是自由的组合，也就是说，是使用这一技巧所产生的结果。当希伯来语原创文学中的这一用法已经被推到边缘（主要是儿童文学）的时候，它们仍在翻译文本中出现。

这些事实放在一起，就可以解释，为何人们对这一现象不太能够接受，而且这种现象让读者觉得不同寻常，它往往会被看作是一种"翻译腔"。换句话说，仅仅是因为这种语言技巧的高频率出现，任何关注希伯来文学的读者都可能认为某些文本或许属于翻译文本一类，如果同时还有其他一些可能导致同样猜测的文本—语言特征和这些成对词语同时出现，情况就更会如此。

5. 翻译解决方式和翻译问题

从定义上看，翻译文本和它们的"归宿"系统中其他成员之间存在的功能关系，为目的系统和原文系统之间的第二套关系所补充。在传统翻译研究中，只有这套关系才呈现为"翻译"关系本身。因为和对应的原文**问题**相提并论，那些在研究的起始阶段就被认为是翻译现象的目的语事实也就成为了**翻译解决方式**——在真正的翻译中，这些原文可能是存在的；而在伪翻译当中或原文无法被找到的时候，也至少有一部分原文是假设的（或是重构的）。这样，**翻译关系**本身就会在成对的"问题+解决方式"的基础上确立。

如此，在描述性研究的框架内，不仅是一个目的语"解决方式"暗示一个对应的原文"问题"，而是两者在比较分析的过程中以互动的方式建立；不可避免地，它们会成对出现。

最后一项判断依托的是这样一个假设，即 DTS 的研究主题既然由社会—文化环境中实际发生的举动构成，只有考察那些在特定情形下实际上已经引起了翻译问题的原文现象才是有效的。只有同时通过确认各自的解决方法（当然也包括"零"方法，即省略），原文身份才能得到确立。如果对两种文本所在的语言系统进行对比，原文中有些现象可能被确立为潜在的困难，人们经常只将所有这些现象当作翻译问题，这其实是一种误导（Wilss, 1982）。事实上，对于所讨论的例子来说，就算以上现象确实成为存在的问题，而另外一些事实，即使我们从某种"基础"学科的立场看来没觉得它们造成了困难，也仍然很有可能造成重要的翻译问题（还不仅仅是一般的问题），这是因为，从 DTS 的立场看来，这些问题是通过它们在译文中的解决方式而显露出来的。除非所有的翻译问题都从目的语系统这一端得到确立，否则这样的事实或许就会被忽略。就翻译的描述—解释研究的目的来说，更不应该将所有那些从原文本身的角度出发看来似乎"有问题的"（不管我们怎样理解这个概念）原文现象看作是问题所在。这种途径——正如它所做的，保护原文的"合法权利"——有可能会使得你满足于简单的清算译文对原文文本犯下的"罪行"。这样的研究或许是翻译批评的一部分，属于翻译研究的应用延伸，但在学术性的分支如 DTS 当中没有它的地位。

研究模式和方法从一些"基础"的学科自动转向研究翻译现象，但这一转换却是不充分的，最引人注目的例子就是"作为翻译问题的隐喻"，这个例子无法实现和应用先验与后验观点的差异。隐喻的语言—文本现象的实质作为一个问题（或是一系列相关的问题），总是从原文一端被确立，建立在原文语言隐喻的基础之上，依照语言的标准（Dagut, 1976; 1978:9-120），或者，稍好一些，依照文本和语言的标准（Van den Broeck, 1981），每一个问题都会被试着给一个解决方式，呈现为"必需的"，"最好的"，甚至是"唯一可能的"答案。但人们从来不关注这些解决方式本身到底实际上是怎样的，而且也不关注从这些解决方式的视角出发而产生的问题。

因此，研究"作为翻译问题的隐喻"的学者所确立的"问题+解决方式"的成对关系总会限于以下三种范畴，也即：

（1）隐喻译作同样的隐喻。

（2）隐喻译作不同的隐喻。

（3）隐喻译作非隐喻。

所有这些选择都是从原文的隐喻着手，一个相当普遍的可能性常常被忽略：

（4）隐喻译作 0（例如，完全的省略）。

无疑，从翻译学者的规定性导向看来，他们是不愿意将省略也接受为"合法的"解决方式的。然而，从 DTS 的观点看来，这四对"问题+解决方式"还应该增加接下来的几种反向的可能方式，表现特征为目的语一端而非原文一端出现了"隐喻"：

（5）非隐喻译作隐喻。

（6）0 译作隐喻。

增加这样的选择使得描述"补偿机制"更方便了，如果这样的机制在目前研究的语料中是很活跃的因素，且如果只考虑原文中的隐喻和它们在译文中的置换，就根本不可能探查这一现象。

增加"选择（5）"和"选择（6）"，可能还会导致生成其他一些具有描述和解释本质的假设——例如，假设在某种情况下并非是原文隐喻本身的任何因素，而是源自目的语系统的特定规范阻碍了译文中隐喻的使用。如果"选择（5）"和"选择（6）"阙如，就进一步强化了这个假设，而它们的出现则削弱了这种假设的可能性。

6. 作为比较分析单元的成对的"问题+解决方式"

与成对的"问题+解决方式"相联系的另一个问题是关于它的界限，这一问题值得我们注意：我们怎么知道被确立的片段值得作为成对的"问题+解决方式"进行研究？如果回答了这个问题，就最终使得该成对片段名正言顺地成为比较分析的单元。

要想对这个问题给出满意的答复，困难来自两个基本的事实：

（a）处于任何文本—语言层面和任何范畴中的任何实体，都可能表现为与某个特定的译文解决方式相联系的翻译问题，反之亦然。

（b）没有必要让翻译中被置换的实体（或者说是在比较分析的起始阶段确立的"问题"）与置换它的实体（也即同时被定义为相应"解决方式"的）在层次和范畴上都一致。

对这个问题的解答在本质上是方法论角度的，但也有其理论暗示，或许可以以下面的方式进行：

分析者从目的语一端出发，必须在译语文本中确立特定的片段，针对这个片段可以宣称，在它的界限之外，对原文某个片段所引发的翻译问题，不再有解决方式的"冗余物"。当我提及成对的两者间的互动，我所想到的正是这个过程。

在 DTS 中，翻译问题总是被重构的，而不是给定的。它们的重构是通过译文—原文比较，而不是仅仅基于原文，甚至也不是基于原文与目的语重现原文（相关）特征的整体可能性之间的关系（也即，基于原文译为目的语的初始"可译性"）。由此，我们很清楚，在一项研究中确立的"问题"，也即一对翻译和原文片段，在另一项研究的框架中根本不一定会是一个问题，更别说是同一类型的问题，即使那另一项研究的不同只是将另一种译文（也许是不同语言的，也甚至是译入同样语言的）和同样的原文比较。

让我们来看一个具体的例子。

德国作家威廉·布施（Wilhelm Busch，1832—1908）在他 1865 首次出版的著名的《麦思与莫茨》(*Max und Moritz : A Juvenile History in Seven Tricks*) 中写道：

Durch den Schornstein mit Vergnügen

Sehen sie die Hühner liegen

Die schon ohne Kopf und Gurgeln

Lieblich in der Pfanne schmurgeln（Busch, 1949:7）

（透过烟囱他们惬意地看见，

母鸡躺在那儿，

没有脑袋也没有脖子，

在油锅里可爱地发出咝咝声。）

这些诗行本身只是原文的文本事实，甚至还不是很重要的事实。它们作为翻译问题，以及作为一个问题单元的地位没有被进一步细分，在与最早的希伯来语译文的诗行的关系中得到确立（这里给出英语的字面转译）：

Through the chimney they see

On the stove pots full

Of cooking chicken

Which are thoroughly roasting

In fat soup the legs，

The wings，the upper legs

Float tenderly，and from sheer delight

They almost melt there like wax.（Luboshitsky, 1898:9）

（透过烟囱他们看到

炉子上的罐子满满地盛着

正在烹制的鸡肉

烤得透透的

在油汤中，鸡腿，

鸡翅，翅根

柔和地漂浮着，在纯粹的快乐中

它们如蜡一般融化了。）

这些诗行也就同时被确立为问题解决方式，现在就可以进一步分析这两种成对的文本片段，将两者的成分相互比较。

正如它所表现出来的，正是两套争斗的规范的碰撞使得这个成对的单元得到确立，也即两种相反的烹鸡方式（或模式）。当然，仅仅是这样一个文化或任何其他层面上的矛盾的存在并不必然导致目的语模式的胜利，虽然这里的例子的确如此。以牺牲译文的可接受性为代价，在原文中由原文表达的规范也同样可能得到优先考虑，或者是第三种模式被采纳，即两套争斗的规范之间的某种折中方式最后可能被接受。然而，重要的是，在每一个不同的情形当中，在比较研究的开始阶段确立的一对"问题+解决方式"（当然不会仅仅是解决方式）都会不同。

我们在例子中确立的"问题"以及成对的单元既不是原文的固有特征，也不是作为两个文本的基础的两种语言或文学之间的矛盾属性（即使它的确立过程会涉及后者），而是一种"关系"概念。当我们将德语原文中的诗句和另一种希伯来语的翻译相比较，这一事实就更加明显地显示出来（同样是英文的转译）：

They smell the meal,

they peep through the chimney,

without heads, without throat

the cock and each of the hens

are already in the pan.（Busch, 1939:12）

（他们嗅到了香味，

他们透过烟囱看，

没有脑袋，也没有脖子

公鸡和每一只母鸡

已盛在盘中。）

甚至可以怀疑，是否这五行诗句就该和对应的德语片段一起被认为是一个单元，而且只要没有规模更小的成对的"问题+解决方式"得以确立，就不被进一步细分，以保持在各自成分的界限之外找不到其他"冗余物"。

最后，在该书的第三种希伯来语译本中唯一找到的词是希伯来语的"烤肉"——*tsli*（Amir, 1939:14）。这个词作为一种解决方法，显然暗示了一个由原文片段引起的完全不同的翻译问题。

当单独的"问题+问题解决方式"已确立，可以尝试找寻可能控制它们（或它们的下限语群）的规则模式。下面两个平行的文本来自詹姆斯·乔伊斯的诗作《室内乐》XXXV（James Joyce, *Chamber Music*）及其希伯来语译文：

All day I hear the noise of waters   ani shome'a qol ha-mayim

Making moan,   ha-homim,

Sad as the sea-bird is, when going   ke-etsev of boded, shome'a

Forth alone,

He hears the winds cry to the

Waters'

  Monotone.

The grey winds, the cold winds

are blowing

  where I go.

I hear the noise of many waters

  Far below.

All day, all night, I hear them

  flowing

To and fro.

   （Joyce, 1972:XXXV）

al yamin

tsivkhat rukhot, qolot

ha-mayim

  amumim

ru'akh afor, drakhay

yishmor hu

  ve-yehom,

eshma et qol hamon ha-mayim

  ba-tehom.

yomam va-lel, eshma

  yakhzoru

ad halom

整日我都听见海水的喧闹

  哀哀悲泣，

悲伤得就像那海鸟孤凄凄

  飞行之时

听见寒风伴着海水的单调

  呼啸也似

灰暗的风，寒冷的风劲吹

  我所去处。

我听见遥远下方重重波涛

  喧闹不休。

整夜，我都听见海水

  来往奔流。

    （傅浩 译）

基于意义—句法层面的观察，下面所重现的这种简化的"流程图"可给出与以上两个文本相关的成对"问题+解决方式"的整体轮廓。（图中所解释的片段开始也同样受到音步和韵脚的制约，但这只是以暗示的方式表现出来。）

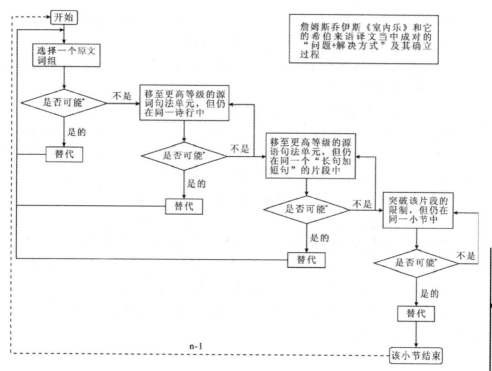

*是否可能（以一个目的语的语义句法单元替换上述词组）

　　因为流程图不过是测算方法的一个图解再现，我们在这里不仅再现了成对片段本身，而且还再现了控制它们成因的规律，以一套规则的形式表现出来。因此，这个图也可理解为是在对实际的（重构的）意义—句法层面上考虑和作决定的过程进行陈述，不仅在发现研究的语境中，在证明和解释的语境中也是如此。事实上，如果成对片段被当作进一步进行比较分析的单元，我们就会发现，我们所重构出来的译者在意义—句法层面作出的决定和在其他层面（主要是较低的层面）作出的决定之间，存在很多的相互联系。因此就导致了第一个尝试性的假设，该假设关注的不仅是和这两个文本相关的"翻译单元"，还有指导该译者的整体的翻译概念（至少在这个文本的翻译当中）。

7.　比较分析和转换的确立

　　正如我们在上一个例子当中所看到的，解决方式和问题，连同一起形成对片段的文本片段，是在以成对形式进行的比较中确立的。情况如此，主要是因为人类感知的局限性。众所周知，所有的比较，尤其是比较复杂的对象，都不可避免是片面的：因为它只能在一个或几个特定的方面进行比较。就译文和原文片段中某个翻译"问题"的"解决方式"而言，正是这些方面控制了译者的决定过程。更重要的是，比较在本质上还是间接的：它只能通过一个居中的概念着手进行，而且还和被比较的方面以及作为比较基础的理论都有关系。正是这些方面控制着原文和译文片段关于某个翻译"问题"的"解决方式"的确定。

这样，正是基础理论、被比较的方面以及居中的概念（也可理解为"比较中的不变部分"，即著名的 *tertium comparationis*）最终决定了作为比较分析基本单元的成对片段的确立（至于这些原则及其内涵的系统性呈现，见 Toury, 1977:85-94）。每对片段中的成分都可以相互比较。

首先，是译文和原文对应部分比较，或是和假想的目的语言或文学中的"充分翻译"（可以很方便地作为 *tertium comparationis*）进行比较，以辨别译文所展现出来的**转换**（Toury, 1980:112-121）。然而，需要强调的是，翻译转换的确立本身绝非是一个终结，而只是建立解释性假设的一个步骤。一般的比较研究亦是如此，我们应该在整体的描述性研究当中确定它们的地位和角色。由此，在 DTS 的范畴之内，研究从不会局限于单纯的比较，而其他类别的翻译现象的研究却常常如此。

在希伯来语的文学翻译中，如果遇到一对（近似）同义词，在原文中寻找其对应成分，往往会发现它们替换的部分是非成对单词，而是单个单词。在极端的情况下，它们替换的甚至是原文中的"零"词汇内容，也就是说，它们是"增加部分"（Levenston, 1976:67; Toury, 1977:162-171, 265-266）。从另一方面看，原文中的成对单词没有被对应的希伯来语成对单词替换的情况则的确极为少见，即使出现这种情况，也可能是因为希伯来词汇中偶然没有合适的成对（近似）同义词，或者是因为原文的成对单词是成语，翻译时更重视其整体意义，而非其各成分之意义的附加功能，也非与成对单词组合的形式上的一致。

成对单词的**长度**所带来的结果是（至少与其单个成分相比）它的**意义重复**和它的**组合性结构**（x1+x2），利用成对单词替换单个词汇的主要转换方式似乎造成了**信息再分配**，也就是说，在语言表达方式（在此例中，往往是在单词层面）及其意义负载之间的关系上发生了改变，在不同的上下文中，表现出来的可能是信息**冗余**或是**强化**。这种方式用得越多，这一转换就获得更多的重视，这取决于文本语义结构的整体变化（更多细节见 Toury, 1977:168-171）。

另一种较为常见的转换是一种**文体提升**，来源于成对结构当中的固定搭配的**文体标志**，或是成对化技巧本身的**文体标志**（Toury, 1977:150-151, 170;

1980:128）。

下面歌德的名篇"Wanderers Nachtlied"（流浪者的夜歌）的希伯来语翻译，就是一个引人注目的例子。它以极端的形式表现出成对（近似）同义词在 19 世纪的运用（成对单词都以斜体标出）：

mi-kol   *kipot u-shfa yim*
m(e)al kol giv(,)a rama
takshévna ha-oznáyim-
akh *háshqet u-dmáma*;
ba('a)le *kánaf va-éver*
ba-yá('a)r yishnu*áta*
khaké na m(e)at ha-géver,
od tanú'akh gam *átal*.   (Mandelkern, 1889:102)

(From all peaks and bare height
 from every high hill
 the ears hear-
 but quietness and stillness;
 winged and pinioned creatures
 are asleep now in the forest,
 just wait a little, o man,
 you too will yet come to rest.)

（一切的峰顶
沉静
一切的树尖
全不见
丝儿风影
小鸟们在
林间梦深
等着吧，俄顷
你也要安静。[梁宗岱 译]）

因为希伯来语单词音节的平均长度较长，所以只要试图将德语（或英语）的诗歌体文本翻译成希伯来语，又想同时保留原文格律（哪怕只保留一部分），就不可避免地需要省略一些语义—词汇的内容。在我们给出的例子里，译者显然是认同这一需要的，但与此同时，他毫不犹豫地把他所能掌控的有限的文本空间花费在成对（近似）同义词上面，就原文的形式和译语的要求而言，他本来只要使用成对近义词当中的一个词就够了。在53个诗体的音节中，有14个是成对（近似）同义词（如果加上我们把前两行的翻译当作是增加的成对同义词，就达到了20个），也就是说，8个（甚至14个）无论从译者的格律约束还是从充分翻译的起始规范看来都十分累赘的音节占据了 26.4%（37.7%）的空间。

8. 翻译关系和翻译概念

将成对的"问题+解决方式"放在一起，以及确定翻译转换（或者说是一般意义上的比较分析）的一个主要目的就是对于**翻译关系**进行可能的描述和解释，这种关系存在于成对成分之间，而这又是确立整体翻译概念的一个途径。

对这些关系的描述以及对所有可能存在于翻译成分和原文成分之间以及片段和文本之间的关系的描述，是一种辅助手段，是 DTS 应该从翻译研究的理论分支得到配备的一种工具。幸运的是，与其他任何方面相比，翻译理论在这个方面有着更大的帮助，这主要是因为它长期以来有着关注"等值"和"形式对等"之间对立关系的传统（从 Nida, 1964 和 Catford, 1965 到 Ivir, 1981）。然而，它还是应该避免处理这些问题时固有的一些规定性的偏见。而规定性的元素最终可以在翻译学科的应用性分支中找到自己的位置。

"理论""描述"及"应用"是发展成熟而且相对自足的学科的三个分支（见 Holmes, 1972），如此看来，这三个分支可以而且应该从三个层面的翻译关系上区分，连同标准（或条件关系）一起来确立它们，从动词的用法上可以看到这三个不同范畴研究各自的措词方式。

关系类型	标准（或条件类型）	适用动词举例	翻译研究分支
可能的	理论的	可能（在某种情形之下）	翻译理论
存在的	实证的	是	描述翻译研究（DTS）
要求的	优先标准	应该是	应用翻译研究

当然，现存的和要求的关系都应该表现为总体可能关系的下属类别（两者之间可能有重叠部分），否则基础理论就会有很严重的错误了，这样也就不

可能被信任解释每一种可能的翻译关系了。

至于翻译关系的确立，核心概念是"转换中的不变部分"。这个不变部分是每一组的成对片段共有的核心，可以从内容或功能的角度出发，在纯语言（即习惯性的）层面及特定文本层面得到确立。由此，翻译关系可以根据其所在层面定义为形式的或功能的。这一说法的重要方法论内涵在于，同样类型和等级的术语应该同时应用于成对片段的两者之上，也就是说以两者共有的不变部分作为基础（更多方法论提示见 Toury, 1980:89-111）。

当然，每个文本—语言片段，不管是"问题"或是"解决方式"的再现，都是较低序列的一组成分和另一个较高序列实体的一个成分（例如，在罗曼·雅科布逊对"语言的部分和整体"问题讨论的经典著作中，参见 Jakobson, 1963）。因此，每对片段的翻译关系在特定的层次上也许是具备功能的，而在其他层次上可能是形式的。但是，单单只是列举与每一对片段相关的所有类型的关系是远远不够的，哪怕另外还明确指出了它们是属于哪个层面的。从减少的中心和不断增长的外围成分来说，应该确立关系的等级层次。而后，这样一套有序的关系可看作所讨论的成对片段反映出的整体翻译关系。

通过相当数量的成对"问题+解决方式"所确立的类似的成套关系是相互制衡的，将最终产生出与所研究的整个语料相关的翻译关系的等级，不管它是一篇文章，一组文章，或者甚至是从文本—语言整体中抽取的限定的翻译现象（正如我们对作为"解决方式"的成对近义词的讨论）。至此，必须要引入"翻译对等"的概念。

这里用到的"翻译对等"的概念（见 Toury，1980，特别是 66～69 页）与现在通行的翻译对等的概念不同。这是因为它不是一个建立在这样或那样不变成分基础之上的单一的译文—原文关系，而是一个功能—关系的概念，就定义而言，这种关系（或是一套有序的关系）在特定的译语的社会—文化环境中区别了翻译和非翻译作品，也就是以译语的社会—文化环境中的掌控模式以及这些模式生发出来的规范作为考虑因素，区别了充分和不充分的译例。

因此，可能服务于描述性翻译研究的整套关系都具有**潜在对等**的功能；这一概念的位置处于学科的理论分支。在某些观察到的现象中，这些潜在物中的任何部分有时都可能发挥区分性因素的功能，在这样的情况下，我们拥有的**实际（或实现了的）对等**，其恰当的位置当然就是在 DTS 的领域当中。最终，那些提出来作为对等的关系，无论是由于何种原因，出于何种目的，都属于翻译研究应用分支的范围。

需要再次强调的是，对等的概念本身没有什么重要性，而且无论是在 DTS 研究当中还是其基础理论当中，此概念无论如何不该被看作是无所不包的。之所以在描述性研究的过程中确立这个概念，只是将其作为一个手段，也就是说，只因为它将来能进一步在研究中派上用场。它最有可能被用来作为整体**翻译概念**的基础，而这一翻译概念又是整个研究实体——哪怕只是在半有意识，甚至完全无意识的层面上——的基础。它也可能用来尝试重建**翻译程序**，这一概念正是在翻译程序中逐步得到实现的，体现为各种类型的约束以及在这些约束下进行决定的过程（至于决定过程的细节展现，参见 Even-Zohar, 1975）。最终，这一翻译概念可以解释整个翻译关系的网络（其顺序和发现研究相反），个别成对的"问题+解决方式"（例如，在翻译对等的主导规范之下再现出实际的翻译单元），以及使翻译解决方式成为（表层）翻译现象的文本—语言再现。

显然，在原文中找寻希伯来译文成对同义词的对应成分，不仅会发现单纯的转换，还会从成对片段的成分中获取译文—原文的种种关系。

在少数例子中，成对的（近似）同义词可以解释为试图从**指称意义**的层面上确立翻译对等，作为一种"hendiadys"（使用语义范围并不相同但有交叠部分的单词来表示交叠部分的领域，参见 Beeston, 1970:112）。在意义载体的层面上，这种处理方式以两种不对等为代价，也就是说，语言手段及其所承载信息的一部分不对等（见上文第 7 部分），而译文作为希伯来（原文）文本中的成员，可接受性也较低（见上文第 4 部分）。对"hendiadys"的解释，也同样用于阿拉伯语的翻译（Somekh, 1975:6-7；1981）以及从梵文到吐火罗语的翻译（Aalto, 1964:69）。然而，在现代希伯来文翻译的例子当中，这种例子之罕见本身就似乎是最好的解释（如果说不是唯一的解释的话）。成对同义词和它们的原文对应成分之间展示出来的极其多样的关系，特别是这些关系的不规则性，使得你会作出这样的假设，即这一方式的频繁使用根本就不是以保留某种不变的语义为基础的，它不是一个由原文所主导的考虑，而是由译语语言或译语文学的规范所导致的。

导致大量使用成对（近似）同义词的规范可以描述为所谓"地道希伯来语"的规范，这一规范被大力推崇，到了毫无限制的地步。将一种相当边缘的特质中心化（现在又变得越来越边缘化了），对早已过时而且在译语系统中心几乎消失的规范进行强化，这正是边缘行为的特点，也是翻译在译语系统中经常所处的地位（见 Even-Zohar, 1978; 1979）。对这一现象的进一步描述研究甚至可以导致更普遍的假设，即这一策略可能是**一个幼嫩或"弱势"系统中翻译的普遍特点**。有一些现存的研究，比如说 Leisi 的论文（Leisi, 1947），或是对 14~15 世纪德语翻译中这一方法的考察（Wenzlau, 1906），或者是对 19 世纪阿拉伯文学翻译的尝试性讨论（Somekh, 1981），都实际已经暗含了这样一种假设。糟糕的是，这些研究是在不同的方法论指导下进行的，出于很多不同的目的（见上文第 1 部分），这使得他们的发现成果很难进行比较。

References

AALTO, Pentti

1964　"Word-pairs in Tokharian and Other Languages," *Linguistics* 5:69-78.

AMTR (PINKERFELD), Anda

1939　*Fad ve-Dan.* Tel Aviv, Yavne.

Beeston, A. F. L.

1970　*The Arabic Language Today.* London, Hutchinson.

BROEK, Raymond van den

1981　"The Limits of Translatability Exemplified by Metaphor Translations," *Poetics Today* ii, 4:73-87.

BUSCH, Wilhelm

1939　*Max u-Moritz zomeme ha-mezimot.* Transl. Chava Carmi. Tel Aviv, Joachim Goldstein.

1949　*Wilhelm Busch-Album für die Jugend.* Zurich, Raschner.

Catford, J. C.

1965　*A Linguistic Theory of Translation.* London, Oxford.

UPDAGUT, Menachem

1976　"Can Metaphor be Translated?", xii:21-33.

1978　*Hebrew-English Translation: A Linguistic Analysis of Some Semantic Problems.* Haifa, University of Haifa.

DRESSLER, Wolfgang

1972　"Testgrammatische Invarianz in Üebersetzungen?" in E. Gülich & w. Raible (eds.), *Textsorten: Differenzierungskriterien aus linguistischer Sicht* (Frankfurt a. M. Athenäum): 98-106.

EVEN-ZOHAR, Itamar

1971　Mavo le-te'orya shel ha-tirgum ha-sifruti. Tel Aviv (Unpublished PhD

Thesis).

1975 "Spleen" le-Baudelaire be-tirgum Lea Goldberg: Leofi ha-hakhra'ot be-tirgum shira', *Ha-sifrut/literature* 21:32-45.

1978 "The Position of Translated Literature within the Literary Polysystem," in his papers in *Historical Poetics* (Tel Aviv, Porter Institute for Poetics and Semiotics):21-27.

1979 "Polysystem Theory," *Poetics Today* I, 1-2:287-310.

GUSTAFSSON, Marita

1975 *Binomial Expressions in Present-Day English*. Turku, Turun Yiliopisto.

HARTMANN, R. R. K.

1980 *Contrastive Textology*. Heidelberg, Julius Groos.

1981 "Contrastive Textology and Translation," in w. Kühlwein *et al.* 1981:200-208.

HOLMES, James S.

1972 *The Name and Nature of Translation Studies*. Amsterdam (Mimeograph)

HOUSE, Juliana

1977 *Model for Translation Quality Assessment*. Tübingen, Gunter Narr.

IVIR, Vladimir

1981 "Formal Correspondence vs. Translation Equivalence Revisited," *Poetics Today* ii, 4:51-59.

JAKOBSON, Roman

1963 "Parts and Wholes in Language," in D. Lerner (ed.), *Parts and Wholes* (New York, Free Press of Glencoe): 157-162.

JOYCE, James

1972 *Musiqa qamerit*. Transl. Moshe Hana'ami. Tel Aviv, Mahborot le-sifrut.

KOSKENNIEMI, Inna

1968 *Repetitive Word Pairs in Old and Early Middle English Prose*. Turku, Turun Yiliopisto.

KUEHLWEIN, Wolfgang; Thome, Gisela & Wills, Wolfram

1981 (Eds.) *Kontrastive Linguistik und Uebersetzungswissenschaft*. Munich, W, Fink.

LEISI, Ernst

1947 *Die tautologischen Wortpaare in Caxton's 'Eneydos'. Zur synchronischen*

当代国外翻译理论导读

Bedeutüngs-und Ursachenforschung. Zurich/New York, G. E. Stechert.

LEVENSTON, E. A.

1976 "Liqrat stilistiqa hashva'atit shel ha-anglit ve-haivrit," in B.-Z. Fischler & R. Nir (eds.), *Chaim Rabin Jubilee Volume.* (Jerusalem, Council on the Teaching of Hebrew): 59-67.

LUBOSHITSKY, Aaron

1898 *Shim'on ve-Levi.* Warsaw/St. Petersburg, Tushiya.

MALKIEL, Yakov

1968 "Studies in Irreversible Binomials," in his *Essays on Linguistic Themes.* (Oxford, Blackwell): 311-355.

MANDELKERN, Shlomo

1889 *Shire sfat ever*, II. Leipzig, E. W. Vollrath.

NIDA, Eugene

1964 *Toward a Science of Translating,* Leiden, E. J. Brill.

REISS, Katharina

1981 "Der Uebersetzungsvergleich: Formen – Funktionen – Anwendbarkeit," in W. Kühlwein *et al.* 1981:311-319.

SANDROCK, Ursula

1982 "Thinking-Aloud-Protocols" (TAPs)– Ein Instrument zur Dekomposition des komplexen Prozesses "Üebersetzen". Kassel (Mimeograph).

SOMEKH, Sasson

1975 *Two Versions of Dialogue in Mahmüd Tamyür's Drama.* Princeton, Princeton UP.

1981 "The Emergence of Two Sets of Stylistic Norms in the Early Literary Translation into Modern Arabic Prose," *Poetics Today* ii, 4:193-200.

TOURY, Gideon

1977 *Normot shel tirgum ve-ha-tirgum ha-sifruti le-ivrit ba-shanim 1930-1945.* Tel Aviv, Porter Institute for Poetics and Semiotics.

1980 *In Search of a Theory of Translation.* Tel Aviv, Porter Institute for Poetics and Semiotics.

1982 "Transfer as a Universal of Verbal Performance of L2 Learners in Situations of Communication in Translated Utterances," *FINLANCE* ii:63-78.

第四章 文化学派翻译理论

1983 "Ha-psevdo-tirgum ke-uvda Sifrutit: Ha-miqre shel Papa Hamlet," *Ha-sifrut/Literature* 32:63-68.

1984 "Translation, Literary Translation and Pseudo-translation," *Comparative Criticism* 6:73-85.

WENZLAU, Friedrich

1906 *Zwei – un Dreigliedrigkeit in der deutschen Prosa des 14. und 15. Jahrhunderts.* Halle (Inaugural - Dissertation).

WILSS, Wolfram

1982 *The Science of Translation.* Tübingen, Gunter Narr.

YAHALOM, Shelly

1978 Ha-yekhasim ben ha-sifrut ha-tsarfatit la-sifrut ha-anglit ba-me'a ha-18. Tel Aviv (M. A. thesis).

大胆妈妈的黄瓜：文学理论中的文本、系统和折射[*]

安德烈·勒菲弗尔著

江　帆译

导言

安德烈·勒菲弗尔（André Lefevere），原籍比利时，曾任美国得克萨斯大学奥斯汀分校翻译和比较文学教授，是西方翻译研究文化学派的重要代表人物，代表作有《诗歌翻译：七大策略与一大蓝图》（*Translating Poetry：Seven Strategies and a Blueprint*）与《翻译、改写以及对文学名声的制控》（*Translation，Rewriting and the Manipulation of Literary Fame*）等，另有与苏珊·巴斯奈特合编的论文集《翻译、历史与文化》（*Translation，History and Culture*）、合著论文集《文化建构——文学翻译论集》（*Constructing Cultures：Essays on Literary Translation*）。

勒菲弗尔的学术观点同样以多元系统理论为基础，但他对以色列学者未曾充分阐释的意识形态因素进行了更为透彻的分析。他提出"折射"与"改写"理论，强调"意识形态""赞助人""诗学"三因素对翻译的操纵，他的描述研究的方式是将翻译放到政治、意识形态、经济和文化背景中，深入探讨翻译过程中影响翻译策略的各个层面。在《翻译、改写以及对文学名声的制控》一书中，我们可以看到他进行描述性研究的具体实例。而他的改写理论更是成为文化转向后的翻译研究的主要理论支撑。

《大胆妈妈的黄瓜：文学理论中的文本、系统和折射》（Mother Courage's Cucumbers：Text, System and Refraction in a Theory of Literature）一文以德国戏剧家布莱希特作品在英美的译介和评论为例，阐述关于折射和改写的理论。文章首先指出英美译者在英译布莱希特作品时出现的种种"错误"，然后指出传统翻译研究必然会因此而指责译者，但实际上，如果我们不是一味指责译者，而是简单地将其翻译作为文学事实甚至生活的事实而加以接受，那么研

---

* 本文选译自 André Lefevere，"Mother Courage's Cucumbers：Text, System and Refraction in a Theory of Literature," in *The Translation Studies Reader*, ed. Lawrence Venuti, London and New York: Routledge. 2000, pp. 233-248。

究路径就会发生建设性的变化。勒菲弗尔认为："一个作家的作品主要是通过'误解和误释'而获得曝光并产生影响。"他称之为**"折射"**，也即"作家和他们的作品总是在特定的背景下获得理解的，或者说，它们总是透过特定的棱镜而被折射了，正如他们作品本身也可以透过特定的棱镜折射前人的作品一样"。

文章对"折射"的本质进行了深入的分析，指出"折射"即是文学作品针对不同读者所进行的改编，其意图是对读者阅读这部作品的方式产生影响。翻译是明显的改编形式，不太明显的改编形式则包括批评、评论、历史传记、文选中的作品集、戏剧的演出等。这些折射在确立作者及其作品声誉的过程中极其具有影响力。

接着，作者从系统理论出发对折射的具体规律进行了阐发。他首先认为，翻译是两套文学系统边界上产生的文本，正好为文学的系统研究方法提供了一个理想的例子。对于系统内部的操纵因素，他认为文学系统首先拥有一个赞助人群体，而赞助至少包括三个部分：意识形态的、经济的以及地位的。同时，文学系统也拥有一种行为准则、一种文学观念。在赞助人多样化的系统当中，不同的文学观念相互竞争，都试图控制整个系统。某种折射（不管它是翻译、批评、还是历史传记），如果希望将一部文学作品从一个系统带入另外一个系统，就表现为两种系统间的妥协，这样，它也就同时显现出两种系统中的约束机制。

勒菲弗尔详细描述了布莱希特在英美文学系统中的译介和评论情况，并得出以下结论：首先，"本土系统在自身进化的特定阶段对某位作家的需要，也决定了国外作家为本土系统所接受的程度。英国对布莱希特的需要就比美国要大"；其次，"翻译不是意义上的对等，而是两种文学观念的妥协，其中，接受系统的文学观念发挥了主要作用"。作者发现，布莱希特的早期美国译者希斯和本特利的翻译与原作差别很大，然而他们为布莱希特在美国文学系统中搭建了一座桥头堡。为了做到这一点，他们必须与系统中的主要赞助人和文学观念达成妥协。而当布莱希特的经典化地位逐渐确立以后，译者曼海姆的翻译就更接近原文。从不大被接受到被"确切"翻译，布莱希特的翻译已经通过了一个必要的进化过程，而这个过程还将一直继续，因为接受系统的操纵因素在不断变化，新的折射和改写势必还会不断发生。

正文

在大量有关文学的理论思考中，翻译研究都很难说占有中心地位。的确，自第一代德国浪漫主义理论家和翻译家的全盛时期起，翻译与文学理论之间可能存在的关联就常常被否认。为此，本文试图说明，某种特定的翻译研究方法如何对整体文学理论作出重要的贡献，译本（或者用一个更普遍的术语："折射"）在文学演进的过程中又如何发挥了极其重要的作用。

希斯（H. R. Hays）是美国第一位翻译布莱希特（Brecht）的《大胆妈妈和她的孩子》的译者，他将"Da ist ein ganzes Messbuch dabei，aus Altötting，zum Einschlagen von Gurken"译为"There's a whole ledger from Altötting to the storming of Gurken"（B26/H5）。在这里，大胆妈妈用来包黄瓜的祈祷书变成了一个账本，而无知的黄瓜也变成一个想象中的城镇"Gurken"，似乎就在此地，最后一笔交易正好入账。本特利（Eric Bentley）所翻译的《大胆妈妈和她的孩子》是迄今为止被阅读最为广泛的译本。他将"Jetzt kanns bis morgen abend dauern，bis ich irgendwo was Warmes in Magen krieg"译为"May it last until tomorrow evening, so I can get something in my belly"（但愿它会持续到明天晚上，这样我可以弄点东西填肚子）（B128/B65），然而，布莱希特的意思大致是："我也许不得不等到明天晚上，才能吃到一点热的东西。"希斯和本特利在翻译"wenn einer nicht hat frei werden wollen，hat der König keinen Spass gekannt"的时候，前者将其译为"if there had been nobody who needed freeing，the king wouldn't have had any sport"（如果没人需要自由，国王就没有什么活动了）（B58/H25），后者将其译为"if no one had wanted to be free，the king wouldn't have had any fun"（如果没人希望自由，国王就没有任何乐趣了）（B58/H25）。他们都错误地理解了句子的意思。其实在德语中，"对于任何抗拒获得自由的企图，国王是不会轻松对待的"是一种极为尖刻的讽刺。甚至曼海姆（Manheim）的译本有时也会犯错误，例如将"die Weiber reissen sich um dich"（女人们因为你争风吃醋而打架）译作"the women tear each other's hair out over you"（女人们因为你争风吃醋而相互撕扯头发）（B37/M143）。以上只是简单列举几个错误，此外还很容易找到许多可笑的错误，有些还十分有趣，如希斯将"Ihr verkaufts die Kugeln，ihr Lumpen"译为"if you sell your shot to buy rags"（如果你卖了你的子弹去换取破烂）（B51/H19）。而句子的原意是"傻瓜，你是在卖你的子弹"——只是"Lumpen"在字典里也有"破烂"的意思罢了。然而，我在此并不想写一篇诸如"布莱希特在英语当中"一类的传统翻译研究论文，这种文章只会追求一种策略，最后得出尖刻的结论。这种策略必然导致两种老套的结论：要么是作者认定大笑也不能掩盖泪水，看到这么多错误，他被吓退了，于是指责所有的译本和译者，并提倡阅读文学作品只能去读原文——如果那样可能的话；要么是他为自己感到庆幸（毕竟，他能找出这许多错误），然后表示遗憾，因为即使是好的译者也经常被人发现错误，接着就建议，如果我们希望得到"越来越好"的译本，"我们"就应该训练出"越来越好"的译者。然后就到此为止。

然而或许我们可以另启一端，让研究翻译作品的方式更富建设性一些。如果我们不再指责以下事实，即"英国的布莱希特'时代'不是靠布莱希特自己支撑，而是靠关于布莱希特的二手观点和概念支撑，所谓的布莱希特形象是由误解和误读所创造的"[1]，而是干脆把它作为一个既成的文学事实甚至生活事实予以接受，那么情形就会发生巨大的转变。毕竟，多少人的生活曾因为《圣经》译本和《资本论》译本而受到深刻的影响啊！

作家的作品主要就是通过"误解和误释"，或者我们用一个更为中性的术语来说，是通过"折射"，而获得曝光并产生影响的。作家和他们的作品总是在一个特定的背景下被人理解，或者也可以说，它们总是透过特定的棱镜而被折射出来的，正如他们的作品本身也可以透过特定的棱镜折射前人的作品一样。

根植于浪漫主义诗学的文学研究方法现在仍在我们当中流行，它若承认这一明显的事实，那就必然会破坏它自己的基础。它的方法建立在一系列的假设之上，其中一种假设就是，那些从虚无（ex nihilo）中创作出文学作品的作者，其天才和原创性与布莱希特这样的作家是截然相反的，在 1969 年的《不列颠百科全书》中，布莱希特被描述为"不停地将观念拼凑在一起，而这些观念并不总是他自己的"。[2]就好像莎士比亚的创作是没有"来源"的，而在歌德之前也没有关于浮士德主题的写作似的。与此同时，它还假设原文是神圣的，不能随意改动，于是就诚惶诚恐，唯恐产生"坏"的翻译。另一个流传甚广的假设是，相信我们能够重现作者的真实意图，而且评判文学作品价值时只须考虑它的内在品质："如果能从政治阵营中独立出来对布莱希特戏剧的真实质量进行评价的话，其作品的最终地位当会被重新考虑。"[3]仿佛真有可能这么做似的。

然而，文学的系统研究方法则不大会受制于这样的假设。译本是两套系统交界处所产生的文本，正好作为理想的例子，以引入文学研究的系统方法。

首先，让我们接受这一说法——"折射"，也即文学作品针对不同读者所进行的改编，其意图是对读者阅读这部作品的方式产生影响，它在文学中是始终存在的。翻译是明显的折射形式，不太明显的折射形式则包括批评（例如，教堂神父自古典宗教文学中解读出大量的寓意）、评论、历史传记（对著名作品进行价值判断式的总结，而价值判断总是理直气壮地以时下"优秀"文学的概念为依据）、教材、文选中的作品集、戏剧的演出等。这些折射在确立作者及其作品声誉的过程中极具影响力。例如，布莱希特身后在英国声望日隆，就是由于 1965 年柏林剧院在伦敦上演了戏剧《阿图罗•威》（Arturo Ui）。"英国评论家开始热心地吹捧剧作的简洁、情感、特技技术及其所有的好处。幸亏他们没人懂德文，还不至于被这部剧作的真正内容所吓退。"[4]

事实上，英语世界的大多数读者和戏剧观众都无法直接接触布莱希特的"原著"（德语世界的情形也一样，他在东、西德国也同样被勤勤恳恳的改编者折射了）。人们接近他的方式是通过上述种种折射。在以浪漫主义为基础的文学研究当中，这一事实也偶然有人提及，但人们不会任其坏事："布莱希特在美国获得更广泛的认同，是由于戏剧评论家本特利，他翻译了好几种布莱希特的戏剧，还为他写了一些很有分量的评论。"[5]人们承认，英美观众走进布莱希特的方式是一种间接感受，伴随着所有暗含的误解和误释，而不是通过某种渗透方法保证天才最后获胜。但是却没有人进一步追问，如："折射到底是如何操作的？一旦人们承认其存在，它对文学理论会有何启示？"

然而折射是存在的，它们也发挥着影响，只是人们对此没有多少研究。人们充其量也只是对它们的存在指责一番（毕竟，它们对原文是不忠实的）；而最糟的情形是，在以浪漫主义为基础的研究方法中，它被完全忽视，这显然是因为人们认为：不应该如此的东西也就不能如此，尽管它事实上就是如此。折射不仅对特定作家作品的传播发挥了巨大作用，对特定文学的发展也同样如此，就此而言，目前对其进行分析的方法肯定是有失公允的。我认为，人们之所以没有研究它们，是因为一直没有一个研究框架，能让我们在另一种更为开阔的理论语境之中对"折射"进行中肯的分析。如果认为折射是某一系统的一部分，如果描述出折射作品的整个棱镜，这一框架就存在了。

文学研究系统方法的探索模式利用并依靠以下的假设：某种文学是一个系统，根植于文化或社会环境当中。它是一个设想出来的系统，也即，它既包括客体（文本），也包括写作、折射、传播、阅读这些文本的人。它是一个随机的系统，相对而言，这一系统是不确定的，它所预测的东西只具备一定的可能性，而非确定无疑。我们有可能（普通系统理论已做到这一点，其他一些尝试以系统方法研究文学的理论也是如此）以抽象的、形式化的方式将系统呈现出来，但在目前的文学研究中，这一策略可能很难获得什么结果，而又造成了别人不必要的厌恶——因为基于浪漫主义的文学研究方法总是坚决拒绝离自然语言太过遥远的标记方式。

文学系统拥有一个不断调整的赞助群体：对其进行赞助的个人、人群和机构（文学艺术赞助者米西奈斯［Maecenas］、中国和印度的皇帝、苏丹、各位主教、贵族、地区总督、教堂、宫廷、法西斯主义者或共产党）。赞助至少包括三种：意识形态的（在特定社会中，是不允许文学偏离其他系统太远的），经济的（赞助人保证作者的生活），以及地位的（作者在社会上获得一定地位）。赞助人很少直接影响文学系统，批评家替他们来做这件事，后者是论文作者、教师，或是各类学会的成员。如果赞助是由具有同样意识形态特征的个人、群体、机构进行的话，就可能不存在区别；如果不同的赞助人代表互相矛盾的不同意识形态，赞助就可能多样化。当赞助的意识形态成分和经济成分不一定相关联的时候，赞助的多样化就会发生（例如文明国家就是这样，它们和独裁国家相反，后者总是由一个同样的机构发放"津贴"并保持作家的步调一致）。在赞助多样化的国家，经济因素，例如利益驱动，本身也可能获得一种意识形态的地位，控制所有其他的考虑因素。因此，在对1963年百老汇上演的《大胆妈妈》（根据本特利的译本）进行评论时，《综艺》杂志（*Variety*）会心安理得地发问："为何会有人认为它可能具有商业性，并能满足百老汇的流行要求呢？"[6]

文学系统也拥有某种行为准则，某种诗学。这种诗学包括必要组成部分（体裁、某种符号、角色、原型情境）和"功能性"成分，即文学应以怎样的方式，或被允许以怎样的方式，对社会发挥功能。在赞助人单一化的系统中，评论机构就能够强制推行某种诗学。在赞助人多样化的系统当中，不同的诗学相互竞争，都试图控制整个系统，都有自己的评论机构，对基于自身诗学所产生的作品鼓掌叫好，而对竞争者提供的作品进行指责，将其贬谪到"低级"文学的废物场，并宣称自己处于高等地位。如果商业化进一步增强，"高等"和"低级"之间的差距将会扩大。明显由于商业原因而产生的文学（如"滑稽鬼"［Harlequin］系列）就诗学而言是倾向于保守的，明显由于意识形态原因而产生的文学（即宣传）也是如此。然而经济成功不一定能带来地位：高度成功的商业作家（如 Harold Robbins）也可能被同时代的高雅人士所轻视。

系统内最后一个起作用的约束机制来自文学作品所使用的自然语言，包括语言的形式层面（表现在语法当中）和它的语用层面，也即语言反射文化的方式。后者对译者来说最为麻烦。由于不同的语言反映不同的文化，翻译几乎总是要将不同的文化"变得自然"，使其更适应译本读者所习惯的方式。比如说，本特利将"Käs aufs Weissbrot"译作"cheese on pumpernickel"（粗麦面包加奶酪）（B23/B），而不是直译为"cheese on white bread"（白面包加奶酪），他假设美国观众会认为德国人是把奶酪加在粗麦面包上吃，因为德国是粗麦面包的产地。类似的又如：将"in dem schönen Flandern"（在美丽的佛兰德斯）译为"in Flanders fields（在佛兰德斯战场）"（B52/B22）[①]，将17 世纪的"三十年战争"与第一次世界大战联系在一起，而本特利对"Kaiser"[②]的处理也是如此，这个词他就没有翻译。同样，希斯将"Tillys Sieg bei Magdeburg"（梯利在马德堡的胜利）变为"Tilly's victory at Leipsic"（梯利在莱比锡的胜利）（B94/H44），因为他认为英美读者对莱比锡更熟悉一些。显然，这些变化与译者对所译语言的知识毫无关系，它们肯定显示出另外某种约束机制的存在，而且还说明译者充分认识到这种存在，否则他们就没理由改变文本。翻译产生过程所受到的约束远远超出了自然语言的层面——事实上，其他约束机制在形成译本的过程中比语义以及语言的影响更大。

某种折射（不管它是翻译、批评、还是历史传记）如果希望将一部文学作品从一个系统带入另外一个系统，就表现为两种系统间的妥协，这样，它也就是两套系统中主要约束机制的完美标识。不同约束机制之间的差别可以解释，为何特定的作品被输入一个系统之后，不能"取得"或是"享有"哪怕是模糊的地位。

折射当中妥协的程度取决于作家在其自身文学系统中的声望。希斯于1941 年翻译布莱希特，当时布莱希特只是一个不知名的德国移民，并不属于与他同时代的经典德国作家之列（8 年前他的作品遭焚毁）。他不像托马斯·曼那样享有经典地位。到本特利翻译布莱希特的时候，情况发生了变化：布莱希特在西方还未被视为经典作家，但至少人们会谈及他。当曼海姆和威利特开始用英语翻译布莱希特的文集时，他们所翻译的已经是一个经典作家了，这样，翻译就更多地依照作者自己的原意（根据他自己的诗学），而非依据接

---

① "佛兰德斯战场"是第一次世界大战著名战场，*In Flanders Fields* 是一首纪念"一战"的英文歌曲，在美国广为传唱。（译注）

② 1918 年前的德国皇帝。（译注）

受系统的诗学。接受系统于 1976 年出现的一种传记性"折射"赋予布莱希特如下地位："[布莱希特] 毫无疑义被公正地认为是 20 世纪的'经典'作家之一。"[7]

本土系统在自身进化的某一阶段对某位作家的需要，也决定了国外作家为本土系统所接受的程度。英国对布莱希特的需要就比美国要大。1956 年，大量英国观众狂热地接受了"柏林剧院"（Berliner Ensemble）①，这是因为在关于英国是否要建立政府资助的国家剧院（National Theatre）的辩论当中，它产生了很大的影响。"由于柏林剧院"，反对国家剧院的观点"最终沉寂下去，因为这个剧院由伟大的艺术家领导，由年轻而充满活力的反体制（anti-establishment）的男女演员构成，完全是实验性质，充溢着各种想法——而且完全由国家资助"。[8]这时，人们感觉到对外国作家的需要，批评团体也容易进一步分化。也即是说，一部分评论家会接受国外模式，甚至正面鼓吹它："1954 年，泰南（Tynan）成为伦敦《观察家报》（Observer）的剧评家，很快，布莱希特的名字就成为他的商标，他的价值标准。"[9]在美国，这个角色是由本特利来扮演的，但有一段时间，他不得不小心翼翼。他 1951 年编选的文集《戏剧》（The Play）并不包括任何布莱希特的作品，他在导论里还声称："过于看重内容和主题是马克思主义批评家的特征。"[10]然而，1966 年由本特利编选的三册系列的《现代文库选编》（From the Modern Repertoire）却是"为了纪念布莱希特"。[11]我的叙述并不包含任何道德判断，这一现象只是正好说明了折射在产生和流传过程中所受到的意识形态的制约。

英美读者所需要并能接触到的布莱希特作品的折射主要有三种：翻译、批评以及历史传记。我曾经观察过后两类的代表性样本，但只限于分析《大胆妈妈》的翻译。1951 年到 1975 年之间出版的 13 种介绍性戏剧选集都未选入布莱希特的作品——在 1951 年这不足为怪，但在 1975 年这就令人吃惊了。这些选集引导学生进入戏剧领域，在美国文学系统中的确起到重要的作用。事实上，它们决定了哪些作者会被经典化。进入这一领域的学生，或是受过教育的行外人，都会倾向于将选集所提供的作品看作"经典"，而不去追问意识形态、经济、审美等影响选择过程的制约因素。结果，屡屡入选的戏剧作品获得了相对的霸权地位。外行的读者不可能选择另外的排名方式。这样，正规教育使得特定文学作品的经典地位长久不衰。在文学系统中，这一行为基本上是保守的，各类院校的选本在其中发挥了巨大的作用。

---

① 该剧院由布莱希特与其妻子、女演员黑雷内·瓦伊凯尔于 1949 年创立，以上演布莱希特的作品为主。（译注）

在布莱希特的作品进入上述这类选集时，入选的戏剧更有可能是《四川好人》（*The Good Women Of Sezuan*）或是《高加索灰阑记》（*The Caucasian Chalk Circle*）。从选集的前言可以明显看出，某种诗学尽管是布莱希特不可能接受的，它仍然控制了美国文学系统中庞大的折射群体。这里有前言中的例子，每一种都与布莱希特自己想要阐释的诗学都全然相反："故事必须达到一个必然的结局；它不仅是停止，而且是完成了。"[12] 开放式结局的戏剧，例如《大胆妈妈》，显然是不适合这种说法的。独白和旁白被承认是必要的戏剧诗学成分，但对其态度是有所保留的："若在戏剧中使用这两种技巧，效果很好，但它们会打断场景，所以只能偶尔使用。"[13]——这当然将陌生化效果排除在外。"戏剧所上演的故事的分量预先就被缩短了，场景的推进尽可能接近最终的问题。事件一开始就具有高度的张力，而且这一张力迅速加剧。"[14]——这又排除了史诗剧的可能性。重要之处在于，这些说法被当作是描述"此类"戏剧的权威性看法。以上诗学观点还渗透到1969年版《不列颠百科全书》的"布莱希特"条目之中。这一条目的说法相当连贯，且具有逻辑性，说是"他不擅长创造生动的角色，也不擅长给予他的戏剧张力和空间"。[15]

布莱希特坚持自己的诗学，对关于戏剧的传统观点提出挑战，这"使得折射不那么容易"。折射者的确对布莱希特抱着接受的态度，但他们发现自己处于不妙的位置，因为他们所要对付的诗学与他们所在的系统是疏离的。要对付这个问题，颇有一些策略。你可以认同戏剧本身的价值，而扬弃其诗学："陌生化理论只是一派胡言，他自己较好的作品全然是戏剧性的，就足以证明其谬误。"[16] 你也可以进行心理分析，认为布莱希特的诗学是将非理性的因素理性化了，所以应该扬弃："我不关注理论。我确信布莱希特所做的就是他所写的，他的作品出自他的天性，而并不像他预先计划的那样，是为了达到当前革命时代的正确目标。"[17] 使折射适应于本国系统的第三种策略是，将新的诗学概念翻译为更熟悉的旧的诗学术语，将新的诗学并入旧的诗学："《大胆妈妈》中即使存在'发现'（anagnorisis）①，也没有出现在舞台上，而是出现在布莱希特的史诗剧的表演当中，正如亚里士多德式戏剧传统一样。"[18] 最后一个策略是，解释新的诗学，并说明文学系统实际上可以容纳它，可以允许它成为自身诗学的必要组成和功能成分，使它不至于分崩离析："有些评论家将间离效果解释为，观众应该持续处于情感的疏离状态，但事实上布莱

---

① 亚里士多德《诗学》中用语，"发现"与"突转"被视作悲剧情节的主要成分。（译注）

希特操纵着审美的距离，在情感上令观众卷入，然后又将其从强烈的反应中拉出来，使其能够用批判的眼光来判断所看到的一切。"[19]

在对《大胆妈妈》本身的诠释中，又出现了同样的策略：（一）《综艺》杂志对此剧 1963 年百老汇演出本的评论是："一知半解而又一览无余，愤世嫉俗、乏味而令人厌倦。（二）"[20] "他的想象力和他自己对生活的热爱创作出一部超越了任何主题的作品……他不可能夺走大胆妈妈的人性；甚至是严格的马克思主义评论家也看到了她的人性。（三）"[21]

> 1941 年的苏黎士的观众或许只是对大胆妈妈表示同情，她就像尼俄伯①一样，看着她的孩子被更为强大的力量毁灭，而她仍然不顾一切地去抗争。但如果仅仅从这些方面来看这部戏剧，就忽视了至少一半的内容，而且完全没有考虑到布莱希特刻画角色的方法。[22]

"大胆妈妈什么也不知道，只是跟随军队。在较为逊色的作者笔下，这一主题很可能会引出对穷苦人和无辜者的理想化描写。布莱希特没有作出让步，他没有美化大胆妈妈，而是如实表现出了她的狡诈、固执和粗鄙。（四）"[23]

在三种翻译当中，曼海姆的译本位于（三）和（四）之间。希斯和本特利的译本则摇摆于（二）和（三）之间。主要的问题似乎在于改变布莱希特的直接措辞方式，以适应百老汇舞台的诗学。由此，希斯和本特利都倾向于对观众或读者"讲清楚"一些东西，而这些却是布莱希特希望观众或读者自己拼合想象出来的。布莱希特的舞台说明"Die stumme Kattrin springt vom Wagen und stösst rauhe Laute aus"，希斯译作"Dumb Kattrin makes a hoarse outcry *because she notices the abduction*"（哑巴卡特林看见了绑架行为，所以发出一声嘶哑的叫声）（B37/H12）。大胆妈妈对卡特林说的话"Du bist selber ein Kreuz: du hast ein gutes Herz"，希斯译作"you are a cross yourself. *What sort of help to me are you? And all the same what good heart you have*"（你自己就是一只十字架。你给了我怎样的帮助啊！你有一颗多么善良的心）（B34/H11），曼海姆译作"you are a cross yourself *because* you have a good heart"（你自己就是一只十字架，因为你有一颗善良的心）（B34/M142）——斜体部分都是德语原文中没有的。本特利试图使布莱希特的作品完全"清晰"，就过多地使用了破折号和斜体。"Wer seid ihr"变成"who'd you think

---

① Niobe，希腊神话人物，她的十四个儿子因自夸而全被杀死，她悲伤不已，后化为石头。（译注）

you are"（你认为你是谁），取代了简单的"Who are you"（你是谁）（B25/B4）。
"Aber zu fressen haben wir auch nix"（我们没有吃的了）变成"A fat of difference that makes, we haven't got anything to eat either"（这下事情就严重了，我们也没有什么可吃了）（B39/B13）。"der Feldhauptmann wird Ihnen den Kopf abreissen，wenn nix aufm Tisch steht"被译为"I know your problem：if you don't find something to eat and quick，the chief will-cut-your-fat-head-off"（我知道你的问题：如果你不快点找出点吃的，长官会砍了你的肥脑袋），而不是"the captain will tear your head off if there's nothing on the table"（桌上若没有东西，长官会拧掉你的头）（B40/B14）。

希斯和本特利还尽其所能，让翻译的歌曲与剧情融为一体，以接近音乐剧的模式。例如，在"Das Lied vom Weib und dem Soldaten"（女子与战士之歌）的道白和歌曲之间，本特利加了"过渡台词"，这样歌曲就更有音乐剧的味道了：

> To a soldier lad comes a fishwife
> （向着士兵小伙儿走来一个渔婆）
> And this old fishwife says she…
> （这个渔婆说她……）（B45/B18）

在翻译中，他倾向于使用模糊、抽象、陈旧的语言，押韵的需要又导致添凑的语言过多，而原文其实是很刺耳也很具体的。如下面这几句，德语原文的直译是这样：

> Commanders，your men
> won't march to their death without sausage
> Let Courage heal them first
> with wine of the pains of body and soul
>
> （长官，你的手下
> 没有香肠是不会远征
> 让大胆妈妈用酒来治疗他们
> 身体和灵魂的苦痛吧）

希斯翻译成

> Bonebare this land and picked of meat

The fame is yours but where's the bread?

So here I bring you food to eat

And wine to slake and soothe your dread （B25/4）

（大地是光秃秃的骨头，肉被剔光

名誉是你的，但面包在何处？

所以我带来食物给你吃

还有酒，可以缓解和抚慰你的恐惧）

本特利也让歌曲文本更适合音乐剧的风格和体裁。原文很精练，意为：

one drab morning

my pain and sorrow began

the regiment stood in the square

then they beat the drums，as is the custom

Then the enemy，my beloved too

marched out of our town

（一个乏味的早晨

我开始痛苦和悲伤

兵士们站在操场上

然后他们开始打鼓，这是习惯

然后我的敌人，还有我爱的人

都开拔离开了小镇）

本特利在翻译时就填塞了一连串的陈词滥调：

The springtime's soft and amour

Through summer may endure

But swiftly comes the fall

And winter ends it all

December came. All of the men

Filed past the trees where once we hid

Then quickly marched away and did

Not come back again （B55/B23）

（春天温柔而芬芳

夏日也许难忍

但秋天很快来了
冬天结束了一切
十二月到了。所有的人们
列队走过我们曾经躲藏的树林
然后，迅速远去，
不再回转）

布莱希特的东西没留下多少，倒是那些季节，那些忧伤的回忆，全是典型的百老汇舞台风格，痕迹太明显了。当本特利翻译下面这几句时，音乐剧风格完全取代了原文的风格。

原文意为：

A schnapps，mine host，be quick
A solider on horseback has no time
he has to fight for his emperor
（来杯烈酒，店家，快
马背上的士兵没时间等待
他要为他的皇帝而战）

译文：

One schnapps，mine host，be quick，make haste！
A soldier's got no time to waste
He must be shooting, shooting, shooting
His Kaiser's enemies uprooting　（B101/B49）
（来杯烈酒，店家，快，快点！
士兵没时间可浪费
他必须射击，射击，射击
将他的大帝的敌人连根拔起）

他对这首歌中其他的叠句也进行了同样的处理，达到了风格的一致："Er muss gen Mähren reiten" 变成了

He must be hating，hating，hating
he cannot keep his Kaiser waiting

（他必须憎恨，憎恨，憎恨

他不能让他的大帝再等）

德语原文本来比较平淡，意思是"he has to go fight in Moravia（他必须去摩拉维亚战斗）"。而"Er muss fürn Kaiser sterben"就译为

He must be dying, dying, dying

His Kaiser's greatness glorifying　（B101/B50）

（他必须死亡，死亡，死亡

把帝王的荣光颂扬）

而原文的意思不过是"他不得不为帝王而死"（He has to die for his emperor）。即使我们再宽容本特利的做法，也至少可以说，他所依照的诗学与布莱希特的诗学显然不同。他一定相信，这种不同会使布莱希特更容易被接受，但如果直译就不行了。这些例子再次说明，问题不在于字典里的意义；翻译不是意义上的对等，而是两种诗学的妥协，其中，接受系统的诗学发挥了主要作用。

　　布莱希特作品简明而松散的结构，加上他所设计的给演员表演提供暗示的舞台说明，是布莱希特诗学的另外两个特征，这两个特征看来也不容易从一个系统转移到另一个系统。因此，希斯按照接受诗学的规范，将布莱希特剧本的幕和场重新划分。本特利保留了布莱希特的场次，但给每个场次加了标题，这些标题是布莱希特剧本的第一句话。他们两个都把简洁的舞台说明翻译得很长，这样，由斯坦尼斯拉夫斯基表演体系培养起来的演员才能更熟悉这些说明。例如，原文只是"厨子进来了，他看到他的东西，动作开始"，前者将其译为"然后厨子回来了，他还在吃着。他吃惊地盯着他的物品"，后者将其译为："一阵风。厨子进来了，还在嚼着东西。他看到他的东西。"（B192/H72/72）甚至曼海姆也并不总是完全相信布莱希特自己的诗学。当卡特林死去，大胆妈妈说："Vielleicht Schlaft sie."（她可能睡了。）他翻译为："Maybe I can get her to sleep."（也许我能让她睡着。）（B153/M209）然后，大胆妈妈唱起摇篮曲，还加上一句"Now she is asleep"（这下她睡着了）——这都是原文中没有的。同样，当大胆妈妈决定不再责备上尉，而只是起身离去时，一幕结束，本特利加了句舞台说明："文书看着她离去，摇摇头。"（B90/B44）

　　布莱希特式的对话是另一个问题。要想适应接受系统的诗学，这些对话

还得更流畅些。于是，在翻译中台词被重新分配，因为演员显然不能站在那儿很长时间不说话。结果就是

原文直译：

> Then we can go look，I love walking about and looking for things，I love walking about with you，Poldi，it's so nice, isn't it? Even if it takes two weeks?

> （那我们可以去找，我喜欢到处走走，找找东西。我喜欢和你一起转转，波尔蒂，这很好，不是么？虽说要花上两个星期。）

在翻译中变成了：

> Yvette：Yes，we can certainly look around for something. I love going around looking, I love going around with you, Poldi …
>
> The Colonel: Really? Do you?
>
> Yvette: Oh, it's lovely. I could take two weeks of it!
>
> The Colonel: Really? Could You？ （B76/B36）

> （伊维特：是啊，我们当然可以到处走走，找点东西。我喜欢出去走走看看。我喜欢和你一起出去转转，波尔蒂。
>
> 上校：真的？你确定？
>
> 伊维特：哦，多美妙啊！我能花上两周时间！
>
> 上校：真的？你能么？ ）

同样，这里加上了一点情绪，而在原文中，情绪是欠缺的，后者无疑是布莱希特所特有的诗学。再如伊维特对厨子的揭发："das ist der schlimmste，wo an der ganzen flandrischen Küste herumgelaufen ist. An jedem Finger eine, die er ins Unglück gebracht hat" 变成了 "he's a bad lot. You won't find a worse on the whole coast of Flanders. He got more girls in trouble than … （*concentrating on the cook*）Miserable cur! Damnable whore hunter! Inveterate seducer!"（他是个坏蛋。佛兰得斯海滩上再找不到比他更坏的人了。他让好多姑娘陷入困境，比……[盯着厨子]讨厌的贱人！该诅咒的嫖客！软骨头的家伙！）（B125/B63）舞台说明以及后面的话都是译者加上去的。

在接受系统所产生的评论性折射中，布莱希特的意识形态所遭遇的处理方式与其诗学相同。有时人们以微妙的方式对其避而不谈："布莱希特所带来

229

第四章 文化学派翻译理论

的改变是，他希望说明，如果大胆妈妈采取另一种行动，事情或许会不同。"（她能怎么做？难道在17世纪的德国建立社会主义？[24]）有时，人们又在臆测其心理："在没有上帝的世界里，是马克思主义的前景将布莱希特从虚无的绝望中拯救出来"[25]，而且"共产主义意识形态给布莱希特提供了一种理性的拯救形式，因为它指出了一条清晰的道路，以消灭社会混乱和大众的苦痛。同时，共产主义的纪律为布莱希特的内在生命提供了道德束缚，这是当时他极其需要的"。[26]

当人们试图将布莱希特融于美国价值体系时，开头总是承认他的意识形态问题："布莱希特作为共产主义东德文化英雄的地位进一步导致了他的'左'倾，相应地，也使他失去了任何取悦于艺术和政治右翼的可能。"[27]最后，又假设说，布莱希特所赞同的意识形态对他的艺术作品产生了影响："然而，布莱希特保持中立的立场。也即他装作心中没有具体的疗救社会的方法，尽管一般人都认为他偏爱社会主义或共产主义社会。但他在戏剧中避免这样说，他只是宣称，观众必须自己作出决定。"[28]近年来，许多说法以这种操作方式出现，这表明接受系统越来越能接受布莱希特了。曼海姆的译本在时间上是最近的，就很容易地成为本文所考察的三种译本当中"最好"的一种，因为他的翻译更遵循布莱希特的原意。但事情却并非如此简单。说一句"曼海姆的翻译好，希斯和本特利的翻译都很糟"是很容易的——这是传统翻译研究做了一次又一次的事情。曼海姆能翻译得好，是因为希斯，尤其是本特利，在他之前翻译了布莱希特，这种说法倒是更接近事实。他们使人们的注意力集中到布莱希特身上，这样做就使得讨论得以进行。如果他们一开始就按布莱希特的原意来翻译，而不考虑接受系统的诗学，可能关于布莱希特的争论根本就不会开始——看看布莱希特的《大胆妈妈》在1936年上演的惨状就可以想见。希斯和本特利为布莱希特在另一系统中搭建了一座桥头堡，为了做到这一点，他们必须与这一系统中主要赞助人和诗学的要求达成妥协。

从不太被接受到被"确切"翻译，布莱希特的翻译已经通过了一个必要的进化过程，但这也并不是说，布莱希特就不必再重译了。接受系统的自然语言和政治都在不断地变化，产生折射的棱镜在时光流逝的过程中也可能改变。例如，布莱希特完全有可能被用来服务于与他自己全然相反的诗学，如生活剧场（Living Theatre）上演的《安提戈涅》（Antigone）就是这样。简单说来，在更广阔的语境中，我们应该记得文学系统是随机的而不是机械的。原创文学和折射文学的制作者并非在他们时代和处境的束缚下像机器人那样进行操作。从"全然接受"到"置之不理"，他们设计出不同的策略来应对这些约束机制。系统研究方法所利用的分类方式是按某种"不变框架"表述出来的，类似于物理学家所假设的理想世界，在这里，所有的实验都在理想条件下进行，所有的规则也都不会失效。正如物理规则一样，当系统研究的分类法运用于个别例子的时候，也必须加以灵活处理。

希斯和本特利处理《大胆妈妈》当中意识形态元素的方式与同时代的一些"折射者"即批评家，大致上是相似的。希斯是在1941年进行翻译的，他一直刻意削弱剧中的激烈反战言论，有时省略了整段的讲话，如下面这段辛辣的讽刺：

> 和所有的好东西一样，战争开始总是不那么容易的。但一旦开始，就很难摆脱它；人们开始害怕和平，就像掷骰子的赌徒无法停止一样，因为停下来他们就得付钱。但一开始他们是害怕战争的。对他们来说，它是个新事物。

希斯还省略了布莱希特写给大胆妈妈的台词，以削弱这一角色身上明显的战争与生意的关联，例如下面这句："咱们出发吧，不是每天都有战争，我还得赶快行动。"本特利的翻译在"二战"之后，但仍然部分地沿用这一程序。例如：

> 你可以看见，这儿战争没进行多久。那么我问你，你从哪儿获得道德呢？和平是一种潦草的交易，我们需要战争来获得秩序。人们在和平中都变得狂野了。

就变成了一句简单的"他们所需要的就是一场战争"。另外，与战争相关的词和词组在翻译中都采用了一种较高贵的表达方式，例如原意是"the two of us will go out into that field and settle this business like men"（我们两个出去，到那块空地上像个男人一样来解决这个问题）变成了"the two of us will now go and settle the affair on the field of honor"（我们现在出去，解决这一关乎荣誉的事件）。"以矛和枪"变成了"以火和剑"。也就难怪，后来曼海姆在对布莱希特更为友好的环境之中进行翻译的时候，情况就正好相反，原文中的反战主义得到了更清晰的再现。

原文意为：

So many wanted so much

That was not available for many

（这么多人如此期待

不是很多人能得到的东西）

被译为：

Some people think they'd like to ride out

The war, leave danger to the brave. （B113/M185）

（有些人想安然度过

战争，将危险留给勇敢的人）

文本在意义层面上的理解并不是问题所在；变化的产生只是因为意识形态。

最后一点，希斯和本特利还在翻译中避开了布莱希特渎神的语言，以服从当时美国娱乐产业的行为准则，然而结果却很怪异："把他的手下带到狗屎般的坏运气当中"变成了"把他的人带到了战争的烟雾中"以及"把他的士兵带入了陷阱"（B45/H17）。"Du hast mich beschissen"变成了"肮脏的把戏"和"你让我恶心"。即使是多年后，曼海姆也很轻率地改动诅咒的语言，如"der gottverdammte Hund von einem Rittmeister"就语气大为减弱，变成了"肮脏的上尉"（B83/M170）。

至于折射的经济因素，一些没有收录布莱希特作品的戏剧集在前言中触及了这个问题，一些关于《大胆妈妈》美国演出的评论对此也有所触及。选或不选，经济上的考虑显然与版权问题有关；以英语重版布莱希特既不容易，也不便宜，有些编者就放弃了——最纯粹形式的经济因素。还有不太明显的经济因素，但同样很有效，在《经典戏剧》（*Classic Theatre*）的导言中，巴内特（Barnet）提到了这些因素，这个剧本集是 PBS 的同名剧集的配套出版物，因此有双重的经济压力。首先，戏剧排列的顺序是

> 几乎都按时间顺序：极少的例外是为了平衡电视节目。因为制作商希望系列剧以著名的戏剧开头，所以，莎士比亚的《麦克白》（写于 1605 年至 1606 年）就放在马娄的《爱德华二世》前面（写于 16 世纪 90 年代早期）。[29]

后来更发展为，有两部所谓"经典"根本就不是为"剧院演出"而创作的，它们多少像是直接为连续剧所写的剧本，或者说就是为电视而写的："本书收入的十三部剧本当中，两部是电视剧本，一个是根据伏尔泰散体小说改编的《老实人》（*Candide*），另一个是关于英国诗人弥尔顿的生活的剧本。"[30]

很难看出这两个剧本和"经典"与"戏剧"能扯上什么关系，而如果其中任何一部退出，就肯定有空间容纳布莱希特的作品了。可见，在 1975 年，结论仍然是：从商业和诗学来考虑，要将布莱希特选入"经典戏剧"系列还是太冒险了（或者也太昂贵了）。可就是这篇导言还宣称，"20 世纪下半叶最重要的戏剧是一批较为统一的剧作，它们以'荒诞剧'为标签"[31]，并为阿尔托（Artaud）在现代舞台上所产生的普遍影响而欢呼。

1963 年，《综艺》杂志的评论针对《大胆妈妈》的百老汇演出问了一个"百万美元问题"："为何会有人认为它可能具有商业性，并能满足百老汇的流行要求呢？"这就赤裸裸地提出了布莱希特在美国赞助系统中一直没有争取到的一个重要因素。1963 年，在盛行的经济规则之下，布莱希特的赞助者不能保证其作品较为完整地再现。

> 原作包括九首歌。我的印象是好几首都被砍掉了——或许是因为，如果保留这些歌曲，允许演唱它们的时间就可能超过 24 分钟，音乐剧工会就会将剧本列为"音乐剧"。按照规定，这种类别的戏剧就得重金雇用 24 位音乐家。[32]

然而，不懂德语的百老汇观众，甚至懂德语的百老汇观众，都更喜欢观看戏剧，而不是读剧本，对他们来说，这就是布莱希特的《大胆妈妈》。也就是说，对于大多数对文学略知一二的人来说，折射就相当于原著。的确，可以毫不夸张地说，文学对这类读者的影响正是通过折射，而不是通过别的途径。在美国，他或她会告诉你《白鲸》（*Moby Dick*）是一部伟大的小说，是美国文学名篇之一。他这样说是因为在学校里别人是这样教他的，而她读过漫画，还有文集里的选段，在他或她心目中，亚哈（Ahab）船长看上去永远就是格利高里·派克的帅模样。正是通过评论的折射，文本才在特定的系统中确立了自己的形象（从学术性杂志上的文章到最公开的商业性评论——出版说明，后者在卖书的时候比前者的作用大得多）。正是因为翻译与评论的折射结合在一起（导言、注释、翻译所附的评论、文章），特定系统之外产生的文学作品才在"新"的系统中获得自己的位置。正是通过社会系统当中教育机构的折射，才产生了经典化，并一直维持下去。大学教学大纲和平装经典读物的出版名单之间有着直接的联系（托马斯·曼的《魔山》和《浮士德博士》名列其中，《约瑟夫和他的兄弟》则没有）。

所有这些都绝无任何道德说教的意图。我并非指责目前存在的这些事情，而只是对其进行描述，并指出，这非常值得描述，因为折射是使文学系统保持运转的方式。基于浪漫主义的文学研究方法忽视了这些，但它们一直是存在的。我们不应该过高估计它们的作用，但也不应该再低估它。

布莱希特确立了自己的诗学，以反对当时在德国占主导地位的诗学。在他去世之前，他努力获得了一定程度的认同。他做到这一点，是通过"原作"（戏剧文本，理论文章）与折射的结合，而折射包括：他作品的演出，对这些演出的评论、翻译，以及随之而来的批评产业。他的诗学的功能性成分（戏剧的目的）相当激烈地偏离了他所在时代的主导诗学（但是，他所在的系统之中，还曾出现过中世纪的道德剧，与之相比，他也并不算太偏激），尽管他所使用的很多技巧其实存在于他同时代的非经典化戏剧形式（例如情人节歌舞表演）或是其他文化的戏剧（例如中国的京剧）之中。

因此也就不足为奇，浪漫主义的文学研究方法会问到一个可怜的问题："所有这一切有多少是新的呢？"说这个问题可怜，是因为从来没有任何东西是新的；新事物来自旧事物、非经典化事物的种种元素的结合，这些元素从其他系统引进（大约在布莱希特尝试改编京剧的同时，中国诗人冯至将欧洲的十四行诗折射到中国），又为了适应不同的文学功能观而重新组合。对于显性和隐性概念上的某种诗学，对于个别的文学作品，情况都是这样。从某种程度上来说，文学作品就是体裁元素、情节、主题、符号的重新组合——事实上，也就是"将其他人的观点拼凑起来"，但组合的方式能给人们新的冲击。

原创性的问题也是很可怜的，因为它阻碍了如此之多的浪漫主义文学研究方法的追随者，使他们不能看到如此之多的东西。只有当文本一直与传统以及它们所产生的环境（或反对的环境）相隔绝的情况下，原创性才能存在。它们所获得的新鲜感和永恒性，它们神圣而玄妙的地位，都是有代价的：那就是历史的失落，而它们本来是历史这一连续体的一部分，并有助于塑造（或再造）历史。整体文学，以及个别作品，在最终的分析当中，基本上都会通过一些主观性的方式被思考、被评论、被认同、被运用于生活；这些行为都是折射，都会影响读者接受和解读作品的方式。目前的折射常常利用一些远离文学而又被引入文学的基本原理进行操作，比如心理分析和哲学。换言之，如果原创性成为凌驾一切的要求，所谓"自然的"文学研究框架就已经失败了，因此不得不被来自其他学科的框架所取代。人们给初涉文学研究的学生提供文学作品的方式最能说明这一失败的情形：大纲、书单和文集经常提供一些完全不具备可比性的文本和文本片段，将它们任意组合在一起，以满足这一强制性研究框架的要求。

只有当语词与它所来源的世界小心隔绝的时候，它才如浪漫主义文学研究方法所说的那样，能够真正创造一个世界。而这最终是不可能的，语词不会从虚无中（ex nihilo）创造出一个世界。在传统的束缚下，它创造出了一个"反世界"，这个世界形成于创造者所生活和写作的世界的约束之下，如果对这些约束加以考虑，可以更好地解释和理解它。若非如此，所有的解释都是远远不够的，只能附属于外来的研究框架。

文学研究的系统方法强调折射的作用，并将各种折射整合为一体，它重新定义文学的概念：文学不是无拘无束的天才凭空制造出来的东西，因为天才从来不可能不受束缚，天才在一定的约束机制下进行操作，接受或颠覆它们，文学就是天才和这些约束之间形成的张力所制造出来的。对文学进行的科学研究是一种行为，它试图为所有文学现象的细节绘制出"想象图景"，并创制一些理论，比先行者们（他们的工作多少也是有用的，多少也是正确的）找出更多现象的更多意义，它建立在目前科学研究所共同接受的方法论基础之上，而又发展出适合自己研究领域的具体研究方法，它也将研究"折射"。它将研究"折射"在某一文学系统进化过程中的作用（以及"折射"在类似的一些文学系统进化过程中的作用）。它还将研究控制进化的规则：特定的系统中，不同诗学接踵而来，某些约束机制有助于它们的形成，这些机制还有助于形成不同系统的诗学以及特定诗学基础上产生的个别文学作品，或是诗学的组合。

文学的系统研究方法无意对特定文学系统的进化产生影响，而公开为某一诗学服务的评论性折射和许多翻译作品却倾向于此。它并不试图从特定方向影响读者对作品的解读方式。相反，它的目的是给读者提供最为完整的材料，以帮助他们解读文本，这些材料他们可以自由地接受或拒绝。

文学的系统研究方法的目的是让读者能接触到文学文本，它采用描述、分析、历史传记、翻译的方式，但所有这些不是建立在某种暂时的诗学的基础上（当然这种诗学会辛苦地证明自己是永恒的），而是基于某种求知的愿望，如同文学系统内的那些约束一样，这一愿望本身也受制于某些约束，它不是要获知文学本身所知的东西，而是要知道文学以怎样的方式提供其知识，这是非常重要的，应该在尽可能大的范围内与人分享。

Reference

[1] Martin Esslin, *Reflections* (New York, 1969), p.79.

[2] *Encyclopedia Britannica* (Chicago, 1969), IV, 144a.

[3] A.C. Ward, ed., *The Longman Companion to Twentieth Century Literature* (London, 1970), p. 88a.

[4] Esslin, *Reflections,* p. 83.

[5] S.Kunitz., ed., *Twentieth Century Authors*, first Supplement (New York, 1965)

[6] Quoted in K. H. Schieps, *Bertolt Brecht* (New York, 1977), p. 265.

[7] A. Nicoll, ed., *World Drama* (New York, 1976), p. 265.

[8] Esslin, *Reflections*, p. 75-76.

[9] Esslin, *Reflections*, p. 76.

[10] E. Bently, ed., *The Play* (Englewood Cliffs, 1951), p.6.

[11] E. Bently, ed., *From the Modern Repertoire*, Series Three, (Bloomington, 1966), p. i.

[12] S. Barnet, M. Berman and W Burto, ed., *Classic Theatre: The Humanities in Drama* (Boston, 1975), p. v.

[13] L. Perrine, ed., *Dimensions of Drama* (New York, 1970) p. 4.

[14] L. Altenberg and L. L. Lewis, ed., *Introduction to Literature: Plays* (New York, 1969), p. 2.

[15] *Encyclopedia Britannica*, IV, 144a.

[16] M. Gottfries, *Opening Nights* (New York, 1969), p. 239.

[17] H. Clurman, *"Bertolt Brecht"* in *Essays in Modern Drama*, ed., M. Freedman (Bostton, 1974), p. 152.

[18] K.A.Dickson, *Towards Utopia* (Oxford, 1978), p. 108.

[19] O.G.Brockett, *Perspectives on Contemporary Theatre* (Baton Rouge, 1971), p. 216.

[20] *Variety* review of the 1963 Broadway production, quoted in Schieps, *Bertolt Brecht*, p. 265.

[21] M. Seymour-Smith, *Funk and Wagnall's Guide to World Literature* (New York, 1973), p. 642.

[22] M. Morley, *Brecht* (London, 1977), p. 58.

[23] K. Richardson, ed., *The Great Playwrights* (New York, 1970), p. 2169.

[24] E. Bentley, ed., *The Great Playwrights* (New York, 1970), p. 116a.

[25] J. A. Bédé and W. B. Edgerton, *Columbia Dictionary*, p. 114b.

[26] Bédé and Edgerton, *Columbia Dictionary*, p. 114b.

[27] Esslin, *Reflections*, p. 77.

[28] Brokett, *Perspectives*, p. 125.

[29] Barnet, *Classic Theatre*, p. v.

[30] Barnet, *Classic Theatre*, p. xvii

[31] Barnet, *Classic Theatre*, p. xviii

[32] H.Clurman, *The Naked Image* (New York, 1966), p. 62.

第四章　文化学派翻译理论

文化研究的翻译转向[*]

苏珊·巴斯奈特著

江　帆译

导言

　　苏珊·巴斯奈特（Susan Bassnett）是翻译研究派（文化学派）的重要代表人物，英国沃里克大学（University of Warwick）英国和比较文化研究中心教授。其主要著述有《翻译研究》、《比较文学导论》以及与勒菲弗尔合编、合著的《翻译、历史与文化》、《文化构建——文学翻译论集》等。她的两篇重要论文《翻译研究的文化转向》和《文化研究的翻译转向》则是翻译研究文化学派的标志性研究成果。

　　《文化研究的翻译转向》（The Translation Turn in Cultural Studies）收于《文化构建——文学翻译论集》一书中。该文首先回顾了巴斯奈特和勒菲弗尔于1990年提出的"翻译研究的文化转向"，即"翻译研究已经超越了形式主义阶段，开始考虑有关语境、历史和传统的更广泛的问题"。巴斯奈特认为，直至20世纪70年代，翻译研究仍然只是应用语言学研究或文学研究的从属部分，在新发展的文化研究中没有地位。翻译研究的术语和观念都极为陈旧，所谓研究不过是一些价值判断式的批评语言。而1976年的卢汶会议标志着翻译研究发生了全新的变化。在这次会议上，研究多元系统理论的以色列学者和低地国家学者以及欧洲其他国家的一些学者第一次聚到一起，提出翻译学学科的新定义，拒绝了过去将翻译研究仅仅局限于价值判断的定位，以及把翻译研究仅仅局限在文学研究或语言学研究框架内的做法。在此后的10年内，埃文—佐哈提出的多元系统理论主导了文化学派翻译研究的发展。而自20世纪80年代后期以来，加拿大、印度、巴西、拉丁美洲的翻译研究则以非常复杂的方式考察与翻译有关的意识形态问题，代表人物有雪莉·西蒙、尼南贾纳等，他们并未将多元系统理论作为研究起点，而是从女性主义和后

---

　　* 本文选译自 Susan Bassnett, "The Translation Turn in Cultural Studies," in *Constructing Cultures: Essays on Literary Translation*, ed. S. Bassnett. & A. Lefevere, Shanghai: Shanghai Foreign Language Education Press, 2001, pp.123-140。

殖民主义的文化视角进行翻译研究。

伊斯托普（Easthope）曾将文化研究自 20 世纪 50 年代后期以来的发展划分为三个重要的阶段：60 年代的文化主义阶段、70 年代的结构主义阶段，以及近 20 年来的后结构主义/文化唯物主义阶段。本文认为，这种阶段划分方式不仅概括了文化研究的变化过程，也同样适用于近 20 年来的翻译研究。在翻译研究当中，文化主义阶段的学者有奈达（Nida）、纽马克（Newmark）、卡特福德（Catford），他们试图进行文化的思考，探讨如何定义等值等问题。不过，这些翻译研究的早期"文化主义者"所使用的术语来自欧洲中心主义的人类学视角，而并非来自文化研究的视角。多元系统阶段则可被认为是翻译研究的结构主义阶段，而在新的国际主义时期，文化研究转向社会学、人种学以及历史学和社会学，作者将这一程序称为"跨文化转移"。文化研究和翻译研究的相遇，并非偶然，因为两者有不少相关之处。

首先，文化研究必须是"跨学科的"，翻译研究也是如此。两个领域的研究都质疑学科的边界，而且都开创了自己新的空间，具有很大的产出潜力。

其次，早期多元系统理论强调文本在目的语境中的命运，原文文本地位的问题可以置于一边。但随着研究的扩大，翻译学者开始考察过去边缘化的领域。文化研究也有类似的潮流，其早期工作倾向于挑战性和颠覆性，强有力地反对经典文本研究的概念，并强调和突显流行的东西。

最后，翻译研究和文化研究关注的主要问题都是权力关系和文本生产。文化研究和翻译研究的实践者都认识到理解文本生产的操纵过程的重要性。

巴斯奈特最后总结说，就整体而言，文化研究和翻译研究这两大重要的跨学科研究之间存在着许多同步之处和重叠空间，两个学科的学者可以在很多领域进行更富有成果的合作。

正文

1990 年，勒菲弗尔和我编了一本名为"翻译、历史和文化"的论文集。我们合写了该书的导言，希望以此说明我们所观察到的翻译研究重点所发生的主要变化。我们试图论证，对翻译实践的研究已经超越了形式主义的阶段，并开始考虑有关语境、历史和传统这样更广泛的问题：

从前我们经常被问及的问题是"该怎样讲授翻译",以及"该怎样学习翻译"。那些以译者自居的人常常蔑视翻译教学的尝试,而那些自称为教师的人却又是常常不做翻译的,所以翻译研究只好求助于古老的评价方法,将一个译本与另一个译本放在一起,在形式主义的真空环境中对它们进行考察。现在情况已经改变。研究对象已经重新定义,我们所研究的是根植于源语及译语文化符号网络中的文本。这样,翻译研究既能够利用语言学方法,又能超越它。(Bassnett & Lefevere,1990)

我们将这一研究重点的改变称为翻译研究的"文化转向",并提出,结合翻译实例的翻译过程研究能够提供某种途径,以理解操纵文本的复杂过程是怎样发生的:例如一个文本是怎样被挑选出来以进行翻译的?译者在选择过程中起到了什么样的作用?编者、赞助人、出版商又起到了什么作用?是什么样的标准决定了译者采用的策略?文本可能以怎样的方式为目的语系统所接受?翻译总是发生在一个连续体当中,而不会发生在真空当中,对译者而言,存在着文本的和文本之外的各种约束。这些约束机制,或者说文本传递所涉及的操纵过程,是翻译研究工作的关注重点。为了研究这些过程,翻译研究的进程发生了改变,变得更为广泛而深入了。

在 20 世纪 70 年代,任何从事翻译研究的人都有过如下体会,即那时翻译研究与其他类型的文学研究或语言学研究之间存有明确的分界线。翻译研究在应用语言学当中占据了次要的一角,在文学研究中占据了更为次要的一角,而在新发展的文化研究中则完全没有地位。在遇到方法论问题时,甚至那些同时研究翻译以及其他相关领域的人也似乎经历着某种分裂式的变化。在解构主义盛行的年代,人们仍然在谈论"确切"的翻译,谈论语言和文学系统间的"准确""忠实"和"对等"。翻译这一研究主题如同灰姑娘一样,完全没有被认真对待。与主导普通文学研究的新的批评词汇相比,用以讨论翻译的语言陈旧得令人吃惊。那时,从一个文学理论的讨论会出来再去参加一个翻译讨论会,就好像是从 20 世纪末倒退到了 20 世纪 30 年代。因为关于翻译的讨论仍然受制于价值判断式的批评语言。

我认为,研究风气发生改变的最早信号是 1976 年的卢汶会议(Leuven seminar)。这次会议上,研究多元系统理论的以色列学者和低地国家学者以及欧洲其他国家的一部分学者第一次会聚一堂。勒菲弗尔接受了一项任务——草拟翻译学的定义。这一定义登载于 1978 年出版的卢汶会议论文集。学科

（早在那时他就将其视为学科）的目标是"产生一个全面的理论，作为翻译生产的指导"。这一理论既不是新实证主义的，又不是阐释学的，我们应当不断地通过个案研究对其加以验证。因为这个学科将会一直处于持续的进化之中，所以它应该是动态的，而不应是静态的。定义后面又加上一句：

> 以这样的方式所阐述的理论也许会对文学和语言学理论的构建有所帮助，这并不是不可想象的；按照这一理论所尝试制定的指导规则而作出的翻译可能会对接受文化的发展产生影响，也不是不可想象的。（Lefevere，1978）

因此，理论和实践是密不可分的。理论并不存在于抽象之中，它将是动态的，涉及对具体翻译实践的研究。理论和实践将相互供给养分。

勒菲弗尔所下的这一定义非常简洁，根茨勒（Gentzler）曾将其描述为"一个相当谦虚的提议"，但它仍然为翻译学发展的下一个阶段制定了一些基本规则。这一定义的基础在于，它拒绝了过去价值判断的定位，也拒绝将翻译学严格置于文学研究或语言学研究当中。我们事后才发现，这是至关重要的：所提出的一切都卓有成效，都是为了翻译学开辟自己的新空间，尽管当时没有一个提议者意识到这一点。

回顾过去，我们还会发现，翻译学已经和另外一个发展迅速的跨学科领域——文化研究——分享着共同的阵地。文化研究的起源是文学研究当中的反霸权主义运动，它对少数人所决定的单一"文化"概念的主导地位提出挑战，到 20 世纪 70 年代后期，它的阵地已从文学转到了社会学。文化研究的先驱之一理查德·约翰逊（Richard Johnson）曾对文化研究中社会研究和文学研究发生分裂的危险提出警告，他指出：

> 文化过程并不与学术知识的轮廓相吻合。文化研究的趋势必须是跨学科的或是反学科的。每一种方法告诉我们更大过程当中的一个小的方面。每一种方法从理论上说都是可靠的，但对它的研究对象又是很片面的。（Johnson，1986）

约翰逊说文化研究必须是"跨学科的"或"反学科的"，对于翻译研究，卢汶集团在 1976 年也是这样说的。由于它们具有类似的规划，当文化研究和翻译研究最终相遇时，将会具有很大的产出潜力，这也就丝毫不令人吃惊了。两个领域的研究都质疑学科的边界，而且都走向一个新的空间，在这里互动得以发生。这里无所谓孰优孰劣，不同方法的可靠性从一开始就已经确立。

诚然，卢汶集团早些年偏爱某种特定研究方法。自20世纪70年代开始，以色列学者埃文—佐哈（Even-Zohar）一直在对文学研究提出他的多元系统方法。他很明确地说出其理论来源：它们由俄国形式主义演变而来。埃文—佐哈指出，无论是蒂尼亚诺夫（Tynjanov）、艾亨鲍姆（Eichenbaum），还是日尔蒙斯基（Zirmunski），他们在文学史和文学史撰写方面的先驱性工作一直没有得到充分的理解和发展。关于文本的历史功能，只存在很少量的文学研究，不仅对于翻译文本是这样，对儿童文学、侦探小说、浪漫小说以及其他一些文学体裁也都是如此。于是，我们再次看到翻译研究和文化研究的密切同步性：都对传统批评在"高雅"和"低俗"文化之间作出的区分提出质疑；都对文学经典的概念提出挑战；都大力倡导文学研究拓宽其范围，以包括对文本在特定语境中的功能研究。埃文—佐哈追随巴赫金（Bahktin）和洛特曼（Lotman）的观点，认为需要对他所说的"高雅"和"低俗"文学（文化研究可能要严重质疑的术语）之间的关联机制进行恰当的考察。任何文学研究，如果忽视了注定缺乏艺术价值的作品，则必然美中不足，由此所产生的关于文本产生和接受的描述也将是不充分的。

埃文—佐哈1976年在卢汶会议上提交的论文题为"翻译文学在文学多元系统中的地位"（The Position of Translated Literature Within the Literary Polysystem），这篇文章对今天的翻译研究学者来说仍不失其启迪意义。通过将文学研究的系统概念应用于翻译，埃文—佐哈提出了审视翻译的新方法。我们需要提出的问题应该是关于翻译文本和目的语系统之间的关系，探讨为何某个文本被选择出来进行翻译，而另外一些文本却被忽视，以及翻译如何采纳特定的规范和行为。例如，我们可能会问，为什么菲茨杰拉德所翻译的《鲁拜集》会如此完整地进入英语文学系统，以至于不再被看作是翻译，而19世纪其他类似文本的翻译却消失得无影无踪？旧的美学观点既然在这里不起作用，那么肯定存在着其他一些因素，翻译研究者应该做的就是对这些其他因素进行考察。

埃文—佐哈还提出了另外一些有意义的问题：文学系统中创新和保守之间的运动机制是怎样的？翻译文学在这方面起到了怎样的作用？他进而提出，可能存在另外一整套审视翻译在文学中的作用的方法，把翻译看作形成变化的主要力量。他认为翻译是文学更新过程中的关键工具，这一观点很激进，往往不被传统文学史所重视。

我们或许可以将欧洲抒情诗歌的个案作为例子。这一领域很经典的一项比较研究是德罗恩克（Peter Dronke）的《中世纪抒情诗》（*The Medieval Lyric*）。

该书旁征博引，可读性非常强，它回溯了中世纪欧洲抒情诗的发展，追寻了"所有各类歌手"的踪迹。德罗恩克讨论了罗马传统和基督教传统的融合，以及宗教抒情诗和世俗抒情诗的区别和类似之处。中心章节题为"中世纪爱情诗的转变"，讨论普罗旺斯抒情诗是怎样进入意大利，又是怎样演变成为所谓"柔美新体诗"（Dolce Stil Nuovo）的。德罗恩克的分析所欠缺的是对早期普罗旺斯和加泰罗尼亚抒情诗与阿拉伯诗歌之间关联的充分讨论，但其他人承担了这一任务。然而，德罗恩克的研究最令人吃惊的一点是，他从未对翻译在抒情诗发展和传播中所起的作用作过任何讨论。然而，很明显，除非我们假设所有的歌手和诗人都掌握双语，否则翻译肯定是其中所涉及的基本行为。

对中世纪抒情诗的翻译研究会使用与德罗恩克相类似的比较研究方法，但将会提出不同的问题。它将从欧洲社会模式改变的角度考察文学形式的发展（封建主义的结束、城邦的兴起，等等），也可从语言史的角度进行考察。欧洲方言的发展是与翻译密切相联的，正如几个世纪以后，在文艺复兴时期，本土语言兴起，并取得和经典语言同等的地位，同样离不开翻译活动的促进。因此翻译绝不是边缘的事件，而是处于文学形式变化的核心，与民族语言的出现有着密切的联系。

埃文—佐哈建议对翻译发生于特定文化的条件进行系统的研究。在一段措辞有争议的陈述中，他提出，重要翻译活动得以发生的一些特定条件是可以辨别出来的：

> （a）当某种文学系统还没有明确成型，也就是说，当文学处于"幼嫩"的、形成之中的阶段；（b）当文学（在相互联系的各国文学当中）处于"边缘"或"弱势"地位，或两种情况兼而有之；（c）当文学中出现了转折点、危机，或文学真空的情况。（Even-Zohar，1978）

今天，我们会发现这种说法有些粗陋。说一种文学"边缘"或"弱势"是什么意思呢？这些评价性的术语带来了各种各样的问题。例如，虽然芬兰和意大利翻译了那么多东西，但它们是"弱势"吗？相反，英国翻译得少，就"强势"并"中心"了吗？这是政治的标准还是文学的标准？当然，学者在使用"少数/多数"这样的术语时也遭遇到同样的困难。但是，尽管这种表述略显粗陋，它仍然是极其重要的，它对我们如何书写文学史、如何描述过去和现在的形成力量，开启了一种全新的再思考。

多元系统理论为翻译研究开启了如此之多的道路，因此，在之后的 10

年里它主导了人们的想法，也就不足为奇了。各种新的研究工作都开始进行：对译作史和翻译史的系统研究、对过去时代译者的言论和翻译理论的重新发掘。这样的研究和女性研究的类似工作同步，它特别关注"被历史湮没"的各种不同译本。

为了更好地分析译者的策略，霍尔姆斯（James Holmes）勾勒出文本之间对应的等级关系，很多有价值的描述性研究和大量的比较研究都是根据这一模式进行的。

对多元系统方法也存在着一些批评意见，其中最引人注目的，就是批评它太关注目的语系统，从而过于偏离原文文本和语境。然而这是不可避免的。早期多元系统理论的部分思考，远离主导文学经典的观念，强调文本在目的语境中的命运，原文文本地位的问题可以置之一边。但随着研究领域的扩大，翻译学者开始考察过去被边缘化的领域。文化研究也有类似的潮流，其早期也倾向于挑战性和颠覆性，坚决反对经典文本研究的概念，倡导拓展文学研究的领域，以包容（实际上是突出）流行文学。

到 20 世纪 80 年代后期，翻译研究当中发生了很多事情，其中不少研究行为发生在欧洲之外。这时多元系统理论开始促使我们以一种新的方式思考文化史，因此颇有裨益，但它毕竟还是欧洲的产物。而加拿大、印度、巴西、拉丁美洲的研究以非常复杂的方式考察围绕翻译的意识形态问题，他们并未将多元系统理论作为研究起点。拉丁美洲所关注的原文和译文之间的关系扩展为被殖民者和殖民者关系的讨论。在关于巴西人类学运动的文章《当代巴西文学中的食人主义和民族主义》（Tupy or not Tupy: Cannibalism and Nationalism in Contemporary Brazilian Literature）中，约翰逊（Randall Johnson）将"食人主义"（cannibalism）的暗喻作为文化身份的表达，并对其进行了讨论：

> 从暗喻的意义上来说，对于与霸权力量之间的文化关系，它代表着新的态度。传统意义上的模仿和影响是不再可能了。食人主义不想再照抄欧洲文化，而是吞食它，利用它的积极方面，拒绝它的负面影响，建立原创的民族文化，这一文化将会是艺术表达的源泉，而不是其他任何文化表述形式的容器。（Johsnson, 1987）

这里我们无暇详细讨论食人主义的观点，但它给我们提供了清晰的后殖民暗喻，这一暗喻可以应用到文学迁移史和翻译史当中，具有十分重要的意义。传统的翻译概念将翻译看作"原文"的"复制"。今天，我们可以发现这种术语另有其意识形态的含义，我们还会发现它发展于特定的时间点。但重要的是，殖民地经常被看作是"宗主国"即某种原版的"复制"。对原文和复制的概念提出任何质疑，都带有地位的暗示，对欧洲中心论的观点都是一种卓有成效的挑战。食人主义提出了食人行为（cannibalisation）的暗喻，吞食仪式是由吞食者所控制，被殖民者重新思考与原殖民者之间的关系。这是明显的后殖民视角。

雪莉·西蒙（Sherry Simon）提供的关于翻译的视角也是如此，她认为：

> 翻译的诗学属于文化多元性美学的实际体现。文学对象被拆成片段，与当代社会团体的情形类似。（Simon，1996a）

这里的关键词组是"文化多元性"。后殖民的视角使所有关于固定边界的概念陷入危机，边界不再固定。我们不得不承认尼南贾纳（Niranjana）提出的翻译所产生的遏制策略。她认为："翻译强化了被殖民者对于霸权主义的说法，有助于他们理解萨义德所说的无历史的文本表现或对象。"（Niranjana，1992）

有人可能会说，且慢，《圣经》译者（如奈达）的文化著作中不是已出现了关于翻译的整体思考么？是的，当然已经出现了。但奈达关于文化的假设来自人类学。直到最近我们才需要注意到人类学所具有的欧洲中心主义的偏见。另外，尽管奈达的翻译作品为数不少，却都是出于一个特殊的目的：翻译基督教文本，希望改变非基督教徒，使他们接受不同的精神观念。他的《风俗与文化》（*Customs and Cultures*）一书的副标题是："基督教传教团的人类学"。书中开宗明义第一句话就是："好的传教士总是好的人类学家。"（Nida，1954）

如果还没有认识到支撑大量人类学思考的意识形态前提，我们来看看索因卡（Wole Soyinka）的著名（也可以说恶名昭著）的例子，他在《神话、文学和非洲世界》（*Myth，Literature and the African World*）一书中回忆，他作为访问学者，在20世纪70年代早期试图在剑桥大学举办非洲文学系列讲座，结果未被允许在英语系开讲座，最后在社会人类学系找到了地方。他说，英语系"不相信诸如非洲文学这样的怪兽"（Soyinka，1976）。对很多欧洲人来说，任何非欧洲文化都自动被"人类学化"了，它们的文化被当作"他者"进行研究和评价，而规范却是欧洲的。

我这里并不是对文化人类学一概都进行攻击。人类学的观点很多，而且文化人类学和翻译研究的确也在逐渐靠近。我只是想要假定，翻译研究中早期的"文化主义者"所使用的术语是来自欧洲中心主义的人类学视角，而并非来自文化研究的视角。后者是后来出现的。

现在我们来看一看文化研究的发展。一般认为，在大学或成人教育机构工作的英国学者发表了一系列文章，标志着这一研究领域的开始。霍加特（Richard Hoggart）的《识字的作用》（*The Uses of Literacy*）出版于 1957 年，接下来是威廉姆斯（Raymond Williams）的《文化与社会》（*Culture and Society*），汤普森（E. P. Thompson）的《英国工人阶级的发展》（*The Making of the English Working Class*）出版于 1963 年。1964 年，霍加特在伯明翰大学建立了当代文化研究中心，其余的可以说就是历史研究了。

当他们的著作开始出现的时候，霍加特、威廉姆斯和汤普森并没有形成任何学派或策略性思考的阵地。后来，因为他们都致力于重估"文化"一词的意义，并且共同关注英国阶级系统的各方面情形，这时才被视为一个相关的群体。他们在战后时期的出发点是，认识英国精神生活中的鸿沟：没有任何宽泛概念上的文化能够消除区域和阶级的界限。威廉姆斯尤其对利维斯（F. R. Leavis）使用"文化"一词的方式提出挑战，后者单只描述高雅的文化形式。威廉姆斯认为，任何"文化"的解释都不能忽视流行文化，它是工人阶级的表达方式。在《文化与社会》一书中他提出，社会现在如此复杂，没有任何个人能够宣称完全的理解和参与，也没有任何单独的视角是优先的。

> 任何可预测的文明都将依靠大量不同的专门技巧，这就在文化确定的那一部分以外还包括了片段的经验……在我们自己的时代，普遍意义上的文化不是旧日梦想中简单的大同社会。它是一个非常复杂的组织，需要不断的调整和重组……对任何个人来说，不管他如何有天才，完全的参与都是不可能的，因为文化太复杂了。（William，1957）

威廉姆斯在此假设了一个复杂文化的概念，你永远无法完全把握住它，它总是破碎的，有些部分无法理解，有些部分无法实现。和霍加特一样，他认为文化有多种声音，它是一个过程，是一堆变化的符号，而不是单个实体。在文化研究的早期，这一学科寻求在学术界确立自己的地位，人们主要关注口头文化和工人阶级文化的重新评价，认为"文化"一词属于大众，而非属于少数精英分子。在霍加特的继任者霍尔（Stuart Hall）的领导下，伯明翰中心还转向思考种族和性别的问题，而且不再限于英语，而是吸收了更多的欧洲大陆的理论研究成果。

安东尼·伊斯托普（Anthony Easthope）长久以来认为，从文学研究转向文化研究是一个不可避免的持续过程。在他最近一篇题为"但什么是文化研究"（But What is Cultural Studies?）的文章中，他追溯了文化研究自 20 世纪 50 年代后期以来所经历的变迁，并认为其中存在三个重要的阶段：他称为 60 年代的文化主义阶段、70 年代的结构主义阶段，以及近 20 年来的后结构主义／文化唯物主义阶段（Easthope，1997）。这三个阶段与学科研究主题确立过程中的不同阶段相对应。在文化主义阶段所记录的时期，主要的挑战是质疑仅为少数精英所用的"文化"一词，目标是扩大"文化"的概念，使其包括经典文本以外的东西。以结构主义阶段为特点的时期，人们转而关注文本性和霸权主义之间关系的考察，第三阶段则反映了对文化多元主义的认同。

这种一分为三的区别方式，以概括的笔触追溯了研究重点的意义深远的变化。这一变化影响了文学研究，也影响了文化研究，还同样适用于近 20 年来的翻译研究。在翻译研究当中，文化主义阶段有奈达的研究，或许纽马克（Newmark）、卡特福德（Catford）和穆南（Mounin）的研究也可列入其中。他们试图进行文化的思考，探讨如何定义等值的问题，以语言学的概念与文化的不可译性进行对抗，其价值是不容否认的。下一拨翻译学者在这一早期研究中所发现的问题是，它太过重视实用性，不够系统，而且不关注历史。

多元系统阶段也可被认为是结构主义阶段，一段时间以来，系统和结构主导了这一领域的思考。我们也许使用了一些比喻性的语言，谈论"图示"（Holmes）、"迷宫"（Bassnett），甚至"折射"（Lefevere），但我们所关注的是一个更为系统的研究和实践翻译的途径。当翻译研究表现为多元系统理论的时候，文化研究更为深入地挖掘了性别理论和青年文化研究。它也不再仅仅关注英语，20 世纪 80 年代，文化研究在世界许多地区迅速扩展，尤其是在美国、加拿大和澳大利亚，在发展的过程中，它不断得以修改，发生改变。文化身份的问题、多元文化主义的问题、语言多元性的问题都成为研究内容的一部分，研究重点不再像早期那样专门关注英国的状况。英国语境中所保留的文化研究可被描述为文化唯物主义，用辛菲尔德（Alan Sinfield）的话来说，这是美国新历史主义在英国本土的一种变体（Dollimore & Sinfield, 1985）。

在题为"变化的边界，血统的世系"（Shifting Boundaries, Lines of Descent）的文章中，斯特劳（Will Straw）努力总结了美国文化研究所发生的一切。他认为，文化研究"代表了若干人文学科内部的变化"，这些变化都趋向于过去社会学的关注点和方法：

> 例如，媒体研究转向受众的人种史，文学史研究转向知识团体和机构力量，或是以不同文化形式建立的社会空间的记载。（Straw，1993）

他还指出，文化研究为"熬过后结构主义时期"的英语研究和电影研究提供了一条前行的道路。我认为这句话的意思是说，后结构主义话语与旧的形式主义同样有局限性，而它们曾陷入这些局限中，因此无法采用新的有生命力的思考方式，以思考世界各地正变得如此明显的文本实践活动。

因此，在新的国际主义时期，文化研究转向了社会学、人种学以及历史学。同样，翻译研究则转向了人种学、历史学和社会学，以深化文本相关事件的分析方法。我们将这一程序称为"跨文化转移"。文化研究和翻译研究的相遇，对双方来说都正是时候。20 世纪 90 年代的大讨论是全球化——也即全球系统在商业、政治、交通等方面相互联系的增强——与上升的民族主义之间的关系。全球化当然是个过程，但是全球化也面临着大量的阻碍。正如霍尔所指出的，所谓身份就是"界定一个人不是谁"：

> 要做英国人就要知道你和法国人的关系，与热血的地中海人的关系，以及与热情、受伤的俄罗斯灵魂的关系。你走遍全球，你知道其他所有人是谁，然后你就是他们所不是的那个人。（Hall，1991）

简而言之，文化研究已从它的英国开端转向国际化，已经发现了比较的方向，这一方向对于我们所说的"跨文化分析"来说是必须的。翻译研究从人类学的文化概念（尽管是个模糊不清的说法）转向了多元文化的概念。就方法论而言，文化研究已经扬弃其《福音书》阶段，成为传统文学研究的反对力量，并对文本产生过程中的霸权关系进行更密切的观察。同样，翻译研究也已从无休止的关于"对等"的讨论转向了跨语言边界的文本生产所涉及因素的讨论。这两个跨学科领域在过去的二三十年内所经历的过程是极为相似的，而且都进入了同样的研究方向，都更加意识到国际语境的存在，以及平衡本地与全球话语的必要。就方法论而言，都运用符号学的方法来探讨编码和解码当中的疑问。

文学研究和社会学之间的关系一般都比较紧张，这是文化研究讨论的一个特征。在翻译研究中也有类似的情况，文学研究和语言学研究之间也存在着紧张关系。不过，这次又有了重要的变化。语言学也经历了文化转向，目前在语言学的宽泛领域里进行的大量研究工作对翻译有很大的价值：词汇谱系的研究、语料库研究以及框架分析，都显示了语境的重要性，反映出一种比旧式的比较语言学研究更宽的文化研究的路子。

文化研究当中基本争论的焦点是由文化所决定的价值概念——不管是艺术价值还是物质价值。老的观念认为，文本自身拥有某种固有的普遍价值，可以帮助它们代代永存。所以，荷马、莎士比亚会成为具有普遍意义的丰碑式作家。文学经典的观点以具有普遍意义的重要作家为前提，认为他们的作品超越了时代，而且，正如利维斯所说，"是过去最为宝贵的人类经验"（Leavis，1930）。但随着文化研究的发展，刻意创建美学理想的问题也获得了意义。我们在仰慕莎士比亚的同时，还需要问一问，我们是怎样知道我们所有关于莎士比亚及其戏剧的知识的？除了纯粹的美学标准之外，其余的因素在多大程度上发挥了作用？在翻译研究中，当文本的转化显然并不只依据假想中的文本自身固有价值的时候，人们也提出了这样的问题。

如果我们从另一个角度考虑一下荷马与莎士比亚，而不只考虑他们的文学才华，无论在文化研究还是在翻译研究当中，都会产生各种问题。以荷马为例，我们或许需要问一下，古代的文本是怎样传到我们手中的？相对于我们现在所拥有的文本，显然还有多得多的文本已经遗失了，那么现在这些文本又有多大的代表性？它们最初是由谁又是怎样被解读的？它们是怎样被委托出售的，售价多少？它们在原文语境中可能为何种目的服务？除了这些考古学的调查，我们还需要考虑荷马在西方文学中的命运经历了怎样的历史，尤其要注意到启蒙运动中古希腊文学世界的重新发现以及 19 世纪教育对希腊模式的利用。我们还需要考察荷马的翻译史，以及那些翻译在不同文学系统中所起的作用。今天，在古希腊学说衰退的时候，或许最有意义的是，我们需要考虑为什么荷马持续在文学等级中占据如此重要的位置，尽管几乎没有人能读懂他的作品。当然，除了通过翻译。

莎士比亚也是如此。我们首先需要考虑剧本生产的复杂方式（是在演员排演之前就写好，然后在排演过程中由人誊写下来？还是先分开写给每个角色，再让演员自己修改，就像即兴喜剧的舞台说明一样？），这个生产过程所使用的来源，更为复杂的剧本编辑史，还有 18 世纪以前莎士比亚作品的命运，浪漫主义早期莎士比亚作品的繁荣，以及从那时开始逐渐经典化的过程。我们还需要考察不同文化中不同的莎士比亚：中欧和东欧的激进政治作家，或是出口到印度及其他殖民地的不列颠帝国理想的说教者。在考虑这些不同的莎士比亚是怎样创造出来的时候，我们又回到了翻译所起的作用上。

翻译研究和文化研究关注的主要问题都是权力关系和文本生产。随着我们越来越多地了解到控制我们所生活的世界的形成力量和控制前人所生活的世界的形成力量，"文本有可能存在于权力关系网络之外"的观点，是越来越难以被人接受了。勒菲弗尔在去世之前研究出一种文化网格的理论，该理论以布迪厄（Pierre Bourdieu）的著作及其文化资本的观点为基础。在勒菲弗尔的图解系统中，可以绘制出一种网格系统，表明文本在一种文化中的作用和地位以及它们在另一种文化中可能占据的地位。这个系统将清晰地显示文本在不同时段以及不同文化当中所经历的所有地位的改变，能帮助我们解释那些变化的某些特异之处，而且不是用大大小小的美学价值来说明问题。

正如所有的翻译研究者都知道的，对同一文本不同翻译的比较，尤其是对一个被不断翻译的文本的研究，揭示了"普遍性伟大意义"的迷误。某一时期被宣布为定本的译本，过几年后可能消失无痕。所有类型的文本都有同样的情形发生，但我们在同一文本的不同译本当中可以最清楚地看到这一进程。无数获得巨大成功的作家完全消失了，要采取共同的努力，才能发掘出那些失落的文本，例如女性主义研究者所刻意实行的重新发现女性作者的政策。西蒙（Sherry Simon）曾简洁明了地说过：

> 那些曾被认为是普遍空间的伟大的人文传统、经典名著，以及与民主交流相关联的公众空间、支持公民权利的理想文化模式，人们发现其实都是在表达欧洲中产阶级白种男人的价值观念。（Simon，1996b）

迄今为止，文化研究和翻译研究之间的连接还非常微妙。大量的文化研究著作，尤其是英语世界的，还是以单一语言为基础，所关注的是考察内部的文化政策和实践。然而，跨文化研究的转向正在逐渐产生，相关研究在性别研究、电影研究和媒体研究当中已经很好地确立起来。就整体而言，尽管翻译研究界利用文化研究所发展的方法是很缓慢的，文化研究界认同翻译研究领域的研究价值则更为缓慢。可是，两大重要的跨学科研究之间的同步之处以及重叠之处是如此重要，所以不能再被忽视。翻译研究的文化转向发生在十多年前，文化研究的翻译转向则还在进展之中。

文化研究和翻译研究的实践者都认识到理解文本生产的操纵过程的重要性。作家不是在真空中写作：他或她是特有文化的产物，属于特定的时代，写作反映了种族、性别、年龄、阶级、出生地等因素，以及个人的文体、习惯特征。此外，文本制作、销售、营销、阅读的物质条件也起到了关键作用。布迪厄曾指出：

> 任何试图强加意义的权力，都会隐藏作为力量基础的权力关系，从而试图使这一强加行为合法化，并将其自身的象征力量加诸于那些权力关系。（Bourdieu & Passeron, 1977）

显然，翻译就是强加意义的一种重要方法，它也隐藏了这一意义背后所存在的权力关系。如果我们以出版物审查制度为例，就可以很容易地看到，翻译在声称为原文提供自由开放译本的同时，是如何对原文进行删改的。就书面文本而言，将译本和原文比较，是很容易看到这类删改的。例如，左拉的小说首次出现在英语世界时，就被译者和编者大量地删节和编辑了。最近，一些研究者开始审视其他一些不那么容易被立即确认的删改，尤其是在电影当中。在电影中，可利用技术因素移除注定不被接受的东西（例如，由于字幕的特有限制，每一行只能出现有限的字数。或是由于配音的需要，要使声音与屏幕上显示的肢体动作相吻合）。观察某些国家配音工业的发展是否与各个时期存在的独裁政府相关，也十分有趣。为何意大利、德国、希腊、西班牙、苏联以及其他一些经历过独裁统治或军政府统治的国家，不采用字幕，而是发展配音工业？因为配音抹掉了原音，限制了与其他语言的接触。字幕则相反，因为原文和目的语系统均能为观众所接触，就使得观众有可能采取比较的视角。

韦努蒂（Lawrence Venuti）指出，无论翻译是在何时、何地，以怎样的方式发生，都在某种程度上受到限制：

> 翻译过程中的每一个步骤——从外国文本的选择到翻译策略的实现，到编辑、评论和译本的阅读——都由目的语中通行的不同文化价值观所调和产生，这些价值观总是处于某种等级秩序当中。（Venuti，1995）

因此，翻译总是陷入原文与译文语境所存在的一套权力关系当中。对译者来说，文本解码的问题所牵涉的东西远远超出语言本身，尽管任何书面文本的基础是它的语言。此外，在我们对自身所处世界的理解当中，对翻译过程之理解的重要性处于核心地位。如果翻译研究能进一步关注具体文本和那些文本被产生和阅读的广阔文化系统之间的关系，那么在文化研究，尤其是在后殖民理论中，翻译越来越被视为一种实际操作行为和暗喻，也就不足为奇了。

巴巴（Homi Bhabha）在题为"新事物如何进入世界"（How Newness Enters the World？）的论文中，重新解读了本雅明（Walter Benjamin）的作品，考虑了翻译在文化（再）谈判中的作用。

> 翻译是文化交流的行动本质。它是一种动态的语言（是某种阐释，某种关系结构），而非一种原地不动的语言（某种命题）。翻译的迹象一直表明，或"宣告"了文化权威和它的实际行动之间的不同时间和空间。翻译的"时间"由意义的运动构成，用德曼（de Man）的话来说，交流的原则和实践"将原文置于非经典化的状态之中，使其成为徘徊游荡的断片，形成一种永久的放逐"。（Bhabha，1994）

翻译作为片段的符号，作为一种文化刺激与文化调和，是 20 世纪晚期一个有力的形象。随着英语扩展其国际影响，越来越多的英语世界之外的人都积极参与了翻译行动。很快，以英语为母语的人将在一个多语世界中失去其优势。

那么我们又将被置于何处？事实上，我们处在一个很好的前进起点上。翻译研究和文化研究都出现了多年。两种跨学科的领域都进入了新的国际主义阶段，而且都超越了初始时期公然标榜狭隘的欧洲中心主义的阶段，转向对本地和全球之间的关系进行更复杂的考察。两者现在都是很广阔的领域，当中没有共识，但也没有激烈的分歧会对内部产生威胁，导致分裂和解构。目前存在着几个清晰的领域，会使两个跨学科研究的实践者进行更富有成果的合作。

- 需要对文化间发生的交流过程和不同文化建构作家和文本形象的方式进行更多考察。
- 需要对文本成为跨越文化边界的文化资本的方式进行更多的比较研究。
- 需要对韦努蒂所说的"以人种为中心的翻译的暴力"进行更多考察，对翻译的政治进行更多研究。
- 需要资源共享，以发展对跨文化培训的研究，并对当今世界这类培训产生的启示进行探讨。

游记文学为翻译研究和文化研究都提供了可探讨的丰富空间，这并非偶然，因为在这一体裁当中，能最清楚地看到，作者采用个人策略，有意构建他者文化的形象以供读者消费。

威廉姆斯（Raymond Williams）指出，没有任何人能完全理解所有构成文化的复杂符号网络，因此，我们也就从过去关于某些事情的定论中解放出来。他的论文还提供了某种前行的方式，他提倡采取合作的途径，因为如果个体无法获知整体，那么不同专业领域以及不同兴趣的个体的结合一定具有优势。文化研究和翻译研究都趋向于合作研究的方向，都建立起研究团队，国际网络越来越多，交流也得到增强。我们今天可以看到，在文化研究和翻译研究当中，在象牙塔中与世隔绝进行学术研究的时代已经结束了。的确，在这些多棱面的跨学科研究当中，隔绝会阻碍其产出能力。毕竟，翻译的本质是对话，它不止涉及一种声音。翻译研究就和文化研究一样，需要多种声音。而且，文化研究总是涉及对构成翻译的编码和解码过程的考察。

References

Alvarez, Roman and Vidal, Africa (eds.) (1996) *Translation, Power, Subversion.* Clevedon: Multilingual Matters.

Bassnett, Susan (1997) *Studying British Cultures: An Introduction.* London: Routledge.

Bassnett, Susan and Lefevere, Andrè (eds.) (1990) *Translation, History and Culture.* London: Pinter (Reprinted, Cassell:1995).

Bhabha, Homi (1994) *The Location of Culture.* London and New York: Routledge.

Bourdieu, Pierre and Passeron, J. C. (1977) *Reproduction in Education, Society and Culture.* Transl. R. Nice. London/Beverley Hills: Sage.

Dollimore, Jonathan and Sinfield, Alan (eds.) (1985) *Political Shakespeare. Essays in Cultural Materalism.* Manchester: Manchester University Press.

Dronke, Peter (1968) *The Medieval Lyric.* London: Hutchinson.

Easthope, Anthony (1991) *Literary into Cultural Studies.* London: Routledge.

Easthope, Anthony (1997) But What is Cultural Studies? In Susan Bassnett (ed.)

Studying British Cultures: An Introduction (pp. 3-18). London: Routledge.

Even-Zohar, Itamar (1978a) The Position of Translated Literature within the Literary Polysystem. In James Holmes, Jose Lambert and Raymond Van den Broek (eds.) *Literature and Translation* (pp. 117-127). Leuven: ACCO.

Even-Zohar, Itamar (1978b) Papers in Historical Poetics. In *Papers on Poetics and Semiotics Series,* No.8. Tel Aviv University Publishing Projects.

Even-Zohar, Itamar (1990) Polysystems Studies. *Poetics Today* 11(1), Spring.

Even-Zohar, Itamar and Toury, Gideon (eds.) (1981) Translation Theory and Intercultural Relations. *Special Issue of Poetics Today* 2 (4), Summer/Autumn.

Gentzler, Edwin (1993) *Contemporary Translation Theories.* London and New York: Routledge.

Hall, Stuart (1991) The Local and the Global: Globalization and Ethnicity. In Anthony D. King (ed.) *Culture, Globalization and the World System* (pp. 19-41). London: Macmillan.

Hoggart, Richard (1957) *The Uses of Literacy.* Harmondsworth: Penguin.

Holmes, James (1988) *Translated! Papers on Literary Translation and Translation Studies.* Amsterdam: Rodopi.

Johnson, Randall (1987) Tupy or not Tupy: Cannibalism and Nationalism in Contemporary Brazilian Literature. In John King (ed.) *Modern Latin American Fiction: A Survey* (pp. 41-59). London: Faber and Faber.

Johnson, Richard (1986) The Story So Far: and Further Transformations. In David Punter (ed.) *Introduction to Contemporary Cultural Studies* (pp. 277-314). London: Longman.

Leavis, F. R. (1930) *Mass Civilization and Minority Culture.* (Minority Pamphlet No.1). Cambridge: Gordon Fraser.

Lefevere, André (1978) Translation Studies: The Goal of the Discipline. In James Holmes, Jose Lambert and Raymond Van den Broek (eds.) *Literature and Translation* (pp. 234-235). Leuven: ACCO.

Lefevere, Andrè (1992) *Translation, Rewriting and the Manipulation of Literary Fame.* London and New York: Routledge.

Nida, Eugene (1954) *Customs and Cultures.* New York: Harper and Row.

Niranjiana, Tejaswini (1992) *Sitting Translation: History, Poststructuralism and the Colonial Context.* Berkeley, Los Angeles: University of California Press.

Simon, Sherry (1996a) Translation and Interlingual Creation in the Contact Zone. *Paper for Translation as Cultural Transmission Seminar*, Concordia University, Montreal.

Simon, Sherry (1996b) *Gender Translation. Cultural Identity and the Politics of Transmission.* London and New York: Routledge.

Soyinka, Wole (1976) *Myth, Literature and the African World.* Cambridge: Cambridge University Press.

Straw, Will (1993) Shifting Boundaries, Lines of Descent. In Vanda Blundell, John Shepherd and Ian Taylor (eds.) *Relocating Cultural Studies* (pp. 86-105). London and New York: Routledge.

Thompson, E.P. (1963) *The Making of the English Working Class.* London: Gollancz.

Venuti, Lawrence (1995) *The Translator's Invisibility.* London and New York: Routeledge.

William, Raymond (1957) *Culture and Society 1780-1950.* Harmondsworth: Penguin.

第四章　文化学派翻译理论

翻译研究及其新范式[*]

翻译研究及其新范式[*]

西奥·赫曼斯著

江　帆译

导言

　　西奥·赫曼斯（Theo Hermans）是伦敦大学学院（University College London）荷兰文学与比较文学教授，文化学派的重要代表人物。他编写了具有创始意义的论文集《文学操纵：文学翻译研究》（*The Manipulation of Literature: Studies in Literary Translation*），重要著作还有《系统中的翻译：描写和系统理论解说》（*Translation in Systems: Descriptive and System-oriented Approaches Explained*）。该书对于文化学派的系统理论基础和描写性研究范式进行了系统的评介和解说。

　　《翻译研究及其新范式》（Translation Studies and a New Paradigm）一文是西奥·赫曼斯为论文集《文学操纵：文学翻译研究》所写的导言。该书出版于1985年，此时距标志文化学派诞生的卢汶会议已近十年，文化学派的系统理论和描写研究都取得了长足的进展和成果。

　　本文首先分析了翻译研究在传统文学研究中处于边缘地位的三个原因：首先是传统文学研究忽视翻译，认为翻译不过是通向原作的踏脚石，不能和原作相提并论；其次，比较文学研究虽然对翻译较为重视，但翻译研究多在影响研究的语境下进行，很少被看成独立的文本类别；最后，典型的传统翻译研究遵循以原文为中心的规范性方法，使翻译研究受到极大的局限。

　　与此同时赫曼斯承认，有些学者正在其他方向寻求翻译研究的新进展，最突出的是通过心理学和语言学，但他认为他们的结果并不令人鼓舞。这是因为受人类技术发展的限制，心理学对翻译过程中最核心的"黑匣子"部分实际无能为力；而语言学虽然对翻译研究有益，但由于它的视野太过局限，无法处理文学作品中的多种复杂性，因此总体上不适用于文学翻译研究。

　　由此赫曼斯提出了文化学派的新的研究途径，也即自20世纪70年代中

---

　　* 本文选译自 Theo Hermans, "Translation Studies and a New Paradigm," in *The Manipulation of Literature: Studies in Literary Translation*. Beckenham : Croom Helm Ltd.1985, pp. 7-15。

期以来，"翻译研究派"或"文化学派"的活动所形成的新的研究范式。赫曼斯对这批学者的共同特点进行了概括，也即"简单说来，他们都将文学看作是复杂的、动态的系统；都认为理论模式和实际个案研究之间存在着持续的相互作用；都认同描述性的、以译文为中心的、功能性以及系统性的文学翻译研究方法；都对控制翻译产生和接受过程的规范和约束机制感兴趣，对翻译和其他类型的文本加工之间的关系感兴趣，对翻译作品在特定文学和文学间互动过程中的地位和作用感兴趣"。

赫曼斯的这一概括相当精辟而又准确，把握了文化学派的核心本质，即以系统理论为基础，以译文为中心，以描述性研究为方法，对制约翻译产生和接受的机制以及翻译作品在译语文学系统中的地位和功能进行研究。

赫曼斯接着又详细评述了该研究范式的理论基础，即埃文—佐哈（Itamar Even-Zohar）的多元系统理论。他认为："作为一种理论模式，多元系统理论可以为翻译文学的研究提供框架。它简单而清晰，是一种很吸引人的认知工具；它又足够灵活，富有包容性，可以适用于不同的情形和事例。"在此基础上进行的描述性研究"不是给下一次翻译提供指导原则或是对现存翻译进行评判，而是将翻译文本接受为既成事实，尝试确定造成其特定本质的不同因素"。因此，这类实证研究多具有历史性的本质。

赫曼斯列举了学派发展的几次重要会议，并指出学派成员的许多研究成果大量散见于各类期刊之上，还有些是未发表的博士论文。这类著作多出现在比利时、荷兰和以色列，以荷兰语、法语或希伯来语写成。论文集《文学操纵：文学翻译研究》则集中展示了学派的英文研究成果。

正文

翻译研究在文学研究中不过处于边缘地位，这已不是什么新鲜的说法。文学理论和文学批评的手册几乎全都忽视了文学翻译现象；文学史，甚至是那些覆盖了不止一国文学的文学史，最多也只是简略提及翻译文本罢了。教育机构倾向于以单语的线索将语言研究和文学研究联系在一起，即某一时期的一种语言和一种文学，而在对待翻译时，则很少掩饰其屈尊俯就的优越态度。

当然，造成这一忽视现象的理由很多，有些只是实际操作的问题，有些则存在更深的根源。最终，我们可以追溯至某些很有影响力的观点，这些观点关乎文学的本质以及语言和文学的关系。观点的终极出处似乎是一些天真的浪漫主义概念，诸如"艺术天才""独特性""创造性"以及受到严格局限的"国别文学"的概念。如果文学艺术家被视作独特的创造性天才，天生具有深刻的洞察力，并精通其母语，他所创作的作品就自然会被认为是神圣的、崇高的、不可企及也无法模仿的。此外，如果认为语言与民族性和民族精神密切相关，则组成民族文学的一系列经典文本也会形成一种神圣而不可企及的氛围。在上述情形之下，如果想要对文学文本进行加工，将其翻译为另一种语言，人们定然会将其看作一种莽撞的行为，基本不会予以认可。翻译的命运从一开始就注定了：最好的评价也不过是"相对忠实"，最糟的评价就是"彻底的亵渎"。

更有甚者，文学批评有着强烈的价值判断导向，这意味着，根据主导诗学的变化，特定国别文学内经典文本的等级有时或许会重组，但这并不影响其基本考察参数，因为终极标准仍然是质量的问题，是创造性、独特性、美学的问题。其结果是，翻译一直屈居外围地位，和文字游戏、仿作、儿童文学、通俗文学以及其他一些"无足轻重"的作品放在一起。

在大多数国家的整体文学创作中都有译作存在，这是显而易见的，翻译在大多数国别文学的历史中也都明显地占有重要地位。面对这些事实，文学批评有时也会因为忽视翻译现象而心怀内疚。然而，当文学批评为了弥补过失而论及翻译的时候，又总是基于价值判断的标准——它们将原文丰富而微妙的质地和译本相比较，最后却只是发现后者的不足，因为译文的质地永远不可能和原文一样。难得有一些场合，译本看上去与原文在美学成就上不相上下，这时又总是可以使用某种遁词，简单地将译者忝列于创造性艺术家的神殿之中，并在此基础上将他的作品列为经典。

文学翻译研究的传统方式始于如下假设：翻译不仅是二手的，也是次等的，因此不值得精心关注。译文的作用很有限，只是通向原作的踏脚石，它不能成为公认的文学文本库的一部分。另外，尽管我们当中很多人都是通过阅读翻译作品，才能对于我们所认为的世界文学产生模糊的概念，诸如欧里庇得斯、但丁、陀思妥耶夫斯基、易卜生、李白的作品翻译以及《一千零一夜》和《源氏物语》的翻译，但这一事实仍然不能撼动那句经常被重复的劝诫——应该阅读文学作品的原文，而不该阅读某种替代物。从一开始，翻译研究就想当然地认为原文是至高无上的，于是它也就只能通过强调翻译的错误和缺陷来突显原作的杰出质量。不消说，结果就造成了千篇一律的以原文为中心的研究，它总是将原文作为绝对的标准和试金石，于是变成重复的、可预测的、规定性的研究——潜在的规范是先验的乌托邦式翻译概念：翻译要复制原文，复制整个原文，而且只是原文。若将这种严苛的程序掺点水，批评者会设计出自己感到方便的规范，但大多数也不会有什么结果，即使无数次地呼唤更好的翻译也是徒劳。

翻译在现代文学研究中获得的关注一直来自比较文学领域，这并不令人吃惊。但在这里，翻译研究也是在影响研究的语境下进行（也即对文学之间和作家之间的传承关系的研究），因此，研究重点仍然是被模仿的原著。甚至在研究主题迁移的时候，译者也仅仅被当作是辛勤的斡旋者，在两种国别文学之间传递信息。尽管比较文学家肯定保持着对翻译现象的关注，但整体而言，这一领域在他们的研究之下仍然是支离破碎的。他们极少将翻译文本视为整体并将其看作独立的文本类别，也没有认识到翻译文本在特定的整体文学及其发展中的地位和功能。

另一方面，也必须承认翻译学者经常成为他们自己最可怕的敌人，这不仅是因为绝大多数传统翻译理论的典型方法都是规范性的、以原文为中心的，而翻译学者未能对此提出质疑；还因为他们一直在问一些没有结果的本质主义的问题，如：翻译该怎样定义？翻译真的可能么？什么是"好"的翻译？有的翻译学者还找出一些含混可疑的教学法的理由（我们需要训练译者，好的译者），将这些问题正当化。

的确，有些学者已经在其他方向寻求新的进展，近数十年来，最突出的尝试是通过心理学和语言学。但结果并不令人鼓舞。哪怕心理学研究的尝试有着符号学术语的支持，产生出一些复杂的计划和图表，以说明在某种媒介中对信息进行解码，又在另一种媒介中重新给信息编码的大脑活动过程。然而，这一变化过程无可避免地发生在人类思维当中，而核心部分又往往是所有黑匣子当中最黑的那部分。有一段时间，现代语言学的发展也让文学和翻译方向的学生心醉神迷。就处理一般性的非文学文本而言，语言学对于我们理解翻译无疑是有益的。但由于它的视野太过局限，总体上不适用于文学研究，因此无法处理文学作品中的多重复杂性——看看近年来建立文本语言学的狂热努力吧。很明显，语言学也无法作为文学翻译研究的合适的基础。这样，语言学由于自身固有的局限性而不具备资格，翻译过程的心理学研究所考察的又是本质上无法观察的现象。而且，随着文学翻译被狭隘的文学观和学院化的教学观排除在严肃研究的适当课题之外，人们逐渐觉得这一学科走进了死胡同，也就并不令人吃惊了。

大约自 20 世纪 70 年代中期以来，国际上有一批松散联合的学者一直试图打破文学翻译研究自身的僵局。他们的方法与这一领域大多数的传统研究在某些基本方面有所区别。他们的目标很简单，就是在综合性理论和实际研究工作的基础上，为文学翻译研究建立一个新的范式。本书所呈现的就是他们的研究成果。

这批学者并不是一个学派，而是具有不同兴趣的个体的集合，他们散居世界各地，却对某些基本假设看法一致，而这种共识也只是相对的，是讨论的共同基础，而并非某种信条。简单说来，他们都将文学看作是复杂的、动态的系统；都认为理论模式和实际个案研究之间存在着持续的相互作用；都认同描述性的、以译文为中心的、功能性以及系统性的文学翻译研究方法；都对控制翻译产生和接受过程的规范和约束机制感兴趣，对翻译和其他类型的文本加工之间的关系感兴趣，对翻译作品在特定文学和不同文学互动过程中的地位和作用感兴趣。

文学作为一个系统（按等级构成的一系列元素）的概念源自俄国的形式主义（蒂尼亚诺夫 [Tynianov]、雅科布逊 [Jakobson]）和捷克的结构主义（穆卡洛夫斯基 [Mukarovsky]、沃迪什卡 [Vodicka]）。今天，在洛特曼（Yury Lotman）、纪廉（Claudio Guillen）、施密特（Siegfried Schmidt）、埃文—佐哈（Itamar Even-Zohar）等好几位学者的著作中都能找到这一观点，其中埃文—佐哈（特拉维夫大学 [University of Tel Aviv]）的研究尤其与翻译研究的新方法直接相关。在一系列论文当中（本书书目中埃文—佐哈 1978 年和 1979 年的作品）[1]，他对源自蒂尼亚诺夫的基本观点重新进行了阐述，建立了文学的"多元系统"的概念，也就是说，文学是多样的、动态的"多种系统的凝结体"，它以内部的对立和持续的转化为特征。这些对立状态存在于"一级"（创新的）和"二级"（保守的）模式和类型之间，存在于系统中心和边缘之间，存在于经典和非经典阶层之间，存在于程度不同的编纂形式之间，存在于不同的体裁之间，等等。系统具有动态的一面，是由于多种对立所产生的张力和矛盾，正因为如此，整个多元系统，以及它的组成系统和下属系

---

① Itamar Even-Zohar (1978) "The Position of Translated Literature within the Literary Polysystem." In James S Holmes, José Lambert, and Raymond van den Broeck (eds.) *Literature and Translation: New Perspectives in Literary Studies*, Leuven: Acco, pp. 117-127.

Itamar Even-Zohar, Itamar (1979) "Polysystem Theory." *Poetics Today* 1 (1-2, Autumn) pp. 287-310.

统，都处于永久的变化状态，永不停息。因为文学多元系统根植于意识形态和社会经济结构之中，并与其他文化系统相互关联，所以它的动态机制也绝非是机械的。

在系统的不同层次和分支中，有很多元素在持续争夺主导地位，多元系统理论将翻译文学看作其中的一个元素。在特定文学当中，翻译在某些时期可能形成独立的次系统，有其自身的特点和模式，也可能大致与本土系统充分融合；它们有可能声名大噪，成为系统的中心，也有可能一直是边缘现象；它们可能被视为"一级"模式，被用作争论的武器，来质疑主导的诗学，但也有可能被用来支撑并强化流行的传统。从译语文学的角度来看，所有的翻译都暗含着出于某种目的而对原文进行的操纵。另外，翻译是一个关键的例证，以说明在不同的语言、文学、文化符号的共同范围之内，到底发生了什么事情。而且，由于介入干预、功能性转换和语码转换的概念是多元系统理论的关键成分，翻译还可以为其他类型的系统内和系统间的转换研究提供线索。（埃文—佐哈就确实提出过这样的建议，见其 1981 年的论著。）[1]

作为一种理论模式，多元系统理论可以为翻译文学的系统性研究提供框架。它简单而清晰，是一种很有吸引力的认知工具；它又足够灵活，富有包容性，可以适用于不同的情形和事例。但是，重要的是我们要弄清楚"理论"的概念。在这里，这个术语是指某种收集、安排、解释数据的系统性框架。尽管理论自始至终都是一种概念模式，但它也发挥着探索仪器的作用，因此就同时具有启发和认知的价值。事实上，一种理论如果产生出新的观察和解释的方法，就会越来越吸引人。而文学理论的可验证性本来就低，它的被接受程度"主要取决于这一理论的应用成果以及它给人带来启示的程度"。[2]

实际的田野工作和个案研究遂因此成为必要，因为理论最终是一种尝试性的结构，其成败都在于应用的成功。理想的研究过程是双向的：个案研究由理论框架指导，实际研究的反馈结果又能验证或修正理论工具。在实践中，二者的关系并不那么直接。不同个案研究的视野和重点存在很大的区别，可能建立起自己的运作机制。另一方面，理论由各种假设的集合构成，单个研究者在使用这些假设时，有很多不同的选择，即使是理论的整体，它也不过提供一个与现实世界有差距的简化而抽象的模式。

然而，就整体而言，多元系统理论看来具有足够的包容性和伸缩性，可

---

[1] Even-Zohar & Toury (1981) "Translation Theory and Intercultural Ralations: Introduction." *Poetics Today* 2:4. pp. v-xi.

[2] 见 J.J.A Mooij 1979 年的著作 *De rol van het schrift in de poezie*，第 133 页。

以对不同领域的研究产生启示，尤其是文学翻译研究。与多数传统翻译研究不同，这一方法不是规定性的，它以文学的系统概念为基础。描述性方法不是给下一次翻译提供指导原则或是对现存翻译进行评判，而是将翻译文本接受为既成事实，尝试确定造成其特定本质的不同因素。这一研究定位决定了研究者在研究的时候不能带有先验的观念，诸如"翻译到底由什么构成的"，或是"翻译和非翻译之间的明确界限在哪里"等，因为这样的观念不可避免地表现出规定性和局限性。至于像"文学""诗"或是"艺术"这样的概念，最好是有一个实用的社会学界定：（文学）翻译就是被特定时期的特定文化团体认为是（文学）翻译的东西。这类研究工作所使用的定义正在发挥作用，也说明以译语为中心的研究方法是必要的，它是描述性研究导向的推理结果。正如图里在本书中所论证的，对翻译现象的考察应该从实证性的事实出发，也即从翻译文本本身出发。

因此，在这种以译语为中心的描述性语境下所作的许多实际研究还具有历史性的本质，因为它是讨论特定文化团体现在（或过去某一时期）在实际上认为是翻译作品的现存文本。情形就是如此，旧日的本质主义者所质疑的翻译原型本质的问题轻易地消解了，研究路径为功能性观点敞开。新的研究方法尝试从功能的角度解释那些决定翻译作品形貌的文本策略，而且，从广义上说，还解释翻译在接受（或目的）文学中发挥功能的方式。在第一种情形之下，研究重点主要在于翻译规范以及各种约束机制和假设，不管它们是什么色彩的，只要可能影响到翻译方法以及由此而来的翻译产品，就在研究范围之内。在第二种情形之下，要对翻译在新环境下造成的影响寻求解释，即解释目的语系统对某种翻译（或是几种翻译）的接受和拒绝。

这类解释是功能性和实用性的，在理论语境之下，它们在大多数情况下也是系统性的。它们的目标是超越孤立的事件或文本，考虑更广大的整体（集体规范、读者期待、时代准则、文学系统或其中一些部分的共时和历时的交汇、与周围文学系统或非文学系统的关系，等等），以求为个别现象提供宏大的语境框架。同时，它们还企图将特别个案研究的发现扩展应用到更丰富的语料中，以期能够发现大规模的、长期的模型和趋势。

新的翻译研究方法产生了网状的成果，一方面，研究视野大大拓宽，这是因为，所有任何与翻译相关的现象（哪怕只是在最宽泛意义上如此）都成为研究的对象；另一方面，它提供了一个更连贯，更有目标的考察类型，这是因为它在一个确切的文学定义之中进行操作，一直都认识到理论和实践的相互作用。尽管学派内部个人风格和兴趣的区别在本书中有所体现，却都没有削弱基本的一致性。

近十年来这一学派一直在召开会议，发表文章，因此，理论层面也产生了一些进展。总体而言，文学的多元系统概念不仅成功地启发了一些翻译研究的个案，它自身在某些方面也得到了进一步的阐释。郎贝尔（Jose Lambert）和范戈普（Hendrik Van Gorp）强调了在翻译描述中以综合交际体系进行研究的重要性，由此，这一体系所揭示的关系及考察参数显示出很多的潜在研究对象（见郎贝尔 1983 年的论著以及郎贝尔和范戈普在本书中的论述）。[①]20世纪 70 年代安德烈·勒菲弗尔（André Lefevere）的主要贡献在于元理论层次（见他 1978 年的著作）[②]，而近年来他大力提倡将翻译研究与形成特定文化的各种类型的"改写"和"折射"研究融为一体。同时，他还认为应该更坚定地致力于将"操控机制"纳入多元系统思想中，这种机制被他称为"赞助人"，它从社会经济和意识形态结构出发规约和操纵了文学系统（详见勒菲弗尔 1984 年的论著和他在本书中的论述）。[③]

本书以下章节所列举的一群学者都可被视为翻译研究新方法的研究同人，他们在一系列有关文学翻译的研讨会上相聚，第一次会议于 1976 年在卢汶大学召开（the University of Louvain）（会议论文集出版于 1978 年，题为"文学和翻译：文学翻译新视角"[*Literature and Translation: New Perspectives in Literary Studies*]，编者为霍尔姆斯 [J. S. Holmes]、郎贝尔和凡·登·布洛克 [R. van den Broeck]），第二次会议于 1978 年在特拉维夫大学召开（会议论文载于《今日诗学》杂志 [*Poetics Today*] 1981 年夏秋卷的专辑，编者为埃文—佐哈和图里 [G. Toury]），第三次会议于 1980 年在安特卫普大学（the University of Antwerp）召开（会议论文登载于 *Disposito* 杂志 1982 年的翻译专辑，编者为勒菲弗尔和杰克逊 [K.D.Jackson]）。学派的主要理论著述包括埃文—佐哈登载于《今日诗学》的关于"多元系统理论"的论文（1979）、勒菲弗尔的《文学知识》（*Literary Knowledge*，1977）以及图里的《翻译理论探索》（*In Search of a Theory of Translation*, 1980）。学派成员的许多研究成果大量散见于各类期刊，还有些是未发表的博士论文。这类著作很多发表于比利时、荷兰和以色列，以荷兰语、法语或希伯来语写成。

而本书可供英语世界的广大读者阅读，书中的论文勾勒出这一学派的群

---

① 朗贝尔 1983 年的相关论文题为 "L'éternelle question des frontières: littératures nationales et systèmes littéraires"。

② 勒菲弗尔 1978 年的相关专著题为 "Translation: the focus of the growth of literary knowledge"。

③ 勒菲弗尔 1984 年的相关论文题为 "On the Refraction of Texts"。

像。这些论文共同提供了文学翻译的系统和描述研究新方法的代表性样本。

　　本书结尾的主要书目列举了更多的人名和书名。尽管大部分文章都是应邀撰写，但有些还是以旧作为基础。范戈普在他 1981 年论文的基础上作了少许修改。范德沃维拉（Ria Vanderauwera）的文章基于她在未刊博士论文中讨论过的材料。提莫志克（Maria　Tymoczko）的文章是在她提交给国际比较文学协会第十次大会的论文的基础上扩展和修订而成的。图里的文章则修改于他 1982 年的论文。

第五章

解构学派翻译理论

概　述

　　翻译研究自 20 世纪 80 年代"文化转向"后，主要向一些"后现代"翻译理论发展，而造成这种变化的重要原因之一，就是解构主义理论被引入了译学研究。解构主义思潮是 20 世纪 60 年代后期在法国兴起的一种质疑理性、颠覆传统的全开放式的批判理论，它以解释哲学作为哲学基础，主张多元性地看问题，旨在打破结构的封闭性，消除逻各斯中心主义①的中心观念，颠覆二元对立的西方哲学传统。90 年代后，解构主义大潮开始衰落，但解构主义的原则已经深深地渗透到翻译研究领域。

　　解构学派翻译理论在译论研究中占有独特的地位。它强调消解传统的翻译忠实观，突出译者的中心地位，这些都给当代翻译研究开拓了新视野。一方面，以德里达为代表的解构主义学者在哲学层面对翻译问题的探讨研究，他们大多从语言的角度出发来研究哲学，把翻译视为研究和实践差异的场所，从而打破了结构主义模式译学的封闭性，这一类的学者主要发展了一种批评的理论研究方法；另一方面，一批翻译理论家在解构主义思想影响下发展了新的翻译思想和观点，以解构主义的方法从政治、权力等角度探究翻译的问题和策略，反抗社会中存在的各种霸权，其中比较著名的学者有韦努蒂（Lawrence Venuti）、罗宾逊（Douglas Robinson）、斯皮瓦克（Gayatri Chakravorty Spivak）、尼南贾纳（Tejaswini Niranjana）、西蒙（Sherry Simon）等人。

　　解构学派翻译理论最重要的特征就是强调"存异"而非求同，其源头可以追溯到 20 世纪 20 年代德国翻译理论家瓦尔特·本雅明 （Walter Benjamin）

---

　　① 西方重声音轻文字的二元对立传统悠久。这一传统认定意义在言语之先，言语只是表达意义、进行交流的传声筒。德里达称之为"逻各斯中心主义"，它也是理性、真理、主体、存在、本质等的别称。（译者注）

的一篇题为"译者的任务"的序言。本雅明从根本上质疑传统的翻译思想，认为译文和原文本无"忠实"可言，译作不是去复制或传递原作的意义，而是与原作的一种和谐，是对原作语言的补充。他的这种观点消解了传统译论中译作与原作的二元对立关系，打破了原文的权威地位，将译作从次等、屈从的处境中解放出来，对后来解构学派翻译思想家颇有启发。

不过，真正深刻影响了翻译理论的研究模式的还是来自解构主义发起人雅克·德里达针对逻各斯中心论提出的解构思想。它从全方位摧毁了西方自古希腊以来各种"在场"（present）的形而上学，集中表现为对逻各斯中心主义的批判、意义的差异与延缓、意义的播撒和中心的分解等。德里达特别强调翻译的问题，因为翻译提供了差异的场所，从而引起人们的警觉。他认为这是一切哲学关心的中心问题。德里达以延异（différance）、播撒（dissemination）、印迹（trace）、去中心化（decentering）等术语勾勒了解构主义的语言观和翻译观。他在《哲学的边缘》（Margins of Philosophy）中创造了"延异"（différance）一词来表现存在与意义之间的某种原始差异。它与词语"差异"（difference）发音相同，拼写上只有一个字母的差别。它既指空间的差异或区分，又指时间的延期或推迟。通过这种见于文字、却又无法在言语中表现出的差别，德里达试图瓦解西方传统中言语优于书写的逻各斯中心主义，向存在的在场幻觉提出质疑，进而强调意义的不确定性。"播撒"是"延异"从它的拉丁文词源（differe）中生出的另一含义，指意义仿佛是播种人播撒种子，漫撒在四面八方。于是，每一次阅读都只是对种子播撒后"印迹"的追寻，每一个意义的产生都是延异的结果；而"印迹的游戏"（play of the trace）进一步表明德里达对翻译性质的认识。"印迹"通常意味着一个不在场物表现出来的符号，是它在自己曾经在场过的地方留下的符号。"印迹的游戏"不存在实体，如果试图抓住它，印迹则播撒、分解、蒸发。由此，传统的逻各斯中心主义关于意义是单一确定的概念彻底瓦解，而翻译就成了不断修改或推迟原文的过程，"总是在其可能表现的范围内体现着能指和所指之间的差异"。[①]翻译不可能复制原文的意义（因为不存在"中心"，即原文确定不变的意义），对原文的每一次阅读和翻译都意味着对原文的重构，译作和原作是延续和创生的关系，通过播撒、印迹、错位、偏离，原文语言借助译文不断得到生机，原文的生命得以生生不息。

德里达，包括其他一些解构主义理论家，如德曼等，都是从探索语言本

当代国外翻译理论导读

266

---

① Jacques Derrida, *Dissemination*, Chicago, University of Chicago Press, 1981, p. 21.（译者注）

质的角度来谈翻译，并借助对翻译问题的探讨阐明其哲学思想，所以他们并不提及具体的翻译原则或方法。而另外一些学者则运用解构的方法探讨了翻译中的具体问题，美国学者韦努蒂是其中一位著名代表，他运用德里达的解构主义思想展现了原文或译文的不连贯状态、以及译者如何卷入文化生产中，并借此创建了对文本背后权力关系的批判分析。他在重新认识翻译中的不平等关系的基础上鲜明地提出自己抵抗式的异化翻译策略。他反对译者采用过于流畅的风格，因为翻译中的文本都是混杂性的文本，而译者这样做就会掩盖这种混杂性，抹杀原文和它的译文的转换性和政治性。他还借用菲利普·刘易斯（Philip Lewis）的"滥用的忠实"（abusive fidelity）概念，主张"忠实"于原文的语调和语旨，但"滥用"译语文化的文学规范，从而使更多的异域文化成分得以进入译语文化。

还有些学者借助解构的研究途径探讨翻译中的政治权力问题或性别问题，在解构主义影响下逐渐发展了后殖民翻译理论和女性主义翻译理论。如尼南贾纳以解构的方法揭示殖民统治与传统翻译"忠实再现"观念之间的共谋关系——殖民话语方式建立在现代与原始、西方与非西方、文明与野蛮、文化与自然的一系列对立之上，它们通过翻译被"自然化""非历史化"，从而构建了殖民主体，翻译因此沦为殖民化的工具。尼南贾纳据此提出翻译中的干涉主义策略；而巴西学者坎波斯（Haroldo de Campos）将翻译视为一种食人行为，一种解除殖民主义余孽的武器。他提倡食人隐喻意义上的翻译，旨在颠覆原作／宗主国的逻各斯中心主义，为殖民地国家文化进行输血，提供精神养料。格达德（Barbara Godard）、巴斯奈特等人则关注翻译中的性别政治，她们运用解构的策略揭示了西方文化中男性／原文权威形成的过程，提倡翻译中的"女性化处理"（womanhandling）策略，等等。

本章选取了这一学派主要代表人物的四篇代表性译论，希望读者从中可以了解构学派翻译理论的主要学术观点。

译者的任务[*]

瓦尔特·本雅明著

陈　浪译

导言

瓦尔特·本雅明（Walter Benjamin，1892—1940）是 20 世纪前半期德国著名思想家、哲学家、文艺理论评论家。他出身于富有的犹太人家庭，早年攻读哲学，1920 年后定居柏林，从事文学评论及翻译工作。1933 年纳粹上台，本雅明离开德国，定居巴黎。法国沦陷后，他在逃往美国途中自杀。本雅明的思想根植于犹太教神学传统，并受马克思主义、超现实主义等思潮影响，其作品具有独特的文风。《译者的任务》一文原是 1923 年本雅明为所译的波德莱尔（Charles Baudelaire）的《巴黎塑像》（Tableaux Parisiens）写的序，文中的独特见解蕴涵着解构主义翻译思想的萌芽，经德曼和德里达的阐释，被奉为解构主义翻译理论的重要奠基性文献。

本雅明在文中首先提出顾及受众无益的观点。因为如果考虑受众因素，势必会把翻译看作传递信息的工作，而文学作品的本质不是陈述或传递信息，任何执行信息传递功能的翻译传递的只能是非本质的东西。那些蹩脚的译者，因为承担了不该承担的任务，其成功本身就是失败，而且是故意犯错误的失败。

本雅明接着谈到支配翻译的法则，也即原作的可译性。他认为原作的可译性取决于是否有合适的译者以及原作本质是否有翻译的需求，其中第二点尤其重要。如果一部作品本身具有值得翻译的实质性东西，即使人们没能译出，也不能断言它是不可译的。此外，他也指出翻译是由原作的可译性召唤出来的后代，它与原作的秘密协议就是使之具有"来世"（afterlife）。换言之，原作必须仰仗译作来完成自己的生命过程。翻译在这个过程中起监督的作用。一方面它将原作的生命带入另一个阶段（历史生命领域），另一方面原作语言与译作语言之间的亲缘关系亦被指示出来。

---

[*] 本文选译自 Walter Benjamin, "The Task of the Translator," in *The Translation Studies Reader*, ed. Lawrence Venuti, tr. Harry Zhon, London and New York: Routledge, 2000，pp.15-23。

在探讨语言间亲缘关系的出处时，本雅明引入了一个重要而抽象的"纯语言"概念。在"纯语言"这个总体集合里，每种语言的意指方式相辅相成，相互补充，臻于完满。而翻译则是指向通往这种难以企及的最高境界的途径。为了更好地阐发这一概念，本雅明以"面包"在德语和法语中的语言表现为例，对语言的意指对象和意指方式加以区分，同时引用马拉美的话指出各种语言的意指方式具有的多样性和差异性。他将"纯语言"比作由碎片构成的花瓶，而原作与译作均为该花瓶砸碎时掉下来的、需要重新组合的碎片。这一独特的比喻使原作与译作的关系由传统的"模式／复制"关系变为平等互补的关系。在本雅明看来，纯语言的思想规定了译者的真正目的和任务。他认为，原作及其语言在不断中止生命的阵痛中一步一步接近纯语言的同时，翻译亦获得检验的功能，检验着原作及其语言在重生后与能够呈现所指意图的纯语言之间的距离。

文章结尾处，本雅明极力推崇《圣经》翻译中所用的隔行对照式的极端直译法。这是因为尽管翻译突显了语言的差异，但同时也催生新的表达方法。通过翻译的途径可以使现存的语言最终迈向"纯语言"的理想境界。翻译的价值就在于它对语言差异的反映和强调程度。

《译者的任务》中许多独特的看法在一定程度上破解了人们对传统译论中忠实原则的盲目追求，如将译作喻为原作的"来世"、将源语和译语比作"纯语言"花瓶的碎片，等等。本雅明的这些见解对后来20世纪后期兴起的解构主义翻译理论产生了很大的影响。

正文

欣赏艺术作品或艺术形式的时候，考虑受众的因素从未给人带来任何好处。谈论某一类的受众或他们的代言人只会使人误入歧途。而且，从理论上探讨艺术，甚至连"理想的"受众这个概念都会十分有害，因其无非事先预设了具有这类资格的人本身的存在和本性。同样，艺术自身以人的肉体和精神存在为前提，可是从未有任何艺术品在乎人的反应。没有哪首诗是为了读者而写，也没有哪幅画是为了观赏者而作，更没有哪部交响乐是为了听众而谱。

那么，译作是为不懂原作的读者而作的么？这个问题倒也可以充分说明两者（译文和源文）在艺术领域里的差异。而且，这似乎也是唯一可能的理由，说明人们何以反复讲述"同样的话"：一部文学作品究竟在"说"什么呢？它和我们交流着什么呢？对那些已经理解作品的读者而言，文学作品似乎没有 "告知"他们多少信息。因为文学作品的本质不是陈述事实或传递信息。翻译若要发挥传递的功能，那么，除了信息——也就是文学作品非本质的东西——它也就不可能再传递什么了。这也正是拙劣译作的标志。可是大家不都认为，除了信息之外，文学作品的本质不就是那些深奥难测、神秘难解、充满"诗意"的成分、只有译者本人也是诗人才能将其再现出来吗？即便是很差劲的译者也会承认这一点。事实上，这是造成低劣译作的另一特征的原因。我们不妨称之为不准确地传递非本质的内容。只要译作是为读者而作，情况就会如此。然而，倘若译作是为读者而作的，那么原作同样也应如此。可是如果连原作都不是因为读者而存在，我们又怎么能用这种关系来理解译作呢？

翻译是一种形式。若把它当作形式来理解，人们就必须回溯到原作，因为原作包含了支配翻译的法则：可译性。一部作品是否具备可译性涉及双重含义：其中的一个问题就是在作品的所有读者中可以找到合适的译者吗？或是另一个更恰当的问题：原作的本质是否使其适合翻译？而且原作是否鉴于翻译这种形式的重要性而需要被翻译？原则上，第一个问题的答案是不确定的，而对第二个问题的判断却无可置疑。只有肤浅的考虑才会否认后者的独立性而把两者看得同样重要。应当指出，某些相互关联的概念只有在不仅仅只考虑人的因素情况下才能保存意义，而且是保存其最好的意义。比如说，某段生活或某个时刻是不能忘怀的，尽管所有的人都已将其忘却。如果这段生活或这一时刻的本质要求不被遗忘，那么，这个要求本身并不会因为人们遗忘的事实而显得错误，它只不过变成一个未被人满足的要求罢了，或许还会指向一个已经满足要求的领域：上帝的记忆。以此类推，即使某些语言作品对人们而言无法翻译，我们仍然应该考虑其可译性。考虑到翻译有严格的概念，这些语言作品会不会是在某种程度上不可译？我们应该从这个意义上提出作品是否需要翻译的问题。因为这种想法非常重要：如果翻译是一种形式，那么可译性必然对某些作品非常重要。

某些作品在本质上具有可译性，并不意味着翻译对这些作品本身有多么重要。与其如此，毋宁说这表明了原作中某些内在的特定意义会通过译作显露出来。显而易见，译作无论多么完美，对原作并不意味着什么。然而，通过原作的可译性，译作在下一个方面与原作紧密联系起来。是的，这种联系如此密切，以至于原作本身好像都不怎么重要了。对此，我们不妨称之为一种更天然的联系，或者更具体些，一种涉及生命的联系。正如生命的表达与人还活着的现象之间关联最为密切，但前者跟后者却是两码事，译作因为原作而产生——但它更多是与原作的来世有关而非原作的现世。译作总是迟于原作出现，世界文学的重要作品也从未在其诞生之际就已选定译者。因此，译作总是标志着原作生命的延续。我们应当以客观而非隐喻的态度来看待作品的现世和来世的概念。即使在狭隘偏见盛行于世的时代，人们也已经模糊地意识到生命并不限于肉体的存在。不过，我们不能像费希纳（Fechner）那样把生命的领域并入软弱的灵魂权杖管辖范围，也不能反其道，利用感观刺激这类更不确定的动物性因素来界定生命，因其只是偶然表现出生命的特征。除非一切事物都拥有了自己的历史，而非仅仅构成历史的场景，并且被人们认定具有生命，生命的概念才会得到公正地对待。总之，生命的范围是由历史，而不是由自然决定的，更不是由感觉、灵魂之类的空洞因素决定的。哲学家的任务在于利用包罗万象的历史生活来理解范围相对狭小的一切自然生命。事实上艺术作品的生命延续比动物物种的生命延续更易于辨认。艺术名品的历史使我们知晓了作品的渊源、作品如何在艺术家生活的时代问世以及它们在一代代读者中的潜在的永恒"来世"。而最后那一点如果显现出来的话，便被称作声誉。因此，当出现的译作不仅仅只传递题材内容之时，就意味着原作已经幸存下来，进入了享誉阶段。恰恰与差劲的译者看法相左，这样的翻译完全依赖原作而存在，但并不服务于原作。原作的生命之花在其译作中不断获取活力，并以最新、最繁盛的姿态永远盛开下去。

以上的描述是一种特殊而高级的生命形态。它受制于特殊而崇高的目的。生命与目的之间的关系看似明显，但对其认识却不会在它们自己的范围里获得，而要从更高的层面获得，尤其是当那个目的被所有生命个体所追求的时候。归根结底，生命的一切有目的的呈现，包括那些目的在内，所要实现的最终目标不在于生命本身，而在于表达生命的本质、再现生命的意义。翻译因此要达到的最终目的就是表达不同语言之间最重要的互补关系。翻译本身不太可能揭示或确立这种隐藏的关系，但却可以利用实现这种关系的初级形态或强化形态的方式来表现这种关系。这种表达隐藏意义的方法，以尝试初级形态的方式使之最终显现，其性质如此独特，以至于在非语言领域未曾发现过。通过类比和象征，这种情况可以借助间接表明意义的其他方式来实现，而不是依赖强化的方式——也就是可以预见的、提示性的方式——来实现。

至于语言间预设的重要亲属关系，其标志就是明显的趋同性。不同的语言相互间从来就不陌生。它们在所表达的内容方面有亲属性。这一切都是先在的（a priori），与各种历史关系无关。

经过一番徒劳的说明后，我们有些离题的探讨再次回到传统的翻译理论。如果语言的亲缘关系由译作来展现，那么除了尽可能精确地传达原作的形式和意义，翻译还能做什么呢？然而，传统的翻译理论对这种精确性很难定义，因而也就不能阐明什么对翻译才是重要的。不过，尽管两部文学作品之间具有表面的、不确定的相似性，然而，在揭示语言间的亲缘关系方面翻译实际上远比它们深刻、确定。若要把握原作和译作之间的真实关系，我们必须进行一番研究。这种研究类似某种论证过程，就像探讨意象说不成立时，认知的批判性分析必须进行的论证一样。在那种论证中，人们认识到一旦涉及客观现实的意象，认知过程就变得毫无客观性可言，甚至连声明具有客观性的可能都没有。同样，在我们的研究中，假定译作的本质是竭力追求与原作相似，那就根本不会有什么译作存在了。因为原作在其来世里应当已经经历了变化，否则，不经过蜕变与再生，我们也不会称其为"来世"。含义确定的词语甚至也会经历成熟的过程。时间一长，作家文学风格中的明显倾向迟早会消失，其文学创作中的某些内在倾向反而会逐渐浮现出来。曾经听起来新鲜的言辞过后可能会变成老生常谈，曾经风靡一时的手法在日后的某一天会显得离奇古怪。若要探求这种变化的实质以及同样不断发生的意义变化的本质，我们不是从语言的生命以及语言作品的生命着手，而是从后世读者的主观意识去判断，否则，就算用最幼稚的唯心主义作挡箭牌，也无法掩饰我们混淆事物起因和本质的错误。换一种更切题的说法，这将意味着以思想的无能去否认某个最强有力和最富于成果的历史进程。何况，即使人们试着把作者的封稿之笔视为作品的最终完成，也同样无法挽救那种毫无生气的翻译理论。伟大的文学作品会在数世纪的历程中经历音调和意义上的全面改变，译者的母语也同样不断发生着变化。诗人的语句在其语言中长久地保存之际，最伟大的译作也只能注定是自身语言发展的一部分，并最终被不断出现的复译本并吞。翻译决不是两种僵死的语言之间毫无生气的等同。在所有的文学形式中，它担负着特殊的使命，即在其自身诞辰的阵痛中密切关注着外国文字（原作语言）走向成熟。

如果不同的语言可以在译作中展现亲缘关系，那么这并不是借助译作和原作之间微弱的相似完成的。因为大家也能明白：亲戚之间不一定貌似。这里使用的亲缘概念和其严格意义上的惯用法是一致的：在两种情况下，仅用身世渊源来界定亲缘关系是不够的，尽管在界定严格的血缘关系时，血统出身的概念仍然必不可少。那么，除了考虑历史渊源外，还能在何处找出两种语言间的相关性呢？当然不是从文学作品或语言之间的相似处去找。相反，语言间一切超历史的亲缘关系都藏于某个整体意图中。而这个整体意图又存在于每一种语言之中。不过，仅凭任何单一的语言自身是无法实现这个意图的，只有将所有语言中的意图互补为一个总体才行。这个总体就是纯语言。尽管不同的语言在个别因素上——如词语、句子、结构——都是相互排斥的，它们在意图上却相互补充。除非把意指对象和意指方式区分开，否则我们就不能牢牢把握语言哲学的基本法则。"Brot"（语德"面包"）和"pain"（法语，"包面"）这两个词"意指"同一对象，但它们的意指方式却不相同。由于意指方式不同，Brot 对于德国人的意味也就和 pain 对于法国人的意味不一样了。对他们而言，两个词也因此不能互换。而且实际上，它们竭力排斥着对方。但就意指对象而言，两个词语的意思并没有区别。当两个词语的意指方式相互抵触之时，分别来自两种语言的意指方式和意指对象互相补充。更确切地说，是它们的意指方式补充它们的意指对象。意指对象不具备相对独立性，就如同单个孤立的词语和句子一样。相反，意义总是处于不断流动的状态中，并且一直隐藏在不同的语言里，直到它能作为纯语言从各种意指方式的和谐状态中浮现出来。不过，如果这些语言以这种方式继续成长，就会到达其生命的尽头。恰恰是因为翻译，原作才出乎意料地燃起永恒的生命之火和语言不断更新之火。译作不断地将语言的神圣发展付诸检验，看看它们隐藏的意义距其显露之时还有多远？而对此差距的了解又能让人们把差距缩短多少？

这无疑承认了一切翻译都只是和不同的语言表达方式达成妥协的权宜之计。事实上它也只能是一种暂时性的解决办法，因为一劳永逸地解决语言的相异性问题超出了人类的能力。至少，任何直接解决问题的尝试都是不成功的。不过，宗教的发展为语言更高层次的成熟播下了隐藏的种子。这也许算得上一种间接方法。尽管翻译不能像艺术那样宣称其作品的永恒性，但无可否认，翻译的目标就是所有语言创作的终极阶段，它具有结论性和决定性。在译作里，原作可以说进入了一个更高、更纯粹的语言境界。诚然，它不能长久停留在这个境界里，也不能全部到达这个境界。但是，通过这种令人印象深刻的独特方式，它至少指明了通往这一境界的途径。这是一个难以企及的、事先已经注定的境界，各种语言在这里相互融合直至完美。这永远不会是整体性的转换。能够进入这个境界的是译作中那些超越了题材内容的部分，其核心就是不可译成分。即使把所有的表面内容都挖掘和传递出来，我们仍然很难把握一个真正译者关心之所在。和原作的词语不同，它是不可译的。因为内容和语言的关系在原作和译作中截然不同。在原作里，内容和语言就像果实和果肉一样合为一体。而在译作中，译文语言就像包裹着内容的皇袍，满是褶皱。由于译文总是预示着一个比其语言地位更高的语言，它始终与其占有绝对优势的异己内容处于不相称的状态。这种脱节的现象妨碍了翻译，同时也使翻译显得多余。就内容的特定方面而言，一旦产生于语言历史某个特定阶段的作品被译成另一种语言，那就意味着它被译入了所有其他的语言。这样，由于无法进行二度翻译，翻译把原作移植到更加确定的语言环境中。原作只能在另一时间从那里再次复活。这颇具有讽刺意味。而"讽刺"一词让我们想起了浪漫主义者。这并非巧合。他们比其他人更能洞察出文学作品在翻译中获得最终证明的生命。然而，他们几乎很少从这个意义上看待翻译，而是把注意力全部集中在批评的方面——也就是文学作品生命延续的另一个相对较弱的因素。不过，尽管浪漫主义者确实在理论文献中没有重视翻译，他们自己伟大的翻译作品却证实了他们对翻译这种文学形式的本质和尊严的认识。大量例证表明，最能领悟到这一点的未必是诗人。实际上，最不可能领悟这一点就是诗人了。即使是文学史也从未表明这样一种传统观念：大诗人是杰出的译者，而小诗人则是差劲的译者。有许多诸如马丁·路德（Luther），福斯（Voss）和施莱格尔(Schlegal)的杰出译者，他们的翻译家身份比其创作家的身份重要的多。而且他们之中的一些佼佼者也不能简单地划归诗人的行列，尤其是考虑到他们作为翻译家的重要性这一点，如荷尔德林（Hoelderlin）和格奥尔格(Stefan George)。既然翻译是一种独立的表现形式，那么译者的任务也应该独立出来，与诗人的工作明确清楚地区分开。

译者的任务是找出目的语的译入意图，并据此在译作语言中激发原作的回声（共鸣）。翻译的这个特征使其从根本上有别于诗人的作品，因为诗人的努力只是直接面向语言的具体语境，从未像翻译那样指向语言本身以及语言的总体。与文学作品不同，翻译没有置身于语言森林的中心，而是从森林之外的地方注视着这些树木葱郁的山岭。译作呼唤原作却不进入其中。它力图找出那个独一无二的地点，在那里可以用它自己的语言发出外来语言作品的回声。翻译的目的与文学作品的目的不同，它以外来语言的个别作品为出发点，指向作为整体的语言。不仅如此，译作更是一种与文学作品截然不同的努力。诗人的意图是自发的、初级的、形象的；而译者的意图是派生的、终极的、概念的。因为译作的伟大主旨就是把许多语言融合成一种真正的语言。

在真正的语言里，独立的语句、文学作品、批评性的判断彼此永远无法直接进行交流沟通——因为它们会一直借助于翻译；但是，各种语言本身却因为在各自意指方式中相互补充、相互交融而在这种真正的语言里达到和谐状态。如果世上一切思想为之奋斗的终极真理能够轻松地、甚至无声地保藏下来，如果真有这种真理的语言，那么它就是真正的语言。只有这种语言才具有哲学家期望的唯一完美的预测性和描写能力。它以浓缩的方式隐藏在译作中。哲学不像文学那样有掌管自己领域的女神缪斯，翻译亦如此。然而，不管多愁善感的艺术家对此如何断言，哲学和翻译却都不是实利功用的东西。有位哲学天才曾以渴望在译作中表达这种语言而著称：

> "各种语言的不完美在于它们的多样性，世上缺少的是一种尽善尽美的语言：没有修饰成分，甚至没有暗示，人们的所思即所写。然而不朽的词语仍旧一直无声地静默着。世上各种各样的惯用语使人们无法说出那些本可以立刻将真理具体化的词语。"

如果马拉美（Mallarme）的上述言语对哲学家而言是可以充分理解的话，那么翻译，由于蕴含这种真正语言的成分，就处于诗与信条之间。人们对翻译作品的界定也许不够鲜明清楚，可是这些作品在历史上同样留下了深深的烙印。

从这个方面来看译者的任务，解决问题的道路只会显得更加模糊不清，困难重重。的确，让纯语言的种子在译作里成熟，这个问题似乎没有确定的解决方法，看起来不可能得到解决。因为，一旦意义的复制不再具有决定性，解决问题的基础不就瓦解了么？当然，倒过来看，这也正是上述内容的意义所在。在所有关于译作的讨论中，传统的观念包括两点，一是忠实；二是不拘一格——也就是说，译文既要有忠实地再创造的自由，也要有为此效劳的对字词的忠诚。不过，一种理论如果在翻译中寻求别的什么东西而非再创造的意义，那么，上述观念就毫无用处了。的确，传统的用法使这些术语好像总处于冲突之中。忠实究竟对传递意义有何好处？对个别词句的忠实翻译似乎从来就不能完全再现它们在原文中的意义。因为诗意的蕴含不会只局限于意义，而是来自经过挑选的词语所传递的内涵。这里所说的词语是具有种种感情内涵的。照搬句法的逐字翻译则完全摧毁了再现意义的理论，同时直接威胁可理解性。在 19 世纪，人们就把荷尔德林（Hoelderlin）翻译的索福克勒斯（Sophocle）剧本看成这种直译的怪物。不言而喻，对形式的忠实复制会在很大程度上妨碍意义的传递。因此，保留原作意义的愿望不能成为一切逐字翻译的理由。但是，在另一方面，拙劣译者毫无束缚的随意性虽然有助于传达意义，却对文学和语言本身毫无益处。直译虽然明显有其存在的正当性，但其合法性的根基却不明。因此，我们有必要从更有意义的语境中理解对直译的要求。一个花瓶的碎片若要重新连接成整体，它们的形状虽然不必一样，但却要在最细致的地方相互顺连。同样，译作不必与原作意义相似，却必须带着爱意从每个细节上与原作的表意模式合为一体，从而使译作与原作都成为一种更高级语言的可辨认的碎片，就好像它们本来就是同一个花瓶的碎片一样。基于这个理由，翻译应当尽力克制自己对交流信息或传递意义的渴望。原作之所以对译作重要，正是因为它已经免去了译者和译作在组织和表达内容方面的劳作。"太初有道"（in the beginning was the Word）同样适用于翻译领域。另一方面，考虑到意义，译作的语言能够——事实上必须——使自己从意义中解脱出来，这样就可以再现原作的意图。这不是复制，而是与原作的和谐共处，一种对原作语言的补充。译作从中也用表现自身意图的方式表达了自己。因此，说一部译作读起来好像原作就是用这种语言写出来似的，并不是对译作的最佳称赞，尤其在译作问世的年代更是如此。相反，直译保证了忠实，其重要性就在于这样的译作反映了对语言互补的伟大追求。真正的译作是透明的，它不会遮蔽原作，不会挡住原作的光芒，而是通过自身的媒介作用加强了纯语言，使其充分地在原作中表现出来。最重要的是，我们也许可以通过直译原文句式的方式成功地实现这种效果。这种直译表明，就译者而言，最根本的因素是词语而不是句子。因为句子如果是挡在原作语言前的墙，那么逐字直译就是通往原作的拱廊通道。

传统上，人们一直认为翻译的忠实和自由是相互冲突的两种倾向。我们对其中一种倾向的深入分析并不能调和两者的矛盾。事实上，这更像是否认了另一种倾向存在的所有正当理由。自由应当是停止复制意义。如果不是这样，法则规定的自由还能是什么呢？只要我们把语言作品创作的意义等同于它所传达的信息，某些终极的、决定性的因素就会永远不可企及——它们好像近在咫尺却又遥不可及，深藏不露或是清晰可辨，支离破碎或是影响巨大。在所有语言以及语言创作中，除了可以言传的部分外，一直存在着某种无法交流的东西。它要么象征着什么（something that symbolizes），要么被什么所象征（something symbolized），一切要视它所在的具体语境而定。前者出现在有限的语言产品里，后者则存在于各种语言自身的进化历程中。而在语言进化中追求表现和创造自我恰好是纯语言的真正核心所在。尽管这种核心深藏不露而且支离破碎，它却是生命的积极动力，以被象征的事物本身的面貌出现。但在语言作品中，它只是以象征的形式存在其中。直到实现这种终极本质之前，纯语言在各种语言中仅仅只和语言成分及其变化紧密相连，在语言作品创作中它则承载了难懂的、外来陌生的含义。翻译的重大功能、也是唯一的功能就是把纯语言从这种负担中解脱出来，使象征化的过程变成象征的结果（to turn the symbolizing to the symbolized），最终再次获得已经在语言长流中充分形成的纯语言。这种纯语言不再意指什么，也不再表达什么，而是作为那种具有非表达性和独创性的（上帝的）言语（the expressionless and creative Word）依存于所有语言中。一切信息、意义和意图终将在这种纯语言里达到某一层面，并注定在那里灰飞烟灭。正是这个语言层面为翻译的自由提供了更重要的新理由。这个理由持久存在，不是由于翻译应当告知信息，因为那恰好是忠实的任务，是我们试图去解放的东西。毋宁说，由于纯语言的缘故，一部自由翻译的译作在其自身语言上接受了这个考验：译者的任务就是在自己的语言中把纯语言从另一种语言的魔咒中释放出来，通过自己对某一作品的再创造把囚禁在这个作品中的语言解放出来。为了纯语言的缘故，译者会打破自己语言中已经衰败的重重障碍，如路德(Luther)、弗斯(Voss)、荷尔德林以及格奥尔格(George)所做的那样。他们拓展了德语的领域。那么，对于译作与原作之间的关系而言，意义有什么重要性呢？我们在这里不妨打个比喻。圆的切线只在一点上和圆稍稍接触。正是通过这样的接触而不是通过切点规定了切线沿着自己笔直的路径通向无限。同样，译作也只是在意义这个无穷小的切点上与原作接触，并由此根据忠实的规则在自由的语言之流中开始了自己的航程。尽管潘维兹（Rudolf Panwitz）没有明确命名或具体界定这种自由，他却已经描绘了这种自由的真正含义。他在《欧洲文明危机》(Die Krisis der europaischen Kultur)中的评论与歌德（Goethe）对《东西诗集》（Westoestlicher Divan）的评注都是德国翻译理论中的最佳论述。潘维兹写道：

> "我们的译作，甚至是最好的译作，都建立在错误的前提之上。它们总是把印地语、希腊语、英语变成德语，而不是把德语变成印地语、希腊语和英语。它们对本国语言惯用法比对外国作品的精神有更多的敬意……译者的根本错误在于试图保存本国语言偶然的表现状态，而不是让自己的语言受到外来语的有力影响。尤其对与我们的语言关系较远的语言进行翻译时，译者必须回归语言本身最基本的成分，看清作品、意象和语气的汇合处。他应当通过外国语言来扩展和深化本国语言。人们普遍未曾意识到能在多大程度上做到这一点，语言又能在多大程度上转

换成功，他们未曾意识到语言之间的区别与方言之间的区别有多么相似。当然，只有当人们非常严肃地看待语言而非轻视语言的情况下，才会认识到有这些问题。"

译作在多大程度上与翻译这种形式的本质保持一致，客观上取决于原作的可译性。原作语言的品质等级越低，原作就会越像信息，而为翻译提供成长的土壤则会越贫瘠。等到内容占据绝对多数优势后，翻译原作就不太可能了。因为内容决不是操控翻译这种特殊形式的杠杆手段。相比之下，一部作品的水准越高，即使我们只能匆匆触及其意义，其可译性也会越大。当然，这只是对原作而言。另一方面，译作之所以不可译并不是由于自身固有的困难，而是因为意义依附于译作的状态比较松散。荷尔德林的翻译，尤其是有关索福克勒斯的两个悲剧译本，便印证了这一点以及其他各方面的问题。在他的译文里，不同的语言相处如此和谐，以至于语言触及意义的方式就像风儿吹奏竖琴一样。荷尔德林的译作是同类作品的蓝本。与甚至是最完美的译文相比，它们也像范本原型之于范本一样。比较一下荷尔德林和博察德(Rudolf Borchardt)对品达（Pindar）的《阿波罗·提俄斯神颂歌之三》（Third Pythian Ode）的不同翻译就能对这个情况有所了解。也正是这个原因，荷尔德林的译作特别容易陷入所有译作都面临的内在的巨大危机中：因翻译而拓展、修饰的语言可能会一下子关闭自己的门扉，将译者囚禁于静默之中。荷尔德林所译的索福克勒斯作品是他生命中最后的作品：在译作中，意义跌入一个又一个的深渊直至拟将失落于语言无底的深渊中。不过，倒有一处可以终止失落的地方。那只能是《圣经》（Holy Writ）。在那里，意义不再是语言流和启示流的分水岭。文本就是真理或教义。那里本来就有"真正的语言"，文本无需语言中介就无条件地具有了可译性，而人们只是因为语言的多样性而需要翻译。在《圣经》原文中，语言与启示合为一体，没有紧张冲突，所以，译作一定是以逐行对照的形式与原作并存，而逐字直译和自由翻译也在其中结合起来。所有伟大的作品，无论它是最高等的文本还是神圣的文本，字里行间在某种程度上都包含着自己潜在的译文。《圣经》的隔行对照译本是所有翻译的原型和理想。

巴别塔之旅[*]

雅克·德里达著

陈　浪译

导言

　　法国哲学家雅克·德里达（J. Jacques Derrida，1930—2004）在阿尔及利亚出生，曾在法国、美国求学，生前长期在巴黎高等师范学校任教，被称为"解构主义之父"，其思想是后现代思潮重要的理论源泉，其哲学理论对哲学、文学、语言学、法学、建筑学等均有深远影响，主要代表作有《文字语言学》（1967）、《声音与现象》（1967）、《写作与差异》（1967）、《散播》1972等。

　　《巴别塔之旅》一文发表于1980年，对"翻译"进行了深刻的哲学思考和解构，内容涉及翻译的考古、政治以及法律。德里达在文中首先从语言的起源和分散说起，以专有名称"Babel"开始，追问我们是否真的懂得自己谈论的东西。然后，他用哲学词典的注释和《圣经》故事证明"Babel"不仅代表着语言的多样性，而且代表着建构或完整的不可能性，传说中未建成的巴别塔工程也成为了混乱、尤其是语言混乱的象征。德里达引用伏尔泰的话指出"Babel"的本义是指"上帝""人的圣父"和"上帝之城"，但由于出现了"变乱语言"的那个事件，这个词就具有了"混乱"的含义，于是"混乱"成了对"Babel"的翻译。这样，专名"Babel"在"巴别语言"（Babel language）的起源时就产生了意义与所指的混淆。在巴别塔这个命名行动中（或者说为了争夺命名权的斗争中），它以双重混淆的方式被混同于实际意味"混乱"的一个普通名词。然而专名是以命名对象的唯一性为前提的，它不表示任何意义，只能指称而不能描写它的所指，因此上述情况无异于将指涉行为与意义概念相混淆，将名字功能与名词功能相混淆。德里达认为"巴别（Babel）混乱"代表着语言间的混乱和语言中的混乱，其混乱之处就在于那个词超越了当初产生它的语境，在语言表达上无法实现连贯而完整的叙述，于是明显的事实差异也就仿佛无法用语言厘清了。

---

　　[*] 本文选译自 Jacques Derrida, "Des Tours de Babel," in *Theories of Translation*, ed. R.Schulte & J.Biguenet, tr. Joseph F.Graham, The University of Chicago Press, 1992, pp. 218-227。

德里达接着阐述了不可译性的观点。他认为，当上帝驱散人类、变乱其语言时，就已经不可避免地产生了不解的悖论："上帝把翻译工作强加于人类，同时又禁止人类翻译。"这一悖论不仅昭示了翻译的必要性，同时也意味着翻译在绝对意义上的不可能性。随后他又借雅科布逊（Jakobson）关于语际翻译定义中的逻辑矛盾证实这一点。文章结尾处，德里达谈到了翻译的债务概念。由于无法满足的整体性表达了文本对生命以及文本对翻译的渴望，这种未完成就成为支配翻译的法则——"假如原文本身的结构就有翻译的要求，那么正是通过制定法则使自己负有债务，原文才得以产生。原文是第一债务人"。他指出"Babel"不仅对人而言有"混乱"的作用，同样的情况也发生在上帝那里。"Babel"不仅终止了一切翻译的可能性，也终止了人们对于上帝的圣经的翻译。上帝也呼唤翻译。"Babel"语言行为说明了作者（原文）对译者来说同样负有债务，但他们相互无法偿还，因为原文和译文是相互补充的。德里达关于作者与译者之间实际互补的债务论述明显呼应了本雅明在《译者的任务》中的观点，他围绕巴别塔谈论翻译的性质和任务，体现了深刻的解构思想。显然，在德里达的眼中上帝就是一位伟大的解构者，而巴别塔的解构就是批判和解放。

正文

可以肯定，"Babel"首先是个专有名称。不过，如今说起"Babel"，我们知道自己命名的是何物，所指的又是何人吗？有关巴别塔（the tower of Babel）的故事或神话自古流传。如果我们细想一下这个文本残存的意义，就能发现它绝非只是一种修辞手段那么简单。它至少说明了语言与语言之间不对应，百科全书提到的某个地方与另一个地方不一致，还有语言与其自身和意义脱节的现象，等等。此外，它还说明了比喻、神话、修辞格、迂回间接的手法以及翻译存在的必要性，尽管它们不足以解决歧义带来的所有问题。在这个意义上，"Babel"应当是关于神话起源的神话、关于隐喻的隐喻、关于叙述的叙述，以及关于翻译的翻译，等等。它不会是唯一像这样挖掘自身意义的结构，但它会按照自己的方式完成这个过程（它自身就像专有名称一样，实际上不可翻译），其特有的语言用法也必将被保留下来。

"巴别塔"不仅象征着各种语言不可简约的多样性，它还展现了一种未完成的状态：教诲、建筑结构、系统以及构造设计之类的事物无法结束，无法成为整体，无法达到饱和，也无法得以完成。语言用法的多样性实际上不仅限制了"真正的"翻译，即不同语言间透明而恰当的相互表达，它还限制了结构次序，也就是构成上的连贯性。因此就有了形式的内在局限和结构的未完成状态之类的东西（姑且就让我们这样翻译）。这样人们就很容易把那里想象成对解构之中的某个系统进行的翻译。这在某种程度上也是可以被证实的。

用一种语言提出该语言自身的问题，而且还用该语言去翻译有关翻译的话语，在这种情况下，人们对该语言的问题不应该采取缄默不言的回避态度。

第一个问题：巴别塔是用什么语言得以建构和解构的？是用这样一种语言——即专有名称"Babel"在该语言中同样会因混乱而被人们用"混乱"（confusion）一词译出。专有名称"Babel"本来作为一个专有名词应当总是不可译的。但是，由于某个独特的语言造成联想上的混乱，人们以为这个专有名称可以用这种语言中的普通名词来翻译，其所指就是我们解释成"混乱"的东西。伏尔泰在其《哲学词典》（*Dictionnaire philosophique*）一书中的"Babel"词条下表达了自己的惊讶之情：

> 我不明白为什么《创世记》（Genesis）说 Babel 就是混乱的意思。因为 Ba 在许多东方语言中指父亲，而 Bel 则指上帝，Babel 就是上帝之城、圣城。古代文明民族都用 Babel 命名自己的首都。但是，不管因为该塔修建到八万一千犹太尺高后建筑者的思想上产生了混乱，还是因为语言随之发生了混乱，Babel 意指混乱，这一点已经不容置疑了。很明显，从那时起，德国人就不再懂汉语了。因为根据学者波查（Bochart）的说法，可以确定汉语原本是和高地德语一样的语言。

伏尔泰温和的讽刺道出了 Babel 的意思：由于专有名称是纯粹的能指，指向唯一存在，因而不可翻译。但 Babel 不仅是个专有名称，也是个普通名词，与某个意义的泛指有关。这个普通名词有其特定的意义，不但指混乱（"混乱"一词本身就有至少两个含义，伏尔泰很清楚这一点），即语言的混乱，还包括建筑者发现自己面临建筑工程中断时的混乱状态。这样，某种混乱早已开始影响词语"混乱"的两个含义。因为该词的词义就是混乱的，至少是双义的。但伏尔泰在这里还有其他的暗示：Babel 不仅意味着词语双义的混乱，而且还兼有"父亲"之名的意思。说得更清楚、更通俗些，就是指那个用作父名的上帝之名。于是，这座城市就兼有圣父上帝的名字以及混乱城市之父的名称。

而上帝，这位天神，早已用其源于父名的姓标示了某个公共空间，即这座城市。在那里，理解不再可能。而且，若仅仅只有专有名称或是完全没有专有名称，情况都会如此（理解都不再可能）。由于命名了自己的名字，他自己选择的名字，以及所有事物的名字，上帝就处于语言之源，这种能力按理也就属于圣父上帝。而圣父上帝之名就成为诸多语言起源的名称。然而，同样也是这位上帝（如波默［Böhme］和黑格尔［Hegel］心目中的上帝，背离自身，自设界限，从而创造历史），在盛怒之下采取行动，废止了人类的语言天赋（the gift of tongue）或者至少使其卷入纠纷，并在其子民中撒播混乱，破坏这份礼物（Gift-gift），于是不同的语言、多种多样的语言用法以及人们通常换言之称作母语的语言也从此产生。整段历史所展现的全都是闪族的语言分支形成、语言世代、语言谱系。因为就在巴别塔解构之前，伟大的闪族正在建立自己的帝国，并打算让其帝国称霸天下；同时，闪族也在创建自己的语言，并试图让天下人都使用该语言。这个计划恰好在巴别塔解构前的那一刻开始实施。这里我引述相关的两种法文译文。前一种译文远离人们所说的"直译性"（literality）。换言之，没有采用希伯来语中有关语言的比喻说法，即"舌头（语言）"（tongue）一词；而后一种译文较为关注直译性，采用了"嘴唇"（lips）一词（隐喻意义上的，更确切些，是换喻意义上的）。因为在希伯来文里，"嘴唇"指的正是我们用换喻方式"舌头"一词表达的语言概念。于是人们不得不用嘴唇的多样性而非舌头的多样性来命名这种 Babel 混乱。所以，第一位译者瑟贡（Louis Segond），也就是 1910 年出版的瑟贡版《圣经》的作者，在译本中这样写道：

> Those are the sons of Sem, according to their families, their tongues, their countries, their nations. Such are the families of the sons of Noah, according to their generations, their nations. And it is from them that emerged the nations which spread over the earth after the flood. All the earth had a single tongue and the same words. As they had left the origin they found a plain in the country of Schinear, and they dwelt there. They said to one another: Come! Let us make bricks, and bake them in the fire. And bricks served them as stone, and tar served as cement. Again they said: Come! Let us build ourselves a city and a tower whose summit touches the heavens, and let us make ourselves a name, so that we not be scattered over the face of all the earth.

（汉译：从他们的宗族、方言、所在地和民族来看，这些人是闪族 [Sem] 的子孙。从家族世代和民族来看，这些都是由诺亚 [Noah] 儿子们的一支发展而来的家族。洪水过后，正是他们开始在大地上分为各种民族。那时天下人都持同一种语言，使用相同的文字。他们离开发源地后，在示拿地遇见一片平原，并在那里定居下来。他们彼此商量：来吧！我们要做砖，把砖放进火中烧制吧。于是他们把砖当石头，又拿柏油作灰泥。他们又说：来吧，我们要建造一座城和一座塔，塔顶通天。我们要传扬我们的名，免得我们在大地之上各散四方。）

我不懂应该如何解释上述典故中用此物代替彼物，或把某种物质变为其他物质的现象，如以砖为石，把柏油当作灰泥使用。这个典故已经颇像一个译本，一个关于翻译的翻译。这一点我们暂且不提。让我们再看看第二种译本。那是不久前问世的舒哈基（Chouraqui）的译本。它比前一个译本更力求接近原文的字面意义，几乎是字对字的翻译（verbum pro verbo）。而西塞罗（Cicero）在其《雄辩术》（*Libellus de Optimo Genera Oratorum*）中给予译者的入门忠告之一就是告诫他们千万不能采取这样的方式进行翻译。以下便是舒哈基的译文：

Here are the sons of Shem
For their clans, for their tongues,
in their lands, for their peoples.
Here are the clans of the sons of Noah for their exploits,
in their peoples:
from the latter divide the peoples on earth, after the flood.

And it is all the earth: a single lip, one speech.
And it is at their departure from the Orient: they find a canyon,
in the land of Shine'ar.
They settle there.
They say, each to his like:
"Come, let us brick some bricks.

Let us fire them in the fire."
The brick becomes for them stone, the tar, mortar.
They say:

"Come , let us build ourselves a city and a tower.

Its head: in the heavens.

Let us make ourselves a name,

That we not be scattered over the face of all the earth."

（汉译：这就是闪族的子孙们，

因为他们的宗族，因为他们的舌头［语言，译者注］，

在他们的土地上，因为他们的部落。

这就是诺亚儿子们的宗族，由于他们的功绩，

从他们的部落里，

由后者分支出大地之上各民族，在洪水过后。

而且整个大地上，只有一片嘴唇［语言，译者注］，

一种说话方式。

而且他们离开东方后，发现了一处峡谷，

在示拿的土地上。

他们定居在那里，

他们每个人都对自己的同类说：

"来吧，让我们做些砖吧。

让我们在火中烧制它们。"

那些砖就变成了他们要用的石头，

柏油就变成了他们要用的灰泥。

他们说：

"来吧，让我们自己建一座城和一座塔吧，

塔顶要在天空。

让我们立个名吧，

这样我们就不会在大地之上分散各处。"）

他们后来怎样呢？或者说，上帝把自己的名字给了他们，是要惩罚他们什么过错呢？还是应该说，由于上帝从不把自己的名字给任何物或任何人，因此他宣布了自己的名字，即此后将成为他的印记、有关"混乱"的专有名称，这又是要惩罚他们什么过错呢？上帝是要惩罚他们曾想修筑高耸云天的高塔么?还是因为塔高接近最高处，快到他那里了呢？毫无疑问，也许有这方面的原因。不过，还有一个无可争辩的原因：因为人们曾借此（通过修塔）

想为自己扬名，想给自己命名，想凭借自己的力量为自己立名，并想聚集在一处（"这样我们就不会在大地之上分散各处"），就好像在某处的统一体当中，它是语言同时也是高塔；或者说，那里既是语言又是高塔，而且语言就是高塔，高塔就是语言。上帝惩罚他们，是因为他们想依靠自己修建该塔以确保他们独一无二、遍及天下的宗谱。《创世记》中的故事仿佛遵循了相同的构思思路，紧随这个部分写道：筑起一座塔，建造一座城，用世界上通用的、但其实也是某个民族特有的语言为自己扬名，集中语言的来源。

> *They say:*
> *"Come , let us build ourselves a city and a tower.*
> *Its head: in the heavens.*
> *Let us make ourselves a name,*
> *That we not be scattered over the face of all the earth."*
> *YHWH descends to see the city and the tower*
> *that the sons of man have built.*
> *YHWH says:*
> *"Yes! A single people, a single lip for all:*
> *that is what they begin to do!...*
> *Come! Let us descend! Let us confound their lips,*
> *Man will no longer understand the lip of his neighbor."*

（汉译：他们说：
"来吧，让我们自己建一座城和一座塔吧，
塔顶要在天空。
让我们立个名吧，
这样我们就不会在大地之上分散各处。"
耶和华从天而降，看看人类的子孙建造的城和塔。
耶和华说：
"看哪！一样的人民，一样的嘴唇［语言，译者注］，
这就是他们要干的事！……
来吧！我们下去！变乱他们的嘴唇，
人类将不再懂得彼此的嘴唇。"）

然后，耶和华驱散了闪族，这种分散就是此处的解构：

YHWH disperses them from here over the face of all the earth.

They cease to build the city.

Over which he proclaims his name: Babel, Confusion,

For there, YHWH confounds the lip of all the earth,

and from there YHWH disperses them over the face of all the earth.

（汉译：耶和华使他们从那里分散到整个大地。

他们停工中断了造城的工程。

耶和华在未建起的城市之上宣布了自己的名字：Babel，混乱。

因为，在那里，耶和华变乱了天下人的嘴唇，

从那里，耶和华驱散了他们，把他们驱散到大地各处。）

　　难道我们不该认为这是上帝在嫉妒人类吗？由于憎恶人类独特的名字和语言，他把自己的名字，也就是圣父之名，强加于人类。上帝以这种强加于人的暴力行为开始解构巴别塔和天下人共用的语言。他使宗谱关系分散四方，他截断世系血统关系，他把翻译工作强加于人类却又同时禁止人类翻译。上帝就这样把翻译强加于人但却同时禁止翻译，限制翻译，但好像不太成功，他的儿女们从此以其名为名（也就是他给该城的名字）。正是由于出自上帝的专名，正是由于上帝的行为，语言才变得离散、混乱和多种多样。而这个专名来自上帝，是从上帝或圣父那里沿袭而来（确实，据称耶和华［YHWH］，一个不可妄称之名，降临于此塔）。这一切根据某个沿袭过程（a descendance）进行。在离散的过程中，语言始终以某个名字和某种语言用法为特征。这个名字是将来唯一可以成为最强者的名字；这种语言用法是将来唯一可以最终获胜的语言用法。可是如今，这个语言用法自身就带有混乱的标记，错误地意指错误的东西（it improperly means the improper），即 Babel，混乱也。于是翻译就成了必需却又不可能完成的任务，它就像是由一场关于名字占用问题的争夺战引起似的。在两个绝对专有的名词之间，翻译任务为人所需，却又无法完成。而上帝的专有名称（由上帝所赐）在语言中歧义明显，足以同样混乱地意指"混乱"概念。这个由上帝所宣之战首先在他自己的名字内部展开：分歧、双裂、矛盾、多义。它们显示上帝在解构。人们在《为芬尼根守灵》①（*Finnegans Wake*）一书中读到"And he war"的句子②，并从闪和肖恩

---

　　① 《为芬尼根守灵》是爱尔兰作家詹姆斯·乔伊斯的作品，作品由于大量运用象征手法导致了文字内容的多意性。（译注）

　　② war 在英语中意指"战争"，但在德语中则是动词"存在"的过去式。（译注）

（Shaun）的一方弄清了整个故事的来龙去脉。"he war"这个组合在此处，在直接相关的上下文以及这部 Babel 式的全书中，连接着无数语音和语义的线索，而且也说明上帝宣战（用英语）的事实、以及上帝（the One）就是那个宣称"我是自有永存的，因此过去就已存在"①的上帝（I am the one who am and who thus was（war））。这个组合，在实施语言行为的时候，自身已变得无从翻译。这一点至少可以从它同时采用超过一种语言的（至少是英语和德语）表述方式得到证明。即使一个译本穷尽所有的语义来翻译该组合，那也只是译成了一种语言，必将丧失 he war 的多重意义。姑且容我们另找时间再从容地研究这个组合吧。此处还是先看看诸多翻译理论的一个局限：翻译理论通常总是关注从某个语言到另一个语言的过程，没有充分考虑到作品有可能用两种以上的语言来表达。怎样翻译同时由好几种语言写成的作品呢？如何"处理"语言的多样性带来的影响？我们又如何看待同时用数种语言进行的翻译？可以将其称作翻译吗？

Babel——如今我们把它视为一个专有名称。这是没错的。但是，这个专有名称指的是何物、何人呢？它有时指讲述某个故事的记叙文本（这个故事可能是神话故事，也可能是象征故事或寓言故事，不过它具体是什么类型在此处并不重要）。故事中，Babel 这个专有名称不再是故事的标题，而是一座塔或一个城市的名字。该塔和该城都因耶和华宣布自己名字这一事件而得名。至此，专有名称"Babel"至少已被用于三次命名，而且分别命名了三种不同的事物。不过整个问题的关键在于这个专有名称还具有普通名词的功能。该故事记叙了很多事情，如语言混乱的起源，不可简约的语言用法的多样性，翻译是必需而又无法完成的任务，这种无法完成的状态是必要的，等等。但总的来说，人们没有注意以下的事实：我们往往是通过翻译读到这个故事的。而在译文里，由于没有以原有的专有名称的身份出现，这个专有名词就保留了一种奇特的命运。现在，这样一个专有名称是永远不可译的。这可能导致人们认为，鉴于和其他词语一样的理由，无论在源语还是译语里，这个专有名称在严格意义上都不能算作语言或者语言系统的一部分。然而，"Babel"是单一语言中的事件，在这一语言中它似乎能形成某种"文本"——该词也具有普通意义和概念共性。它在某个语言中被理解成"混乱"的意思，这是由

---

① 在《圣经》《出埃及记》3:14 中，摩西问上帝耶和华的名字，上帝说：I am who am。《旧约》是以当时的希伯来语写成。耶和华（Jehovah）的希伯来文的发音是 Yahweb，即"雅威"，指 YHWH，即"我是"的意思。耶和华说"I am who am"，意思是说他的名字就是耶和华。但后来人们用哲学观念代替了原文的意义，以"有"或"存在"的概念为依据，将《圣经》中的这句译成中文"我是永有自有的"或"我是自有永存的"。（译者注）

双关造成的或是由混乱的联想造成的，并不重要。总之，从那时起，与词语"Babel"一样，"混乱"（confusion）也同时变成一个专有名称和一个普通名词。两者互为彼此的同形同音异义词和同义词，但不是对应词，因为人们不可能混淆两者的意义。对译者而言，在这种情况下毫无妥当的解决办法。求助于同位结构和字母大写形式（如 "over which he proclaims his name: Babel, Confusion"）不能算作从一种语言译入另一种语言的方式，这是在评论、解释、释义，但不是在翻译。假定如此，这最多只能是一种近似的复制，而且复制时还把暧昧的词汇分割成两个词来表达。这种分割让混乱具有了潜在的可能性，一切潜在的可能性，并使混乱蕴藏于内在翻译中，正是这一翻译产生所谓源语中的该词。因为原故事的语言本身就有一个翻译过程，一种转换。它直接使这个专有名称有了自己的语义对应词（出于某种混乱），而从纯粹意义上来说，这个专有名称本身原本不会有这种语义。这种语内翻译（intralingual translation）事实上是靠直觉直接操作的，在严格意义上它甚至算不上一种操作。尽管如此，会说《创世记》里的语言的人应该只会留意这个专有名称产生的效果，而不会想到它在概念上的对应词（就像法语人名 Pierre 和具有"石头"含义的 pierre 一词那样，它们有绝对不同的意义和功能，人们不会把两者相混淆）。因为这个缘故，人们倾向于认为：一，专有名称在其真正专有的意义上（in the proper sense）并没有真正属于所在的语言。它不属于那里，即使对它的需求才使该语言成为语言（因为假如不能用专有名称称呼事物，语言还会是什么呢）。此外，也正是因为对它的需求才使该语言得以出现，所以它不可能属于该语言的范畴。于是，专有名称只有允许自身在该语言里被翻译，即经过语义对应词的阐释，才可能真正记入该语言中。而从那一刻开始，它也就不再被视为一个专有名称了。名词 pierre 属于法语范畴，原则上译成外语后应该传送其义。可是 Pierre 一词的情况就不一样了。它与法语之间的隶属关系无从确定，而且无论如何都与前者不是一个类型。英语单词"Peter"在这个意义上并非 Pierre 一词的英译，就像法语 Londres 一词不是英语 London 的法译一样，等等。二，如果某个人的母语就是《创世记》里的语言，他确实可以把 Babel 理解成"混乱"，这样，他完全不需要别的词语，用对应的普通名词就可以"混乱"地译出专有名称"Babel"了。这个情景就好像该语言中本来就有两个词似的，而这两个同形同音的异义词，其中一个具有专有名词的意义，另一个具有普通名词的意义：两者之间存在某种翻译，对于其性质人们可以作出完全不同的评价。它是雅科布逊（Jakobson）所说的语内翻译或是改写么？我认为不是。"改写"涉及普通名词和普通词组之间的转换，而在《论翻译的语言学问题》（"On Linguistic Aspects of Translation", 1959）一文中，雅科布逊区分的三种翻译分别是：语内翻译，即在同一种语言里用符号解释符号。很明显，这个定义预设了人们从根本上是知道如何去严格界定语言的整体和身份的，也就是该语言界限的确定形式。接着是雅科布逊巧妙地称之为"严格意义上"的翻译，也就是语际翻译（interlingual translation）。在这类翻译中人们用不同的语言符号来解释某个语言的符号，其前提预设和语内翻译的情况一样。最后是符际翻译（intersemiotic translation）或称为变通，即用非语言符号系统来解释语言符号。在定义其中两种非"严格意义上"的翻译时，雅科布逊都建议采用定义性的对应词和另一个词语。定义第一种类型时，可以说，他采用另外的词语进行了翻译："语内翻译，或改写"。定义第三种类型也是如此："符际翻译，或变通"。在这两种情况中，关于"翻译"一词的翻译方式是在定义时给予解释。但在描述"严格意义上"的翻译，即一般意义上的翻译，或称为语际翻译、Babel 命名之后的翻译时，雅科布逊并没有采用翻译的方式，而只是重复了相同的词语："语际翻译，严格意义上的翻译"。他也许认为描述这种类型无需翻译。因为人人都有这方面的经验，都知道什么是语言以及语言之间的关系，尤其是语言在事实上的特性或差异，所以大家应该都能理解这个定义。假如巴别塔未曾遭受破坏，人们在这些方面当然会有清晰的认识，那必是对语言多样性的体验以及对词语"翻译"在"严格"意义上的理解。然而，一旦涉及翻译在"严格意义上"的概念，"翻译"一词的其他用法就会变成意指语言内部的翻译或是不够充分的翻译，它们就像隐喻一样，总之，就像是严格意义上的翻译的变形和特殊形态。这样就会有严格意义上的翻译和比喻意义上的翻译的区分。若要在两者之间进行翻译，无论是在语言内部还是在语言之间、无论是从比喻意义的角度还是从严格意义的角度，人们所循的途径将立刻显示出雅科布逊看似可靠的三分法会导致问题重重，并且这些问题会马上出现：就在说出"Babel"一词的那一刻，我们就会发觉自己无从确定这个名字是否真的属于一种语言，是否单纯地属于一种语言。在有语源、语支区分的宗谱债务关系的背景下，这种不确定性对争夺专有名称"Babel"的斗争有至关重要的影响。为了"给自己扬名"，为了既创立天下通用的语言又建立天下统一的家族宗谱，闪族人打算让世界循理运行。这个公理同时体现了殖民暴力（因为这样他们就可以使本族语通行天下）和使人类社会和睦相处的语言清晰性。然而，与之相反，上帝将自己的名字强加于闪族，对抗于闪族，不但打破了理性的清晰，同时也终止了殖民暴力、语言的帝国主义。上帝使闪族人注定依赖翻译，使闪族人服从翻译的规律，而这种翻译是必要的，但又是不可能的。上帝用自己可译又不可译的名字一举传达了普遍公理（这个公理不再受个别民族统治的影响），同时又恰好限制了这个公理的通用性：禁止语言清晰易懂，取缔一词一义的可能性。于是翻译变成了法则、职责和债务，而人们又无力偿还。Babel 的名称就标示了这种状况：这个名字在解释但又没有解释自身，无需隶属语言却又隶属于语言，让自己欠自己一笔无力偿还的债务，就像欠别的语言债务似的。这些都是 Babel 语言的表现。

这是一个具有原型意味和寓言意味的独特例子，可以用于介绍翻译理论问题的入门知识。不过，任何理论，只要是在语言中产生，就不可能解决 Babel 语言表现带来的问题。

我在这里谈论翻译，不想仅仅只做个旁观者。世上最重要的事莫过于翻译了。我更想指出的是，所有译者都有权讨论翻译，译者的地位绝不是次要或从属的。因为就译者而言，假如原文本身的结构就有翻译的要求，那么正是通过制定法则使自己负有债务，原文才得以产生。原文是第一债务人、第一请愿人，从产生的那一刻开始就需要翻译，请求翻译。这种要求不仅仅针对巴别塔的修建者（那些人想为自己扬名，并寻求一种天下通用的语言，这种语言可以自我翻译），同样也约束着巴别塔的解构者：通过给自己命名，上帝同样也求助于翻译。这不仅是那些突然间变得多种多样的语言之间的翻译，而且首先是有关他自己名字的翻译，即翻译那个由上帝宣布的名字，那个必须译成人们理解为混乱的名字。从那时起，上帝让人们明白翻译该名字很难，理解该名字也就变得很难。就在上帝把自己的法则强加于闪族部落、对抗于闪族部落的那一刻，上帝同样也在请求翻译，他同样也在负债。即使他取缔翻译，也无法终止对其名字的翻译请求，因为 Babel 无从翻译。上帝为其名而哭泣。他的文本最神圣、最诗化、最具独创性。由于创建了名字，并把这个名字给予自己，却又处于无力无助的境地，上帝请求译者能够……

References

Jakobson, R. (1959) "On Linguistic Aspects of Translation", in R. A. Brower. (ed.) *On Translation,* Cambridge, Mass: Harvard University Press, pp. 232-239.

评本雅明的《译者的任务》*

保罗·德曼著

陈　浪译

导言

　　保罗·德曼（Paul de Man, 1919—1983）是当代美国最重要的文学批评家之一。他出生于比利时，早年曾在布鲁塞尔大学攻读科学哲学，后移居美国并获哈佛大学比较文学博士学位，生前长期在康奈尔大学、霍普金斯大学和耶鲁大学讲学。德曼以其修辞阅读理论著称。他是最先将德里达的解构主义理论介绍到美国的理论家，并被划归为文学批评领域的"耶鲁学派"。他的主要作品包括《盲视与洞见》（1971）、《阅读的讽喻》（1979）、《浪漫主义的修辞学》（1984）、《抵制理论》（1986）以及《美学意识形态》（1996）等。

　　本文节选自德曼逝世前在康奈尔大学所作的最后一次演讲。文中德曼运用自己独创的阅读理论，针对本雅明的《译者的任务》的不同语言的译文版本进行比较和评论，阐发自己对本雅明思想的解读和对语言、翻译的看法。

　　德曼的文章主要围绕本雅明不可译的观点展开。他首先描述了世人对本雅明的种种误解，随后从题目阐释、学科类比以及原文和译文关系等角度详细探讨了不可译的观点，并将其视为对单纯模仿或再现的批判。他先以本雅明文章标题为切入点，追问本雅明选择该话题的原由，进而分析德语"Übersetzer"一词的多义现象，说明译者必须放弃（再现原文意义）任务。他比较了译者与诗人的不同处境，认为翻译因具有批判性而与哲学、批评理论和文学理论相似——尽管它们都具有衍生性，但它们不是模拟、释义和复制，不是对现象的被动反映。

　　德曼提到本雅明关于翻译像历史的观点，强调译文是原文"来世"的概念。他认为历史具有非人类性，历史不是现象，只与语言有关，翻译则是纯粹的语言活动。翻译和批判哲学、文学理论和历史一样，是从一种纯语言的角度来读原文。由于纯语言没有传递意义的责任，因此与它们相关的是原文中属

---

　　* 本文选译自 Paul De Man. "Conclusions" Walter Benjamin's "The Task of the Translator," Messenger Lecture, Cornell University, March 4, 1983. *Yale French Studies,* No. 69, The Lesson of Paul de Man 1985:25-46。

于语言的问题，而不是属于语言之外可以释义或模拟的意义问题。它们的失败看上去似乎是因其是原文衍生物的缘故，实际上展现的却是另一种本质的失败，即原文中早已存在的本质上的支离破碎状态。他指出尚恩（Zohn）英译文的错误，并再次强调翻译像历史以及翻译是语言内部问题的观点。

在利用本雅明文中"Brot"和"pain"的例子解释纯语言概念时，德曼巧妙地表述了自己作为解构批评家而非现象学批评家的阅读理论见解。他分析了阐释学和诗学的分裂、语法和意义的分裂以及象征和被象征的修辞格分裂，强调意义与语言（即表意方式）的分离现象，批判那种混淆语言现实与自然现实、指涉关系与现象论的观点，指出恰恰是翻译显示了它们兼容的不可能性。

德曼最后着重分析了本雅明文中关于整体器皿与碎片的著名意象，驳斥对其不正确的理解或翻译。他指出译文是"碎片的碎片"，它与原文一样都是不可重组的碎片；它们之间是换喻串连的关系，而不是因相似趋向一致的比喻统一的关系。德曼在此处质疑语言统一体的概念，强调所有语言相对于纯语言的原始分裂状态，从而纠正人们将本雅明思想误读为救赎式语言观的错误理解。

德曼关于本雅明一文的解读极具穿透力与原创性。尽管他因把翻译限定于语言层面的极端观点而被指责为纯粹的文本主义者，但他关于可译性、译文和原文关系等解构式的分析引人深思，促使人们从新的角度看待翻译的本质以及翻译过程中所体现的语言本质。

正文

本雅明认为诗歌语言神圣，不可言喻。他在文章一开始就以极端的形式表达了这种观点，明确拒绝任何意义上以观众或读者为导向的诗歌观。这段话显然激怒了接受理论的支持者，他们都是从读者的角度来分析诗歌理解的问题……本雅明的文章是这样开始的：

> 欣赏艺术作品或艺术形式的时候,考虑受众的因素从未给人带来任何好处。谈论某一类的受众或他们的代言人只会使人误入歧途。而且,从理论上探讨艺术,甚至连"理想的"受众这个概念都会十分有害,因其无非事先预设了具有这类资格的人本身的存在和本性。艺术同样设定了人的肉体和精神的存在,可是从未有任何艺术作品在乎人的反应。没有哪首诗是为了读者而写,也没有哪幅画是为了观赏者而作,更没有哪部交响乐是为了听众而谱。

他在这里的断言是再清楚不过了。你会发现,那些接受理论的支持者读康斯坦茨(Konstanz)作品时若是想到这一点,就会有些惊惶不安。面对这种处境,他们可能会说这是本质论者的艺术理论,一种强调了作者而牺牲了读者的前康德式理论——康德(Kant)在这之前早已赋予读者、受众以及观众重要的职责,它比作者的职责重要得多。因此,他们认定这番话证明本雅明已经倒退到持救赎式诗歌观的地步,而且所持的宗教观也不正确。正是由于这个原因,本雅明的这番话一直备受攻击。

但在另一方面,本雅明又经常受到称赞,因其使语言神圣的一面重新回归文学语言,并由此克服了或至少在相当程度上改良了文学的世俗历史性。这种世俗历史性是现代性概念赖以存在的基础。伽达默尔(Gadamer)认为现代性就是丧失神圣语言,缺少某类诗学经历,而取而代之的世俗历史主义已经失去了与原先事物本质的联系。如果人们同意这个观点的话,就会对本雅明持赞赏的态度,因为他再次建立了人们与这些被遗忘事物的联系……

首先,在这篇文章里,译者为什么是这样一种典范形象?文章针对诗歌语言的性质提出极为普遍的问题,可是为什么要从这些方面来谈译者呢?这篇文章说的是诗学,关于诗歌的理论,然而他为什么不去谈诗人?或是按照接受理论的模式去谈谈读者,或是把诗人和读者一对概念放在一起谈?而且,不管怎样,既然他的理论如此反感接受概念,那么作者与读者的一组关系和作者与译者的一组关系又有何本质区别呢?——人们最初很自然会想到,译者就是原文的读者。在某种程度上,对于这些问题可以有许多明显的、经验性的答案。大家知道,这篇文章是本雅明为他所译的波德莱尔(Bandelaire)的《巴黎塑像》(*Tableaux Parisiens*)写的序,他也许出于自我陶醉选择了译者形象这个话题。但事实并非如此。为什么他选择谈论译者而不是诗人呢?原因之一就是译者按其定义总是失败者。原文做到的,译者是永远做不到的。译文永远不如原文。这样的译者一开始就处于必败的境地。他注定只能获取过低的稿酬，注定工作过劳，注定在历史上无法得到与诗人平等的对待，除非他本人恰好就是诗人，但这种情况不是总能遇到的。文章既然叫作"Die Aufgabe des Üebersetzers"（译者的任务），我们或多或少会把它当作同义重复的词语来理解：Aufgabe，即"任务"，也可以指"被迫放弃者"。假如你参加了"环法自行车赛"（Tour de France）却又中途放弃的话，那就是"Aufgabe"——"er hat aufgegeben[①]"（他放弃这场比赛了）。译者在这个意义上同样如此，是失败者，是放弃者。译者不得不放弃重新寻找原文意义的任务。

于是问题就变成为什么本雅明会认为译者这种涉及原文、原诗人的失败是典范性的。同样，译者怎样有别于诗人？在这里，本雅明非常明确地断言译者从根本上不同于诗人和艺术家，他们之间有本质区别……

译者与诗人的处境大不相同。首先，我们会想到诗人与意义有关系，与其观点表述有关系，而这种观点表述并不完全属于语言领域范畴。诗人的自然行为在于他有话要说，而他要表达的意义未必与语言相关。但译者与原文的关系却是语言和语言之间的关系，在这个方面完全不存在意义的问题或有话要说的问题，也无需表达任何思想观点。翻译是从一种语言到另一种语言的关系，而不是获得可以复制、释义或模拟的语言之外意义的关系。诗人的情况不一样。诗歌肯定不是释义、说明或解释。它不是那种意义上的复制品。这就已经存在第一个区别。

如果翻译从根本上不像诗歌，那么在本雅明的文章里，翻译究竟和什么相似呢？翻译与之相似的事物之一就是哲学。因为翻译和哲学都具有批判性。哲学批判简单的模拟概念，批判把哲学话语看成是对真实情形的图解（Abbild）的观点，也就是批判模拟、释义和复制的观点。哲学不是对世界的模仿，它与世界是另一种类型的关系。一提到批判哲学，人们就会想起康德。而批判哲学同样也批判关于世界模拟观的概念。

> 为了掌握原文与译文之间的真正关系，我们必须着手思考何种意图与思维模式完全相似，何种批判认识论可以证实不可能存在简单模仿理论（die Ummöglichkeit einer Abbildstheorie）——那就是康德的 Erkenntniskritik（批判认识论）。

康德确实对艺术的模拟观持批判的态度，在某种程度上黑格尔（Hegel）也是一样。因为确实存在某种批判因素，它拆除了这种模拟形象和模式，消

---

① 德语 aufgegeben 是动词 aufgeben 的变位，aufgeben 的名词形式为 aufgabe。（译者注）

灭和废止了模拟概念。

本雅明认为翻译本身更像批评理论或文学理论而不像诗歌。他自视为评论家施莱格尔（Friedrich Schlegel）以及德国浪漫主义派之类的人，从而在评论（文学理论方面）和翻译之间建立了相似关系。这种对耶拿浪漫主义（Jena Romanticism）的历史关联给予文学评论以及文学理论概念通常不具有的尊严。文学评论和翻译表现出一种本雅明称之为讽刺意味的姿态，它们使原文在翻译或理论化的过程中成型并得以典范化，从而取消了原文的稳定性。与原文典范化相比，翻译以奇特的方式更多地规范了译文。我们从原文需要翻译的事实就可以看出原文没有确定的形态，因为人们还可以对它进行翻译。但正如本雅明所说，你无法翻译译文；一旦有了译文，就不能把译文再翻译下去了。人们只可以翻译原文。译文使原文典范化，并固定了原文的形态。它显示了存在于原文中我们未曾发觉的意义流动性和不稳定性。批判性和理论性的文学阅读，如施莱格尔之类的评论家以及一般文学理论所做的工作，与译文的作用非常相似：原文作品没有被模仿或复制，而是以破坏其典范权威的方式开始运作，去典范化，并经受质疑。

最后，我要说的是翻译像历史的观点。这是文中最难理解的部分。本雅明在文中最难懂的段落中说翻译好像历史，因为我们不能用类比任何自然过程的方式去理解历史。我们不应该把历史看成有机物生长成熟的过程，甚至不应该将其视为辩证的过程，或是任何类似于生长和运动的自然过程，反而应该倒过来看历史：我们从历史的角度去了解种种自然变迁，而不是从自然变迁的角度去理解历史。若是想了解什么是成熟的过程，我们就得从历史变迁的角度去了解。同样，我们也就不能用自然变化的过程去类比译文和原文的关系，如形式的相似或派生的过程。相反，我们应该从译文的角度来了解原文。要读懂本雅明的这篇文章，就必须理解这种历史研究模式。

所有这些已经提到的活动，如批判认识论的哲学、（那种以施莱格尔的方式进行的）评论和文学理论，或是被看成无机进程的历史研究，都有一个共同之处，那就是它们都从原创的活动中衍生而来。哲学源自观察，但却不像观察，因为它是一种批判性的检验，检验从观察中得出的真理声明。评论源自诗歌，因为若是没有之前就已问世的诗歌，评论的存在就会变得不可思议。历史源自纯粹的行为，因为它必然在行为发生之后出现。由于所有这些活动都来自原创的活动，它们从一开始就显得非常缺乏决定性，而且是失败的、发育不全的——只因为它们是派生和次要的活动。可是本雅明却坚持认为它们的那种衍生情况并没有遵循类似或模拟的模式，那不是一种自然的过程：

译文不是以孩子貌似父母的方式与原文相似，也没有对原文进行模拟、复制或释义。在这种意义上，由于译文和原文之间并不相像，也不是模仿的关系，人们自然会认为它们不是比喻的关系。译文不是对原文的比喻，可是德语中用来表示翻译的词"übersetzen"却有"比喻"的意思。因为人们恰好用üebersetzen 一词来翻译希腊语的 meta-phorein。meta-phorein，即"移过去"；übersetzen，即"移过去，传达过去"。因此，应该说"Übersetzen"是可以用来翻译"metaphor"（比喻）一词的——但本雅明却声称这根本不是一回事。译文和原文不是比喻关系，但"Übersetzen"（翻译）这个词的意思却指"比喻"，因此本雅明是在说这种比喻不是比喻。难怪译者翻起来会觉得困难。übersetzen 不是比喻性的，不是建立于相似性之上的，译文和原文没有相似性，这是一种奇特的想法。比喻不是比喻，这种论断矛盾得让人惊讶。

所有这些活动——批判哲学、文学理论和历史——事实上有相似之处。那就是它们与它们所来自的原文并不相似。不过，它们都是发生在语言之间的活动，与它们相关的是原文中属于语言的问题，而不是属于语言之外可以释义或模拟的意义问题。它们拆解原文，打开原文，揭示原文早就无一例外地支离破碎了。它们让人们了解，它们的失败看上去似乎是因为它们是原文衍生物的缘故，实际上展现的却是另一种本质的失败，即原文中早已存在的本质上的支离破碎状态。它们用显示原文早已死去的方式杀死原文。它们从一种纯语言（reine Sprache）的角度来读原文。这种语言完全不会有歧义的问题——如果你想要纯形式的话。它们以这种方式把原文一开始就具有的破碎性和去典范性显露出来。在翻译过程中，就如本雅明理解的那样，有一种内在的危险特别具有威胁性。这与经验性的翻译行为，也就是我们每天惯常进行的活动，没有关系。标志这种危险的就是荷尔德林（Hölderlin）翻译的索福克勒斯（Sophocles）的作品：

> 荷尔德林的翻译，尤其是有关索福克勒斯的两个悲剧译本，便印证了这一点以及其他各方面的问题。在他的译文里，不同语言相处得如此和谐，以至于语言触及意义的方式就像风儿吹奏竖琴一样。荷尔德林的译作是同类作品的蓝本。它们与那些甚至是最完美的译文的关系就好像范本原型与范本的一样。比较一下荷尔德林和博察德（Rudolf Borchardt）对品达（Pindar）的《阿波罗·提俄斯神颂歌之三》（*Third Pythian Ode*）的不同翻译就能对这个情况有所了解。也正是这个原因，荷尔德林的译作特别容易陷入所有译作都面临的内在的巨大危机中：

因翻译而拓展、修饰的语言可能会一下子关闭自己的门扉，将译者囚禁于静默之中。荷尔德林所译的索福克勒斯作品是他生命中最后的作品：在译作中，意义跌入一个又一个的深渊直至将失落于语言无底的深渊中。（Benjamin 1968:81-82）

翻译在某种程度上拆解原文，是某种程度上的纯语言，而且它只关注语言。它朝着本雅明所说的无底的深渊——一种本质是解构性的地方——滑落下去，而这无底的深渊就存在于语言本身之中。

这种虚构或假设的纯语言没有传递意义的责任。翻译在这方面所做的就是显示本雅明所说的"die Wehen des eigennen"（自身生产的阵痛）——个体想到的自己的痛苦——原文语言经受的痛苦。我们都觉得使用自己的语言轻松自在，舒适惬意，我们感到亲切、熟悉，在我们自己的语言中受到庇护，没有被疏离的感觉。而译文却揭示了我们与自己的语言的那种极端的疏离感，它让我们觉察到一种特别的疏离感，一种特殊的痛苦，并以这种方式使我们认识到我们所用的原文语言支离破碎。"Wehen"可以指生产时的剧痛，但它的确也可以指任何形式的痛苦，不必非得有出生和重生或是死后复活的含义。由于人在制造生产某些东西时会经受痛苦，因此这些暗含之义很容易让人想起生产时的剧痛。而那又是一个神奇的时刻，人们很愿意遭受那种痛苦（尤其当我们只是说说而已的时候）。本雅明在文中提到"Nachreife des fremden Wortes"（陌生语言的成熟），尚恩（Zohn）把这句话译成"成熟的过程"，结果又译错了。"Nachreife"与德语单词"Spätlese"意义相近。"Spätlese"指的是一种利用晚熟、熟透的葡萄制造的佳酿。它有点像斯蒂福特（Stifter）的小说《残暑初秋时节》（Nachsommer）的意味——忧郁的情调，一点点枯竭殚尽的感觉；生命可贵，但你无权享受；幸福诱人，但你无权拥有；时光逝去，诸如此类。它让我们想起本雅明经常使用的另一个词"Überleben"（幸存），也就是你的生命在某种意义上超越了死亡。译文不在原文的生命（life）范围内，原文已经死亡。但是译文属于原文的来世（afterlife），因此译文假设并证实了原文的死亡。"Nachreife"也是同样的情况，或是与同样的情况相关，它指的绝不是成熟的过程，而是对一个已经结束的、不再发生的成熟过程的回顾。所以，如果你用"birth pangs"（诞生的阵痛）来译"Wehen"一词，你就必须同样也用上"death pangs"（死亡剧痛），而且强调的重点更多的是死亡而不是生命。

翻译的过程（如果我们把它当作一个过程的话）是一个充满变化的动态

过程。它具有生命的外表，但其生命却是后世的生命，因为翻译同时让我们看到原文的死亡。为什么会这样？什么是原文的死亡剧痛，或诞生阵痛？人们很容易认为这种经历在某种程度上算不上痛苦。它肯定不是主观意识上的痛苦，也不是某种自我的内心痛苦，更不是诗人发泄苦恼情绪时自我怜悯的表现。这种痛苦绝对不属于上述情况，因为本雅明说文中提到的痛苦绝非人类遭受的痛苦，所以肯定不是个人或某个主体遭受的磨难……这里提到的痛苦，也就是失败，但并不是人的失败，因而它与任何主观经历没有联系。原文在这一点上毫不含糊。这种痛苦也不是历史的哀怜，也就是哈特曼（Hartman）认为的那种痛苦。他认为本雅明发现了历史的哀怜。但这不是那种回忆引起的痛苦，也不是哈特曼记录的那种混杂了希望、灾难和启示的悲怆情绪。本雅明的语调中肯定流露了这种情绪，但没有哈特曼说得那么严重。这种痛苦不是某段历史的哀悯，也不是荷尔德林所说的介于众神消失和可能重新返回之间那段"dürftige Zeit"（价值贫乏的时代）的哀悯。它不是那种献祭式、辩证的、挽歌哀悼式的悲怆——人们回顾失落的往昔岁月后，接着又产生了对未来的希望和憧憬，等等。造成这种哀悯和悲痛的种种原因来自语言方面……

是什么语言问题促使本雅明谈起了原文或任何语言作品的痛苦、支离破碎以及分离的状态？关于这一点，本雅明非常明确。他在短短几行文字中介绍了一种相当于语言包含性理论的学说。分离首先发生在他所说的概念"das Gemeinte"（表达的意义）和"Art des Meines"（语言意指的方式）之间，你若想换一种说法，那就是发生在理性（logos）和词汇（lexis）之间——某句话的表达意义和其用于表达意义的方式之间。这里，译者遇到的麻烦更为有趣，因为这些麻烦涉及重要的哲学概念。甘迪亚克（Gandillac）是位通晓现象学的哲学家。在他生活的时代，现象学是法国最有影响的哲学。他用"visée intentionelle"（意图视角）来解释这个现象。在法语中，我们现在会用"vouloir dire"（所指）和"dire"（所说）分别翻译"das Gemeinte"和"Art des Meinens"。而尚恩是用"意指对象"（the intended object）和"意指方式"（mode of intention）来翻译的。这里首先有现象学的假设，而甘迪亚克在此所加的脚注中提到胡塞尔（Husserl）的观点：同时设想意义和产生意义的方式，这样的行为就是意指行为。不过，很明显，问题在于尽管意义功能肯定是带有意图性的，下面的说法——意义的模式，也就是我表达的方式，总是带有意图——却不是先在肯定的。我想表达的方式取决于语言属性，而这不是我能制定的……

译文给双方施加了意图性，而且都是通过意义行为以及表意行为进行的，由此错过了哲学层面很有趣的一点——因为是否存在语言的现象学或是诗歌语言，是否有可能建立语言现象学的诗学理论，都很成问题。本雅明以德语单词"Brot"和法语单词"pain"为例进行了说明。当我想说出面包的名称，为了表达"面包"的意思，我就用"Brot"一词。于是，我的表意方式就是采用单词"Brot"。而译文揭示了取名意图和有具体形态的单词 Brot 本身之间的根本差异。我们若在荷尔德林（也就是这篇文章总是提到的那个人）生活的时代听到"Brot"一词，必然会听出"Brot und Wein"（面包和酒，圣餐）的含义，这也正是文中想表现的荷尔德林语篇的崇高性。但在法语中它成了"pain et vin"（面包和酒，佐餐食物）。"pain et vin"通常是法国餐馆中免费赠送的食物，尤其在那些廉价的餐馆里更是必备的食物。因此"pain et vin"与"Brot und Wein"的内涵完全不一样……

我们最好把这种分裂看成阐释学和文学诗学不易相处的结果。当你用到阐释学时，你关注的是作品的意义；而当你用诗学时，你所关注的就变成文体学或是关于作品表意方式的描述。问题在于两者是否可以互补，或者，阐释学和诗学若是同时结合起来，是否就可以全面研究作品的所有问题。人们对此已经进行了尝试，但事实表明这种情况根本不存在。人们试图实现这种互补性时，总是无法顾及诗学问题，所做的都是阐释学的工作。意义的问题如此吸引人，以至于人们无法同时采用阐释学和诗学的方法。而一旦卷入意义的问题之中，不幸如我所做的那样，就会忘记诗学的存在。它们两者不是互补关系，而是以某种方式相互排斥。这就是本雅明提到的部分问题，即纯语言的问题。

他在讲述字和句的分离时列举了另一种表达方式：Wort 和 Satz。Satz 在德语语法意义上不仅指句子，也指 statement（英文中 statement 有"陈述"和"命题"之意）——所以海德格尔（Heidegger）会把他的书叫作《基础命题》（*Der Satz vom Grund*）。Satz is the statement（"句子是命题／陈述"），这是个最基本的命题／陈述，而"意义"这个词最有意义了——"词"却被本雅明用"Aussage"作为明显的命题／陈述的发动者——也就是说话陈述（state）的方式——联系起来。Wort（词）不但是表达命题的语义单位，同样也是句法单位和语法单位。如果你从词的角度来看句子，你不会去分析个别具体的词，只会从这些词的语法关系着手。所以，对本雅明而言，有关词和句子之间的关系问题就变成语法和意义是否兼容的问题，而这是我们在一整套语言学研究中一直以为理所当然的事情。此处探讨的正是这种兼容性的问题。一方面是语法（词和句法），另一方面是意义（在句子中获得），它们之间可以兼容共处吗？还是一方引出另一方？或者一方支持另一方？本雅明告诉我们，翻译质疑这种兼容的可信性。他说译文一旦真的采用字对字（Wörtlich）的直译，意义就会立刻彻底消失。荷尔德林对索福克勒斯作品的翻译再次说明了这一点。他的译作完全是字对字的直译，因此完全无法让人读懂。结果，译文完全不能理解，句子被彻底拆解，而索福克勒斯的 Satz 也因此完全失去。词的意义失落延误（就像词语 Aufgabe 一样，它指任务，也可以指与任务完全不相干的事物，结果把我们难倒了），而我们没有任何语法形式可以控制这种意义失落。还有一种意义完全失落的情况，即译者完全遵循句法逐字翻译，也就是 Wörtlich。但译者在某种程度上又不得不 Wörtlich，不得不逐字翻译。与这个问题相似的就是字母与词的关系。词与句子的关系就像字母与词的关系一样，换言之，与词相比，字母是没有意义的，它是 asēmos（无意义的）。你在拼写一个词时会说出一些无意义的字母，它们合在一起组成了词，但每个字母里并没有词的存在，两者完全独立于对方。我们在这里以字母的物质性——即独立性，或是字母能够扰乱句子表面稳定意义，将意义的滑落延误（slippage）带入句子的方式——去识别语法与意义、Wort 和 Satz 之间的分离现象。正是因为这种延误，意义消失，迅速消失，人们失去控制意义的所有机制。

因此，我们首先有语言中关于阐释学和诗学的分离，其次是语法和意义的分离，最后是本雅明所说的象征和被象征的分离。这是一种修辞格层次的分离。它把象征之类的修辞格与意义——一种取代比喻性解释的整体力量——分离开来……

这篇文章持续使用各种意象：种子、成熟、和谐，还使用了种子和水果皮（l'écore et le noyan）的意象——仿佛它们是从自然与语言的类比中衍生而来似的。然而，文中不断声称并未使用这样的类比。文章同样不断声明人们不能用与自然类比的方式去理解历史，比喻不应该建立在与自然的相似性基础上。这些都是本雅明这篇文章的难懂之处……

有关花瓶意象的例子给人留下深刻的印象，尚恩的译文是：

Fragments of a vessel which are to be glued together must match one another in the smallest details, although they need not be like one another. In the same way, a translation, instead of resembling the meaning of the original, must lovingly and in details incorporate the original's mode of signification, thus making both the original and the translation recognizable as fragments of a greater language, just as fragments are part of a vessel. For this very reason translation must in large measure refrain from wanting to communicate …

（汉译：一个花瓶的碎片若要被重新粘成一个整体，它们的形状虽然不必一样，但彼此却必须吻合。同样，译作不必与原作意义相似，却必须带着爱意从每个细节上与原作的表意模式合为一体，从而使译作与原作都成为一种更高级语言的可辨认的碎片，就好像它们本来就是同一个花瓶的碎片一样。基于这个理由，翻译应当尽力克制自己对交流信息或传递意义的渴望。……）

根据这个意象，世上最初有一种纯语言，任何语言作品都只是它的碎片。假如我们可以通过碎片重新回到最初的作品，这种说法倒也不错。这里是关于器皿的一个意象，文学作品是它的碎片，而翻译则是碎片折断后的碎片。那么，译文无疑就是碎片了。但是，假如译文之于原文就像碎片之于器皿，假如译文以这种方式重构原文，那么——尽管译文与原文不相似，但它们可以相互完美地粘起来——那么我们就可以把任何作品都看成纯语言折断后的碎片，而本雅明在此表达的观点就真的成了关于语言基本统一体的宗教性论断。

但是，本雅明告诉我们，象征与其象征的事物，也就是比喻和它想表现的对象，并不是对应的。这种看法和上述观点如何协调呢？……

我们要做的是去正确地翻译本雅明的思想，而不是像尚恩那样。他把这篇难懂的文章弄得很清楚。可在他试图把它讲清楚时，却译成了完全不同的意思。尚恩说的是 "Fragments of a vessel which are to be glued together must match one another in the smallest details"，而本雅明的话原本是这样说的（根据吉可布［Carol Jacob］逐字翻译的译文）："Fragments of a vessel，in order to be articulated together …"（器皿的碎片为了能连接起来）。这比 "glued together"（粘起来）的译法要好得多。因为 "glued together" 虽然没有译错，却增添了与原文毫无关系的含义——接下来，吉可布的译文是 "must follow one another in the smallest details"（在最细致的地方相互顺连）。这与 "match one another"（彼此吻合）压根不是一回事。在这一点上，差异早已存在，因为我们用了 "folgen"（跟随）一词，而不是 "gleichen"（相似），也不是 "match"（吻合）。这里使用的是换喻，一种串连模式，事物在其中相互连接，而不是比喻那种统一模式，事物在其中因相似而趋向一致。它们不是相互吻合，而是相互连接跟随。它们原本就是换喻，不是比喻，因而肯定不会沿着 "match" 那种概念思路去指涉某个令人信服的喻义总体。

不过，在以下部分事情更为复杂，我们看到原义受到更严重的歪曲：

> So, instead of making itself similar to the meaning, to the Sinn of the original, the translation must rather, lovingly and in detail, in its own language, form itself according to the manner of meaning (Art des Meinens) of the original, to make both recognizable as the broken parts of the greater language, just as fragments are the broken parts of a vessel. [①]

（汉译：所以，与其取得类似于原文的意义［Sinn］，译文不如根据原文的表意方式［Art des Meinens］，带着爱意，细致地用自己的语言塑造自身，这样，原文和译文都可以作为更高级语言的断裂部分让人们辨认出来，就好像碎片是器皿的破碎部分一样。）

而尚恩的译文与之完全不同：

> In the same way, a translation, instead of resembling the meaning of the original, must lovingly and in details incorporate the original's mode of signification, thus making both the original and the translation recognizable as fragments of a greater language, just as fragments are part of a vessel.

（汉译：同样，译作不必与原作意义相似，却必须带着爱意从每个细节上与原作的表意模式合为一体，从而使译作与原作都成为一种更高级语言的可辨认的碎片，就好像它们本来就是同一个花瓶的碎片一样。）

本雅明说"就像碎片是器皿的一部分似的"，他用的是举隅法，他说"就好像碎片是器皿已经破碎的部分一样"。他这样说并不是指碎片可以再次构成一个整体。他说的碎片就是碎片，而且会一直保持碎片的性质。它们就像换喻一样彼此连接，而且永远不会构成一个整体。这让我想起法国哲学家西利（Michel Serres）举的例子——你若是洗过盘子，就会明白什么是碎片：你打碎了盘子，盘子就成了碎片，但你不可能再次打碎这些碎片，让它们继续分裂。这是一种以正面换喻式的角度看待分裂问题的乐观态度。因为这里碎片

---

① 这是德曼自己的英译文。（译者注）

还可以重新构成整体，所以你不能再打碎碎片。而我们却认为这里有一种初始分裂的状态，所有作品对于那种纯语言（reine Sprache）来说都是彻底支离破碎的，它们与之毫无相同之处。译文就是碎片的碎片，它打碎了碎片——所以器皿不断分裂下去，持续分裂下去——永远不能复原。最初根本就没有什么器皿，或者我们根本就不知道有什么器皿，要么我们没发觉，要么没接近过。所以，对一切意图和目的而言这里从未有过整体器皿。

因此，象征有别于象征的意义，不能把象征等同于已经破碎的象征意义。而且这种等同的性质与象征无关，它是一种翻译，暗示我们不要相信修辞是产生意义的某种比喻系统。就理论上想要实现的意义而言，意义总是被置换——因此永远无法获得那种意义。对此，本雅明利用忠实与自由这个困扰翻译的难题进行了探讨。翻译到底要忠实，还是要自由呢？为了符合译语的表达习惯，译文必须自由。但另一方面，译文在一定程度上也要忠实原文。忠实的译文总是直译的，它怎样可以同时又是自由的呢？译文若想自由，就得显示原文不稳定，就得显示修辞与意义在语言方面的斗争，即语言的不稳性。与原文相比，纯语言也许在译文中表现得更明显，但它是以修辞的方式出现的。本雅明大谈修辞手法不足以表达意义，自己却经常使用那些以修辞足以表达意义为前提的修辞方法。不过他在使用时并没有听之任之，而是将原文置于动态之中，动摇原文的典范地位，使之加入分解、分裂的运动，从而迫使那些修辞手法发生偏移。原文游荡、漂泊，我们甚至可以说它的这种运动是一种永远的流亡，但那又不是真正的流亡，因为不存在可以回归的本土，流亡原本没有起点。世上最不可能存在的就是纯语言了。它根本就不存在，只不过以永久分裂的形式寄存在每一个语言中，尤其是我们的母语中。置换和异化得最深的其实是我们的母语。

由于语言是运动的、漂泊的，它永远达不到目的。它不断被置换，无法表达它想表达的东西；语言的这种漂泊性，这种让人以为是现世但其实是来生的幻觉，被本雅明称作历史。这样，历史就是非人类的，只与语言有关。基于同样的理由，历史也是非自然的；历史不是现象，因其既没有对人的认识，也没有对人的了解，它不过只是纯粹的语言纠纷罢了。历史也与时间顺序无关，因为启动它的结构不是时间性的。尽管语言中的那些分裂是通过时间性的比喻表达出来的，但比喻只是比喻，仅此而已。比如，历史可以呈现将来的走向，但它与时间无关，与之相关的只是比喻模式，以及本雅明所说的语言结构中的分离动力。本雅明构想的历史肯定不是救世主的救赎，因其本身就存在于严重的分歧之中。这种分歧表现为对神圣语言和诗学语言的分离，对纯语言和诗学语言的分离。纯语言这种神圣的语言与诗学语言毫无相同之处。诗学语言并不像它，也不依赖于它，诗学语言与它毫无关系。诗学语言得以问世就在于它与神圣语言的差异。你当然可以说这必然导致一个虚无阶段出现。但你若想认识历史，就必须了解这一点。

References

Benjamin Walter (1968) "The Task of the Translator", (trans.) H. Zohn in *Iuminations*, (ed.) H. Arendt New York, pp. 69-82.

文化身份的塑造[*]

劳伦斯·韦努蒂著

陈　浪译

导言

　　劳伦斯·韦努蒂（Lawrence Venuti, 1953—　　）是美籍意大利翻译家和翻译理论家。他早年在美国坦普尔大学学习文学，1980 年获美国哥伦比亚大学博士学位后，一直在坦普尔大学任教。韦努蒂多年受解构主义的影响和文学批评的训练，既擅长文学翻译实践，也精于翻译理论。除了翻译大量意大利文学作品外，他还编著了许多译学著作以及文集，主要包括《译者的隐身：一部翻译史》（1995）、《翻译丑闻：差异伦理探索》（1998）、《翻译再思：话语、主观性、意识形态》（1992）、《翻译研究选读》（2000）等。

　　本文节选自他的《翻译丑闻：差异伦理探索》一书的第四章"文化身份的塑造"。文章一开始，韦努蒂就断言翻译无法摆脱其根本的归化性质，而由此引发的最重要的社会文化影响就是对文化身份的塑造。接着他列举翻译案例，说明非本族中心主义的翻译实践在历史时刻如何为文化的抵抗、革新、变化创造机会，并对译者文化生产背后隐含的塑造文化身份的权力关系进行了批判性分析。

　　这些案例包括学者琼斯（John Jones）对亚里士多德翻译作品的研究及其对古典文学学术的影响、英译日本小说典律中的美国情怀以及后来典律的更迭、庞德（Ezra Pound）催生现代主义诗学标准的翻译实践、哲罗姆（Jerome）的《圣经》译本在早期基督教内引起的争议等。其中，由于对学院之外的异域文化价值观开放，琼斯的研究打破了有关希腊悲剧的主流阐释和权威学院版本的中心典范地位，从而使一度被现代英美个人主义意识形态掩盖的古希腊作品的特点透过存在主义哲学的视角显现出来，并导致学科最终发生变化；而日本小说的英译典律传递了地缘政治学上的暗含意义，反映出基于本族中心主义的拟译文选择和翻译策略严重影响本土读者对外来文化的态度，并由

---

[*] 本文选译自 Lawrence Venuti, *The Scandals of Translation: Towards an Ethics of Difference*. New York: Routledge, 1998, pp. 67-81。

此造成特定的文化定式；庞德的实践则证明翻译引发的身份塑造过程具备双重作用，同时也说明翻译既是一种话语建构，也是一种心理建构；而早期基督教会里《圣经》翻译引起的教徒身份认同的争论，显示了翻译在改变社会体制运作和意识形态一致性方面的强大力量。

在本文中，韦努蒂实际上是从翻译对本土主体的创造功能的角度质疑基于本族中心主义的归化翻译策略，展示非本族中心主义的翻译在推动社会革新和文化抗争方面的巨大作用。在他看来，翻译伦理不能局限于忠实的观念，翻译实践必须面对文化差异，并要考虑本土所有不同的文化群体利益而非仅仅局限于主流文化群体的利益。

正文

翻译不可避免地要归化异域文本，给它们烙上本土语言和文化的印记，以便于本土特定的读者易于理解。人们由此对翻译往往持怀疑态度。烙印程序发生在翻译生产、流通和接受的所有环节中，其作用体现在以下几个方面：首先，选择了某个外文拟译本（text to translate），总是意味着排斥符合本土特定利益的其他文本；其次，在翻译策略的制定上显示出强大的影响力，即以本土方言和话语方式改写异域文本。选择某些本土价值总是意味着排斥其他一些价值。此外，译本的使用方式使问题更加复杂化。它们以多种多样的形式被出版、评价、阅读和教授，在不同的制度背景和社会形势下产生了不同的文化和政治影响。

迄今为止，这种烙印方式带来的最重要的影响是对文化身份的塑造，因而也就成为翻译丑闻最大的潜在来源。翻译以巨大的构建力量再现外国文化。拟译文本的选择和翻译策略的制定可以为外国文学建立独特的本土典律。这些典律由于遵照的是本土美学观，因而揭示了偏离外文语言潮流的诸多排斥和接受现象、中心和边缘状况。本土对拟译本的选择往往使这些文本脱离了赋予其意义的外国文学传统，最终导致外国文学的去历史化。同时，人们往往改写异域文本以符合本土文学的**当前**潮流。这样一来，由于文本再次使用本土先前的传统风格和主题，那些更加历史化的、具有外国文学传统的翻译话语的处境就显得相当不利。

翻译可以创造出外国文化相当确定的固定形象，并把那些看起来无助于本土关怀的价值观、争论和分歧统统排斥掉。在这个过程中，翻译使本土读者形成了某种态度，尊重或蔑视一些特定民族、种族和国家，并由此表现出对文化差异的尊重或是基于本族中心主义（ethnocentrism）、种族偏见、爱国主义的仇恨。从长远来看，通过奠定外交的文化基础，翻译能够在地缘政治关系方面崭露头角，强化国家之间的同盟、对抗和霸权关系。

不过，由于翻译通常为特定的文化读者群体而设计，由其引发的身份塑造过程就具备了双重作用。翻译在创造异域文本和文化的某个本土表现之时，往往同时也构建了一个本土主体。它深受本土某些社群的符码、典律、利益和关怀的影响，是一个纯概念性的身份，同样也表明了某种意识形态的立场。译本在教堂、国家机构、学校经由人们使用后，能够强有力地维持或改变译语中的价值等级制度。精心选择拟译异域文本和翻译策略，可以改变或巩固本土文化中的文学典律、概念范式、研究方法、临诊技能和商务惯例。译本的影响是因循守旧还是逾越常规，基本上取决于译者采用的翻译策略以及译本接受过程中的诸多因素。这些因素包括印刷品的版式设计及封面美术、宣传样品、评论意见以及译本在各种文化社会机构中的使用情况：它们是如何被阅读和教授的。这些因素协助本土主体定位，并赋予其特定的阅读实践，使其与特定的文化价值观和文化群体发生紧密联系，加固或逾越体制界限，由此调节翻译带来的巨大影响。

我打算考察发生在过去和现在几个不同时期的翻译案例，以便进一步地阐述看法。每个案例都异常清楚地表明翻译中身份塑造的过程以及由此造成的种种效果。本研究旨在考察翻译如何塑造特定的文化身份并使其保持相对的连贯性和纯粹性，而且还要弄清翻译在不同历史时刻如何为文化的抵抗、革新、变化创造机会。这是因为，尽管人们常常用翻译来处理异域文本的语言和文化的差异问题，可是如果问题涉及培养或压制本土文化中的异质成分，翻译也同样可以发挥作用。

人们通常因为文化政治制度的社会权威而对其欣然接受。可是翻译塑造身份的力量却总是对此产生威胁，因其表明了那种社会权威的根基并不稳定。文化政治制度的真面目及其代理者的主体完整性不会表现在权威文本和制度实践的内在价值中，而是在译本的翻译、出版以及接受过程中偶然显示出来。依赖译本的制度权威很容易受到翻译丑闻的影响。这是因为，社会制度虽然常常可以控制对文本的阐释，可是译本的效果却有些无法预测，往往超越其调整范围，如人们对经典作品的评价（参见 Kermode, 1983）。译本扩展了异域文本在不同读者中的诸多可能的用途,无论那些读者是否深受制度的影响。同时,它又造成极具破坏性、颇为意外的结果。

外国文化的本土表现

1962 年,古典文学学者琼斯(John Jones)发表了自己的研究,质疑有关希腊悲剧的主流阐释。他认为,这类阐释不仅形成于学院式文学批评,而且也刻印在亚里士多德《诗学》的诸多学术版本和译本中。根据琼斯的观点,我们为己所用的《诗学》是结合了现代古典文学研究和浪漫主义的产物(Jones,1962:12)。浪漫主义的个人主义观认为人具有自我决定的能动性。受其影响,现代学者给亚里士多德的悲剧概念抹上一层心理学色彩,把亚里士多德对行动的强调改成对剧中主角和观众情绪反应的重视。琼斯认为这种个人主义的阐释方式掩盖了以下事实:"其一,亚里士多德叙说悲剧的方式重点在于环境而不是人";其二,古希腊文化认为社会决定了人的主体性。而人的主体性是在行动中实现的,并从其所属的"类别"和"地位"中得到认可和有效区分(Jones, 1962:16, 55)。尽管有人抱怨琼斯使用的"行话"用语生僻,语言晦涩,可是他的研究一经发表便立即受到好评,并在接下来的 20 年当中,在古典文学研究领域获得极大的权威。(Burnett, 1963:177)至 1977 年,他的研究已经取代长期以来以英雄为中心的主流方法,在有关亚里士多德《诗学》和希腊悲剧的人物塑造问题上建立了"新正统"的地位,并在一流学者的著作中获得认可和进一步发展(Taplin, 1977:312; Goldhill, 1986:170-171)。

琼斯的研究迅速引发学科修正,部分原因在于他对亚里士多德专著的标准译本提出了批评。琼斯敏锐地指出学术性译者通过不同的词汇选择,将个人主义的阐释强加给这个希腊文本。他从拜沃特(Ingram Bywater)1909 年的译文版本中引用了亚里士多德关于悲剧性错误(hamartia)的讨论,即剧中人物作出错误判断的那一段。琼斯有针对性地阅读了英译文,指出与希腊原文有"差异"和偏离的地方。这些不同之处揭示了源自译者意识形态的影响,即浪漫主义的个人主义影响:

> 我们注意到拜沃特的译本与希腊原著之间有三处差异。一处在译文中是"一个好人",而在希腊原文中却是"好人们";另一处在译文中是"一个坏人",而在希腊原文中却是"坏人们";最后一处,拜沃特译成"英雄命运的改变",但原文却是"命运的改变"。前两

处的改变看起来无足轻重，实际上却并非如此。因为事实上这两处的论述都从复数变成了单数，它们合在一起暗示着亚里士多德心中始终只有单独一个主要人物。这两处改变还为第三处的改变铺平了道路，对其整个蕴涵意义关系重大。亚里士多德坚持命运的改变是由"中间类型人物"犯下的悲剧性错误所致，但这并不等于我们就有权把这个人物称作悲剧英雄。称其为英雄只能意味着我们把他置于理想戏剧的中心——然而，评论者接二连三地声称亚里士多德就是这个意思，于是英雄便被强塞给亚里士多德的专著。（Jones, 1962:19-20）

琼斯很谨慎地强调拜沃特译文中的差异并非无心之误，而是精心的选择，以便使"亚里士多德不容置疑的意思比原文说得更明白"（Jones, 1960:20）。可是，使意思明白就是令其年代倒错，就是把这个希腊文本改成现代文化概念的文本，即"我们早已习惯认为行为源自隐秘、内心、耐人寻味的某个单独的意识中心"（Jones, 1962:33）。同样的浪漫主义印记也很明显地表现在希腊词语 mellein 的学术翻译中。琼斯指出这个动词有好几种含义，包括"将要做""正在做""准备做"，等等。而拜沃特和埃尔斯（Gerald Else, 1957）都选择把亚里士多德的悲剧行为概念加以心理化，将其分别译成蓄意和内省式的"意图杀害""意图背叛"以及"正在造成致命的伤害"（Jones, 1962:49）。

琼斯的例子表明，无论准确性的标准多么严格，就连学术性的翻译也会归化性地再现异域文本和文化。而这些本土表现被赋予不同程度的制度性权威后，就可以重新创建或修订学科的主流概念范式。由于翻译建构的本土表现由异质材料组成——本土的和外国的、过去和现在的——所以它们往往存在种种矛盾，从来就不曾天衣无缝、完美一致。因此，翻译就会迅速引起学科的修正。正因为如此，琼斯才可以从拜沃特的译本中发现他所说的"差异"和与原希腊文本不连贯之处。这些不连贯之处显示了现代个人主义意识形态的影响。

不过，不断涌现的本土表现彼此竞争，对那些主流的本土表现发起挑战，同样也能引起学科变化。例如，琼斯无疑是揭示了亚里士多德《诗学》和希腊悲剧中受到忽视和歪曲的地方。尽管如此，他自己其实也在翻译，因而也在构建某种归化性的本土表现。这在一定程度上也是年代倒错的。当然，他的建构比当时的学院正统更让人信服。正如有些评论家指出的那样，琼斯提出"有限主体性"（determinate subjectivity）的概念，表现了"存在主义的思维方式"，使其既可以质疑古典学术成就中的个人主义，又可以提供跨学科的解读方法，而这不是心理学的方法，是"社会学"和"人类学"的方法（Bacon, 1963:56; Burnett, 1963:176-177; Lucas, 1963:272）。琼斯在许多方面对正统的解读方法提出质疑，这和尼采之类的哲学家的思考方式明显一致，而后者对于存在主义的出现是至关重要的，如《论道德谱系》（*On the Genealogy of Morals*）把自觉的主体概念看作"语言误导的影响"，而"行为者"仅仅只是"附加在行动之上的虚幻"。琼斯同样也指明了构成希腊悲剧以英雄为中心的解读法的语法范畴："行动状态总是形容词性的，只起修饰作用；它告诉我们想了解的个人行动之事……行为者的'内心'状态。"（Nietzsche, 1967:45; Jones, 1962:33）琼斯的研究在古典文学研究领域确立了新正统地位，不仅因为它在文本证据和批判论争上符合学术标准，还因为它反映了存在主义作为一股强大潮流在"二战"后的文化中兴起。琼斯对希腊文本的权威英译本提出批评，再加上他自己的翻译，从学科界限之外输入了本土和外国的文化价值观——尤其是由海德格尔和萨特（Sartre）之类的德法哲学家阐释的有限主体性概念，经翻译而风行于国际间——最终导致了学科发生变化。

于是，一旦学术翻译构建了外文文本和异域文化在本国的归化性表现，这种表现就有可能因为学科之间的渗透性而改变其所在的体制。尽管一门学科有清楚明确的资格与惯例、等级分明的主题和方法论来界定范围，可是由于容易受到来自学院内外其他领域和学科的概念渗透，学科本身并不能不受影响地再现它们。而且由于学科的边界可以逾越，文化价值之间的交流形式就可以多样化。不仅可以像琼斯的例子那样在学科间进行交流，还可以从一个文化体制转到另一个文化体制中去，比如说，学术界可以影响出版业出版的译本的性质和数量。这样，本土文化中的特定文化群体通过排斥一些价值，抬高一些价值，确立必然是片面的异域文本的典律以服务于特定的本土利益，最终得以控制那些为其他群体所作的异域文学在本土的表现。

现代日本小说的英译情况就是一个适例。福勒（Edward Fowler, 1992）曾指出，美国出版商在20世纪五六十年代出版了许多日本长篇小说和短篇小说集，包括格拉夫出版社（Grove Press）、阿尔弗雷德·诺弗出版社（Alfred Knopf）、新方向出版社（New Directions）。它们向来以文学价值和商业价值并重而出名。可是那些日本小说都是经过精心挑选的，仅仅集中在相当少的几个作家身上，主要是谷崎润一郎（Tanizaki Jun'ichiro）、川端康成（Kawabata Yasunari）和三岛由纪夫（Mishima Yukio）。80年代后期的一位身兼诗人及译者双重身份的评论家指出："普通的西方读者会以为《雪国》（川端康成的

小说）具有典型的'日本特色'：难以捉摸、迷雾一般、无法确定。"（Kizer,
1988:80）另一位评论家也认定这就是日本的文化形象，可是由于他的自我
意识更强，因此在读到一本英译的日本喜剧小说时产生了怀疑："我们一想
起典型的日本特色，就会想到精致典雅、沉默无言、难以捉摸而又凄楚忧郁；
可是这样的小说会不会并非我们认为的那样典型呢？"（Leithauser,
1989:105）福勒认为，美国出版商确立了日本小说的英语典律，可是这种典
律不仅没有代表性，而且还建立在明确的固定形象上，影响着读者的阅读期
待差不多近四十年的光景。另外，由于英译日本小说在同一时期照例被转译
到欧洲其他语言中，这种典律造成的固定形象已经超出英语世界范围。实际
上，从整体看，"英语读者的口味决定了整个西方世界对日本小说的口味"
（Fowler, 1992:15-16）。

许多不寻常的现象与这一典律的形成有关。其中一个事实就是上面提到
的英语世界的口味实际上只属于为数极少的读者群体。他们主要是研究日本
文学的学术专家，并与商业出版商都有联系。像谷崎、川端和三岛等人的小
说都是由西波特（Howard Hibbert）、基纳（Donald Keene）、莫里斯（Ivan
Morris）以及塞丹施蒂克（Edward Seidensticker）这类大学教授翻译的，同样
也是由他们向编辑推荐哪些日本小说可以翻译出版。（Fowler, 1992:12n 25）
此外，有人认为译文都是同类型的，而且完全采用了现代美国大学中某些教
授言谈、写作的语言。那些教授熟谙文风朴实的文学作品，并且具备以朴实
风格进行写作的天分（Miller, 1986:219）。这一类的学术性译者及其编辑在文
学、人种学、经济方面的诸多兴趣是他们在"二战"前后与日本文化接触时
形成的。他们建立的典律勾勒了一个追忆流逝岁月的怀旧形象。不仅英译的
日本小说常常提到传统的日本文化，就连一些创作的小说也往往痛悼因为军
事冲突、西方影响而导致的日本社会断裂性的变化；于是，日本被表现成"一
个具有异国情调、唯美的、典型**异域**的国家，与其在战前黩武好斗、具有一
触即发的威胁性的形象正好相反"（Fowler, 1992:3，黑体字由 Fowler 所加）。

然而这种典律表现的明显是美国式的伤感情绪，日本读者未必会有同
感。例如，日本人对谷崎的长篇小说反应就有些不冷不热。而基纳，一位在
英语文化里有相当权威的评论家和翻译家，由于文化和政治方面的原因，就
对此种反应不以为然。他在评论谷崎的《卷冈姐妹》这部 20 世纪 40 年代被
军人政权查禁的小说时，表达了由衷的欣赏之情："谷崎似乎写不出一行乏味
的文字。"他认为，"小说以轻松的笔调描写了战前的日本"，"这似乎激怒了
一些人，他们坚持文学应当发挥正面作用，以配合充满英雄气概的时代特征"。

（Keene, 1984:I 721, 774）因此，上述典律投射出来的怀旧形象可以传递更广泛的、地缘政治学上的暗含意义："日本当时处于转型期，从历史意义上来看，几乎一夜间从太平洋战争时不共戴天的敌人变成冷战期间不可缺少的盟友，此时（拟译小说中）唯美化的国度恰好提供了符合要求的日本形象"（Fowler, 1992:6）。日本小说的英语典律因此为美日外交关系的发展提供了本土文化支持，而这也是为了遏制苏联在东方的扩张而设计的。

这个例子说明，即使翻译项目反映的只是某个特定文化群体的兴趣——这里指的是由大学专家和文学出版商组成的精英团体——由此造成的外国文化形象仍然可以占据全国性的主流地位，让本土文化中社会背景各异的读者都能接受。事实上，学术界与出版业一旦联合起来，能够异常有效地达成广泛共识，因为它们都拥有足够强大的文化权威，可以把非典律的文本排斥到本土文化的边缘。所以，那些喜剧性的日本小说或是在作品中表现了当代西化的日本的小说，因为不符合战后的学院典律就没有被译成英语。或者，即使译成英语，也处于英语文学的边缘位置，由较小的、更专业化的出版商发行（如 Kodansha International, Charles E.Tuttle），而且发行量相当有限（Fowler, 1992:14-17）。

这种典律在 20 世纪七八十年代没有发生任何重要的变化。这是因为英译小说的数量普遍下滑，削弱了任何旨在扩大英译日本小说可读范围的努力；而且在译入英语的语言等级序列中，日语仅排在第 6 位，居于法语、德语、俄语、西班牙语、意大利语之后（Venuti, 1995a:13; Grannis, 1993:502）。更重要的也许是因为促进美日间文化交流的机构项目仍然受到"大学教授和公司行政主管（后者多为出版商和书商）"的控制。他们这些人的成长经验成形于"二战"期间（Fowler, 1992:25）。结果，推荐的拟译日语文本，尤其那些特别强调战争年代内容的，只能强化已经确定的典律标准，并表现出人们对"高雅文化"以及日本知识分子和社会精英的关注（Fowler, 1992:27）。

这里要指出的是，翻译项目不会仅在修改最有影响的文化群体的典律之时才改变外国文化的本土表现。当别的文化群体在不同的社会形势下创建译本并对译本的影响作出反应时，翻译项目同样能改变外国文化的本土表现。20 世纪 80 年代末，日本小说的学院典律就受到新一代英语作家和读者的质疑。这些人出生于"太平洋战争"之后，在美国的全球霸权之下成长起来，对"有那么多日本小说具有令人憔悴的忧伤色彩"产生了疑心。他们更倾向于不同的形式和主题，包括那些表现西方文化对日本深刻影响的喜剧故事。（Leithauser, 1989:10）

在这种典律改革过程中，编写选集发挥了作用。因为，就像勒菲弗尔（Andre Lefevere）指出的那样："翻译过来的外国文学一旦达到某种程度的早期典律化，新编选集就可能接受这些正出现的典律，并力图颠覆或扩大其影响。"（Lefevere, 1992 a:126-127）博恩鲍姆（Alfred Birnbaum）是一位出生于1957年并自小生活在日本的美国记者。1991年，他编辑了一本文集，书名叫作《猴脑寿司》（*Monkey Brain Sushi*）。正如耸人听闻的书名暗示的那样，博恩鲍姆是想向学院典律发起挑战，并打算以最新的日本小说去赢得更广泛的读者。他在序言里清楚地表明自己有意避开诸如谷崎、川端和三岛之类的"旧食谱食物"，选择的全是在战后美国化的日本出生和长大的作家，并且他们的作品"大多数人真的读过"（Birnbaum, 1991:1；另一类似的翻译项目参见Mitsios, 1991）。与以往确立学院典律的旧文集不同——即基纳在格拉夫出版社出版的选集——博恩鲍姆的书是由总部设在东京的讲谈社（Kodansha）的美国分社出版的。无论是主编，还是他的三位合作者都与大学机构不沾边。初步表明，像《猴脑寿司》和 Mitsios（Helen Mitsios）的《新日本之声》（*New Japanese Voice*）之类的选集已经革新了广大读者心目中的日本小说典律：不仅这些书再版了平装版本，而且随之又有几个年轻日本作家的小说被译成英语，并获得评论界的好评和商业上的成功。

曾在 Mitsios 选集中节选的吉本（Yoshimoto）小说《厨房》（Kitchen）（1993)或许最明显地表明了这种变化。吉本的小说曾在格拉夫出版社出版过。这家出版社是创造了学院典律的重要出版社之一。但编辑并非根据大学专家的建议，而是通过意大利语译本了解到这部作品的——以往，日本小说都是通过英语传播到欧洲文化中，如今情况已经发生了变化（Harker, 1994:4)。《厨房》中有两个片断描述了年轻、非常西化的日本人物，其个性特征被看作小说魅力之所在，在评论中被屡屡引用。有意思的是，一些评论家还把书名与学院典律对日本小说特别强调的部分联系起来。角谷美智子（Kakutani）在《纽约时报》上说："吉本女士的小说被证实并非异想天开的风格喜剧，而是一个关于失落、忧伤以及家庭之爱的奇特的抒情故事。"（Kakutani, 1993:c15)阿尔克（Jaime Harker）研究了影响《厨房》创作和接受的种种因素。他认为小说的成功应归功于出现了"中等品位"的日本小说的读者。尽管这些读者身上仍会残留大学专家数十年主导地位所带来的影响，然而他们与以往那些挑选译本的专家确实不同。阿尔克认为，该译本吸引人之处在于：

作者采用的主题乐观向上，令人隐隐感觉兴奋，同时充满哲理而又不过于深奥；作品能轻松自如地引用美国大众文化内容，这让英语读者倍感亲切；另外，译本易读又不失"东方特色"，而且包装精巧，营销手段高明。因此，此书一举打破日本文学那种令人费解、乏味的形象。从根本上说，《厨房》的成功源于有效地利用和转变对"日本性"的一般文化隐喻。（Harker, 1994:1-2）

假如新一波的日本小说翻译会带来长期的典律改革，那它也可能固定下来，成为有关日本的文化定式——尤其在日语在英译语种等级中仍处于较低位置，而且人们能读到的日语作品范围又过窄的情况下。当然，这个文化定式会明显不同于其前身，既不会过于强调异域风情，也不会唯美化，同时它带来的地缘政治含义也与战后的截然不同。新小说投射的日本形象高度美国化，朝气蓬勃，充满活力。它还可以隐约照顾一下当代美国人对日本在全球经济中崛起的焦虑不安的情绪，由此提供一个令人倍感安慰和亲切的解释，它没有丝毫沾沾自喜的成分：这种形象把日本经济力量看成美国文化优势对日本战后一代影响的结果。因此，博恩鲍姆在他的修正了典律的选集序言中告诉美国读者："尽管存在明显的贸易不平衡，日本人一直热心于输入西方语言。"（Birnbaum, 1991:2）吉本小说的日文标题实际上就是英语"厨房"一词的日语音译（Hanson, 1993:18）。人们在新小说投射的当代日本文化形象中仍然可以找到对逝去岁月的怀念。然而，这个过去不是日本的而是美国的，主要集中在 20 世纪 40 到 60 年代末那段时期。那时美国的霸权地位还未曾受到来自国内外的有力挑战。

本土主体的创造

在上述例子中，翻译项目不但建构了外国文化在本国的独特表现，而且因其总是针对一定的文化支持者，所以还同时作用于本土身份的形成。琼斯对亚里士多德作品的翻译深受存在主义的影响。它们取代原先主流学院式的解读后，就获得制度上的极大权威，以至于最后成了验证古典文学学者的专业资格证明。人们认为研究亚里士多德和希腊悲剧的专家应当在其教学和研究的发表物中表现出他们非常熟悉琼斯的研究。相应地，人们也认为在评论悲剧体裁或特定的悲剧作家的概要介绍中应该提到琼斯的名字（例如 Buxton, 1984）。琼斯还影响了古典文学中其他领域的研究，如对荷马诗歌的研究（Redield, 1975: 24-26）。同样，战后英译日本小说的典律也造就了投资外国精英文学的出版商和对此文学感兴趣的读者的口味。熟悉谷崎、川端和三岛等人的名字于是成了一个人有文学品位的标志。这种文学品位有学者信誉的保证，说明当事人有较强的鉴赏力和渊博的知识。

当然，执行这些翻译项目的文化代理人并没有打算制造这种效应，甚至也许压根儿就没有预料到这种可以确定专业资格和制造文学品位之类的本土效应。作为学者、译者和出版商，他们直接关心的问题更多与各自学科和实际运营相关，诸如学术知识、艺术价值和商业成功。不过，翻译史也揭示出确有另外一些翻译项目就是为了借助外文文本来塑造本土文化身份而设计的。在这种情况下，译本往往文学性强，通过特定的文学话语来构建作家主体，旨在形成新的文学运动。

例如，庞德（Ezra Pound）把翻译看作催生诸如语言准确性之类的现代主义诗学标准的手段。1918年，他发表了对"诗歌新时尚"的"简要概述和回顾"。文中他为渴望成为现代主义诗人的读者提供了自我培养的诀窍（Pound, 1954:3）。他写道："假如你想重写诗歌，却发现最初写下的诗行"摇摆不定"，那么翻译会使你得到很好的训练。因为诗歌的意思一经翻译便不能"摇摆不定"了（Pound, 1954:7）。庞德之类的现代主义诗人都喜欢翻译那些支持现代主义诗学语言的异域文本：庞德曾评论道：我从丹尼尔（Daniel）和卡瓦尔坎蒂（Guido Calvalcanti）的艺术中发现了维多利亚诗人缺少的精确性。（Pound, 1954:11）庞德在其重视的诗歌作品的翻译上与维多利亚时代的译者展开竞争，他在具体的翻译选择上摹仿这些译者但又超越了他们。这在一定程度上帮助他把自己训练成为现代主义诗人翻译家。庞德介绍自己对卡瓦尔坎蒂的诗歌所作的翻译时承认："就这些译文和我对托斯卡纳（Tuscan）诗歌的了解而言，罗塞蒂（Rossetti）是我的再生父母。不过世上没有任何一个人是可以一下子明白所有事情的。"（Anderson, 1983:14）

庞德的例子不仅表明翻译可以成为构建作家身份的工具，而且也说明这既是一种话语建构，也是一种心理建构，是从能进行心理分析的写作实践中发展而来的。实际上他的译本发起了俄底浦斯式的反抗（oedipal rivalry）——维多利亚诗人罗塞蒂曾译过的卡瓦尔坎蒂关于理想女人的诗歌，庞德则进行了重译并借此对罗塞蒂的经典地位发起挑战（Venuti, 1995:197）。在这个过程中，庞德把自己看作现代主义者和男性。他觉得自己的译本表现了罗塞提"漏掉"的东西，即"一种旺盛的精力和雄性气质"（Anderson, 1983:243）。也就是说，依庞德之见，通过俘获外文诗歌中的女性形象，他胜过了自己的诗歌之父。

由于翻译可以帮助构建本土文学话语，它就不可避免地被列入雄心勃勃的文化活动中，尤其是那些发展本土的语言和文化的活动。它们总是引发与特定社会集团、阶级和民族利益一致的文化身份的塑造。18 世纪至 19 世纪期间，德语翻译无论在理论上还是在实践中都被视为促进德语文学发展的手段。1813 年，哲学家施莱尔马赫（Friedrich Schleiermacher）向德国学术界的听众指明 "在某种程度上，我们语言中许多优美而富于表现力的东西是经翻译进来的或是由翻译引发的"（Lefevere, 1992b:165）。施莱尔马赫认为翻译应该服务于资产阶级文化精英这样一群相当专业化的读者。他们喜欢基于古典作品的高雅文学。不过，由于施莱尔马赫和他同时代的人，如歌德和施莱格尔兄弟（the Schlegel brothers），都一致认为这些少数人的标准就可以确定德意志民族文化，于是诸多大众化的体裁和文本就被排斥掉了，主要是多数德语读者喜爱的感伤现实主义作品、哥特式故事、骑士传奇以及说教式自传（Venuti, 1995:105-107）。

1827 年，歌德注意到 "衰落的民族文学借助外国文学而复活"。随之，他描述了翻译中塑造本土主体的 "反射机制"（specular mechanism）：

> 如果不在外国文学的参与下进行更新，任何一种文学终将变得乏味。难道会有学者对借鉴和反省带来的惊奇感到不快吗？即或可能是出于无意，每个人不也都曾体验过道德上的借鉴手段吗？如果能停下来好好想一想，人们就会意识到一生中自己有多少身份的塑造归功于此。（Berman, 1992:65）

翻译通过 "借鉴" 或自我认识的过程来塑造本土主体。首先，本土标准促使译者选择某个异域文本，然后通过特定的话语策略把这个标准写进文本中。接着，读者通过认出译文中的本土标准认识了自己，异域文本于是变得清晰易懂了。自我认识是一种对本土文化规范和资源的认识。它构建了自我，并把自我确定为本土主体。这基本上是一个自恋的过程：读者认同由翻译投射出来的理想，而它往往是本土文化中已取得权威地位的标准，主导着其他文化群体。不过偶尔，这一标准在时下还处于边缘位置，然而其发展势头蒸蒸日上，最终会被调动起来挑战主流标准。在歌德那个时代，存在着拿破仑战争把法国的势力扩张到普鲁士的危险。发展具有鲜明德意志特色的文学文化的民族主义思想具有强大的吸引力，但这个任务必须依赖外文经典文本的翻译来完成，这在当时还尚待实现。贝尔曼（Antoine Berman）谈到歌德的思想时指出："外国文学成为民族文学内部冲突的协调者，它使民族文学看到了本来不可能看到的'自身形象'。在此，我们还可以补充一点——这也是民族文学自身渴望看清的东西。"（Berman, 1992: 65）所以，读者的自我认识也是一种误认：本土印记被当作外文文本，本土主流标准被误认为读者自己的标准，某一群体的标准被看成本土文化中所有群体的标准。歌德话中提到的"学者"字眼提醒我们，由民族主义关怀引起的翻译所构建的主体必定会从属于某个特定的社会团体，其中拥有足够文化权威的少数人会自视为民族文学的仲裁者。

　　翻译因此帮助读者找到了可理解的本土定位。这种定位同样也是意识形态立场，是一套套价值观、信仰和本土表现，用以压制其他团体而发展特定社会团体的利益。在教堂、政府、学校之类的机构使用翻译的情况下，通过教会人们辨别何谓真、何谓善、何谓可能，译本引发的身份塑造过程潜在地影响着社会再生产（这种想法源自 Althusser, 1971; Therborn, 1980; Laclau and Mouffe, 1985）。翻译可以维持现存的社会关系。它可以授予本土主体以意识形态资格，使其在某种制度下承担角色或行使职能。如技术译本——法律或科学的教科书——可以使代理者获得和维持专家的资格。翻译也可以修改上述资格，进而改变本土主体在制度下的角色和功能，引发社会改革。

　　我们可以回顾一下早期基督教会关于《圣经》翻译的争议。公元前 3 世纪希腊犹太人翻译了《旧约》，其译本《七十子本旧约》（the Septuagint）在 6个世纪后仍具有巨大的权威性：它奠定了所有神学和解经思辨学说的基础，并成功取代希伯来语的《圣经》，成为罗马帝国后期基督徒广泛使用的拉丁文译本的源头。希波（Hippo）主教奥古斯丁（Augustine）显然害怕哲罗姆（Jerome）直接从希伯来语翻译《旧约》的计划，因为这可能会威胁到教会意识形态的一致性和制度的稳定性。他在公元 403 年写给哲罗姆的信中，解释道"假如你的译本开始在许多教堂定期诵读，由于拉丁教会与希腊教会变得步调不一致，诸多问题会很快出现"（White, 1990:92）。奥古斯丁接着举例说明早期基督徒的认同感深深扎根于《七十子本旧约》以及由之而来的拉丁译本。哲罗姆源自希伯来语的《圣经》译本会使这种认同陷入危机，而教会组织就会因为疏远教徒而遭受灾难：

　　　　我们的一位主教在其管辖的教区教堂安排诵读你的译本时，教徒们在你的有关先知约拿（Jonah）的译文里碰到一个词。由于历经代代传诵，原来的译法已经在他们的脑海里根深蒂固，你的译法与他们熟知的内容大不相同，这在教徒中引起骚动，尤其是那些希腊教徒。他们批评你的译本，并情绪激动地将其斥责为错译。主教只好请犹太人出来作证（这件事发生在澳亚城［Oea］）。结果，不知出于无知还是恶意，这些犹太人回复说这个词在希伯来手稿中出现的形式与希腊文和拉丁文译本中的一样。总之，那位主教只好把你的译本看成不准确的翻译，修改了那一段。因为他不想让这场危机使他失去整个教区。这也使我们怀疑你有时也可能会犯错。（White, 1990:92-93）

在澳亚城使用的拉丁语译本从《七十子本旧约》翻译而来。通过保留表明正统信仰的自我认识，塑造了基督徒的身份：教区成员根据自己对制度中合法的译本"熟悉"且"记忆深刻"的事实认定自己为基督徒。这场由哲罗姆译本所引起的骚动表明，制度若要持续存在，身份塑造过程就必须相对稳定。仅仅凭借某个特定的译本引发身份塑造过程是不够的，还需要反复运用这个译本——如上述的"代代传诵"。同样清楚的是，制度为了保证身份塑造过程的稳定性，会确定翻译准确性的标准：在这个例子中，教区成员，特别是希腊教徒，一旦发现《旧约》的拉丁版本与权威的希腊版本《七十子本旧约》一致，就断定拉丁版本是"正确的"。

不过，无论主体还是制度都不可能完全一致，也不可能与本土文化中传播的各种各样的意识形态隔绝开，所以像翻译这样的文化实践也能促使社会迅速发生变化。身份从来就不是固定不变的。它是把多种多样的实践与制度联系起来的交点，与诸多因素相关。正是这些实践与制度具有的彻底的异质性使社会变化成为可能（Laclau & Mouffe, 1985:105-114）。哲罗姆坚持回到希伯来文版本，部分是因为他兼有拉丁人和基督徒的双重文化身份，其高雅的文学品位与众不同：他在罗马接受教育，"那里的文化对外来语有着固有的感悟力，而他已溶入那种文化中"，所以"他能够欣赏非母语作品的艺术价值"（Kamesar, 1993:43, 48-49）。拉丁文学文化的多语主义（polylingualism）和基督教信仰一起激发了哲罗姆研究希伯来语言的兴趣，并最终使其发现那些权威希腊文译本和版本的不足。他向奥古斯丁解释，对于《七十子本旧约》对希伯来版本扩充的地方以及奥利金（Origen）根据迪奥多西（Theodotion）版本添加的地方，他在拉丁文版本中都作了印刷上的标记（White, 1990:133）。哲罗姆复杂的文化构成促使他质疑《七十子本旧约》：尽管这个版本凭借上帝的感召和圣徒们对其使用的赞许而在教堂神父中建立了权威，哲罗姆对版本的完善和教义真实性的关注还促使他判定这并不是一个令人满意的译本。因为其疏漏和扩充之处反映了译本的异教徒赞助者的价值观，而后来的诸多译本中不断出现的变更使内容更加不准确。

哲罗姆的译本最终还是取代了《七十子本旧约》，成为整个中世纪以及其后拉丁文《圣经》的标准版本，"对人们虔诚信仰宗教以及对西欧语言和文学的影响难以估量"（Kelly, 1975:162）。在很大程度上，这个译本的成功应归于哲罗姆的话语策略和他在前言和书信中为翻译所作的辩护。他的翻译话语显示了其文化上的多样性。一方面，他把简单的意合结构（paratactic construction）改为结构工整、带有若干分句的垂悬（complex suspended periods）复合句，并用雅致的变体代替字词和短语的固定重复形式，从而将希伯来文本拉丁化（Spark, 1970:524-526）。另一方面，他重写了"许多段落，表达了希伯来文本无法表现出的救世主或'基督'的寓意"，从而将犹太主题基督教化（Kelly, 1975:162）。通过采用这样的话语策略，哲罗姆的翻译迎合了像他一样受过拉丁文学文化教育的基督教徒。

此外，在为其译文辩解时，哲罗姆也预见到像奥古斯丁这样的教会官员会害怕体制的稳定性因回归希伯来文本而被削弱，进而提出反对意见。因此，尽管他对《七十子本旧约》的批评态度极其强烈，他还是精明地声称他的拉丁文版本不是取代《七十子本旧约》，而是对其进行补充。他的译本就像其他拉丁文译本一样，只是用于帮助解释权威的希腊文译本，以"避免基督徒们因不知真经而遭受犹太人的嘲弄和指责"（Kamesar, 1993:59）。这样一来，哲罗姆的译本就变成对体制的支持，有利于神学和解经思辨学说的发展，也有助于在论争中战胜敌对的宗教机构成员——对基督教文化权威地位持怀疑态度的犹太教堂。

早期基督教会的论争清楚地表明，由于翻译根据其定义涉及对外国文化进行本土归化，所以翻译可以改变任何社会体制的运作，这意味着翻译工作必定无可避免地依赖某些文化规范和资源。它们基本上与本土文化中盛行的规范和资源完全不同。所以，就像奥古斯丁在信中提到的那样：尽管准确性的标准也即忠实于《七十子本旧约》是在基督教会内部制定和实施的，可是澳亚城的主教却不得不求助于犹太人来评估哲罗姆源自希伯来文版本的圣经翻译的准确性。基于同样的道理，哲罗姆尽管脱离了《七十子本旧约》，但也会偶尔仿效在犹太教堂里使用的、由犹太人翻译的其他一些更多采用直译的希腊文版本（White, 1990:137）。既然翻译的任务是使异域文本在本土的表达易于理解，那么利用翻译的制度就容易受到来自不同的、甚至是不相容的文化原料的渗透。这些文化原料也许会否定权威文本并修改有关翻译准确性的通行标准。当然，制度也可以严格调控翻译实践，以至于抹杀和借此平息外文文本在语言和文化方面的差异。也许只有在这种情况下，由翻译塑造的本土身份才可能避免由异域文化原料引起的混乱。

References

Althusser, L. (1971) "Ideology and Ideological State App.aratuses, in *Lenin and Philosophy and Other Essays*, trans. B.Brewster, New York: Monthly Review Press.

Anderson, D. (ed) (1983) *Pounds's Cavalcanti: An Edition of the Translation, Notes, and Essays,* Princeton: Princeton University Press.

Bacon, H. (1963) "Review of J. Jones, On Aristotle and Greek Tragedy", *Classical Worm* 57: pp.56.

Berman, A. (1992) *The Experience of the Foreign.' Culture and Translation in Romantic Germany,* trans. S. Heyvaert, Albany' State University of New York Press.

Birnbaum, A (ed) (1991) *Monkey Brain Sushi.' New Tastes in Japanese Fiction,* Tokyo and New York: Kodansha International.

Burnett, A.P. (1963) "Review of J. Jones, On Aristotle and Greek Tragedy", *Classical Philology,* 58: pp. 176-178.

Buxton, R.G.A. (1984) *Sophocles,* New Surveys in the Classics No. 16, Oxford: Clarendon Press.

Else, G. (ed.and trans.) (1957) *Aristotle's Poetics*: *The Argument,* Cambridge: Harvard University Press.

Fowler, E. (1992) "Rendering Words, Traversing Cultures: On the Art and Politics of Translating Modem Japanese Fiction", *Journal of Japanese Studies* 18: pp. 1-44.

Gellie, G. H. (1963) "Review of J. Jones, On Aristotle and Greek Tragedy", *Journal of the Australasian Language and Literature Association* 20: pp.353-354.

Goldhill, S. (1986) *Reading Greek Tragedy,* Cambridge: Cambridge University Press.

Hanson, E. (1993) "Hold the Tofu", *New York Times Book Reviews,* 17 January, pp. 18.

当代国外翻译理论导读

Harker, J. (1994)" 'You can't Sell Culture': *Kitchen* and Middlebrow Translation Strategies", unpublished manuscript.

Jones, J. (1962) *On Aristotle and Greek Tragedy*, London: Chatto and Windus.

Kakutani, M. (1993) "Very Japanese, Very American and Very Popular", *New York Times,* 12 January, pp..C 15.

Kamesar, A. (1993) *Jerome, Greek Scholarship, and the Hebrew Bible: A Study of the Quaestiones Hebraicae in Genesim*, Oxford: Clarendon Press.

Keene, D. (ed.) (1984) *Dawn to the West.' Japanese Literature of the Modern Era,* New York: Holt, Rinehart and Winston.

Kelly, J. N. D. (1975) *Jerome.' His Life, Writings and Controversies*, New York: Harper and Row.

Kermode, F. (1983) "Institutional Control of Interpretation", in The *Art of Telling.' Essays on Fiction,* Cambridge: Harvard University Press.

Kizer, C. (1988) "Donald Keene and Japanese Fiction, Part II", *Delos*, 1 (3): pp.73-94.

Laclau, E. and C. Mouffe (1985) *Hegemony and Socialist Strategy: Toward a Radical Democratic Politics*, trans. W. Moore and P. Cammack. London:Verso.

Lefevere, A. (1992a) *Translation, Rewriting, and the Manipulation of Literary Fame,* London and New York: Routledge.

Lefevere, A. (ed. and trans.) (1992b) *Translation/History/Culture: A Sourcebook,* London and New York: Routledge.

Leithauser, B. (1989) "An Ear for the Unspoken", *New Yorker*, 6 March, pp..105-111.

Lucas, D.W. (1963)"Review of J. Jones, On Aristotle and Greek Tragedy", *Classical Review* 13: pp.270-272.

Miller, R. A. (1986) *Nihongo: In Defense of Japanese,* London: Athlone Press.

Mitsios, H. (ed.) (1991) *New Japanese Voices: The Best Contemporary Fiction from Japan,* New York: Atlantic Monthly Press.

Nietzsche, F. (1967) *On the Genealogy of Morals*, trans. W. Kaufmann and R.J.Hollingdale, New York: Random House.

Nietzsche, F. (1967) *On the Genealogy of Morals*, trans. W. Kaufmann and R.J.Hollingdale, New York: Random House.

第五章 解构学派翻译理论

Pound, E. (1954) *Literary Essays,* ed. T. S. Eliot, New York: New Directions.

Redfield, J.M. (1975) *Nature and Culture in the Iliad: The Tragedy of Hector,* Chicago: University of Chicago Press.

Sparks, H.F.D. (1970) "Jerome as Biblical Scholar", in P.Ackroyd and C.F. Evans(eds) *Cambridge History of the Bible,* vol. 1, Cambridge: Cambridge University Press.

Taplin, O. (1977) *The Stagecraft of Aeschylus: The Dramatic Use of Exits and Entrances in Greek Tragedy,* Oxford: Clarendon Press.

Therborn, G. (1980) *The Ideology of Power and the Power of Ideology,* London: Verso.

Venuti, L. (1995) *The Translator's Invisibility: A History of Translation,* London and New York: Routledge.

White, C. (ed. and trans.) (1990) *The Correspondence between Jerome and Augustine of Hipp.o,* Lewiston, N.Y.: Edwin Mellen Press.

Yoshimoto, B. (1993) *Kitchen,* trans. M. Backus, New York: Grove Press.

当代国外翻译理论导读

第六章

女性主义翻译理论

概 述

  从 20 世纪 60 年代西方第二次妇女运动浪潮起，女性主义作为一种犀利的社会文化批评话语崛起在西方世界，并逐渐从边缘走向了中心。当代西方女性主义者将视野投向文本，希望通过解构传统的男性中心主义话语，重建新型的男女平等关系。西方女性主义在 1968 年法国"五月风暴"之后明显分化成两派：英美女性主义（Anglo-American Feminism）和法国新女性主义（French New Feminism）。尽管两者在这一时期已从政治社会空间步入文本世界，但前者更注重文学批评，特别是对经典文本的颠覆；而后者将视线投射在语言学、符号学、心理分析等理论方面。因此相比之下，法国新女性主义带有更浓厚的理论气息，其在性别差异的社会建构以及女性和语言、写作关系上的理论阐释令人耳目一新。

  法国新女性主义批评借鉴解构主义理论，将妇女问题的症结归因于语言。法国解构主义的三大代表德里达（Jacques Derrida）的逻各斯中心主义批判、福柯（Michel Foucault）的权力话语秩序学说和巴尔特（Roland Barthes）的"原作者死了"的理念在不同层面上影响了女性主义理论的建构。根据德里达的二元对立逻辑批判，新女性主义质疑了西方传统中将男女割裂、以男性为中心的父权或菲勒斯中心（phallogocentrism）话语体系。在这个话语体系中，女性被"她者"化，或边缘化。这种封闭的话语体系巩固着男性的权力，而这种权力反过来进一步制造并维护男性的话语。新女性主义者认为用这种话语书写的女性文学不可能是真正的女性文学，女性必须用自己的语言、即一种基于女性躯体本能的语言符号系统来书写。在这种新的话语体系中，女性的主体意识得以凸显。值得注意的是，新女性主义"在强调保持女性特有价值的同时，反对以所谓平等的借口将女性变为男性的做法"。①这就避免了这个新的体系陷入新的二元对立的逻辑之中。

从翻译研究理论发展的大背景以及翻译与性别内在的联系来看，女性主义触发翻译研究的反思是必然的。西蒙（Sherry Simon）这样说道："妇女的解放首先是从语言中获得解放。在过去的二三十年里，女性主义学者的论著中出现了这样一个观点，即她们清楚地意识到语言是意义争斗的场所，是主体在此证明自我的决斗场。因此，毫不奇怪，翻译研究会受到女性主义思想的滋养。"②弗罗托（Luise Von Flotow）在《翻译与性别》（1997）一书中则这样说："女性主义思想家与'政治正确'的观念赋予语言浓厚的政治色彩。毫无疑问，性别问题必须成为翻译的一个议题。"③加拿大魁北克先锋派女性主义学者将翻译当作一种女性主义实践，试图将女性主义学者在文学文本与语言中进行的"革命"移植到翻译中来。作为语言如影随形的伴侣，翻译给予女性主义者广阔的喻说空间，而女性主义则给予了翻译研究一个新的视角。

17世纪法国修辞学家梅内（Ménage）有一句名言"Les belles infidèles"，即翻译像女人一样，漂亮的翻译不忠实，一语道破了潜藏在西方译论中的双重歧视，也反映了文学等级系统中与社会等级体系中翻译与女人劣等的地位。通过追溯历史，回顾翻译被性别化的漫长历程，女性主义翻译理论试图寻找到翻译女性化的原因。如果说传统译论中"翻译即叛逆"具有负面的意义，那么女性译论者却赋予这句话积极的意义。女性主义译论从女性译者的身份出发，强调凸显女性译者的主体性，张扬"叛逆"———创造。作为一种"解放"女性与译者的话语，女性主义翻译充满了"火药味"。哈伍德（Susanne de Lotbiniere-Hardwood）曾这样说过："我的翻译实践就是一种政治活动，旨在让语言传达女性的心声。因此，我在译作上的署名就意味着：这一译作穷尽各种翻译策略，以达到让女性在语言中得以张扬的目的。"④而格达德（Barbara Godard）在《女性主义话语与翻译的理论化》一文中则声称："女性主义翻译家通过肯定自身（性别）的差异，在重读与重写中获得快感，张扬其对文本

① Moi, Toril (1985) *Sexual / Textual Politics: Fminist Literary Theory.* London and New York: Routledge, p. 98.（译者注）

② Simon, Sherry (1996) *Gender in Translation Cultural Identity and the Politics of Transmission.* London and New York: Routledge, p. 8.（译者注）

③ Flotow, Luise Von (1997) *Translation and Gender: Translating in the "Era of Feminism."* Manchester: St. Jerome Publishing, p. 1.（译者注）

④ 引自 Sherry Siomon (1996) *Gender in Translation Cultural Identity end the Politics of Transmission.* London and NewYork: Routledge, p. 15.（译者注）

的操纵。"① 格达德大胆地提出了"女性化处理"这一概念，即女性译者对文本的操纵。她说："女性译者改变过去译者谦卑隐忍、自我隐退的做法，强调在翻译过程中译者对文本的操控。她积极加入意义的创造活动中。"②这一观念无疑是对传统译论中隐形译者的否定，强调译者的"生产"功能。

与传统译论对"一致性"的诉求相反，女性主义翻译致力于"差异"的凸显。这里的"差异"有两层意思：一是指不拘泥于与原作的一致；二是强调女性话语与男性话语的差异。这样的思想一方面抛弃了传统的以原作为中心的翻译理念，肯定了影响翻译行为的各种因素；另一方面借翻译的领地，构建女性话语的堡垒，一个开放的但又能自卫的堡垒。解构派宗师德里达在谈到翻译与女性译者时这样说道："女性译者不是简单地亦步亦趋。她不是原作者的秘书，而是原作者所眷顾的人。在原作的基础上，有可能进行创作。翻译即写作，不是文字转换意义上的翻译，而是由原作激发的创造性书写。"③这样翻译被赋予了"原创"的意义，因为它给予原作以"来世"，一个蕴藏着女性意识的文本。

从女性主义翻译者具体的翻译策略来看，弗罗托总结出如下三种做法：补充（supplementing）、加注与前言（prefacing and footnoting）、劫持（highjacking）。补充是指译者对两种语言的差异之处予以平衡的做法，是译者的创造性行为。前言与加注则指女性译者对翻译过程的描述，以突出女性译者的差异性翻译。在前言中，女性译者会阐述其对原作意图的理解及其翻译的策略。而"劫持"是指女性主义译者对原作的挪用，赋予不具女性主义色彩的文本以强烈的女性主义意识。

德国哲学家海德格尔说，语言是存在的家园，意思是说，语言是决定权力、身份的关键。西方女性主义者意识到在以男性为中心的西方话语体系中的女性注定流离失所，精神无所归依。翻译作为沟通两种语言的媒介恰好提供给女性主义者一个重构其精神家园的平台。通过对传统译论中翻译与女性同构的隐喻的批判，揭示语言文化结构与社会结构中隐藏的翻译与女性的双重歧视，建构女性意识的话语，尝试重新为女性与翻译定位。应该说女性主义译论的初衷并不在翻译，但它却在无意中为研究翻译提供了一个独特的视角。

---

① Godard, Barbara (1990) "Theorizing Feminist Discourse / Translation," *Translation, History and Culture,* ed. Susan Bassnett and Andre Lefevere. London: Frances Printer, p. 94.（译者注）

② Ibid.

③ 引自 Lawrence Venuti, ed. (2000) *The Translation Studies Reader*. London and New York: Routledge, p. 325.（译者注）

翻译理论中的性别化立场[*]

翻译理论中的性别化立场[*]

翻译理论中的性别化立场[*]

雪莉·西蒙著

卢玉玲译

导言

  雪莉·西蒙（Sherry Simon）执教于加拿大康克狄厄大学（Concordia University），主要从事翻译理论与文学研究，在翻译理论研究领域卓有建树。她出版的翻译论著包括《绘制文学地图：翻译的艺术和政治》（*Mapping Literature: The Art and Politics of Translation*，1988），《翻译中的性别：文化身份和传播的政治》（*Gender in Translation: Cultural Identity and the Politics of Transmission*，1996），《改变措辞：后殖民时代的翻译》（Changing the Terms: Translating in the Postcolonial Era，合编，2000）等。

  《翻译中的性别：文化身份和传播的政治》是雪莉·西蒙的重要译学理论专著之一，也是西方第一本全面论述女性主义视角下的翻译问题的学术性专著。正如该书的副标题所示，本书主要探讨作为政治与文学运动的女性主义对于翻译理论和实践的影响。用西蒙的话来说，该书是"学科杂合"的产物，即女性主义与文化视角下的翻译研究的产物。该书的主导思想摒弃了传统的翻译理念，认为翻译不是简单机械的语言转换，而是无限的文本链与话语链中的意义的不断续的延伸。这样，翻译就如同彰显了译者主体性的写作行为，是特定的社会、历史和文化语境中的改写行为。这一被更新的翻译观念使性别研究顺利地介入翻译理论。gender 作为一个社会性的性别概念源于西方女性主义运动的发展。女性主义者在语言与翻译中寻找性别的后天建构过程，通过大胆的重读和改写等实践重新书写女性的历史。

  《翻译中的性别》全书共分五章，本文节译自该书的第一章"翻译理论中的性别化立场"。本章对该书作了一个全面的理论性概述。在节译的这部分内容中，西蒙简单地介绍了该书各章的内容：翻译理论的场所是如何被性别化的？而当代女性主义理论家的研究又是如何改造这个被性别化的理论的？这

---

  * 本文选译自 Sherry Simon, "Taking Gendered Positions in Translation Theory," in *Gender in Translation: Cultural Identity and the Politics of Transmission*, London and New York: Routledge, 1996, pp. 1-16.

些是西蒙在该书中所要回答的问题。翻译被性别化的问题历史悠长，而被性别化的翻译负载着沉重的文化身份内涵。但直到 20 世纪 80 年代翻译界在女性主义思想的推动下才开始探究这一问题。西蒙认为"翻译研究和女性主义的结合是源自共同的知识和体制语境。"二者关注的都是在语言中"次等性"是如何被建构的问题。通过探寻翻译的性别隐喻的传统，女性主义翻译重新阐释了翻译史上那个众所周知的陈腔滥调——"忠实性"问题。在女性主义翻译理论家看来，"忠实既不是针对作者也不是针对读者的，而是对写作方案（writing project）而言的——作者与译者都参与了这一方案"。在这一理念下，原作者的绝对权威受到了质疑，而译者的主体性得到了彰显。女性主义翻译家大胆的翻译策略则在实践上贯彻了这一理念。

正文

翻译必定"有缺陷"，因此所有的译本都"被视为女性"。在这个简洁的等式中，约翰·弗洛里欧（John Florio, 1603）概括了女性与译者皆地位低下的传统。在各自的等级秩序中，译者和女性历来都处于弱势地位：译者是作者的女仆，女性比男性低等。这一强制性的搭配关系仍得到当代的共鸣：尼科尔·沃德·乔瓦（Nicole Ward Jouve）声称，（从文化的角度来说）译者占据着"女性的地位"（Jouve, 1991:47）。而苏珊娜·德·洛特比涅尔·哈伍德（Susanne de Lotbinere-Harwood）的自我定义也对此作了回应："我是一个译本，因为我是女性。"（de Lotbinere-Harwood, 1991:95）

无论是被肯定还是遭到斥责，翻译的女性气质一直是一个历久不衰的比喻。"女人"和"译者"被贬低至同样低等的地位。人们将原作对译作的权力与男性的阳刚和女性的阴柔的意象联系在一起；原作被视为强壮的、具有生产性的男性，译作则被视为弱势的、派生性的女性。我们毫不奇怪地看到，用来形容翻译的语言随意使用性别歧视的词汇，援引主宰与低贱、忠实与不忠的意象。这其中最经久不衰的表述"不忠的美人"（les belles infidèles）长久以来一直鼓动人们对文采翩翩但不合原意的翻译采取怀疑的态度。

女性主义翻译理论旨在识别和批判那些将女性和翻译同时贬入社会和文学底层的纠缠不清的概念。为此，它必须探究翻译被"女性化"的过程，并试图动摇维系着翻译与女性之间这种联系的权威结构。

翻译维持和促进性别建构的过程究竟是怎样的？我选择从众多不同的层面来回答这个问题。首先是概念层面：翻译理论的场所是如何在暗地里被性别化的？如何才能改造这个理论？这是导论这一章的任务：介绍众多理论家的研究。这些理论家试图颠覆那些被用来描述翻译的陈腔滥调，代之以传达身份在翻译实践中起着活跃作用的语词。之所以这样做是缘于她们认为语言的本质是"述行的"（performative），而不是简单的再现（representative）。这样，女性主义翻译重新构建了那个在翻译史上一再重复却徒劳无益的老调子——"忠实性"问题。女性主义翻译认为，忠实既不是针对作者也不是针对读者的，而是对写作方案（writing project）而言的——作者与译者都参与了这一方案。

性别差异不仅体现于描述翻译的隐喻中，而且也体现在实际的翻译实践中，以及体现在女性据以理解和从事她们的写作活动的特定的社会历史形式中。社会角色与写作角色之间的关系是如何被表述的？（参见第二章）一方面，特别是从中世纪开始，翻译是妇女进入文学世界的途径。长期以来妇女被排斥在著述的特权之外，因此她们转而把翻译作为可以进行公开表达的形式。直到 19 世纪和 20 世纪，翻译都一直是妇女学习写作的一种训练。（乔治·爱略特［George Eliot］在作为小说家成名之前，首先就是以"翻译斯特劳斯［Strauss］的女译者"而著称的。）不仅如此，翻译还是妇女参与社会运动的一个重要部分，譬如反对奴隶制度的社会运动。女性主义的第一次浪潮就与这一次运动紧密地联系在一起。女性从事翻译，目的是建立服务于进步的政治议题和文学传统创新的交流网络。19 世纪和 20 世纪法国、俄国和德国现代主义的伟大作品的翻译有一部分就是由女性完成的。她们通过翻译表达自己的政治信念。就像斯达尔夫人（Madame de Staël）所清楚地表达的那样，她们相信文学交流活动对任何国家的民主生活都至关重要。

她们天生就对挖掘那些被埋没的女性的思想成果和文学作品感兴趣：将"女译者"阿芙拉·本（Aphra Behn）强有力的形象昭示于世，使人们听到斯达尔夫人呼吁用翻译来治疗僵化文学症的声音，记下康斯坦丝·加奈特（Constance Garnett）和琼·斯塔尔·昂特迈耶（Jean Starr Untermeyer）那卓越的创造性成就。然而，这一初步考察的目的与其说是为了建构一个档案，不如说是为了揭示女性译者相互间的种种关系。在这些关系之上就有可能建立起女性译者的谱系（genealogies）。这一概述不是简单地罗列出一份女性译者的名单，而是试图突出翻译成为女性强有力的表达方式的重要时刻。这些时刻显示译者的角色与社会价值融为一体的程度，以及社会等级体系中的不同地位如何被反映在文学领域中。

玛利·普韦（Mary Poovey）认为："差异的定位和组织对一个文化的自我再现和权力的分配是非常关键的。"（Poovey, 1988:199）确实，文学领域和社会领域在某些方面相互依赖的映射，表明了差异在不同的社会层面上是如何被"组织"起来的。文学与社会相互重叠的一个显著的例子是，在英国文艺复兴时期，翻译为妇女提供了一种表达方式，否则，文学的大门是对她们紧闭的。妇女虽然被禁止从事其他种类的公共写作活动，但她们却被鼓励去翻译宗教文本。女性得以用这种非常有限的途径来实现重要的目标（Krontiris, 1992）。这一个例子凸现了写作的社会价值被社会语境高度制约，反映了特定历史时期制约性别地位的特定张力。

女性是如何理解她们作为译者的角色的呢？人们常常用敌意的对抗或情投意合等感情用词来描述译者与她／他们的译本和——进一步而言——作者之间的密切关系。当牵扯到性别的差异，当翻译工作牵扯到两位作者的接触，上述词语所表达的这些感情就更加强烈。有些女性主义译者建议，对付棘手的消极文学遗产的最好方法就是，女性的文本只让女译者来翻译，男性的文本让男译者来翻译，然而，这绝非长久之策。劳丽·钱伯伦（Lori Chamberlain）认为：

> 女性主义译者面临的挑战之一是超越作者和译者的性别问题。在传统的等级制度之下……翻译女性作者文本的女性译者和翻译男性作者文本的男性译者的工作会受到同样的权力关系的束缚；因此，翻译与性别构造一致化的过程必须被推翻。（Lori Chamberlain 1992:72）

20世纪重要的翻译家琼·斯塔尔·昂特迈耶、威拉·缪尔（Willa Muir）、海伦·洛—波特（Helen Lowe-Porter）和苏珊·列文（Suzanne Levine）都曾经相当睿智地描述过由工作关系所引起的发人深省的难题。除了其旧闻轶事的趣味性和作为记录翻译过程的价值外，这些描述显示了在语言转换活动中，性别差异是如何呈现的——有时是建设性的，有时则具有潜在的危险。

本书特别探究了女性主义理论和翻译的两个特别重要的领域。第一是跨越大西洋将法国女性主义者露西·伊瑞格雷（Luce Irigaray）、朱莉娅·克里斯蒂娃（Julia Kristeva）、海伦娜·西苏（Hélène Cixous）等人的著作移入英美知识界（参见第三章）。这种交流昭示了当下知识界错综复杂的张力：国际主义的女性主义团结和民族亲缘之间的矛盾，消解作者身份的解构动力和延续的文本权威结构之间的矛盾，学科界限的消失和不断重现之间的矛盾。通过对哲学体系——一方是思辨性的欧洲大陆传统，另一方则是更具经验主义的英美传统——的逐步阐释，英美语境中的法国女性主义被"驯化"了；而不同层面和程序的调解活动（mediation）——评论、阐释和翻译——促进了法国女性主义适应英美语境的过程。

法国女性主义思想跨越大西洋的旅行导致了这一思想被曲解和被挪用的后果，这是任何重要思想的流动都难以避免的后果。造成这些后果的是控制着思想交流的不同的兴趣和目的，以及目的语所要求的创新与重构。西苏著述的接受情况也许最好不过地见证了这种交流被曲解的后果。人们一直根据西苏的一小部分作品来阐释她的思想，直到最近这种情况才有所改观。

第二个个案研究探究的是当代女性主义对《圣经》的翻译（参见第四章）。女性主义介入该领域，其特别令人瞩目之处在于，它并不认为自身是缜密传统中的一次畸变。人们也往往不这样认为。相反，女性主义是《圣经》翻译所能采取的另一种社会和意识形态立场——是可以追溯至《圣经》七十二子译本的众多相互媲美的译本中的一张新面孔。《圣经》的女性主义和兼容性语言（inclusive-language）阐释所引起的争论使我们更加理解翻译是一种丰富的阐释行为，同时这些争论使人们注意到性别化语言所隐含的冲突性含义。尽管有人强烈要求出版兼容性语言的《圣经》译本（其结果是 1995 年牛津大学出版社出版了《新约》和《圣咏集》的兼容性语言译本），但是同样有人坚持呼吁出版根植于历史的译本。通常情况下，《圣经》的教义和意义之间的相互作用显得特别密切。《圣经》的漫长历史增加了翻译问题的重要性，使这些问题充满了意识形态色彩。在文化传播的其他领域，翻译常常被当作一种机械性活动。与此相反，《圣经》研究圈内却很清楚，翻译既为阐释展现了前景，但同时也含有危险。

在法国女性主义的异地移植和《圣经》新译中，性别与语言问题的结合尤其发人深省。译本的选择和翻译方式有意识地采用了女性主义原则。这些结合让我们看到翻译是如何建构和引导知识传播的发展过程的。调整（mediation）环节不是自动生成的，也不是某个公正的文化权威强加或组织的。相反，译者与他们所处理的材料密切相关，他们全身心地投入翻译的转换过程中。

最后一章探讨了将翻译研究和文化研究结合起来可能采用的形式。根据最近的女性主义理论，这一章将性别置于文化身份问题这一更大的背景中。

性别是身份和经验的一个基本成分。像其他文化身份那样，性别通过社会意识成形。理论家盖亚特里·斯皮瓦克（Gayatri Spivak）的著述将翻译实践和后殖民理论相结合，具有关键性的意义。像霍米·巴巴（Homi Bhabha）那样，斯皮瓦克对疆界不断变换的世界中的翻译的意义提出了质疑，强调了定义和表达他者性（otherness）的翻译的权力。就像借用了翻译的转换潜能的女性写作那样，如布罗萨德、爱娃·霍夫曼（Eva Hoffman）、克里斯丁·布鲁克—罗斯（Christine Brooke-Rose）等人的作品，后殖民理论质疑了民族与语言之间的疆界。

本书各章分别探讨性别和语言互动的一个领域，但并不意味着穷尽了该领域的方方面面。本书探讨的译者大多以英语写作，这说明本研究是初步性的。第一章和最后一章主要是理论性的，而中间三章则是个案研究。希望这几章提供的材料有助于这些领域的进一步研究。不论性别与翻译的共谋（complicities）是否成为一种自觉的转化工程（a consciously transformative project）的基础（如女性主义翻译理论和实践所显示的那样），也不论性别与翻译的共谋是否显现于社会地位和社会关系网中，性别与翻译互动的研究都会给那些已为人熟知的领域带来意想不到的景观。

最后我想谈谈有关"性别（gender）"这一术语含义的最初评述。朱迪斯·巴特勒（Judith Butler）试图"扰乱"性别的意义，语气多有不敬：

> 当代女性主义关于性别意义的不断争论导致了意义的混乱，似乎性别的不确定性最终会导致女性主义的失败。也许，困扰不应带着这样一种负面的效果。（Butler, 1990:ix）

她认为人们应该放弃对定义的寻找，而采用谱系学批评：

> 谱系学批评拒绝寻找性别起源，即女性欲望的内在真相，被压抑而不为人知的真实的或真正的性别身份。相反，谱系学调研了那些将各类身份定为"起源"和"起因"所包含的政治利害关系。实际上，各类身份的起源是多样且分散的……正因为"女性"（female）不再是个固定的观念，其意义就像"女人"（woman）那样混乱而不稳定，也因为这两个术语只是在作为有亲缘关系的术语时，其意义才发生混乱，所以谱系学研究以性别及其所暗示的亲缘关系分析作为研究的焦点。（Butler, 1990:xi）

因此，性别决不是源自自我深处的原初身份，而是在多种场所被阐述的话语建构。在本研究的语境中，必须强调性别话语的历史多样性。尽管阿芙拉·本和巴巴拉·格达德都利用译本前言使人们注意到她们作为女性译者的身份，但二者所言的身份的内涵却大相径庭。本将她缺乏古典文学教育和对科学的无知归因于自己的性别身份，而格达德则强调她对原作者具有创造性作品的理解方式给自己的创作带来了新的活力。

在此译者凸显了她们让人们注意到她们的女性身份的方式，或更具体地说，是作为女性主义者的身份的方式，其目的是解释她们在翻译中产生的亲缘认同感或挫折感，也是为了阐明那些出于想象或政治的目的而利用了语法性别资源的文本。性别并不总是与翻译有关。女性并没有任何先验的特征使她们更胜任或更不胜任翻译的任务。当译者将性别的事实转入社会或文学的构想中，身份才起作用。

翻译研究中的性别

20 世纪 80 年代以来，翻译研究中最令人兴奋的一些发展已经成为了被称为"文化转向"（the cultural turn）的一部分。文化转向意味着翻译研究增添了一个重要的研究维度。这一研究维度不是去问那些一直纠缠着翻译理论家的传统问题——"我们应该怎样翻译？什么是正确的译法？"而是强调描述性方法："译本做了什么？它们如何在世上流通并引起反响？"这一转变强调了译本是文献的事实，其存在是物质性的和流动性的。它们增加了我们的知识库存，促进了美学上的不断变化。

更重要的是，它使我们理解翻译与其他的交流模式之间的有机联系，并认识到翻译是一种写作实践，它体现了贯穿所有文化再现的种种张力。也就是说，它将翻译定义为一种不超越意识形态而是贯穿其中的调整过程。

翻译研究的这一转向为这一领域后来与女性主义富有成效的相遇埋下了伏笔。女性主义借用语言和社会表述，成为过去数十年来最为强有力的文化身份形式之一。20 世纪 70 年代一个耳熟能详的口号是"妇女通过语言获得解放"：妇女的解放首先必须是语言的解放／从语言中解放出来。通过过去二三十年间女性主义者的研究，一种清晰的语言认知已经浮出水面：语言是意义争斗的场所，是主体检验和证明自我的一个角斗场。因此，翻译研究在诸多重要的方面得到女性主义思想的滋养是不足为奇的。

女性主义对翻译产生了各种不同的和强有力的影响。在过去的几年中，对语言中的性别歧视的批评已经从主要是对词汇的纠正式的和行动式的关注——正如我们在露基·贝尔西尼科（Louky Bersiank）、或玛丽·达里（Mary Daly）的作品中所看到的那样转为从更为宏大的层面上探究阴性语言的象征性力量。关注点已从对单一的语言符码的批评性分析（英语、法语）转到规范言语和写作中个体和集体干预的概念性术语。

因此，翻译研究和女性主义的结合是源自共同的知识和体制语境。作为出现于 20 世纪 70 年代，并在 80 年代日益获得体制性认可的研究领域，翻译研究和女性主义同样根植于那个彰显语言动态发展的时代。翻译研究受到了女性主义中心议题的推动：对传统等级制度和性别角色的不信任，对界定忠实的法则的极度怀疑和对意义及价值的普适性标准的质疑。女性主义和翻译研究都关注"次等性"是如何被定义和典律化的，二者都是对语言再现的差异进行批评性理解的工具。这两个领域最主要的问题都是：语言是如何表述社会、性别和历史差异的？这些差异又如何在语言间被转化？相对各自所在的等级制度中所用的更强有力的术语来说，人们所期待的女性和译者的忠诚是怎样的？

在这些研究领域中，语言积极地介入意义的创造中。就像其他再现形式一样，语言并不是简单地像镜子似地反映现实，而是促成现实。我们知道，翻译指的是语言间的转换过程。译者传达、重写、操纵文本，目的是让第二语言的受众能理解它。因此，她们可以使用语言作为一种文化干预手段，作为改变主导表述的一种努力，不管这种努力是在概念层面上的、在句法层面上的，还是在术语层面上的。

性别化理论

> 译者处于承受、服从、被征服的地位。译者如同女子，哪怕有时也会是位强悍的女子，被占有，被囚禁，无法脱身，受到约束。译者不再属于自己，而是被异化，被吸收，享受愉悦而被剥夺了自己的言语。他者之言、作者之言，高于本人之言。译者居下、居后，为作品配音。译者用自己的语言使作者得以面世，而自己则可被忘却。（阿尔伯特·本苏桑，转引自 Levin, 1991:183）

尽管这段话模仿了盛行于 20 世纪 70 年代的法语写作中以幽默方式表达的文字游戏，阿尔伯特·本苏桑（Albert Bensoussan）将译者描述为女性的做法却与翻译的悠久传统不谋而合。人们常常用隐喻性的言词来解释翻译，包括前文提及的性别歧视在内的一些比喻历久不衰。其他两个流行的修辞法是"财产"和"衣服"的隐喻。翻译一直被再现为一场争夺文本所有权的不平等的斗争：作者是地主，译者则只是佃农。更为经久不衰的是衣服的隐喻。这个隐喻称外国作者现在穿上了新装（Woodsworth, 1996）。

近来一些关于使用隐喻来描述翻译的讨论表明了隐喻真正的阐释价值。有人提出，有些翻译体验是要求用隐喻性语言表达的（D'hulst, 1992）。如果确实如此，我们就要问：描述翻译的性别歧视语言为何历久不衰？如果说隐喻被视为原型理论语言，那么，翻译理论语言事实上已经被打上深刻的性别烙印。

弗洛里欧称翻译是女性的做法已经结出了累累硕果。在大量的翻译前言和批评文本中，包括最近乔治·斯坦纳（George Steiner, 1975）的《通天塔之后——语言与翻译面面观》（1975）在内的著作，作者与译者、原作与译本的关系常常被性别化。钱伯伦指出，这些隐喻表明控制意义的斗争和争夺语际转换所产生的杂交品的所有权的斗争受挫。正如钱伯伦的探讨清楚表明的那样，翻译的隐喻反映出西方文化在更为宏大层面上的问题，尤其反映了确立和维持边界时的焦虑。

> 一个自称是美学范畴的问题却被性、家庭、国家和始终备受争议的权力等语词所表述。……我认为翻译被如此过度地符码化和规约，其原因是翻译有抹去生产与再生产之间差异的危险，而这种差异对权力的建立确实是至关重要的。（Chamberlain, 1992:66）

翻译的性别化理论的历史延续性相当显著。钱伯伦谈到，16 世纪贺拉斯（Horace）著作的英译者托马斯·德兰特（Thomas Drant）引用了取自《旧约·申命记》第 21 章第 12～14 节中的一个特别暴力的意象，用以解释他翻译这位讽刺家的方法。他援引的是，上帝命令以色列人剃去他们想娶之为妻的女俘虏的头发，并剪去她们的指甲，目的是除去她们身上一切美的特征。伊丽莎白·卡斯特立（Elizabeth Castelli）指出，这一援引事实上可以追溯至《圣经》翻译之父哲罗姆（Jerome）。哲罗姆援引过《圣经》中的同一个例子来解释他对世俗文本的翻译（Fiorenza, 1993:195）。这个例子说明了翻译的性别化理论在西方传统上有着非同寻常的延续性。

另一个最贴切不过的例子就是"不忠的美人"这一可谓源远流长的说法。这个由法国修辞学家梅内（Ménage, 1613—1692）引进的谚语宣称，翻译就像女人一样，漂亮和忠实不可兼得。这一谚语的盛行在某种程度上在于它使忠实与美丽、道德与优雅对立起来，使道德义务的单调乏味与文体（婚姻）的精妙之处互不相容。这句话的产生决非偶然，当时翻译被视为促使法语作为民族语言的合法性的主要手段。事实上，尼古拉斯·佩罗特·阿布朗古尔（Nicolas Perrot d'Ablancourt）及其同一派的翻译家（被称为"不忠的美人"学派）就明目张胆地采纳这一声名狼藉的翻译策略。他与他的翻译同伴们中的很多人都是法兰西学院的成员。他们试图通过翻译古典作品来提高法国文学的声望，但在翻译的同时他们希望巩固一种新的散文体的优雅规范（Zubert, 1995; Cary, 1963）。因此，他们的翻译方案要求系统性的不忠译法。安托瓦纳·贝尔曼（Antoine Berman）认为，这种文体上的不忠已经成为法国翻译传统根深蒂固的特征（Berman, 1992）。但是，纠正这一文化偏见就意味着要重新构想词与义、文字与神韵的关系，也意味着要重估接受文化按照自己的意象塑造引进作品的权利。

美与不忠、文字与神韵之间的冲突可以追溯至西方文化的记忆深处。我们用来划分生产与再生产的语词包括了我们哲学词汇中的一些最根本的概念。德里达（Derrida）已经阐明了这些反复出现的对立面是如何产生于性别概念和写作、模仿和忠实的同谋关系中的。翻译的传统观念设想原作是积极的，译作是被动的，即创作在先，被动的传送行为在其后。但如果认识到再现永远是一个积极的过程，原作也总难与创作初衷一致，话语的言说主体绝不可能完全在场（presence），这样写作与翻译被理解为互相依赖，相互制约，那又会怎样呢？（Derrida, 1979）

如果原初的意义无处可寻，如果翻译不受制于某个深层的、悠远的真相（truth），那么忠实何以为据？"忠实"这一术语在翻译史上备受困扰和争议。它在性别政治的历史上也应该产生过热烈的反响。这样说并不为过。在巴巴拉·约翰逊（Barbara Johnson）看来，如果从它们最初的契约的角度来看，婚姻的危机和翻译的危机可谓异曲同工：

> 因为，尽管译者和配偶都曾受制于要求他们去爱、尊敬和服从对方的契约，尽管二者不可避免地背叛了契约，但当下人们对克己的可能性和可取性的质疑却使这一契约似乎从一开始就具有了欺骗性和压榨性。（Johnson, 1985:143）

在这个电子复制的年代，绝对忠实只可能出现在复印和音响系统技术中——尽管这些技术得面对绝对性边界的不断消失。当观念变得不再确定时，还有什么标准能够衡量忠实呢？

重释忠实

一直以来，我们对忠实的理解乏善可陈，原因在于这种理解依赖的是大量僵化的、互证的二元对立关系。翻译被视为一种再生产行为，文本的意义通过这一行为从一种语言转换为另一种语言。翻译过程中的两极被绝对化，这样意义被从一极移位到另一极。但是隐含在两种语言之间、原作与译作之间、原作者与译者之间，以及以此类推的男性与女性之间的对立关系，却不可能是绝对固定的；相反，这些相互对立的术语应该被置于一个连续体中，在这里它们彼此相关。正如苏珊·巴斯奈特（Susan Bassnett）所指出的，当代翻译研究正试图打破"那个视原作与译作为两级的陈旧的二元对立的翻译观念"，反过来将翻译构想为与文化体系密切相关的一个动态活动（Bassnett, 1992:66）。巴巴拉·格达德（Barbara Godard）强调旧的翻译观是如何根除"文化痕迹和自我反省因素的"，剥夺了译本的"根本基础"。"译者被视为仆人，一只看不见的手，机械地将一种语言的语词转换到另一语言。"（Godard, 1990:91）正是通过摧毁两级的绝对性，我们才能提高对社会和文学关系的理解。我们必须将注意力转向那些无法确定的身份的领域。正如当代翻译理论强调的，翻译的等值不可能是一对一的对等。与其他的写作方式相似，翻译的过程必须被视为意义的流动性生产。人们越来越认识到，就像性别身份一样，书写角色的等级秩序也是流动的和述行的（performative）。现在，间隙性（the interstitial ）成为了研究的焦点，两极化已被摒弃。

由于长期以来，人们一直用性别地位等级化的语词来建构翻译理论，所以对翻译的反思就必然颠覆占统治地位的传统词汇。特别是，对翻译的反思意味着要拓展翻译主体的定义。是谁在翻译？唯有重新认识翻译主体的身份和他们在签署"双重作者身份"的文件时所承担的更大的责任，我们才能真正理解忠实的意义。与此同时，围绕权威和能动性（agency）的诸多预设逐渐遭到了质疑。当意义不再是有待"发现"的隐蔽的真理，而是有待"再创造"的话语条件，译者的任务就获得了新的维度。

正是在需要新的词汇来描述翻译的背景下，格达德主张女性通过可被称为"转化"的身份诗学（a poetics of identity），在写作中发挥主体的能动性（Gordard, 1990:89, 90）。女性主义写作与翻译不谋而合，都希望在意义的生产中凸显女性的主体性。"通过坚持自身的根本性差异，肯定其在无穷的重读与重写的过程中获得的快乐，女性主义译者张扬了其对文本操纵的痕迹。这就意味着，在翻译中女性对文本的"女性化处理"（womanhandling）取代了译者自我的谦卑和隐身。……女性主义话语把转化作为翻译模式的一种表现形式……这与长期占统治地位的、建立在透明诗学基础上的等值翻译理论相悖（Gordard，1990:91）。巴斯奈特主张一种像两性结合"高潮"式的翻译理论，即翻译是双方彼此在相互愉悦和尊重的相遇中身心全部融合为一个全新整体的结果（Bassnett，1992:72）。

面对本身就对意义的生成提出质疑的文本，译者越来越意识到她对意义的决定作用和传达意义的责任。哈伍德（Susanne de Lotbinière-Harwood，1991）和列文（Syzanne Jill Levine，1991）以不同的方式解释她们与作品的创造性的互动是如何激发出新的意义的。哈伍德为了回应法语作家挑衅性的性别意识，特别强调英语的重新性别化；列文关注的是文本、作者或文化语境之间的相互冲突但又"亲密合作"的关系在译本中留下的痕迹。

权威和责任

女性主义翻译涉及权威问题。谁来决定翻译达到等值的那个神秘时刻？下面这一例子常被引用。它出自 1976 年一群魁北克女性主义作家的戏剧作品："Ce soir, j'entre dans l'histoire sans relever ma jupe." 直译大概是："今夜，我没有撩起裙子就进入了历史。"（von Flotow，1991:69）而女性主义翻译家林达·加博里奥（Linda Gaboriau）的翻译更为大胆："今夜，我没有叉开双腿就进入了历史。"（von Flotow 1991:69）翻译的等值达到了吗？

路易斯·冯·弗罗托（Luise von Flotow）从这一例子入手对女性主义翻译展开了有益的探讨。她强调这样一个事实：女性主义的文化和社会语境与加拿大的魁北克地区和英语地区女性恣情纵意的翻译有着千丝万缕的关系。弗罗托列举并描述了女性主义翻译的三种实践方式：增补（supplementing）、加前言与脚注（prefacing and footnoting）和"劫持"（hijacking）。

为弥补语言间的差异而作的增补要求译者对文本进行干预。弗罗托例举了巴巴拉·格达德对尼科尔·布罗萨德的小说"L'Amèr"①的翻译。"Amèr"至少包含了三个词：mère（母亲），mer（大海）和 amer（痛苦的）。格达德传达书名中不可译的文字游戏的方法是围绕着大写字母"S"将三个语词结

---

① L'Amèr 是布罗萨德在这部小说中自创的一个词，法语中并不存在 L'Amèr 这个词。格达德在把 L'Amèr 翻译成英文时，也加入了自己的创意。（译注）

合成一个生动的文字游戏："The Sea Our Mother"（大海母亲），"Sea (S) mothers"（大海吞没者）和"(S) our Mother"（痛苦的母亲）；左侧是"The"，"e"，"our"和"mothers"纵列于右侧，组成"These our mothers"（这些我们的母亲）和"These Sour Smothers"（这些痛苦的扼杀者）。[①]

增补等同于一些理论家所说的补偿（compensation）。它一直被视为一种合法的翻译过程。然而，在那些像我们一样把透明和流畅作为主导翻译模式的文化语境中，彰显这类翻译技巧可能会有文本表现狂（textual exhibitionism）之嫌。

弗罗托说，加前言和脚注实际上已经成了女性主义翻译中的常规。她再次提到了巴巴拉·格达德的翻译。这一次她描述了格达德的前言所起的说教作用：既揭示原作的意图，又概括了她自己的翻译策略。前言与脚注在赋予预设的读者真情实感的同时，也引起他们对翻译过程的关注。

弗罗托的第三个翻译技巧"劫持"触及了翻译中更富争议性和更令人困惑的一些问题。她谈到女性主义译者对创作意图并不一定是女性主义的文本的挪用。她举的例子是苏珊娜·德·洛特比涅尔·哈伍德对丽兹·高文（Lise Gauvin）的《她人的信》（*lettres d'une autre*）所作的女性主义化翻译。作者在她的文本中用的是阳性词，译者对此作了"纠正"：避免法文本中的阳性词，在原文乐于使用"Quebecois"（魁北克人，阳性复数）的所有地方代之以"Quebecois-e-s"（魁北克人，包括阴性复数和阳性复数）。尽管大家知道作者是女性主义支持者，并与译者有工作上的合作，哈伍德在前言中解释道："我的翻译实践是旨在让语言为女性代言的政治活动。因此，我在译本中的署名意味着：该译本穷尽一切翻译策略，彰显女性在语言中的存在。"（Gauvin 1989:9）

这一解释的不同寻常之处在于译者的署名被赋予了与原作者一样的权威。正如巴巴拉·格达德所说的，这里对书名的肯定并不是一种解构行动，而是旨在重建一个统治地位。哈伍德的自传体写作风格，强调署名"固定了独一无二的、女性的主体"，这些确实意味着她对"个人"的定位而不是"话语"的定位（Gordard，1995b:80）。尽管我们知道，在这一特例中，原作者似乎愿意放弃她的文本权威而支持译者更为激进的语言观，但我们还想知道在其他情况中，这种做法会有怎样的后果。一个故意违背、公然篡改原作意图的译作，会遭遇怎样的后果呢？

---

① 具体图示为：（译注）

这里，我们会想起其他一些类似的偏离原作的例子。当新的民族文学形式出现的时候，翻译可能是扭转权威的历史关系的一种途径。例如19世纪拉封丹（Lafontaine）的寓言被译成海地克里奥耳语（creole）；20世纪，魁北克英国化的城市俚语使莎士比亚的语言风格变得轻松自如（Brisset, 1990）。对崇高的艺术形式的戏仿成为文化调整的一种工具。受到激发的读者被迫去估量声名显赫的传统语言和新生文学语言形式之间的差距。

巴西现代主义作家运用了越界式再挪用（transgressive reappropriation）的另一种形式。他们发起的"文化食人"（cultural anthropophagy）运动利用翻译来实行跨文本化（transtextualization）实践。德·坎波斯兄弟（de Campos）、奥古斯都（Augusto）和哈罗德（Haroldo）等人翻译的政治目的是显而易见的。为了使巴西的文学语言发生巨变，他们只翻译那些他们认为革新了诗学形式、包括庞德（Pound）和乔伊斯（Joyce）在内的作者的作品。他们的"跨文本化"技巧意味着将欧洲文学主题移植入巴西现代主义的语汇中。这种对文学偶像的罢黜，把它们从高级形式移入低级形式的做法，意味着自觉的越界冲动（transgressive impulse）（Vieira, 1994）。

这些从某种意义上来说是非正统的语言转换形式提醒我们，文学交流可以服务于广泛的文化议题（cultural agenda）。其中的一些实践可以被视为弗罗托所介绍的"劫持"行为。然而，由于大多数女性主义翻译实践是新近才发展起来的，因此这个词似乎不适于用来描述这些实践。这些实践的一切点点滴滴似乎都表明，在文本、作者和译者之间存在着资源的共谋和合作。作者和译者在当代性的框架下，进行着一场互动的对话。女性主义翻译意味着延伸和拓展原作的意旨，而不是扭曲它。这就是为什么此类实践的成功范例都源自文本与翻译方案（translating project）之间的相辅相成。

References

Bassnett, S. (1992) "Writing in No Man's Land: Questions of Gender and Translation, " *Ilha do Desterro*, 28:63-73.

Berman, A. (1992) *The Experience of the Foreign*, trans. S. Heyvaert, New York: State University of New York Press.

Brisset, A. (1990) *Sociocritique de la traduction: Thertre et alterite au Quebec (1968-1988)*, Longueil: Le Preambule. (English translation forthcoming, University of Toronto Press.)

Butler, J. (1990) *Gender Trouble: Feminism and the Subversion of Identity*, New

York and London: Routledge.

Cary, E. (1963) *Les Grands Traducteurs Francais*, Geneva: George et Cie.

Chamberlain, L (1992) "Gender and the Metaphorics of Translation," in L. Venuti (ed.) *Rethinking Translation: Discourse, Subjectivity, Ideology*, London and New York: Routledge.

De Lotbiniere-Harwood, S. (1991) *Re-belle et infidele. La traduction comme pratique de reecriture au feminine/The Body Bilingual: Translation as a Rewriting in the Feminine*, Montreal and Toronto: Les Editions du remue-menage and Women's Press.

Derrida, J. (1979) "Living On/Border Lines," trans. J. Hulbert, in H. Bloom (ed.) *Deconstruction and Criticism*, New York: Seabury Press.

D'hulst, L. (1992) "Sur le role des metaphors en traductologie contemporaine," *Target*, 4, 1: 33-51.

Fiorenza, E. S. (ed.) (1993) *Searching the Scriptures. Vol.1: A Feminist Introduction*, New York: Crossroad.

Florio, J. (1603) "Translator's Preface," Montaigne's *Essays,* London.

Gauvin, L. (1989) *Letters from an Other*, trans. S. de Lotbiniere-Harwood, Toronto: Women's Press.

Godard, B. (1990) "Theorizng Feminist Theory /Translation," in S. Bassnett and A. Lefevere (eds) *Translation: History and Culture*, London: Frances Pinter.

——(1995) "Translating (as) Woman," *Essays in Canadian Writing*, 55: 71-82.

Johnson, B. (1985) "Taking Fidelity Philosophically," in Joseph F. Graham (ed.) *Difference in Translation*, Ithaca, NY, and London: Cornell University Press.

Jouve, N. W. (1991) *White Woman Speaks with Forked Tongue: Criticism as Autobiography*, London and New York: Routledge.

Krontiris, T. (1992) *Oppositional Voices: Women as Writers and Translators in the English Renaissance,* London and New York: Routledge.

Levine, S. J. (1991) *The Subversive Scribe: Translating Latin American Fiction*, Saint Paul, MN: Graywolf Press.

Poovey, M. L. (1988) *Uneven Developments: The Ideological Work of Gender in Mid-Victorian England*, Chicago: University of Chicago Press.

Steiner, G. (1975) *After Babel*, London and Toronto: Oxford University Press.

Vieira, E. R. P. (1994) "A Postmodern Translation Aesthetic in Brazil,"

Translation Studies: An Interdiscipline, Amsterdam: John Benjamin.

——(1991) "Feminist Translation," *TTR (Traduction, Terminologie, Redaction)*, 4, 2:69-85.

Woodsworth, J. (1988) "Metaphor and Theory: Describing the Translation Process," in P.N. Chaffrey, A.G. Rydning and S.S. Ulriksen (eds) *Translation Theory in Scandinavia: Proceedings from the Scandinnavian Symposium on Translation Theory*, Oslo: University of Oslo.

Zuber, Robert (1995) (1968) *Les "Belles Infideles" et la formation du gout classique*, Paris: Albin Michel.

第六章 女性主义翻译理论

性别与翻译的隐喻[*]

劳丽·钱伯伦著

卢玉玲译

导言

　　劳丽·钱伯伦（Lori Chamberlain）1988 年发表于《符号》（Signs）的文章《性别与翻译的隐喻》堪称女性主义翻译理论中的一篇经典之作。劳伦斯·韦努蒂（Lawrence Venuti）的两本论文集《再思翻译：话语，主体性，意识形态》（1992）与《翻译研究论文选读》（2000）均收录了这篇文章。本选文即译自《翻译研究论文选读》一书。

　　在《性别与翻译的隐喻》中，劳丽·钱伯伦通过对西方翻译史上从 17 世纪开始至 20 世纪关于翻译的性别化隐喻的梳理，深入探究这些隐喻中所隐含的性别政治。17 世纪法语中的"不忠的美人"这句关于翻译的隐喻表明，正如父权体制下身居社会等级底层的女性，翻译在文学等级秩序中也备受歧视。翻译与女性同构的命运决定了翻译的忠实与婚姻的忠实一样至关重要。在传统译论中，忠实是翻译的第一要旨。但是，在翻译实践中，译者背离原作的行为却屡屡发生。究其原因，钱伯伦指出："正是对父权的争夺制约了翻译的忠实性。"对于翻译来说，这一父权是指文学等级中那个高高在上的原作身份或原创性——西方哲学与文学理论所探寻的统一性、确定性、原初性的缩影。在文章中，我们看到众多译者或翻译理论家们试图让译者罢黜原作者的王权，并取而代之，因为"这是为文本索取合法地位的唯一方法"。然而，这些努力只是徒劳而已。钱伯伦指出："尽管我们所看到的翻译的隐喻试图给翻译的次等地位披上一件阳性语言的外衣，但是西方文化却极力强化这种次等地位，坚持赋予翻译女性化的地位。"因此，现实中翻译的地位无法因为那些试图颠覆原作的隐喻而有丝毫的改善。

　　钱伯伦认为，旨在质疑权威和原初性神话的女性主义理论视角将使翻译研究更加富有成效。原初性神话赋予写作男性的特质，从而使翻译不得不屈

---

　　* 本文选译自 Lori Chamberlain, "Gender and the Metaphorics of Translation," in *The Translation Studies Reader*, ed. Lawrence Venuti, Routledge, 2000, pp. 314-327。译文作了部分删节。

尊其下。女性主义理论得益于解构主义思想，质疑了将写作与翻译二元对立的传统理念。钱伯伦认为，雅克·德里达关于翻译的论说使被禁锢于文学等级秩序底层的翻译获得了解放。在德里达看来，翻译与写作互相依赖，互为债主；翻译既是原创的，亦是次等的。在此意义上的翻译肩负着合作与颠覆的使命。女性主义和后结构主义理论让我们在翻译的隐喻系统中找到西方文化中男性（原创）权威形成的信息，有助于我们推翻使翻译与性别同构的过程。

正文

在一封写给 19 世纪小提琴家约瑟夫·乔金（Joseph Joachim）的信中，克拉拉·舒曼（Clara Schumann）宣称："虽然我不是一个原创性的艺术家，我仍是在进行再创造。"①通过在演奏会上演奏她丈夫舒曼的音乐作品和后来编辑整理他的作品全集，克拉拉使这些作品获得了重生。她不仅在这方面扮演了举足轻重的角色，而且她本人也是一个当之无愧的作曲家。然而直到最近，历史学家一直都只关注这个家庭中的一个作曲家。诚如大量的女性主义研究所表明的，在妇女能否成为艺术家和女性"工作"的地位这两个问题上的文化矛盾心态始终影响着对女性的传统表述，不管这种表述是艺术的、社会的、经济的，还是政治的。就克拉拉·舒曼的情况而言，她之所以无法成为一个更多产的作曲家的原因之一是，她一直忙于照料她与罗伯特·舒曼（Robert Schumann）所生的八个孩子。这真是莫大的讽刺！

按我们现在的观点来看，"不存在伟大的女性艺术家"的断言反映了家庭与国家中以性别为基础的权力支配范式。正如各种不同门类的女性主义研究所示，生产性工作与再生产性工作之间的对立决定了一种文化对工作价值判断的方式：这个范式根据父系血统与原作者身份来描述原初性或原创性，从而将女性的地位贬低到各种次要的角色。我对这种对立性很感兴趣，特别

---

① Joseph Joachim, *Briefe von und an Joseph Joachim*, ed. Johannes Joachim and Andreas Moser, 3 Vols. (Berlin: Julius Bard, 1911-13), 2:86; cited in Nancy B. Reich, *Clara Schumann: The Artist and the Woman* (Ithaca: Cornell University Press, 1985), p. 320; the translation is Reich's. See the chapter entitled "Clara Schumann as Composer and Editor," pp. 225-57.

是当这种对立性被用来区别写作与翻译——也就是标明一个是原创的和"男性的",另一个是衍生的和"女性的"。这种区别不只是一个美学问题,因为它对出版、版税、课程和学术所有权等方面都有重大的影响。我在本文中所要探究的是,在表述翻译时性别所面临的危险:即对权力的争夺和贯穿于这种争斗中的原初性政治(the politics of originality)。

"至多是一种回声"①,不管是在现实中,还是在隐喻中,翻译一直以来都被视为是次等的。正如人们认为克拉拉·舒曼演奏乐曲的行为本质上不同于最初创作乐曲的行为,人们也认为翻译行为从本质上不同于写作行为。确实,根据目前的美国版权法,译作与音乐演奏一样都被归置于"派生性作品"(derivative works)②这一总门类下。这一观点的文化阐述暗示原作是自然的、真实的和合法的,而摹本则是人工的、虚假的和不忠的。譬如人们可以说译作是回声(音乐术语),是摹本或画像(绘画术语),是借来的或不合体的衣服(裁剪用语)。

关于翻译的性别化描述,我们最熟悉的莫过于 *les belles infidèles*(不忠的美人)这句俗语了——谚语说,翻译就像女人,美与忠实不可兼得。这句谚语的成因一方面是源于法语的谐韵,另一方面是由于 *traduction*(背叛)一词是阴性的,这样 *les beaux infidèles*(不忠实的美男)便不可能存在了。这句俗语生成于 17 世纪③。它能流传至今不仅是由于语音上的相似,更因为这句话抓住了翻译的忠实与婚姻的忠实这两个问题的文化共性,从而使它表面上看去很有道理。在"不忠的美人"这句俗语看来,翻译(女人)与原作(丈夫、父亲或作者)之间所隐含的契约界定了忠实的意义。然而,正如传统婚姻一样,这里也有无耻的"双重标准"在作祟。不忠的妻子 / 不忠的翻译犯了法律所规定的丈夫 / 原作不可能犯的罪行而遭到公判。简言之,这一契约使得原作不可能犯不忠之罪。这样的态度暴露了父系血统与翻译问题的真正焦虑,它秉承了父系亲缘体制的传统:父系血统而非母系血统决定着后代的合法性。

正是对父权的争夺制约了翻译的忠实性。我们看到罗斯康门伯爵(the earl of Roscommon)写于 17 世纪论翻译的文章就体现了这一点。为了保证

---

① This is the title of an essay by Armando S. Pires, *Americas* 4:9 (1952):13-15, cited in *On Translation*, ed., Reuben A. Brower (Cambridge: Harvard University Press, 1959), p. 289.

② United States Code Annotated, Title 17, Section 101 (St. Paul, Minnesota West Publishing Co., 1977).

③ Roger Zuber, *Les "belles Infideles" et la formation du gout classique* (Paris: Libraire Armand Colin, 1968), p. 195.

译者工作的原初性——当然是指父权，译者必须篡夺原作者的地位。一开始，罗斯康门相当友善地建议译者"像选择朋友一样选择作者"，但是这种亲密关系却潜藏着一个颠覆性的目的：

> 你们意气相投，团结一致，
> 你们渐谙彼此，亲密无间，互敬互爱；
> 你们的思想，你们的言辞，你们的风格，你们的心灵合二为一，
> 你不再是他的译者，而成了他。①

这几乎就无声地罢黜了作者的权力：通过逐步建立起来的亲密关系（友谊），译者实际上变成了家庭中的一分子，并最终取代了父亲的地位。原作者与译者之间可能存在的任何争斗都被友情的话语遮蔽了。一方面译者被形容为男性，另一方面文本却被描述成贞节须被保护的女性：

> 年少缪斯易被负，
> 冰清处女声名好！
> 贞节教育年幼女，
> 尽显殷殷慈父爱。
> 原初印记雏儿心，
> 至深至善永铭记。
> 勿施厉语生畏惧，
> 淫荡之声勿扰耳。②

当译者变成作者，为了保护和指导——或者说构建——原文本，他对文本担负起了某种父亲的职责。罗斯康门模仿了品行举止书籍中的语言，反映了教育男性与女性方法有别的态度。"贞节教育"适于女子，因为女子的贞节对婚姻来说是一个至关重要的前提。那负载着原作者印迹的文本变成了空白的扉页。文本被天方夜谭式地赋予了两次原初状态：一次是相对原作者而言的，另一次是相对取代了原作者地位的译者而言的。这种"贞节观"消除

---

① Earl of Roscommon, "An Essay on Translated Verse," in *English Translation Theory, 1650-1800*, ed. T. R. Steiner (Assen: Van Gorcum, 1975), p. 77.

② Earl of Roscommon, "An Essay on Translated Verse," in *English Translation Theory, 1650-1800*, ed. T. R. Steiner (Assen: Van Gorcum, 1975), p. 78.

了——或者说压抑着——争夺父权（原初性）的斗争。①

　　在 18 世纪托马斯·弗兰克林（Thomas Francklin）所写的论翻译的文章中，通过家长式语言（this language of paternalism）使翻译性别化的做法更为明显：

> 如果原作者不像情妇那样令人感兴趣，
> 我们如何能掩盖他的缺失，欣赏他的魅力，
> 如何找到他所有潜藏的朴实之美，
> 如何发现其思想中的每个可爱之处，
> 减少其缺点，提升其长处，
> 用爱的尊严对待他？②

　　就像罗斯康门伯爵一样，弗兰克林把译者表述为一个篡夺了原作者地位的男性。这场篡权夺位发生在语法性别层面上，并通过语法性别的转换被平息。译者被形容为一个男性诱惑者；原作者，连同其文本的传统女性特征，则成了情妇。那个阳性代词被迫用来指涉文本的女性特点（他那朴实的、含蓄的美）。通过混淆原作者的性别与文本被赋予的性别，弗兰克林将原作者的创造性角色转变为文本的被动角色，从而使原作者与译者相比显得相当无能。译者的阿谀奉承使现在扮演情妇角色的原作者——文本深感荣幸。被蛊惑的原作者——文本心甘情愿地成为翻译的共谋：让自己更加美丽——毫无疑问，也就是令自己更加不忠。

　　这个"不忠的美人"的瑕疵减少了，其美貌因而就更加出众了。人们形容她既像情妇，又像绘画模特。通过绘画隐喻的运用，弗兰克林还揭示了传统模拟的性别编码：为了"勾画"（翻译）出（绘画／翻译）对象的特点，译者／画家必须引诱文本，使其"失贞"。尽管有些人持不同的看法，认为翻译改善了原文本，我们却在威廉·考伯（William Cowper）在荷马史诗《伊利亚特》（Iliad）的译本前言中看到对这一（模拟）传统更为复杂的论述。考伯这样写道："如果声言要画出与美妇人一模一样的画像的画家遵循增其所无，减其所有的原则，凭想象勾勒出美妇人大致的相貌，那么人们可以说他创造出的是一个精神游戏（jeu d'esprit），尽管有其奇特之处，但绝对不是那个被

---

① On the woman as blank page, see Susan Gubar, "The Blank Page' and Issues of Female Creativity, " in *Writing and Sexual Difference*, ed. Elizabeth Abel (Chicago: University of Chicago Press, 1982), pp. 73-91; see also Stephanie Jed, *Chaste Thinking: The Rape of Lucretia and the Birth of Humaninsm* (Bloomington: Indiana University Press, 1989).

② Thomas Francklin, "Translation: A Poem," in English Translation Theory, pp. 113-114.

画的妇人 / 可疑的妇人（the lady in question）。"①考伯认为应该忠实于美貌的模特，这样这种转换才不致贬损她，使她堕落成"精神游戏"，或如他后文所说的，变成怪物（"增其所无，减其所有"）。然而，*the lady in question*（被画的妇人 / 可疑的妇人）这句话背后的潜台词是，她是第三者（the *other* woman）——美丽但可能不忠的情妇。就像罗斯康门和弗兰克林一样，考伯使文本女性化，并且让男性身份的译者 / 原作者操纵着她的名声，即她的忠实。

正如人们一直用女性的语词来形容文本，人们对语言的态度也向来如此，譬如，我们的"母语"（mother tongue）。18 世纪后期，美学争论的焦点从模仿（mimesis）问题转向表达（expression）问题，用艾布拉姆斯（M. H. Abrams）那句著名的话来说，也就是从镜转向灯，翻译的讨论也紧跟着作了同样的转向。人们用我们上文所看到过的相同的几个语词——忠实与贞节——来形容译者与"母性角色"的关系。其根本的问题依然是：如何控制合法的性（原作者）关系及其后裔。

关于翻译不忠于"母语"这一问题的一个有代表性的例子可以在施莱尔马赫（Schleiermacher）的作品中找到。施莱尔马赫对翻译与阐释学二者的研究影响了 20 世纪翻译理论的发展流向。施莱尔马赫概述了在翻译中保持文本的异质性时存在的问题，如下所示：

> 谁不愿他/她的母语以每一种文类所能及的翩翩文采名扬四方？哪个父母愿意生出的不是酷似自己的子嗣，而是杂种呢？谁愿像那些把子女抛弃给杂耍者，从而使母语不是娴熟自然地发展而是变得陌生和怪异的父母那样遭到谴责呢？②

作为父亲的译者必须忠诚于母亲 / 语言，这样才能生出合法的子嗣。如果他试图另寻他法，那样他生出的孩子只配进马戏团演杂耍。因为人们认为母语是天赋的，所以任何对她的篡改——不忠行为——都被视为是有违人伦、不洁、怪异和不道德的。因此，为了保持语言的"美"和保证作品的真实性和原创性，"自然"法规要求遵行"一夫一妻"的关系。尽管他提到的"杂种"这一点很清楚地表明他关注的是母语的纯洁性，但他也同时关注文本的父系血统。文本的合法性与母系血统无关，而更多的是与父系血统体制

---

① William Cowper, "Preface" to "The Iliad of Homer," in *English Translation Theory*, pp.13-56.

② Friedrich Schleiermacher, "Uber die verschiedenen Methhoden des Uebersetzen," trans. Andre Lefevere, in *Translating Literature: The German Tradition from Luther to Rosenzweig*, ed. Andre Lefevere (Assen: Van Gorcum, 1977), p. 79.

的承认有关。"谁是文本真正的父亲？"这个问题似乎激发了人们对翻译的忠实性和语言的纯洁性的关注。

在翻译的隐喻学中，对原作者权力的争夺既发生在我们上文所看到的家庭范围内，也发生在国家的领域中，因为翻译也被形容为文学的殖民化。它是丰富语言和文学的一种方式，目的是拓展国家疆界的政治需要。一个典型的 18 世纪英国译者的翻译前言就直言不讳地表达了这个目的：

> 我的主，您知道天才作品如何使一国的民众变得聪慧，盖过邻国的民众，赋予他们荣耀和军事上的胜利；在这些天才作品中，我们必须考虑到翻译的古希腊、古罗马文学作品；当我们通过这些翻译作品归化了古希腊与古罗马，使这些原创性作品成为我们自己的财富，我们将比它们更加富饶强大。[①]

因为文学的成功等同于军事的胜利，所以翻译能同时拓展文学和政治的边界。在德国浪漫主义中也能找到对翻译事业类似的态度。对于德国浪漫主义而言，翻译（to translate）与德语化（to Germanize）这两个词是可以互换的：翻译实际上就是一种语言吸纳的策略。如此使用翻译的伟大范例当然是大量吸纳希腊文化为己所用的罗马帝国。尼采说，对罗马人来说，"翻译是征服的一种形式"。[②]

这样，殖民主义的政治与我们到目前为止所看到的性别政治十分相似。例如，弗洛拉·阿莫斯（Flora Amos）揭示，在 16 世纪期间的英格兰，翻译被看作是"公众的职责"。关于什么是"公共职责"这个问题，最令人震惊的莫过于 16 世纪一个叫托马斯·德兰特（Thomas Drant）的英国译者。他在翻译贺拉斯作品的前言中这样肆无忌惮地说道：

> 首先，正如上帝之民遵照上帝之意处置美貌的女俘虏那样：我剃掉他的毛发，修剪他的指甲，也就是说，剥掉他身上的无用与累赘之物……我根据他粗鄙的语言风格，而不是得体的拉丁风格把他译成英文……我补缀他的逻辑思维，修补他的隐喻，修复他的唐突之处，延长他的话语，改变他的语词，但不改变他的句

---

① Cited in Flora Ross Amos, *Early Theories of Translation* (1920; rpt. New York: Octagon, 1973), pp. 138-139.

② Friedrich Nietzsche, *The Gay Science*, trans. Walter Benjamin (New York: Random House, 1974), p. 90.

子，至少（我敢说）是不改他的初衷。①

德兰特在这里恣情纵意的描述是不受任何限制的，因为作为一个翻译世俗作家作品的教士，他必须使贺拉斯符合道义上的要求：必须把他从一个异类变为其家庭中的成员。这是非常重要的。德兰特引用的《圣经》中的这一段落（*Deut.* 21:12-14）关注的是使女俘虏变成妻子的恰当方式：“然后，你带她回家，回到你的房子；她将剃掉自己的头发，修剪自己的指甲。”在给她一个月悼念往事之后，捕获者就可娶她为妻了。但如果他发现她毫无“乐趣”可言，《圣经》接下来会禁止他把她卖掉，因为他已经羞辱了她。为了使贺拉斯适于做个妻子，德兰特必须把他变成个女人。这种做法的不良后果是代词“他的”似乎指的是“女人”，因此显得自相矛盾。更为矛盾的是，德兰特的解释使剃头和剪甲成了丈夫—译者的义务，而不是俘虏贺拉斯的义务。不幸的是，捕猎者做的远远不只是为女俘虏剃头：这段关于翻译的描述中暗指的性暴力与殖民隐喻中的政治与经济强暴有着异曲同工之处。

显然，翻译语境中的“忠实”的意义是随着翻译在更大的美学和文化语境中的目的而发生变化的。在性别的语境中，忠实界定了译本（女性）与原作、特别是与原作作者（男性）的关系。后者被译本的作者（男性）罢黜并取代。这样，如果文本是优美的佳作，那么译者必须牢牢控制文本，以防“出轨”，这样才能保证翻译的原初性。换言之，忠实界定了作者—译者（男性）与他的母语（女性）——译入语——的关系。在这种情况下，母语（女性）必须得到保护，以防遭到诋毁。与此相矛盾的是，正如我们在德兰特那里所看到的，正是这种忠实使译者对他 / 她语言和文本的强暴和掠夺合理化。但是通过保证翻译的原初性，这种忠实同时也达到了丰富“主方”语言（the "host" language）的目的；这种被捕获的征服被吸纳进了某一特定语言的“天才作品”中。

现在我们应该很清楚，这一翻译隐喻既揭示了父系血统（或原作者身份和权威）神话的焦虑，也揭示了对母系血统角色的矛盾态度——从对“不忠的美人”的谴责到对“母语”的赞美。瑟格·格弗荣斯基（Serge Gavronsky）在关于翻译实践和隐喻的探讨中，认为焦虑和矛盾的根源在于影响译者选择权的俄狄浦斯情结。格弗荣斯基将翻译隐喻分成两组。他称第一组为“虔诚式的”隐喻：这类隐喻建基于宫廷和基督传统。在这一传统中，传统骑士就像基督徒忠于圣女那样宣誓忠于未遭劫掠的女士。在这种情况下，译者（就

---

① Cited in Amos, *Early Theories of Translation*, pp.112-113.

像骑士和基督徒）宣誓要谦卑唯诺，甘于贫困——忠贞不二。用世俗的话来说，这就是"等级"翻译（"positional" translation），因为这种翻译依据的是参与者的等级关系。因此，原作者与译者之间的等级关系同时包含着隐喻与道德的含义。在传教士看来，遵从几近于虔诚。

格弗荣斯基认为支撑着翻译隐喻模式的主人／奴隶关系正是俄狄浦斯三角关系（the oedipal triangle）的基础：

> 在这里，用典型的委婉语来说，这个奴隶（一个过于忠心耿耿的仆人）是心甘情愿的：一方面译者视自己为父亲（创造者——他的敌手）之子，另一方面，文本则成了欲望的对象。父亲的角色——阳物（笔）已界定了这种欲望。传统（禁忌）强加给译者一个备受规约的仪式化的角色。（严格来讲）为了尊重（传统）对乱伦的禁忌，他被迫剥夺自己的权利。篡改文本几乎等于部分地或全部地剥夺了父亲——原作者的权力，即那个霸权在场的权力。[1]

因此，罗斯康门伯爵所谈到的"父亲的关爱"体现了译者与文本之间被压抑的乱伦关系，其次是体现了对"母"（圣母马丽亚）语纯正性的关注。

另一方面，俄狄浦斯三角关系可被看作是试图杀死象征性的父亲——文本／原作者的欲望。格弗荣斯基认为，替代虔诚式译者的是食人式译者（the cannibalistic），"富有侵略性的译者捕获原作，品尝文本，也就是说真正以文字为食，囫囵吞下，然后用自己的语言表述文本，这样就公开除掉了'原'作者"。[2] "虔诚"模式表明译者较之纯洁和原初之人（原作者）完全是次等的，而"食人"模式则使译者从"文化与意识形态"的拘囿中解脱出来，获得了解放。格弗荣斯基试图使译者摆脱文化的次要符号，但不幸的是他自己的模式也打上了我们在翻译的隐喻中所看到的二元对立的语词和非此即彼的逻辑的烙印。的确，在下面这段描述中，我们可以看到格弗荣斯基的隐喻还是局限在这种意识形态中："原作被虏获、强暴，从而发生乱伦。这里，儿子变成父亲。原作被肢解得面目全非，奴隶——主人的辩证关系被扭转了。"[3]格弗荣斯基在重复我们已经在德兰特那里看到的那种暴力的时候，也同时泄露了"父系"体系中权力的动态运动。不管译者是以罗斯康门伯爵所倡导的

---

① Serge Gavronsky, "The Translation: From Piety to Cannibalism," *Substance*, 16 (1977): 53-62, especially 55.

② *Ibid*, p. 60.

③ *Ibid*.

方式那样无声地篡夺原作者的位置，还是通过更多的暴力夺权，权力始终被形容为在家庭与国家中享有特权的男性。对格弗荣斯基来说，译者是一个男性，他就像任何殖民国家对殖民地犯下的罪行那样，重复着性暴力。

……

正如前文所揭示的那样，翻译的隐喻表明了西方文化中的诸多重大问题：用性别话语来区分权力关系；长久以来（尽管并不总是霸权式）试图使语言或语言的运用等同于道德的欲望；对原初性或统一性的探寻，进而不能容忍多重性、不确定性。一个根本的问题是，为什么翻译与性别这两个领域被联系在一起？用艾科（Eco）的话来说，这两个领域的转喻符码或叙事是什么？[①]

对翻译隐喻的调查将揭示，这个隐含的叙事涉及生产价值与再生产价值之间的关系。所谓的美学问题以性、家庭和国家的方式再现，而争论的问题始终是权力。我们已经看到忠实的观念如何被用来控制家庭中的性关系和家庭关系，保证孩子是由母亲繁殖出来的、父亲的产物。这种控制标志着父亲的权威和权力；这是彰显孩子的父亲血统的方式——不然的话，就有点儿像是虚构出来的——这样就能宣布孩子是合法的后代。因此这也与财产的所有权和继承权有关。在婚姻中，忠实的观念具有法律的特点，翻译也是如此。未经原作者（或合适的代理商）同意便出版他的译作是违法的（或者说是不合规范的）；简言之，在宣布译作诞生之前，人们必须订立一份合同，这样译作的身世也就一目了然了。根据市场上男性更受青睐和获得更多报酬的劳动分工，对生产与再生产的这种编码表明，前者是更有价值的活动。翻译从再生产活动到生产性活动的转变，和从次要性劳动到创造性劳动的转变表明，翻译权被编码成财产权——财富与权力的标志。

我还认为翻译之所以被赋予如此多的内涵，之所以被过多地规约，是因为它有抹杀生产与再生产差别的危险。这种差别对权力的建构至关重要。简言之，翻译可假扮成原作，从而使整个系统短路。维持这种差异十分重要，堪称是一个生死攸关的问题："每个沮丧的读者都知道，在翻译中，一首诗歌最容易丧失的是它的生命。"[②]在这里，死亡的语词被用来表达这种由不忠实造成的危险。罗尔夫·汉弗莱斯（Rolfe Humphries）在评论洛布古典作品翻

---

① Umberto Eco, *The Role of the Reader: Explorations in the Semiotics of Texts* (Bloomington: Indiana University Press, 1979), p. 68.

② Jackson Matthews, "Third Thoughts on Translating Poetry, " in *On Translation*, p. 69.

译丛书（the Loeb Library translations of classics）时，用了更为具体的措辞来表达这种危险："他们阉割了原作。"[1]这样，德兰特关于翻译的比喻所隐含的性暴力不仅可以被看作是针对女性材料——文本（"女俘房"）的，也是针对男性权威标志的；因为正如我们从参孙与大利拉（Samson and Delilah）的故事中所知道的那样，德兰特所说的剪发行为（"我剃掉他的毛发，修剪他的指甲，也就是说，剥掉他身上的无用与累赘之物"）表明了男性权力的丧失，一种象征性的阉割。这就是一位评论家所说的"不可避免的缺陷"（the Manque inevitable）：简言之，原作可能丧失的是它的阳物——父权、权威和原初性的标志。[2]

在本文所研究的隐喻系统中，译者为"他自己"索取的正是父权。他所要的是一个阳物，因为在父权规范中，这是为文本索取合法地位的唯一办法。有人说翻译就像创作，其目的是使翻译变成创造性的活动，而不仅仅是再创造性的。但是，艺术与生物创造行为所要求的原初性和权威与翻译在文学或经济等级体系中的地位形成了鲜明的反差。因为，虽然写作与翻译可能被赋予相同的关于性别和权力地位的比喻——与作者权或权威有关——但翻译并不享有我们赋予写作的高贵或成功的救世神话。因此，尽管译者从隐喻的角度提出享有与作家同等的权利，他们却常遭攻击或冷落：我们经常会发现在那些重要的期刊中，译作评论往往没有提及译者的名字或翻译过程。在当今的大学中，除非原作者的声望显赫得足以让人认可译作，否则翻译项目往往只局限于博士论文的题目或只是有助于获得终身教授职务。尽管一些组织如国际笔会（PEN）和美国文学翻译家协会（ALTA）致力于提高译者的经济地位，组建译者工会和给他们提供法律权利和义务方面的建议，但是即使是最好的翻译家的薪酬也少得可怜。学术界对世界文学的"经典作品"、重要的哲学与批评文本和从未被研究过的"第三世界"的著作的研究都完全依赖于翻译，这与整个学术界对翻译的鄙薄形成鲜明的反差。尽管我们所看到的翻译的隐喻试图给翻译的次等地位披上一件阳性语言的外衣，但是西方文化却极力强化这种次等地位，坚持赋予翻译女性化的地位。因此，尽管表面上看，男性与女性都从事翻译工作，但二元对立的逻辑思维，即令我们定义护士为女性，医生为男性，教师为女性，教授为男性，秘书为女性，公司行政管理

---

① Rolfe Humphries, "Latin and English Verse-Some Practical Considerations, " in *On Translation*, p. 65.

② Philip Lewis, "Vers la traduction abusive, " in *Les fins de l'homme: A partir du travail de Jacques Derrida*, ed. Philippe Lacoue-Lacouse-Labarthe and Jean-Luc Nancy (Paris: Editions Galilee, 1981), pp. 253-61, especially p.155.

人员为男性的思维，也往往将翻译界定为一项典型的女性化的活动。

同样有趣的是，即使为了强调写作与翻译这两种活动的再创造性，我们将类比的语词作个对调——当我们说创作像翻译，性别歧视依然难以消除。例如，特里·伊格尔顿（Terry Eagleton）在一篇讨论翻译与当下一些批评理论流派的关系的论文中这样写道：

> 从一种语言到另一种语言的翻译或许可以为我们揭示文本自身的生产机制……哈罗德·布鲁姆（Harold Bloom）那个诡异但富有启示性的批评理论认为，每个诗歌的生产者都陷入与某个"强大"的父辈先人的俄狄浦斯斗争中——事实上，文学"创造"（creation）就是一个斗争、焦虑、侵略、嫉妒和压抑的过程。"创作者"无法消除这样一个不受欢迎的事实……即他的诗歌笼罩在以前的诗歌或诗歌传统的阴影中。在与诗歌传统权威的抗争中，他必须赋予自身某种"自主性"。根据布鲁姆关于阅读的观点，所有的诗歌都是翻译，或对他者的"创造性误读"（creative misreading）；也许只有文学翻译者才能最深切地了解到所有写作所耗费的心神和精力。①

通过布鲁姆的观点，伊格尔顿认为写作的生产性或创造性机制并不是原初的，也就是说，文本的出现并不是从无到有的；相反，写作与翻译都依赖先在的文本。通过颠倒传统的等级关系，他提出翻译的次要地位是一种写作模式。然而，在使翻译等同于"误读"的过程中，伊格尔顿（通过布鲁姆）发现这两者的共同特点是，都在与一个"强大"的父辈先人进行抗争。这样，生产性或创造性机制又再一次彻底变成了男性的。不管是伊格尔顿还是布鲁姆，他们用创造性误读或翻译的观念来替代原初性的观念的意图都只是变戏法而已，只是关于性别和翻译的隐喻的名称上的变化罢了，因为这里的翻译观念还是用父权制的语词来定义的。这些语词与我们所看到的定义原初性和生产的措辞毫无二致。

然而与此同时，许多最近的批评理论也质疑了权威和原初性的神话。这种神话给予写作较之于翻译更多的特权，并使写作变成一项男性的活动。例如，文本间性（intertexuality）理论使文本的边界难以判断，结果致使"血统"的观念消失。文本不再仅仅是拥有自主权的个人（男性）的产物，而是在历

---

① Terry Eagleton, "Translation and Transformation," *Stand*, 19:3 (1977):72-7, especially 73-74.

史中，即在社会与文学的密码中找到它的起源，并通过作者表达出来。女性主义研究关注大量曾经被学术经典所边缘化或压抑的女性写作，因此这一研究关注的是用男性语词编码的写作理论和女性作家的真实状况之间的冲突。通过表达性别在写作和生产中所扮演的角色，这些研究迫使我们重新探究使翻译屈尊于写作的等级关系。当然，修正翻译的结果将对所有确定意义的活动产生影响，因为翻译一直是作为许多活动如阅读、写作和阐释的隐喻或原型。的确，我们可以从性别的角度探究翻译和阐释之间的相似之处，并能从中获益，因为性别在这些话语中的运用的确遮蔽了关于权威、暴力和权力等类似问题。

影响最深远的修正主义翻译理论是雅克·德里达（Jacques Derrida）提供的。他的研究方案旨在颠覆"差异"的传统观念。这个观念造成了原型与模拟之间的二元对立，并最终使这种差异难以判断。通过借用性别差异词汇中的许多术语，德里达揭示，性别是"传统"翻译观中模拟和忠实这两个定义的概念框架，而这两个定义决定了"经典"的翻译观。自从他的论文《哲学的边缘》（"Living On/Border Lines"）发表之后，他的所有著作中隐含的翻译问题就变得越来越清楚了。这篇文章的前文本是雪莱（Shelley）的《生命的胜利》（"Triumph of Life"）和布兰科（Maurice Blanchot）的《死刑》（"L'Arret de Mort"）。①在揭示这些文本的"互译性"（intertranslatibility）的时候，他打破了针对翻译、针对影响和作者权的传统观念。

这篇论文在许多方面都与翻译有关：最初以英语的形式出现——也就是以翻译的形式出现——它包含了一个冗长的注脚。这个注脚是关于翻译他本人的那些模棱两可的术语以及翻译雪莱和布兰科作品时碰到的问题的。在这个过程中，他揭示"没有任何遗漏的翻译的梦想"是根本不可能实现的；他认为总有某些东西被遗漏，模糊了原作与翻译的区别。不可能有"静默的"翻译。比如说，他注意到布兰科文本中 ecrit（写），rict（重写）和 serie（系列）等语词的重要性，并问道：

> 译者请注意：比如，你会怎样翻译 recit？它既不是"长篇小说"，也不是"短篇小说"。不译出"法语"词 recit 也许更好。布兰科的法文文本已经够难理解的了。②

---

① Jacques Derrida, "Living On/Border Lines," trans. James Hulbert, in *Deconstruction and Criticism* (New York: Continuum, 1979), pp. 75-176.

② *Ibid.*, pp. 119, 86.

在德里达看来，语词如 recit 的不可译性是翻译法则的一个功能，而不是翻译的不忠实问题或次等性问题。翻译受到双重的约束。像"不要读我"这样的命令是这种约束的一个典型：文本在要求得到翻译的同时，也禁止被翻译。德里达形容翻译遭受的双重约束为处女膜，既是贞洁也是完婚的标志。因此，通过推翻我们所看到的关于此问题的其他讨论中的二元对立，德里达暗示翻译既是原创的，也是次等的，既是未受污染或侵犯的，又是侵略性的。德里达也认识到译者往往是女性——这样，性与翻译任务被赋予的与性别相关的次等地位就常常不谋而合。在《他者之耳》（*The Ear of the Other*）中，他继续说道：

> 在这种情况下，并不能简单地使女译者低人一等。她不是原作者的秘书。她也为原作者所爱，因为有她，写作才成为可能。翻译是写作；也就是说不是复制意义上的翻译。它是由原文本引发的生产性写作。①

通过阐释翻译与写作之间相互依赖的关系，德里达颠覆了"原"文本的自主性和特权，使它与翻译订立了一个不可能但又是必要的合同，彼此间互为债主。

通过强调翻译的再生产性与生产性的特点，德里达的翻译——颇为讽刺的是，是对他自己的作品的翻译——为我们提供了探究翻译与性别之间的矛盾的基础。他的观点已引发了一系列将翻译作为谈论哲学、阐释和文学历史的一种方法的论文。②尽管并不明确探讨性别问题，但这些论文是建立在他的关于翻译的双重性的观点的基础上的。这一观点既没有使翻译理想化，也没有使之屈尊于传统的特权语词。然而，德里达自己的作品并没有很紧密地关注特定文本的历史或文化语境。在探究翻译问题时，这些语境是不可被忽视的。③例如，在某些历史时期，妇女被允许从事翻译工作，其原因恰恰是

355

第六章　女性主义翻译理论

---

① Jacques Derrida, "Living On/Border Lines," trans. James Hulbert, in *Deconstruction and Criticism* (New York: Continuum, 1979), p. 145; Jacques Derrida, *The Ear of the Other: Otobiography Transference, Translation*, ed. Christie V. McDonald, trans. Peggy Kamuf (New York: Schocken, 1985), p. 153.

② *Difference in Translation* ed. Joseph F. Graham (Ithaca: Cornell University Press, 1985).

③ For a critique of Derrida's "Living On/Border Lines" along these lines, see Geffrey Mehlman's essay, "Deconstruction, Literature, History: The Case of *L'Arret de Mort*," in *Literary History: Theory and Practice*, ed. Herbert L. Sussman, Proceedings of the Northeastern University Center for Literary Studies (Boston, 1984), and "Writing and Deference: The Politics of Literary Adulation," in *Representations*, 15 (1986): pp. 1-14.

因为翻译被定义为次等活动。①那么，作为学者，我们的任务就是学会倾听"静默的"话语——即作为译者的女性的话语，目的是为了更清楚地揭示被称为"权威"的话语与那些因担心破坏或颠覆而遭禁声的话语之间的关系。

除了这种研究之外，女性主义翻译理论还要求译者要在德里达所说的双重约束而非双重标准下进行实践。这样的理论也许并不依赖俄狄浦斯斗争的家庭模式，而依赖作为合作行为的翻译的双面性，即从合作与颠覆的意义上来说，翻译都可被看作是原作者与译者一起共事的行为。这个模式是对越来越受到关注的女性译者的呼声的回应。女性译者如苏珊·吉儿·列文（Suzanne Jill Levine）开始提出这样的问题：男性传统中的女性译者意味着什么？在谈到她翻译卡布勒拉·英梵特（Cabrera Infante）的作品《殇逝王子的哈瓦那》（*La Habana para un infante difunto*）——一个嘲讽女性及其话语的文本时，她这样问道：

> 这会把翻译这样一本书的女性译者置于何种境地？难道她不是一个双重的背叛者，为这个自恋少年那喀索斯扮演着回声女神艾科的角色，即再次重复原型？那些使用母亲的父语，重复着伟大男性的思想和话语的人在某种程度上都是背叛者：这就是异议的矛盾和妥协所在。（Levine, 1983: 92）

这样，从一开始，选择什么样的文本来翻译就使女性主义译者陷入两难之境：尽管像卡布勒拉·英梵特的作品那样的文本可能在意识形态上有冒犯之处，但是如果拒绝翻译这样的文本必将屈从于将所有权力归因于原作中的逻辑。相反，列文选择颠覆这样的文本，即不忠实于不忠者，贯彻文本中的嘲讽逻辑。卡罗尔·麦耶（Carol Maier）在探讨她与古巴诗人奥克塔维奥·阿曼德（Octavio Armand）之间的矛盾关系时提出了类似的观点。她认为："译者所寻求的不是压抑声音，而是发出声音，使人们听到文本提出难题和开放的观点。女性译者应该既关注相抵触的作品，也关注引起共鸣的作品，这一点十分重要。她们必须变成独立的、'抵抗'的译者：不仅让相抵触的作品言说……而且和作品一起言说，通过讨论作品和她们的翻译过程把作品置于更大的语境中的译者。"②她的这篇文章描述了她在翻译阿曼德诗歌时如何与其

---

① *Silent But for the Word: Tudor Women as Patrons, Translators, and Writers of Religious Works*, ed. Margaret P. Hannay (Kent, Ohio: Kent State University Press, 1985).

② Carol Maier, "A Woman in Translation, Reflecting," *Translation Review*, 17 (1985): pp. 4-8, especially p. 4.

中母亲的沉默作斗争，并通过"抵制"译者的无声，如何使阿曼德作品中的各种矛盾发出声音的。在为"主人"代言的时候，麦耶拒绝压抑自己的声音。像列文一样，麦耶既通过翻译在言说，也在抵制着翻译。这两位译者的作品说明的不仅是翻译的重要性，也说明了写作的重要性，使翻译实践的原则成为修正翻译的对话的一部分。只有当女译者开始讨论她们的译作——并且当人们对以前被压抑的女译者的历史有足够的研究时——我们才能描述争夺生产权的俄狄浦斯斗争的其他选择。

对致力于翻译研究的女性主义者来说，翻译中还有许多领域，甚至可以说大多数的领域还无人探寻过。例如，我们可以探究翻译在不同时期和不同文化中的女性写作中的历史作用；考察翻译典型的女性主义文本时遇到的特殊问题，如麦立姆·迪亚兹—迪奥卡瑞兹（Myriam Diaz-Diocaretz）讨论将阿德里安·利奇（Adrienne Rich）[1]作品翻译成西班牙文时遇到的问题；经典和市场地位对哪些文本要翻译，谁来翻译，如何销售这些译本等决定的影响；翻译对经典和文类的影响；"静默"写作形式的作用，如表达女性言语和颠覆霸权的表达方式的翻译的作用。女性主义和后结构主义理论激发我们在主导话语的字里行间或之外寻找文化形成和文化权威的信息；翻译能给我们提供大量关于征服和颠覆实践的信息。不仅如此，正如列文和麦耶的评论所表明的，女性主义译者所面临的挑战之一是超越作者或译者的性别这个问题。如果拘囿于我们所看到的传统的等级系统，翻译女性作者文本的女性译者和翻译男性作者文本的男性译者也会受制于相同的权力关系：我们必须推翻的是使翻译与性别同构的过程。在这个意义上，翻译的女性主义理论最终会成为一种乌托邦的翻译理论。当女性自己书写文化产品的隐喻时，也许我们才可能认为著书、立说和赋予文本合法性等行为与性别的二元对立无关。这种性别的二元对立使女性像译作那样地位低下，不得不操持着如妨碍克拉拉·舒曼进行音乐创作的那类工作。

---

[1] Myriam Diaz-Diocaretz, *Translating Poetic Discourse: Questions on Feminist Strategies in Adrienne Rich* (Amsterdam/Philadelphia: John Benjamins Publishing Co., 1985). For other work that begins to address the specific problem of gender and translation, see also the special issue of *Translation Review* on women in translation, 17 (1985); and Ronald Christ, "The Translator's Voice: An Interview with Helen R. Lane," *Translation Review*, 5 (1980): pp. 6-17.

女性主义话语／翻译的理论化*

巴巴拉·格达德著

卢玉玲译

导言

  巴巴拉·格达德（Barbara Godard）是加拿大著名文学批评家、翻译家和翻译理论家，任教于约克大学英语系，从事加拿大、魁北克文学研究和比较文学研究。其出版的著述涉及加拿大和魁北克文学研究、文学、女性主义和翻译理论研究，在法英翻译实践领域也同样卓有建树。

  《女性主义话语/翻译的理论化》（Theorizing Feminist Discourse/ Translation）一文收录于苏姗·巴斯奈特与安德烈·勒菲弗尔 1990 年合编的翻译理论集《翻译，历史和文化》（*Translation, History and Culture,* 1990）一书中。在这篇文章中，格达德探讨了女性主义话语对翻译理论的影响。女性主义话语是一种旨在建构新的意义，强调主体是在语言中、或通过语言自己建构起来的政治话语。通过对话理论，即巴赫金复调文本（the polyphonic text）意义上的"他／她中有我"，女性主义话语试图颠覆主导话语的独白主义（monologism）。格达德认为，从两个方面来说，女性主义话语就是翻译：首先，女性主义话语对那些"不为人所知的"话语，即失声的话语中的"象征性"语码进行注释；其次，女性主义话语对主导话语进行重说，进而取代这些主导话语。

  格达德认为，占主导地位的等值理论抹杀了文化痕迹和主体（作者与译者）的内省因素，从而遮蔽了译者的双重活动：阅读与重写。而在女性主义话语理论中，翻译是生产行为，而不是再生产行为。在这一思想的关照下，翻译不再是一种转码行为（a transcoding operation），而是解码与重新编码的行为。女性主义翻译通过肯定差异的存在和不断的重读与重写，彰显译者的能动作用。

---

  * 本文选译自 Barbara Godard, "Theorizing Feminist Discourse/Translation," in *Translation, History and Culture*, ed. Susan Bassnett and Andre Lefevere, London: Frances Printer, 1990, pp. 87-96.

正文

> 唯一能将书读得透彻的阅读方式是将书本
> 转化为一个各种关系彼此互补的即时网络。
>
> （Derrida, 1978:24）

　　语言与性别的问题，即女性与语言之间令人困扰的关系，已经成为女性主义理论和女性作家作品翻译中的一个中心问题。法国女性主义理论家的文本以戏谑的风格瓦解了主导话语（the dominant discourse）。这些文本的翻译日益向译者提出巨大的挑战。在语言、性别和意识形态的框架中探讨这些作品的翻译意味着要探问这些文本所提出的话语理论与生产出这些英译本的翻译理论之间的关系。这些女性主义文本是以等值（相似性）理论为基础呢，抑或译本的意义源自翻译的再分配功能（redistributive function）—变形（transformation）？这些英译本是试图隐藏翻译的痕迹，显得自然而地道呢，抑或这些译本如写作一样充当文本功能，突出其对意义的影响？

　　女性话语理论家和女性主义翻译理论家的思考都建基于身份与差异问题，即从性别与民族的角度，在语言中建构起她／他者性（otherness）。玛德琳·葛格隆（Madeleine Gagnon）在魁北克的殖民地位与女性在语言中的异化之间找到了相似之处。她设想有两个语言世界，即男性的与女性的，并倡导女性用强势的语言来劝导和改变这个世界。如同化妆舞会上的乔装打扮：将我所使用而又非我的语言变成我的语言。我支配它，而不是"翻译"它（Gagnon, 1977:69）。

> 而我们，我们有我们的话语，我们有我们千变万化的话语；男
> 性话语中还能用的就拿来用，但得去其腐化成分；认出其阳性特征，
> 补上其所缺性别；打出我们的标记；而后我们就有了我们自己的话
> 语。随着性别觉醒的继续，我们创造自己的话语：因为如果女性曾
> 被男性压抑，在某种意义上它也曾为我们女性自己所隐匿。（Gagnon,
> 1977:82）

　　这种双重性语言，即被重新打上女性言语多样性标志的男性话语，将改变科学性话语及其透明诗学。作为一种解放性实践，女性主义话语是一种旨在建

构新的意义，强调主体是在语言中，或通过语言自己建构起来的政治话语（Elshtain, 1982:617）。通过详细阐述女性主义者们站在与父权社会语境及语言相抵牾的批评立场产生的个体与集体的经验，女性主义话语试图揭示认知的意识形态模式。这样，女性主义文本生发了作为批评性变形的文本理论。

　　未来女性主义能否干预主导话语，这要求其对言语行为和生产的符号学进行控制。这真是颇具讽刺意味！通过苏珊·拉米（Suzanne Lamy），我们在话语之间复杂而模棱两可的运动中认识到女性主义话语影响主流话语的方式。女性话语是双重性的；它是自我与他／她者的回音，即从自我到他／她者（alterity）的运动。"这个充满灵活运动的话语成为了一个体现自我与他者的话语。"（Lamy, 1979:46）。当女性话语从言语形式转化成书写形式，并在言语和书写之间的地带运作时，这种流动性是显而易见的。"如何把握语言和书写两者间的中间地带？作为一种介入式语言，女性话语的使命一如既往，它所要完成的任务相当重要。"（Lamy, 1979:54）闲聊式的言语，即妇女间私下交流时的言语完全没有意义（Lamy, 1979:33）：它对语言的作用是不符合任何规范的，颠覆了一切语言的陈规陋矩（"作为一种无秩序活动，我所喜爱的闲聊——那种促我思索的闲聊——将所有可集中的话语打散"）。但这种颠覆也可能带来重新排序的意义，不是那种"统一一致"的秩序，而是"流动多元"的秩序（Lamy, 1979:21）。在这一来来往往的运动中，书写是破裂和多元的。女性的书写根植于女性这个集体，隐含着女性主义的议事日程，其特点是理论话语对语言的质疑。女性的书写产生了"不同类的文字，其不同是多态的：分散、多元、断裂、非封闭性结构……"（Lamy, 1979:64）。

　　这种多态性（polymorphic quality）使女性主义话语成为"双重写作"（écriture à deux）（Lamy, 1979:39），构成"完全意义上的对话"（un dialogue au sens plein du terme）（Lamy, 1979:45）。通过对话理论（Dialogic），即巴赫金复调文本（the polyphonic text）意义上的"他／她中有我"，女性主义话语试图颠覆主导话语的独白主义（monologism）。

　　转码（transcoding）和变形（transformation）比喻意义上的翻译是女性主义话语的一个传统主题。为了表达女性的经验及其与语言的关系的新见解，女性作家借用女性主义话语来表达挣脱静默的艰难。面对话语的多样性，即民族文化中语言的不同层面的杂合，或众声喧哗（heteroglossia）（其中女性的语言与主导语言相比处于边缘地位），女性作家从隐喻的角度用杂语性（polyglossia）或多种"外"语并存来形容这种状况。当语言的政治性和社会性突出的时候，如女性主义话语，语言之间的冲突将变得一目了然。女性作家对众语喧哗有着独到的认识。她们认为众语之间的冲突可以防止介入民族传统。这种冲突的痕迹被定义为一种翻译效果，或者说"对异己的体验"。安托瓦纳·贝尔曼（Antoine Berman）认为，以第二语言写作的外国人如康拉德（Conrad）或贝克特（Beckett）所造成的语言的换位／定位（dis-/placement）就如同以外语书写的文学作品被译入英语或法语，其后果像译作一样，导致了疏离感或陌生化（Berman, 1984:18n）。尽管被构想为从一种语言到另一种语言的转换，女性主义话语意味着将一种文化现实（cultural reality）转入一个新的语境。在这一运作中，不同的文本化模式（modes of textualization）的冲突使文学传统受到多方的挑战。

女性的写作普遍写入自身的主观能动性（subjective agency）。她们在写作中为自己换位／定位。人们普遍认为有必要发明一种新的语言来探讨那些已成禁忌之物。尼可尔·布罗萨德（Nicole Brossard）用来描绘其写作的文字中有一个一再出现的词"Inedit"（未曾出现过的），即未被书写的（unwritten）。这个词用来表达女性"未知"的经历，也就是在那个将女性定位为无价值之物的主导话语中女性"未知"的经历。她的组诗 L'Aviva 从翻译的双重运动的角度传达了这种未被记录的感情的复杂过程。在这种运动中，情感首先被表达，被倾听，而后被"翻译"，被激发出亢奋的快感。另一方面，布罗萨德从语音的角度翻译出 L'Aviva 的这种情感，"而后被翻译"（l'en suite traduite）。这一组诗的引语宣称"情感是一种符号，一种关注意义的反应"。这组诗以前后纵列的形式展开：诗人表达出情感，而后通过声音联想和双关语翻译成一个文本。这些双关语就像回声的不断重复和模拟使能指发生了变形。

《紫色沙漠》（Le desert mauve）这部小说的令人注目之处在于它所体现的翻译的对话特性。在这部小说中，布罗萨德对自我进行翻译，强调女性写作的双重性：阅读／书写，对已写文字的阅读／重读，而后是对尚未被记载事物的推测／书写。通过探讨女性的阅读效果并使之换位（displacement），布罗萨德质疑透明诗学和一体性伦理诗学（ethics of wholeness），即通过直接书写自己的经历来体现自我的存在。

取而代之的是与"第三者"（the other woman）有关的身份诗学（a poetics of identity）。为了强调翻译所起的作用，我们也可称之为"翻译表演"（transformance），重点在于变形活动，即一种表演模式中意义的建构过程。这让人想起彭尼·肯普特（Penny Kempt）所表演的有声诗歌催眠（舞蹈）形式（the sound poem trance/dance form）（Kempt, n. d.）。采用这个语词是为了强调女性主义写作与女性主义翻译的相互交织，因为"翻译表演"也是布罗萨德和达夫妮·马拉特（Daphne Marlatt）一起合作的写作／重写（翻译）项目的总标题（Marlatt and Brossard, 1985, 1986）。布罗萨德的翻译表演活动中的阅读／重读和书写／重写行为，即对话理论，是女性主义话语／翻译的一个范例。

从两个方面来说，女性主义话语就是翻译：首先，女性主义话语对那些"不为人所知的"话语，即失声的话语（a muted discourse）中的"象征性"及其他语码进行注释（Irigary, 1985:134, 132）；其次，女性主义话语对主导话语进行重说，进而替代这些主导话语。这两种做法都是通过"模拟"（mimicry）行为有意地采用女性角色来"摧毁话语机制"，也就是将屈从的形式转化成肯定的形式，从而挑战那个视性别无足轻重的秩序。"戏谑式重说"的结果是使那些被遮蔽之物昭然若揭，也就是让我们看到女性在语言中的运作，以及女性是高超的"模仿者"这个事实，因为她们自己从未被模仿这种功能所同化（Irigary, 1985:76）。根据这种"增补性"（supplementarity）逻辑，"另一种写作也就必然意味着另一种意义系统的存在。"（Irigary, 1985:131）。通过对意义的刨根问底，女性主义话语影响着语言和主导话语。"因此，为了使男性重返自己的语言，给予她语言存在的空间，'语言作品'的功能就是使阳性逻各斯中心主义（phallogocentrism）脱离其停泊处。这就意味着，男性不再代表着'一切'。"（Irigary, 1985:80）

在这一女性主义话语理论中，翻译是生产行为，而不是再生产行为。翻译就像"音乐领域中"的拟声（mimesis）（Irigary, 1985:131）；"通过戏谑式重说"即"女性也活在他处"（Irigary, 1985:76），这种拟声使女性遭受话语压迫的情况一目了然。翻译生产独一无二的真理和意义的谎言被终结了。就像针对身份、依赖性和等值等可疑观念的重写手稿（palimpsest），这个理论关注跨文本或超文本关系中的女性主义话语。翻译是模拟，即话语在来来回回穿越现实镜像时不断倍增地重说。在这一话语过剩的逻辑中，没有什么是可以一成不变的，同时没有什么是不可逆转的。在逆向补充的状态中，直线性的意义是不可能存在的（Irigary, 1985:80）。在此，女性主义话语提出，表演性质的转换是一种翻译模式。文本的变形生成于拓扑学原理（the axioms of topology）。然而，这与长期以来占统治地位的、建基于透明诗学的等值翻译理论相牴牾。

几个世纪以来，翻译理论与实践已经发生了许多变化。每个时代都有自己的理论。当下占主导地位的翻译理论是建立在透明诗学基础上的等值翻译理论。该理论认为信息可以从一种语言转化成另一种语言，其意义保留不变，两个文本的内容相似："翻译应能在译入语中创造出与原初语所含信息最接近的**自然**等值;等值首先在意义的层面上,其次在文体风格的层面上。"(Mounin, 1963:xii; 着重记号出于本文作者)它还认为能指与所指之间不存在任何冲突,相反,二者同态,即内容与表述,意义与声音之间完全一致(Mounin, 1963:97)。这种翻译的特点是, 文本中的某些文化痕迹和内省因素(self-reflexive elements)被抹杀,结果是译本被剥夺了其存在的根基。抹杀内省因素不仅导致作者功能的标志被压抑,而且也压抑了译者功能的标志,因为在两个文本的结合物中,人们无法察觉译者对这些因素的操控。这样,译者的双重活动——阅读与(重)书写的痕迹被掩盖了。译者被理解为一个仆人,用看不见的手机械地将一种语言的语词转化为另一种语言的语词。译本被视为一个拷贝,而不是创造性的表述。在 20 世纪,这一翻译理论已经激发了机器翻译的试验。

这个建立在等值基础上的翻译理论所忽视的是: 由于上下文关系与语境关系的影响,意义的翻译是极其困难的(Catford, 1965:36)。最近的翻译理论探讨这些关系,朝着强调译者的工作就是解码与重新编码(decoder and re-encoder)的新方向发展。翻译不再仅仅是一种转码行为(a transcoding operation):英语中的"yes"(是)并不等于法语中的"oui",因为法文中还有"si"。每个译者都会用各自钟爱的、拘囿于特定语境的事物来说明语言不是透明的。每一种语言都对这个世界加以分类和组织,译者则创造性地对此加以干预。

当代翻译理论强调,翻译的等值不应该寻求等同。这种等值应该被看作是源语文本与目的语文本内在的及环绕它们的符号与结构之间的一种辩证关系(Bassnett-McGuire, 1980:29)。等值是指在两个文本系统之间,而不是内容或两种信息的语词之间的编码与解码活动。对此,巴斯奈特—麦奎尔使用了这样的公式: 作者—文本—接受者=译者—文本—接受者(Bassnett-McGuire, 1980:38)。像作者一样,译者也是言语的生产者。巴斯奈特—麦奎尔还要求我们从文本间性(intertextuality)的角度思考两个交际体系之间的关系(Bassnett-McGuire, 1980:79)。

尽管文本间性是翻译理论中的一个新概念,但在符号学视角下的文学理论中,文本理论即将文本视为生产与置换的理论(即文本间性),却已普遍获得认可。符号学视角下的文学理论关注的焦点从作者转向文本,然后又转向读者和表达行为。在翻译理论中,语用学认为译者在成为作者之前首先是一个积极的阅读者:她 / 他是言语的接受者和传播者,是两个交际链的结束与开始。这两个交际链既是分离的，又是相互联系的。用奥克塔维奥·帕斯（Octavio Paz）的话来说，其结果就是"翻译的翻译的翻译……每个文本都是独特的，但同时也是对另一个文本的翻译……从某种程度上来说，每个译本都是一个发明，而这就构成了独特的文本"（Bassnett McGuire, 1980:38）。"具有文本结构和功能的译作是对一次阅读／书写的书写，是一个主题的历史性的冒险经历。"它不是对"原作"透明的复制，而是对"原作"的"转变"（Meschonnic, 1973:307）。在此，翻译理论与女性主义文本理论不谋而合：强调译本的多种声音，因为它突出了译者／改写者话语的内省因素，张扬自我，即文本性。

翻译是文学系统中的一种改写形式。通过经典化，翻译推动文学系统朝着某一方向发展。如果要更加准确地描述这种操控文本，使文本的意义源自文本变形的翻译范式，我们就需要借用其他的改写系统的新理论模式。引语和仿拟（quotation and parody）都与话语互证的重说（interdiscursive repetition）有关。重说被视为一种独立的语言事实。引语和仿拟针对的都是重说的模糊性和最为不堪一击的等值论。一方面，人们认为事物是重复的，另一方面又认识到重说就像叠句或同韵诗（refrain or rhyme）一样，是一种语言事实，从中产生了意义。语义的混淆扰乱了引语中语词的秩序。提及和语用（mention and use），含义和本义之间的语义混淆意味着语言的两个层面——语言客体与元语言（a language-object and a metalanguage）之间的区别。打乱这两个语言层面的后果就是要用重说之词的含义替代这个语词的含义（Compagnon, 1979:86）。重说的价值在于对意义的补充。对他者的语词的重说，即引语，只可能是柏拉图模拟体系中的模拟幻觉，要么是形式不纯的非摹本，要么是纯形式，既相似又非完全一致（Compagnon, 1979:125）。这就是似是而非的，既像又不像的理念。

仿拟也一样，既是相似的，又是不同的，像跟唱歌曲和重复歌曲一样（a singalong and a countersong），是对先在艺术作品的再语境化和跨语境化（Hutcheon, 1985:11）。像引语和其他重复模式一样，仿拟的意思是"制造距离"；对原初逼真比喻的一种镜像反射，因此具有元虚构的功能（Payant, 1980:29）。像翻译一样，仿拟由两个文本世界组成，仿拟者的世界和目标世界。读者在另一个时间和地点，根据两个相互联系的交际模式接受这个文本世界。作为读者的仿拟者对原作进行解码，而后又重新编码成新的形式，其接受对象是作为读者的另外一批解码者。他们是已阅读过原作并对之进行过解码的读者（Rose, 1979:26）。仿拟依赖读者认知的"侧视"（sideward glance）

（Bakhtin, 1984:199）来激活补充物。这揭示了虚构的虚构性，彰显了虚构的途径，从而使这些途径重新为新的目的服务。这里强调的是变形，是作为积极读者和创作者的艺术家／译者的作用，从而强调了交际系统中的表达行为的复杂性。即使再现（representation）之后的超文本是虚假的、隐匿的，翻译仍可被归类于"虚构"，被定义为"严肃的模仿"（Genette, 1982:37）。仿拟中性的特质使它成为了所有模拟的定义，也就是所有重复形式的定义（Hutcheon, 1981:149）。根据这一重写，翻译的概念被扩大，涵盖了模仿、改编、引语、混成作品（pastiche）、仿拟——各类不同的改写方式；简言之，即文学作品和话语的相互渗透的所有形式。

当翻译关注的不仅是两种语言之间的关系，而且是两个文本系统之间的关系时，文学译本就成了一个独立的文本，这样隔离原作与译作的传统樊篱就坍塌了。正如 Meshonnic 所指出的："原文与译本之间的传统区分看来是一种理想化的分类。在这里，两者间的分离已不存在了。"（Meshonnic, 1973:365）其必然结果是对原文本的价值重估。在那些无视意识形态对文本的操控的翻译理论中，原作的价值被高估了。

尽管在传统翻译理论中，"差异"是一个消极的概念，但在女性主义翻译中，"差异"却成了一个积极的概念。就像仿拟一样，女性主义翻译表明，尽管有相似之处，但差异仍然存在。正如女性主义翻译所竭力揭示的，差异是认知过程和批评实践中的一个关键因素。译者所洞悉到并赋予的意义在隔离原作与译作的歧义或赘语中变得清晰可见（Brisset, 1985:207）。通过肯定自己的批评性差异和无休止的重读和改写所带来的快乐，女性主义译者彰显了自己对文本的操纵。翻译中，对文本的"女性化处理"（womanhandling）意味着那个谦虚、自我消隐的译者被取代了，取而代之的是一个积极参与意义的创造，对文本进行有条件的分析的译者。她的分析既是不断的，又是暂时的。她总是注意到过程，对实践给予内省的关注。女性主义译者大胆地在斜体字中，在注脚中，甚至在前言中张扬自己的署名。

References

Bakhtin, M. M. (1984) *Problems of Dostoevsky's Poetics*, trans. Carle Emerson; intro. Wayne Booth. Minnesota: University of Minnesota Press.

Bassnett-McGuire, Susan (1980) *Translation Studies*. London: Methuen.

Berman, Antonie (1984) *L'epreuve de etranger*. Paris: Gallimard.

Brisset, Annie (1985) "Transformation para-doxale," *Texte* 4:205-18.

Brossard, Nicole (1985) *L'Aviva*. Montreal: nbj.

Catford, J. C. (1965) *A Linguistic Theory of Translation: An Essay in Applied Linguistics*. London: Oxford University Press.

Cixous, Helene (1980) "The laugh of the Medusa," trans. Keith and Paula Cohen, in *New French Feminisms*, ed. Elaine Marks and Esabelle de Courtivron, Amherst, MA: University of Massachusetts Press.

Compagnon, Antonie (1979) *La seconde main: ou le travail de la citation.* Paris Editions du Seuil.

Derrida, Jacques (1978) *Writing and Difference*, trans. Alan Bass. Chicago: University of Chicago Press; 1st pubished 1967.

Elshtain, Jean Bethke (1982) "Feminist Discourse and Its Discontents: Language, Power, and Meaning," *Signs* 7 (3):612-18.

Fitch, Brain (1985) "The Status of Self-Translation," *Texte* 4:114-22.

Gagnon, Madeleine (1977) "Mon corps est mots," in *La venue a l' ecriture,* ed. Helene Cixious, Madeleine Gagnon and Annie Leclerc. Paris: 10/18.

Genette, Gerard (1982) *Palimpsestes.* Paris: Editions du Seuil.

Hutcheon, Linda (1981) "Ironie, Satire, Parodie," *Poetique* 46:140-55.

Hutcheon, Linda (1985) *A Theory of Parody: The Teachings of Twentieth Century Art Forms.* London and New York: Methuen.

Irigary, Luce (1985) *This Sex Which Is Not One,* trans. Catherine Porter. Ithaca, NY. Cornell University Press.

Kempt, Penny (n.d.) *Trance (dance) form.* Victoria: Soft Press.

Lamy, Suzanne (1979) *d'elles.* Montreal: l'hexagone.

Lefevere, Andre (1985) "Why Waste Our Time on Rewrites? The Trouble with Interpretation and the Role of Rewriting in an Alternative Paradigm," in *The Manipulation of Literature. Stucide in Literary Translation*, ed. Theo Hermans. London: Croom Helm.

Marlatt, Daphne and Nicole Brossard (1985) *Mauve.* Vancouver and Montreal: Writing/nbj.

Marlatt, Daphne and Nicole Brossard (1986) *Character/Jeu de lettres.* Vancouver and Montreal: Writing/nbj.

Meschonnic, Henri (1973) "Poetique de la traduction", in *Pour la poetique* II. Paris: Gallimard.

Mounin, Georges (1963) *Les problemes theoriques de la traduction*. Paris: Gallimard.

Payant, Rene (1979; 1980) "Bricolage pictural: I'art a propos de I'art. I: Question de la citation. II: Citation et intertextualite," *Parachute* 16; 18:5-8, 25-32.

Rose, Margaret (1979) *Parody/Metafiction*. London: Croom Helm.

第六章　女性主义翻译理论

女性主义翻译理论批评[*]

冯·弗罗托著

卢玉玲译

导言

路易斯·冯·弗罗托（Luise von Flotow）是加拿大文学翻译家和翻译理论家，拥有德国和加拿大双重国籍。她的文学翻译主要是法英与德英翻译。目前任教于加拿大渥太华大学（University of Ottawa）翻译学院。

冯·弗罗托在文学翻译园地中的孜孜耕耘可谓硕果累累，译作等身，而在翻译研究领域的探索及成就也同样令人瞩目。1997 年，弗罗托出版了翻译理论专著《翻译与性别："女性主义时代"的翻译》（*Translation and Gender - Translating in the "Era of Feminism"*, 1997）。这是继雪莉·西蒙的《翻译中的性别》（1996）之后，女性主义视角下的翻译研究论著中的又一部力作。《翻译与性别："女性主义时代"的翻译》对翻译研究的女性主义视角作了一个全面的概述。该书立足于北美与西欧翻译界，探究了 20 世纪后 30 年中西方妇女解放运动在社会文化语境之下，性别研究对翻译实践与翻译理论的影响。

《翻译与性别》全书共分 6 章，本译文选取的是该书的第 5 章"批评"（Criticisms），目的是使读者对翻译研究的女性主义视角有更全面的了解。在这一章中，冯·弗罗托探讨了针对翻译和翻译研究的女性主义视角的各类批评。根据这些批评的来源，冯·弗罗托将这些批评大致上分为两类。首先是来自女性主义学术圈外的批评。这类批评指责女性主义翻译缺乏学术研究所必需的客观性。女性主义所倡导的语言改革旨在实现"性别中立"，但却遭到这类批评的质疑。这类批评认为真正的变革应该是社会政治层面的变革，而不是语言层面的革新。来自女性主义圈外的另一个批评的声音针对的是实验性作品的译作相应的各类超文本和数量可观的女性著作选集。这类批评认为：文本必须能独立存在；如果它不能，那么它必有瑕疵或缺陷。而来自女性主义学术圈内的批评则指责女性主义翻译是精英主义、机会主义，及对少数族

---

* 本文选译自 Luise von Flotow, *Translation and Gender: Translating in the "Era of Feminism"*, St. Jerome Publishing, 1997, pp. 77-88.

裔的伪民主。实验性女性主义写作预设的读者具有学术背景，可以从双语和双文化的视角理解文本，因此对一般读者来说往往因其晦涩难懂而被指责是精英主义实验；而利用了女性主义理论和实践创造的语境，试图突出自己的政治主张的重要性的女性主义者则被批评为机会主义者；斯皮瓦克等来自第三世界的学者则站在跨文化的立场上批评西方女性主义者翻译的"她世界"译本所隐含的伪民主。冯·弗罗托认为，这些喧闹的批评声反映了女性的差异，揭示了女性的文化和政治的多元性，为翻译研究的女性主义视角注入了新的活力。

正文

　　针对翻译和翻译研究的女性主义视角的批评大体可分为两类：第一类批评反映的是女性主义外部的立场，倾向于对学术和写作采用"客观"的研究方法；第二类批评来自研究范围日渐扩大的女性主义内部，赞同性别起着关键性作用的观点。女性主义道德规范内部所提出的批评特别令人关注，因为这些批评引发讨论，提出新问题，增加研究视角的多样性，并且总体上使女性主义翻译研究更为复杂化。这些批评质疑不同的立场观点，孕育了女性主义内部的思辨，并且与其他政治动机较弱的分析性和实践性的翻译研究密切相关。

来自女性主义外部的批评

　　尽管大量的研究认为性别是影响人类经验、从而影响人类知识的一个范畴，但是那些建立在"普适性"或"客观性"观念上的学术研究仍在源源不断地出炉。由于这种学术研究既忽视当代的发展状况，又阻碍人们去接受这些新的发展，因此这一类学术研究本身就是女性主义批评的一种形式，或者说"包容性"研究（inclusive work）的一种形式。特别是在那些妇女运动的影响力远不如其对英美学术圈影响的文化里，这类批评反应的后果往往是负面的。在这样的学术气候里，对性别的关注往往会被贴上不学无术的标签，其产生的危害可令女性主义研究停滞不前。即是说，针对性别问题的研究可能无法得以出版或传播，因此就无法激发讨论、争议或新思想。那些仍执著于该领域研究的学者可能被边缘化和被描述为不可信任的人，从而阻碍创新性见解的形成和提出。

对性别意识研究作出的这类反应可能自认为是合情合理的，理由是：性别问题太富情绪化、片面化、意识形态化，实际上也就是说对真正的学术研究来说太主观化。这一观点回到了客观性观念。然而，正如女性主义研究不遗余力地证明的那样，女性主义并不存在客观性的观念。客观性观念至多适用于人类最基本的需求：交际、食物和居所。

尤金·奈达在一篇短文（Eugene Nida，1995）中对《圣经》翻译中的女性主义的主动行为（feminist initiatives）作出了一个更为严肃的反应。这篇短文提出了"性别中立"（gender neutrality）问题。根据这一观点，强调文化或政治不平等，并将之归因于性别差异的研究试图获取性别上的中立。然而奈达认为，由于大多数生物不是雌性就是雄性，"因此不存在理解这种性别中性的认知模式"（Nida, 1995）。因此，人们认为生理上的性别差异使性别成为一个已知的事实。这个事实必须通过语言来加以确认和表述，并且不能超越语言。每个社会或群体通过调节自身的文化实践来医治不堪一击的社会状况，这样，社会变化就可以只发生在社会政治层面上。

这个论点把矛头指向女性主义活动的基础之一：语言改革。奈达认为《圣经》翻译中的"包容性"（inclusive）语言"并不能真正有效地解决性别中立问题"（Nida, 1995）。他声称只有当这个集团内部（这里是指基督教会）发生了巨变，教会中女性与男性的不平等角色才会发生变化。然而这一观点回避了问题的实质：如果那些封闭的、或自得的保守群体没有机会学习新的语言，那么他们如何找到生存和思想的其他方式呢？甚至，这些团体如何认识到，当诸如"上帝"（Father）等语词是用来表示基督博大的仁慈心怀时，这反映了该语词本身包含着父权的偏见，并进一步强化了这种父权的呢？

不仅如此，女性主义研究是否真正寻求建立性别中立也是十分可疑的。中性与其说是女性主义的一个目标，不如说是"来自女性主义之外"的一个备受争议的观点。对此，轻率一点的回答可以以雌雄同体（androgyny）这个词为例：目前这个词指的是人身上存在两性生理特征的结合体。这种结合可以被看作是一种中性形式。然而，andro（该词中表示"男性"的那部分）出现于词首这一个事实让人怀疑该词的中立性。

指责性别意识翻译的另一类批评针对的是与实验性作品（experimental work）的译作相应的各类超文本（metatexts）和大量的女性著作选集。它们被看作是干扰实际文本的多余"噪声"。可以想见，这类批评会支持这样的观点：文本必须能独立存在，如果它不能，那么它必有瑕疵或缺陷。尽管毫无疑问，有些文本的译作能够独立存在，然而这通常是因为漫长的翻译、重写和学术兴趣的历史已经为这个文本创造了一个传统。由于女性文学作品的情况往往并非如此，新的实验性写作更是鲜有这种情况，因此超文本对译本来说不无裨益。它能为外文材料进入翻译文化提供一个途径，并有助于读者对作品的理解。

纽约市立大学女性主义出版社出版的两卷本选集《印度女性作品》(Tharu & Lalita, 1991/1993) 就是一个十分恰当的例子。该选集的诸多目的之一是使人们能够读到由居住在印度的不同族裔和宗教的、迥然有别的女性书写的作品的英译本——读者既包括不懂其他语言的印度读者，也包括国际性的英语读者群体。该选集的选文包括从公元前 600 年到 20 世纪后期的女性著作。在这样的任务中，超文本的作用不可估量。这些超文本将那些对许多英语读者来说十分陌生的材料语境化。正如盖亚特里·斯皮瓦克（Gayatri Spivak）所表明的那样，由于普遍无视希腊—罗马传统之外的任何文化，这些英语读者在文化上往往十分闭塞。另外，这些超文本帮助读者深入理解选文，探讨那些作品被视为不可译的作者——"不可译"的原因是，英语的标准形式被净化到无法触及与原作者的习语范围相似的任何东西（Tharu & Lalita, 1991/1993, Preface, VolumeI, xxii）和相对地将印度女性作品置于国际女性作品的变动语境中。缺乏超文本参考资料的选集将会大失水准。超文本可以对译本起到调节性作用，目的是弥补这些作品阅读传统的缺失。

来自女性主义内部的批评

精英实验

实验性女性主义写作自 20 世纪 70 年代早期首次出现以来就一直被指责为"精英主义"。显而易见，这种写作针对的不是大众，而是受过教育的读者群。这些人对蓬勃发展的妇女运动有所了解，并愿意加入语言实验。一些作者和支持者关于这些材料的"先锋"性质的声明由于种种原因也进一步疏离了一些本来愿意接受的读者。首先，艺术上的先锋性一直与那些或多或少有些颓废的年轻人所努力的事业联系在一起。就像其他大多数团体那样，这些团体排斥或压制女性。其次，人们很少认为标榜先锋的作品会产生直接或具体的社会—政治影响。相反，它们避免与政治舞台接触，而仅仅在艺术或美学领域之内起作用。然而许多女性主义者想要给她们的社会带来明显而迅速的变化，而实验性写作似乎不是一个非常直接的途径。最后，"先锋"实验性写作在学术界的影响使其他类型的女性写作贬值或遭排斥。包括丽塔·菲尔斯基（Rita Felski）在内的女性主义者对这一问题已经作了比较详尽的探讨。就法国女性主义实验提出的一些极端化主张，菲尔斯基这样评论道：

> 人们无法提出令人信服的理由证明这类试验性写作本质上就是女性的或女性主义的；比如，如果我们探究女性写作（l'écriture féminine），就会发现特定的性别成分只存在于内容层面，如在有关女性身体的隐喻中。（Felski, 1989:5）

菲尔斯基接着驳斥了形式上的实验是女性主义所特有的观点，她认为法国女性主义高估了语言游戏的政治作用。此外，她还断言，对实验性作品的关注"把对立文化局限在知识精英的阅读和写作实验上"（Felski, 1989:6）。她肯定了世界不同地区、不同种族与阶级和不同历史时期反映女性经验、历史和传记的著作。这种写作与实验性写作一样重要，因为它反映和提升了作为社会运动的女性主义，并推动它进入大众的领域。

菲尔斯基在法国女性主义实验和更具社会批评性的表述之间建构起来的对立关系，当然可以被转到实验性作品的翻译中。在翻译中，这个问题被这样的一个事实复杂化了：当实验性文本被翻译时，它们不仅进入了其他语言，同时也进入了其他文化，这就使它们更具异国情调和精英主义。加拿大人罗宾·葛兰姆（Robyn Gillam）新近的一篇文章是最先抨击尼可尔·布罗萨德（Nicole Brossard）作品英译本的精英主义和文化不当性、甚至是无意义的文章之一。迄今，在那个唤起读者对这一挑战性的文学作品不加鉴别、推崇备至的学术氛围中，读者在阅读这些译作时往往默默地惊叹于布罗萨德的知识成就和译者对语言精湛的操纵。

葛兰姆的主要观点是，某些译本使得原来就难以理解的源语材料更加晦涩难懂。这些译者的译本试图通过强调谐音甚于意义的方法把原本就很复杂的双关语带入英译本中。更有甚者，为了在英语中创造出这些发音效果，译者故意误译。葛兰姆建议这些译本只能针对少数懂双语、并能叹服于作者与译者的语言成就的学术界小圈子里的读者。

这些指责依据的是重大的文化差异。讲英语的加拿大人和讲法语的加拿大人与各自的语言之间有着生来就不同的政治关系。对魁北克人来说，语言一直是、也仍将是他们日常生活中的一个政治问题，而对绝大多数讲英语的加拿大人来说，情况并非如此。因此，布罗萨德解构性的语言游戏在魁北克的文本中就意味着与在加拿大其他地方截然不同的意义。由于它们源自不同的语言历史，是对不同的语言历史作出的回应，因此它们具有不同的政治价值。当布罗萨德试图用法语的性别体（gendered aspects）使魁北克对语言的关注更具政治性时，她也就使这种语言实验大大超出了大多数讲英语的加拿大人的理解范围。最后，由于对语言的这种关注与英语—加拿大文化的政治激进主义形式毫无共同之处，女性主义者"不管是在将（布罗萨德的）文本，还是她的思想译入她们的文化时，自己心里全然没了谱"（Gillam, 1995:12）。葛兰姆认为，这就是为什么格达德（Godard）的翻译关注的是语词的发音而不是意义，以及为什么法国女性主义作品和魁北克地区的文学创作（écriture québécoise）的翻译"沦为一场只有语词及其意义而别无他物的知识游戏"（Gillam, 1895:11）。1985 年，爱芙琳·沃尔登（Evelyne Voldeng）对这种翻译也作了类似的批评。在一篇关于布罗萨德的《悲苦，或凌乱的篇章》（*L'Amèr, ou le chapitre effrité*）的英译本的评论中，她抨击说这种翻译"造成译本模凌两可，令人困惑，只有懂双语的人借助原文本才能理解"（Voldeng, 1985:139）。比起布罗萨德的原作，译本更加艰深晦涩，更加令人迷惑不解。译本预设的读者显然是懂双语者。然而人们可能会问，那为什么需要翻译？

因此，这类精英主义的翻译预设的读者具有学术背景，可以从双语和双文化的视角理解文本，以及能够理解这种语言变化是一种政治催化剂。幸运的是，这只是女性主义研究方法之一。总的来说，这些女性主义研究方法可以相互弥补彼此之间的缺失。

机会主义女性主义浪潮

巴西批评家罗斯玛丽·阿罗约（Rosemary Arrojo）用"机会主义""虚伪"和"理论的不连贯"（theoretical incoherence）等词来形容翻译中女性主义的激进主义和干预主义（Arrojo, 1994，1995）。这些严厉措辞依据的是译者和学术界出版的论文和翻译前言。阿罗约并不探讨翻译实践。相反，她评论的是女性主义者"勇猛无畏努力建构的语境"和她们"在男性统治地位的阳物中心主义世界（phallagocentric world）中应该占有的空间"（Arrojo, 1994:159）。这些话语表达了与英美妇女运动的政治激进主义和能动作用（agency）截然不同的思想。因此，很难说阿罗约的研究是否"源自女性主义内部"。毋庸置疑，尽管巴西女性主义和英美女性主义之间的文化差异问题并没有被直接表述出来，但这些差异问题决定了她的批评。

阿罗约对女性主义的抨击主要有三点：一方面声称忠于文本的主旨，但又承认为了女性主义的目的故意干预翻译的行为，就像苏珊·列文（Suzanne Levine）所做的那样，是一种机会主义行为。在阿罗约眼里，列文以及她所援引为证的劳丽·钱伯伦（Lori Chamberlain）都只是利用了女性主义理论和实践创造的语境，她们试图突出自己政治主张的重要性。她说，声称"忠于"自己故意"颠覆"文本的做法是自相矛盾的。

这个复杂的问题让人联想起上文讨论过的布罗萨德作品的翻译问题。翻译家如列文和格达德翻译的原文本中的颠覆性和实验性使文本具有广阔的阐释空间。原文本"炸毁"（explode）了意义。它们衍生出更多的意义，并且不提供任何"有疗效的"（therapeutic）、易读的文学形式。这些原文本很容易让译者同样作出不同的阐释。对此，格达德的译法是使某些语词增加两到三倍，而列文则利用这种阐释大大削弱了自恋的大男子主义。这样，译者会认为自己与本身就是一个"颠覆性"的实体的文本紧密无间，这就反过来使他们的创造获得认可。

阿罗约批评的第二个目标是女性主义者的"双重标准"：一方面认为乔治·斯坦纳（George Steiner）的理论或约翰·弗洛里欧（John Florio）的评论充满了暴力和侵略性，另一方面却又拒绝承认女性主义者对文本的干预与前者一样具有侵略性。她引用了"劫持"这个语词。评论家大卫·霍姆（David Homel）从负面的角度用这个词来批评罗特比涅尔—哈伍德（Lotbiniere-Harwood）对利斯·高文（Lise Gauvin）的《她人的信》（*Lettres d'une autre*）的干预。评论者（Flotow, 1999）和译者如格达德赋予了这个词正面的意义，用来描述女性主义译者为了建构女性主义意义而挪用文本、修正文本的过程。这个词生动地表达和承认了对意义控制的斗争。这种情况在加拿大文学政治的特定时期得到了表现。阿罗约没有注意到它在这种语境中所具有的讽刺意味的正面意义。

阿罗约批评的第三点是，她看到翻译的女性主义话语中"理论的语无伦次"。她说，这一点不仅存在于"颠覆性的忠实"这类话语中，而且在女性主义批评者和翻译者建构其思想的基础——后结构主义和解构主义中，这种"理论的语无伦次"也是一目了然的。阿罗约解释道，根据德里达（Derrida）的观点，"任何意义都不曾被'再生产'或'被复原'，但总是已经被创造，或被再创造，或被赋予了新的生命"（Arrojo, 1994:158）。她认为女性主义作者／译者声称"再造全新的意义"，从理论上来说是不连贯的。这个正统的德里达的观点因此否定了女性主义者乐观的预设，即她们能独立影响文本。对阿罗约来说，女性主义强有力的、干预性的、创造性的方法只是一个幻觉而已，能动作用根本不存在。

因此，阿罗约表示女性主义理论并不是最近的解构主义理论的一部分。有些人可能会持相反的观点，表明他们的研究摧毁了长期以来关于普适性真理、客观性、以及政治和文化的结构和神话的观点。不仅如此，阿罗约看来好像赞同决定论观点（determinstic positions），因为意义总是在不断地被再建构，那种认为可以按自己的意愿重新创造意义的思想只不过是一个幻觉而已。这个观点与那个认为语言负载社会变迁的观点截然相反。它也忽视了这样一个事实，即女性主义者在不断地选择在她们看来是有益的理论或理论的一些部分，为她们的特定项目所用。对一些人来说，对理论的策略性运用可能是不连贯的，但对其他人来说则是策略性的。

对少数族裔的民主

对某些女性主义研究最为尖锐的批评或许来自盖亚特里·斯皮瓦克（Gayatri Spivak）。斯皮瓦克来自印度西孟加拉地区，是一个文学理论家和翻译家。她对第三世界女性作品在西方（英语和法语）的翻译发表了评论。她关注的是女性作品的翻译。她宣称她的研究对绝大多数从第三世界译入西方语言的文本具有普遍意义。在《翻译的政治》一文中，斯皮瓦克批评了第三世界文学翻译中普遍存在的"翻译腔"和意识形态。这种意识形态导致翻译作品质量马虎，面目雷同，以至"巴勒斯坦女作者的作品读起来有点像来自中国台湾省的男作家的作品"（Spivak, 1992:180）。这篇论文探讨和详述了她更早时期的研究。在其早期的研究中，斯皮瓦克认为："人们对第三世界（女性）文学英译本的渴望近乎贪婪。"（Spivak, 1988:253）这种渴望源于对心存善意、思想自由的女性主义的兴趣，以及西方女性主义内部消除种族偏见的愿望。然而，她表示这种善意的兴趣与其说扩大了人们对第三世界妇女境况——只有少数女性写作——的理解，不如说更多地是促进了英美学者的学术目的和事业。一方面，英美女性主义者似乎将第三世界文学视为现实生活记录性的真实写照，另一方面第一世界的文学逐渐转变为语言游戏（Spivak, 1988:267）。这两种态度——理解和传播第三世界女性文化和文学的善良愿望以及把第三世界文学视为现实生活写照的幼稚观点——极大地影响了文本的翻译，错误地再现了她们宣称要代言的文学作品和文化。

斯皮瓦克批评说："老的殖民态度在影响着翻译这个职业。"（Spivak,

1992:187）人们根据出版商的利益、课堂教学的需要（便于理解／可读性），以及"为那些没有时间读书的人们节省时间"等目的进行翻译（Spivak，1992:185）。在这些人当中，她谈到有些译者虽然不懂语言的历史、作者的背景、以及对如她所说的"翻译中的语言和作为翻译的语言"（language-in-and-as-translation）知之甚少，但为了赶时髦，临时仓促地学习第三世界的语言。斯皮瓦克认为文学作品不只是简单地传达一些信息，因此她强调语言的修辞性。这是原文本独特的风格，负载着它在自身文化和文学语境中的意义，同时支撑着它与自身文化、文学语境以及西方的表述形式的关系。语言的修辞性赋予了文本针对作者、文化语境和时代特有的意义，而且揭示了个人对传统的抵抗。当翻译出于方便或善意的目的，或当译者"无法体悟原作的修辞性，或对它的重视不够"（Spivak，1992:179），"针对非西方事物的新殖民主义观念就产生了"（Spivak，1992:179）。换言之，存在着这样的情况：第三世界文学作品的译作简单易懂，选择这些原文本的是相对孤陋寡闻的学究。他们不能、也不会区分抵制性作品和因循守旧的作品之间的差别，往往错误地认为只要是女作者写的就行了。这就造成了这样一种情况："民主"的西方在良心上得到了宽慰，但事实上这里采用了西方的暴力法则。结果是，这些译作建构了一个符合西方口味的第三世界以及第三世界文学。这些译作提供了一种"平等对待少数族裔"的浅薄的方式。

斯皮瓦克比较了她自己和他人的译作，以及西方对印度宗教神话和歌谣的翻译来论证她的批评观点。她解释说，译者必须悉心研究、逐渐熟知第三世界源语言及其文化历史，这样才能认识和尊重作品的修辞性。比起从事欧洲语言翻译的译者，从事第三世界语言翻译的译者更有必要做这些准备工作。因为这些欧洲语言已经极大地引起过西方学术界的兴趣，关于它们的历史和文学传统的深层知识唾手可得。但斯皮瓦克也告诫人们要提防那种认为只要像她本人那样拥有第三世界背景、同时受过西方教育的人就能做好这项工作的想法。殖民主义的影响可能会使这样的人赞誉或贬损第三世界文学作品，也可能就无法翻译出她所要的东西。最后，她批评了任何关于妇女的一致性（solidarity）的简单预设。这种预设是"善意"研究方式的依据所在。如果造成女性以不同方式体验现实生活的原因只是因为语言的差异，那么这样的一致性是根本不可能存在的。尽管认为女性有共通之处的想法往往是有益的，并可能使她们更易于沟通，但这种想法与女性主义和其他后结构主义理论批判的"普适性"观点十分相似。

早在斯皮瓦克写这几篇文章之前，关于女性的一致性过于简单化的观点就已遭到驳斥。例如，人们已经开始关注到有色妇女对白人中产阶级女性主义者观点的批评。然而，斯皮瓦克将这个观点运用于翻译是十分恰当的，特别是对某些女性文本中的"翻译腔"的批评。享受特权的西方女性主义者宣称能够真正为那些她们认为在第三世界社会中受到压迫的女性代言或再现，而这种观念动摇了这样的预设。

揭示女性的文化和政治多元性

来自女性主义者阵营内部的、对翻译中的性别意识的多数批评关注的是女性的差异。女性主义思想家在很久以前就认识到这些差异，但很少有人愿意描述对所有女性"至关重要"的体验或存在方式。然而在每一个社会，人们都能感知到这种性别因素，即"后天成为女性"的结果，尽管这种性别因素对不同社会，也许对任何社会的不同群体的意义不尽相同。因为单单性别因素是不足以促成女性间的理解和团结，所以与政治倾向、族群背景、宗教信仰、种族和经济差异等因素相应的差异对促进女性间的理解和团结相当重要。翻译已经不断地揭示了这种"真相"。然而，另一方面，翻译也为女性开辟了新的道路，让她们找到看待和处理自身的特殊状况的新方法。它也使有性别意识的女性能够去沟通，至少试图去理解其他女性的文化中的某些东西。从以下的例子中或许可以看出西方女性在翻译和跨文化关系中的某种进步。

在 20 世纪 70 年代的北美，翻译使人们认识到文化的差异。这种差异可以阻碍女性主义者中甚至最自愿的合作者之间的交流。当法国女性主义者，如海伦娜·西苏（Helene Cixous）的著作的译本开始出现时，由于英美派对作品内在的异质性感到很不适，因此导致这些译本遭到了顽固的抵制。毋庸置疑，比起第三世界女性作品的译作来说，这些译本更关注作品的修辞性，原因是英美评论界之前没有反映这些作品是否易读。相反，这种"极具魅力的话语"（Gilbert, 1981:7）令她们感到困惑和有被拒之门外的感觉。正是翻译使我们看出，同一历史时期美国和法国之间的女性阅读和写作存在着阐释性差异（interpretive gap）。批评或阐释著述都不可能像翻译那样揭示这种如此巨大的差异。事实上，这些超文本被用来调解翻译。这样，女性开始意识到那些被认为关系密切的西方社会之间所存在的巨大的文化和政治差异，并开始修正她们从前关于团结和理解的理论。因此，一方面，女性主义理论使性别作为一个统一的原则连接了所有女性共同的压迫体验；而另一方面，翻译的经验揭示了使女性彼此不同的巨大的文化和政治差异。这在翻译的结果所触及的任何领域都清晰可见。例如，我们可以发现，在某些美国女性著作的德译本中，无意识地延续着关于美国人"缺乏文化"的先在观念（Flotow, in press）；在加拿大的英语区和魁北克地区的语境中，语言政治的差异问题成为了一个重大的因素（Gillam, 1995; Scott, 1989）。在多族群的社会中，甚至第二代和第三代的移民都能感受到族群差异影响了翻译（Flotow, 1995）。正如《印度女性作品》的编辑所证实的那样，多族群社会中的女性作品的翻译进一步引发了某一族群对她族群的权威和征服等方面的问题（Tharu & Lalita, 1991/1993）。

然而，另一方面，不管是在北美还是欧洲，或是来自第三世界的大量文集，女性文学和关于性别的论著的大量翻译使性别在文化和学术生活中的重要性都显而易见。这种翻译潮流也促成了新的思维和行为方式的产生。翻译使人们了解其他女性的生活，以及她们用来影响她们所在的特定社会语境中的权力结构的语言过程。因此，它可能引发新的生活方式、思维方式和影响目标语境的方式。翻译所揭示的女性差异因而富有"重大的意义"（Lorde, 1981:100）。

欧洲出版界很少探讨这类由翻译引起的性别影响。德国翻译家协会的期刊出版物《译者》（*Der Ubersetzer*）最近一期中的"研讨会报告"是一个例外。当代英国小说译者凯伦·诺尔·费瑟（Karen Nolle-Fischer）问道："女性文学的风格是否会带来性别关系的变化?"诺尔·费瑟想知道英国女性文学的德译本是否会对德国读者产生影响。她从自己作为译者的体验来回答这个问题，其目的是使写作、阅读和体验结合在一起。

翻译向她显示了一种语言的巨大功用。在这一语言中，性别不必马上被作者所使用的名词、形容词或语助词揭示出来。她指出，在英语中，诗人写诗可以用上诸如"朋友"或"情人"等词，而不用告诉读者情人是异性，还是同性。推迟揭示主角的性别也同样轻而易举。这样，当最后这个神秘人物被发现，比如说是女性时，性别的效果就提高了。这样就可能保持模糊性，不强加给读者任何特定的解读，而是任由读者的意愿自己想象。由于德语和其他有性别标志的语言很难保持这种模糊性，因此这种模糊性也是"难以想象"的，也就是说在很大程度上，我们用来思维的语言影响到我们所能够想象的。诺尔·费瑟表示德语因此更难削弱性别关系的传统或想象其他可能的选择。然而，翻译揭示了这种不同的思维方式，并宣告了它的可能性。

诺尔·费瑟研究了多丽丝·莱辛（Doris Lessing）、安妮·迪拉德（Annie Dillard）和爱丽丝·芒罗（Alice Munro）等人作品中关于性别关系的创新的语言表述。这些作品与当代德国女性小说的表述截然不同。德国女性小说在20 世纪 70 年代女性主义创造力如日中天之后经历了一段衰退。在她看来，翻译给读者提供了新视界，或者说至少给他们提供了足够的刺激物，鼓励他们拓展眼界，超越他们的语言及政治和文化架构所宣传的传统知识。翻译提供了新语言的开始，即这种新的语言所带来的不同的生存方式。但这也要求读者费一番心思（Nolle-Fischer, 1995:8）：

> （女性)读者所面临的挑战是对她所感兴趣的问题作进一步的阐释，并打破一成不变的思维。这将搅乱思想的顺序，并确保新的表述和建构的产生。

比起美国学术界对 1981 年女性写作语言试验充满焦虑的反应，德国读者1995 年面临的挑战是否标志着一种进步，这还是一个疑问。然而，这两种情况表明女性及其文化背景的差异交织于翻译中的程度。以上探讨的精英主义、政治机会主义以及虚伪的、又或殖民主义的"翻译腔的"批评都源于这些差异。这些差异使翻译引发的问题更加复杂，表明性别问题的多样性，并且也许在不知不觉中起到生存策略的作用。没有争议或讨论的地方，往往就只有死水一潭。

References

Arrojo, Rosemary (1994) "Fidelity and the Gendered Translation," *TTR* 7(2):147-64.

Arrojo, Rosemary (1995) "Feminist 'Orgasmic' Theories of Translation and Their Contradictions," *TraTerm* 2:67-75. A critical response to Susan Bassnett's 1992 text on questions of gender and translation.

Felski, Rita (1989) *Beyond Feminist Aesthetics: Feminist Literature and Social Change,* Cambridge, Mass.: Harvard University Press.

Flotow, Luise von (1991) "Feminist Translation: Contexts, Practices, Theories," *TTR* 4(2):69-84.

Flotow, Luise von (1995) "Translating Women of the Eighties: Eroticism, Anger, Ethnicity," in Sherry Simon (ed.) *Culture in Transit: Translating the Literature of Quebec*, Montreal: Vehicule Press, 31-46.

Flotow, Luise von (in press) "Mutual Pun-nishment? The Translation of Feminist Wordplay: Mary Daly's Gyn/ecology in German," in Dirk Delabastita (ed.)

Traductio: Essays on Punning and Translation, Manchester: St. Jerome Publishing&Namur: Presses Universitires de Namue.

Gillam, Robyn (1995) "The Mauve File Folder: Notes on the Translation of Nicole Brossard," *Paragraph* 16:8-12.

Lorde, Audre (1981) "The Master's Tools Will Never Dismantle the Master's House," in Cherrie Maraga and Gloria Anzaldua (eds.) *This Bridge Called My Back: Writings by Radical Women of Color*, New York, Kitchen Table: Women of Color Press.

Nida, Eugene (1995) "Names and Titles," unpublished manuscript.

Nolle-Fischer, Karen (1995) "Konnen weibliche Schreibweisen Bewegung in die Geschlechterbeziehungen bringen?" *Der Ubersetzer* 29 (1):1-8.

Scott, Howard (1989) "Translator's Introduction," *Lair*, Toronto: Coach House Press; translation of Antre by Madeleine Gagnon, Montreal: Editions du remue-menage.

Spivak, Gayatri Chakavorty (1988) *In Other Worlds: Essays in Cultural Politics*, New York & London: Routledge.

Spivak, Gayatri Chakavorty (1992) "The Politics of Translation," in Michele Barrett and Anne Phillips (eds.) *Destabilizing Theory*, Standford, CA: Stanford University Press.

Tharu, Susie and K. Lalita (eds.) (1991/1993) *Women Writing in India*, Vols.1 and 2, New York: The Feminist Press at the City University of New York.

Voldeng, Evelyne (1985) "The Elusive Source Text" (Review of These Our Mothers by Nicole Brossard, trans. By Barbara Godard), *Canadian Literature* 105:138-39.

第七章

后殖民翻译理论

概　述

　　后殖民翻译理论是翻译理论与当代前沿文化理论结合的产物之一。尽管关于后殖民话语理论的研究在 20 世纪 70 年代初已初显端倪，"后殖民主义"这一术语的正式提出却是在斯皮瓦克（Gayatri Spivak）1990 年出版的访谈与回忆集《后殖民批评家》中。从词源学的角度来看，后殖民主义（postcolonialism）一词的历史并不长。根据《后殖民研究：关键概念》中的定义，后殖民主义最早出现于"二战"后历史学家对取得民族独立的国家的称呼上，即后殖民国家（post-colonial state）。因此，从语义学的角度看，"后殖民主义"一词表面上关注的似乎只是殖民者或帝国主义离去之后的民族文化，但随着后殖民理论研究的不断深化和成熟，"后殖民主义"的内涵也在不断丰富。20 世纪 60 年代末，随着欧洲殖民体系在全球范围的土崩瓦解，从"欧洲中心主义"出发的欧洲文学理论受到了后殖民写作的极大挑战。文学评论家开始使用后殖民主义讨论殖民主义对文学的各种文化影响，研究范围局限于英联邦文学（Commonwealth Literature）或所谓的新文学（New Literature）。70 年代初，随着西方各种思潮的不断涌动，特别是解构主义学派和文化研究学派的勃兴，后殖民主义开始成为众多学科集结交锋的场所，逐渐发展成为一种多元文化批评理论。

　　后殖民理论最主要的理论依据生成于 20 世纪 60 年代中期西方思想界内部，即以反叛、颠覆二元对立的西方哲学传统和文学批评话语为特征的解构主义。解构思潮是法国思想家奉献给西方思想界的一次重大的思想盛宴，它致力于反抗存在的霸权。这种颠覆霸权的话语给那些长期被"边缘化"的人们重新书写自己历史的力量。对那些曾经的被殖民者来说，反抗霸权的解构思想犹如一把利刃昭示他们如何揭穿殖民话语的谎言，如何重铸自己的历史。

从某种意义上来讲，"他者"反抗霸权使用的武器却来自霸权的世界，这不免让人觉得颇为讽刺。但从另一方面讲，这也解释了大多数具有弱势民族身份的后殖民学者都具有西方教育的背景。当代几位活跃于后殖民理论界的骁将，从爱德华·赛义德、盖亚特里·斯皮瓦克、霍米·巴巴到尼南贾纳，无一例外。

如果从传统的翻译理论的角度出发，我们会觉得将翻译与后殖民理论牵扯在一起似乎不可思议。传统的翻译理论，不论是历史悠长的经验论翻译心得，还是始于 20 世纪中期的形成科学系统的语言学派翻译理论，考察的都是微观的语言层面上的、文本之内的问题。在古今中外翻译论史上，"忠实""准确""可译性与不可译性"等几个问题一直是传统译学研究者津津乐道的首要对象，这使得传统译论一直囿于语言和文本的框框之内。于 80 年代开始的西方翻译研究的"文化转向"正是建立在对这种传统译论的反思之上的。实现了文化转向后的翻译研究跳出了单纯语言转换的层面，打通了潜藏在翻译之中的各个研究经脉，其学科地位获得了越来越广泛的承认。从比较宽泛的意义上来讲，之后精彩纷呈的各种研究流派不过是不同视角下的翻译研究罢了，而后殖民翻译理论正是脱胎于将翻译置于广阔的文化背景中的翻译研究学派这个母体。

那么，翻译与后殖民理论究竟有着怎样的关系呢？关于这个问题，我们或许能在后殖民理论的历史使命中找到答案。在漫长的殖民统治过程中，殖民话语逐渐为被殖民者所认同，从而产生了集体自卑情结。因此，后殖民理论的历史使命就是解除殖民化，尤指解除殖民化状态下的集体自卑情结的渐进过程。后殖民理论者的任务就是通过文本的历史追溯，揭示文本生成的历史的、社会的条件，揭穿殖民者话语中的谎言，还民族以自信心。于是，"翻译是帝国的殖民工具"成了后殖民视角下的翻译研究的一个重大命题。在人类翻译历史上，一直被视为沟通人类心灵的最重要的媒介的翻译却在后殖民翻译理论中背负着这样一个沉重的历史罪名。后殖民理论家认识到，就像殖民前的历史无法被殖民者的屠刀所抹杀一样，殖民者的幽灵依然在后殖民的空中游弋，殖民践踏的历史仍然影响着已经获得独立的殖民地方方面面的建构与发展。因此，要彻底根除殖民的阴影就需要从揭露殖民主体身份的建构入手，而翻译恰恰是建构殖民主体的最重要的手段之一。例如在《为翻译定位》一书中，尼南贾纳从追溯印度的被殖民史，探讨了翻译在殖民化过程中所起的关键作用，其目的是为了使后殖民社会挣脱殖民话语的羁绊。而斯皮瓦克的文章《翻译的政治》则通过西方女性主义者翻译第三世界女性文本的事实让我们警惕翻译中所隐藏的新型的殖民主义。

殖民的历史漫长，帝国的幅员辽阔，这决定了后殖民理论的多样性。如果说在尼南贾纳等南亚学者看来"翻译是帝国的殖民工具"，那么对远在南美的巴西后殖民学者看来，翻译却是被殖民者用来解除殖民枷锁的工具。在巴西学者埃尔斯·丽贝罗·皮尔斯·维埃拉的《解放卡利班——论食人说与哈罗德·德·坎波斯的超越／越界性创造诗学》中，我们则看到作为"食人行为"的翻译被视为既是后殖民巴西文化与殖民话语的决裂，也是一种提供给巴西精神养料的输血行为。

后殖民翻译理论超越语言的局限，从政治、权力等视角探究翻译问题。从某种程度上说，这些后殖民理论首先关注的并非翻译本身，但它们却给传统的翻译观念带来极大的冲击。值得一提的是，罗宾逊认为这些观念虽然建构了全新的翻译理念，但由于过分简单狭隘地将翻译本身视为要么是殖民化的工具，要么是解除殖民主义余孽的武器，因此，在他看来，这种民族主义和精英主义的研究也很容易陷入他们致力根除的殖民主义的窠白。

后殖民研究与翻译研究[*]

道格拉斯·罗宾逊著

卢玉玲译

导言

  道格拉斯·罗宾逊（Douglas Robinson）是美国密西西比大学英语系教授，主要从事语言、文学和翻译等方面的研究。罗宾逊的翻译思想极富创见，出版过许多翻译理论著作，如《译者登场》(*The Translator's Turn,* 1991)，《翻译与禁忌》(*Translation and Taboo,* 1996)，《何谓翻译？》(*What is Translation?* 1997)，《西方翻译理论：从希罗多德到尼采》(*Western Translation Theory From Herododus to Nietzsche,* 1997)，《翻译与帝国：后殖民理论阐释》(*Translation and Empire: Postcolonial Theories Explained,* 1997)，《成为一名翻译家》(*Becoming a Translator: An Accelerated Course,* 1997)，《谁在翻译？——超越理性论译者的主体性》(*Who translates? Translator Subjectivities Beyond Reason,* 2001)，等等。

  翻译的后殖民视角是当代国际翻译研究的一个崭新领域。道格拉斯·罗宾逊的《翻译与帝国：后殖民理论阐释》为我们提供了该视角的一个综合性概述。全书共六章，其中前五章点面结合，通过对一些重要的后殖民翻译理论文本与思想，特别是对文森特·拉斐尔（Vicente Rafael）的《限制殖民主义》(*Contracting Colonialism*)、埃里克·切菲特兹（Eric Cheyfitz）的《帝国主义诗学》(*The Poetics of Imperialism*)、特佳斯维妮·尼南贾纳（Tejaswini Niranjana）的《为翻译定位》(*Siting Translation*)等著作的介绍，力求客观中立地为读者展示翻译的后殖民视角的历史发展概貌；最后一章则简要阐述了作者对这一视角的批评性观点。罗宾逊认为，虽然这些后殖民学者首先关注的并非翻译本身，但其研究却对传统的翻译观念产生极大的冲击。在这一视角下的翻译或被视为殖民化的工具，或是解除殖民主义余孽的武器。对此，罗宾逊认为这些观念虽然建构了全新的翻译理念，但由于过分简单狭隘地将

---

  * 本文选译自 Douglas Robinson, "Post Colonial Studies, Translation Studies", in *Translation and Empire: Postcolonial Theories Explained,* St. Jerome, 1997, pp. 8-30.

翻译本身视为要么是有危害的行为，要么是有益的行为，因此，在他看来，这种立足本土主义和精英主义的研究很容易也陷入他们所致力于根除的殖民主义。

本文选译自《翻译与帝国》的第一章"后殖民研究与翻译研究"。正如标题所示，本章简要地陈述了后殖民研究与翻译的关系。罗宾逊认为，为了清楚地探讨翻译与帝国的关系，我们必须超越将翻译视为纯粹的语言或文本活动的传统观念。一方面，借用关于帝国及其后果的后殖民研究中的关键概念"霸权""主体化"和"召唤"等概念，翻译的后殖民视角可以揭示殖民语境中的翻译行为是如何建构殖民主体，翻译如何沦为帝国主义征服与占领不可或缺的一个途径的；另一方面，通过对语言、语域和自我的深入探究，翻译的后殖民视角还揭示后殖民语境中的全球性的"边界文化"或"流散文化"，使翻译不再仅仅是传统意义上的翻译，而是进一步成为人们日常生活的一部分。因此，"这个语境中的翻译不再是几个受过高度专业训练的人士在书面文本层面上的语义转换的操作，而是非常普通的日常交流"。

正文

翻译与帝国

首先，让我们简单概述一下这本书的书名"翻译与帝国"中的主要术语。在这一章的其他部分，我们将探讨一下该书副标题中的关键词：后殖民。

乍一看，翻译与帝国这两个词很不匹配。两千多年来，与翻译相关的、最为常见的术语是：意义、等值、准确、技巧，等等。这些都是纯粹技术性（如何译）和判断性（译得如何）的概念。这些概念表明了发生在词语、句子和整个文本等层面上的活动。从传统的角度来看，翻译一直被看作是一种高度机械性的活动：使意义不作任何重大变化，从原文本转化为目的语文本的客观过程。人们对隐藏在这一过程之后非常重要的人，即译者的研究往往是消极的。人们认为译者的"观点""偏见"或"误解"歪曲或破坏了原文，从而影响了翻译过程的成功完成。人们对译者的理论性研究，主要目的是严禁理想的译者有这样的破坏性行为。具体而言，就是警告真正的译者不要犯下故意或无意偏离原文的确切意义的各类错误，目的是使文本的转换过程不会干扰真实世界中人们的交流和动机。

根据这一学术传统，**翻译**与**帝国**的任何联系都看似荒唐，毫无可能，当然也就有悖于直觉。翻译到底与帝国有什么关系呢？帝国是指历时数千年、横跨各大洲的大规模的军事、政治和经济实体。帝国意味着在入侵和抵抗、占领和适应、宣传和教育、征服与屈服等过程中，相互间复杂的影响和交往。帝国是建立在军事与经济控制基础上的政治体系。这种控制扩大和巩固了某一族群的权力，并使之凌驾于其他族群——通常是一个国家对他国的权力控制。传统的观念认为，建立帝国的理由如下：为了获得经济利益（被占领土会使帝国更加丰饶），出于策略和安全的目的（被占领土将成为帝国与敌国之间的缓冲区域），出于道义责任（从压迫者手中解放和保护被凌辱的民族），以及为了达到社会达尔文主义的目的（强大的民族很自然会统治弱小民族——弱肉强食原则）。最糟糕的后果是，帝国毁灭所有的民族与文化；而最好的结果是，帝国带来富有成效的文化融合。这种融合为封闭的族群注入了新鲜的血液。

帝国远非一种现代的发展模式，事实上，帝国是我们所知道的最古老的宏观政治体制之一。关于古代帝国，我们可以谈到埃及帝国、华夏帝国、亚述帝国、波斯帝国、马其顿帝国、罗马帝国和从公元 800 年查里曼大帝的加冕到 1806 年末代皇帝弃位为止的神圣罗马帝国。从 1300 年到近代，奥特曼帝国的版图从地中海绵延开来，跨越了黑海，某些地区甚至到了 20 世纪初仍归其管辖。在过去的 4 个世纪里，世界帝国历史主要围绕不同的欧洲帝国展开：在 15 世纪后期和 16 世纪初，葡萄牙人开始建立他们的贸易帝国；16 世纪早期，西班牙人开始了在美洲的殖民史；而 17 世纪初，荷兰、法国和英国也开始了他们的对外扩张。在这几个世纪里，奥匈帝国、沙俄帝国和日耳曼帝国统一了欧洲的不同地区。那些直到 19 世纪末才在欧洲之外建立帝国的后来者包括德国、比利时、意大利、俄国、日本和美国——后者曾经是英国的一个殖民地，但独立之后它的发展如此迅猛，以至于其政府中的那些掌握权势的帝国主义者也深信建立一个自己的帝国至关重要。

甚至到了 20 世纪的上半叶，人们仍然以帝国为傲。不仅英国人以征服世界上那么多土地而自豪（"不列颠帝国是日不落帝国"），这个帝国的许多属民也因属于这个巨无霸帝国而自豪。正如沃特·佩特（Walter Pater）在《伊壁鸠鲁信奉者马略》（*Marius the Epicurean*）一书中所写的：

仅仅感觉自己归属于一个体系——帝国体系或组织,就如那些被纳入天主教会的较小教派所体验的感觉,抑或如老罗马公民所体验的感觉那样,是一种权力扩张的伟大体验。

然而随着独立与解放运动在殖民地国家的不断扩展,上述态度开始消退。帝国的属民越来越认识到帝国是一种军事欺凌、政治控制、经济剥削和文化霸权。他们不再将帝国理想化,认为帝国可以"保护自己免受外来侵略",或者认为自己"归属于一个强大的实体"。特别是在 20 世纪中期的数十年里,随着一个又一个殖民地国家脱离强大的欧洲帝国赢得独立(在 1945 年至 1965 年这段时间里,世界上几乎所有的殖民地国家都已经取得了独立),形容词 imperial 所隐含的正面意义("高等的""强大的""高尚的""崇高的")开始丧失,而演变成了一个修饰帝国的中性词(如 the imperial powers)。同时,形容词 imperialist 开始越来越被当作贬义词使用,用来描述反民主的和恃强凌弱的帝国活动和态度。

然而,问题依然是:所有这些究竟与翻译有何干系呢?如果说翻译与文本等值,词、词组及其意义有关系,那么它与帝国的宏观政治又有何共通之处呢?

对翻译和帝国的研究,或者说对帝国翻译的研究发轫于 20 世纪 80 年代的中后期。那时人们认识到翻译一直是帝国主义实现其征服与占领的一个不可或缺的途径。帝国征服者们不仅必须找到行之有效的办法与他们的新臣民进行沟通,他们还需要找到使他们臣服、把他们转化为驯服的或者"合作"的臣民的新方法。帝国的翻译史最早关注的领域之一,就是为了协调殖民者与被殖民者之间的关系对口译者进行挑选和培训。例如,到底是派征服国的语言天才去学习被征服民族的土著语言好呢?还是教会被征服文化的语言天才用帝国的语言来交流更好?在这两种经常共存于同一个跨文化交流的历史过程中,使这些受训的译员忠心耿耿非常重要,目的是使译员服务于帝国,不会相反地仍旧效忠于被征服民族,或者对被征服民族心生忠诚。应该采取什么措施来确保不同权力集团之间的翻译或口译的可信度呢?如果译者是唯一能够沟通征服者与被征服者的人,那么谁又能保证翻译的准确性呢?

举两个例子:

1519 年,在墨西哥的西班牙征服者赫南·科蒂斯(Hernan Cortes)试图霸占一个叫纳瓦(Nahua)的印第安部落居住区。赫南·科蒂斯与当地人的交流完全依赖他在当地的情妇兼翻译玛琳蒂丝恩（Malintzin）或称玛琳斯（Malinche），西班牙语叫当娜·玛丽娜（Dona Marina）。在纳瓦一个叫科鲁拉（Cholula）的小镇，科蒂斯接到了和平协议。但据说玛琳蒂丝恩无意中听到一个当地妇女说当地的男人正准备伏击仅有 400 人的西班牙部队，于是就把这个消息上报给科蒂斯。科蒂斯挫败了这次伏击，捕获并屠杀了 3000 名科洛特科男人。这是西班牙人征服墨西哥城的一个转折点。当纳瓦国王蒙特苏马（Montezuma）听到科蒂斯发现并粉碎了伏击其部队的阴谋的消息时，他变得越来越相信这个西班牙征服者不是人，而是羽蛇神（the God Quetzalcoatl）的化身。墨西哥人常常痛斥玛琳蒂丝恩是民族的叛徒。但是，那个对她表示鄙视的称呼——"婊子"，所揭示的不仅是她的背叛，也揭示了在权力政治漩涡之中，一个懂多种语言的女人身处只懂一种语言的男性世界中的艰难处境。在政治的漩涡中，译者拥有怎样的权力呢？这种权力又是怎样被其他因素，如被鄙视的性别、种族和阶级复杂化的呢？

一个多世纪之后，也就是在 17 世纪最初的几十年里（1620～1640），在现在被称为马萨诸塞的普莱茅斯庄园，勇敢的泊图科撒特人斯匡托（Squanto）成了最早为英国殖民者工作的本地译员。他是作为和平使者和协议起草者被载入帝国史册的。在习得英语的过程中，他历经了种种磨难和创伤：他从其部落中被绑架，之后被卖到英国做奴隶；他逃了出来，回到了当时已被灭绝的部落；再次被抓并被贩为奴隶，尔后再次逃脱，又回到已被殖民者称为"新世界"的祖国。是什么样的（感情的、政治的）情结在决定着其翻译的准确性？斯匡托本人、印第安首领马萨绍伊特（Massasoit）和总督威廉·布莱德福（William Bradford）为了各自不同的利益——分别是维护自尊、摧毁欧洲定居点和扩张欧洲霸权——又是如何操控着这些情结的呢？

为了清楚地探讨"翻译的帝国"和"帝国的翻译"的含义，我们必须超越将翻译视为纯粹的语言或文本活动的传统观念。目前已有多个不同的理论流派为传统翻译观念的拓展打下了基础，特别是：

乔治·斯坦纳（George Steiner）出版于 1975 年的阐释学派巨著《通天塔之后——语言与翻译面面观》（*After Babel*）。斯坦纳大量地引用从歌德（Johann Wolfgang Von Goethe）、本雅明（Walter Benjamin）到海德格尔（Martin Heidegger）的德国浪漫主义和后浪漫主义的观点来探究作为挑衅、入侵、占领和掠夺手段的翻译行为。

多元系统或描述性翻译研究学派。这个学派包括埃文-佐哈（Even-Zohar，1979，1981），吉迪恩·图里（Gideon Toury，1980，1981，1995）和安德烈·勒菲弗尔等人（Andre Lefevere *et al.*，1992）。他们从特定的翻译文本所处的文化和文学体系的角度探究了翻译的宏观政治。

功能学派理论家如弗米尔（Hans J. Vermere，1989）和霍茨—曼塔里（Justa Holz-Mänttäri，1984）则考察了翻译的社会语境和活动。翻译是为了某一特定目的、在真实的社会网络中由活生生的人进行的一项活动。

这些研究方法自 20 世纪 70 年代中期开始出现，之后其影响越来越大。它们大大地拓展了被称为"翻译研究"的领域。然而，我们必须清楚地认识到，要改变那些在两千多年前由古希腊罗马时期的权威如西塞罗（Cicero）、贺拉斯（Horace）、普林尼（Pliny）和昆体良（Quintilian）等人提出的传统观念是十分困难的。三四百年来，这些传统观念被视为研究翻译实践唯一可行的方法。传统的翻译理念认为，翻译是纯粹语言的、基本客观的过程，它使文本间获得语义上的对等。的确，这种观点迄今仍主宰着国际翻译研究界的许多地区。如果你接受的是这些传统观念，那么本书的思想对你来说会显得十分怪异，似乎与"正统"的翻译研究没有关系。

什么是后殖民？

"后殖民理论"或"后殖民研究"被认为是文化理论或文化研究的跨学科领域的一部分。这项研究利用人类学、社会学、性别研究、族群研究、文学批评、史学、心理分析、政治科学和哲学理论来探究纷繁的文化文本和实践。实际上，比这个概述式的描述更重要的一个观点是，文化研究把众多的文化批评家集结在一起，不仅为客观地探讨文化提供了一个论坛，而且策略性地统一了批评界的思想。文化理论家常常感到，学术界的学科分野孤立了处在不同系别和持不同方法论的思想家，从而阻碍了文化的批评。例如，一个从事定量研究的社会学家和一个从事修辞分析的语文学学者无法充分交流彼此的思想，因而也就无法了解其实他们的研究目的有共同之处，尤其在揭露各种钳制思想的隐秘方式的目的方面。文化理论家借鉴安东尼奥·葛兰西（Antonio Gramsci）的"霸权"（hegemony）理念，即霸权是一个社会的占统治地位的政治、社会、文化、意识形态和知识结构，用"反霸权"（counter-hegemonic）一词描述他们自己和他们的工作。

后殖民研究产生于 20 世纪 40 年代至 60 年代"大欧洲"的分裂及其后反霸权文化研究的学术圈的异军突起。在许多个案中，后殖民研究要早于文化研究；但现在两者已经一起发展，而且两者的结合相当紧密且富有成效。80年代，在拉纳吉特·古哈（Ranajit Guha）主编了一套名为"贱民研究"（subaltern studies）的论文集后，"贱民研究"成了用来替代后殖民研究的另一个术语。

后殖民研究的确切范围仍然具有争议性。人们对它的界定各不相同：

（1）对独立之后的前欧洲殖民地的研究。研究独立期间殖民地人民如何应对、适应、抵抗或克服殖民主义的文化遗物。这里的"后殖民"是指殖民主义终结之时的文化。其包括的历史时期大致是 20 世纪的后半叶。

（2）对殖民化之后的前欧洲殖民地的研究。研究殖民化开始之后，殖民地人民如何应对、适应、抵抗或克服殖民主义的文化产物。这里的"后殖民"是指殖民主义开始之后的文化。其包括的历史时期大致是始于 16 世纪的近代时期。

（3）研究所有文化、社会、国家和民族与其他文化的权力关系。研究征服者文化如何使被征服文化屈从于自己的意愿；研究被征服文化如何应对、适应、抵抗或克服这种压制。这里的"后殖民"指的是我们在 20 世纪后期对政治与权力关系的认识。其历史时期涵盖了整个人类历史。

这些界定的范围似乎过于夸大。这种做法本身甚至有帝国主义之嫌，即为了证明某个批评观点将越来越多的人类历史纳入殖民统治的范围。比如，拉塞尔·雅各比（Russel Jacoby）在《边缘的回归：后殖民理论的问题》中就难以苟同上述第二个定义中过度膨胀的研究焦点：

> 一些追随者认为帝国主义界定了殖民主义及其后续者——后殖民主义的范围，这就使其范围局限在美洲、非洲和亚洲的部分地区。其他人则认为（后殖民）这个术语包括"白人定居者"殖民地，如加拿大、澳大利亚、新西兰，甚至美国。还有哪些地方被遗漏的？几乎没有。阿什克罗夫特（Bill Ashcroft）、格利菲斯（Gareth Griffiths）和蒂芬（Helen Tiffin）在 1989 年发表了后殖民理论家的奠基性文本《逆写帝国：后殖民文学的理论与实践》（*The Empire Writes back:*

Theory and Practice in Post-colonial Literatures, Routledge, 1989）。在书中，他们认为，地球上四分之三的土地都遭遇过殖民主义。这个全新的领域将四个世纪和这个星球的大部分地方作为自己的研究范围。真不错！（Jacoby, 1995:30）

当然，第三个定义中的"范围"就更大了。难道就没有一个文化在其历史发展的某个阶段不曾被他者控制吗？

一些后殖民学者竭力想从这三个界限中确定一个定义。然而，在这个导论部分，或许更为有益的是只去关注"后殖民"一词的范围的争论仍在继续这一事实。的确，甚至更有意义的是注意到，这三个定义中的任何一个都会引起不同学科学者的兴趣并使他们从中受益：

（1）"后—独立"研究。对于研究特定后殖民文化如印度、非洲各国或西印度群岛近代史的学者，这个使研究范围缩小了的方法将会更有成效。这个研究方法将会使他们关注独立时殖民残存物出现的新问题（和部分老问题）：语言问题、地域和自我问题、政治与法律问题，等等。

（2）"后—欧洲殖民化"研究。对于那些致力于削弱欧洲文化和政治霸权的反霸权主义的欧洲学者，以及那些来自前殖民地、试图通过与其他后殖民文化的比较来证实他们的文化经验和帝国权力的有效性的学者，这个研究方法将会更有效。这个方法使他们能够将特定的历史事件置于更大的地缘政治语境中加以研究。

（3）"权力关系"研究：对于那些强调一直以来被压抑、理想化或普适化权力关系的文化理论家，这个研究方法将会富有成效。通过这一方法，他们能够在人类全部的历史中找到人类征服及其代价的实例，从而有效地回击那些不屑一顾的、保守的反应，如认为这样或那样的后殖民现象并不适用于"我们"或我们尊重的文化。

我们还可以走得更远：阿什克罗夫特、格利菲斯和蒂芬在《逆写帝国：后殖民文学的理论与实践》中这样写道："有些当代批评家认为，后殖民主义不仅仅是后殖民社会制造出来的文本。我们最好将它看作是一种'阅读实践'。"（Ashcroft *et al.*, 1989:193）。这个要求同样适用于后殖民的三个定义。

在"后—独立"研究中，后殖民主义是探究欧洲前殖民地独立后的历史的方法。这是一种富有成效且显然无法避开的方法，但却肯定不是唯一的方法。

在"后—欧洲殖民化"研究中，后殖民主义是考察过去四五个世纪中，欧洲的历史及其政治与文化的影响范围的方法。对有些人来说，这是一个有争议的方法，因为它试图揭示那些直到最近仍被理想化的某些欧洲文本、领袖、事件和自我概念中令人不悦的一面，但这同样只是一种方法而已。它的可取之处并不是说，在几个世纪的美丽谎言之后，这个方法终于给予了我们真理，而是通过迫使我们直面我们一直不愿去注意的东西，使我们获得大量全新的信息，并极有可能受其指引而采取遵循原则的行为。

在"权力关系"研究中，后殖民主义是探究文化间的权力关系、征服与屈服、地理与语言错位等互动关系所带来的心理社会变化的方法。它并不想解释这个世界的一切事物，而只是解释那个被忽视的现象：即一个文化对另一个文化的控制。

我们将看到，尽管大部分后殖民翻译理论家试图根据第一和第二个定义来界定他们的研究方法，关注翻译对特定的、被欧洲殖民的文化的影响，如文森特·拉斐尔（Vicente Rafael）论他加禄社会①、埃里克·切菲特兹（Eric Cheyfitz）论美洲土著人、特佳斯维妮·尼南贾纳（Tejaswini Niranjana）论印度、理查德·杰克蒙德（Richard Jacquemond）论埃及、撒米尔·梅克雷兹（Samia Mchrez）论北非法语区。但也有一些重要的翻译研究是属于第三类的。例如，当丽塔·科普兰（Rita Copeland, 1991:30）评论西塞罗通过创造性翻译挪用希腊演讲家（更广义上说是希腊文化）的帝国主义潜台词时，显然，她的观点既受到后殖民研究的影响，也施惠于后殖民研究。对于古代帝国研究来说，明确探讨其与翻译的联系及其带来的文化表述上的变化还是一项很新的研究。欧洲前殖民地的后殖民研究可以为探讨这样的联系提供具有建设性的研究视角。例如，理查德·杰克蒙德最为直接关注的是埃及与法国的后殖民关系，但是他从这些关系中为翻译研究提取的研究方案对于其他殖民关系的研究都大有裨益：如罗马人翻译希腊作品，中世纪时期西班牙人将希腊、希伯来和阿拉伯作品译成拉丁文，中世纪后期和文艺复兴时期欧洲各国翻译拉丁文作品，或者殖民前印度翻译梵文作品。

正如拉塞尔·雅各比所言，人们一直对哪些国家或者文化可称为"后殖民"这个问题争论不休。这些被纳入后殖民行列的国家最富争议的莫过于"白人定居者殖民地"：加拿大、澳大利亚、新西兰、特别是自身已成为帝国的美

---

① 系菲律宾诸岛之马来亚族土著。（译注）

国。阿什克罗夫特、格利菲斯和蒂芬等人坚持认为美国应该被视为后殖民国家。他们指出：

> 美国文学也应该被置于这一行列。也许是因为它当下的权力地位和它曾经扮演过的殖民角色，所以它的后殖民本质一般不被承认。但是在过去两个世纪的发展中，它与宗主国中心的关系已经成了各地的后殖民文学的范例。（Ashcroft *et al.*, 1989:2）

关于这个问题，每个人采取的立场取决于他研究的是什么问题和为什么研究。譬如，对于 20 世纪下半叶的拉美与加勒比地区的后殖民历史学家来说，将美国当作后殖民文化的讨论对象简直是一派胡言。美国不仅在该地区实行剥削的新殖民主义政策，在事实上并没有"占有"这些国家、使之沦为殖民地的情况下，通过跨国公司操纵这些国家的经济，而且波多黎各和美属维尔京群岛仍是传统意义上的殖民地。（有些人认为夏威夷是伪装成"州"的一个殖民地，而取得"州"的地位也是波多黎各的执政党竭力追求的目标。）

但对其他学者来说，研究作为"各地后殖民文学范例"的美国的后殖民历史仍然富有意义。在第四章中，埃里克·切菲特兹探讨的美洲印第安人的"翻译"就是一个后殖民问题。当下美国社会中，占统治地位的讲英语的公民与被边缘化的讲西班牙语的公民之间、白人与黑人之间的冲突，是后殖民问题。独尊英语运动（English Only Movement）和它所反映的使多语言状况汇入"大熔炉"的情况是后殖民运动。一直以来，美国在英国和欧洲是前殖民中心这个问题上持矛盾心态。事实是，美国人觉得自己既优于也逊色于英国人和欧洲大陆人，并对这一复杂的感情感到很不自在。这是后殖民问题。

后殖民理论的兴起

后殖民理论主要源于英国人与印度人（特别是在早期）对殖民主义及其在 20 世纪的衰亡和对搅乱了传统知识论学说的激进的西方思想家（卡尔·马克思、弗雷德里克·尼采、路易斯·阿尔杜塞、弗雷德里·杰姆逊、雅克·德里达、米歇尔·福柯、爱德华·赛义德）所作的回应的复杂历史。格延·普拉喀什（Gyan Prakash）的《社会与历史的比较研究》（1990）一书中有一篇很有影响的文章，其标题为《书写第三世界的后东方主义历史：印度历史的视角》。这篇文章对这一历史的发展作了具有建设性的概述。

普拉喀什写道：

发展的第一阶段是东方主义历史，即欧洲东方主义者书写的印度历史。他们将印度当作欧洲的雅利安童年，因此也就是一个固定的、稳定的、停滞不前的客体。它既不能发展（进步的能力），也不能有主体性（自我表述的能力）。

第二个阶段是民族主义历史。它开始于20世纪20年代和30年代印度民族主义历史学家针对这些欧洲中心主义观点提出的批评。这些历史学家采用印度中心主义的叙事来批驳东方主义的历史观。这些叙事与他们试图驱逐的东方主义叙事有着惊人的相似。和东方主义者一样，印度民族主义者将印度的身份追溯至久远的古代雅利安人神话。他们认为，雅利安人的文化遗产至今仍包含着印度所有有价值的东西。11～12世纪穆斯林的到来导致了这一神话叙事的"衰落"，这使印度婆罗门教的真正精神堕落，并使它难逃英帝国主义的伤害。尽管印度中心主义或者说民族主义表面上试图驳斥欧洲中心主义或东方主义将印度作为一个幼稚的、注重感官快乐的、神秘的宗教之地，并试图完全通过印度人的视角来理解印度历史，这种方法在很多方面只是简单地承续了传统的东方主义神话。

第三个阶段是后殖民主义历史。至少从普拉喀什印度历史观的视角来看，这一阶段试图摆脱前两个阶段中的局限性的观点，其目的是既解释印度历史与现在的复杂性，又为未来勾勒出新的方向。普拉喀什确定了这一过程中的两个主要方法论，即马克思主义和后结构主义，称二者都是"后民族主义"方法——但前者是"基础性"方法，后者为"后—基础性"方法。后两个术语揭示了存在于当代哲学思想中的一个裂缝：有些人相信思想家的思想是建立在稳定的实体或实质（即基础）之上的，这样他们才能对周围纷繁复杂的现象作出推断；而另一些人认为这种想法是一种怀旧的虚构或妄想。因此一般来说，马克思主义被称为基础性哲学，因为马克思主义者传统上相信稳定的实质或基础的存在，如一个社会的经济基础和上层建筑（封建主义、资本主义、社会主义及其意识形态），社会阶级和阶级斗争（贵族、资产阶级、无产阶级）和历史的进步性（引领我们朝资本主义的衰亡和社会主义的胜利的方向发展）。与之相反，后结构主义思想家如雅克·德里达和米歇尔·福柯，则称这些"本质"或"所谓的基础"只是"话语的结果"。这就是说，它们之所以"存在"并将权力引入社会，只是因为庞大的社会集团相信他们的存在，并煞有其事地谈论它们。后结构主义关于政治历史的研究方法最关注的是追查这些"权力话语"的"旅行"：即它们通过特定的社会撒播权力（和无权）

的方式。社会反过来被视为无序的联合与碎片的竞争之地。在这里，一些集团通过竞争攫取和巩固了权力，而另外一些集团远离中心，身居不同的、不断变动的边缘地带，无法掌握将秩序强加于经验的权力话语。

后殖民研究方法，特别是已经出版了由古哈和斯皮瓦克主编的一套名为《贱民研究》文集的很有影响力的"贱民研究"团体的研究方法，试图同时运用这两种哲学传统资源，有时强调马克思主义观点中基础的"确定性"，有时强调后结构主义观点的后—基础性的策略性怀疑和不确定性。根据马克思主义观点，后殖民学者不仅可以确定压迫贱民的权力结构，而且还能系统地构想出一致的"身份政治"以对抗压迫人的政治和意识形态政权。后结构主义方法使后殖民学者识别并推断，在某些特定的方式与时刻关于身份与解放的一致想象强化成了怀旧神话，从而使贱民再次陷入停滞的历史之中。因此在马克思主义方法和后结构主义方法之间存在了一个有益的张力，或者说辩证关系：一方面，前者清楚地表达了过去我们是怎样的人，今天我们是怎样的人，明天我们想成为怎样的人，以及在这个过程中我们的压迫者和盟友又是谁；另一方面，后者隐隐约约地看到不断变动的、混乱的经验之流的碎片。这些经验之流质疑了所有关于他者的这类表述。前者表达了解放的行动主义政治，通过个人或集体的行动获得更美好的未来；而后者关于政治和意识形态的力量的观点更为宏大和复杂。这些政治和意识形态力量塑造了我们，甚至当我们试图挣脱那些钳制我们思想和言语的枷锁时，上述力量仍会影响我们为获得解放所做的斗争。后殖民学者和贱民研究者认为要铸造一个"新"的后殖民身份既重要又难以实现：之所以重要，是因为那些殖民观念既是格格不入的又是消极的，因为他们来自异域，摧毁了本土文化的价值体系，也因为有效的后殖民政治要求发展更为积极的本土观念；之所以难以实现，是因为殖民话语甚至继续影响试图挣脱其枷锁的后殖民努力，并使关于"新"（后殖民的）的身份的想象受到"老的"（殖民的）身份的拘囿。例如，对一个持后殖民观点的印度人来说，殖民化的贱民的唯一选择似乎就是成为"现代的"，也就是说不再是原始的，也就是更像西方殖民者……这是后殖民争论中心的一个两难境地。

另一位也是贱民研究团体中的活跃成员的印度学者卡克拉巴蒂（Dopesh Chakrabarty），在《后殖民性和历史的诡辩：谁为"印度"历史言说？》这篇论文中认为，后殖民（特别是印度的）历史观处于两难的困境中：

一方面，它既是现代性的主体，也是客体，因为它代表了一个叫"印度民族"的、总是一分为二的、想当然的整体——现代化的精英和尚未现代化的农民。然而，作为这样的一个分裂主体，它的言说源于颂扬民族国家的元叙事内部；而这个元叙事的理论主体只可能是超现实的"欧洲"，一个由帝国主义者和民族主义者都曾经向被殖民者讲述过的故事建构起来的欧洲。

换言之，书写印度历史的唯一"真实"或"可信"的方法就是根据欧洲的观点来书写（想象的书写）。书写印度的历史就是书写作为民族的印度的历史，而民族的概念却是欧洲的，即一个建立在欧洲历史观念框架上的概念。因此，印度的历史也就很可能意味着历史的欧洲中心主义观。这样的历史观只是将处在最强盛与最独立时期的印度扭曲地再现为欧洲。因此提出"如果不用欧洲历史观的概念来思考，印度今天的历史观是怎样的"就像提出"一只手拍出的声音是怎样的"的禅宗问题。欧洲的历史（或者说学术）话语就像一面透镜。它让后殖民学者甚至能够透过印度人的眼睛在想象中看印度，这同时也使这种心理投射无法实现。

卡克拉巴蒂要解决的问题事实上是现在世界各地的后殖民学者一段时间以来一直在研究的问题：使"欧洲"地方化的方案。现代帝国主义和（第三世界）民族主义通过共同合作和暴力行为，已经使这个"欧洲"变得具有普遍性。作为这个方案的一部分，卡克拉巴蒂号召学者们将含糊不定、矛盾性、暴力的使用以及与之相伴的悲剧和反讽等写进现代性的历史中——在欧洲（或者更广义上的第一世界）的历史中表达"正如压迫与暴力，修辞策略的劝导力量促进了现代性的胜利"（Chakrabarty, 1992:21）使西方"地方化"，也就是打碎中心与地方的等级关系。在殖民主义时期和之后，这种等级关系就是文明与原始、秩序与混乱、统一性与多样性之间的等级关系。这个构想的目的是看到无所不在的多样性和差异性——换言之，无论是对于欧洲人、北美人，还是对于广义上的"第一世界"而言，这不只是前殖民地的一个特征，而且也是成为殖民中心的前提。这一过程中的另一个著名的语词是"移动中心"（moving the center）。这个词是由肯尼亚学者和作家尼古基·瓦·西昂奥（Ngugi wa Thiong'o）创造的。西昂奥在一本同名书中对此作了解释：

　　这又是个移动中心的问题：从欧洲语言到遍及非洲和世界各地的所有其他语言的移动；你也可以说它是向语言多元主义靠近的移动，它把语言看作为承载人类想象的合法工具。（Ngugi wa Thiong'o,

尼古基还写了《心灵的解殖》（1986）一书。这是后殖民研究的一个奠基性文本。其标题已经成了这个繁重的、仍在进行中的过程的另一个重要的流行口号。通过这个拆解过程，前帝国主义中心和殖民边缘、殖民主义的集体精神状态和意识形态将逐渐被摧毁。

从我们称为社会权力的后结构主义的分析来看，特别是从福柯的《训诫与惩罚》（1975）来看，我们对这个方案是很熟悉的。不过，或许从这个意义上，欧洲第一次试图使西方地方化的伟大尝试是弗雷德里克·尼采的《道德考古学》（1887）。在这本书中，尼采追溯了在德国为获取德国"文化"或"文明"而必须遭遇的肉体与情感暴力的历史。事实上，尼采是后殖民理论的一个关键性人物，是欧洲对被神秘化、理想化和被压抑的社会权力进行去魅研究的主要开创者。尼采第一个批评帝国的翻译也绝非巧合。值得注意的是，后殖民理论的一个重要分支追随了尼采的理论，将翻译只跟帝国联系在一起，认为翻译就是被征服的东西。例如，在卡克拉巴蒂看来：

> 这是个试图征服不可能完成的任务的历史：通过探究跨文化和其他符号系统间的翻译中的那些抵制和逃避人类的最美好努力的东西，直面自己的死亡，这样，这个世界将再次被想象成充满差异的世界。（Chakrabarty, 1992:23）

霸权、主体化和召唤

关于帝国及其后果的后殖民研究中的关键概念是意大利马克思主义者安东尼奥·葛兰西提出的"霸权"（hegemony）说（1971 年译本）和法国马克思主义者路易斯·阿尔杜塞（Louise Althusser，1971）论述的"主体化"（subjectification）及"召唤"（interpellation）说。

葛兰西的霸权概念试图解释，在权威的外力被根除很久之后，权威的力量仍持续不断地对自我概念、价值观念、政治体系和整个民族的个性产生决定性的作用。例如，在一个家庭中，从蹒跚学步的幼儿想拿被禁物品，而父母拼命摇头说"不许"，到父母权威被不断地逐渐内化于孩子的心中，最终完美的自我规约的成人状态"被完成"，我们可以从中追溯霸权发展的整个路径。当成人开口管束孩子时，他们会听到他们的父亲或母亲的声音从自己的嘴中传出。显然，父母对成年后的他们的控制依然存在。我们将看到，对于那些欧洲殖民者来说，孩子与父母的这个类比将是很有益的。这些殖民者试图对他们自己和臣民解释：（1）与欧洲统治者相比，土著人是如何幼稚；（2）必须强加给他们一种"教育"制度（包括翻译），将他们从幼稚状态引领到更为欧洲化的"成人"状态。换言之，自我的规约建立在内化于心的欧洲权威的基础上。

"主体化"和"召唤"是阿尔杜塞用来指称权威被内化的过程的语词。在阿尔杜塞的理想设想中，直到社会的统治力量（他称为"意识形态国家机器"）"招呼"（hail）或者"召唤"社会的每个成员为主体，他们才会成为主体。在这个设想中，从"主体"的双重含义来看，人生来并不具有主体性。主体的两重含义是："有思想感情、并对世界产生影响的个人"（取自哲学的技术性含义）；"一个社会的好公民，忠实的效忠者，服从者"（取自政治的技术性含义）。社会将人转化为主体。

哲学家认为主体化就是从作为无生命的"客体"的多数人的思想中生发出有思想和感情的个人。例如，将妇女视为"性客体"就是把她看作没有思想感情的、男人可以随心所欲的肉体或东西。女性运动一直致力于女性的主体化：将女性作为有思想感情并对世界产生影响的主体再概念化。

另一方面，政治理论家认为"屈从"（subjection）就是被称为"主体"的人受制于另一个人。阿尔杜塞想一语双关地将这两个意思合并在"主体化"这个词中。在他的理论中，主体化往往同时包含使人完全有意识和被征服；同时在这两个意义上，通过成为受制于霸权力量的有思想感情的人，人成为"主体"。换言之，主体性就是屈服。主体性，即作为有思想感情的主体的存在状态，只形成于征服和屈服的政治语境中。主体思考和感受到的都是意识形态国家机器希望他／她思考或感受的。

"召唤"，或者"招呼"，是阿尔杜塞用来指使人进入主体性／屈服状态的另一个术语。其意思是通过称呼某人某个名称，特别是来自权威的称呼，使人成为被称呼的物。例如，说一个学生"学习迟钝"，就是从主观上阐述这个学生迟钝、愚蠢、弱智；学生的主观性也就被塑造为"迟钝的学习者"，这个被如此称呼的学生要想更快更容易地学习也就愈加困难。称呼或"招呼"或"召唤"殖民地的土著民族为"野蛮人"，也就是主观上认为他们是不开化的、不文明的、非理性的，等等。他们作为"野蛮的"属民屈从于殖民者。

正如特佳斯维妮·尼南贾纳在《定位翻译》（Niranjana, 1992:33）一书中所示，殖民时期的印度通过霸权文化的机制运转：在主观上被视为东印度公司、即后来大不列颠帝国的"印度"属民。印度人逐渐透过殖民者的眼睛来思考自己：幼稚的、女人气的、非理性的、神秘的、懦弱的，等等。被称为幼稚的，他们就变得幼稚了；殖民者的主体化教会他们要以"本土的"主体性（殖民者定义的主体性）为耻，渴望被定义为成人的、阳刚的、理性的殖民者的主体性。被称为"东方人"，也就是西方学术中的亚洲"他者"，他们就变成东方人。

要注意的一点是，能塑造所有民众的主观认识的霸权并不一定是殖民者的阴谋行为。不断变化着的集体心性是否能成功，取决于统治阶级成员的主观性变化。这个模式并没有想象完全清醒的殖民者绝对控制自己的行动和作为他们的傀儡的那些无助的被殖民者。相反，殖民者自己，尽管并不完全，但至少在一定程度上仍然强烈地受制于霸权。殖民者被"召唤"或被"主观上认为"是权威、管理者、法官、传教士或人类学家，并被要求把自己看作理性的成年人和把他们的属民视为非理性的儿童；被殖民者则被"召唤"或被"主观上认为"是"土著人""野蛮人"，被要求将自己视为非理性的儿童，而把他们的殖民统治者视为理性的成年人。

因此，甚至在帝国覆灭之后，殖民霸权仍然继续生存：从前被主观上认为是"东方的""他者""神秘的"、或"无能的"、或"野蛮的"、或"幼稚的"属民，甚至在殖民统治者已经离去，在他们表面上也已获独立之后，仍保留那种主观认识。殖民霸权的残存是后殖民理论所面临的最棘手的问题之一：我们如何重新召唤自己，以便更有建设性地改变自己的主观认识？

我们将在第五章中看到，尼南贾纳认为对印度被殖民者的召唤一直都影响着翻译："为西方读者准备的欧洲人对印度文本的翻译为'受过教育'的印度人提供了大量的'东方人的形象'。"（Niranjana, 1992:31）因此，对她来说，后殖民理论有必要"重新翻译本土文本（和主体），这样，通过重新召唤曾经的被殖民者，加速解殖的过程"。这一点将如何做到呢？我们拭目以待。

语言，地域和自我

尽管有些简单化了，我们却仍然可以说，所有的文化经验源自语言、地域和自我的交融；后殖民的经验就源自这些交融的断裂和扰乱。"召唤"探究了语言与自我的交融，但是在一个殖民和后殖民的语境中，考虑地域的因素一样很重要。这是因为殖民主义意味着地域间的移位，即当一个文化被另一个据认为是更高级的文化所压迫、感到"无家可归"的时候，物质与文化会发生"错位"的形式。阿什克罗夫特、格利菲斯和蒂芬认为，"地域、错位以及对身份和真实的关注是所有后殖民英语文学的一个共同特征"（Ashcroft *et al.*, 1989:9），这也可能是所有后殖民状况的一个特征。

麦斯威尔（Maxwell）对语言、地域和身份关系的影响所作的描述，尽管有点简单化，却不无裨益：

> 大体上有两种情况。第一种情况是，作家把他自己的语言——英语——带入陌生的环境和新鲜的经历中：澳大利亚、加拿大、新西兰。另一种情况是，作家把陌生的语言——英语——带入他自己的社会和文化遗产中：印度、西非。然而这两种情况有一个根本的相似之处……与语词和意义进行令人无法忍受的角斗，其目的是，使经验归顺于语言，异域生活屈从于外来语言。（Maxwell, 1965:82-83）

这两种做法都包含着要根据地域和自我调节语言，但这种调节是很成问题的，它还不可避免地意味着要根据语言和地域调节自我。这两种做法都要求殖民地居民通过学习或发明出新词来指称旧的、熟悉的事物，使旧词适于描述新的、陌生的事物，寻找语词与所指之间的新的协调。但这种经验对于欧洲定居者来说是很不一样的。作为陌生土地上的陌生人，他们突然被迫与社会和自然世界隔离开来。这就造成了他们的语言与自我是稳定与可靠的假象。这种情况对被殖民者剥夺了权力的土著居民来说也是不一样的。他们被迫突然地或逐渐地与语言和自我意识隔离开来。这也造成他们的社会和自然世界是稳定与可靠的假象。这种差异在独立之后最为明显：殖民地定居者竭力想要创建根基于新地域的新的语言和新的自我，而被侵殖民地则竭力想重建殖民化开始之前就已存在的旧的语言和旧的自我。

尽管这个模式对于研究后殖民经验的差异与第一种研究方法一样富有意义，但它过于简单化，无法公正地评价这种经验的复杂性。它排除了那些非常重要的中间因素。在某种意义上，每个后殖民文化存在于这些中间因素之中。哪里有不包括这两种类型、即来自殖民者的定居者和被剥夺了权力的土著居民的后殖民文化呢？甚至就只算美洲或印度或南非的白人定居者和土著居民的话，它们也很显然是麦斯威尔理论中的两种极端的杂合物。

如果考虑后殖民文化的所有组成成员的话，就会出现更复杂的状况：不仅包括自愿定居者和土著居民，还有非自愿定居者（特别是从非洲被带到新世界的奴隶和被判终身在殖民地流放的重罪犯）和半自愿的定居者（契约仆役，许多是已婚妇女，大部分是儿童）；不仅有这个或那个文化中的"种族纯洁"的成员，还有梅斯蒂索人，即混血儿——定居者与土著人通婚或结合的结果。比如，麦斯威尔的模式就无法解释西印度群岛的情况。西印度群岛的人来自非洲、印度、中国、中东和欧洲，而土著居民（加勒比人和阿拉瓦克人）几乎完全灭绝。事实上，所有的西印度群岛的居民都是移民，不过一些是来做奴隶的（非洲人），其他是契约仆役（印度人和中国人），还有一些是来做主人的（欧洲人）。这些不同族裔之间的结合，模糊了他们之间的界限，以致很难用麦斯威尔的任何一个分类来称呼任何一个西印度群岛的居民。

伴随后殖民文化的这些变化的，是文化的融合和语言的克里奥耳化（creolization, 混合）。令民族主义者或本土文化保护主义者大失所望的，是这两种状况已经无法再回到过去。自独立开始，他们就试图再创造一种抹掉所有殖民痕迹的前殖民"文化"或"民族"。例如，圭亚那作家丹尼斯·威廉斯（Denis Williams）提出"催化作用"，即一个文化中的不同族裔通过相互间的催化作用，重塑彼此的发展过程。另一个圭亚那作家威尔逊·哈里斯（Wilson Harris）赞扬了加勒比人民的文化融合。这种融合带来了在单一文化中显然无法出现的创造性和思维方式（参见 Ashcroft *et al.*, 1989:151）。语言的克里奥耳化在单一文化中长期被视为语言的"杂合"，现在越来越被视为通过跨文化交流对语言的丰富：当两种语言在词汇和句法层面上发生融合，其结果与其被看成是一种失去纯洁性的第三语言，不如说两种语言的任何一种或两者都得到了丰富，即方言、社会语言和个人语言中的新的语言的可能性发展。在阿什克罗夫特等人看来，人们越来越认识到，这种跨文化性将能终结人类历史因族群"纯洁性"的神话而进行的无穷无尽的征服和毁灭，并且这种跨文化性也是后殖民世界能被建设性地稳定下来的基础。许多后殖民理论试图为这个新的具有建设性意义的稳定性提供一个理论框架。

超越民族主义：移民和边界文化

霍米·巴巴（Homi Bhabha）或许是最具影响力的后殖民学者。他在一篇题为"新元素如何进入世界：后现代空间、后殖民时间和文化翻译的考验"（1994）的文章中，更为复杂地阐发了这种杂合思想。就像其他许多后殖民学者一样，巴巴认为，研究"西方"之内及其边缘——或如墨西哥—美国表演艺术家圭勒厄默·葛梅兹—皮纳（Guillermo Gomez-Pena）所说的"新世界边缘（秩序）"——的移民文化，是推行"西方"地方化计划的最有效的方法。在巴巴看来：

"介于中间位置"，即少数种族地位的移民文化加剧了文化的不可译性；这使文化的挪用问题超越了同化主义者"完全转化主体"的梦想，或者种族主义者"完全转化主体"的恶梦，而走向认同文化差异的分裂和杂合的矛盾过程。（Bhabha, 1994:224）

巴巴认为，文化是"不可译的"，这并不是因为每个文化是独一无二的、特别的、不同于所有其他文化，而是因为它总是与其他文化融合，因为文化总是超出民族所包含的人为的边界。传统意义上的翻译要求两个文化和语言之间的差异是固定的，译者则弥合这种差异。在移民与边界文化中，文化与语言的融合使传统意义上的翻译难以完成。但同时，这种融合也使翻译变得非常普通、日常化：懂双语的人总在翻译，翻译成了生活中的一个平常事。因此，巴巴将边界文化和文化的不可译性与他所说的"文化翻译"联系在一起："从后殖民视角改正全球性的问题，就是要将文化差异的地点从民主多元性的空间移到文化翻译的边界谈判中。"（Bhabha, 1994:223）

以美国和墨西哥为例。在民主多元性或多元主义的意识形态空间中，他们只是不同的国家、不同的民族；文化相异，美国奉行个人主义，墨西哥则是集体主义（形成同一的民族性格）；讲两种不同语言，美国是英语，墨西哥是西班牙语。从这个多元语境来看，翻译的问题就仅仅是在一个文化／语言中寻找另一个文化／语言的对等词的技术性问题，或从埃文—佐哈（Itamar Even-Zohar）、图里（Gideon Toury）、勒菲弗尔（Andre Lefevere）和其他学者提出的（多元）系统理论的视角，翻译只是根据一个文化的规范来商讨另一个文化的规范。源语文化和目的语文化被视为很不一样但又是同等的文化体系。这种文化体系具有或多或少的同等权力，影响和控制了译者的行为，使其翻译行为符合目的语的需求。

在后殖民语境中，两个文化间巨大的权力差异必须被补充到这种同等关系中，其结果是文化间的翻译问题被凸现出来，甚至是不可能完成的（也就是文化的不可译性）。如何用西班牙语重新表述一个英语文本，使其对一个来自贫穷的第三世界的成员的意义等同于它对一个来自这个世界上最富有的国家之一的成员的意义？翻译能抹掉权力差异吗？巴巴和越来越多的后殖民学者认为，在边界地区，翻译的不可译性既是最严重的，又是在实践上最能解决的。在边界的两边，墨西哥人（甚至一些北美人）讲着两种语言，并且为了不同的人（到南部的旅游者，到北部的不同的社会权威）总在两种语言间翻译他们自己的经验。

的确，致力于西方的地方化的后殖民学者对移民文化、边界文化和奇卡诺（Chican-tejana，墨西哥裔美国人）、作家安扎尔杜阿（Gloria Anzaldua）所说的"新混血文化"（the new mestiza culture）越来越感兴趣。它为权力的二元对立，即殖民者／被殖民者，提供了一个有意义的第三术语：在第一世界国家如美国和第三世界国家如墨西哥之间的边界，有一个通过不同的边缘化和常常是残酷的方式弥合这两种文化的差异。这些方式为文化提供了新的发展渠道。在《边界地带／La Frontera：新混血文化》中，安扎尔杜阿用高度积极肯定的言辞形容这一杂合文化："根据这种跨越种族的、意识形态的、文化和生物的传播，有一种'异族'的观念正在形成：即新的混血观念，边疆观念。"（Anzaldua, 1987:77）然而她也意识到这种乐观中的矛盾："孕育于一个文化，挤夹在两个文化中，跨立于三种文化和它们的价值体系上，混血文化正在经历一场肉体的斗争，边界的斗争，内心的战争。"（Anzaldua, 1987:78）

　　在《黑人妇女、写作与身份：主体的迁移》（1994）一书中，戴维斯（Carol Boyce Davies）也同样阐述了被她称为"作为探讨国家边界上的文化、种族和语言叠合的新方法的'迁徙的主体性'"。戴维斯本人是出生和成长于加勒比地区、现居于纽约的黑人女性。她质疑表示归化入籍身份的两个合成词"非洲裔—美国人"和"非洲裔—加勒比人"：在什么意义上，她是非洲人，或美国人，或加勒比人？如果她什么都不是，如果她的身份包含了这三个边界，把这两个并不准确的描述词用一个连字符拼凑在一起又有何用呢？我们不应主要用"占有／屈服"或"贱民化"等词，而是应该用"流动性，他处性"（Davies, 1994:36）来表达黑人女性作家迁徙的主体性。因为"他处性表示运动"，所以黑人女性作家的主体性肯定了能动作用（在现实世界行动的能力），因为它跨越了边界，旅行、迁徙和因为重新自我肯定而重新召回自我（Davies, 1994:37）。

　　使西方地方化的后殖民构想中的另一关键词是"流散"（diaspora）。过去，这个词用来表示失去家园的散居民族（特别是犹太人）的种族和文化的统一性。但在最近的后殖民研究中，它逐渐用来表示差异性、异族性和融合性，以及这个地球上的所有民族都来自某地、但现居各地的事实。这也就意味着我们都在某种程度上通过与当地人的社会规范和价值观念同化以及与当地人血液的融合适应了我们的新文化环境，但同时又部分地保持了我们的自我痕迹，"流散"是在全球范围内对边界文化的一种想象方法。族群和个人每天都要应对他们所居住和工作的环境中的文化的差异，通婚、文化与种族的混合，逐渐学会双语或三语和抵制成为只懂（或假装成为）单一语言的人的压力。流散文化是一个全球性文化，永远错位、在流放中，与陌生人为伍，我们逐渐与这些出现于家中和工作环境中的陌生人熟络。因此流散影响着每个人；不仅只有欧洲流散、亚洲流散、非洲流散和犹太人流散，而且还有其他形式的流散也提供了"陌生人"，如移民，欧洲之内和美国（欧洲、非洲和亚洲流散的结果）之内的边界文化。

正如霍米·巴巴所说的，如果这种全球性的"边界文化"或流散使传统意义上的翻译难以完成，那么它也就成了我们生活中至关重要、无法否认的一部分。如果地方化的西方越来越像它从前的殖民地，变得异质化和多样性，那么整个后殖民世界就必须越来越被视为翻译的世界。这个语境中的翻译不再是几个受过高度训练过的专业人士在书面文本层面上的语义转换的操作，而是非常普通的日常交流。

References

Althusser, Louise (1970) 'Ideologies et appareils ideologiques d'Etat," *La pensee* 155:3-38; translated by Ben Brewster as "Idology and Ideological State Apparatuses (Notes Toward an Investigation)," in *Lenin and Philosophy and Other Essays*, 121-73, London: New Left Books, 1971.

Anzaldua, Gloria (1987) *Borderlands/La Frontera: The New Mestiza*, San Francisco: Spinsters/Aunt Lute.

Ashcroft, Bill, Gareth Griffiths and Helen Tiffin (1989) *The Empire Writes Back*, New York & London: Routledge.

Bhabha, Homi K. (1994) "How Newness Enters the World: Postmodern Space, Postcolonial Times and the Trials of Cultural Translation," in Homin K. Bhabha (ed.) *The Location of Culture*, 212-35, New York & London: Routledge.

Chakrabarty, Diepesh (1992) "Postcoloniality and the Artifice of History: Who Speaks for 'Indian Pasts'?" *Representations* 37 (Winter):1-26.

Copeland, Rita (1991) *Rhetoric, Hermeneutics, and Translation in the Middle Ages: Academic Traditions and Vernacular Texts*, Cambridge: Cambridge University Press.

Davies, Carol Boyce (1994) *Black Women, Writing and Identity: Migrations of the Subject*, New York & London: Routledge.

当代国外翻译理论导读

Gramsci, Antonio (1971) *Quaderni del carcere*; in Quintin Hoare and Geoffrey Nowell-Smith (Trans./eds.) as *Selections from the Prison Notebooks*, New York: International Publishers.

Jacoby, Russell (1995) "Marginal Returns: The Trouble With Post- Colonial Theory," *Lingua Franca* 5 (6):30-37.

Maxwell, D. E. S. (1965) *American Fiction: The Intellectual Background*, New York: Columbia University Press.

Ngugi wa Thiong'o (1993) *Moving the Centre: The Struggle for Cultural Freedoms*, London: James Curry and Nairobi: EAEP and Portsmouth, NH: Heinemann.

Nietzsche, Friedrich (1887) *Zur Genealogie der moral*; translated by Francis Golffing as *The Geneaology of Morals in The Birth of Tragedy and the Geneaology of Morals*, 149-299, Garden City, NY: Doubleday, 1956.

Niranjana, Tejaswini (1992) *Siting Translation: History, Post-structuralism, and the Colonial Context*, Berkeley & Los Angeles: University of California Press.

Pater, Walter (1885) *Marius the Epicurean: His Sensations and Ideas*; Reprinted London: Macmillian, 1924.

Prakash, Gyan (1990) "Writing Post-Orientalist Histories of the Third World: Perspectives from Indian Historiography," *Comparative Study of Society and History* 32 (2):383-408.

翻译的定位*

特佳斯维妮·尼南贾纳著

卢玉玲译

导言

　　特佳斯维妮·尼南贾纳（Tejaswini Niranjana）是一位知名的印度文化学者。她在印度孟买大学获得硕士学位后留学美国，在加州大学英语系获得博士学位，现为位于印度班加罗尔市的文化与社会研究中心主任。她的研究涉及后殖民主义理论、女性主义理论和比较文学，其著述甚丰，有《为翻译定位：历史、后结构主义和殖民语境》（ *Siting Translation: History, Post-Structuralism and the Colonial Context*, 1992），《质问现代性：印度文化与殖民主义》（ *Interrogating Modernity: Culture and Colonialism in India*, 1993），《学科的死亡》（ *Death of a Descipline*, 2003），等等。

　　在《为翻译定位》一书中，尼南贾纳从后结构主义的视角重新思考了翻译的问题。在这一视角之下，翻译不再只是一种跨语际的语言转换过程，而是一个建构起殖民主体的话语场所。在她看来，翻译的行为就是一种政治行为。她说："作为一种实践，翻译既构筑了殖民主义之下的不对称的权力关系，也成形于这种关系之内。"通过利用本雅明、德里达和德曼等人的思想和援引印度殖民历史时期的翻译实例，尼南贾纳向读者展示翻译是如何维系着不同民族、种族和语言之间不平等的权力关系的。对翻译的这种反思让我们看到殖民统治与传统再现观念之间的共谋关系。由此可以看出，尼南贾纳把翻译视为殖民的工具。她说："翻译制造了遏制他者的策略。通过运用再现他者的某些模式……翻译强化了霸权者对被殖民者的描述，促成被殖民者取得爱德华·赛义德（Edward Said）所说的再现地位，或没有历史的客体的地位。"她还说："翻译通过一系列的话语参与了被殖民文化的定型工作。翻译使这些被殖民文化看上去似乎不是一种历史的建构，而是静止不动的。"

　　本选文节译自《为翻译定位》一书的第一章。尼南贾纳认为，后结构主

＊ 本文选译自 Tejaswini Niranjana, *Siting Translation: History, Post-structuralism and the Colonial Context*, University of California Press, 1992, pp.1-35。

义对历史决定论的批评促成我们反思翻译之中所建构起的那个历史的有效性。翻译所关注的不仅是忠实与否的问题，更应该弄清楚的是谁在翻译、是如何翻译的、为什么要翻译等问题。在"作为召唤的翻译"这一部分中，通过考察被译入英语的印度古典作品的翻译史，尼南贾纳揭示西方的东方学家的知识挪用了"再现东方的权力，不仅向欧美人，而且也向东方人翻译和解释东方人的思想和行为"。翻译这些文本的译者均来自欧洲（英国）。他们要么是传教士，要么是英国派来统治印度的行政官员。这些翻译的目的旨在使印度文化纯洁化和英国化。翻译中所建构的印度文化是停滞不前的，没有历史的，而"'印度人民'则被塑造成一个逆来顺受、懒惰成性的民族。他们无法欣赏自由的果实，渴望被集权专制统治，深深地沉溺于古老宗教的神话中"。因此，这些东方主义者的翻译所再现的是一个虚构的历史。不仅如此，由于这些被虚构的历史通过教学的形式在印度人中推广，于是就在这些虚构的历史谎言中建立起了殖民主体。

正文

导言：翻译中的历史

> 在印度，人们对英语知识的热爱已经渗透和蔓延到了最偏僻、最边远的地区。一些土著男孩在往返于恒河的汽船上乞讨。他们乞讨的不是钱，而是书……一群在一个叫考莫克里的偏僻地方上了汽船的男孩子缠着一些来自加尔各答的绅士，乞讨书籍。他们乞讨时的那副热切的神情真让这些绅士们震惊。桌上正好放着一本柏拉图的书。其中一位绅士就问一个男孩是否中意这本书。"哦，当然，"那男孩叫道，"无论给我什么书都成；我只要书。"最后，这位绅士想到了一个应急的办法。他拆开一本《评论季刊》，把里面的文章分发给这些男孩。

> ——查尔斯·特里威廉
> 《论印度人的教育》

定位翻译

在后殖民语境中，错综复杂的翻译问题已经成了质疑再现、权力和历史性的重要场所。这是一个百花齐放、百家争鸣的语境。各路学说竞相解释或描述不同民族、种族和语言之间不对称和不平等的关系。殖民事业中所隐含的征服／主体的建构（subjection/subjectification）行径不仅通过帝国的强制机制来运行，而且通过哲学、史学、人类学、语文学、语言学和文学翻译等话语得以实施。因此，通过权力／知识[①]的技术应用或实践建构起来的殖民"主体"（subject）便生成于多重话语之内和多个场所之上。翻译便是这样一个场所。作为一种实践，翻译既构筑了殖民主义之下的不对称的权力关系，也成形于这种关系之内。这里的微妙之处在于被殖民者的再现问题。对他们的再现必须既使殖民统治合理化，又让他们自己来乞讨书籍。在殖民语境中，构成错综复杂的翻译问题群的一组相关问题便生成了某种概念体系。从传统上讲，翻译有赖于事实（reality）、再现和知识等西方哲学观念。事实被视为某种毫无问题、"存在那里"的东西；知识是对事实的再现；再现则提供了到达透明的事实（transparent reality）的未经任何干扰的、直接的路径。然而，传统哲学话语并非简单地生产出服务于殖民统治目的的翻译实践。我认为，殖民语境中的翻译同时制造和支撑着一个概念体系，而这一概念体系逐渐渗透西方哲学，成为一个哲学素（philosopheme，哲学概念的基本单位）。正如雅克·德里达（Jacques Derrida）所言："形而上的概念并不局限于或不仅仅产生于哲学之'场'。相反，它们产生于和流通于多个语域中的各种话语，构成了一个'概念网'。哲学本身便是在这一网中形成的。"[②]在塑造某一主体和在给予被殖民者某种特定的表述时，翻译促成了关于事实和再现的根本性概念的形成。这些概念以及我们由此所能产生的推断完全遮蔽了伴随着殖民主体建构过程的暴力行径。

因此，翻译制造了遏制他者的策略。通过运用再现他者的某些模式——这些模式也因此使他者得以产生——翻译强化了霸权者对被殖民者的描述，促成被殖民者取得爱德华·赛义德（Edward Said）所说的再现地位，或没有

① Foucault, Michael, *Discipline and Punishment: The Birth of the Prison,* trans. Alan Sheridan, New York: Random House, Vintage Books, 1979, p. 27.

② Derrida, Jacques, "White Mythology: Metaphor in the Text of Philosophy," in *Margins of Philosophy*, trans. Alan Bass, Chicago: University of Chicago Press, 1982, p. 230.

历史的客体地位。①这些对被殖民者的描述成为了事实，并影响了殖民地的事件：1835年，托马斯·巴宾顿·麦考里（Thomas Babington Macaulay）斥责印度的本土教育过时且无意义，从而为在印度引进英语教育扫清了道路。

在制造连贯而透明的文本和主体的过程中，翻译通过一系列的话语参与了被殖民文化的定型工作。翻译使这些被殖民文化看上去似乎不是一种历史的建构，而是静止不动的。翻译的作用是透明地表现业已存在的事物，尽管事实上是翻译制造了这个"本原"。自相矛盾的是，翻译也为被殖民者在"史学"中提供了一席之地。由翻译促成的黑格尔历史观鼓吹一种目的论的、等级森严的文明模式。这种文明模式建立在人们的"精神""觉悟"之上，对此非西方文明并不适合或尚未做好准备。因此，为了延续和保持殖民统治，翻译便被运用于各种话语之中——哲学、史学、教育、传教士著作和游记。

这里，我关注的是通过一组相关文本的解读，探究翻译在当代欧美文学理论（此处用的是该"学科"广义上的意义）中的地位。我认为，翻译在殖民和后殖民语境中的运用向我们显示了质疑后结构主义的一些理论要素的方法。

……

在快速解除殖民的世界里，结构主义和后结构主义对文学研究的影响，引发了"英语"的危机。本书正是这一更为宏大语境的产物。自由人文主义思想鼓吹殖民主义的教化使命，同时又因这一使命得以延续。遵循阿诺德（Arnold）、李维斯（Leavis）和爱略特（Eliot）传统的"文学"和"批评"话语仍在宣扬着这种思想。这些学科压制着德里达借用海德格尔（Heidegger）的话所说的逻各斯中心主义形而上学或本体神学形而上学。而这些形而上学正是前者得以建立的基础，包括了所有关于再现、翻译、事实、整体和知识的传统观念。

很少有人从后殖民的视角系统性地对"英语"，或文学，或批评提出质疑，更不用说从吸纳当代理论洞见的后殖民视角进行反思了。为了有助于质疑这些话语与殖民和新殖民统治之间的关系（complicity），我打算在本书的开篇适度地探究翻译之"用"。自欧洲启蒙主义开始，翻译就一直被用来支持主体性建构实践，特别是被殖民民族的主体性建构实践。在这样的语境中，对翻译的反思就成了一个重要的任务。后殖民理论一直试图弄清楚"翻译中"存在的、被殖民视角不断构想的"主体"，对其而言这样的反思迫在眉睫。通

---

① Said, Edward, discussion with Eugenio Donato and others, "An Exchange on Deconstruction and History," *Boundary* 28, no.1 Fall 1979, 65-74.

过解构翻译和重新书写翻译作为抵抗策略的潜能，这种反思试图开拓翻译的新理念。

鉴于"后殖民"的分散特性，我们必须在各种错综复杂的纠葛中去理解"后殖民"：当下与殖民统治历史的交叉，殖民"主体"的形成，市民社会中霸权统治的运行，以及正在进行中的建设性的解构任务。

在开始描述后殖民之时，我们可以重述一些殖民主义的残酷暴行。从大约 17 世纪末一直到第二次世界大战之后，英国和法国，以及势力相对小一点的西班牙、葡萄牙、德国、俄国、意大利和荷兰等国控制（统治、占领、剥削）着几乎整个世界。到 1918 年，地球上 85% 的土地沦为欧洲列强的殖民地。直到第一次世界大战（一些非西方作家称之为欧洲内战）之后，解除殖民过程才拉开序幕。当然，这里我们不能说殖民社会快速或完全地过渡到后殖民社会，因为那样做会使殖民历史断裂的复杂性变得微不足道。解殖化（decolonization）一词只能粗略地指涉民族解放斗争中所说的"政权的移交"，往往是从当权的殖民政权到本土精英的政权移交。

尽管我们无法忽视政权移交的重要性，但如果据此认为殖民的统治已然"结束"，那未免就太天真了，因为殖民话语的力量在于其巨大的灵活性。我所说的殖民话语是指被用来建构和控制"殖民主体"的知识体系、再现模式、权力策略、法律、规章制度，等等。这里所用的"话语"（discourse）的意义与米歇尔·福柯（Michel Foucault）的观念并没有什么不同。但是，正如本章将揭示的，我对这一词语的运用并不完全依赖福柯的理论体系。权力的殖民关系常常在那些只能称之为新殖民的状况下得以再生，而前殖民地居民有时就像他们的先祖那样热切地渴望得到"英语书籍"。

因此，不在场的殖民主义仍然遮蔽了后殖民（主体、民族、语境）。从经济和政治的角度来看，前殖民地继续依赖着前统治者或者说"西方"。在文化领域（"文化"在这里不仅包括艺术和文学，而且也包括其他主体化实践），尽管解殖化被广泛地运用于民族主义修辞中，但其产生的影响却十分缓慢。我认为，通过对翻译的思考，我们或许能更好地理解殖民话语经久不衰的力量，从而学会颠覆它。

至此，读者应该很清楚，我用"翻译"（translation）一词不仅是为了表示一种跨语际的语言转换过程，而且是为了命名一个完整的问题系。这个问题系包含了错综复杂的一系列问题，或许可视之为一个"磁场"，蓄集着用来命名问题、阐释翻译的术语，甚至包括翻译的传统话语所用的语词之力的"磁场"。拉丁语中的 Translatio 和希腊语中的 Metapherein 同时表示运动、断裂和移位之意。德语中的 Ubersetzung 也是如此。法语中的 traducteur 的意义介于 interprete（口译者）和 truchement（媒介）二词之间，表明我们或许可以制造出一种介于口译和阅读之间的翻译实践。这一实践的扰乱之力要远大于其他两者。移位之意也可见诸于其他拉丁词语如 transponere, transferre, reddere, vertere。在我的书中，"翻译"指：（1）与某些经典的再现和实在观念互证的翻译问题系；（2）后结构主义对早期翻译的批评所开启的问题系。这一问题系使翻译总是变成一种"增加"，或德里达意义上的增补（supplement）。增补有两重意思：补缺和"额外"添加。德里达这样解释道："能指（signifier）的过剩（overabundance），即其增补的特点，是有限性的产物，即是说，是必须被增补的缺少（lack）的产物。"①但是，在必要的时候，我会明确说明翻译一词较为狭义的用法。

　　我对翻译的研究不是为了解决译者的困境。本研究也不打算为了找到一个能"缩小"不同文化间"隔阂"的更为可靠的"方法"而为翻译另立新说。相反，本研究试图通过对这一隔阂、这一差异作一个全面的思考，探究如何为对翻译的执迷和欲望定位，从而描述翻译符号流通其间的系统。我关注的是，探查各类翻译著述中关于不对称性和历史性意识的缺失、缺少或压抑。尽管欧美文学现代主义者如埃兹拉·庞德（Ezra Pound）、格特鲁德·斯泰因（Gertrude Stein）和赛谬尔·贝克特（Beckett）等人一直强调翻译问题，我却并不讨论他们的著述，这是因为主流的文学批评家对他们的著述已有过广泛的探讨，而且也因为我研究的核心问题不是诗学，而是今天人们所说的"理论"话语。

　　后殖民对自由—人文主义者关于进步的言辞和普适性宏大叙事持怀疑态度。这种态度显然与后结构主义有着密切的关系。譬如，德里达对再现的批评使我们能对再—现（re-presentation）的观念提出质疑，并从而质疑本原或那个需要被再—现的原初之物。德里达认为"本原"本身就是分散的，其"身份"是不确定的。因此，再现并不再—现"原初之物"，相反它所再现的是已被再现之物。这个观点可以用来推翻对"印度人"的霸权性"再现"，例如黑格尔（G. W. F. Hegel）和詹姆斯·穆勒（James Mill）所提出的再现观念。②

　　后结构主义对反思翻译意义重大的另一点在于它对历史决定论的批判。它揭示了传统史学编撰具有遗传学（追根溯源）和目的论（设定某一目的）

---

① Derrida, "Structure, Sign, and Play in the Discourse of the Human Sciences," in *Writing and Difference,* trans. Alan Bass, Chicago: University of Chicago Press, 1978, p. 290.

② Hegel, G. W. F., *The Philosophy of History* (1837), trans. J. Sibree, New York: P. F. Collier, n.d., pp. 203-35; cited henceforth as PH. Mill, *A History of British India* (1871; New Delhi: Associated Publishing House, 1972); cited henceforth as *HBI*

的特性。正如我所表明的，实际上，"历史决定论"是将历史的东西表现为自然的东西（因此它既不是不可避免的，也不是不可改变的）。这个事实与我们对主体建构的殖民实践的关注有着直接关联。对历史决定论的批判或许可以向我们显示一种解构穆勒和黑格尔所杜撰的那个"怯懦"和"狡诈"的印度人的方法。当然，我这里所关注的不是对"印度人"所谓的错误再现。相反，我试图质疑抵制相互关联性和使"差异"本质化的行为（约翰尼斯·费边[Johannes Fabian] 称之为对共存性的否定）。对差异的本质化导致了对他者的简单定型。霍米·巴巴（Homi Bhabha）这样说道："定型之所以是一种简单化行为，并不是因为它是对特定事实的虚假再现，而是因为它是一种固定不变的再现形式。这种再现形式否认差异的作用（由他者认可的否定），使对主体在心理和社会关系意义上的再现令人怀疑。"①

查尔斯·特里威廉积极支持在印度推行英语教育。1838 年，他所描述的"土著男孩"被殖民主义话语所召唤（interpellated）或被建构了主体。特里威廉颇为自得地向我们展示，在没有任何外力强迫的情况下，年轻的印度人是如何乞求"英语"的。

哲学家如黑格尔、史学家如穆勒、东方学家如威廉·琼斯（William Jones）等人所制造的关于殖民地文明的霸权文本部分地保证了被殖民者"自由地选择接受"屈从的命运。这些"学术"话语（文学翻译是这些话语的一种概念性象征）有助于维系殖民者的统治，而殖民者的统治又通过对"主体"的召唤来支持这这些话语。通过"他者化"（othering）的过程，殖民主体得以建构。这个他者化的过程隐含着一种历史目的论的观念：殖民地的知识和生活方式被视为对"正常的"或西方社会的知识和生活方式的扭曲，或不成熟的表现。②因此，西方的东方学家的知识挪用了"再现东方的权力，不仅向欧美人，而且也向东方人自身翻译和解释东方人的思想和行为"。③

作为召唤的翻译

18 世纪末，英国人想方设法要获得关于东印度公司商人所控制的属民的信息。显然，翻译由此开始成为东方主义殖民话语的一部分。爱丁堡大学一位叫麦科诺基（A. Maconochie）的学者分别在 1783 和 1788 年敦促英国君主

① Bhabha, Homi, "The Other Question," *Screen* 24, no.6 (November-December 1983): 27.

② Ronald Inden, "Orientalist Constructions of India," *Modern Asian Studies* 20, no.3(1986): 401-26.

③ *Ibid.*, p. 408.

采取"可能是必要"的措施，来"搜寻、收集和翻译印度所有现存的古籍"。①尽管麦科诺基希望通过这些翻译来促进欧洲天文学、"古文献学"和其他科学的发展，但是当 1738 年威廉·琼斯抵达印度担任加尔各答最高法院大法官时，显然在他的计划中，翻译起了"归化东方，进而使之成为欧洲学术一个分部的作用"。②

文本化的印度被介绍到了欧洲，作为翻译家和学者的琼斯功不可没。他的介绍影响最大。在他抵达印度后的三个月内，亚细亚学会（the Asiatic Society）召开了第一次会议。琼斯任这次会议的主席，沃伦·黑斯廷斯（Warren Hastings）总督为赞助人。亚细亚学会的成员也是东印度公司属下的印度政府中的行政官员。正是主要通过他们的努力，翻译将东方"收拢"（gather in）并"隔开"（rope off）。③

琼斯在来印度之前，就已经作为一名翻译波斯作品和介绍波斯语法的东方学家享有盛名。在一封信中，琼斯宣称他的抱负是"要比任何了解印度的欧洲人更了解印度"。④据说，19 世纪所有有文化的西方人都曾读过他的翻译作品。⑤同时代的作家，特别是德国作家，如歌德（Goethe）、赫尔德（Herder）等，都仔细研读过他翻译的作品。每当琼斯的新作抵达欧洲时，各大期刊便立刻挑选并重印、刊登那些篇幅较短一点的文章。他翻译的迦梨陀娑（Kalidasa）的《沙恭达罗》（*Sakuntala*）连续再版，乔治·福斯特（George Forster）根据该译文翻译成的著名的德译本出版于 1791 年。之后，该剧又被译为其他欧洲语言。正如一名 20 世纪的学者所说："毫不夸张地说，他改变了我们（欧洲人）关于东方世界的整个观念。如果我们要写一篇关于琼斯影响的论文，我们可以从吉本（Gibbon）到丁尼逊（Tennyson）著作中的注脚收集到大部分的材料。"⑥我们甚至可以在 1984 年印度出版的琼斯演讲与文集的前言中找到琼斯对研究的印度几代学者产生深远影响的证据。该文集的编辑莫尼·巴格奇（Moni Bagchee）表示，印度人应该"循着威廉·琼斯爵士描绘

---

① Quoted in Dharampal, *The Beautiful Tree: Indigenous Indian Education in the Eighteenth Century* (New Delhi: Biblia Impex, 1983), p. 9.

② Said, *Orientalism,* p. 78.

③ *Ibid.*

④ Letter to Lord Althorp, 2d Earl Spencer, August 17, 1787, in *The Letters of Sir William Jones,* ed. Garland Cannon (London: Oxford University Press, 1970), 2: 751; henceafter abbreviated as LWJ.

⑤ A. J. Arberry, *Oriental Essays: Portraits of Seven Scholars* (London: George Allen & Unwin, 1960), p. 82.

⑥ R.M. Hewitt, quoted by *ibid.*, p. 76.

的道路，努力准确地保存和阐释民族遗产"。①

我研究琼斯的文本的主要目的并不是一定要将他翻译的《沙恭达罗》或《摩奴法典》（*Manu's Dharmasastra*）与所谓的原著作比较。相反，我要做的是研究琼斯译作的"外部文字"（outwork）——前言、在亚细亚协会上发表的年度演讲、他给加尔各答大陪审团的指示、他的信件以及他的"东方"诗歌——以便展示他是如何参与建构一个历史决定论和目的论的文明模式的。这一文明模式与预设再现和透明的翻译观结合在一起，强有力地建构了一个让后来不同流派的哲学家和政治家几乎天衣无缝地纳入其文本的"印度"。

琼斯著作中最重要的观点是：（1）由于印度本土人士对自己的法律和文化的翻译是不可信的，因此需要欧洲人自己翻译；（2）表达了做立法者的愿望，给印度人制定他们"自己的"法律；（3）想"净化"印度文化并为之代言。这些欧洲人为之痴迷的愿望之间的相互联系十分复杂。不过，我们可以认为，它们都被汇入了关于改良和教育的更宏大的话语中。这一话语召唤着殖民主体。

琼斯建构的"印度人民"是一个逆来顺受、懒惰成性的民族。他们无法欣赏自由的果实，他们渴望被集权专制统治，并深深地沉溺于古老宗教的神话中。他在一封信中指出，印度人"无能力享有公民的自由"，因为"很少有人知道什么是自由，而知道的人并不想要自由"。②作为 18 世纪的一名仁慈的自由主义者，琼斯虽然哀叹这种"邪恶"，但却认为印度人"有必要被集权专制统治"。看到印度人在英国人的统治下要比在以前的统治者统治下"更快乐"，他的"悲伤减轻了许多"。在另一封信中，他告诫他所欣赏的美国人不要"像我身边的那些被蒙骗的、愚蠢的印度人那样。他们会把自由当作祸害，而不是神赐。如果给他们自由，自由会被当作毒药拒之门外。但如果他们能品尝一下并消化掉，自由将成为生命之源。"③

英国的统治是必要的，而给印度人自由是"不可能的"——这些想法不断地减轻了琼斯的厌恶之感。他不断地提到"东方人"习惯于独裁统治的观点。在亚细亚学会第十年度的演讲中，他说读过"历史"的人必然会说："长期的独裁专制的后果是令那些使人有别于食草牲畜的所有官能麻木退化；他

---

① Bagchee, foreword to Jones's *Discourses and Essays* (New Delhi: People's Publishing House, 1984), p. xvi.

② LWJ, p.1972.

③ LWJ, p. 847.

将古往今来的大多数的亚细亚民族那确实无疑的劣根性归因于此。"①这样，"屈从的"印度人、缺乏自由的能力、土著法律容不下对自由的质疑等思想，都被置于亚细亚独裁统治的概念之下。被英国延续的这种独裁统治只会去填满东印度公司的金库：上帝将印度领土投入到英国的怀抱，求其保护和赐予福祉。"在这一土地上，原住民的宗教、风俗习惯和法律，甚至连政治自由都被剥夺掉；但是……这个温顺的民族的勤劳却让我们的国家受益匪浅。"②

琼斯认为，印度辉煌的历史笼罩着迷信的色彩，"被神话和隐喻那怪诞的长袍标示和装饰着"③，但是如今"堕落""退化"的印度人曾经"以知识渊博著称于世"。④"印度黄金时代"的观点似乎与琼斯一直坚持的印度社会一成不变的特性的观点自相矛盾："我所说的印度是指那个今天依然盛行带有或多或少的古代纯洁遗风的印度原始宗教和语言的那整个国度。"⑤然而，通过区别（尽管这种区别颇为含糊）一成不变的"宗教和语言"与已被贬低的"艺术""政府"和"知识"，他似乎避免了这种自相矛盾。琼斯的这种区分似乎证实了殖民话语的矛盾性：既使土著居民的没落"自然化"（一切事物仍一成不变），又使这种没落"历史化"（一切事物均已堕落了）。在史学家詹姆斯·穆勒那里，我们将看到同样自相矛盾的说法，尽管他并不赞同琼斯认为印度曾经有过一个"黄金时代"的观点，而是假设印度一直处于野蛮的状态。

在琼斯的著作中，关于印度人狡诈并且天生"女人气"的表述常常交织在一起。在一篇论述东方诗歌的文章中，他描述波斯人的特点是"孱弱、寻欢作乐、好逸恶劳、女人气。这些特性使他们很容易沦为西方和北方民族侵略的目标"。⑥琼斯认为波斯诗歌对那些"孱弱、纵欲，但又狡诈虚伪的"⑦印度人的影响极大。琼斯执迷不忘土著居民的虚伪和无诚信。这成了他的著作——往往是与翻译有关的著作——中的一个喻说，最早可追溯至 1777 年的《波斯语法》中。撒缪尔·约翰逊（Samuel Johnson）就给沃伦·黑斯廷斯送

---

① "On Asiatic History, Civil and Natural," in *Discourses and Essays,* p. 99. Cited henceafter as OAH.

② OAH, pp. 99-100.

③ OAH, p.100.

④ "Third Anniversary Discourse," in *Discourses and Essays*, pp. 7-8. Abbreviated in my text as TAD.

⑤ TAD, p. 6.

⑥ Jones, *Translations from Oriental Languages* (Delhi: Pravesh Publications, n.d.)1: 348. Cited henceafter as *TOL*.

⑦ *TOL*, 2:358.

去了一册。在该书的前言中，琼斯强调了东印度公司官员学习亚洲语言的必要性。在谈到对波斯语日益增长的兴趣时，他把它归因于英国行政官员收到看不懂的信件时产生的挫折感。琼斯说："他们已经发现雇用那些不忠的土著居民做翻译是极其危险的。"①

作为印度最高法院的法官，琼斯承担了翻译印度法律的古老文本《摩奴法典》的任务。这是他最为重要的工作之一。事实上，他所以开始学习梵文，主要就是为了能核实那些梵学家所翻译的印度法的准确性。他在一封信中谈到核查和控制翻译法典的土著译者的困难。他说："在梵学家（印度博学家）和毛拉（穆斯林博学家）中很难找到诚实可信的人。他们的观点都带有应该受到责罚的偏见。"②在开始学习梵文之前，琼斯给威尔金斯（Charles Wilkins）写了一封信。那时威尔金斯已经翻译出了《摩奴法典》的三分之一。他说："印度法的源流必须是纯净的。这一点至关重要，因为我们不懂梵文，完全依赖土著律师的忠心尽责。"③有趣的是，这位著名的东方学家常常把揭示印度昔日的辉煌的目的表现为英国或欧洲肩负翻译、并从而净化没落的土著文本的任务。这一浪漫主义的宏伟大业几乎不为人知地陷入了维多利亚时代通过英语教育"改良"土著居民的功利主义事业。

甚至在来印度之前，琼斯就已制定出解决印度法翻译中出现的问题的办法。1788 年，在给康瓦利斯（Cornwallis）的信中，他再次提到土著律师不诚实及其观点不可信。他写道："在我离开英国之前，我就已经找到革除这一恶习的一个显而易见的办法。"④当然，这一显而易见的办法便是以英国译者取代印度译者。就像他的赞助者沃伦·黑斯廷斯一样，琼斯坚决支持以印度法治理印度人的观点。然而，由于这些"被蒙骗的""被愚化的"的印度人不以自由为神赐而为祸害，由于他们肯定不能管理好自己，或者说肯定不能行使好自己的法律，因此首先得从他们手中拿走这些法律，"翻译"之后，才能使他们受益。土著人不真诚的另一个表现是琼斯所说的"不断地作伪证"。⑤"低贱的土著人发的誓"根本没有任何价值，因为人人作伪证时都"全无悔意，仿佛作伪证能证明他们足智多谋，甚或是一种美德"⑥。琼斯希望通过另一

① Jones, preface to *A Grammar of the Persian Language* (1771; 8th ed., London: W. Nicol, 1823), p. vii.

② LWJ, p. 720.

③ LWJ, p. 666.

④ LWJ, p.795.

⑤ Jones, "Charge to the Grand Jury, June 10, 1787," in *Works*, vol. 7 (1799; reprint, Delhi: Agam Prakashan, 1979).

⑥ *Ibid.*, 7:286.

种翻译行为，一劳永逸地解决从印度人那里取"证"的办法①，使作伪证"罪不可赎"，使他们受到他们自己"翻译的"法律的惩罚。

显然，琼斯将编撰和翻译《摩奴法典》看作是"（他）研究印度的成果"，因为他希望对于"生活在那个被幸运之神不知不觉中抛入英国怀抱的王国中的八百万无知的、可利用的印度人来说"，这一成果会成为公正的标准。②这里，法律话语的功能是掩盖殖民冲突中普遍存在的暴力。被翻译的法律将规训和调整"数以百万计的印度臣民"的生活。"他们的勤劳经过妥善的引导将大大增加英国的财富。"③因为根据这位翻译家的观点，"那些对欧洲的政治和商业利益极为重要的国家实际上都把那些法律尊奉为上帝之言"。④琼斯的译本再版四次，被重印数次，最后一次是 1880 年在马德拉斯出版的。虽然在东印度公司统治的后期和英国国王的直接统辖下，印度法表面上是依据西方模式制定的，但直到今天，不同宗教的不同民法却表明，这些法律事实上源于东方主义的建构与"印度"和"穆斯林"经文的翻译。

按照琼斯的逻辑，给印度人他们自己的法律会带来更高的效率，从而给英国带来更大的利益。除此之外，使用印度法可能还有另一个原因。正如琼斯在亚细亚学会十周年纪念日的演讲中所说的，"土著法律甚至杜绝政治自由的想法"。⑤这一思想被视为是对"原"作的一个"可靠的"（因为是西方的）阐释。与"透明"再现论相互支撑的翻译观使这一思想得以运转，并开始在各种话语中流通。我认为，对翻译的此种利用配合了目的论和等级论的文化模式的建构，或者说使这种建构成为可能。这种文化模式置欧洲于文明之巅，这样也就为被殖民者提供了一个位置。

正如我之前表明的，威廉·琼斯净化印度法律、艺术和哲学的欲望是英国的进步话语的另一个体现。琼斯希望为印度人恢复往昔的辉煌。他在《太阳颂》中描述了他的任务。《太阳颂》是他的一系列的"印度"颂歌中的一首，在欧洲广受欢迎。这首颂歌是由失落的黄金时代的历史人物、没落无知的当代人和来自遥远国度的译者构成的：

> 如果他们（众神）问："吟诗咏曲是何人？"
> ……

---

① LWJ, p. 682.

② LWJ, p. 813.

③ LWJ, p. 927.

④ Jones, preface to *Institutes of Hindu Law*, in Works, 7:89.

⑤ OHA, p. 100.

答曰：他来自远方银色海岛的深处，

那里天色温柔更展欢颜。

尽管不通梵文圣言，

却是低吟神仙语。

他穿过长久闭塞的洞穴，走过漫长的偏僻道路，

从东方圣洁的知识清泉中汲取精神的养分。①

　　在一些诗，如《恒河颂》（1785～1786）中，琼斯用第一人称代词取代第三人称的反身代词（himself），从而为被殖民者创造了主体位置，使"印度人"称赞英国人"保存了我们的法律，终结了我们的恐惧"。②这里的法律话语似乎凸显了暴力，但结果只是把这种暴力置于殖民前时期，换言之，就是表明英国人的到来使印度自己的法律得以恰当的贯彻，并终结了"专制"的暴力和"恐惧"。

　　在18世纪末到19世纪初，印度文献的译者有两类：一类是像威廉·琼斯那样的行政官员，另一类是像撒兰泊（Serampore）浸礼会的威廉·凯里（William Carey）和威廉·沃德（William Ward）那样的传教士。后者是最早把印度宗教文本译入欧洲语言的人之一。这些文本常常被他们加以文本化(篡改)，根据统一性和连贯性的西方传统观念塑造成"标准版本"，他们自己往往将这些宗教文本置于历史的语境中。根据这些权威译本，传教士们严责印度人没有真正实践印度教。接着这些传教士会声称，只有皈依更加高级的西方宗教，他们才能得到拯救。传教士的神学根植于使传统与现代、不发达与发达等关系相互对立的历史决定论模式。这种将线性发展的历史叙事强加于不同文明的企图显然使殖民统治合法化并得以扩展开来。

　　威廉·沃德在其三卷本的著作《印度历史、文学和神话概述》（1822）的前言中那些攻击土著居民堕落和不道德的恶毒语言发人深思。(在他笔下)土著人的宗教、生活方式、习俗和制度，就像其他异教徒的一样，其特点是"淫秽"和"残忍"。这些特征在印度人身上体现得最为"恶心"和"恐怖"。③作者不断提及"土著人"的性欲。他声称亲眼目睹过无数的"淫秽"场景，而且庙堂中的仪式带有"淫秽的诱惑"。④然而，与威廉·琼斯不同的是，沃德并没有把印度的现状看作是曾经的黄金时代的没落。相反，像詹姆斯·穆勒

① Tol., 2:286; punctuation original.

② TOL, 2:333.

③ VHL, p. xxxvii.

④ VHL, pp. xxxvi-vii.

沃德经常赞同地引用他的话一样，沃德认为印度人天生腐败，缺少教育和改良的办法。他认为"改良"印度人的"精神与道德的"是大英帝国的"崇高使命"。即使它获得了独立，一旦"被启蒙和开化"，印度通过"消费大量英国的产品"，将"更大地促进英国获得真正的繁荣"。沃德还就印度每年向英国购买的商品还"不足以装满从我们的港口驶出的一艘货船"这一"异常的事实"，作了这样的评论：

> 但就让印度得到它所需要的更高等的文明吧，它是可以被这一文明开化的。让欧洲文学输入它的所有语言中，这样我们的商船将布满从不列颠的港口到印度的海洋。道德教化和科学将从印度这个中心向全亚洲辐射开去，传到缅甸帝国和暹罗，传到有千百万民众的中国，传到波斯，甚至传到阿拉伯。[①]

那时，整个"东半球"将信奉基督教。在资本主义扩张时期，阐释和翻译有助于为欧洲商品开拓市场。传教士文本有助于我们理解翻译的成型是由宗教、种族、经济话语等多种因素决定的。这不仅仅是由于多种力量作用于翻译，而且是由于翻译促成了多种实践。这样翻译引发的遏制策略将被运用于一系列话语之中，这让我们可以将翻译称为殖民统治的重要技术手段。

沃德著作中自以为正确的（对土著的）厌恶之情得到了詹姆斯·穆勒的"世俗的"史学的不寻常的回应。穆勒根据沃德、琼斯、查尔斯·威尔金斯、纳撒尼尔·霍尔海德（Nathaniel Halhed）、亨利·科尔布鲁克（Henry Colebrooke），以及其他人的翻译，建构了"印度人天性"的一个新版本。穆勒三卷本的《不列颠印度史》出版于 1817 年，直到最近仍然被当作印度史的一个范本。在穆勒看来，印度人民，不论是印度教徒还是穆斯林教徒，其特性是不真诚的、好撒谎的、背信弃义的和唯利是图的。他说："印度人就像太监一样，具有奴隶的品质。""像中国人一样"，印度人"虚伪、奸诈、好撒谎的品行之卑劣甚至超过野蛮社会的常规标准"。他们还很懦弱、冷酷无情、自大，身体污秽不堪。在定义印度人的过程中，穆勒试图通过对比，勾勒出欧洲文明"高人一等"的形象。正如爱德华·赛义德指出的："东方有助于将欧洲（或西方）的形象、思想、性格和经验定义成与之相反的对立面。"[②]

穆勒宣称，"确定印度在文明等级上的真实状态"对英国人具有最为重

---

① VHL, p. liii.

② Said, *Orientalism*, pp. 1-2.

要的现实意义。要想以恰当的方式治理印度人，就需要先了解他们。如果认为他们已经达到了高度文明的程度，那将铸成严重的错误。[1]为了证明自己的观点，穆勒常常巧妙地引用那些认为印度曾经有过一个"黄金时代"的东方学家的著作，以此质疑他们的观点。穆勒的策略首先是推翻那些认为印度曾经有过历史的观点，然后提出印度人的现状好比是那些证明人类处于儿童时代的原始社会，包括英国历史上曾经有过的原始社会。成熟与幼稚、成年与童年之间的对立，正好汇入了殖民语境所维系的关于改良与教育的话语。

构筑穆勒整部《不列颠印度史》的是他的一个观点："野蛮民族似乎能从曾经拥有远古历史的谎言中获得一种特殊的满足感。由于东方民族特别浮夸虚荣，因此在大多数情况下，他们往往把谎言编造得极为离谱"。[2]在整本书中，穆勒不断地用"原始的、野蛮的、凶残的和粗野的"等词语来描述"印度人"。这样，通过不断重复的作用，形成了与东方学家关于印度的古老文明假说相反的话语。

穆勒宣称，东方学家所提供的用来证明印度人有过高度文明的类似的描述都是"虚假的证据"。例如，东方学家认为印度人身上那种"女性的柔弱"和温柔都是文明社会的标志。但是，穆勒却提出，文明之始，"温柔"与"粗暴"的行为举止是并存的。正如北美的"野蛮人"和南海的岛民，温和性情常常与"人类生活的最原始状态"并存。[3]至于印度教所规定的禁欲苦刑，则往往是与野蛮民族信奉的宗教所鼓励的"放荡的道德观"并存的。[4]东方学家可能会说印度人的工具虽然粗陋，但干起活来却干净利落。对此，穆勒却说："娴熟运用他们不完善的工具是原始社会的一个普遍性特点。"[5]如果有谁提出印度人拥有优美的诗歌，穆勒则会回答说，诗歌是人类文学的第一阶段，印度文学迄今仍徘徊在这一阶段。[6]

人性表面上看是多种多样的，但在不同的社会发展阶段却呈现出"惊人的一致性"。正是根据他所说的对人性的这种理解，穆勒进一步巩固了他的世界历史的目的论发展模式。例如，印度法律所规定的酷刑审判在"我们野蛮的祖先的体制中"就很普遍。[7]穆勒似乎拾起了威廉·琼斯等人关于欧洲

---

① HBI, P. 456.

② HBI, p. 24.

③ HBI, pp. 287-88.

④ HBI, p. 205.

⑤ HBI, p. 335.

⑥ HBI, p. 365.

⑦ HBI, p. 108.

文明源于印度—雅利安文明的理论。他对这些理论的运用实际上为我们说明了这些理论的意识形态基础。东方主义话语和功利主义话语的结果产生了相同的历史决定论模式，并以类似的方式建构了殖民主体。当穆勒说《摩奴法典》中关于创世的描述"混沌晦暗，语无伦次，前后矛盾，混乱不堪"[1]，印度人的宗教思想"放荡、模糊、摇摆不定、混沌、自相矛盾"时，他实际上直接援引了琼斯关于印度法的观点。"原始神话"和"标志着无知者宗教的毫无意义的颂歌"是原始人喜好编造夸张、"怪诞和愚蠢"故事的特点。请把这与琼斯翻译的《摩奴法典》译本的前言作个比较。"充满了形而上学和自然哲学的怪诞和自大，充满了无聊的迷信的描述和祭司的知识"造就了《摩奴法典》中的那个体制。"法典中充斥着微不足道且幼稚的繁文缛节，以及往往是荒唐可笑的仪式。"

穆勒的《不列颠印度史》的第一章中的 28 个注脚几乎有一半提及了威廉·琼斯，而第二章中的注脚则主要是关于霍尔海德翻译的《印度法》（*Code of Gentoo Law*）与琼斯翻译的《摩奴法典》。穆勒明智而审慎地引用这两个文本（还有科尔布鲁克的《简明印度契约和继承法》），从而论证了印度法既荒诞又不公正的观点。他从霍尔海德的译文的前言中引用的话大致是说印度人的道德就如同他们的法律那样粗鄙。后者的粗鄙正是前者造成的结果。[2]穆勒从查尔斯·威尔金斯翻译的寓言集《箴言之书》（*Hitopadeśa*）中，了解到的印度人是"卑鄙怯弱的"和"奴颜婢膝的"。他们的自惭形秽让他证明了印度的专制状况。当然，从威廉·琼斯的著作中，穆勒获得了"大量关于印度宗教伤风败俗"及其引发的"深重堕落"的证据。

穆勒对碑文翻译的运用是有选择性的。[3]任何关于高贵或古老的语词立刻被视为胡编乱造而加以否定，而任何显示印度人堕落的东西都被视为合理的证据。穆勒将《往世书》（*Purāna*）中的神话故事贬为伪历史，但却愿意接受《沙恭达罗》剧中关于那个时代的政治协议和法律的证据。[4]历史被斥为虚构，而虚构——经过翻译后——却被当作历史来接受。穆勒在他的著作中多次引用黑格尔研究权威之一威尔多德上尉（Captain Wildord）发表于《亚细亚研究》的文章中的话："印度的地理学、年代学和史学体系全都一样的

---

① HBI, p. 163.

② HBI, p. 125 n. 90.

③ HBI, p. 469; p. 504 n. 30.

④ HBI, pp. 133, 473.

怪诞荒谬。"[1]因此，只需几张四开张的印刷纸就能装满印度历史的全部知识。[2]他的言辞与其后不到十年的麦考里谴责印度教育时所用之词极为相似。正如历史学家拉那吉特·古哈（Ranajit Guha）所指出的，穆勒在《不列颠印度史》开篇第一章论述印度古代历史，之后便中断行文，用了大约五百页（或九章）的篇幅来论述印度人的"天性"（即他们的宗教、习俗、礼仪，等等）。[3]这九个章节普遍使用现在时，其作用是使印度人的处境去历史化（dishistorized），从而既将他们固定在文明等级的某个位置上，也确定了他们永恒不变的本质。

不仅世俗史学编撰和历史哲学参与了殖民话语，西方的形而上学本身（历史决定论是它的象征性标志）也似乎产生于某一时代的殖民翻译。例如，黑格尔的世界历史理论就建基于 18～19 世纪翻译非西方文本的译者所传播的再现观念。保罗·德曼（Paul de Man）说，不管我们承认与否，不管我们知道与否，我们全都是"正统的黑格尔信徒"。[4]德曼致力于批判"黑格尔关于精神觉悟的目的论所提出的传统的历史决定论"。黑格尔说，在印度，"绝对存在（Absolute Being）好像在睡梦中灵魂出窍的状态"；由于"印度人天性的普遍的特点是精神处于睡梦状态"[5]，因此，印度人还没有获得"自我"或"意识"。在黑格尔看来，由于"历史"指的是"精神的发展"，又由于印度人是无行动能力的"个体"，因此，"印度文化的传播发生于史前"，"无声无息，无行动地扩张"[6]；所以，"亚洲帝国的命运必然是屈从于欧洲人"。[7]

一方面，黑格尔愿意承认印度文学所描述的印度人民温和、细腻、多愁善感，另一方面，他强调这些特性常常是与极度缺乏"灵魂的自由"和"个人权利意识"联系在一起的。[8]印度人"怯懦""女人气"，被他们的亚洲君主的专制暴政所统治，并不可避免地遭受西方的征服——这些观点是黑格尔历史哲学的一部分。这一历史哲学不仅召唤着殖民主体，而且被殖民翻译所认可。黑格尔谴责印度人狡猾、奸诈，惯于"欺骗、偷窃、抢劫、谋杀"。这些谴责重复了詹姆斯·穆勒的著作，以及科尔布鲁克、威尔金斯和其他东方

当代国外翻译理论导读

422

---

[1] HBI, p. 40.

[2] HBI, p. 423.

[3] Ranajit Guha, "Remarks on Power and Culture in Colonial India," (MS), p. 59.

[4] De Man, "Sign and Symbol in Hegal's Aesthetics," *Critical Inquiry* 8, no.4 (Summer 1982): 761-75.

[5] PH, pp. 204-25.

[6] PH, p.206.

[7] PH, p.207.

[8] PH, p. 225.

学家的译作中的思想。

正如我已指出的，穆勒的历史模式参与了英国的改良话语。这一话语找到了像麦考里和特里威廉那样的热情支持者。鼓吹"功利"和"效率"的意识形态家利用了部分原因是由东方主义者的翻译事业所制造的传统与现代的对立关系，使取消本土教育和引进西方教育成为可能。

从 1830 年开始，作为伦敦的东印度公司的检察官或首席执行官，詹姆斯·穆勒影响了公司政策的修改。他的儿子——J. S. 穆勒在他的《自传》中写到他父亲发往印度的快信："在他的《不列颠印度史》之后，在促进改良印度、教会印度官员理解他们的职责等方面比任何前人的贡献都大。"①1828 年，当威廉·本汀克（William Bentinck）就任总督时，他表达了对詹姆斯·穆勒的感激，并承认是穆勒的信徒。尽管穆勒怀疑正规教育的效用，但出于对"实用知识"的热衷，他还是支持本汀克引进教育改革的努力。在本汀克看来，"英国的语言"是"一切改良"的关键，而"全民教育"将带来"印度的再生"。②

福音会教徒增强了这种激进或功利主义的话语。对雅各宾派无神论的恐惧促使福音会教徒在迅速得以巩固的大英帝国的每个角落里推行传教活动。福音会教徒如威廉·威尔伯夫斯（William Wilberforece）和查尔斯·格兰特（Charles Grant）（克拉汉姆派成员）及其支持者在政府和东印度公司中身居要职。然而，由于英国人担心改变宗教信仰会激怒土著居民，所以 1813 年议会没有通过威尔伯夫斯允许基督教传教士进入印度的提议。只是凭借 1813 年的"特许法案"，福音会教派才获得重大的胜利：尽管该法案延续了东印度公司的特许经营权，但它也通过允许自由贸易，打破了东印度公司的垄断地位，为传教士在印度的活动扫清了道路。福音会教派坚信通过教育能改变人的性格，并相信皈依基督教要求有一定的学识，因此，他们在 1813 年法案中的胜利包括每年提供一万英镑用以推进土著居民的教育事业。

然而，早在 1797 年，东印度公司董事兼多年的董事长查尔斯·格兰特向董事局提交了一份私下印刷的论文，主张支持在印度推行英语教育。在这篇名为"论大不列颠亚洲属民的社会状况——关于道德与改良方法的特别议案"的论文中，格兰特认为，由于他们的宗教原因，"那些可悲地堕落和卑贱的印度人""被邪恶和淫荡情欲所控制着"，只有"微弱的道德责任感"，"已经深陷悲惨的境地之中"。格兰特从东方学家和传教士翻译的印度文本中广征博引以证明自己的论断。他认为，只有英语教育才能使印度人的思想摆脱他们

① J.S. Mill, *Autobiography,* cited in Stokes, *English Utilitarians and India*, p. 49.

② Bentinck, quoted in Percival Spear, *A History of India* (Harmondsworth: penguin Books, 1970), 2:126.

的祭司的专制统治，并培养他们的个人意识。格兰特料想到反对他的人会说，英语教育会使印度人企望英国人的自由，他坚称教育的普及将能最好地为英国人来印度的"初衷"——即"开拓贸易"——服务。在我们所听到的引起威廉·沃德及其后的麦考里共鸣的话语中，格兰特指出，印度商品之所以在印度卖不出去，是因为那里的人们还没有"养成使用这些商品"的品位。此外，他们没有能力来购买这些商品。英语教育将唤醒印度人的创造能力，他们不仅会喜欢上欧洲精巧的产品，而且也会在本土进行"改良"。在格兰特及其后的麦考里看来，这是"最为崇高的征服"："或许我们可以大胆地断言，不管我们的原则和语言被引进到哪里，我们的贸易就会开展到那里。"①在一个被拉玛克里斯纳·姆克赫吉（Ramakrishna Mukherjee）描述为从商业资本主义向英国工业资产阶级垄断过渡的时期，格兰特的观点显得特别恰当。英国的贸易将从"责任"与"自身利益"的一致性中受益匪浅。②

关于1813年法案中拨出的教育经费是用在土著居民的传统教育还是西方教育的问题上，"东方学家"和"英语语言专家"多年来一直围绕这个问题聚讼不已。最后，迫于东印度公司管理不断变化的性质，在本汀克任期内公司出台了1835年3月7日决议案，宣布所供教育经费应该"自此之后用来通过英语媒介向土著居民传授英国文学和科学知识"。③英国人设立了学校与大学，英语取代波斯语，成为这个殖民国家的官方语言和高等法院的工作用语。因此，本汀克推行的行政体系的"西方化"是与推翻康瓦利斯的排斥政策、把更多印度人引入统治集团（英语教育使之成为可能）同时进行的。鉴于英语所发挥的显而易见的"用途"，以麦考里为主席的公共教育委员会强调了英语高等教育，而无视大规模的基础教育。

麦考里认为，印度人无需全民学习英语，英语语言教育的功用在于"培养一个可以在我们（英国人）和我们所统治的千百万人之间充当翻译的阶层。该阶层的人流着印度人的血，长着印度人的皮肤，而他们的品味、见解、道德观和知识，却是英国人的。"和威廉·琼斯一样，麦考里是一位立法者，同时他还是印度刑法的制定者。他谈到印度可能有一天会获得独立，那时，英国人将留下一个长盛不衰的帝国，因为那将是"由我们的艺术、道德观、文

---

① Grant, Quoted in Ramakrishna Mukherjee, *The Rise and Fall of the East India Company* (1955; rev.ed., Bombay: Popular Prakashan, 1973), p. 421.

② *History of India,* 2:127.

③ Macaulay, "Indian Education" (Minute of the 2nd of Frebrary, 1835), in *Prose and Poetry,* ed. G.M. Young (Cambridge, Mass.: Harvard University Press, 1967), p. 729.

学和法律建构起来的长盛不衰的帝国”。①

麦考里的连襟查尔斯·特里威廉写到本土精英的影响将如何使西方教育带来的变化“万世永存”：“我们的属民已经开始了全新的改良事业，他们身上即将产生崭新的性格。”②产生这一变化的动因是“英国文学”。“英国文学”会使他们在谈论英国伟人时就像在谈论他们的君主那样热情洋溢：“受到和我们一样的教育，喜好和我们一样的事物，和我们有着同样的追求，他们与其说是印度人，不如说是英国人。”他们把英国人视为“天然的保护者和恩人”，因为“他们（印度人）最大的抱负就是成为一个像我们一样的人”。③

麦考里废寝忘食地阅读穆勒的《不列颠印度史》。在1835年关于印度教育的备忘录中，他声称还没有找到一个东方学家“能够否认欧洲任何一家良好的图书馆中的一个书架的书，其价值比得上印度和阿拉伯的全部本土文学”。④而特里威廉则赞同说，后者“比废物还糟糕”。⑤英国人普及英语教育的最终结果是，迫使和怂恿土著居民“参与摧毁他们自己的表达工具”。⑥

正如高利·维斯瓦纳坦（Gauri Viswanathan）指出的，英语教育的引进可被视为是“对历史和政治压力充满冲突的回应：也就是对英国议会和东印度公司之间、议会与传教士之间、东印度公司和本土精英阶层之间的紧张关系的回应”。⑦把她的观点扩展开来，我想指出，殖民的翻译实践为通过引进英语教育具体解决这些冲突提供了话语上的条件。原本为西方读者准备的印度文本的欧洲语言译本却为“受过教育的”印度人提供了一整套的东方主义意象。甚至当被英国化了的印度人不讲英语时，由于英语所传达的象征性权力，他们也会更喜欢通过流通于殖民话语的翻译和历史文本来了解自己的历史。英语教育还使印度人熟悉了那些逐渐被视为“自然的”判断事物的方法、翻译的技巧或再现的模式。

翻译的哲学命题（philosopheme）是许多话语的根基。这些话语不但生成于殖民语境，而且还反馈回殖民语境。正如翻译是由多种因素所决定的，殖民统治下的“主体”也是多种因素决定的产物，即多种话语在多个场所制

---

① Macaulay, “Speech of 10 July 1833,” in *Prose and Poetry*, p. 717.

② Trevelyan, *Education of the People of India*, p. 181.

③ *Ibid*., pp. 189-92.

④ Macaulay, “Minute,” in *Prose and Poetry,* p. 722.

⑤ Trevelyan, *Education of the People of India*, p. 182.

⑥ Pierre Bourdieu, *Ce que parler veut dire: L'Economie des echanges linguistiques* (Paris: Fayard, 1981), cited by John Thompson in *Studies in the Theory of Ideology* (Berkeley and Los Angeles: University of California Press, 1984), p. 45.

⑦ Viswanathan, “Beginnings of English Literary Study,” p. 24.

造出来的，并且引发多种实践。被殖民者对英语教育的需求显然不是简单地承认自身的"落后"或只是政治上的权宜之计，而是由众多历史因素的纠结而产生的复杂的需求，一个由殖民翻译制造并维系的需求。

殖民主体的建构是以皮埃尔·布迪厄（Pierre Bourdieu）所说的"符号的征服"为前提的。符号的征服及其暴力通过认知（recognition）与错误认知（misrecognition）的结合有效地再造出社会秩序，即认识到占主导地位的语言是合法的（我们再次想起英语在印度的使用），而"错误认知是这一语言的主导地位是强制推行的结果。社会的参与者之所以看不见符号暴力的运作，正是因为符号暴力的存在是以那些受其害最重的人们参与暴力为前提的"。[①]布迪厄的分析表明，被殖民者——甚或后殖民者——通过亲身参与"日常生活的话语实践"，而不是自上而下的权力体系——一而再、再而三地使自己被殖民化。这就维系了殖民主义特有的不对称关系。

我们可以用安东尼奥·葛兰西（Antonio Gramsci）的霸权理念来更深入地探究"土著男孩"求乞英文书籍的故事中所隐含的自我殖民思想。葛兰西将国家机器和"市民社会"区别开来：前者包括国家的整个强制机制，包括了军队、警察和立法机关，而后者包括学校、家庭、教会和传媒。统治集团通过国家机器，运用武力或强制手段来实施统治，而在市民社会统治集团则是通过共识获得权力，并通过制造意识形态来维系统治。

殖民社会为霸权文化的运作提供了一个很好的范例。教育、神话、史学、哲学和文学翻译等话语，渗透进属于殖民统治的意识形态结构的霸权机器中。我们可以再次回到葛兰西的著作，找寻摆脱"伪意识"传统观念的意识形态观念。对葛兰西来说，意识形态铭刻于各种实践中（比如，建构殖民主体的实践）。意识形态制造了"主体"，因而具有某种物质性。影响深远的翻译（例如 18 世纪从梵文和波斯语译入英语的译本）召唤着主体，使某些关于东方的译本合法化或者具有了权威性。这些译本获得了"真理"的地位，甚至在"原作"的生产国也是如此。特里威廉所说的"神学院"，即政府资助的教会学校促进了西方教育被引入殖民地国家。欧洲的传教团在将殖民地纳入全球经济格局中扮演了重要的角色。在其他殖民社会，如比利时统治下的刚果，传教团常常执掌着整个教育系统。人类学家、传教士和殖民行政官员在欧洲之外的世界中有系统性的相互配合，并不依赖"个体"参与的意愿。这是殖民霸权话语运作的特征。因此，在主体化实践的形成过程中，传教士起着殖民者

---

① Thompson, *Studies in the Theory of Idology*, p. 58.

代言人的作用。这种代言人身份不仅体现在他们充当牧师和教师的角色，也在于他们作为语言学家、语法学家和译者的能力。

殖民话语为了遏制（被殖民者）进行翻译的欲望（同时为了翻译而去遏制和控制他人，因为符号的统治与人身的统治一样的重要），体现于殖民传教士编撰"无名的"语言的努力。欧洲传教士是最早为大多数印度语言制作西式词典的人，从而参与了殖民统治赖以为根基的收集和编撰的浩大工程。行政官员和亚细亚协会成员如琼斯和霍尔海德的第一部学术著作是他们出版的语法书：琼斯的波斯语法出版于 1777 年，而霍尔海德的孟加拉语法是第一部使用了孟加拉字母表的书，出版于 1778 年。霍尔海德在他的著作的前言中抱怨说，孟加拉语的拼字法"毫无规律"，很难把欧洲语言的语法规则运用于这种似乎已丧失"普遍的基本原则"[①]的语言中。加尔各答的福特威廉学院与亚细亚协会关系密切。该学院致力于为东印度公司的员工提供关于"东方"的教育。它的成立极大地促进了翻译家和语法学家的工作。正如大卫·考普福（David Kopf）所说："到了 1805 年，这个学院已经成了一个名副其实的实验室。在这里，欧洲人和亚洲人制定出新的翻译方案，把口头语规则化，转化成精确的语法形式，并把在欧洲几乎无人知晓的语言编撰成词典。"[②]当 1812 年一场大火烧毁了撒兰泊传教团（威廉·凯里是该传教团的成员之一，任教于该学院）的印刷社时，被烧毁的手稿中就有一部多语字典，它"囊括了所有已知的东方语言的词汇"。[③]

研究、编撰和"了解"东方的欲望所运用的是后结构主义者如德里达和德曼所批判的关于再现和事实的传统观念。他们的研究对在后殖民语境中有重大意义的传统历史决定论提出了相关的批评。对历史决定论的批评可能有助于我们构想出关于历史性（historicity）的复杂概念。这个概念包括文本的"有效历史"（effective history）；这一词组包含了这样一些问题：谁使用／翻译文本？如何被使用？为了什么目的？对再现的批判和对历史决定论的批判都使后殖民理论家有能力去分析霍米·巴巴（效法福柯）所说的殖民统治的技术手段。这些批判也使我们能再思考翻译错综复杂的问题：对殖民文本和"白人神话"的解构有助于我们理解翻译是如何促成再现和事实的观念的形成的，这些观念不仅支撑着文学批评话语，也支撑着西方哲学的基本概念。

① Halhed, *A Grammar of the Bengali Language* (Hooghly: n.p., `1778), cited in Kopf, *British Orientalism and the Bengal Renaissance*, p. 57.

② Kopf, *British Orientalism and the Bengal Renaissance,* p. 67.

③ *Ibid.*, p.78.

第七章　后殖民翻译理论

翻译的政治[*]

盖亚特里·C. 斯皮瓦克著

卢玉玲译

导言

  盖亚特里·C. 斯皮瓦克（Gayatri Chakravorty Spivak）出生于印度，是文学理论家和文化批评家，也是西方后殖民理论思潮的主要代表。她于1942年出生在加尔各答的一个中产阶级家庭。在加尔各答大学完成大学本科教育之后，斯皮瓦克留学美国康奈尔大学，博士阶段师从保罗·德·曼（Paul de Man）。作为一名成就卓著的后殖民理论家，斯皮瓦克的学术思想深受解构理论的影响。在其关于女性主义、马克思主义、后殖民主义的理论研究中都可见到解构主义理论的影子。尽管盖亚特里并不是严格意义上的翻译理论家，但她的跨文化生活经历和复杂的学术背景，为其独特的翻译思想和开阔的视野奠定了基础。斯皮瓦克专门探讨翻译的文章为数并不多，除了让她一举成名的德里达的《论文字学》（*On Grammatology*，1976）的译作及其前言、以及收录于《在他世界——文化政治论文集》（*In Other Worlds: Essays in Cultural Politics*, 1988）中的《阐释的政治》（The Politics of Interpretations）外，最负盛名的著述莫过于《翻译的政治》（The Politics of Translation, 1992）这篇长文了。当然，她近年推出的专著《学科的死亡》（*Death of a Discipline*, 2003）对翻译也多有论及。

  《翻译的政治》一文最早发表于米谢勒·巴瑞和安·费力普斯主编的《动摇理论》（*Destabilizing Theory*, 1992）；1993年又被收录于斯皮瓦克主编的论文集《在教学机器之外》（*Outside in the Teaching Machine*）；2000年再被收录于劳伦斯·韦努蒂主编的《翻译研究选读》（*The Translation Studies Reader*）。

  在《翻译的政治》一文中，斯皮瓦克首先探讨了语言的修辞与逻辑之间的关系。她认为："每一种语言的修辞性都会对语言的逻辑系统造成一定的破坏。"传统的翻译理念，特别是等值观，只看到语言的逻辑性，于是两种语言

---

[*] 本文选译自 Gayatri Chakravorty Spivak, "The Politics of Translation," in *The Translation Studies Reader*, ed. Lawrence Venuti, London and New York: Routledge, 2000, pp. 397-409。

似乎存在着一对一的必然联系。这种看似科学的理念实则子虚乌有。由于修辞的干扰，语言的逻辑大厦陷入了散落的危险。斯皮瓦克认为，在翻译中，译者不应该压抑语言的散落，而应该理解、认可他语言的修辞性，因为"如果不理解语言的修辞性，针对非西方事物的新殖民主义观念就很容易产生"。

斯皮瓦克以一名后殖民理论学者的视野，站在跨越文化的高度，针对西方世界对第三世界的文学作品，特别是女性文学作品的翻译问题提出了尖锐的批评。由于西方译者未能与第三世界语言建立一种亲密的关系，对该语言的文学创作的现状未能足够的了解，不理解和不认可原作中的修辞性，结果是"译入英语的所有第三世界文学都带着一点'翻译腔'"。斯皮瓦克认为，这种看似善意的翻译热却在潜意识中隐藏着某种危险的新殖民主义态度。

正文

米谢勒·巴瑞（Michèle Barret）认为，如果我们把语言看作是意义建构的过程，那么翻译的政治本身的意义就很重大。本文标题的灵感就源自巴瑞的这一想法。[1]

我认为，语言也许是让我们理解事物和人类自身的众多要素之一。当然，对于这个要素，我想到的不仅包括身体语言和言语中的停顿，而且也包括偶然性，以及那些切合不同情状，但偏离思维语言（language-in-thought）常轨的子个体生存力场（sub-individual force-fields of being）。如果人们认为作为自我意义（self-meaning）而不只是一般意义的身份（identity）的生成如同显微镜下的一滴水那样复杂，那么，他们一定不乐于接受意义在伦理政治领域（ethico-political arena）之外独立生成的说法。（在伦理政治领域之内，视身份为本原［origin］的想法也令人难以苟同，但这个问题显然远离了本文所要探讨的主旨。）撰写论述文时，一个回避自我"身份"局限的方法是，像使用属于别人的语言工作那样，拿别人的题目做文章。毕竟，这是翻译的一个诱人之处。它是一场单纯的模仿表演，即（表演者）把他者在自我之中的痕迹的感受可靠地（responsibility）表现出来。

---

[1] 本文第一部分是根据我与米谢勒·巴瑞于 1990 年夏天的一次谈话而写的。

因此，从 responsibility（感受／可靠性）的开放性意义的角度来回应巴瑞的观点，我可以同意，翻译转换的不是意义的载体。在此基础上，我想考虑语言对能动者（agent）——即行动的人——所起的作用（当然从语言本身并不能完全看出作者的意图）。女性主义译者的任务就是要把语言视为揭示性别化能动机制（gendered agency）运作的一个线索。女性主义作家当然被她的语言所书写。但是，这个作家的写作所揭示的能动机制在方式上可能不同于英国妇女／公民的写作所揭示的能动机制。后者浸淫于英国女性主义历史，其任务是致力于把自己从不列颠帝国的过去，常常是充满着种族主义的现在以及"英国制造"的男性统治压迫的历史中解放出来。

翻译即阅读

译者如何处理她所翻译的语言的特殊性呢？每一种语言的修辞性（rhetorical nature）都会对该语言的逻辑系统造成一定的破坏。如果我们无视修辞性的干扰，只强调语言的逻辑性，那么我们是安全的。"安全"一词用在这儿十分妥帖，因为我们谈论的是翻译媒介所遭受的风险和暴力。

最近，当我翻译 18 世纪后期的孟加拉诗歌时，我感觉自己就冒着这样一些风险。以下引用的是我的"译者序"中的一段话：

> 我必须摒弃在学校里所学到的翻译技能：只要把最准确的同义词串联在最相似的句法结构中就能得到最高分。我必须既抵制维多利亚式简洁诗化散文的庄重风格，又必须弃用"直白式英语"矫揉造作的素朴风格。这两种风格都自称是英语的标准文体。……翻译是与原作最亲密的阅读行为。当我翻译时，我完全被文本所折服。对于这些在我能清晰记事之前家人就开始天天咏唱的歌谣，我有种特别的亲切感。在这样一种情状之中的阅读和折服有着全新的意义。因为在记忆形成之前内心最深处留下的他者印迹认可了译者对原作所做的越界行为。①

语言并不意味着一切。它只是发现自我边界失落之处的关键线索。修辞或寓说（figuration）干扰逻辑的方式本身就说明，在语言之外、围绕着语言，存在着随机的偶然性。这种播散（dissemination）非我们所能控制。然而在

---

① Forthcoming from Seagull Press, Calcutta.

翻译中，意义跃入两种不同名称的历史语言之间那广袤的虚空地带，我们如履薄冰地向意义靠近。修辞作用以并没有必然关系的方式凸显意义。通过思量修辞的这种干扰作用，我们感觉语言织布（language-textile）的边缘在脱落，散落成织物散片或辅料（frayages or facilitations）。①尽管每一次的阅读或交流行为都使语言织物冒着散落的危险（不知怎么又总能凑集在一起），但是除了在充满爱或带着爱的交流和阅读中，译者的能动作用总能使语言可能遭遇的磨损控制在最低程度。（"爱"在伦理中处于怎样的地位？）译者的任务就是促进原文及其影子（译作）之间的爱。这种爱容许了语言的散落，并且限制了译者的能动作用以及她所想象的或实际的读者的要求。翻译非欧洲女性文本的政治往往压抑了语言散落的这种可能性，因为译者无法认同原作的修辞性，或者说对原作的修辞性缺乏足够的关注。

修辞系统控制着某些或许是无意义的东西存在的可能。这些可能性总是潜伏在语言之外的危险空间。与太空中可能存在的外星人进行沟通的努力最为怪异地体现了（和挑战了）修辞系统的这种控制（这样，绝对的"她性"便被延异 [differed-deferred]，成为与我们多少有些相似并能与我们沟通的另一个自我）。但是，修辞系统的控制更为常见的例子发生在两种世俗的语言中。要控制来自不同文化语境的语言之中的她性，这种体验是怪异的。

现在让我们设想，就能动者（agent，指译者）生产的作品而言，他／她语言的修辞可能破坏语言的逻辑，显示了运作于修辞之内的静默的暴力（violence of silence）。通过清楚表明的衔接关系，逻辑让我们从一个语词跳到另一个语词；而修辞则必须在语词之间和周围的静默地带运作，以了解什么才起作用和多少才起作用。修辞与逻辑之间、认知的条件和结果之间难以协调的关系建构了能动者的世界，这样能动者才能以符合伦理的方式、政治的方式、日常的方式行事，才能以人的方式生存在这个世界上。除非译者能为他／她语言建构起这样一个模式，否则就不存在真正的翻译。

不幸的是，如果完全无视上述任务的话，那翻译就会变得太容易了。而在我看来，翻译工作并非是要么率尔操觚、粗制滥译，要么就得佳译难求、举笔维艰。认真负责的翻译没有理由非得要更加费时。译者的前期准备或许要花更多时间，而她对文本的爱或许意味着需要耐心的阅读技巧。但文本的纯粹翻译工作则不必非慢条斯理不可。

如果不理解语言的修辞作用，就很容易产生针对非西方事物的新殖民主义观念。任何只图方便的观点在这儿都是没有说服力的。然而此种观点似乎

---

① "Facilitation" is the English translation of a Freudian term which is translated *frayage* in French.

根深蒂固。这是我从巴瑞关于后结构主义语言问题启发性的观点中得出的想法。后结构主义者向我们显示，能动者在语言的三维观（即修辞、逻辑、静默）中演绎。我们必须像导演排演剧本、演员演绎脚本那样，试着进入或指导这个演绎。这种努力与将翻译等同于同义词、句法和地方色彩问题的做法截然不同。

一味地批评，为等待理想的译者的出现而拖延行动的做法是不切实际的。虽然德里达同意用英语说话，他仍指出法语和英语之间转换的困难——"我必须用不属于自己的语言说话，因为这样更公正。"当听到德里达这一席无可非议的话时，我也想为用阿拉伯语或越南语书写的女性文本提出能不失尊严地抱怨的权利。①

让绝大多数女性主义者理解这些文本（指阿拉伯或越南女性文本）的做法会更为公正，因此，必须让这些文本用英语言说。当众多的女性主义者出于善意的热情给予异国女性主义者言说的权利时，让她们用多数人的语言——英语——言说要更为公正。然而，就"第三世界"的外国人来说，多数人的法则到底是合乎礼仪的法则，还是民主平等的法则，抑或是强者之"道"？我们不妨关注一下这一令人困惑的问题。西方女性主义者的注视（gaze）未必就是哗众取宠。（在我看来，从族群政治行为的角度"归化"拉康关于注视的心理结构的描述似乎总难以令人信服。）从另一方面来看，这种多数人的法则也未必是高尚的。这只是"民主"地对待少数者的最简单的方法。大量将他语言文本译入英语的做法，可能存在着对民主理想的背叛，沦为强者之道。一个典型的例子是译入英语的所有第三世界文学都带着一点"翻译腔"，以致巴勒斯坦女作者的作品读起来有点像台湾男作家的作品。汉语和阿拉伯语的修辞真是有天壤之别！而高速发展的资本主义亚太地区的文化政治和遭受破坏的西亚的文化政治更不可同日而语。这些差异打下了性别差异的烙印，同时性别差异也体现了他们之间的差异。

对学生来说，这种乏味的翻译腔是不可能与莫尼克·威汀（Monique Witting）和爱丽丝·沃尔克（Alice Walker）那样的作家的令人瞩目的文体实验相媲美的。

如果译者关注作者的文体实验，译本可能就大不相同。让我们举一个例子。马哈丝维塔·戴维（Mahasweta Devi）的"*Stannadāyini*"有两个英

---

① Jacques Derrida, "Force of Law: The Mystical Foundation of Authority," trans. Mary Quaintance, *Deconstruction and the Possibility of Justice: Cardozo Law Review,* XI (July-Aug. 1990); p. 923.

译本。①译为《乳房给予者》的译本关注到作者鲜明的个人风格。戴维表达了对这一译本的赞许。另一译本将书名译为《奶妈》。而这个译法抹杀了作者在创造这个怪词时的讽刺意味：用"奶妈"一词翻译虽足以表达原意，却无法像原文那样产生令人震惊之效果。这就像译者不应该将迪伦·托马斯（Dylan Thomas）②那首著名诗歌的标题和首行译为"Do not go gently into the good night"（不要轻轻走入那个美妙的夜晚）一样。在戴维小说的主题中，乳房不仅被看作是作为商品的劳动力的器官（organ of labour-power-as-commodity），而且也被换喻为角色—对象，代替作为欲望对象的她者（the breast as metonymic part-object standing in for other-as-object）。借助女人的身体，小说同时演绎着马克思和弗洛伊德的理念。然而，在《奶妈》译本中，这一主题在你甚至还来不及走进这个故事之前就已被丢失了。在原作中，戴维使用了甚至在孟加拉都令人吃惊的俗语，而这些都被《奶妈》的译者忽略了。这些充满着乡土智慧的粗鄙俗语与小说同样要表现的特定阶级进入的现代性格格不入，于是，她决定不翻译出这些俗语。事实上，如果我们对照着阅读这两个译本，我们可以觉察到原作中的修辞静默（rhetorical silences）在译作中的失落。

因此，译者首先必须服从原作。她必须苦苦探求，让文本显示语言的穷尽之处，因为修辞作用会指向无限扩散的语言的静默之处，而文本总是以其独特的方式回避这种静默。有些人认为这是一种虚无缥缈地谈论文学或哲学的方式。但是，任何实际的说法都很难回避这一事实：翻译是最亲密的阅读行为。如果译者没有成为亲密的读者，她是不可能服从原文，也不可能对文本独特的召唤作出回应的。

有一种假设认为在讲述故事、描述历史方面，女人之间天生就有一种休戚与共的联系（solidarity）。一个女人的故事（或者任何女人的故事）中总有某种东西无需借助语言学习就能引起其他女人的共鸣。这个前提可能与译者服从原作的任务相抵触。矛盾的是，作为有道德的能动者（ethical agents），我们不可能最大限度地想像她者性。为了合乎道义，我们不得不将她者变为

---

① "The Wet-nurse," in Kali for Women (eds.), *Truth Tales: Stories by Indian Women* (The Women's Press, London, 1987), pp. 1-50 (first published by Kali for Women, Delhi, 1986), and "Breast-giver," in Gayatri Chakravorty Spivak, *In Other Worlds: Essays in Cultural Politics* (Methuen/Routledge, New York, 1987), pp. 222-40.

② 迪伦·托马斯(Dylan Thomas, 1914—1953)，英国诗人，作品多探索生与死，爱情与信仰的主题。原文为"Do not go gentle into that good night"。在这首诗中，"night"有双重意思：夜晚与暮年。因此，"go"在此也有两层意思：变成与步入。（译注）

自我的影子。翻译中的服帖与其说是合乎道德的，不如说是合乎情欲的。①在这种情形之下，"她很像我"的善意态度是无济于事的。就像米谢勒·巴瑞不像盖亚特里·斯皮瓦克一样，她们之间的友情作为一种翻译行为会更为有效。为了赢得友谊或身份的服从的权利，为了理解，只要你心随文本，文本的修辞就会为你展示语言的穷尽之处，你必须与语言，而不只是与特定的文本建立起一种不同的关系。

通过在翻译实践中理解翻译行为，我逐渐认识到，如果译者与被译语言的关系能够达到有时她更愿意用这一语言来表达亲密之物的程度时，那么这将有助于翻译实践。这仅仅是个实践上的建议，而不是理论上的要求。这个建议之所以有用，是因为女性作家，不管她是有意还是无意成为"女性主义者"——当然，并不是所有的女性作家都是"女性主义者"，哪怕是广义上的——都会认同语言能动机制中的三项组成部分的互动关系（指逻辑、修辞、静默）。这种认同的方式被定义为"私人性质的"，因为女性作家会质疑那些更加公众化（public）的语言使用。

让我们来思考下面这个与语言媒介之间缺乏亲密感情的例子。萨德·卡卡尔（Sudhir Kakar）的《内心世界》（*The Inner World*）引用了19世纪后期僧人维维卡南达（Vivekananda）写的一首关于卡丽女神（Kāli）②的歌谣，来证明印度男人"原始的自恋"心态。③（戴维在谈到毗湿奴［Krsna］④和湿婆［Siva］⑤时也对此略有谈及，但她谈的是性别歧视，而不是自恋，也没使用心理分析的术语。）从卡卡尔的描述中，我们无从发现那个描述维维卡南达创作这首歌谣时的独特环境的"信徒"是一位成为罗摩克里希纳（Ramakrishna）教派尼姑的爱尔兰妇女。在这个白种女性的周围，生活着印度男性僧人和信徒。卡卡尔引述的那首歌谣就是由这位女性翻译的。她不遗余力地亲近源语言。那时候，印度与爱尔兰民族主义者之间有着强烈的认同感。尼维狄塔（Nivedita）——这是她的名字——也接受了她所理解的、由维维卡南达所阐

---

① 露西依莱加雷令人信服地指出，性别差异伦理中的色情是符合道德规范的(The Fecundity of the Caress, in her *Ethics of Sexual Difference*, trans. Carolyn Burke and G. C.Gill , Cornell University Press, Ithaca, N.Y., 1993).

② 印度教女神，湿婆神（siva）之妻。据说神力广大，是破坏杀戮女神。（译注）

③ Sudhir Kakar, *The Inner World: A Psycho-analytic Study of Childhood and Society in India,* 2nd edn (Oxford University Press, Delhi, 1981), pp. 171ff. Part of this discussion in a slightly different form is included in my "Psychoanalysis in Left Field; and Fieldworking: Examples to fit the Title," in Michael Munchow and Sonu Shamdasani (eds), Psychoanalysis, Philosophy and Culture (Routledge, London, 1994), pp.41-75.

④ 毗湿奴：印度教至尊人格首神主。（译注）

⑤ 湿婆：印度教三大主神之一，司掌毁灭与生殖之神。（译注）

释的印度的人生哲理。正如许多人指出的那样，这些人生哲理本身就是维维卡南达以独特的方式抵抗文化帝国主义的结果。对于像卡卡尔那样的心理分析家而言，这个关于历史、哲学，确切地说关于性别的翻译文本，应该是可供编写故事的材料。然而，这个由匿名的"信徒""提供"的英译本的作用只不过模模糊糊地提供了一些她者自恋的事实。这并非是一个语言交换的场所。

卡卡尔引文的开头提到了兰姆·普拉萨德（Ram Prasad）。卡卡尔对此做了这样一个注脚："18 世纪的歌手和诗人。他的歌曲抒发了对母亲（The mother）的渴望之情，在孟加拉广受欢迎。"我相信这一注脚表明了我所说的语言亲密感的缺失。

维维卡南达是以建构辉煌的"印度"这样的独特方式抵抗帝国主义挑衅的典范。然而根据卡卡尔引用段落的描述，拥抱"卡丽"，拒斥爱国主义，即选择文化传统中的女性领域而不是殖民统治下的男性领域，被搬上了这样的历史舞台。毫无疑问，"千真万确"，兰姆·普拉萨德·森为这样一种身份提供一个完美自我形象。在 1793 年土地永久解决法案（Permanent Settlement of Land）开始之前，兰姆·普拉萨德辞去了在殖民主义统治下的加尔各答市的职员工作，成为了一个乡村大地主府上的庭院诗人。拓居点转变了这些乡村大地主的社会类型及其与本土文化的联系。换言之，这是维维卡南达和兰姆·普拉萨德殖民话语转换卡丽身份的两个时刻。而卡卡尔那个无效的注脚遮蔽了话语的动态复杂性。

在此争论卡丽的"身份"，或确切地说印度教"多神信仰论"中的其他女神的身份是毫无意义的。为了弄清来龙去脉，让我作一点补充。文章开始引用的"译者序"是我为普拉萨德的诗歌而写的。他决不仅仅是那个信徒（指尼维狄塔——译者注）叙述维维卡南达的"危机"中所用的一个过时的舞台道具而已。这里从我的"译者序"中再引几句话："兰姆·普拉萨德摆弄着他的母语，重新评估那些梵文意义最浓的词汇。我无法领悟诗人与卡丽之间那些不仅是全新而且是完全性别化的打情骂俏的语气——这语气不只是对彼此的'渴望'，甚至主要不是'渴望'。"除非尼维狄塔误译，普拉萨德的语气充满创新的戏谑，而维维卡南达的语气则饱含着民族主义的庄严感。尽管都是从民族主义到母亲的转变，然而正是诗人语气上的差别才具有历史性的意义。殖民主体的文化帝国主义的翻译政治已经发生了显著的变化。诗人声音的性别化体现了这种变化。

当代多神信仰论中的女性是如何认识这个奇特的母亲的（指卡丽女神）？她当然不是卡卡尔根据马克思·韦伯（Max Weber）在心理分析中建构出来

的坏母亲，当然更不是一个训练有素的、惩罚孩子的母亲。相反，她既是一个严厉而狂暴的孩子般的母亲，又是一个有道德感和充满爱心的监管者。[1]她既不平凡，也非圣人。为什么想当然地认为在一个历来为男性统治的多神信仰的领域呼唤女神就一定是女性主义呢？在我看来，那些认为崇拜卡丽女神传统中的女强人是以卡丽女神为榜样的说法，是一种西方和男性化的论调。[2]

......

我们认为，逻辑分析不仅意味着哲学家所作的分析，而且也意味着要合乎情理。这种合乎情理允许修辞性被挪用，使它合乎规矩，令人只看到它美的一面。之所以要规约修辞性，因为它会扰乱语言的秩序。在男性统治一切的社会里，当女性视性别歧视为常态，内化于心，她们便会从行动上反对在形式上与修辞性相似（扰乱秩序——译者注）的女性主义。逻辑与修辞之间的关系、语法与修辞之间的关系也是社会逻辑、社会情理与社会实践中比喻的破坏性（the disruptiveness of figuration）之间的关系。这是语言的三面结构中的前两面。但是修辞性指向（point at）语言的随机性、偶然性，譬如语言的撒播和破碎，即事物并不总是能通过符号被有机地结合起来。（我觉得克里斯蒂娃和"前符号"[pre-semioti]之间的问题在于她似乎想通过抓住语言唯一指向的东西即修辞性来扩大意义的王国。）不具备这个特定的三层面模式的文化仍然会有一个主导领域通往语言和偶然性。作家如伊费·阿玛蒂乌穆（Ifi Amadiume）向我们表明，即便不认为这个领域是由生理决定的，人们仍会从一个由主次性别特征的定义所决定的领域的角度来思考问题。这种思维的结果是他领域的居民并不完全是主体，而是从属主体。如果想要发现从属群体是如何运用修辞的话，那么，我们也必须了解强势群体是如何处理语言的三面本体论的。[3]

所以，如果你已经逐渐熟练到能用源语言来谈心，不管是出于选择还是偏爱，那么这将有助于你了解到你是否已经准备充分，能够开始从事翻译了。我又回到了我早前谈到的观点：我无法理解，为什么出于出版商的便利、为了教学的便利以及为了方便那些没有时间学习语言的人等因素，就必须为西方女性主义建构起他世界（the rest of the world）的图景。5 年前，当被指责

① Max Weber, *The Religion of India: The Sociology of Hinduism and Buddhism*, tr. Hans H. Gerth and Don Martindale (Free Press, Glencoe, Ill. 1958).

② More on this in a more personal context in Spivak, "Stagings of the Origin," in Third Text.

③ Ifi Amadiume, *Male Daughters Female Husbands* (Zed Books, London, 1987).

缺乏姐妹情谊时，我还想："算了，你该知道人要慷慨一点才好。"但后来我又自问："我能奉献什么，或我能放弃什么呢？当我保证说你们无需那样费力，来拿就是了，我的无私奉献是给谁的呢？我试图想要促成什么呢？"人们会说，你已是一个成功者，就不应该假装是个边缘人了。但是，我要求更高的翻译标准，当然不是为了使自己或源语言边缘化！

通过翻译戴维的作品，我认识到语言的三维结构在英语和我的母语中的作用有着天壤之别！在此，我亲身感受到又一次的历史的反讽。过去，对殖民时期或后殖民时期的英语学生来说，说英语能与母语为英语的人"一模一样"，这是至关重要的。我想，现在"第三世界"从事翻译的人士有必要接受这样一个事实：时世已变，后殖民社会中真正的懂双语者现在反而更有优势。但是，如果她不是严格意义上的懂双语者，如果她只讲自己的母语，那么，作为一个译者，她并不具有任何真正的优势。毕竟，她的本土空间也是按阶级关系建构起来的。这种建构仍常常带着接近帝国主义的痕迹，常常背离作为公共语言的本土语言。因此，这里对亲密关系的要求也使我们认识到公共领域的存在。如果我们想要翻译玛丽安•摩尔（Marianne Moore）或艾米丽•狄金森（Emily Dickonson）的作品，对译者的标准就不能是"任何能用源语（这儿指英语）进行会话的人就行了"。而当以同样的标准翻译的是"第三世界"的语言时，其立场本身便是种族中心主义的（ethnocentric）。而后还要把这些翻译推荐给我们的毫无准备的学生，让她们了解什么是女性写作！

我认为，翻译"第三世界"语言的译者应该对该语言的文学创作现状有足够的了解，这样才能分清女性创作中的良莠，才能分辨女性作家的反抗性作品和循规蹈矩的作品的区别。

她必须能够正视这样一个观点：在英语空间中看似反抗性的作品，在源语空间中却可能是保守的。法丽达•阿赫特（Farida Akhter）认为，在孟加拉，关于"性别化"的讨论削弱了妇女运动和女性主义的实际工作。探讨这个问题的主要是跨国性的、非政府组织的妇女发展部门，以及当地的一些学院派的女性主义理论家。[①]阿赫特凭直觉认为，"性别化"（gendering）一词无法译成孟加拉语。在英语中，这也是一个很别扭的新词。虽然阿赫特与国际女性主义的渊源颇深，但她的立足点是孟加拉。我无法为她把"性别"译入美国女性主义的语境中。像阿赫特这样杰出的社会文本阅读者和像我一样细心的译者和朋友，竟然无法使翻译奏效，这让我对译者的任务有了更深的

---

① For Background on Akhter, already somewhat dated for this interventionist in the history of the present, see Yayori Matsui (ed.), *Women's Asia* (Zed Books, London, 1989), ch.1.

理解。

像所有的标准一样，好和坏都是可变通的。后结构主义的另一个经验有助于我们理解这个问题：不管怎样，标准都是人定出来的。起着监管的作用正是充分证明这些标准合理正当的意图。这就是为什么学校的纪律要求学生应该考试，以证明这些标准。出版商往往出于功利目的而混淆这些标准。译者必须能够以特殊的专家知识，而不仅仅是哲学理念来反抗这种宗主国的唯物主义思想。

换言之，译者必须对原文所属的特定范畴有真切的体会，这样她才能打破认为"第三世界"的所有女性作品都是好作品的种族主义的预设。经常有人找我，想把戴维的作品放入印度女作家文集中。我对此颇为不安，因为"印度妇女"范畴并非女性主义范畴。（我曾经在别的书中说过，建构知识对象的方法，即"知识体系"不应该有民族性的名字。）①除了其民族渊源不同之外，印度女性作品有时就是美国女性作品或英国女性作品。把她们统称为"印度的"，反映了一种种族文化政治议事日程的思想，抹杀了"第三世界"的特殊性，以及否定了文化上的公民身份。

我最初认为译者的任务就是要服帖于原文本的语言修辞性。尽管这一观点在很大程度上具有政治的含义，但可以说无视这一任务所带来的最小但决不是最不重要的后果，是使作品丧失"文学性、文本性和感性"（米谢勒·巴瑞）。由此，我得出了第二个观点：译者必须具有在源语的场地中进行甄别区分的能力。下面我对此再多谈一点。

我之所以选择戴维，是因为她不同于她所处的环境。我曾听英国一位莎士比亚研究者说，来自印度次大陆的任何关于莎士比亚的批评都是对抗性的。这样的一种评判也就剥夺了我们批评的权利。过去奴役次大陆，对之施加种种限制的行为当然很恶劣。但那并不意味着今天那个在 50 年前经过谈判取得独立的印度次大陆的任何东西都必然是正确的。老的人类学（那是个蹩脚的人类学）假设每个文化中的任何人都能代表该文化的全部。我同事的观点体现了这个过时的人类学假设。我依然对那些反潮流、反主流的作家感兴趣。我仍然相信，有趣的文本恰恰是那些你无法从中了解到关于大众文化再现或民族自我再现的主流观点的文本。与那些翻译西方欧洲语言的译者相比，翻译"第三世界"女性作品的译者几乎都必须具有更好的知识装备，准备得更充分，因为大量过时的殖民态度稍加改动后仍在影响着翻译这个行业。后结

---

① "More on Power/ Knowledge," in Thomas E. Wartenberg (ed.) *Re-thinking Power* (State University of New York Press, Albany, NY, 1992).

构主义能使这些准备作得更彻底，因此仅仅在语言上下工夫是不够的。我们还必须注意到与作为能动性生产机制的语言的演绎之间的特殊关系。但后结构主义的议程主要并不在此，并且宗主国女性主义对理论的抵抗将把我们带入另一种叙事中。

对译者任务的理解和翻译实践之间既互相关联，又有所区别。让我大致说说我是如何翻译的。首先，我译得很快。如果我停下来思考英国人会怎样看，如果我预设了特定的读者，如果我将意向主体（the intending subject，原作者）不只当作一个跳板，我就无法投入文本，无法服帖原文。我与戴维的关系轻松而随意。我能够对她说：我臣服的是写作中的你，而不是作为意向主体的你。友谊是另一种臣服。以此方式臣服于文本多数意味着忠于字面意义。当译本是这样翻译出来后，我再加以修改。我不是从潜在读者的角度进行修改的，而是根据我眼前这个文本的英语法则来修改的。我一直希望，如果翻译时能注意到语言的动态发展，而修改时遵循服帖文本所产生的间性话语（in-between discourse）法则，模仿语言的动态发展，那么，学生就不会认为这样的译本只是提供了一个社会的写实文本而已。

这也许是徒然的希望，因为每个人所负的责任是不同的。当我翻译雅克·德里达（Jacques Derrida）的《论文字学》时，有一家重要的期刊第一次、也是最后一次对此作了评论。就我对戴维的翻译而言，我几乎不惧怕能否得到读者的准确评价。这使翻译的任务更加危险，也更加冒险。对我来说，这正是翻译德里达和翻译戴维的真正区别。这种区别不仅仅是解构哲学和政治性小说之间更加人为的差别。

相反的观点就不一定正确了。在"第三世界"，有许多人懂得老式帝国语言。人们可能会以相应的帝国语言去阅读当下以各欧洲语言书写的女性主义小说。对欧洲哲学来说，情况也是如此。从这些欧洲语言译入"第三世界"语言的行为常常是一种不同性质的政治活动。写这篇文章时，我正准备在加尔各答的加达乌普（Jadavpur）大学用孟加拉语为一群学识深厚的听众讲解解构主义。这些听众不仅通晓孟加拉语，并且关于解构主义的知识也十分渊博。（他们阅读英文与法文的解构主义著作，并且有时会写些关于解构主义的文章。）我想这将是对后殖民译者的一种考验。

当"第三世界"的著述，尤其是"第三世界"的女性作品被译入英、法等语言，民族平等的法则就演变成强权的法则，这是因为她们与划分所谓的公众语言／私人语言这一问题的关系是很独特的。如果是某个"第三世界"国家首先引领着工业革命，结果开始垄断帝国的扩张主义，从而能够强行使一种语言成为国际标准语，那么，上述的观点反过来说也是可能的。这有点儿像那个愚蠢的笑话：如果第二次世界大战是另一种结局，美国人就将讲日语。这种平等主义的可逆判断完全是反事实的幻想而已。翻译依然取决于多数人的语言技能。一位卓越的比利时翻译理论家提出如下建议来解决这一问题：与其充满热情地谈论"第三世界"，不如谈谈欧洲的文艺复兴，因为那时候人们大规模地进行古希腊—罗马文本的跨文化翻译。人们忽视了在这一历史现象中原作被赋予了绝对的权威。当探讨翻译的政治时，我们必须考虑语言在世界中的地位。译入孟加拉语的作品中的翻译腔可能会遭到会讲和书写英语的孟加拉人的嘲笑和批评。只有在霸权语言中，善意的人们才不会考虑到他们自身那往往是无师自通的善良意愿的局限性。这种现象最难对付，因为他们的善意是真心实意的，而你则会被认定是麻烦制造者。特别令人棘手的是碰到宗主国女性主义者（有时是被同化的后殖民主义者）援引（accessibility）了（确切地说是翻译了）某个被草率地认同了的女性主义关于理解的观念。

如果你想让译本被理解，那么就试着为作者这样做吧！这时问题就一目了然了，因为她处在不同风格的历史阶段。你想让人们理解的是什么呢？理解层面即抽象思维的层面。在这一层面，个性已然形成，个人可以言说自己的权利。当你离开自己的语言，紧跟着另一种语言，并且当你更愿意使用他语言探讨某些复杂的话题时，那么，你就近乎可以用轻巧简易的笔触让读者明了那原文中本来难以理解的一面了。如果你认为翻译就是内容的转换，用一门匆忙习得的语言，想让读者理解其他的东西，那么，你就是在背叛原文，暴露了相当可疑的政治意图。

这里，如何来衡量女性的共同性呢？如果无法想象理解的双向性，那么我们如何能判断她们之间的共同性呢？我想作为知识的基础，这个思想连同人文主义的普适性思想都应该被体面地埋葬掉。当我们要接近与之建立起某种关系的女性时，考虑女性之间的共同性是很有益的，否则这种关系就无从建立。这是重要的第一步。但是，如果你感兴趣的是知道女性之间是否有共同性，那么，就离开这个预设，尽管这是达成地方性或全球性社会工作的一个恰当的手段，试试第二步如何？与其想象女性之间有着某种共性，不如谦卑点、实际点地说：要理解共同性，我的首要任务是学习她的母语。你会立即看出差别在哪儿。你也会在每天学习这一门语言的时候，感受到那种共性。你学习的语言是她者从小在她母亲膝下学会的，用来认识现实的语言。这是为亲密的文化翻译所作的准备。如果你坚守自己的共性观，以此抨击他人，那么你就必须试试这一步，看看你的共性观能走多远。

　　换言之，如果你有兴趣谈论她者，并且／或者自称是她者，那么学习她者的语言至关重要。这种学习应该与研究语言习得的学术传统区别开来。我说的是，对那些固执坚持自己的女性共性观而弄得大家苦不堪言的、来自霸权的单语文化的女性主义者来说，学习她者的语言十分重要。对于那种备受赞誉、认为人人都是一个模子刻出来的女性主义共性观，我深感不适。全世界的女性是在无数不同的语言中成长，成为女性或女性主义者的，然而，我们不断死记硬背习得的语言却是强势的欧洲语言，有时是强势的亚洲语言，极少是非洲的主要语言。只有人类学家才会学"她者"的语言，因为他们必须跨越知识体系的分野生产知识。他们往往（尽管并不总是）对我们所讨论的语言的三维结构没有任何兴趣。

　　如果我们讨论的共同性是一个理论立场的话，我们必须也记住这个世界上的所有女性并不都是识字的。有些传统和情况依然令人费解，因为我们不能理解她们的语言的构成。正是从这个角度出发，我觉得学习她者的语言可能有助于我们理解关于"女性"这一符号的意义的预设。如果我们说，我们应该无所不知，那么，这个"我们"指的是谁呢？那个符号又意味着什么呢？

　　虽然我一直以女性为例，但我的观点适用于各种情况，只是女性的修辞性可能被双重遮蔽。我看不出完全关注单一的议题有何好处，但我们必须根据实际情况优先探讨某些议题。在本书中，我们关注的是后结构主义及其对女性主义理论的影响。虽然某些后结构主义思想可适用于从语言在文学中的运作情况的角度思考能动主体的形成，但由于两性之间的社会差异，女性文本的运作可能就有所不同。当尼古基（Ngugi）用奇库尤语（Kikuyu）写作，有些人认为他把一种私人语言带入公众领域。但是什么使一种为某一群体中多数人共用的语言沦为私人语言的呢？当我谈论语言习得时，我想到的是那些所谓的私人语言。但是即使是在那些私人语言之内，我也相信语言运行的方式存在着差异。通过对主体的中心化处理，语言的运行不仅生成了生理性别主体，而且也生成了社会性别的能动主体。语言的修辞性不断地干扰主体的中心化，显示了主体形成的偶然性。除非另有他证，对我来说，这依然是形成主导与属下社会性别的条件和效果。如果是这样的话，那么，我们就有理由专注于女性文本。让我们用"女性"来命名那个从属主体的空间。之所以这样定义这个空间，是由于社会对首要与次要的性别特征的不同刻写。这样，我们就能够在不同语言的不同修辞策略之内，开始小心地追踪彼此分离的二者之间的共性了。但即使是这样，我们仍要谨记阶级的历史优势。巴拉蒂·穆克基（Bharati Mukherjee）、安妮塔·德赛（Anita Desai）和盖亚特里·斯皮瓦克（Gayatri Spivak）与文盲的家佣之间使用修辞的能动机制肯定不同。

通过可靠/有感应（responsible）的翻译追踪共性可以把我们带入差异的领域和不同的区分中。这也许很重要，因为在帝国主义遗留的传统中，与本地人类学或文学中的女性主体相比，法律上的女性主体带着欧化失败的印迹。例如，在现代阿尔及利亚，人们是根据家庭、婚姻、财产继承权、合法性和女性的社会能动作用来区分法国法典和伊斯兰法典的。我们必须牢记这些差异。我们还必须尊重"第一世界"中的少数族裔和"第三世界"的大多数民众之间的差异。

在谈话中，巴瑞问我现在是否更倾向于福柯的观点。的确如此，在《贱民能够言说吗？》一文中，作为对帝国主义的总体性批判，我相当严厉地批评了福柯的著作。①但我发现他关于认知能力（pouvoir-savoir）的概念非常有用。福柯为法语奉献的这个普通词悄悄地成为 vouloir-dire（言说的意愿）的同源异形词。

在其最一般的层面上，认知能力是我们大家共有的认识事物的技能。它当然不只是 puissance/connaissance（能够/认识）意义上的权力/知识。那些是集体性的体制。相反，人们认识事物的普遍方式隐没在从属的个体当中。

从女性的角度看认知能力，我的关注点之一是新移民和母女两代人在母语和认知能力上的变化。当女儿谈生育权时，母亲谈的却是保护名节，这是翻译的诞生还是死亡呢？

福柯关于自我关爱的新伦理观念也很有趣。为了能够理解伦理的主体，我们也许有必要看看文化中的个人是如何被教导去关爱自我的，而不是接受与帝国主义有关的、认为伦理的主体是人的世俗观念。在那种结构上与被道德哲学漂白过的基督教思想一样的世俗主义中，伦理的主体是无法辨认的。福柯摆脱了这一观念，寻找理解主体得以形成的其他方式。这样做很有意思，因为考虑到帝国主义和世俗主义的联系，除了借助宗教，人们几乎无从接触其他声音。如果不把宗教看作是生产伦理主体的机制，人们就会陷入各种不同的"原教旨主义"。研究文化政治及其与新的伦理哲学的关系，人们不得不对生产伦理主体的宗教感兴趣。由于西方女性主义者一直以来都没有把宗教视为文化工具，而是视为文化的标记，因此在这方面，女性主义大有可为。目前，我正与马提拉（B.K.Matilal）教授合作，研究印度的行为伦理。他是

---

① Spivak, "Can the Subaltern Speak?" in Cary Nelson And Lawrence Grossberg (eds.), *Marxism and the Interpretation of Culture* (University of Illinois Press, Urbana, Ill., 1988), pp. 271-313.

一位开明的男性女性主义者，而我是活跃的女性主义者。在他渊博的知识和开放的胸襟的帮助下，我正在学习如何区分伦理催化剂和伦理发动机。我以不同于所有被认同的翻译的方式翻译一些梵文史诗，因为我的翻译依赖的不是学识，不是"英文好"，而是我一直在长篇大论的语言的三维结构。我希望结果会令读者喜欢。如果我们认为伦理并不源自历史世俗主义理想而源自他处，如果我们认为伦理是性别差异的伦理，是可以直面原教旨主义的出现而不用以启蒙主义的名义致歉或敷衍的伦理，那么，福柯的认知能力和关爱自我的理念就会富有启迪性。这些翻译的"其他方法"把我们带回到广义上的翻译中。

第七章　后殖民翻译理论

解放卡利班们*

——论食人说与哈罗德·德·坎波斯的超越/越界性创造诗学

埃尔斯·维埃拉著

卢玉玲译

导言

埃尔斯·丽贝罗·皮尔斯·维埃拉（Else Ribeiro Pires Vieira）是巴西著名的比较文学家和翻译理论家。她主要致力于后殖民语境中的文化、文学和翻译研究。《解放卡利班们——论食人说与哈罗德·德·坎波斯的超越/越界性创造诗学》（"Liberating Calibans: Readings of Antropofagia and Haroldo de Campos' Poetics of Transcreation"）一文收录于苏珊·巴斯奈特（Susan Bassnett）和哈里什·特里韦蒂（Harish Trivedi）主编的翻译理论集《后殖民翻译：理论与实践》（*Post-colonial Translation: Theory and Practice*, 1999）。

在这一篇文章中，埃尔斯·维埃拉以哈罗德·德·坎波斯（Haroldo de Campos）的翻译隐喻为例向我们展示了食人隐喻之于 20 世纪巴西文化的重要性。埃尔斯·维埃拉指出："食人论已发展成为阐发巴西与外来影响的一种批评话语。这一批评话语越来越从本质主义的对抗走向双边对本原的挪用和对殖民/霸权单一性的**质疑**。它还是一个独特的民族实验论，一种翻译诗学，一种思想运作方法。"

"食人"最初源于巴西土著人的原始仪式的一个隐喻，其目的不是否认异类的影响或滋养，而是吸收它们，并通过注入本土元素加以转化。20 世纪 20 年代，为了使巴西人民挣脱心理殖民的枷锁，食人论作为不敬的话语武器和抵抗方式出现于 20 世纪 20 年代的奥斯瓦尔德·德·安德拉德的《食人宣言》（*Manifesto Antropofago*）中。16 世纪，一个葡萄牙主教被巴西土著人吃掉。这一事件从隐喻的角度标志着欧洲与巴西本土元素的结合。《宣言》的发表标

---

* 本文选译自 Else Ribeiro Pires Vieira, "Liberating Calibans: Readings of Antropofagia and Haroldo de Campos' Poetics of Transcreation," in *Post-colonial Translation: Theory and Practice*, eds. Susan Bassnett and Harish Trivedi, Routledge, 1999, pp. 95-112.

志着巴西文化诞生，从而改变了欧洲中心主义史学的流向。

20世纪六七十年代，"食人"作为一个隐喻和文化哲学获得了复兴，影响着文化领域的批评话语。德·坎波斯提出的巴西消化隐喻的超越／越界性创造诗学超越了最初的食人隐喻旨在双边对抗的文化内涵。作为本土与外来文化（特别是作为殖民者的欧洲文化）交流的媒介，德·坎波斯将翻译视为一种食人行为。他说："创造性翻译以弑父（颠覆原作）的方式忘却—记忆。"德·坎波斯认为："破坏原作（扼杀父亲）的翻译意味着，在原作（父亲）不在场的情况下，通过用不同的有形物（语言）使原作（父亲）继续生存，从而颠覆原作。在'超越／越界（trans）'的空间中，翻译进行了一场输血。"对此，埃尔斯·维埃拉指出，食人隐喻"使翻译超越了源语与目的语的二元对立，将原作与译作带进第三空间。在这个空间里，二者都既是给予者也是接受者。这是一个双向的交流"。这样，德·坎波斯翻译的食人隐喻将作为食人行为的翻译视为既是后殖民巴西文化与殖民话语的决裂，也是一种提供给巴西精神养料的输血行为。埃尔斯·维埃拉认为，在食人隐喻意义上的翻译扰乱了话语的线性流动和权力的等级秩序，颠覆了原作的逻各斯中心主义。

本文标题中的"卡利班"，典出莎士比亚剧本《暴风雨》，原系剧中一个丑陋而凶残的仆役，这里指欧洲殖民者对美洲土著的指称。

正文

> 创造性翻译以弑父（颠覆原作）的方式忘却—记忆。
> （哈罗德·德·坎波斯，1981a: 209）

> 翻译是一种输血行为。颇为讽刺性的是，
> 过去被我们当作吸血行为的翻译
> 现在却被视为译者所提供的精神养料。
> （哈罗德·德·坎波斯，1981a: 208）

人们在享用任何一场盛宴时，在心满意足之余或许还会有厌腻感，甚或消化不良。世界各地的人们对源于巴西的"食人"（anthropophagy）隐喻的消

化／领悟（digestion）可以说类似于这种情况。20 世纪 20 年代的巴西，获得政治独立已有一百多年了，但在心理上仍然饱受殖民主义的煎熬。正是在这样的语境中，食人论颇具先锋性地出现在多个为解决心理殖民问题而提出的宣言中。迄今，食人论已发展成为阐发巴西与外来影响之间关系的一种批评话语。这一批评话语越来越从本质主义的对抗走向双边对本原的挪用和对殖民／霸权单一性的**质疑**。它还是一个独特的民族实验论、一种翻译诗学和一种思想运作方法。食人论及其在翻译上的应用瓦解了源语与目的语之间的二元对立，包含了与政治因素的双重辩证关系（double dialectical dimension）。食人论动摇了本原的绝对权威，重塑原作与译作的身份，使二者既是形式的馈赠者又是接受者。食人论提出接受者本身就是馈赠者，这就使（不）忠实的概念进一步复杂化。然而，最近几年来，在"本地烹饪法"的语境之外，人们正不假思索、匆忙地接受食人论。对于"食人论"这个词的理解，人们不是把它看作一个在不同的语境和批评的视角中会发生变形的复杂的隐喻，而是望文生义，生吞活剥。根据哈罗德·德·坎波斯（Haroldo de Campos）的观点，食人是巴西复调身份（polyphonic identity）的一种标志。这种复调听上去不是愤怒的、侵略性的语气，而是大不敬的、防御性的"吞食"（他者）的口气。食人论源于视精神的力量与物质密不可分的一种非欧洲中心主义的观点，这种观点与当地人的泛灵论（animism）有关。食人论意味着对他者力量的尊重。人们希望通过自身力量与他者力量的结合来获取更强大的生命力。一方面，食人论削弱了将任何本原作为力量的唯一源泉的观点；另一方面，它在本原和对象上都"切开一个口子、装上接口"，使彼此的鲜血与精髓息息相通，融为一体。

　　本论文依据的是德·坎波斯从 20 世纪 60 年代开始到现在提出的关于巴西的消化隐喻（digestive metaphor）的超越／越界性创造诗学（poetics of transcreation）。我们将讨论由德·坎波斯本人创造的并出现于巴西文化各不同领域的关于食人的批评话语。这些不同的文化领域以不同的方式挪用和利用这个消化隐喻来为自己服务。本文通过断裂性与差异性的分析，将批评话语和翻译元语言中一直存在的食人行为置于社会历史语境中，以此探讨贱民主体性宣言被提出的两次不同的历史时刻：第一次是 20 世纪 20 年代奥斯瓦尔德·德·安德拉德（Oswald de Andrade）的宣言，第二次是从 20 世纪 60 年代到 80 年代早期。关于边缘性、后殖民文化的民族身份与霸权文化的影响之间的张力这个问题，我十分赞同约翰逊的观点。他认为食人论最早是作为不敬的话语武器和抵抗方式出现于 20 世纪 20 年代的《食人宣言》（*Manifesto*

Antropofago）中，并作为一个隐喻和文化哲学再现于六七十年代（Johnson，1987:42）。我们将看到，食人论的政治性是德·坎波斯提出的民族主义思想中的一个观点。德·坎波斯视民族主义为"差异间的对话运动……其发展进程是断裂性的，而不是直线性的；其历史观是如地震图式破碎性的（seismic graph of fragmentation），而不是同类的重复性雷同"（de Campos, 1981b English Version 1986:45）。

哈罗德·德·坎波斯创造了一系列体现其先锋性翻译诗学的生词（neologisms），如翻译是"诗歌创作""再发明""再创造"（于20世纪60年代）；翻译是"透照"（translumination）；是"跨越天堂"（transparadization）（出自坎波斯翻译的但丁作品）；翻译是"跨文本化"（transtextalization），是超越/越界性创造（transcreation），是"撒旦的转化"（translnciferation）（出自坎波斯翻译的歌德的《浮士德》）；翻译是"海伦的转化"（translumination）（出自坎波斯翻译荷马的《伊利亚德》）；翻译是"诗歌的重新协调"（poetic reonchestration）（出自坎波斯从希伯来语译成巴亚葡语的《圣经》）；翻译是"再想象"（出自坎波斯将中国诗歌译成葡语时的超越性创造）。德·坎波斯的先锋性翻译诗学，认为翻译赋予文本新的生命，与此同时，也揭示他还从翻译文本中汲取营养，获得自己的元语言的食人特点。"再—"（re-）与"超越/转移—"（trans-）是文中一再出现的两个前缀。这两个前缀使翻译脱离单极真理，转为对所继承的传统的转变性再创造。翻译被进一步阐释为"弑父的忘却"（a parricidal dis-memory）（de Campos, 1981a:209）。福柯认为："知识的生产不是为了理解，而是为了切割。"（Foulcault, 1986:88）我完全赞同这个观点。当我将葡语中的"desmemoria"译成英语时，我在失忆（忘却—记忆，dis-memory）这个词中加了连字符。这个"食人性"的译法突出了德·坎波斯先锋性翻译理论与传统之间关系的两面性：这个连字符同时起到分离与结合的作用，因为"忘却—记忆"既体现了翻译中的认识论断裂，又反映翻译使不同的知识结合在一起编织成新的知识结构。破坏原作（扼杀父亲）的翻译意味着，在原作（父亲）不在场的情况下，通过用不同的有形物（语言）使原作（父亲）继续生存，从而颠覆原作。在"超越/转移"（trans-）的空间中，翻译进行了一场输血（de Campos, 1981a:208）。这是个更加明显的食人隐喻。它使翻译超越了源语与目的语的二元对立，将原作与译作带进第三空间。在这个空间里，二者都是给予者，同时也都是接受者。这是一个双向的交流。这也再次揭示了巴西本土的消化隐喻的特殊性。这一点我们将在下文作简短的探讨。

Tupi[①] or Not Tupi，这是个值得考虑的问题

"图皮人，生存"（Tupi, to be）。在奥斯瓦尔德·德·安德拉德 20 世纪 20 年代的《食人宣言》中的那句著名诗行里，"图皮人"与"生存"除了些微的语音差异外，读起来很相似："to be"（生存）中的双唇辅音是送气浊音，而"Tupi"（图皮人）中的双唇辅音则是不送气的清辅音。这种无声的发音表明了差异的存在，在莎士比亚的剧本以及西方的经典中打上殖民视角的烙印。由于图皮人是新大陆被发现时居住在巴西的一个部落，因此殖民者进退维谷的困境并不是由于担心"死后会怎样"的基督教的宗教顾虑造成的，而是与本源的两重性、多样性有关，即是说与巴西的文化身份的两重性有关：欧洲与图皮、文明与土著、基督与神秘共存。巴西文化产生于多个共存的文明，因此迄今为止其本源充满了矛盾性。图皮人，生存：这是 20 世纪 20 年代人们试图通过去除欧洲文化遗产的神圣性并吞食它，从而终止心理殖民的一种尝试。

对"图皮人，抑或不是图皮人"这句话所包含的思想的进一步阐发，源于人们从宏大的神学而非细微的语音视角对这句话作出的回应。16 世纪基督教会就印第安人是否有灵魂这一本体论问题展开了一场辩论。伴随这场辩论的是关于印第安人是否应该被奴役的辩论，而后一种讨论来源于亚里士多德。这两场辩论探讨的主体性问题提出了这样一个一针见血的问题：是否殖民者或者他的立法者能够或者应该在道义上或经济上允许图皮人生存？要想给予图皮人生存的权利，要通过语言，即允许图皮人无声的发音发出声音，允许差异，消除同质性。

《食人宣言》对莎士比亚的"吞食"，并给哈姆雷特的困境带来新的活力，这揭示了食人既是理想的也是现实的同化视角：不是排斥异类输入，而是吸收和转化异类。这就使食人主义与对话原则紧密结合在一起。不过，可以推断奥斯瓦尔德·德·安德拉德的对话主义对巴西来说包含着政治的含义，因为否定单一性就意味着肯定了巴西的多语言和多文化的空间，并最终挣脱心理殖民，获得解放。

事实上，食人是源于土著人的原始仪式的一个隐喻。在这种仪式中，人们吃人肉或喝人血，就像他们食用他们的图腾动物"貘"一样，是获得他者

当代国外翻译理论导读

448

---

① Tupi: 图皮人，南美印第安人。（译注）

力量的一种方式。这揭示了食人族的构想：不是否认异类的影响或滋养，而是吸收它们，并通过加入本土的元素转化它们。《食人宣言》最初运用这一隐喻作为一个不敬的语言武器，强调殖民主义的压迫性；殖民主义的压迫和制约使巴西饱受创伤。一个典型的压迫方式就是耶稣会士对食人的原始仪式的禁止，因此，"疗伤的方法就是用原先被压抑的东西——食人——作为武器，反抗长期以来压迫人的社会"（Nunes in Johnson, 1987:51）。

　　贯穿奥斯瓦尔德·德·安德拉德的《食人宣言》全文的，是人们对欧洲对新大陆所犯罪行的觉醒。在这个旨在使巴西文化挣脱心理殖民桎梏的公开努力中，《食人宣言》改变了欧洲中心主义史学的流向。通过食人者长期不懈的抗争，"新世界"成了革命与变革的源泉；《食人宣言》宣称"旧世界"应该感激"新世界"，因为如果没有它，"欧洲自己不可能会有那个可怜的关于人的权利的食人宣言"。这又一次从相反的角度解读历史。那些一直以来被人们认为是到巴西来拯救巴西人的基督教徒传教士，在《宣言》中被重塑为逃离文明世界的逃犯，而文明世界现在正遭到巴西人的解剖。《食人宣言》对历史最大的颠覆在于重新确定了巴西文化的形成日期。基督教历法和正统史家都将 1500 年作为发现巴西和巴西文化起源的时间，而奥斯瓦尔德·德·安德拉德的《食人宣言》写于巴西土著人吞食葡萄牙主教后的第 374 年。这一事件从隐喻的角度象征着欧洲与本土元素的结合。《食人宣言》的发表标志着巴西文化的诞生。

再议食人论

　　在简单地说明了这个消化隐喻如何最初在 20 世纪 20 年代奥斯瓦尔德·德·安德拉德的《食人宣言》中被用来表达一种非欧洲中心主义的历史观之后，现在我将离开斯皮瓦克（Spivak）所说的"策略性本质主义"（strategic essentialism），简单地概述一下这个消化隐喻在 20 世纪六七十年代的复兴。我将使用一系列错综复杂的叙事和社会报告，从隐喻的角度说明在"第三世界"的新殖民主义和跨国论复杂的相互影响中，世界文化与边缘民族文化身份之间的张力。"第三世界"这个术语被用来称呼后殖民国家，使人们大大地意识到等级制度与不发达的存在。巴西的各类文化产品，包括文学、电影、流行音乐和批评话语可以说都包含这样一些新感觉：有时重回未被殖民前的文化，有时通过挪用和再利用世界文化确定自己的身份。

　　在这一语境中，约翰逊关于食人论的再现和再评价的研究很有启发性，因为其研究包含了几种改写形式。我从中择取了三个例子。奥斯瓦尔德·德·安德拉德的剧本《蜡烛之王》（*The Ring of the Candle*）致命地批判了资本主义、经济依赖和独裁主义。1967 年，这部剧本被搬上舞台，并且被再创作，其中包括对 1964 年革命后的政权实行的经济和政治模式进行的激进批判。两年之后，乔基姆·佩德罗·德·安德拉德（Joaquim Pedro de Andrade）将 20 世纪 20 年代的一部有关食人的小说《马库奈伊玛》（*Macunaima*, 意为"丛林食人者"）改编成电影。在这部电影中，食人生番的形象被用来批评巴西野蛮的资本主义，以及这个国家与发达工业国家依赖性的关系。马西奥·苏泽（Marcio Souza）的小说《亚马逊大帝》（*Galvez, Imperador do Acre / The Emperor of the Amazon*, 1967）也采用了这种食人的态度，创作了一个经济与文化帝国主义的讽喻。殖民主义阉割功能的象征体现在收集印第安人生殖器官的英国科学家亨利·勒斯特（Henry Lust）这个角色身上。

巴西新电影的两代人也重新引入文化身份和文化依赖性的讨论。他们在探讨巴西与外来影响这个问题时运用了食人隐喻及其变体。正如霍兰德（Hollanda）和甘卡夫斯（Goncalves）在关于新电影的研究中所言，以格罗巴·罗克（Glauber Rocha）为代表的第一代新电影人试图通过摧毁占统治地位的欧美模式和捍卫名为"饥饿美学"（A Estetica da Fome/The Aesthetics of Hunger）的命题，制作了旨在解除殖民主义的电影。格罗巴·罗克宣称，不发达和边缘的国家的社会体验最突出的特点就是饥饿，因此新电影表现了"拉丁的饥饿"及其带来的文化现象：暴力。因此，不发达状况是新电影所要表达的主要内容（Hollanda and Goncalves, 1989:44-45）。

以阿拉尔多·约伯（Arnaldo Jabor）为主要代表人物的第二代新电影人则从不同的角度反映了巴西与异类的关系。约伯说道：

> 从 1965 年到 1980 年，这个国家发生了巨变。巴西……变成了一个技术剩余的国家，跨国公司的侵入引发了重重矛盾。全国为过剩发展的沉重负担所困扰，变得饥饿而空虚，圣保罗城就是一个例子。我们依然饥饿，但景况已发生了变化。我想今日的美学是"我想吃"（I want to eat）的美学。尽管这种美学渴望挪用殖民者的知识装备，但并不悲哀。（Jabor in Hollanda and Goncalves, 1989）

在巴西流行音乐中也可以看到类似于两代"新电影"的发展。20 世纪 60 年代中期，当巴西建立了由美国中央情报局和跨国资本支持的独裁统治时，抗议歌手如纳拉·利奥（Nara Leao）认为艺术主要应该表达反对独裁政权的政治观点。纳拉·利奥演唱的歌曲《比任何时候都更需要歌唱》反映了号召全民抵制的风格，目的是引发大众的情感反应而非批评性的反应。（Hollanda and Goncalves, 1989:22-24）。歌手们还大量使用乡村音乐来表达真实的、未受过影响的民族文化（Wisnik, 1987:122）。后来，热带主义（Tropicolismo/Tropicalism），一种以卡特罗·维罗索（Caetano Veloso）以及其他人为代表的巴西流行音乐，改变了抗议歌曲和未受影响的民族文化的理念，从不同的角度阐发了巴西与外来影响的关系。阿拉尔多·约伯强调："热带主义的重要性在于说出巴西就像牛蹄冻，或者普通的果酱。这儿根植着多民族共存的混杂状态……热带主义让巴西认识到实际情况要比帝国与殖民的对立关系复杂得多"（Jabor in Hollanda and Goncalves, 1989:88）。热带主义并不强调未受外来影响的民族文化，而是挪用了生成于大众传媒国际巡游中的文化形式。因此，巴西文化成了乡村与工业、声与电、民族的与外国的等张力之间的汇集点。这样，用威斯尼克（Wisnik）的话来说，历史表现为错综复杂与坎坷不平并存的场所（Wisnik, 1987:122）。批评家圣地亚哥（Santiago）补充说，热带主义采用食人的策略，涉及范围从棕榈树之土一直到伦敦，使得巴西文化不再存在地理中心，从而使巴西的语言核心——葡萄牙语变得像世界语。例如，"我的国家在大笨钟响起的地方种有棕榈树"（Santiago, 1978:124）。圣地亚哥还认为，作为世界主义的见证，这一语言杂烩说明语言符号没有国籍。在开放文化边界的时期，所有的语言都是有效的（Santiago, 1978:131-132）。

　　之后，这个食人的隐喻继续影响着巴西的批评话语。圣地亚哥进一步强调了巴西和拉美地区对本源与影响的传统研究中的政治含义。巴西与整个拉美地区对这一问题的传统研究将艺术家置于外来文化影响的附庸的位置上。圣地亚哥接着说，这一传统的批评话语与新殖民主义话语毫无二致：两者都谈到处于破产境地的经济。他特别指出，本源之星照耀着拉美艺术家，后者的艺术创作依赖这颗星散发出的光芒。但如果他们自己不愿意接受外来影响，本源就变成了无法触及的星星。这颗本源之星照亮了艺术家的创作过程，但同时又使他们屈从于它的魅力。建基于外来影响的批评话语将这颗星作为唯一的价值所在。圣地亚哥认为拉美艺术家的传统职责就是寻找通往这颗星的梯子，订立能缩小有道德感的艺术家与不朽之星之间遥不可及的距离的结盟契约。而新的批评话语强调，唯一的批评价值是差异而不是结盟契约和模仿。他总结道，尽管屈服可能是一种行为方式（the form of behavior），但侵犯却是表达的形式（the form of expression）（Santiago, 1978:20-27）。

哈罗德·德·坎波斯论食人说

在重新评估与重新解读这个消化隐喻的大气候中，从 20 世纪 60 年代开始，随着《奥斯瓦尔德·德·安德拉德选文》（1967）和 70 年代《马库奈伊玛词法》（*Morphology of Macunaima*，1973）的相继发表，哈罗德·德·坎波斯作为食人话语的开创者出现在批评界。其写作所指涉的食人行为不是指巴西对外的经济依赖，而是转向将食人作为一种批评的、诗学的和意识形态的运作方式。关于他的批评话语以及与食人批评方式相关的翻译观，我们将在这一小节中重点关注他的文章《作为创作和批评方式的翻译》（首次发表于 1963 年）。

20 世纪 60 年代早期，德·坎波斯就开始思考在不发达的文化中创作实验和先锋文学的可能性，这一讨论与拉美地区存在的世界文化遗产与本土特性之间的张力不无关系（de Campos, 1986:42）。当然，这一想法的产生并非出于偶然。因为正是在这个时期，人们越来越频繁地使用"第三世界"这个术语，同时却越来越无视其差异性的存在。随着"冷战"的紧张局势达到高潮，二元对立的观念比任何时候都要来得强烈。二元对立凸显西方与东方的距离，但又自相矛盾地使许多没有被纳入这个过于简单化方案的不同文化同质化。其结果是，"第三世界"被具体化为一个单一体。例如，1962 年古巴导弹危机之后，政治与文化潜在的多元性事实上就在拉美消失了。在文化与艺术的层面上，我们也可以感觉到这些简化论（reductivities）的影响。

在这条迂回的道路上，德·坎波斯在不断探索的过程中，首先在奥克塔维奥·帕斯（Octavio Paz）那里找到了一个启迪性的论点，即不发达的观念是经济发展的文化简化论的一个产物。而事实上，经济发展不一定与艺术体验有关。因此，他提出需要考虑与世界对话关系中的民族因素（de Campos, 1986:43-44）。以下是他对奥斯瓦尔德·德·安德拉德的《食人宣言》的阐发：

> 以批评的态度吞食世界文化遗产的思想不是出自"高贵的野蛮人"乏味而落后的观点……而是"邪恶的野蛮人"，即吞食白人的食人生番的观点。后者的观点并不意味着屈服（灌输），而是跨文化性，或者更恰当一些，"超越定评"：（根据尼采对历史的理解）这是一种批判历史负面作用的观点。这种观点具有挪用和侵占、去等级化和毁灭的能力。对我们来说，作为"他者"的任何历史都应该被否定。我们可以说，历史应该被"吃掉，生吞活剥地被吃掉"。作了这番厘

清和界定后，我们认识到：食人生番不仅是辩论者（源自希腊语的 polemos，意思是斗争或战斗），也是"文选编者"：他只吃他认为是强者的敌人，从他们身上吸取精髓和蛋白质，增强和激活自身的天然能量。（de Campos, 1986:44）

有一种本体论民族主义试图找到那个被视为民族核心（point）的逻各斯（logos）之源，与此观点相反，坎波斯提出对比法（a counterpart）的观点，即差异对话互动中，体现振荡性，差异性的民族主义："弱化民族特性，强调民族发展进程的断裂性而非线性；震图式碎片化的史学观隐含着将传统作为抵制素负盛名经典手段的新颖理念。"（de Campos, 1986:45）值得注意的是，他的"烹饪保健法"指出消化隐喻中的双向流动。他将振荡式（modal）的民族主义的出现追溯至 19 世纪巴西小说家马克多·德·阿西斯（Machado de Assis），认为："伟大的、难以归入任何流派的马克多，'吞食'了斯特恩（Sterne）和不计其数的其他作家。他给我们创造的隐喻：脑袋是反复思考者的胃，所有的建议在被打碎和混合之后，开始了新的反复思考（反刍）。就像在复杂的化学反应中，我们无法将同化的机体与被同化的物质区分开来。"（de Campos, 1986:45）

德·坎波斯拒绝接受民族主义本体论那种渐进的、和谐的自然进化的本质主义隐喻，质疑本原的逻各斯中心主义。他认为出现于殖民时期的巴西文学是"无源的"，是一种障碍，是没有童年的。不言说的婴儿式的词源不断出现在他的论点中：出生时就已成年，因此巴西人不得不用不同的发音讲着巴洛克式的、复杂的国际性修辞符码（de Campos, 1986:47）！他戏谑地称"这种方式的出生不需要本体的卵子"，从而否定了哥伦布（给美洲）提供了"卵子"的传奇（de Campos, 1986:47）。随着"食人论"的发展摧毁了从西方继承的逻各斯中心主义，他在巴西的巴洛克风格的作品中，确定了第一个食人翻译的实施者——格利高里奥·德·麦托斯（Gregorio de Matos）。在麦托斯对贡戈拉（Gongora）作品的翻译中，德·坎波斯认为我们可以在世界性符码的缝隙中找到"他性"的独特符号（de Campos, 1986:48）。但在《作为创作与批评的翻译》一文中，他又称第一个真正的翻译理论家是前浪漫主义时期的曼纽尔·奥多力克·门德兹（Manuel Odorico Mendes），此人的翻译尤其具有独创性。在他翻译的《奥德赛》（*Odyssey*）中，或许是为了用五音步诗取代了荷马的六韵步诗，或者是为了避免将原文语言中词尾变化相同所形成的语音效果转化成分析性语言的过程单调乏味，奥多力克·门德兹将 12106

行的诗句浓缩成 9302 行。为了翻译荷马的隐喻，他创造了许多葡萄牙语复合词。他还以食人的方式，用其他诗人，比如卡蒙斯（Camoes，1992:38-39）的诗句篡改荷马的诗。

哈罗德·德·坎波斯指出，巴西当代诗歌中的反规范传统促成了具体派诗歌运动（the Concretist Movement）。这场运动向世界性符码提出了挑战，同时挪用和开垦了边缘文学的遗产。这样，这场运动在批评一种诗学的同时又从中获取滋养（de Campos, 1986:51）。20 世纪 50 年代圣保罗具体派诗人，主要代表人物是德·坎波斯兄弟和迪西奥·皮格纳特日（Decio Pignatari）试图从理论上阐述和创造一个巴西诗学，从而在巴西掀起了持续的再创造／创造性转换的翻译活动。这一翻译活动与埃兹拉·庞德（Ezra Pound）将翻译视为批评的观点息息相关。在翻译《诗章》（Cantos）的时候，他们从庞德的创造性翻译标准中汲取了营养并运用到翻译实践中（de Campos, 1992:42）。随之而来的一系列翻译作品包括：卡明斯（E. E. Cummings）的作品、德国先锋派作品、日本俳句、但丁的作品、乔伊斯的作品。这些作品所蕴涵的"脆弱而难以触及的美"经由一种外国语言和诗学的剖析而获取了新的活力（de Campos, 1992:43）。德·坎波斯认为，创造性文本的翻译往往是一种再创造行为或者相似性的创造行为。它与直译相反，但又总是双向的。在这一翻译过程中，被翻译的不仅有意义，还有所有有形的符号（语音、视觉形象，所有构成美学符号的东西）（de Campos, 1992:35）。在庞德看来，只要翻译试图从理论上进行创造，进行择取，消灭重复，令后人只能在翻译所构建出来的知识中找到依然存在的部分，那么翻译就是一种批评。这样，德·坎波斯重新定义了庞德著名的"刷新"（make it new）的概念，通过翻译激活了历史（de Campos, 1992:36）。

在研究了哈罗德·德·坎波斯的食人话语的社会历史语境以及他对庞德将翻译视为批评和再创造的观点的接受之后，我们还需要研究，他如何结合了这两种"营养源"，提出自己的超越性创造诗学，以及将翻译视为文本转换行为的独特翻译观。在阐释的过程中，我们将看到坎波斯如何通过"在地狱与天堂中狂欢"的歌德（de Campos, 1997:19）和本雅明进一步展示他的食人式吸收和转化。

论"透照"（transparadisations）与"撒旦的转化"（transluciferations）

通过跨文化的视角超越本质主义的二元对立：天堂与地狱，神圣的与恶魔的、亵渎与虔诚，哈罗德·德·坎波斯在翻译希伯来语《圣经》的实践中采用了双向互动的方法，即在希伯来语中糅进了葡萄牙语，同时又在葡萄牙语中掺杂进了希伯来语。坎波斯的翻译实践揭示了食人论的双重辩证性，因为这种双重辩证彰显了他所提出的本体论民族主义：既同化传统中的差异，同时在传统中注入差异。他解释道，希伯来语《圣经》的风格是箴言与警句并重。这样，这部诗歌体《圣经》的内容可谓既庄重又生动。他同意本雅明的观点，认为除了交际内容的转换外，忠实还与表意形式有关。他特别强调他所使用的资源主要来自巴西葡语。通过着重分析巴西葡语文学出现于巴洛克时期这样一个事实，他指出，尽管纯洁主义者作了种种努力，被转化了的语言仍然冲破了欧洲的、历史久远的理性主义传统的限制。方言和诸多语域的口语遭到破坏，尤其是各种新词汇的发明，这动摇了民族语言的根基。人造的成语在发音和句法上都接受了外来语的滋养性影响。上帝之声与人类之语交织在隐语与习语/口语中。为了翻译出原文本中隐语与习语/口语之间的互动，他在希伯来文本中融入了巴西作家贵玛罗斯·罗萨（Guimaraes Rosa）在其作品《庄园的困境》（*The Devil to Pay in the Backlands*），和乔奥·卡布勒·德·梅罗·内托（Joao Cabral de Melo Neto）在其作品《戏剧》（*Plays*）中相应存在的文学传统。这两位作家的创作得益于大众口语传统，同时其创作也革新和激活了大众话语中的隐语（de Campos, 1981b: 31-35）。

　　翻译但丁的《天堂》时运用的"透照"（transparadisations）策略和翻译希伯来语《圣经》时的"互动"策略体现了（野蛮）与崇高的对抗。"邪恶的野蛮人"通过翻译歌德的作品从中汲取营养。在这一过程中，翻译被妖魔化的现象显而易见。德·坎波斯1979年翻译的《浮士德》（*Faust*, 1981）的副文（paratext）明确地将各种不同的元素糅合在一起：各类文学的交织、多种话语的并存、文学艺术创作模拟的价值重估、原作与译作等级关系的割裂，等等。与传统译本不同的是，该译本的书名不是《浮士德》（*Faustus*），而是《歌德的〈浮士德〉中的上帝与魔鬼》（*God and the Devil in Goethe's Faust*）。这就从一开始肯定了食人的/对话的原则，因为对当代巴西读者来说，这一标题从格罗巴·洛克的电影《太阳之土上的上帝和魔鬼》（*God and the Devil in the Land of the Sun*）获得滋养是再明显不过的了。标题中的"互文"说明接受语文化与源语文化交织在一起，并使源语文化发生转变。我们将看到，这一点会在后文对德·坎波斯的翻译的分析中得到证实。不管怎么说，从这个标题来看，我们可以说翻译不再是从源语文化到目的语文化的单向流动，而是一个双向的跨文化工程。译作封面的图像进一步承认了译者/再创造者的自主性，但同时也使"谁是译作的作者"这个问题难以说清。封面上德·坎波斯的亲笔签名清晰可鉴，而歌德的签名则没有那么显眼，只出现在第三页，二者形成了极大的反差。还有一点值得注意的是，在书的最后，"作者作品"这一小节实际上罗列的是德·坎波斯的作品。这也就强调了译者自己的创造性，而这一空间与原作者的中心地位相比，一直以来是被视为边缘，甚至是无关紧要的。

从封面图像转到副文主体部分的第一小节"靡菲斯特的快乐"（Mephisthophelian Ecriture），德·坎波斯在这一小节中阐述了早在 1966 年就提出的一个概念："斜向性"（plagiatropy，源于植物，指植物受人类或环境的影响而发生的演化）。他认为歌德的《浮士德》的第一部大量运用了诗文模仿（parody）。诗文模仿的词源意义是"平行的诗章"（parallel cantos）。这一点就表明了他对浮士德传统的重新解读。这个传统涉及的互文性文本包括从《圣经》到莎士比亚作品的各类文本。歌德针对抄袭的指控作出的辩护被逐字引用。他认为只有挪用了别人的佳作才能创作出伟大的作品。庞德也持相同的观点。他认为伟大的诗人从前人或同时代作家那里博采众长，通过"借用"或"抄袭"的方式，创作出"凌绝顶"的华彩诗篇（de Campos, 1981a:74）。

德·坎波斯强调 plagois 的词源是"间接的""横切的"。在他看来，"斜向性"的意思就是对传统的翻译。从符号学的角度来讲，斜向性是皮尔斯（Pierce）和艾科（Eco）所发现的无限性指号过程（指语言或非语言起记号指代作用的过程）。它与模仿（parody）的词源意义"平行的诗章"有关，即表明文本在历史过程中非线性的转化（de Campos, 1981a:75-76）。前文谈到从词源角度赋予"模仿"新的意义，1973 年，德·坎波斯在他的《马库奈伊玛词法》中对这一问题作了详尽的阐释。德·坎波斯对这个问题的更早的介绍是在 1966 年《奥斯瓦尔德·德·安德拉德作品选》（*Oswald de Andrade: Trechos Escolhidos*）的导言中。他说，那时他对巴赫金论陀思妥耶夫斯基小说的作品并不熟悉。巴赫金的作品是在 1967 年通过克里斯蒂娃的介绍才在西方出现的。不管怎么说，巴赫金的对话学说和复调理论，以及克里斯蒂娃对这两个理论的重新阐述——"互文性"——都与德·坎波斯从词源的角度对模仿论的解读十分相似。德·坎波斯用了一个很长的注释来解读模仿与斜向性（de Campos, 1981a:73-74）。德·坎波斯阐发的是一个食人的实践。就像掘墓者歌声中哈姆雷特的回声，如果说歌德作品中的**"斜向性"**明显的话，那么，德·坎波斯也从歌德的诗学实践中汲取了营养，并衍生出他自己的翻译实践。对于与莎士比亚作品互文的部分，德·坎波斯并不直接插入现有的莎士比亚译文，而是借鉴了巴西的文学传统。乔奥·卡布勒·德·梅罗·内托的作品，确切地说，他的《塞瓦日诺的生与死》（*Death and Life of Severino*）为坎波斯翻译互文部分提供了词汇（de Campos, 1981a:191-192）。他这样定义翻译：翻译就像一个人。通过他，传统得以言说。如果我们效仿巴西诗人苏山德雷德（Sousandrade, 1833—1902）的翻译的话，那么我们可以说：译者就是转化者。苏山德雷德是创造性翻译的鼻祖。他会在荷马史诗的翻译中插入卡蒙斯及其他诗人的诗句（de Campos, 1981a:191）。

在"靡菲斯特的快乐"这一节中，德·坎波斯还用了很长的篇幅对浮士德作了详尽的阐释。尽管并不是一语道破，但是可以看出他所侧重探讨的是相当政治性的一面。他没有像传统的译者那样在前言中提出强有力的批判性观点，而是采用了巴赫金的观点，从狂欢的角度对浮士德作了分析。在巴赫金对罗马嘉年华的分析中，狂欢意味着"放肆，敢于摒弃等级制度的放肆（等级的差异是暂时性的，强调上级与属民的亲缘关系），自由的气氛……模糊的关系……亵渎神性的放肆的做法"。（de Campos, 1981a:78）不过，坎波斯拓展了巴赫金的观点，因为除了帝国宫殿中那些显而易见的面具之外，狂欢的成分也出现在靡菲斯特的语言中。"这种语言以摧枯拉朽的力量嘲弄一切，亵渎一切信仰与传统。"（de Campos, 1981a:79）在第二节《超验的滑稽：星星的笑声》中，他用隐晦的政治语气分析了浮士德这个人物。这里，他采用了阿多诺（Adorno）和本雅明的观点，特别是后者的讽喻观念和同步性原则。同步性原则与胜者的官方历史观相反，重塑了被压迫者的传统（de Campos, 1981a:127）。德·坎波斯认为本雅明对讽喻话语的阐释不仅与嘉年华狂欢相似，也与巴赫金的复调相近，因为这些观点都摒弃了纯洁性（purity）和绝对性（the absolute）的范式。我们的阐释不再会有片刻安宁的空间了：我们正身处一个被称为后现代（postmodern）的时代。不过，用后—乌托邦（post-utopian）来定义这个时代或许更恰当。从乌—托邦（u-topia）的不切实际……到权力平等的多—托邦（poly-topia），每一种理念都是隐喻角度的独白式话语、大一统教义：都对那个唯一的、最后的字（真理）作出了阐发。在分析浮士德的这一章节最后，他这样总结道：巴赫金的理念（logos, 逻各斯）是很重要的分析方法，因为它将独白式真理的乌托邦（the utopia of monological truth）与乌托邦的对话真理（the dialogial truth of utopia）对立起来。这样，乌托邦不再是一个大一统理念了，而是充满矛盾，难以确定（de Campos, 1981a:177）。

德·坎波斯认为食人不仅带来了精神的滋养，也摒弃了独白式真理。这一点贯穿于副文的第三节。这个副文事实上是德·坎波斯阐发翻译观的一篇后记。前两节与第三节的共性之处在于它们都从逆向或非传统的角度解读了歌德的作品，解读了翻译。在对翻译进行逆向解读时，他借鉴了食人论和瓦尔特·本雅明的文章《译者的任务》中的观点。

副文第三部分的理论阐发题为"《浮士德》中撒旦的转化"。这个标题与食人论和本雅明的思想都有关。他解释道，翻译所要做到的就是"使撒旦转化"："通过弑父的方式忘却—记忆（dis-memory）"，翻译"试图抹杀本原，根除原型"（de Campos, 1981a:209）；然而它令我想起我对连字符的最初认识：连字符起分离与连接的作用。翻译的目标隐含着致谢。显而易见，他的文章标题中的隐喻来自他所翻译的作品的标题。德·苏泽（de Souza）认为，用所译的文本作为理论阐述的养料来源，更进一步赋予了德·坎波斯作品的食人特点。他还让我们看到，用来例证译者任务具有撒旦性的表达方式数目可观，贯穿于该文当中，如"撒旦的翻译""撒旦的事业"（De Souza, 1986:183）。

德·坎波斯一直在描述本雅明关于翻译的"天使"理论，强调它使译者摆脱奴役，获得解放的结果。这对于撒旦的隐喻不无讽刺。他在接受本雅明的理论的同时，也对这个理论作了颠覆和背离。这本身就是一种解放行为。如果说本雅明将译者塑造成天使，其任务是解放纯语言，那么德·坎波斯则突出翻译如撒旦/魔鬼般吞噬原文，因为"任何翻译如果拒绝亦步亦趋服从于原作内容，也就是拒绝接受先在的'逻各斯'的统治，从而突破了在场（presence）的形而上的局限。这样的翻译就像撒旦/魔鬼从事的事业"（de Campos, 1981a:180）。如果回顾一下德·坎波斯曾经说过的话——对世界重要文化遗产的批判性的"吞食"不是源自"高贵的野蛮人"乏味而顺从的观点，而是源自"邪恶的野蛮人"，即吃掉白人的食人族的观点，我们也能理解他从天使的理论到撒旦的理论的转变（de Campos, 1984:44）。德·坎波斯违背本雅明的天使理论的另一点是：本雅明的目标是重新找到前巴别塔时期纯语言的和谐状态；德·坎波斯的目标则是肯定差异所带来的混乱状态。不管怎样，如果翻译是一种形式（这也是他认同本雅明的翻译的解放观点所在），那么没有什么比亦步亦趋更格格不入的了，因为翻译与其说是忠实于原文，不如说是忠实于另一种形式。他认为，翻译的功用就是翻译一种形式，"用译者的语言进行改写，目的是通过对原诗的再构想获得与原诗在形式上相似的超越性的再创造诗篇"（de Campos, 1981a:181）。

坎波斯还阐发了翻译中的模拟问题。翻译不是复制或翻版。它"证实模拟的观念不等于复制的理论，而是在相似之中制造差异"（de Campos,

1981a:183)。德·坎波斯认为："超越性创造是一种激进的翻译实践。要达到超越性的创造不是竭力复制出原作的形式，即语音模式，而是挪用译者同代人的最佳诗作，运用本土现有的传统。"（de Campos, 1981a:185）。据此，我们可以断定：对坎波斯来说，超越性创造也意味着要从本土资源中汲取营养。这种来自本土的养料同时限制了原作（文化）的普适性，并打下差异的烙印。他认为翻译不仅是对世界传统的解读，而且也是对本土文学作品的阐释，因为，如果译者不曾饱读过他那个时代的最佳诗作，那么他是无法从历时与共时的角度重塑过去的佳作的（de Campos, 1981a:185）。德·坎波斯本人挪用本土传统的例子就相当多：我们提到过他挪用乔奥·卡布勒·德·梅罗·内托的《塞瓦日诺的生与死》中的用语来翻译《葬歌》（*the Burial Chorus*）。另一个例子是他用苏山德雷德的诗句翻译与葡语相去甚远的德语复合词。后者往往是被分解开来再翻译的。同时，当他为了扩大创造性潜能，在葡语中糅入德语时，坎波斯模仿苏山德雷德的做法，运用了新词。这使德·坎波斯走近了潘维兹（Panwitz）。（对此，他一直心存感激。）（de Campos, 1981a:202）

用他的话来说，这样的译作就是"平行的诗章"：它不仅是与原作声音的对话，也是与其他文本声音的对话，或者如他所概述的："翻译即文本间的互换。"（de Campos, 1981a:191）将翻译视为文本的互换或超越性创造去除了忠实思想的神秘色彩。如果翻译是文本间的互换，那么翻译也就不是单向的流动。最后，德·坎波斯用两个食人的隐喻结束了他的文章：一个是"互照"，这个隐喻不仅结束了该文，也为这篇文章提供了标题；另一个隐喻将我们带回到本文开头的引语，"翻译是血液的传输"（de Campos, 1981a:208），这个隐喻体现了接受与给予之间食人式的双重辩证关系。

翻译使单一的所指变得不确定，推翻了原作的逻各斯中心主义暴政。这样，翻译具有了魔鬼般篡权夺位的特点（de Campos, 1997:33-59）。翻译扰乱了直线性的流动和权力的等级关系。与这些魔鬼特点同时并存的是翻译中体现出来的对他者的敬意，以及将自己的活力给予他者的做法。超越性创造诗学中断了单一模式的优先权，（使本源与目标）既彼此消解又相互依赖。翻译可以是奴役性的，也可以是充满自由的。对我来说，T. S. 艾略特《四个四重奏》具有解放性的、对历史的超越，它可能会暂时终止但不会结束这种思考。

但是，作为结论，我必须强调，如果我对于罗伯特·施瓦茨（Robert Schwaz）对食人主义的猛烈批判置之不理的话，那么在这个后—理论时代（the post-theoretical era）任何关于食人主义的讨论都将是不全面的。人类思想中根深蒂固的二元对立难以避免。一旦人们认为食人论使翻译偏离了终极真理，从而对经济基础—上层建筑的关系产生了威胁，人们试图纠正这种做法的反应也就不可避免且是预料之中的了。对英语读者来说，他们可以很容易在1985年《错位的思想》（*Misplaced Ideas*）（Schwartz, 1992:187-196）中的"划时代里程碑"这一章中找到与食人论相抵触的观点，译者是约翰·格莱德逊（John Gledson）。后者从唯物主义的观念出发对该书作出的解释尽管振振有词，但显然有失偏颇。他说："有些人认为因为落后，情况反而会更好，原因是这些人认为巴西人总是在模仿他人，但现在却被告知没有理由认为模仿者逊色于被模仿者，他们总是在引领着他人。我们可以感觉到施瓦茨对此感到愤怒。"（Schwartz, 1992:xix）

我们至少可以说，抽象派还原艺术论述过经济在艺术与文化表述中的作用，帕斯—德·坎波斯对其观点提出了质疑，而施瓦茨则贬低了这一质疑的意义。这一点我在前文中已作过讨论。施瓦茨称："具体派总是致力于巴西文学与世界文学的结合，目的是使文学在具体派中达到登峰造极。具体派耍的诡计就是混淆理论和自我吹嘘的区别。"（Schwatz, 1992:191-195）最近，伯纳德·麦圭克（Bernard McGuirk）在他的《拉美文学：后结构主义批评的症状、风险与策略》（1997）中进一步质问了施瓦茨的这个观点，他这样问道："难道我们又要将自己封闭在长期以来所熟悉的尼采—马克思二元对立之中吗？"（McGuirk, 1997:8-9）其主要目的是指出对拉美文学与文化的批判性挪用中的不平等现象。他自己的提议不仅切合了这个目的，而且也与德·坎波斯提出的翻译的问题有关：

> 那么，要如何表述与他者的碰撞呢？……正如我已提出的重合性批评话语（或者再用一次那个在巴西已人尽皆知的隐喻：相互滋养［mutually feeding］），我认为我选择的莱维纳斯①的视点（the levinasian focus）也是可使各种文化与社会可能获得不同解释的一种模式。更为行之有效的方法不是唯物主义的乌托邦的横向运动，也不是超验主义的宗教式的纵向运动，而是跨越边界和通过我中有你、你中有我，从而相互提升的互动旅行。通过这样的（跨越性的）翻译，对他者的书写中也就包含了对自我的书写——相互间彼此铭刻和镶嵌（McGuirk, 1997:16-17）。

对于这样的争论，各地的读者都无法找到确定的答案，但我认为巴西的

---

① 莱维纳斯（Emmannel Levinas，1906—1995）：哲学家，生于立陶宛，1930年入法国籍。莱维纳斯认为，"他者"是不可知的，但通过语气，对正义的关注等，"他者"有助于质疑、挑战自我的自满情绪。（译注）

经历清楚地表明，所有的翻译都需要这样的错位。

References

De Andrade, O (1968) "Manifesto Antropofago", in A. Candido and J. A. *Castello, Presenca da Literatura Brasileira*, vol. 3 (Sao Paulo Difusao Europeia do Livro), pp. 68-74.

De Campos, H. (1963) "Da Traducao como criacao e como critica," *Tempo Brasileiro* 4-5, (June-Sept.). Repr. In de Campos (1992), pp. 31-48.

——(1967) *Oswald de Andrade: Trechos Escolhidos* (Rio de Janeiro: Agir).

——(1973) *Morfologia de Macunaima* (Sao Paulo: Perspectiva).

——(1981a) *Deus e o Diabo no Fausto de Goethe* (Sao Paulo: Perspectiva).

——(1981b) "Da Razao Antropofagica: Dialogo e Presenca na Cultura Brasileira," *Coloquio/Letra* 62 (Jul.) (Lisbon: Fundacao Calouste Gulbekian. Repr. In de Campos (1992), pp. 231-55.

——(1986) "The Rule of Anthropophagy: Europe under the Sign of Devoration," trans. M.T. Wollff, *Latin American Literary Review* 14.27 (Jan.-June): 42-60.

——(1991) *Qohelet=O-que-sabe: poemasapiencial,* trans. H. de Campos with the collaboration of J. Guinsburg (Sao Paulo: Perspectiva).

——(1992) "Translation as Creation and criticism," *Metalinguagem e Qutras Metas: Ensaios de Teoria e Critica Literaria*, 4th rev. and enlarged edn (Sao Paulo: Perspectiva).

——(1997) *O Arco-Iris Branco: Ensaios de Literaria e a Traducao,* (Rio de Janeiro: Imago Editora).

De Souza, E. M. (1986) "A Critica Literaria e a Traducao," in: *I Seminario Latino-Americano de Literatura* (Porto Alegre: Universidade Federal do Rio Grande do Sul), pp.181-186.

Foucault, M. (1986) "Nietzsche, Genealogy, History," in *The Foucault Reader*, ed. P. Rabinow (Harmondsworth: Penguin).

Hollandra, H. B. de and Goncalves, M. A. (1989) *Cutura e Participacao nos Anos 60,* 7th edn (Sao Paulao: Brasiliense).

Johnson, R. (1987) "Tupy or Not Tupy: Cannibalism and Nationalism in Contemporary Brazilian Literature," in J. King (ed.), *Modern Latin American Fiction: a Survey* (London and Boston: Faber & Faber), pp.41-59.

McGuirk, B (1997) *Latin American Literature: Symptoms, Risks and Strategies of Post-structuralist Criticism* (London and New York: Routledge).

Santiago, S. (1978) *Uma Literatura nos Tropicos: Ensaios de Dependencia cultural*

第七章 后殖民翻译理论

(Sao Paulo: Perspectiva).

Schwarz, S. (1987) "Nacional por Subtracao," in *Tradicao Contradicao* (Rio de Janeiro: Jorge Zahar Editor/Funarte.

——(1992) *Misplaced Ideas: Essays on Brazilian Culture*, trans. And ed. J. Gledson (London and New York: Verso).

Vieira, E. R. P. (1992) "Por uma Teoria Pos-Moderna da Traducao," unpub. PhD thesis, Belo Horizonte, Universidade Federal de Minas Gerais.

——(1997) "New Registers in Translation for Latin America," in K. Malmkajaer and P. Bush (eds.), *Literary Translation and Higher Education* (Amsterdam: John Benjamins).

Wisnik, J. M. (1987) "Algumas Questoes: de Questoes de Musica e Politica no Brasil," in A. Bosi (ed.), *Cultura brasileira: temas e situacoes* (Sao Paulo: Atica), pp. 114-123.

第八章

苏东学派翻译理论

概 述

　　首先必须说明的是，本章所提的"苏东学派"，主要是立足于国际地域的一个概念，其次才是翻译理论研究流派（诸如研究立场、方法论等）方面的考虑。在国际翻译研究的大格局中，苏联和前东欧社会主义国家的翻译研究与西方国家的翻译研究相比，虽不乏共性，但仍有一些不同，所以很难把它们简单地纳入到前面七章中的任何一个流派中去（个别学者也许可以，如列维）。为此我们单列一章，以集中展示苏联和前东欧社会主义国家翻译研究的情况。

　　苏联的翻译研究在早期秉承了沙皇俄国时代以来的传统，比较注重文学翻译的研究，代表人物有著名诗人茹科夫斯基、普希金、莱蒙托夫，他们关注的重点都环绕着如何创造性地传递原文中的文学形象、美学感受、文化意境等。苏维埃政权建立以后，著名作家高尔基创办世界文学出版社，组织上百位文学家、翻译家，计划翻译出版数千种世界文学名著，成为 20 世纪二三十年代苏联翻译界最引人注目的事件，极大地促进了文学翻译事业的发展，被公认为苏联翻译研究文艺学派奠基人的楚科夫斯基（Корней Иванович Чуковский，1882—1969）论述文艺翻译原则的专著《崇高的艺术》即滥觞于此。该书原名《翻译艺术》，1941 年起易为现名，有英文版，在西方有一定的影响。该书举例丰富，但论述主要停留在经验层面，实际上并没有提出明确的翻译理论。

　　1953 年费奥多罗夫（Андрей Венедиктович Фёдоров，1906—1997，此前通译费道罗夫）推出专著《翻译理论概要》，明确从语言学理论的立场出发研究翻译现象和问题，标志着苏联翻译研究语言学派的登场，费氏也被视作苏联翻译研究语言学派的奠基人。但费氏观点偏激，如他提出，要研究和对比不同类型翻译的任务只能通过分析它们的语言特点来完成，这是一条唯一的重要标准。费氏的一些观点在第二年全苏作家代表大会上遭到著名诗人、翻译家安托科尔斯基的猛烈指责，苏联译学界文艺学派与语言学派两大派长达数十年的激烈论争的帷幕就此揭开，两派且各自推出自己的系列丛刊，文艺学派是《翻译技巧》，语言学派是《翻译工作者札记》，迄今为止都已经出版了数十本。这也是苏联译学界的一道独特景观。

继费氏之后，苏联译学界又陆续出现了一批主要从语言学立场出发研究翻译的学者。首先要提的是科米萨罗夫（Вилен Наумович Камиссаров，1924—2005）。此人是莫斯科语言大学教授，国际著名翻译理论与教学法专家，其著述甚丰，主要有：《论语言》（1973），《翻译语言学》（1980），《翻译理论（语言学观点）》（1990），《俄罗斯的翻译语言学》（2002）以及《现代翻译学》（2004）等。科氏认为，翻译是人类通过语言手段进行交际的一个特殊情形，是"交际人"利用不同的语言系统进行言语活动的特殊形式。翻译实质上不是译者的言语（书面的或口头的）行为，而是复杂的跨语言交际行为，它是三个言语行为的综合：创造原文的言语行为、创造译文的言语行为和使不同语言表达出来的言语产品融合的行为。正是后者体现了翻译的语言学方面。

其次是巴尔胡达罗夫（Леонид Степанович Бархударов，1923—1985）。他是莫斯科语言大学翻译教研室主任，当今俄罗斯翻译研究语言学派的代表人物，有众多译学论文发表，如《翻译理论的普通语言学意义》《从语言学角度看翻译过程》，但影响最大的是他的专著《语言与翻译》（1975）。此书同样强调翻译理论是一门语言学学科，同时提出在音位（字位）层、词素层、词层、词组层、句子层和话语层这六个层次上建立等值翻译。与英国翻译理论家卡特福德的类似概念相比，巴氏的论述似更为系统。此书译成外文（包括中文）后，在国际译学界也有较大影响。

此外，还有列茨克尔、什维策尔、切尔尼亚霍夫卡娅等学者。

在苏联翻译研究界，文艺学派曾经独霸天下，尤其是在 20 世纪上半叶。但由于缺乏坚实的学术论著，进入 50 年代以后，势头反而不如语言学派了。

苏联翻译研究的文艺学派代表人物除上面已经提到的楚科夫斯基外，首先要提的是卡什金（Иван Александрович Кашкин，1899—1963）。此人虽然没有留下完整系统的译学理论著述，但他早在 20 世纪 30 年代就提出的一些观点，如应该把翻译看作艺术，把译著看作本国文学的现象，译者应该在自身发掘与伟大作者平起平坐的力量和本领等，在当时来看还是比较大胆且富有远见的。他在五六十年代提出并反复强调的"现实主义翻译"的命题，虽然引发很大的争议，但在苏联译学界影响深远。

苏联翻译研究文艺学派在理论上卓有建树的学者当推加切奇拉泽（Гиви Ражденович Гачечиладзе，1914—1974）。他是格鲁吉亚著名的文学家和翻译家，著有博士论文《现实主义翻译问题》以及专著《文艺翻译理论问题》（1959）、《文艺翻译理论导论》（1966）和《文艺翻译与文学交流》（1972）等。他接过卡什金"翻译应该现实地、准确地反映原作中所反映的现实"的观点，然后加以修正："翻译的特殊性在于，对译者来说直接反映的客体是原作本身，即原作的艺术现实，而不是当时由原作间接反映的那个直接的具体现实。"经加氏修正后的"现实主义翻译"命题在苏联产生很大影响，并成为苏联文艺学派翻译理论的核心命题。

除以上两位学者外，苏联文艺学派中还可一提的就是目前仍然健在且还比较活跃的托贝尔（Павел Максимович Топер，1923— ）了。他是俄罗斯科学院高尔基世界文学研究所研究员，出版、发表了大量有关比较文学研究和文艺翻译理论的著述，代表作为专著《比较文学体系中的翻译》（2000），是当今俄罗斯唯一一部从比较文学立场出发研究翻译问题的译学专著。

由于历史上的原因，前东欧社会主义国家的翻译活动、尤其是文学翻译，在 20 世纪上半叶并不是十分发达。从 20 世纪五六十年代起，由于国内创作文学已经满足不了国内读者的文学需求，于是产生了对翻译文学的强烈诉求，不仅文学翻译家、连一些著名作家都转而从事文学翻译。进入八九十年代以后，更是结束了翻译界俄苏文学翻译一枝独秀的局面，迎来了翻译文学全面繁荣的阶段。

但是，与苏联及我们国家的情况相似，东欧国家的翻译研究有很长一段时间基本上也是停留在翻译的经验层面，研讨的多是翻译实践中碰到的具体问题。在这方面，捷克和斯洛伐克的情况也许是个例外。由于布拉格语言学派的影响，两国（曾经是一国）的翻译研究具有较强的理论意识，其中罗曼·雅科布逊因曾在捷克居住过多年，无疑为两国的翻译研究作出了巨大的贡献，而吉里·列维（Jiří Levý， 1926—1967）的研究则带有明显的结构主义理论色彩，成功地把布拉格学派的理念运用到对诗歌翻译的研究中，列维被誉为捷克翻译理论的奠基人。除列维外，斯洛伐克学者安东·波波维奇（Anton Popovič，1933—1984）的文学翻译的交际理论在国际上也有一定的影响，其著述有《文学翻译诗学》（1971）、《文学翻译理论》（1975）等。

相比较而言，在东欧国家中保加利亚的翻译研究也是比较引人注目的。随着 20 世纪 60 年代文学翻译在该国的大发展，保加利亚建立了独立的翻译工作者协会，并明确把翻译理论、翻译史和翻译批评作为自己的研究对象。尤其值得一提的是，他们积极主动地融入国际译学队伍，与国外同行交流。保加利亚的学者（安娜·丽洛娃）还出任了国际译协的主席。

限于篇幅，本章仅选译了费奥多罗夫、加切奇拉泽、列维和丽洛娃四位学者的论文。

翻译理论的任务[*]

安德烈·费奥多罗夫著

郑敏宇译

导言

安德烈·费奥多罗夫（以前通译费道罗夫，Андрей Венедиктович Фёдоров，1906—1997）是当今俄罗斯译学界（尤其是在苏联时代）语言学派翻译理论最主要的代表人物，也是俄罗斯译学界最早提出"翻译理论"概念的学者。无论是在俄罗斯国内，还是在国际译学界，都享有很高的知名度。

费氏一生著述甚丰，出版有 10 部理论专著，发表过约 150 篇有关翻译理论与实践、语言学、修辞学的论文、评论和学术随笔。1930 年他与著名俄罗斯翻译理论家楚科夫斯基合作出版了《翻译的艺术》，1941 年出版了《论文学翻译》，但因战争以及其他诸多原因，他的早期著作并不为人所知。1953 年他出版了他一生中最重要的译学理论专著《翻译理论概要》（Введение в теорию перевода），此书在为他带来巨大声誉的同时，也不断引发学界对他译学观点的质疑。为此，费氏在积极回应和吸收学界不同意见的基础上，也不断修改、补充自己的著作，并陆续推出该书的新版本，每版的书名也有细微的变化：1958 年推出第二版《翻译理论概要（语言学问题）》（Введение в теорию перевода—Лингвистические проблемы），1968 年推出第三版《翻译通论基础（语言学概要）》（Основы общей теории перевода—Лингвистический очерк），1983 年推出第四版《翻译通论基础（语言学问题）》（Основы общей теории перевода—Лингвистические проблемы）。本文即译自该书第四版中的有关章节。

作为苏联翻译理论语言学派的领袖人物，费氏的译学论著具有非常鲜明的语言学立场。在他看来，"既然翻译始终摆脱不了与语言的关系，始终是对语言的一种研究，那么翻译也就必然需要从**语言学**角度对其进行研究"。"即

---

[*] 本文选译自费奥多罗夫《翻译通论基础（语言学问题）》（《Основы Общей Теории Перевода – Лингвистичекие Проблемы》第四版）第一章第二节，莫斯科高校出版社，1983 年，第 15～19 页。

使是从文艺学层面研究翻译，也同样经常需要对语言现象进行考察，对译者所使用的语言手段进行分析和评价。""因此，无论是在文学和文化史的层面，还是心理学层面，对翻译的研究都离不开对其语言属性的研究，无论在何种情况下都需要语言学的基础。"

但与其早期观点相比，费氏的翻译研究立场已经不再像以前那么偏执，在文中他坦然承认："语言学方法也不可能解释翻译领域里的所有现象，包括文学翻译史上非常实质性的现象。"他还指出，翻译总是可以从不同角度进行研究：历史—文化的视角，文艺学的视角，语言学的视角，心理学的视角，等等。事实上，在《翻译理论概要》一书第三版中，他已经明确指出："现在还坚持只有通过文艺学，或只有通过语言学的途径来研究文艺翻译，已经过时了。当代是不同的学科，有时是相距甚远的学科（如语言学和数学）空前密切合作的时代。而在语文学中，文艺学和语言学这两个分支之间的分歧并不很大，不是不可避免的，而是可以克服的，也就是说，可以把两者结合在一起。"①

文中费氏对翻译理论与实践之间关系的分析也很值得注意。首先他非常明确地告诫读者，不要把翻译理论与从非常狭窄的翻译实践中收集到的一些方法或是与随意选取的一种情形中的翻译规则（实际上也即译者的经验之谈）相混淆；其次他指出，尽管理论与实践之间有着极其紧密融洽的联系，但两者决然不能等同，它们各有各的任务。他以文学创作与文论、音乐和音乐理论、绘画和绘画理论、建筑和建筑理论等之间的关系为例，指出文论完全不必、也无责任去对作家提出建议和劝告。

费氏的《翻译理论概要》一书曾经译成中文，也曾经是20世纪50年代流行于我国译学界的仅有的一本国外译学理论专著，在当时也很有影响。

正文

以上所述②清楚地表明了翻译这项工作的复杂程度，因为翻译一直在寻找表达原文内容和形式统一体的语言手段，同时在几种可能的传递方式中进

① 转引自吴克礼主编《俄苏翻译理论流派述评》，上海外语教育出版社，2006年版，第205页。（译注）
② 指该书第一章第一节对翻译概念的论述。（译注）

行选择。这种寻找和选择必须是**创造性**的，同时要求积极的思维活动。而文艺作品的翻译，以及那些具有高超的语言技巧和表现力的科技作品和部分社会—政治著作的翻译，它们是在完成创造性的文学艺术的任务，属于艺术范畴，因此同样也需要有文学的技巧。①

所以必须把作为一种创造性活动或者一种艺术的翻译与作为一门特殊的科学学科的翻译理论区分开来。像翻译这样重要的实践活动自然需要有自己的科学和艺术的理论基础，这与人类的其他活动类型（包括科学的和艺术的）也都是一样的。翻译理论的任务就是要探究原文与译文之间的相互关系的规律，就是要运用科技数据来验证从一些具体个别的翻译现象中所得出来的结论，从而间接地促进翻译实践；而翻译实践为了它所寻找的所需的表达手段，也可从理论中获取论据和例证，并借助理论解决某些具体问题。由此可见，翻译理论关注的基本对象就是原文和译文之间的相互关系，以及两者在一些需要解释和概括的具体情况下所采纳的形式上的差异。对研究对象的客观态度，就是要关注具体的翻译可能性，关注翻译领域中的既成事实，而不是关注翻译应该如何如何。换言之，翻译理论的特点是系统归纳和总结提升，而非机械规定，这与已知的历史上的许多标准的翻译概念迥然有异，与具有多少说服力和存在多大争辩性无关。与此同时，理论总是以一个可以适用于一切研究现象的科学概念和范畴的特定体系的存在为其前提，而不是建立在由某几个具体理由所引起的支离破碎的论述的基础之上（尽管这样的论述在局部形式上也会反映出理论认识的总原则）。

翻译理论在实践中的重要性取决于基于科学的原则的必要性，这些原则会将译者的主观自由以及批评家评论和用"直觉"来证实这种自由的主观性都排除或减小到最低限度。任何创造和批评活动都需要确立规律和理论总结，这样才能得出具有更广泛意义的、并能适用于一系列其他情形的结论，以克服原始的经验主义的工作方式。这也就是为什么古往今来所有杰出的（文艺）翻译家都会有一整套自己的观点的原因，这些观点往往与翻译家的语言观、文学观以及他们的世界观有关。

翻译理论的科学价值取决于由翻译理论的客体——作为创造性活动的翻译——所引起的多样化的兴趣，这种创造性活动和语言、文学相关，必然要以两种语言的接触和通过另一种语言手段来转达原文作为前提条件。由此也就产生了一系列与翻译和语言对比有关的问题，而这些问题在仅仅涉及其

① 如果这个特点对自然科学和精确科学领域的工作来说是本质性的，那么就需要译者掌握特定的修辞技巧，虽然被译文本并不属于文艺作品。

中单独的某一种语言时是不会出现的。对这些问题的分析有助于我们更好地弄清每一种语言的特性。

不过，和自然界、社会生活以及社会活动中的大部分现象一样，翻译是一个具有多面性的研究客体。翻译问题可以通过各种视角来研究：历史—文化的视角、文艺学的视角（如果和文学翻译有关的话）、语言学的视角、心理学的视角（因为译者的工作是以心理活动方面的特定过程为前提的，并且和创作心理问题相关）。尽管各研究层面之间有着许许多多的联系，这是由翻译这一研究对象本身的一致性所决定的，但我们还是必须把我们的基本注意力经常放在其他一些多少比这一研究对象更抽象的方面，对科学来说这是不言而喻的。

本书以翻译的语言学（取该词的广义①）问题为基础。这些问题是在研究各种形式的翻译材料时都会碰到的，甚至在探究文学与其他类型的文本之间的差异时也会碰到这些问题。

既然翻译始终摆脱不了与语言的关系，始终是对语言的一种研究，那么翻译也就必然需要，特别是在涉及两种语言相互关系的性质以及所使用的语言修辞手段问题时，从**语言学**角度对其进行研究。

即使是从文艺学层面研究翻译，也同样经常需要对语言现象进行考察，对译者所使用的语言手段进行分析和评价。这也是情理之中的事，因为原文的内容不是孤立地存在的，它只能存在于形式以及它所赖以表达的语言手段的统一体中，因此在翻译时，内容也只有借助语言（而不是色彩、线条、音乐或自然声响等）手段的帮助才能得以传达。翻译在某一国别文学里所起的作用，以及对原文的改写或扭曲，所有这一切也都与使用特定的语言手段分不开。高尔基关于语言是文学的"第一要素"的论断②，完全可以用诸翻译。翻译的心理学也同样与语言和思维之间的关系、与语言形象有关。因此，无论是在文学和文化史的层面，还是心理学层面，对翻译的研究都离不开对其语言属性的研究，无论在何种情况下都需要语言学的基础。

语言学的研究途径触及了翻译的根本——语言，没有了语言，翻译的任何功能，无论是社会—政治、文化—认知的作用，还是它的艺术意义等，都无法实现。与此同时，从语言学途径研究翻译，也即结合两种语言的相互关系研究翻译，因为运用的是客观的语言事实，所以翻译研究也就变得非常具体。如果不分析翻译时所使用的语言表现手段，那么关于翻译如何反映原文

---

① 也就是说，包括文艺性言语的修辞问题。

② 见高尔基的《论文学》，莫斯科，1955 年版，第 672 页。

的内容，如何再创造或再现文学作品形象这类问题的研究和阐述也就只是一些空话。

当然，语言学方法也不可能解释翻译领域里的所有现象，包括文学翻译史上非常实质性的现象，这些现象与译者对待原作内容的立场、译者的阐释，以及有时通过删节、增补、改变个别词义的窜改而对原文造成的扭曲等有关。再有就是受译者或者整个文学流派的意识形态及美学趣味的影响，也即是说，受那些和语言学无关的因素的影响。但与此同时，对文艺翻译中一些重要问题的分析，诸如语言技巧的问题，原作者个人风格的传递问题，仍然需要坚实的语言学基础：因为只有考察两种语言的文学规范，才能够确定和评判原作固守传统或是锐意创新的程度，也才能够确定译作在多大程度上传递了原作的风格并对之作出评判。因此，虽然语言学的研究途径不足以提出并解决翻译（包括文艺翻译）的**所有**问题，但它无疑是从事翻译研究所**必需**的。

从实际意义上而言，立足于语言学的立场探讨翻译的任务也是至关重要的，因为只有对两种语言结构的差异具有深刻的认识，才能真正保证译者在翻译任何一部作品时既不犯意义理解上的错误，又避免生搬硬套地逐字死译。有些想法极其天真，譬如有人认为文学翻译家只要具备了娴熟的语言知识和"语感"就行了，然后就能"展示"和"再现"原作的形象，或者就能和原作者"心有灵犀"或产生"共鸣""直觉"，等等；至于理论知识以及对两种语言共通性和差异性作用的了解则是可有可无的，或者是等而下之的，因为它们充其量只不过具有"技巧上的意义"而已，与"创造"不相干。当然，无论是"语感"，还是形象的"展示"和"再现"，在文艺翻译家的工作中都起着巨大的作用，它们是不可或缺的，但仅有这些却是远远不够的，还必须对两种语言转换关系的规律有所把握，因为只有这样才能帮助译者有意识地去选择能传递原作个性特点所必需的手段，却又不会违背译入语的语言规范。与此同时，在翻译中还存在着许多无法做到逐字准确翻译的情况，这是必然的，对此也应予以重视。

如果说，文艺翻译理论作为语文学一个特殊分支，是以语言学和文艺学以及所涉语言的民族历史之间极其紧密的合作为其前提的话，那么，翻译总论首先提出的就是一系列的语言学问题，并把这些问题的解决作为进一步研究的基础。

科学就是要研究存在于它所研究的领域中的规律性。至于翻译研究，也只有在研究源语和译语规律性的基础上，才能使确定两种语言相互关系的规律性成为可能；而通过对观察一系列语言所得到的资料进行系统化，可以得出更加广泛的结论。也只有这样，才能把翻译理论变成一门以研究语言和修辞规律为基础的客观的科学学科。这些规律的存在不仅使得翻译领域的实践研究，同样也使得理论研究成为可能，从而使它们不至成为在这个意义上的人类其他活动形式的一个例外。

为避免误解，在此有必要预先提醒大家，不要把翻译理论与从非常狭窄的翻译实践中收集到的一些方法或是与随意选取的一种情形中的翻译规则相混淆。必须强调指出：一，不给出这样的规则；二，尽管理论与实践之间有着极其紧密融洽的联系，但两者决然不能等同，它们各有各的任务（试比较作为艺术的文学和作为科学学科的文学理论，文论完全不必、也无责任去对作家提出建议和劝告，音乐和音乐理论、绘画和绘画理论、建筑和建筑理论等之间的关系也都一样）。语言学层面的翻译理论就是对具体的翻译经验进行分析、解释和总结，确定两种语言间的共性和差异，并以之作为翻译实践的科学基础。在翻译理论所指明的总的规律的基础上，还可以进一步得出一些适用于特殊的个别情形的具体结论，即允许存在不同的解决方案。在这种情况下，解决问题时应避免恪守教条当然至关重要。因为只有在一些特定的范围内（也即相对比较简单的情况下，如由机器翻译完成的任务）以及对一些相对比较普遍的形式，才有可能制定出翻译的标准原则和"规则"。两种语言相互关系中所存在的规律性以及语言间这样或那样的非常接近的对应关系，绝不意味着永远可以或必须采用一些相同的翻译方法。这里起决定性作用的是上下文和具体场合。对任何翻译方法的建议，不管是出自举足轻重的理论巨著还是引自权威名家，在具体翻译时必须保持一种自觉的创造性态度。

至于文艺翻译（也包括一部分科学或社会—政治文献），作为一种艺术，它就更不能容忍公式化的处理方法。在鲜活的实践中，永远都会碰到一些需要解决的问题，而这些问题是前辈翻译家的经验根本无法预见的。而每一次翻译中的最基本的部分——文本相应的意义和修辞色彩，都依赖于这些问题的正确解决。这也就是区分翻译理论研究的任务和翻译实践的任务的重要性之所在。

文学翻译中的创造性原则[*]

吉维·加切奇拉泽著

谢天振译

导言

　　吉维·加切奇拉泽（Гиви Гачечиладзе，1914—1974）是苏联著名翻译理论家，苏联翻译界文艺学派的代表人物。他是格鲁吉亚人，是格鲁吉亚文版《莎士比亚全集》的主编，以研究格鲁吉亚诗歌史、诗歌理论、以及翻译莎士比亚、拜伦、雪莱等人的作品而享誉苏联。他长期在第比利斯大学任教，讲授英国文学和文学翻译理论。其翻译理论著述丰硕，有：《文艺翻译理论问题》（俄文版 1964 年）、《文艺翻译理论导论》（俄文版 1970 年），以及最负盛名的《文艺翻译与文学交流》（俄文版 1972 年）等。

　　在《文艺翻译与文学交流》一书中，加切奇拉泽借助列宁提出的反映论，对文学翻译作了崭新的理解和阐述，把文学翻译视作认识和创作的一种形式，它不仅有助于读者接近外国文学作品，同时还要让读者去接近原作中反映的艺术现实。他说："翻译永远是原作艺术现实的反映，或者借用列宁的话说，就是译者的思想无限地接近其反映的对象——原作。译者必须把原作'再现'为一个形式与内容的统一体，再创作一个与原作类似的完整的艺术作品。从这一观点出发，翻译中最重要的是译作与原作在美学层面上的相称，而为了达此目的，与原作在语言修辞上的对应就得服从译作艺术上的要求，而只能起辅助性的作用。"

　　加切奇拉泽秉承苏联著名翻译理论家卡什金"现实主义翻译"的提法，并作了进一步的发挥。他说："现实主义译者，遵循现实主义艺术规律（反映原作形式和内容中一切特殊的和典型的东西，再现原作形式和内容的统一），反映原作的艺术真实。而在修辞上的一致仅仅是有助于达到忠实，不应让这一点来左右自己的意志。忠于原作的艺术真实，这才是现实主义译者的目标。"

　　以下译文节译自原书最核心的第四部分"翻译作为文学交流的形式"的

---

　　* 本文选译自加切奇拉泽《文艺翻译与文学交流》（《Художественный Перевод и Литературные Взаимосвязи》俄文版第二版），莫斯科，苏联作家出版社，1980 年版，第 111～121 页。

第二小节"为翻译艺术的创造性原则而斗争"。在这一小节里，加切奇拉泽尖锐地提出，讨论文艺翻译的关键问题就在于我们是否承认翻译艺术的创造性原则。他指出："如果我们承认（也很难不承认），那么我们理所当然地可以把评价文学创作的所有标准都应用于翻译艺术，当然，与此同时也必须考虑翻译艺术的特点。如果不承认，那么最好就立即爽爽快快地承认此事，然后去搞你的原作的复制技术吧。非此即彼，没有第三条路可走，因为创作与匠艺彼此是不相容的。"在本文的最后，加切奇拉泽进一步明确指出，"尽管翻译的特点应该从追求与原作最大限度的等同中去寻找，但是现实主义翻译观（与反映的基本规律完全相符）提示我们，不可能有绝对的等同，等同只能是相对的。"因此，为了用自己的语言再现原作，翻译家必然得"对原作进行创造性的处理，改变原作的面貌并使之服从自己的目的。"

正文

　　文艺翻译的方法论问题的实质可以归结为一个问题，即把文艺翻译视作一种工艺而去研究它的技艺呢，还是把它视作一种创作而研究它的文艺性质。

　　在我们国家的文艺学领域一度盛行的庸俗社会学观点已经被创造性的唯物主义观点所驳倒，形式主义也被马克思列宁主义的观点所驳倒，后者把文艺作品视作内容与形式的统一体。现阶段的文艺学研究对艺术创作进行分析时正是持的这种立场。然而，在内容与形式这两种基本因素的综合中，内容始终是起主导作用的。我深信，当今任何想把形式模式化的企图都是徒劳的，它只能是阉割内容、压制创造性原则。而创造性原则应该体现为对新的、富有个性的，而不是强制性的、教条式的表现手段的自由选择，它绝不是按照数学公式计算出来的、按定律预设的创作模式。凡不是根据美学，而是根据数学来评价文艺创作的所有做法，我都深表怀疑，虽然我也能表示理解，因为通过现代化的精确手段去深入探究文艺创作现象的本质，也确实令人神往。创作无止境，文艺就其本性而言是不可能用数学的方法来确定的。除非机器可以完全取代人，然而机器就其本性而言同样不可能具有创作能力。

　　正因为如此，所以只有在我们不把确定文艺作品的所有形式特征和类型特征作为目的本身、而是去揭示与形式处于一个统一体中的内容时，我们才能有所得益。无论是用类型学代替方法论还是把两者对立起来，都有导致形式主义的危险，以及否定创造性原则、包括否定艺术家的世界观的危险。

这样，问题的关键就在于我们是否承认翻译艺术的创造性原则。如果我们承认（也很难不承认），那么我们理所当然地可以把评价文学创作的所有标准都应用于翻译艺术，当然，与此同时也必须考虑翻译艺术的特点。如果不承认，那么最好就立即爽爽快快地承认此事，然后去搞你的原作的复制技术吧。非此即彼，没有第三条路可走，因为创作与匠艺彼此是不相容的。

那么在这样的情况下该如何对待文艺翻译辩证法的基本规律呢？按照这条规律，译作在艺术上越接近原作，在文字上反而会疏离原作。因为存在着这样一些译作，它们参与了文学发展的过程，且成为了具有充分美学价值的作品，该如何解释这种现象呢？如果我们否认文艺翻译的创造性原则，我们也就无须把文艺翻译理论视作美学理论来构建，而只需制定出一些供译者在不同情况下采用的方案、研究出一套针对不同语言的对应词语以及诸如此类的东西就可以了。然而，即使在这样的情况下，作为人类创造性思想反映的语言，它也不可能循规蹈矩严守语法规则，从而置翻译匠于困境。一本刻板的翻译教科书不可能预见到实际语言中存在着的成千上万种现象，它们既无法进行数学计算，也不可能进行结构分析。语言也是一种创作，语言的应用者们尽管遵守严格的语言规则，但他们的语言仍然因人而异。语言进入应用就有了风格，而风格就是活生生的人。而活生生的人就会有个性，这种个性体现在他对世界的独特看法上。如果你用狭隘的翻译工艺去训练译者，那你得到的只能是一具干枯的木乃伊，而不可能是一个生龙活虎的、具有各种功能的有机体，因为只有天才的力量才可能挣脱工艺规则的桎梏，推翻所有程序化的原则。

这样，所有的问题都可以归结为用什么样的标准去评价文艺翻译这样一种特殊形式的文学创作。而要确定标准，我们就必须先就文艺翻译的本质问题达成共识。

如果对文艺翻译的美学价值及其在文学发展过程中的合法地位没有异议的话，那么我们还该不该把翻译问题的讨论拉回到从前那些陈腐不堪的观念那里去，即凭着经验把译文和原文进行一些对比、而没有事先统一的标准呢？任何文学（其实不止是文学）现象，包括翻译，毫无疑问都有自己的特征。既然在现象的内部可以根据类型特征做一定的分类，更何况这些类型特征本身也需要从方法论上予以解释，那么类型学也就绝不可能取代方法论。如果真的取而代之的话，那么这将意味着我们关注的是现象的形式而不是其本质，我们的讨论也将沦为一种形式主义的研究，它不是去解释出现某种类型的原因，而仅仅是指出各种类型的特征。

自古以来烦琐哲学对翻译的解释就是言词，因为《圣经》上就是写的"太初有言"。言即词，所以能把确切的语词放在确切的位置上才是正确的翻译。然而烦琐哲学并没有提供找到确切的语词、遑论其确切位置的线索。至于宗教典籍中的语词及其位置是否确切，那是不容讨论的。浮士德的求索被斥为异端，任何一个与魔鬼达成协议的人都要受到烈火的惩治：先是在世上处以火刑，然后再到地狱永世遭受烈火的炙烤。

然而，规定火刑绝不仅仅是为了语词的缘故，即使是烦琐哲学家也明白语词背后另有讲究。至于他们之所以不肯承认这个唯物主义的原则，无非是因为他们想让语词——上帝之言以及由之而确立的社会等级永远占据统治地位。

我在这里之所以要对这则语词的隐喻展开分析，唯一的目的就是为了再次强调：物质和客观现实是第一性的，而人的意识是第二性的。

前文已经提及，根据列宁的观点，反映就是我们的思维无限地接近客体并由此在头脑中产生形象和概念，但是这些形象和概念无论如何也不可能囊括我们要反映的对象的全部，它们仅仅构成了关于反映对象的近似的认识。因此，我们有必要认清，通过逻辑概念进行思维的学者和通过具体感性形象进行思维的艺术家在反映客观现实过程中是有差别的，其差别的根子在于他们的世界观。当然，反映过程中的认识原则和艺术原则在某一点上是交会在一起的，但我们可以根据其中以哪一个为主来判断这是科学的反映还是美学的反映。

反映并不等同于反映的对象。亚里士多德早就指出过："通过感性认识到的客体与它们在现实中的感觉虽然是同一个东西，但它们的存在方式并不相同。"[1]

列宁指出："人的意识不仅反映客观世界，而且创造客观世界。"[2] 为了防止有人对此论断作主观唯心主义的解释，从而把反映和创作对立起来，保加利亚学者斯特凡·瓦西列夫提出："在创作中是个人根据自己的条件及现实的条件和规律影响世界，而在反映中是世界根据现实和反映主体的特点和条件影响个人。因此，在这里反映和创作之间并不存在原则性的差异。不仅如此，在这方面反映和创作更多地表现为同类的和相似的、而不是相异的概念和

---

[1] 亚里士多德：《论精神》，莫斯科，社会经济书籍出版社，1937年版，第83页。
[2] 《列宁全集》，中文版，第38卷，第228页。（译注）

表象。"①

所以，反映即是创作，它的结果表现在艺术形象之中。对此，实践是最好的证明。创作是"人在劳动中产生的根据现实提供的素材创造**新的现实**②、以满足各种社会需求的一种能力"。③

我们这里所说的新的现实就是艺术现实，它是认识客观现实并通过艺术形象反映现实的结果，这是一个形式和内容统一的有机整体。这个有机整体具有自己独立的、不受它的创作者牵制的客观价值和生命，它是客观现实的一个组成部分，又能对客观现实产生影响。所以难怪古罗马人会说："Habent sua fata libelli."（书亦有命。）所以书与其他客观世界的事物一样，同样有权成为认识的对象。

在文学创作中素材就是语词，无论是认识还是艺术作品的反映都只能通过语词：写作用语词，用另一种语言再现也要用语词。当然，也可以用另一些形式、另一些艺术类型，诸如用音乐、绘画、戏剧或是电影等来再现文学原创作品，不过那得用与这些创作类型相应的手段——声音、线条、色彩和动作。而在必要时，仍然需要借助语词作为辅助手段。

不过我们现在要谈的是把一种语言创作的文学作品用另一种语言重新表达出来的问题，也就是文学翻译的问题。

在第二次苏联作家代表大会上，安托科尔斯基④、奥埃佐夫⑤和雷利斯基⑥的报告把译者的天赋与演员的天赋相比较，认为演员善于再现各种各样的角色，同时又能保留自己的创作个性。而且，演员的天赋越高，他表现的个性越鲜明。译者也一样。然而，尽管把译者的才能与演员在舞台上的表演才能相比令人赞赏，但是这种比较未能突出文学创作的基本素材、首要因素——语词。而语词在舞台表演中仅仅起辅助作用，因为舞台表演的基础是动作及其观赏性。而在翻译中，我们碰到的问题与其说是再现，不如说是重新表达。当然，上述报告中关于译者创作个性的其他论述还都是很精辟的。

为了证明上述比较的不妥，这里我们不妨引文学创作为例。难道作家没有"钻进"他的主人公的外壳和灵魂并再现自己吗？但是我们并不因此而可

① 斯特凡·瓦西列夫：《反映论和艺术创作》，莫斯科，进步出版社，1970年版，第275页。

② 黑体为加切奇拉泽所加。（译注）

③ 《简明哲学辞典》，第二版，莫斯科，国家政治书籍出版社，1968年，第352页。

④ 帕·安托科尔斯基(1896—1978)，俄罗斯诗人，除诗作外，还有专著《论普希金》及译作问世。（译注）

⑤ 穆·奥埃佐夫(1897—1961)，苏联哈萨克作家，除有多部小说外，另著有哈萨克文学史和民间文学史等。（译注）

⑥ 马·雷利斯基(1895—1964)，苏联乌克兰诗人，苏联科学院院士，有多种诗作问世。（译注）

以把作家的天赋比作舞台表演的天赋。从这个意义上而言，译者与作为语言艺术家的作家是一样的。

不是再现，而是重新表达。这里我使用"重新表达"这个概念，并不是为了弥补似乎我对语言在翻译中的作用有所忽视。其实这个概念本身就包括语言现象的意义和文学创作的特点。作家用语词表达感情、思想和观念，而译者同样也是用语词来表达这一切。反对语词、甚至整个语言在翻译中的作用，其谬误就像把翻译的全部意义、翻译的全部复杂性都归结为文本的语词一样不可取。

既然译者也要"钻进"原作的外壳和灵魂，那么作家与译者有何原则性的区别呢？

如前所述，在作者与译者之间始终存在一个原则性的差异，那就是：作者面对客观现实具有最广泛的选择自由，而译者只能局限在不容改变的原作创造的艺术现实之中。这里有必要指出另外一些影响译者的因素，即译者所处的历史现实，译者的创作个性，以及他的创作手法。

翻译史上有无数的例子可以证明译者会属于某个文学流派。这里我想引用一下 H. 托马舍夫斯基对 E. 索洛诺维奇新译彼得拉克的有关论述。托马舍夫斯基提出了一个合理的要求，即要求译者不要把所译介的作者纳入与作者不相干的诗歌流派或集团，他在布宁和曼塔施塔德的译本中看到了译者的诗歌个性和译者对原作者独特的阐述。他接着写道："不要把 A. 迈科夫的《天上的村庄》与'吹着'Ю.维尔霍夫斯基'风'的《角落》相混。也不要把它与我们 19 世纪象征主义时期的译者诗律和韵脚相混……呈现在你们面前的一直有两个彼得拉克：巴秋斯科夫-科兹洛夫的彼得拉克和维亚切斯拉夫·伊凡诺夫的彼得拉克。只是很不幸，这些译本为我们提供得更多的是关于译者的信息，而不是彼得拉克……在我看来，索洛诺维奇的贡献首先在于，他把我们习惯的那套关于彼得拉克的浪漫主义、象征主义的阐述去掉了。他擦去了巴秋斯科夫—科兹洛夫的和维·伊凡诺夫的印记，其实这些印记也不是科兹洛夫和伊凡诺夫的，而是他们所属的文学流派的。"①

作为意大利诗歌的专家，托马舍夫斯基自然清楚这部彼得拉克最新译作的质量。现实主义翻译观表明，译者通常总是无法摆脱自己所属流派的影响，以及他所处时代的风格、他本人的创作个性的影响。从这个意义上而言，未来的文学界也会对索洛诺维奇的翻译、对我们今天的翻译流派的"印记"作

---

① 俄文版《外国文学》，1970 年第 11 期，第 188 页。

出评判，只是我们现在无法预知罢了。

至于优秀翻译的概念，和世上的所有事情一样，也是相对而言的。1969年索非亚出版的论文集《列宁的反映论与现状》写道："如果把原文的结构当作某种排列标准的话，那么从原文的结构转移到某个与它有所区别的结构，也就是从一个结构转移到另一个较小的结构罢了。在中介客体与被反映客体相互影响的过程中，原作的结构是以一种变形的、'被冲洗过的'、不完整的形态再现的。由于依附在中介客体和被反映客体的结构上，所以原作的结构必然会被这两个结构牵着走，从而对原作结构有所偏离。如果要精确反映原作的结构，那么这种反映客体结构对原作结构变形的过程也并非无迹可寻。反映的结构不可能与原作结构完全等同，因而它只能是对基本排列标准，也即原作结构的偏离。"①

这当然不是说，我们不必去追求理想的译文。就在这同一本书中还这样写道："为了最深刻地理解原文实质和改变原文的规律，我们总是关心能达到最大限度等同的反映过程。"②

无须证明，在各种形式的反映中，包括用另一种语言对文学作品进行再创造的反映，上述对达到最大限度等同的关心应该是决定性的因素。

因此，反映过程中主体与客体的相互影响应该视作翻译创作的一个基本规律。我们只有遵循这一规律才能为译入国文学重新创作出一部艺术作品来。这部新的文艺作品与原作相比不光是其再创作所用的语言不同，另外还具有了译者本人独特的创作个性。艺术价值是反映和再现原作艺术现实过程中的决定性因素，这一点只需通过简单的还原翻译实践即可得到证实，因为通过还原翻译我们可以最大限度地保留所有的语言修辞手段，但我们却只能得到原作苍白无力的复制品、甚至是拙劣可笑的仿制品，但决不是原作本身。

至此，我们可以得出一些初步的结论。但与此同时我们也看到，以上所述仍有待进一步扩展并引用生动的例子来加以论证。

任何一部文学作品都可以译为另一种语言，因而它也都可以被视为原作。任何一部作品其本身就是活生生的历史现实的艺术反映，但是作为原作，它在译者面前又成了需要反映的对象。在这种情况下，原作是第二性的、特定的艺术现实，而译者则以其自己的创作方法对之作相应的反映。

因此，翻译永远是原作艺术现实的反映，或者借用列宁的话说，就是译者的思想无限地接近其反映的对象——原作。译者必须把原作"再现"为一

① 论文集《列宁的反映论与现状》，索菲亚，科学与艺术出版社，1969年版，第90页。
② 《列宁的反映论与现状》，第92页。

个形式与内容的统一体，再创作一个与原作类似的完整的艺术作品。从这一观点出发，翻译中最重要的是译作与原作在美学层面上的相称，而为了达此目的，与原作在语言修辞上的对应就得服从译作艺术上的要求，而只能起辅助性的作用。

这样，正如卡什金所说的那样，反映艺术现实首先要突破语词的"屏障"，理解原作者对现实的原创性把握。当然，这里所说的"屏障"是一个特定的概念，因为语词不可能遮蔽艺术现实，而只会赋予它意义，并帮助读者揭示它的意义。这决非如梅特涅①所言："语言之为我们所用，旨在掩饰我们的思想。"无论是文艺作品本身还是翻译的功能，都与这种外交任务毫无共同之处。其实，这是显而易见的事，要不是当今世上仍然有人试图对艺术思维进行"德意志化"②或是把语言现象解释为一个自我封闭的体系，我们也就无需在此为之多费口舌了。

当我们再一次回到翻译与艺术创作类似的问题上时，我想重提辩证唯物主义关于主体客体之间相互作用的观点。按照辩证唯物主义的理解，在主客体相互作用的过程中，"主体和客体都会发生变化。客体改变了主体，对它产生影响，'迫使'它适应所反映的事物或现象的实际特征，从这些特征出发，把它们作为自己的探索和行动的基础。反之，在反映和创作的过程中，主体同样也改变了客体，因为主体改变了客体的面貌并使之服从自己的目的"。③

我觉得所有从事翻译实践的人都能轻而易举地证实，他们是如何经常地受到原作的影响，被原作牵着走；与此同时，为了用自己的语言再现原作，他们又是如何不得不对原作进行创造性的处理，改变原作的面貌并使之服从自己的目的的。尽管翻译的特点应该从追求与原作最大限度的等同中去寻找，但是现实主义翻译观（与反映的基本规律完全相符）提示我们，不可能有绝对的等同，等同只能是相对的。其相对的程度取决于译者的方法及其世界观。

要具体讨论翻译中如何反映原作中的艺术现实问题，这就意味着我们要讲清楚译者是如何透过原作的语词去揭示现实并用自己语言的语词去再现它的。这也就表明，语词如果没有了它所表示的现实，它本身也就毫无意义，在翻译中也就没有确切的对应词。这也是一种艺术创作，在这个创作过程中译者面对的是原作者看到的现实，他用能够最大限度地反映原作现实的语言

① 梅特涅(1773—1859)，公爵，奥地利国务活动家，1821 年任首相，是"神圣同盟"的组织者之一。
② 指像梅特涅那样去理解和解释艺术和语言现象。
③ 俄文版《外国文学》，1970 年第 11 期，第 623 页。

手段把它重新表现出来。

　　然而此时此刻译者是否要考虑自己的语词与原作语词的对应问题呢？即使他是一个真正具有创造性的人，他也不可能考虑得比原作者为了表达其头脑中的形象在挑选语词时的考虑更多。令译者颇费心思的不是原作中的语词，而是形象，是为展示这些形象所用的语词背后的含义。译者努力用自己的语词再现这些形象，但他的语词未必都与原作中的语词一一对应。

　　当然，所有这一切都有待实际的例证，而且重要的还有要避免给人以宣传意译之嫌。为了接近原文的实质——形式与内容的统一，也即译文要反映的艺术现实，译文会偏离原作，但如何确定其可以偏离的程度，这一点非常重要，尚有待今后进一步的讨论。

翻译是一个作选择的过程[*]

吉里·列维著

张　莹译

导言

　　吉里·列维（Jiří Levý，1926—1967），前捷克斯洛伐克翻译理论家，尼特拉学派（Nitra School）代表人物之一。他与米科（František Miko）、波波维奇（Anton Popovič）等前捷克斯洛伐克学者一起，以尼特拉教育学院为基地，以俄国形式主义者以及布拉格语言学派的一些著作为起点，对文学翻译特点展开研究。他们关注翻译中"文学性"的保留、翻译在文学史中的地位，并致力于从文体风格的角度描述译本与原作的差别，根茨勒指出其研究方法已"初显描述性倾向"。可惜，列维和波波维奇相继英年早逝，这一学派遂趋于沉寂。

　　列维的代表作有《翻译的艺术》（1963）、《翻译是一个作选择的过程》（1967）、《文学翻译理论与实践》（1969）。列维较早地提出，"翻译理论倾向于规范性，但实际的翻译过程却是语用的"，突破了单纯语言角度的束缚，开始意识到译者的行为是受历史和社会语境制约的，翻译表达出民族传统之间或文学时期之间的诗学差异，对翻译的特定规范和态度决定着翻译方法的采用。

　　《翻译是一个作选择的过程》是列维最有影响的文章，收录在《雅科布逊纪念文集》第三册中。列维首次将维特根斯坦（Wittgenstein）的"语言游戏"概念应用于翻译研究，将翻译过程看作译者不断进行选择的过程，"接下来的每一步都受前面所作选择的影响，并受这些选择导致的后果影响"。通过采用博弈论的一些概念和研究方法，列维在文章中试图展现译者在翻译过程中如何通过"界定性规则"（definitional instruction）和"选择性规则"（selective instruction）对备选项进行圈定和筛选。列维指出，分析特定目标文本中翻译

---

　　[*] 本文选译自 Jiří Levý, "Translation as a Decision Process," in Lawrence Venuti (ed.) *The Translation Studies Reader*, Routledge, London and New York, 2000, pp.148-159。

选择的等级将有助于更清楚地了解"文学作品中各种因素的重要程度"。

列维又进一步指出，译者的选择不是随意的，而受其记忆和美学观的影响。译者"往往采取一种悲观的策略，不愿意接受那些价值上超出自己语言或美学标准限度、甚至可能引起读者不快反应的解决方案"。在所有可能的解决方案中，译者会下意识地采用"最小最大策略"（minimax strategy），即以最少努力达到最大的效果。

列维的"翻译是一个作选择的过程"这个观点是对翻译过程研究的重大突破，凸显了译者的权力与责任，对他同时期以及以后的研究者都有相当的影响。霍尔姆斯将列维的翻译选择阐释为"遭遇"（confrontation）与"解决"（resolution）双平台模式，指出翻译过程中进行着连续选择的译者，不仅面对着源文本，头脑中还要勾画着译本的蓝图，因此翻译就涉及语言、文学传统和文学互文文本之间的相互作用（Homles, 1988:35）。威尔斯（Wilss，1994）也对列维提出的选择进一步进行了完善，指出译者的选择要同时考虑宏观和微观语境，选择还涉及四个方面的因素：译者的认知体系、知识结构、与委托人或原作者对译作具体要求的认同感以及对文本的熟悉程度。图里（Gideon Toury, 1996）则发展了列维的概念和观点，从行为主义的角度尝试描述译者每一步选择背后的各种规范。目前一些学者（Krings，1986）还采取有声思维（Think-Aloud Protocols）的实验方法进一步探讨译者翻译过程中的选择问题。

正文

一

就目的而论，翻译是一种**交际过程**：翻译①的目的是把原作的知识传递给外国读者。而从译者翻译过程中某个时刻的工作场景考虑（即从语用的角

---

① 虽然提到"翻译"，我们通常指语际翻译，但这里所阐述的形式理论可以同样适用于雅科布逊划分的三种翻译：语际翻译、语内翻译、符际翻译(参见 Roman Jakobson, "On Linguistic Aspects of Translation," in *Translation*, eds. R. A. Brower, Harvard U. P., 1959, pp. 232-239)。本文中的一些理论原则，作者曾在 1966 年 2 月 25 日至 3 月 2 日的莫斯科翻译理论论坛上宣读。

度看翻译），翻译则是一个**作选择的过程**：一连串的多个连续场景，仿佛博弈中的每一步棋，迫使译者必须在一些备选项中进行选择（这些备选项的数量有时可以精确限定）。

一个小例子便能展示选择难题的基本构成。假设一位英语译者在翻译布莱希特（Bertold Brecht）的戏剧《四川好人》（*Der gute Mensch von Sezuan*）时，面对剧名的翻译，译者就必须在以下两种可能性中作出选择：

Der gute Mensch von Sezuan

The Good Man of Sezuan　　　　　　　　　　　The Good Woman of Sechuan
（一个四川好男人）　　　　　　　　　　　　（一个四川好女人）

正是以下几个方面构成了选择难题：

场景（the situation，即真实情景的一个抽象说法，在形式化理论中，可能会用各种模式手段来表现）：英语中没有一个词在意义及风格值上与德语的 *Mensch* 等值（person 一词属于不同的风格层次），*Mensch* 的语义范围包括男人（man）和女人（woman）。

操作步骤一：界定了可能备选项的类别：要翻译 *Mensch* 一词，译者需要找到一个能表示 homo sapiens（人）的英语词汇。

选项表（the paradigm，包含着可能的解决方案），在本例中，选项表中有两个选项：man 和 woman。

操作步骤二：指导译者在备选项中进行**选择**。这一步骤依赖的是语境，在本例中，它依赖的是整出戏的语境（宏观语境）。两个备选项含义并不等值，选择需受语境的限制而非任意为之。每一种解读都有一套解决问题的思路：解读者需要从词或主题的含义中进行选择，从角色、风格以及作者的哲学观等不同的观念中进行选择。可能备选项的数量越少，或者受语境的限制越严，选择余地也就越小（也即越"容易"）。

一旦译者决定选择其中某个备选项，他也就提前决定了随后一系列行动中的选择。例如，他已经提前决定了语法形式等技术性的选择，也提前决定了"哲学"观的选择（在本例中，即指译者对剧中"主人公"的解读，以及对剧本的整体看法）。这就是说，译者已经为随后的一系列选择创造了相应的语境，翻译过程也就具有了**"完整信息游戏"**（a game with complete information）的形态。在这个游戏中，接下来的每一步都受前面所作选择的影响，并受这些选择导致的后果的影响。两个备选项，译者选择其一，就已经决定了选择两种可能游戏中的哪一种。下图是译者第一步选择后的情景图示（仍在译者可选范围内的备选项用实线表示，第一个选择后被删除的备选项用虚线表示）：

解读 I　　　　　　　　　　　　　　　　解读 II

为简化论证，图中展示的所有选择都表现为二元形式，虽然理论上的可能性是 1～n 种。

翻译理论的研究途径之一，便是将某个特定选择可能产生的所有后续选择都考虑在内，由此描绘出解决不同问题的先后次序，以及文学作品中各种因素在此视角下呈现出的不同重要程度。

两种不同"游戏"的结果，就是两个不同的**翻译变量**（translation variants）。例如，对布莱希特戏剧名称的两种不同解读所导致的两组不同选择，就是两个翻译变量。两个翻译变量之间的距离，决定于交织在文本中的不同选择到底有多少。

我们从选择难题这个角度看待翻译过程，纯粹就是因为这个角度与翻译的实际过程一致。这样一来，我们就可以采用**博弈理论**（game theory）的一些正规的研究方法。本文不会采取严格的形式化步骤，目的只是要基于此种研究方法，讨论一些抽象的命题。

下面，我们会更详细地讨论构成选择难题的各个方面。

二

假设一位英语译者要翻译德语词 *Bursche*，他可能从一组英语同义词或近义词中选择其一。他的选项表中有 boy（男孩）、fellow（伙伴）、chap（小伙子）、youngster（年轻人）、lad（少年）、guy（小家伙）、lark（小百灵），等等。这组词都符合某个特定规则，在本例中，语义上都有 a young man（年轻人）的涵义。选项表要符合这个规则，并受其限制与约束。这个规则，我们称之为**界定性规则**（definitional instructions）。界定性规则构建了选项表，选项表是界定性规则的内容。选项表中的备选项彼此当然并不完全对等，它们是依据不同的标准（如风格层次、延伸意义等）遴选进来的。否则，选项表中将没有合适的备选项了。

译者从已有的备选项中进行挑选，所依据的规则，我们称之为**选择性规则**（selective instructions）。与界定性规则类似，选择性规则的性质也是多样的：语义的、韵律的、文体的，等等。

选择性规则包含在界定性规则之中，两者之间存在着集与子集、系统与亚系统、类与属的关系。界定性规则先圈定一组备选项集合，选择性规则排除了其中的一个子集，从而成为这个子集的界定性规则。如此往复，直到选项表中只剩下一个备选项（如图）：

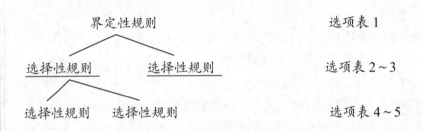

选项体系与规则体系相对应，具有相似的模式：

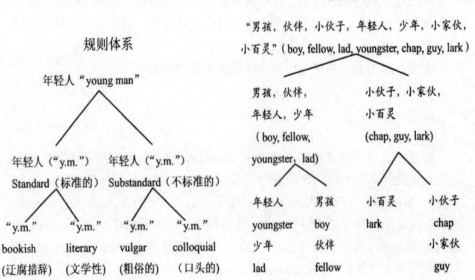

词汇单位的选择（以及更高语法单位的选择），都是由这样一个有意或无意的规则系统所支配。这些规则系统既在客观上依赖语言材料，又在主观上依赖译者的记忆结构[①]及其美学观等因素，而且这些主观因素也起着重要的作用。通过研究规则系统在文本中产生的终端符号——词汇，我们就能重构词汇的**生成模式**（generative pattern）。

读者对于文本意义的解读也包含着一系列的步骤：先是在某个词汇（不管哪一层面上的）语义单位的多种可能解释中进行选择，然后转化为一系列从最宽泛的含义到一个比较特定的含义，最终再从中作出一个选择。这里我们可以依据普通语义学理论[②]中关于解读的一个形式化模式——**重新知晓模式**（recognoscative model）作出以下图示：

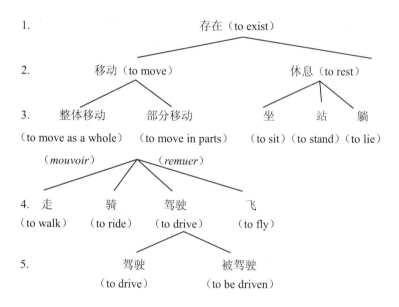

译者在他的选择系统中，可能比原作者多走一步或少走一步，试比较下列从英语译成俄语的例子[③]：

① 本文作者曾就译者的语言记忆结构问题进行过实证性研究(参见：Jiři Levý, *Uměnipřekladu*, Praha, 1963, 91 ff.; Jiři Levý, "Will Translation Theory be of Use of Translators?" In *Übersetzen*, Hrsg. R. Italiaander, Frankfurt am Main, 1965, pp. 77-82)。

② 参见 J. Katz and J.A. Fodor, "The Structure of a Semantic Theory," *Language* XXXIX(1963): 170-210.

③ 例子引自 Я. И. Рецкер , "О закономерных соответствиях при переводе на родной язык", in《*Теория и методика учебного перевода*》(Москва , 1950), 176-177. （该注及正文中俄文印刷有错误，译文中已作纠正。——译者注）

His lordship jumps into a cab, and goes to the railroad.

Лорд Къю юркнул в извозчичью карегу и приказал везти себя в железную дорогу.

在此，译者比原作者多作了两个选择。俄语中没有像"to go"（去）这样含义宽泛的词，因此译者必须选择到底是"to walk"（走）、"to drive"（驾）、"to ride"（骑），还是"to fly"（飞）。第二个选择"to drive"（驾）还是"to be driven"（被驾）倒是可有可无。

译者的选择可能是必需的，也可能不是必需的；可能是有意识的，也可能是无意识的。如果（语言内或语言外的）语境有要求，译者的选择就是有意的。在上例中，文本中本来可以用"car"（汽车）这个词，但偏偏用了"cab"（计程车），"cab"这个词使译者多作的那两个选择成为有意识的，如果还是用"car"，则译者的第二个选择可以是无意识的。因此，这里存在如下四种可能：

1. 多出的选择是必需而且有意识的。
2. 多出的选择是必需但是无意识的；此时，很难猜透译者的想法，只有在更大的语境中（全书、作者的全部著作、当时的文学传统等）来搜寻译者的选择动机。
3. 多出的选择不是必需的，但却是有意识的。
4. 多出的选择不是必需的，也不是有意识的；此时，我们已进入纯粹的译者主观与个性领域。

三

各种规则与相应选项表的模式，都依赖于它们得以实现的**原料**（material）如何交织。而对于语言原料的选择，规则与选项表的模式就依赖于每个独立语言的结构模式。众所周知，特定语义场中词汇分割的密度在不同语言中有很大的差异：俄语"Вечер"一词所涵盖的时间跨度，在德语中需要两个词来表达（"*Nachmittag*"和"*Abend*"）。与目标语相比，源语中的语义分割越宽泛，**翻译变量的离散度**（dispersion of translation variants）越大；从基础英语译成标准英语的过程可以用下面一组发散的射线表示：

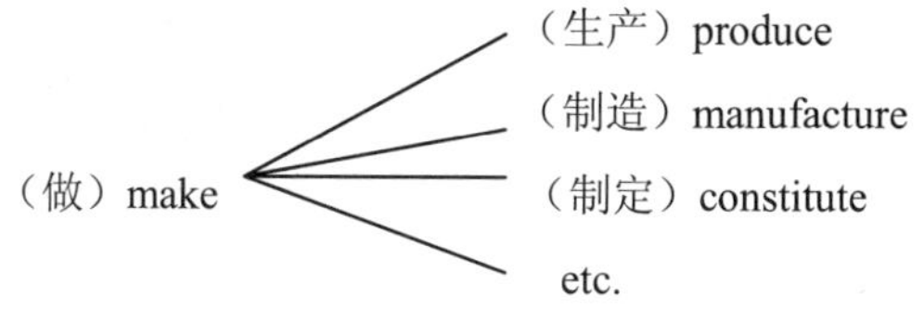

反之，与目标语相比，源语中的词汇分割越精细，翻译变量的离散度就越受限制；从标准英语译成基础英语，可以用下面一组汇聚的射线表示：

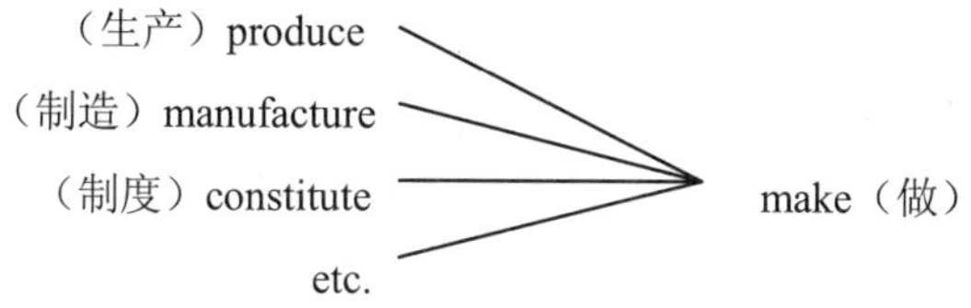

选择单个词汇单位（当然包括更高的语法单位），这些发散或汇聚的倾向一直贯穿于翻译过程的始终，源语文本与目标语文本的基本关系由此而来。如果同一个文本被多次从 A 语言译入 B 语言，并被回译成 A 语言，则运行在选择过程中的这些倾向会显得更加清晰。B. van der Pool 就做过此类实验：将一篇英语哲学论文中的一个段落译成法语，再回译成英语，如此往复几次，文本最后经历了如下的过程：英语——法语——英语——法语——英语……我们来看看 van der Pool 实验报告中记述的内容①：

有时候，即使在有限的四次选择中，就有 23 个备选项反复出现，这可能是选项表中备选项数量有限的表现（可能限于这种语言的词汇不丰富性，也可能限于译者的语言创造力不足）：

英语		法语		英语		法语		英语
tentative	—	*tentative*	—	trial	—	*essais*	—	tentative
（试验性的）		（试图）		（试验性的）		（尝试）		（试验性的）

此例中选择过程的图示如下：

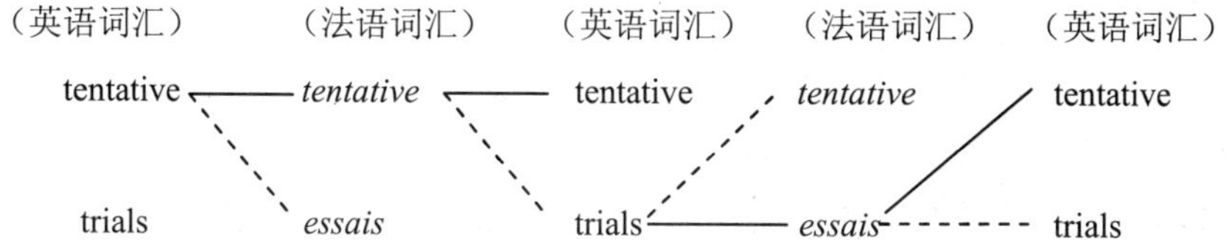

① B.van der Pool, "An Iterative Translation test," in *Information Theory-Third London Symposium* (London, 1956), 397ff.

实例中发现，每当词汇从英语译入法语时，都出现汇聚的倾向；反之，从法语译入英语时，则出现发散的倾向。这种现象可以理解为，比起相应的英语选项表，法语选项表更受限制（有时竟只含一个备选项）：

（英语词汇）　（法语词汇）　（英语词汇）　（法语词汇）（英语词汇）

standard　　　　　　　　　standard　　　　　　　　　standard

　　　　　critère ＜　　　　　　　＞ *critère* ＜

criterion　　　　　　　　criterion　　　　　　　　criterion

有时，当源语和目标语的选项表中都有丰富的备选项、且表达的差异不明显时，译者往往在每一次的译词选择时，都选一个新的解决方案：

day light（日光）　—　*lumière franche*　—　open light　—　*flame libre*　—　unconfined flame

在这些常见的例子中，我们看到了一种渐进的语义转移。这是由于目标语中词 B 表达了源语词 A 的一部分延伸意义，但词 B 自己的语义范围与词 A 并不完全重合；词 B 的一部分意义又被译成词 C，而词 C 的语义范围与词 B 也不尽相同。这种反复解读与表达的一般模式，犹如精读一篇课文，进行翻译，上演译本，再由观剧者解读，等等。这是语用交际中的一个功能性模式。

总的来说，决定语义分割类型的不仅仅是语言符号，同样还有某些独特的文学类型的特别符码。在散文中，英语"gooseberry"（醋栗）一定被译成精确的对等词 stachelbeere、groseille 等，而在诗歌翻译中，currant（黑醋栗）、raspberry（树莓）等一些外来词也被看作是对等词。下面是译者塔福（Taufer）用捷克语翻译的 S. Schipachev 的两行诗，其中就用 currant 替代 gooseberry，对此也许只有迂腐的学究才会表示异议：

Проходит мимо яблонь,
Смородины густой.[①]

换言之，在散文翻译中，我们面对的是两组选项表，每个选项表中只有一个备选项，关系是严格一一对应的；而在诗歌翻译中，这些选项表开始融合，译者面对的是两个对应的选项表，每个选项表中有许多备选项：

---

① 然而这里提供的却是两行俄文诗，并没有捷克语的译文。（译注）

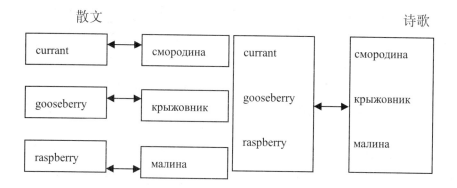

在横向组合的关系层面，"He departed"（他离开了），"And then off he went"（他后来走了），"Lo, see him going off"（看，他走了）可以看作是对等的；因此，十个音节的一行诗，比起相同长度的散文片断，可以用更多种方式来译。请看下面在 A. W. von Schlegel 中找到的莎士比亚剧作《尤利西斯·恺撒》中一句话的七个译本（第八个译本是 L. Tieck 译的）[①]：

1. *Dein Leben hat von Ehrgefuhl gezeugt*

2. *Dein Leben zeugte stets von Ehrgefuhl*

3. *Dein Leben hat gezeigt, du haltst auf Ehre*

4. *Dein Leben zeugt von einem Funken Ehre*

5. *Ein Sinn fur Ehre spricht aus deinem Leben*

6. *Du hegtest einen Funken Ehre stets*

7. *Du hegtest immer einen Funken Ehre*

8. *In deinem Leben war ein Funken Ehre*

当译文是从一种欠发达语言译入一种更发达语言时，无疑会出现发散的倾向：如果你找到某个原始民族诗歌的几个英语（或德语、法语等）平行译本，会有趣地发现这些平行译本之间的差异十分巨大。反之，译文从较发达语言译入欠发达语言时，无疑会出现汇聚的倾向，如《圣经》译入各种原始语言的译本即是一例（例如，可以以更有限的词汇范围对译本进行量化的考察）。

文学性文本在语义分割密度上的差异也存在类似现象。在大多数的欧洲国家文学中都存在着好几种莎士比亚作品的平行译本，它们表达的观念虽各不相同，却都是必需的。但对莫里哀的作品，解读上的离散程度倒远没有这

---

① A.W.von Schlegel 译这几句诗的不同版本，见 M. Bernays, *Die Entstehungs-geschichte des Schlegelschen Shakespeare* (Leipzig, 1872), p. 239。

么大。其中的一个原因，毫无疑问是因为莎士比亚作品的语义模式具有更宽阔的语义分割（莎翁笔下的许多人物比较复杂，很难归类，各种可能的解读的范围很大），而莫里哀作品的语义模式则分割很细，意义指向清晰，如莫里哀笔下的吝啬鬼阿巴贡（Harpagon）所代表的，也许仅仅是莎士比亚笔下夏洛克（Shylock）所代表的宽阔的语义范围里的一个方面[1]。

要考虑某个复杂体（如剧中的人物）的语义构成，我们就还要面对很多规则的组合，这就是说，我们要开始讨论**规则句法**（syntax of instructions）。莫根斯泰恩（Christian Morgenstern）[2]的诗 *"Das aesthetische Wiesel"* 中押韵的双关语就是一个规则（规则句法）组合的简单例子：

> *Ein Wiesel*
>
> *Sass auf einem Kiesel*
>
> *Inmitten Bachgeriesel*

美国译者奈特（Max Knight）将这些诗句译成五个版本，以此来展示含有诸多解决方案（严格说，称为诸多备选项）的选项表：

1.	A weasel	一只黄鼠狼
	perched on an easel	停在画架的
	within a patch of teasel	一片绒布上
2.	A ferret	一只白鼬
	nibbling a carrot	啃着一只胡萝卜
	in a garret	在顶楼
3.	A mink	一只水貂
	sipping a drink	吸着饮料
	in a kitchen sink	在厨房的水池中
4.	A hyena	一只土狼
	playing a concertina	弹着一架六角手风琴
	in an arena	在舞台上

---

① 参见 J.Milnor, "Games Against Nature," in: *Game Theory and Related Approaches to Social Behavior*, ed. M. Shubit (New York, 1964), 120ff. 关于博弈理论，参见 f.ex. D. Blackwell-M. A. Girshick, *Theory of Games and Statistical Decisions* (New York, 1954); Samuel Karlin, *Mathematical Methods and Theory in Games, Programming, and Economics*, III (Reading, Mass., 1959)。

② 莫根斯泰恩(1871—1914)，德国诗人，著有诗集《绞架山之歌》、《棕榈之河》等。（译注）

5.　　A lizard　　　　　　一只蜥蜴

　　shaking its gizzard　　摇着它的胃囊

　　in a blizzard　　　　　在风雪中

对于如上这个选项表，界定性规则是复合的，由如下几个基础规则构成：（i）一种动物的名称；（ii）它活动的对象与规则（i）押韵；（iii）它活动的场所与规则（i）和（ii）押韵。

这个双关语的三个成分个个都有双重的语义功能：（1）其外延的"本"义；（2）在双关语中的功能。功能（2）是选项表的界定性规则，奈特在五个译本中所用的每一个备选项都含有不同的"本义"。五个译本每个都保留了三行诗歌作为一个双关整体（界定性规则）的功能，却都没有保留原文三个主题的真实含义（选择性规则）。规则及其组合发生在许多不同的层面：

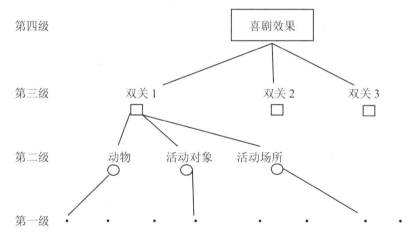

翻译既是一种解释，同时也是一种创造，其中可操作的选择过程有两种类型：

I.　从源语文本词汇（或更复杂的语义单位）的语义选项表中进行选择，即选择如何阐释文本的可能意义；

II.　从目标语文本词汇（口头）的语义选项表中进行选择，以便或多或少地与过程I已经选择的"意义"相对应，即"意义的表达"。

翻译的选择过程具有符号系统的结构，包括语义方面（即通过对应所指而界定的一个单位库）和句法方面（即组合这些单位的一些规律——无论这些单位是选项表还是规则）。同所有符号过程一样，翻译也有**语用维度**（pragmatic dimension）。本文最后部分将讨论翻译的这个方面。

四

翻译理论倾向于规范性的、能指导译者得出**最佳的**解决方案，然而实际的翻译工作却是重语用实效的，译者在所有可能的解决方案中，会选用能以最少努力达到最大效果的方案。也就是说，他会下意识地采用所谓的"**最小最大策略**"（minimax strategy）。

例如在诗歌翻译中，那些保留了原文中元音韵律的译本，在其他条件等同的情况下，无疑是更可取的，因为对于诗歌的整体情感模式，元音的表现力可能会起到一定的作用。但译者若要再现原诗的用韵，他就要付出许多额外的努力。但这种努力的代价太大了，许多当代译者都不愿意作这种努力。散文翻译虽然不像译诗这么明显，但译者往往也采用相同的策略：满足于只要能或多或少表达原句的所有必备含义及风格，而不想经过耗时的试验和重写，以力图找到更好的解决方案。

所以译者往往就采取一种悲观的策略，对于那些价值上超出他们自己语言或美学标准最低限度的、甚至可能会引起读者不快反应的解决方案，他们往往不愿意接受。既然翻译的语用视角是基于最小最大策略的，那么就有可能利用相应的数学方法来计算译者怎样进行优先选择的，即他们是怎样选择通常被称为翻译方法的各个手段的。下面这个简单的例子就是证明。

假设译者要将英语词组"not a little embarrassed"（不是一点儿尴尬）译成法语，为简单起见，只给他两个备选项：

a. *pas peu embarrassé*

b. *très embarrassé*

选择 a 的结果是：

s ——文体特征（低调陈述）得以保留；

r ——这种表达结构很容易使读者觉得表达过于"英国化"。

选择 b 的结果是：

$\bar{s}$ ——文体特征没有被保留；

$\bar{r}$ —没有被认为"英国化"的危险。

前提 r 中所包含的可能性，是根据大众读者的语言标准得出的：读者中占一定比例的语言纯化论者会认为语言的纯度已经被侵犯（用/$\bar{l}$/ 来表示），其他的读者可能觉得这是好的法文（用/l/来表示）。两种选择在读者群中造成的主观后果可以用下面的博弈论"得失矩阵（pay-off matrix）"表示：

	非纯化论者	纯化论者
（a） *pas peu embarrassé*	v1: 文体风格保留 ＋语言纯度保留	v2: 文体风格保留 ＋语言纯度未保留
（b） *très embarrassé*	v3: 文体风格未保留 ＋语言纯度保留	v3: 文体风格未保留 ＋语言纯度未保留

出现三种可能的结果：

v1 = s + *l* （文体风格保留＋语言纯度保留）

v2 = s + $\bar{l}$ （文体风格保留＋语言纯度未保留）

v3 = $\bar{s}$ + *l* （文体风格未保留＋语言纯度保留）

译本的可能读者有两类：语言纯化论者与非语言纯化论者。他们各自占有一定的比例，譬如非纯化论者占25%，那么纯化论者就占 75%，这时"得失矩阵"的量化阐释便如下图：

	25%	75%
a.	s + *l*	s + $\bar{l}$
b.	$\bar{s}$ + *l*	$\bar{s}$ + *l*

在选择（b）引起的反应中，代表"保留文体特征"的 s 值根本没出现，代表"语言纯度被侵犯"的负 *l* 值也没有出现。这个选择明显体现出，与文体风格的保留相比，译者更看重对语言纯度的保留（*l*>s）。

在选择（a）引起的反应中，100%的读者认为"保留文体特征"的 s 值发生了。25%的读者认为"是好的法文"（*l*值）发生了，还有 75%的读者认为"语言纯度被侵犯"（$\overline{l}$ 值）。为了保留 100% 读者所看到的"文体特征"（s 值），译者愿意冒让 75% 读者认为语言纯度（l 值）丢失的风险，或者说，译者愿意冒险让 25% 的读者认同语言纯度（l 值）未被侵犯。对他来说，两个值的相对效用为：

$$s : l \leqslant 1 : 4$$

对译者来说，文体手段的重要程度是个相对值，只有在同其他值相衡量时才看得出，而首先与之衡量的就是语言纯度值。要想确定两个相对值在译者眼中的位置，就需要向译者提出下面这个问题（或者不用问，间接地寻找到答案）：为了保留文体风格手段，你愿意承担 l 值风险的比例有多大？其实，译者虽然没有经过精确计算，但会下意识地猜测读者有可能产生的种种评价。

"最小最大策略"，可以有助于下列问题的研究（特别是有助于那些力图采用更精确方法的进一步研究）：

1. 不同的文体手段有何效用，以及这些文体手段在不同文学类型（如散文、诗歌、戏剧、民间传说、儿童文学等）中的效用程度有何不同？

2. 在不同的文学类型中，语言标准和文体风格的相对重要性程度如何？

3. 译者在不同时代，以及处理不同类型的文本时，要考虑其译本所面对的读者群是如何量化构成的？对当代译者来说，对读者真实偏爱的实证分析可以检验他们实施在译本中的种种假设。

我们下面选的这个例子非常简单，解释力也有限，因为我们不知道到底是什么东西使法语读者觉得"表达不够"或者"过于英国化"。读者的选择也许只源于一些非常简单的因素，或只有一个原因：依赖于（或多或少只依赖于）读者对希腊韵律规则的通晓或无知。比如，有的现代读者认识某个韵律是萨福格（Sapphic metre）[①]，有的读者却以为是自由诗体。译者是否决定在译本中保留萨福格，还是另选韵律，可以通过下面一个简单的得失矩阵体现出来：

[①] 萨福格（sapphic metre）：因古希腊著名女诗人萨福（Sappho，约公元前 612—约前 560）的独特诗歌体裁而得名的诗歌韵律。（译注）

	希腊学家	非希腊学家
（采用）萨福格	通晓此种韵律	不懂此种韵律
（采用）其他韵律	会丧失原韵律	不会丧失原韵律

"会丧失原韵律"的严格说法是"如果知道原诗写作的韵律，会丧失萨福格韵律"。两类读者，两种选择，四种不同的美学状态都是有可能出现的。每种情况出现的几率，就是特定时期两种翻译解决方案的相对频度，也是两类读者的相对频度。两对结果（会丧失原韵律——不会丧失原韵律）并不像我们所列的那样明显地恰好对立，这里论述的结果是被简化了的。

本文提出的诸多建议，是要用界定选择问题的种种研究方法和手段，构建一个翻译生成模式。当然，这个模式的建立还需要更全面更严密的研究，而一旦这种普遍形式化模式建立起来，翻译各个方面的实证性研究将有一个更广阔更普遍性的视角。

References

Homles, James S. (1988). *Translated! Papers on Literary Translation and Translation Studies.* Amsterdam: Rodopi. pp. 11.

Krings, Hans P. (1986). "Translation Problems and Translation Strategies of Advanced German Learners of French (L2)," in Juliane House & Shoshanna Blum-Kulka (eds). *Interlingual and Intercultural Communication.* Tübingen: Gunter Narr Verlag.

Toury, Gideon. (1996). *Descriptive Translation Studies and Beyond.* Ohn Benjamins Publishing Company, Amsterdam / Philadelphia.

Wilss, Wolfram. (1994). "A Framework for Decision-Making in Translation," in *Target* 6:2. pp. 131-150.

翻译研究的范畴[*]

安娜·丽洛娃著

张　莹译

导言

安娜·丽洛娃（Anna Lilova, 1935—　），保加利亚翻译理论家，保加利亚译者协会成员，索非亚大学教授，曾任国际译者联盟（FIT）主席，现为顾问，另兼任翻译理论杂志《巴比塔》（Babel）编委。在莫娜·贝克（Mona Baker）编著的《翻译研究百科全书》（*Routledge Encyclopedia of Translation Studies*）中负责编写保加利亚翻译史与翻译传统部分。出版有专著《普通翻译理论导论》（*An Introduction to the General Theory of Translation*, 1981），发表的文章主要有《翻译研究的范畴》（Categories for the Study of Translation）、《20 世纪保加利亚农村女性形象：传统与现代之间》（Gender Images in the Bulgarian Village in the 20th Century: Between Tradition and Modernity）等。2005 年 10 月国际译联在索非亚大学举办"向安娜·丽洛娃教授致敬——翻译与文化转换会议"，以纪念其 70 岁诞辰。

这篇《翻译研究的范畴》（Categories for the Study of Translation）收录在《翻译作为社会行为：俄罗斯和保加利亚视角》（*Translation as Social Action: Russian and Bulgarian Perspectives*）一书中。此书集中体现了俄罗斯和保加利亚的翻译理论传统：将翻译看作一项社会、文化和创造性的活动，关注译者的行为以及在文化碰撞中所起的作用。

丽洛娃的《翻译研究的范畴》一文，从学科建设的高度对翻译研究进行构建。她首先分析了翻译一直没有被提到学科高度的原因，指出翻译是历史的产物，而非科学的产物，而且翻译是具有多边多级的复杂现象（a multilevel and multilateral phenomenon）。因此很难用一个层面的框架概括整个翻译研究。翻译也由此可以从不同的范畴进行研究。翻译研究的范畴包括历史范畴（可以研究不同国家、民族在不同历史语境下具有多种不同形式、类型和体裁

---

* 本文选译自 Anna Lilova, "Categories for the Study of Translation," in *Translation as Social Action: Russian and Bulgarian Perspectives*, ed. Palma Zlateva, London & New York: Routledge, pp. 5-10.

的翻译系统）、功能范畴（将翻译各种形式、类型及体裁的出现、发展和消亡过程，以及对这些形式、类型及体裁的区分和融合过程，与对其的功能性需求和国家要求联系起来）、基因范畴（关注译作与原作的关系）、内容和结构范畴（分析译作的结构与内容）、心理范畴、语言范畴，等等。

丽洛娃提出的翻译研究诸多范畴，实际上就是在为翻译研究提供跨学科的种种视角。虽然语言本身仍然是翻译研究的重点，但在丽洛娃的框架中，只是翻译研究的范畴之一。与苏珊·巴斯奈特（Susan Bassnett）提出的翻译研究的四个领域（翻译史研究、翻译与译入语文化、翻译与语言学、翻译与诗学）相比，丽洛娃提出的范畴似乎更为具体。当今翻译研究中的几大流派——语言学派、功能学派、文化学派等正是从不同层次上体现了丽洛娃所提出的翻译研究的各种范畴。当前的翻译研究更应在更宏大的跨文化、跨学科的语境中进行审视，除语言学外，历史、哲学、心理学、人类学、社会学、文化学等都为翻译研究提供了新的切入点，而且更符合翻译这种"多边多级复杂现象"的性质。因此，根茨勒提出，翻译研究已经出现了"跨学科转向"（interdisciplinary turn）[1]，其他领域的学者也需要来个跨学科的"翻译转向"。

最近几十年来，翻译学开始向一个独立的学科发展。但在丽洛娃看来，其缺乏专门研究机构的状况改变不大。因此可以说翻译学仍是一个没有机构根基的学科。这个现实可以说明为何丽洛娃要在这篇文章中提出这么多的范畴，以及为何这些框架都显得比较宏大。正如丽洛娃本人为本文所加的按语中所指出的，她此举就是为了争取在东西欧和美洲的大学里尽快建立翻译研究的专门机构和设立翻译系。

正文

翻译是一种多层多面的现象，其中的每一层面或每一侧面与其他层面都一样同等重要。任何想简化其复杂性的努力，或是想将某一层面归并于另一层面的努力，都只会加大我们的翻译知识与实际翻译现象本身之间的鸿沟。"翻译"这个概念的一般含义中就涉及许多种截然不同的翻译形式，诸如口头

---

① Gentzler, Edwin (2001/2004). *Contemporary Translation Theories* (2nd Edition). Shanghai: Shanghai Foreign Language Education Press. p. 187.（译注）

翻译（口译）、笔译、机器翻译、文学翻译、科技翻译、专业翻译和社会政治翻译。翻译的特征也分别有语言特征、文学特征、美学特征、心理学特征及其他各类特征。这些都是翻译研究应当考虑进去的。

包含许多不同类型的翻译系统，既随着整个人类的社会发展进程与精神发展进程而历史地演进，同时也随着每一个国家和每一个民族的社会与精神发展进程而历史地发展。也即是说，由多种不同形式、文类和文体构成的整个翻译系统，作为一个实体，是历史的而非科学的产物。它是在历史的语境中发展起来的，历史语境使它变得越来越丰富，越来越完善。因此，研究翻译系统和清理翻译分类等问题都应当将历史范畴作为它的基础。翻译是一个存在多种形式的系统，是一个客观的历史法则支配的实体，因为正是人类的历史长河赋予翻译的各种形式以生命，无论是口译还是笔译。

含有多种形式的翻译系统是一个动态的系统。当默片电影加入了声音，电影翻译由此诞生，并对翻译有着特殊的艺术要求和屏幕书写要求，例如，字幕翻译要求与屏幕上的对话同步，与屏幕上的动作配合。继电影翻译之后，又出现了电视翻译，且因其屏幕变小，对翻译又有其独特的要求。

在我看来，功能范畴是所有翻译研究的基础。在整个历史中，随着各个民族的发展，翻译系统无疑是根据社会的各种需求（不断变化的美学需求、科学需求、技术需求、政治需求，等等），依据翻译的社会功能而逐步成形的。翻译类型的区分过程也是由持续、稳定的社会需求造成的。某种特定的翻译类型或体裁可能会随着社会或个人对其需求的消失而失去意义或转换其功能。这就是为什么任何翻译研究的方法都应该以历史和社会的文化整体观为基点的原因。我们应当将翻译的各种形式、类型及体裁的出现、发展和消亡过程、以及对这些形式、类型及体裁的区分和融合过程与对其的功能性需求和民族要求联系起来。

下一个范畴，我照约定俗成的说法，称之为遗传（基因）范畴，指的是译作类型与原作类型之间的基因联系。无视这种明显的联系既无根据，也是错误的。翻译的各种类型，尽管有其相对的独立性，但决非孤立地形成，决非与它们翻译的原文类型及体裁割裂无关。

翻译系统中不同类型的译作以及每种类型的起源和发展，都起着民族之间一个共同文化纽带的作用。各类原作构成的系统与各类译作构成的系统之间产生互动，成为两种文化相互关系中不可分割的一部分。而且这种互动本质上不是机械式的，它既可能是两个特定文化之间的直接互动，也可能由第三方文化作为中介进行间接地互动。这个互动过程的特点是包含着无数种倾向和现象的，说明了翻译类型与原作类型之间基因联系的复杂性，更说明了它的微妙性。

还有一种翻译研究范畴我认为也同样重要，那就是结构和内容范畴。要把握翻译的各种形式、类型与体裁的性质，我们首先应当分析译作，分析它的结构和内容，并向自己提出如下三个问题：一，这个译本表达了或包含了什么内容？二，这个译本的对象是谁？三，翻译这个文本的目的何在？

尽管对译本进行结构性分析有许多方面值得肯定，但我相信，无论译文的结构如何，它都不可能是一个孤立的、抽象的、静止的存在。它必然是一方面与原作紧密相连，属于特定的历史和社会语境；另一方面又与译作自己新的社会、文化和语言现实紧密相连。

翻译研究中需要注意的另一个范畴是心理范畴。这个范畴既从翻译生产的角度，又从翻译接受的角度全面涵盖了翻译，既包括译者用各种翻译形式、类型和体裁所创作的专门作品，也包括每个具体译作创造特性的不同程度。

译作的不同体裁和形式的创造性程度在翻译研究中有非常重要的作用。翻译被定义为一种特殊的创造性行为，这是客观的评价。虽然天赋、渊博程度和总体文化的差异对创造性程度同样至关重要，但我们这里还是以译作的语言层面为例。因为作为一级语言文本的原作，经重新创作，产生二级语言文本即译作，这中间的整个转换活动都与语言相关。在文学文本中，语言形式本身潜在的表现力会使译者捉襟见肘、无所适从；而科技文本则不然，它不像文学文本对形式那样敏感。保加利亚学者柳兹卡诺夫（A. Lyudskanov）认为，翻译过程中的选择存在着可控制与不可控制之分，这一点说得很正确。语言材料抵制转换的程度不同，从而造成文学翻译与非文学翻译在类型与类属方面的差异（Lyudskanov, 1967）。[①]

什维策尔[②]也指出："每一种类型的译作中都存在着创造性和非创造性两种成分。两者紧密交织，虽然因译作的体裁而有所差异。"（Shveitser, 1973:18）

创造性成分存在于任何一种翻译形式中。然而，假如我们考虑到文学文本的具体特征，那我们就不得不承认文学翻译的创造性程度确实要高于其他类型的翻译。所以我觉得应该这样理解翻译中的创造性：一，语言层面的创

---

① Lyudskanov, A. (1967). *Prevezhdat chovekat i mashinata [Man and Machine Translate]*, Sofia: Nauka i izkustvo.

② 亚·达·什维策尔，俄罗斯当代著名同声译员、社会语言学家，任教于莫斯科语言大学翻译系，著有《翻译与语言学》、《翻译理论》等译学理论专著。（译注）

造性（这一点在翻译的各种类型中都有体现）；二，艺术和形象思维这一层面的创造性。

然而，文学翻译的特殊性在于它不是语言的创造性就能涵盖的，这种创造性体现在所有的翻译形式、类型和体裁中。既然语言不能完全说明翻译的过程和结果，这就意味着我们同时也已经把所有各种翻译的起点——语言领域——抛在了后面。文学语言与科学语言的差异之处，不仅在于形式，还在于内容。这种差异反过来也就是要求我们要用不同的方式把用不同的方式创造出来的原作在翻译中再现出来。

这就引出了翻译研究中一个最基本、也是最重要的范畴—语言范畴。这一范畴包含了各种语言的特性，语言表达方式的种种特殊性，组词和措辞方式因素、语法形式和句法结构，以及与不同翻译类型和体裁相关的各种不同语言风格的特点。

为什么我要把语言范畴作为所有翻译研究中的一个重要范畴呢？原因在于一个不争的基本事实：语言是文本的构建材料，无论在原文还是在译文中，都是一个可触知的实体。因此，这一原则反映了文学翻译、科技翻译、社会政治翻译语言的真实特点和特殊性，与此同时也再现了各种翻译类型的基本品质和显著特征。

尽管如此，但这并不意味着语言范畴是唯一的范畴，也不意味着不同翻译类型和体裁的区别只有在语言范畴的基础上才能显示出来。事实上，这恰恰是许多当前翻译分类的一个弱点，特别是莱斯（Katharina Reiss）和弗米尔（Hans J. Vermeer）的分类也有这个弱点。在我看来，只依赖语言范畴对翻译进行分类，无论在方法论上，还是在实际操作中，都是错误的。无论哪一个范畴，也无论它多么重要，都无法穷尽翻译这种特殊的社会、文化和创造性活动的复杂性和系统性，这是不言而喻的。

除以上列举的这些基本范畴外，还有一些特性也是需要注意的，这些特性对于区分翻译的各种形式、类型和体裁颇有作用。这些特性包括笔译中语言的物理特性（有固定的维度、存在于某个时代），还包括在诸如视觉翻译、视听翻译和听觉翻译中，接受者（读者或听众）通过各种感觉感受文本的各种方式，等等。

References

Shveitser, A. (1973). *Perevod I lingvistika* [*Translation and Linguistics*], Moscow: Voenizdat. pp. 18

Reiss, K. (1976). *Texttyp und Ubersetzungsmethode. [Text Type and Translation Method]*. Kronberg: Taurus.

Reiss, K. and Vermeer, H.J. (1984). *Grundlegung einer allgemeinen Translationstheorie [The Foundation of a General Theory of Translation]*. Tubingen: Niemeyer.

第八章 苏东学派翻译理论

再版后记

本书第一版于 2008 年 5 月推出,推出后即受到国内外语界和学术界的欢迎,有读者反映说:"这本书不光对从事翻译研究有帮助,其实对从事文学研究的师生,包括从事外国文学研究的、也包括从事中国文学研究的师生,都非常有用。"事实也确实如此,因为本书介绍的这些翻译理论都不是简单地讨论"怎么译"的问题,而是从更高的文化层面把翻译作为一个跨语言、跨文化交流的行为和活动予以审视和考察,这就大大拓展了人文学者的研究视野,给予我们的人文和社科研究以诸多新的启迪。也许就是因为这个缘故吧,所以本书于 2008 年首次印刷出版后,尽管多次印刷,仍不断售罄。

转瞬 10 年过去了,今年年初,当初首先对我提出的这个选题表示大力支持的南开大学出版社的张彤女士又主动与我联系,她觉得当前正值国内翻译学科建设和翻译研究方兴未艾之际,此书首版尽管问世于 10 年前,但现在在国内学术界和高等教学界还是很受欢迎的,不少学校都把它用作翻译理论课的教材或主要参考书;更何况本书介绍的这些理论流派至今仍然有现实意义,价值仍在,并没有过时。所以张彤女士问我是否愿意推出本书的第二版。对此我欣然表示同意,但要求她给我一点时间,以便我和我的团队成员利用这次再版的机会,对全书重新进行一次校译,以便对初版本中存在的问题进行改正。由是修订版进入操作落实阶段。

事实上,就在《当代国外翻译理论导读》(以下简称"导读")第一版出版发行的这 10 年时间里,我就已经收到过好几位译界同仁的电子邮件和微信,一方面他们对我们这本"导读"给予高度评价,认为我们这本"导读"无论是对当前国外翻译理论流派的划分确定,还是对这些流派代表学者及其代表论文的选择,以及为配合每一章、每一篇翻译论文所撰写的导读文字,都表现出对当代国外翻译理论流派的深刻认识和确切把握;另一方面,他们也非常坦率地把他们在阅读和使用本书过程中发现的问题(主要是本书译文中涉及的翻译问题,对原文、尤其是核心理论术语的理解和译文的表达等)直言不讳地告诉我。这些邮件和微信我一直保留着,它们为我们这次再版前的重新校译修订提供了很大的帮助。

这里我要特别感谢北京外国语大学的马晓冬教授。她利用自己的寒假，对我们这本"导读"中的两篇文章进行了相当详细的、几乎是逐字逐句的校勘，对其中的十五个句子的翻译进行了非常具体的分析，指出了其中的误译或不妥之处，同时还提供了她自己的译文供我们参考。她还建议我们对"导读"中转译自非英语语言的论文，最好请懂原文的专家学者帮忙对照原文校译一遍，这样可以避免把英译文中的错误带到中译文中来。

马晓冬教授的这个建议显然很有道理，我们这次在校译的时候也确实接受了她的建议，特别是对"导读"中那篇转译自法国翻译理论家贝尔曼的《翻译及对异的考验》一文做了专门的法语核校。我知道复旦大学法语系的袁莉教授对此有过专门研究，于是我向袁莉教授发去电邮求助。袁莉教授慨然答应帮忙，把中译文和英译文对照着法文原文仔仔细细地校译了一遍，指出了好多处英译文与法文原文不一致的地方，譬如法文原文中论及的变形倾向是13 种，但在英译文中却成了 12 种。后来经我们该文的译者与英译者美国著名翻译理论家韦努蒂直接联系，发现韦努蒂据以翻译成英文的那篇法文论文是发表在加拿大一份杂志上的，与袁莉教授所据的 1985 年版和 1999 年版的贝尔曼法文论文原文确实存在稍许不一致的地方。对此我们在该文的相关译注中也做了说明。袁莉教授也对我们的翻译、特别是一些关键性的术语表述提供了不少建设性的建议。在此，我们也要向袁莉教授表示衷心的感谢。

与此同时，我还要向我这本"导读"的翻译团队成员表示感谢。回想十余年前我组织她们翻译此书时，她们大多还属青春年少，精力旺盛，生活、工作的目标相对比较单一，对参与"导读"的翻译也兴致盎然。但如今十多年过去了，她们一个个人到中年，上有步入老境的父母公婆需要照顾，下有已经上学的孩子需要操心，本人在学校里又都是教学科研的骨干，工作担子正好是最重的时候。在这个时候，要她们抽出时间来把十几年前翻译的学术论文再重新仔细地核对原文校译一遍，委实不易。但她们都二话不说，如期完成了这次的校译任务，且都做得非常的认真和仔细，这让我非常感动。

为了把这次的校译工作做得尽可能仔细些，我还发动了目前正在广西民族大学从我读博的两位青年副教授张静和蓝岚，请她们也分别帮我把"导读"中的相关译文对照原文进行一次仔细的梳理和校勘。翻译无止境，校勘也无止境，所以尽管我们的几位译者都已经非常仔细地对自己的译文进行过校译了，但她们俩还是帮我发现了一些问题。在此我也向她们两位表示感谢。

如所周知，学术论著的翻译不同于文学翻译。如果说，文学翻译更注重译文的文学性、灵动性的话，那么学术翻译恐怕更关注对原作的思想、观点、论证过程以及论据（包括数据、案例）等信息传递的完整性和严谨性。因此，学术论著的翻译要强调逐字逐句地翻译，尽可能一个词都不要遗漏。然而，尽管我们意识到了这一点，但在具体进行学术论著的翻译时是否能真正做到这一点，却还是存在很多问题的。事实上，我们这次在对我们十余年前的旧译进行校译、校勘时，就发现了好多处漏译乃至误译、错译的地方。虽然经同行朋友的帮忙以及译者们自己的努力，我们对这些漏译、误译和错译进行了修正和弥补，但肯定还是会有不少问题的。我们期待业内的专家学者和广大读者继续不吝批评指正。

谢天振

2018 年 9 月 16 日

于广西民族大学相思湖畔

再版后记